HERZLICHEN GLÜCKWUNSCH

Und Dankeschön für den Kauf dieses Buches. Als besonderes Schmankerl* finden Sie unten Ihren persönliche Code, mit dem Sie das Buch exklusiv und kostenlos als eBook erhalten.

Systemvoraussetzungen für eBook-Inside: Adobe Reader/Acrobat Version 6 oder 7 (kompatibel mit Windows ab Windows 2000 oder Mac ab OS X)

66018-0av6p-
56r00-i384c

Registrieren Sie sich einfach in nur zwei Schritten unter **www.hanser.de/ciando** und laden Sie Ihr eBook direkt auf Ihren Rechner.

* Bayrisch für eine leckere Kleinigkeit; ein Leckerbissen

Johann

Ruby on Rails
für JEE-Experten

Michael Johann

Ruby on Rails für JEE-Experten

Umfassender Einstieg in Rails und JEE-Integration mit JRuby

HANSER

Michael Johann, Steinfurt, mjohann@rails-experts.com

Alle in diesem Buch enthaltenen Informationen, Verfahren und Darstellungen wurden nach bestem Wissen zusammengestellt und mit Sorgfalt getestet. Dennoch sind Fehler nicht ganz auszuschließen. Aus diesem Grund sind die im vorliegenden Buch enthaltenen Informationen mit keiner Verpflichtung oder Garantie irgendeiner Art verbunden. Autor und Verlag übernehmen infolgedessen keine juristische Verantwortung und werden keine daraus folgende oder sonstige Haftung übernehmen, die auf irgendeine Art aus der Benutzung dieser Informationen – oder Teilen davon – entsteht.

Ebenso übernehmen Autor und Verlag keine Gewähr dafür, dass beschriebene Verfahren usw. frei von Schutzrechten Dritter sind. Die Wiedergabe von Gebrauchsnamen, Handelsnamen, Warenbezeichnungen usw. in diesem Buch berechtigt deshalb auch ohne besondere Kennzeichnung nicht zu der Annahme, dass solche Namen im Sinne der Warenzeichen- und Markenschutz-Gesetzgebung als frei zu betrachten wären und daher von jedermann benutzt werden dürften.

Bibliografische Information der Deutschen Nationalbibliothek:

Die Deutsche Nationalbibliothek verzeichnet diese Publikation in der Deutschen Nationalbibliografie; detaillierte bibliografische Daten sind im Internet über http://dnb.d-nb.de abrufbar.

Lektorat: Margarete Metzger
Herstellung: Irene Weilhart
Copy-editing: Manfred Sommer, München
Umschlagdesign: Marc Müller-Bremer, www.rebranding.de, München
Umschlagrealisation: Stephan Rönigk
Datenbelichtung, Druck und Bindung: Kösel, Krugzell
Ausstattung patentrechtlich geschützt. Kösel FD 351, Patent-Nr. 0748702
Printed in Germany

ISBN 978-3-446-41535-5

Für

Anne, Hannah, Kirsten, Larissa und Maike

Inhalt

Vorwort ... **XIII**

Nutzungshinweise zum Buch ... **XIV**

1 Einführung in Ruby on Rails ... **1**

1.1 Was ist Ruby on Rails ... 1
1.2 Volle Unterstützung von MVC (Model View Controller) ... 3
1.3 Konzepte für agile Entwicklung ... 3
1.3.1 Testgetriebene Entwicklung ... 4
1.3.2 Konvention vor Konfiguration ... 5
1.3.3 DRY – Don't Repeat Yourself ... 8
1.4 Beispiele aus der Geschäftswelt ... 9
1.5 Installation von Rails ... 11
1.5.1 Installation mit BitRock Rubystack für MacOS X und Linux ... 11
1.5.2 Manuelle Installation unter MacOS X ... 20
1.5.3 Installation unter Windows XP/Vista ... 22
1.5.4 Integrierte Entwicklungsumgebungen ... 26
1.5.5 Rails-Anwendungen als WAR-Datei ausliefern ... 41

2 Einführungs-Tutorial: Newsfeed-Verwaltung ... **43**

2.1 Anlegen des Projektes ... 43
2.1.1 Rake zum Anlegen der Datenbanken verwenden ... 48
2.1.2 Manuelles Anlegen der Datenbanken ... 49
2.2 Ein erster Teststart ... 50
2.3 Generieren der Kategorien ... 52
2.3.1 Generieren des Modells Category ... 53
2.3.2 Datenbank migrieren ... 53
2.3.3 Generieren eines Controllers für das Category-Modell ... 55
2.3.4 Routing ergänzen ... 57
2.3.5 Anlegen der Views ... 58
2.3.6 Validierungen ... 64

2.4 Generieren der Newsfeed-Verwaltung 68
2.4.1 Generator aufrufen 68
2.4.2 Allgemeines zu REST 70
2.4.3 REST im Controller 74
2.5 Assoziationen einbauen 82
2.5.1 Migration für Beziehungen zwischen Feed und Category anlegen 83
2.5.2 Views anpassen 85
2.6 Für ein besseres Design 89
2.6.1 Übergeordnetes Layout 89
2.6.2 Default-Route 93
2.6.3 Das Layout für andere Controller verwenden 93
2.6.4 Eindeutschen ohne Internationalisierung 94
2.7 Einfache Authentifizierung 94
2.8 Apple iPhone als Client 97
2.9 Zusammenfassung 100

3 Testgetriebene Entwicklung 101
3.1 Einführung 101
3.1.1 Vorteile 102
3.1.2 Unittests 103
3.1.3 Funktionale Tests 104
3.2 Test::Unit 104
3.2.1 Unittests 104
3.2.2 Funktionale Tests in Rails 112
3.3 ZenTest 114
3.3.1 Automatisiertes Testen 114
3.4 Behavior Driven Development 115
3.4.1 rSpec 117
3.4.2 Weitere Tools 137
3.5 Zusammenfassung 143

4 Ruby: Das Wichtigste 145
4.1 Eine kurze Einführung 145
4.1.1 Konzepte von Ruby 146
4.1.2 Einige Programmierrichtlinien 147
4.1.3 Einfache Rechenbeispiele 149
4.1.4 Zahlen 149
4.1.5 Strings 150
4.1.6 Konvertierungen 152
4.1.7 Schleifen und Bedingungen 153
4.2 Sprachkonzepte und vertiefende Informationen 161
4.2.1 Alles ist ein Objekt 161
4.2.2 `nil` ist auch ein Objekt 162
4.2.3 Methoden sind Nachrichten 162
4.2.4 Klassen und Subklassen 163
4.2.5 Attribute 164

4.2.6 Struct als Klasse ... 165
4.2.7 Die Methode dup ... 165
4.2.8 Reguläre Ausdrücke ... 166
4.2.9 Typen herausfinden ... 167
4.2.10 Subklassen ... 167
4.2.11 Mehr Wissenswertes zu Methoden ... 168
4.2.12 Zuweisungen ... 170
4.2.13 Module – MixIns ... 171
4.2.14 Module – Namespace ... 172
4.2.15 Introspektion ... 172
4.2.16 Nützliches zur Klasse String ... 173
4.2.17 Weitere Features von Array ... 174
4.2.18 Symbole ... 176
4.2.19 Mehr zu Methoden ... 176
4.2.20 Die Klasse Range ... 177
4.2.21 Das Schlüsselwort case ... 178
4.2.22 Metaprogrammierung: Blöcke und Closures ... 178
4.2.23 Exceptions ... 190
4.2.24 Alias-Methoden ... 193
4.2.25 Offene Kernel-Klassen ... 193
4.3 Zusammenfassung ... 194

5 Versionskontrolle ... 195
5.1 Grundlegendes ... 195
5.1.1 Vorteile verteilter Versionskontrolle ... 196
5.1.2 Nachteile ... 197
5.2 Mercurial ... 198
5.2.1 Einführung in Mercurial ... 199
5.2.2 Gängige Workflows ... 202
5.2.3 Zusammenfassung ... 213
5.3 Git ... 214
5.3.1 Einführung in Git ... 214
5.3.2 Gängige Workflows ... 218
5.4 Zusammenfassung ... 229

6 JRuby ... 231
6.1 Einführung in JRuby ... 231
6.2 Installation von JRuby ... 233
6.2.1 Eigener Build ... 233
6.2.2 Gems installieren ... 234
6.3 Erste Schritte ... 235
6.3.1 Java aus Ruby heraus aufrufen ... 235
6.3.2 Eine kleine Swing-Anwendung in Ruby ... 238
6.3.3 Eine Enterprise JavaBean aus Ruby heraus aufrufen ... 240
6.4 Deployment ... 254
6.4.1 Als Standalone-Anwendung ... 254

6.4.2 Als Webanwendung im WAR 255
6.5 Zusammenfassung 256

7 Projekt: briefcasten.com 257
7.1 Grundlagen und Anforderungen 257
7.2 Warum briefcasten.com? 258
7.3 Wie soll das „Look and Feel" sein? 259
7.3.1 Anforderung 259
7.3.2 Umsetzung 260
7.4 Iteration 1: Was ist mit dem Shop möglich? 265
7.4.1 Programmieren einer rollenbasierten Benutzerverwaltung 265
7.4.2 Layout integrieren 274
7.4.3 ActionMailer für den Nachrichtenversand konfigurieren 277
7.4.4 Root-Mapping einführen 279
7.4.5 Aktivierung durchführen 281
7.4.6 Statusinformationen 284
7.4.7 Remember me 285
7.4.8 Passwort-Reset für Vergessliche 290
7.4.9 Benutzerverwaltung für den Administrator 300
7.4.10 Zugriff weiter einschränken 307
7.4.11 Admin-Links einbauen 309
7.4.12 Tag vergeben 312
7.4.13 Zusammenfassung der Iteration 1 313
7.5 Iteration 2: Was kann man dort kaufen? 314
7.5.1 Das Produkt-Modell spezifizieren 314
7.5.2 ScreencastsController und Multimodell-Formulare 331
7.5.3 Zusammenfassung der Iteration 2 353
7.6 Iteration 3: Wie sieht die Kundenverwaltung aus? 354
7.6.1 Modell Customer 354
7.6.2 Assoziierte Modelle erstellen 356
7.6.3 CustomersController 360
7.6.4 Views für den CustomersController 360
7.6.5 Abschließende Arbeiten 379
7.6.6 Zusammenfassung der Iteration 3 379
7.7 Iteration 4: Gibt es eine Produktvorschau? 379
7.7.1 Abschließende Arbeiten 384
7.7.2 Zusammenfassung Iteration 4 385
7.8 Iteration 4.1: Wie sieht der Bestellvorgang aus? 386
7.8.1 Spezifikationen für CartItem 386
7.8.2 Die Klasse CartItem 387
7.8.3 Spezifikationen für ShoppingCart 389
7.8.4 Die Klasse ShoppingCart 391
7.8.5 Der ShoppingCartController 393
7.8.6 Produkte entfernen 399
7.8.7 Warenkorbübersicht implementieren 402
7.8.8 Eine Bestellung speichern 405

7.9 Iteration 5: Wie wird PayPal integriert? ... 419
7.9.1 Grundlagen zu PayPal Website Payments Standard ... 421
7.9.2 Developer Sandbox ... 424
7.9.3 ActiveMerchant für PayPal Website Payments Standard ... 426
7.9.4 Verschlüsselungs-Module für Buttons ... 427
7.9.5 Integration in den OrdersController ... 428
7.9.6 IPN implementieren ... 432
7.9.7 Testszenarien und deren Durchführung ... 439
7.9.8 Abschließende Arbeiten ... 441
7.9.9 Zusammenfassung der Iteration 5 ... 442
7.10 Iteration 6: Volltextsuche mit Lucene ... 442
7.10.1 DBSight ... 443
7.10.2 Suche konfigurieren ... 443
7.10.3 Suche aufrufen ... 447
7.10.4 Ergebnisse auswerten und anzeigen ... 450
7.10.5 Abschließende Arbeiten ... 451
7.10.6 Zusammenfassung der Iteration ... 451
7.11 Zusammenfassung ... 451

8 Internationalisierung und Lokalisierung ... 453
8.1 Zielsetzung ... 453
8.1.1 Grundsätzliches ... 453
8.2 Implementierung ... 454
8.2.1 Das Plugin Globalize ... 454
8.2.2 Das Locale setzen ... 455
8.2.3 Die Methode loc ... 456
8.2.4 Die Methode t ... 457
8.2.5 Einzelne Strings übersetzen ... 457
8.2.6 Modell-Übersetzungen ... 460
8.2.7 Controller und Views übersetzen ... 461
8.2.8 Fehlermeldungen von Ruby on Rails übersetzen ... 464
8.2.9 Ganze Views austauschen ... 464
8.2.10 ActionMailer ... 465
8.3 Zusammenfassung ... 465

Register ... 473

Vorwort

„Ein Vorwort liest doch niemand." – diese Auffassung teilen die meisten Autoren. Ich habe mir aber gedacht, dass es trotzdem sinnvoll ist, ein wenig in die Zukunft zu blicken. Ruby on Rails ist für viele noch sehr neu, und wer sich beruflich mit der Java Enterprise-Welt betätigt, wird sich fragen, was an Ruby on Rails so toll ist und warum ein Wechsel lohnen könnte. Hier muss man sich allerdings darüber im Klaren sein, wann ein Wechsel lohnt und wann nicht. Zunächst bietet Ruby on Rails in der Kombination mit der dynamischen Sprache Ruby eine wesentlich bessere Lesbarkeit des Codes und eine um Potenzen höhere Produktivität.

Während eine Entwicklung mit Java Struts und Co. Wochen dauert, ist die gleiche Arbeit mit Ruby on Rails meist in wenigen Stunden bis maximal einigen Tagen erledigt. Da Ruby on Rails allerdings nicht für verteilte Transaktionen geeignet ist, wird der Einsatzbereich von Rails-Anwendungen vorwiegend bei den Web-Frontends sein. Damit ist eine Beschränkung im Anwendungsbereich gegeben, die jedem Entwickler eine wichtige Entscheidungshilfe an die Hand gibt. Unternehmenskritische Anwendungen werden weiterhin in der JEE-Umgebung erstellt und genutzt, während das Frontend in Form von Web-Anwendungen zunehmend mit Ruby on Rails realisiert wird. In diesem Buch finden Sie Beispiele, wie Enterprise JavaBeans mit Rails integriert werden können.

Letztlich wird in Diskussionen immer noch genauso argumentiert wie 1995, als Java seinen Siegeszug begann. Wer die Parallelen erkennt, kann sich entspannt zurücklehnen und frühzeitig auf den Zug aufspringen. Hierbei soll Ihnen das vorliegende Buch eine wertvolle Unterstützung sein. Ich habe großen Wert auf den Praxisnutzen gelegt und auf – pardon – „Schwafeleien" verzichtet. Alle Quellcodes sind online verfügbar und müssen deshalb nicht mühsam abgetippt werden. Der Inhalt von Kapitel 7 ist in Form von Screencast-Videos unter www.briefcasten.com für jeden Leser kostenlos downloadbar. Wichtig ist mir hierbei der Service, Ihnen einen schnellen praxisorientierten Einstieg in Ruby on Rails zu ermöglichen. Dabei wird das Wissen von JEE als Grundlage gute Dienste leisten, denn nicht alle Bits und Bytes werden von Grund auf erklärt.

Michael Johann, im Herbst 2008

Danksagung

Es ist natürlich etwas heikel, all jenen namentlich zu danken, die mich bei der Entstehung dieses Buches begleitet und unterstützt haben: Wenn man nur einen Namen vergisst, hat man schnell mehr Probleme, als einem lieb ist. ;-) Ich versuche es trotzdem und fange einfach einmal an.

Danke an Frau Margarete Metzger und Frau Irene Weilhart vom Hanser Verlag, die sich mit der technischen Umsetzung des Buchprojektes sehr positiv in mein Gedächtnis geschrieben haben.

Herrn Manfred Sommer danke ich für die schnelle Korrekturarbeit. Ich hatte bis dahin nicht geahnt, wie schnell jemand knapp 500 Seiten korrigieren kann.

Ich danke Sven Schröder und Jürgen Petri für die inhaltlichen Hinweise und die motivierenden Gespräche.

Den folgenden Experten (alphabetisch sortiert) danke ich für die konstruktiven Diskussionen auch auf Konferenzen, die einige Ideen für das vorliegende Buch zur Folge hatten: Thomas Baustert, Steven A. Bristol, Dierk König, Guillaume LaForge, Sebastian Meyen, Gregg Pollack, Papick Garcia Taboada, Stefan Tilkov, Jonathan Weiss, Matthias Weßendorf.

Mein letzter und dann doch größter Dank geht an meine Familie, die mich Abend für Abend und an den Wochenenden sagen hörte: „Ich muss noch was am Buch machen.“ Danke für Eure Geduld.

Nutzungshinweise zum Buch

Die folgenden Hinweise sollen Ihnen helfen, den größtmöglichen Nutzen aus diesem Buch zu ziehen. Ich habe die Schwerpunkte auf Service und Praxisorientierung gelegt und auf diese Weise soll das Buch besonders viel Wissen vermitteln. Da es hier um einen umfassenden Einstieg in Ruby on Rails geht, werden die Themen zu Deployment und Performance-Optimierung etc. nur angeschnitten.

Pasties

Die Kapitel enthalten jede Menge Quellcodes, die Sie jedoch nicht abschreiben und eingeben müssen. Unter www.pastie.org gibt es einen kostenlosen Service in Form einer Ruby on Rails-Anwendung, die es erlaubt, Quellcodes anhand einer URL abzurufen, die ein Autor dort zuvor abgelegt hat.

Sie finden also im Buch URLs zu den Quelltexten, die Sie einfach im Browser aufrufen können. Der dann angezeigte Quelltext wird von pastie.org mit einer Syntaxhervorhebung angezeigt und kann über den Link download heruntergeladen werden.

Screencasts

Screencasts sind Videos, die vom Bildschirm abgefilmt und wurden und heruntergeladen werden können. Kapitel 7 zeigt, wie der Shop www.briefcasten.com entwickelt wird. Die einzelnen Screencasts zu den Iterationen können Sie mit Hilfe des Codes, der für die eBook-Version mitgeliefert wird, kostenlos herunterladen. Den Code finden Sie auf dem roten Vorsatzblatt auf der vorderen Innenseite des Umschlages.

Support-Forum

Ebenfalls unter www.briefcasten.com finden Sie ein Support-Forum zum Buch. Dort können Sie als Leser über Fehler berichten oder Fragen stellen, die der Autor und andere Leser versuchen werden zu beantworten.

Leseanleitung

Wie sollten Sie das Buch lesen? Diese Frage kann ich Ihnen folgendermaßen beantworten: Von Anfang bis Ende. Die Reihenfolge der Kapitel ist tatsächlich so gewählt, wie ein Einsteiger die Informationen benötigen würde. Da mit Ruby on Rails das Testen von Software sehr einfach ist, lege ich Ihnen ans Herz, das Kapitel zum Behavior Driven Development nicht zu überspringen.

Anregungen

Auch wenn ich davon ausgehe, dass das Buch für Sie sehr nützlich ist, sollten Sie dennoch beachten, dass es für unterschiedliche Problemstellungen unterschiedliche Lösungsansätze gibt. Die Ansätze, die Sie hier finden, sind mit Sicherheit nicht die einzig glücklich machenden. Rails ist zudem ständig in Bewegung – und wird damit verbessert –, so dass einige Aspekte irgendwann wesentlich effektiver angegangen werden können. Wenn Ihnen etwas auffällt, was den Weg in eine weitere Auflage finden sollte, scheuen Sie sich nicht, mich zu kontaktieren: mjohann@rails-experts.com.

Und nun viel Spaß und Erfolg beim Einstieg in Ruby on Rails!

1

1 Einführung in Ruby on Rails

1.1 Was ist Ruby on Rails

Ruby on Rails[1] ist ein MVC-basiertes Web-Framework, das bereits seit einigen Jahren am Markt verfügbar ist und seitdem viele Tausend Anhänger gefunden hat. Basierend auf der dynamischen objektorientierten Sprache Ruby[2], bietet es viele Konzepte für die agile Entwicklung von modernen Webanwendungen. Ich vergleiche oft meine Bemühungen als Architekt bei Java Enterprise-Anwendungen mit dem Aufwand, der sich bei verschiedensten Arbeiten mit Ruby on Rails ergibt.

Die vielfach gelobte Produktivitätssteigerung und die Fokussierung auf das Wesentliche machen jeden Entwickler zufriedener und steigern die Motivation ungemein.

Auch die Vorgehensweise bei der Implementierung von Anwendungen mit JEE und Ruby on Rails ist grundlegend anders. Zugegeben, die Ziele einer JEE-Architektur sind andere als bei einer Ruby on Rails-Lösung. Ich gebe an dieser Stelle nur zu bedenken, wie viele JEE-Projekte eigentlich keine sind und als reine Web-Anwendungen auch mit einem Webcontainer wie Tomcat auskommen. Vergleicht man also die grundlegenden Konzepte für Web-Anwendungen, ergeben sich einige gravierende Vorteile gegenüber Java-Projekten. Bevor ich mit Java und Struts oder Tapestry eine komplexe Web-Anwendung starte, muss ich mich erst einmal über die zeitlichen Folgen und die benötigten Ressourcen informieren. Als Nächstes muss eine Entwicklungsumgebung eingerichtet und konfiguriert werden, und erst dann kann ich mit der Implementierung beginnen.

Mit Ruby on Rails ist man selbst beim Kunden vor Ort so flexibel, dass die prototypische Implementierung von Anwendungsteilen bereits zu einer vielversprechenden Diskussionsgrundlage für Kunde und Auftragnehmer wird.

[1] Siehe auch http://www.rubyonrails.org

[2] Siehe auch http://www.ruby-lang.org

Typische Kundenaussagen im Anschluss an eine Iteration im JEE-Umfeld wie beispielsweise: „Die Buttons sollten aber breiter sein, und die Produktdetails, dachte ich, findet der Anwender in einer Spalte am rechten Rand“, gehören mit Ruby on Rails weitgehend in den Bereich der „kleinen Änderungen“ und sind schnell durchgeführt, während bei JEE oftmals sehr viel mehr Arbeit zu erledigen ist. Stellen Sie sich nur einmal vor, welche Änderungen das sein könnten, wenn auch noch ein modellgetriebener Ansatz verwendet wurde.

Im weiteren Verlauf des Buches gehe ich näher auf typische Situationen und Vergleiche ein, so dass Sie den direkten Vergleich zwischen der Java- und Ruby on Rails-Welt vor Augen haben.

Die auf der Homepage von Ruby on Rails angebotenen Screencasts eignen sich besonders gut als Appetitanreger und motivieren mit Sicherheit jeden geplagten Java-Entwickler, sich eingehender mit Ruby on Rails zu beschäftigen. Auch lege ich Ihnen die Screencasts von Ryan Bates (`http://railscasts.com`) ans Herz, denn hier finden Sie direkte, kurze Lehrfilme, die Ihnen die tägliche Arbeit mit Ruby on Rails oft sehr erleichtern.

Für die neuesten Informationen zu Ruby on Rails, die mit ein wenig mehr Entertainment ausstaffiert sind, empfehle ich Ihnen `www.railsenvy.com`. Maßgeblich angetrieben von Gregg Pollack, Jason Seifer und Steven Bristol, werden hier neben einem aktuellen Podcast zu Ruby on Rails-Themen auch witzige Kurzfilme produziert, die Konzepte wie MVC erklären oder andere Frameworks aufs Korn nehmen. Ich hatte auf der Dynamic Languages World Conference 2008 die Gelegenheit, Steven und Gregg als Sprecher zu gewinnen, und bin überzeugt, dass die Jungs es irgendwann zu echten New Media Stars bringen werden.

Ruby on Rails kommt mit einer Reihe von Konzepten und Standardbibliotheken daher, die wir im Folgenden kurz beschreiben.

In jeweils eigenen Unterkapiteln gehen wir dann detailliert auf die wichtigsten Bestandteile ein. Begleitet wird alle Theorie von einem durchgängigen Beispiel. Doch dazu später mehr. Ruby on Rails ist ein Fullstack Framework für die Entwicklung von Web-Anwendungen, was bedeutet, dass komplette Anwendungen inklusive Laufzeitumgebung und Datenbankintegration den Schwerpunkt bilden. Zum gegenwärtigen Zeitpunkt sollte auch jedem klar sein, dass Ruby on Rails kein Ersatz für Java oder JEE ist, wenn verteilte Transaktionen benötigt werden und/oder aus politischen Gründen JEE gesetzt ist. Das ist konzeptionell wie auch technisch aktuell nicht vorgesehen. Java hat COBOL auch nicht verdrängt, sondern ergänzt, wenn man sich einmal die Großprojekte in der hiesigen Bankenlandschaft ansieht.

Anstelle von Multithreading bietet Ruby on Rails Multiprocessing und passt so auch sehr gut in die Multicore-Architektur der Chiphersteller. Dabei werden langlebige Prozesse gestartet, die dann threadsicher sind und jeweils nur einen Request gleichzeitig verarbeiten.

Aufwändige Geschäftsprozesse mit langlaufenden verteilten Transaktionen werden auch mittelfristig weiterhin in JEE implementiert. Der Anteil der Projekte, die Webanwendungen mit Java entwickeln, wird allerdings dramatisch kleiner werden. Doch genug in die Glaskugel geschaut.

Bilden Sie sich Ihr eigenes Urteil.

1.2 Volle Unterstützung von MVC (Model View Controller)

Während sich die einschlägigen Web-Frameworks für Java mit der Implementierung der Controllerschicht in webbasierten Java-Anwendungen befassen, bietet Ruby on Rails die komplette Unterstützung des allgegenwärtigen Design-Patterns MVC (Model View Controller).

In diesem Buch wird MVC als Pattern nicht näher erläutert. Eine Suche bei Google offenbart hierzu aktuell fast zwei Millionen Ergebnisse. Ein Beispiel für eine Erklärung bietet Wikipedia[3].

Für die Unterstützung der Geschäftsobjekte (Model) steht eine Bibliothek inklusive ORM-Schicht zur Verfügung. Das Mapping von Geschäftsobjekten auf Tabellen von relationalen Datenbanken wird bei Ruby on Rails von ActiveRecord[4] bereitgestellt. ActiveRecord ist ebenso ein Design Pattern, das die Speicherung von Objektinstanzen in Tabellenzeilen beschreibt.

Die Modelle in Ruby on Rails werden einen Großteil der späteren Beispielapplikation ausmachen, denn eine Anwendung lebt von den Inhalten, und die werden mit Hilfe der Modelle gespeichert. Modelle enthalten in Ruby on Rails den Großteil der Businesslogik, während die Controller eher schlank gehalten werden und eher die Sichtweise eines Servlets einnehmen und damit Request verarbeiten und Response-Objekte erzeugen.

Die Views in Ruby on Rails werden je nach Client- und Response-Format ausgegeben, wobei neben Standard-HTML auch JSON, XML und andere Formate unterstützt werden. Das Schreiben eigener Views ist dabei so einfach, wie es seit Jahren hätte sein sollen.

1.3 Konzepte für agile Entwicklung

Ruby on Rails bietet eine bislang ungekannte Produktivität. In meinen Vorträgen erwähne ich oft scherzhaft die Gefahr, die Ruby on Rails für eingefleischte Java-Entwickler darstellt.

Hat man erst einmal eine Web-Anwendung mit Ruby on Rails erstellt, kann man sich kaum noch dazu durchringen, die gleichen Anwendungen mit Java, Struts, Tapestry und Co. zu realisieren. Zu groß sind die Unterschiede in den Konzepten und dem damit verbundenen Aufwand, um wirklich mit Spaß an die Sache zu gehen. Wenn man wie ich dann auch noch Anfang der 1990er-Jahre mit Smalltalk gearbeitet hat, ist die Freude über Ruby und seine Standardbibliotheken besonders groß.

Agile Entwicklung definiere ich an dieser Stelle als Möglichkeit, mit einem ersten Schritt eine Anwendung initial zu erstellen. In einem weiteren Schritt sind die Anpassung und

---

[3] http://de.wikipedia.org/wiki/Model_View_Controller

[4] Siehe auch http://www.martinfowler.com/eaaCatalog/activeRecord.html

Erweiterung der Anwendung jederzeit ohne größere Probleme möglich. Mit den Bordmitteln von Java ist man bisher eher auf eine gründlichere Spezifikation der Anwendung angewiesen, und Änderungen können teilweise sehr schmerzhaft sein, was das Budget und den zeitlichen Rahmen angeht.

Ruby on Rails kommt bereits von Anfang an mit vielen Features daher, die im Java-Umfeld lange auf sich warten ließen. JEE ist beispielsweise sehr komplex und steht daher seit einiger Zeit in der Kritik. Nicht umsonst musste sich die EJB-Spezifikation einigen heftigen Schönheitsoperationen unterziehen. Viele Projekte wissen anfangs nicht einmal, ob die Funktionalität eines Applikationsservers benötigt wird oder ob nicht vielleicht doch ein Servlet-Container wie Tomcat ausreicht.

Trotzdem wird gleich zu Beginn mit Kanonen auf Spatzen geschossen und die Evaluierung von geeigneten Applikationsservern durchgeführt. Dabei hat Sun Microsystems nach eigenen Aussagen bei der Spezifikation von JEE darauf geachtet, dass die Entwickler sich mehr auf die Fachlichkeit der zu realisierenden Komponenten konzentrieren können, anstatt sich mit Transaktionsklammern, Multithreading und anderen Querschnittsfunktionen beschäftigen zu müssen.

Wer mit JEE einmal gearbeitet hat, weiß, dass diese Ziele klar verfehlt wurden. Ich persönlich kenne kein JEE-Projekt, das nicht intensiv an den Deployment-Deskriptoren schrauben musste, um eine Anwendung von Server A von Hersteller B nach Server C von Hersteller D zu portieren.

Die folgenden Abschnitte geben einen kurzen Einblick in die Konzepte der agilen Entwicklung mit Ruby on Rails.

1.3.1 Testgetriebene Entwicklung

In der Vergangenheit gab es immer wieder Forderungen nach mehr Qualität bei der Softwareentwicklung. Das wird auch in Zukunft ein wichtiger Aspekt sein, denn schließlich streben wir alle nach ingenieurmäßigen Verfahren in der Softwareentwicklung.

Ein Aspekt bei der Qualitätssicherung ist das Testen von Software. Einige Leser werden sicher von Projekten berichten können, in denen der Testaufwand nicht in die Planung eingeflossen ist. Üblicherweise finden sich dann auch keine Aufwandsschätzungen für Dokumentation und Produktion in der Planung wieder.

In Vorträgen zum Thema „Testgetriebene Entwicklung“ frage ich immer wieder, wer von den Teilnehmern testgetrieben entwickelt. Üblicherweise heben dann nicht mehr als fünf Prozent der Befragten die Hand.

Das Problem besteht darin, dass die Testszenarien in Projekten bisher erst implementiert wurden, wenn die Software nahezu fertiggestellt war.

Dabei sehen die Szenarien unter anderem vor, Klassen und Methoden frühzeitig zu testen. Hierfür waren Unit-Tests bislang eine gute Wahl. Je früher getestet wird, desto schneller lassen sich Fehler beheben.

Dies führt zum Konzept der testgetriebenen Softwareentwicklung, was konkret bedeutet, dass vor der eigentlichen Implementierung der Software Tests geschrieben werden. Erst wenn alle Tests fehlerfrei durchlaufen wurden, kann eine Software als getestet freigegeben werden.

In der Praxis ist dies oftmals nicht der Fall. Mit dem Wunsch, sich mit Ruby on Rails zu befassen, könnte aber auch der Beginn einer neuen Test-Leidenschaft einhergehen.

Ruby on Rails bietet von Haus aus durchgängige Konzepte zur testgetriebenen Entwicklung an. Kapitel 2 beschreibt detailliert den Umgang mit Unit-Tests, Integrationstests und rSpec-basierten Spezifikationstests. rSpec bietet dabei die Unterstützung für BDD (Behavior Driven Development) und erlaubt bereits zum Projektstart die Entwicklung von Spezifikationen und User Stories, die für die Unterstützung von Integrations-, Funktions- und Abnahmetests genutzt werden können. Selbst wenn die Tests noch nicht implementiert wurden, gibt ein Testlauf passende Informationen zu den noch nicht implementierten Spezifikationen aus.

Zugegeben: Die bloße Meldung, dass die meisten Tests noch nicht implementiert sind, stellt noch keinen Projekterfolg dar. Der Entwickler hat aber zu jeder Zeit einen lauffähigen Stand und kann sich durch die Liste der zu implementierenden Systeme hinter den Tests arbeiten.

1.3.2 Konvention vor Konfiguration

Ruby on Rails ist ideal für schreibfaule Entwickler. Es wird viel Wert auf einheitliche Strukturen und übersichtliche Klassen gelegt. Jede Ruby on Rails-Anwendung ist mit der gleichen Verzeichnisstruktur ausgestattet. Konfigurationen werden an wenigen Stellen vorgenommen. Die Zeiten, in denen man Hunderte Zeilen XML-Code schreiben musste, um beispielsweise eine Spring-Anwendung mit Hibernate zu konfigureren, sind mit Ruby on Rails vorbei.

Das folgende Beispiel zeigt eine typische Entwicklertätigkeit, die mit Java wesentlich arbeitsaufwändiger ist als mit Ruby on Rails.

Als Java-Entwickler kennen Sie das folgende Szenario (Sie haben eine Datenbanktabelle für Kunden-Objekte):

Listing 1.1 http://pastie.org/233686

```
CREATE TABLE `customers` (
  `id` int(11) NOT NULL auto_increment,
  `created_at` datetime default NULL,
  `updated_at` datetime default NULL,
  `firstname` varchar(255) default NULL,
  `lastname` varchar(255) default NULL,
  `address1` varchar(255) default NULL,
  `address2` varchar(255) default NULL,
  `zipcode` varchar(255) default NULL,
  `city` varchar(255) default NULL,
  `birthday` date default NULL,
  PRIMARY KEY  (`id`)
) ENGINE=InnoDB DEFAULT CHARSET=latin1;
```

Wenn Sie nun eine einfache Model-Klasse in Java erstellen wollen, müssen Sie sich eine Klasse `Customer` anlegen, die folgendermaßen aussieht.

Listing 1.2 http://pastie.org/233687

```
public class Customer {
   private int id;
   private java.sql.Timestamp created_at;
   private java.sql.Timestamp updated_at;
   private String firstname;
   private String lastname;
   private String address1;
   private String address2;
   private String zipcode;
   private String city;
   private java.sql.Date birthday;

   public String getAddress1() {
      return address1;
   }

   public void setAddress1(String address1) {
      this.address1 = address1;
   }

   public String getAddress2() {
      return address2;
   }

   public void setAddress2(String address2) {
      this.address2 = address2;
   }

   public java.sql.Date getBirthday() {
      return birthday;
   }

   public void setBirthday(java.sql.Date birthday) {
      this.birthday = birthday;
   }

   public String getCity() {
      return city;
   }

   public void setCity(String city) {
      this.city = city;
   }

   public java.sql.Timestamp getCreated_at() {
      return created_at;
   }

   public void setCreated_at(java.sql.Timestamp created_at) {
      this.created_at = created_at;
   }

   public String getFirstname() {
      return firstname;
   }

   public void setFirstname(String firstname) {
      this.firstname = firstname;
   }

   public int getId() {
      return id;
   }
```

```
    public void setId(int id) {
        this.id = id;
    }

    public String getLastname() {
        return lastname;
    }

    public void setLastname(String lastname) {
        this.lastname = lastname;
    }

    public java.sql.Timestamp getUpdated_at() {
        return updated_at;
    }

    public void setUpdated_at(java.sql.Timestamp updated_at) {
        this.updated_at = updated_at;
    }

    public String getZipcode() {
        return zipcode;
    }

    public void setZipcode(String zipcode) {
        this.zipcode = zipcode;
    }
}
```

Die Problematik wird anhand der im obigen Listing dargestellten Programmzeilen deutlich: Viel Arbeit für wenig Ergebnis.

Ruby on Rails kennt eine Reihe von Konventionen, die das Erstellen von Model-Klassen wesentlich komfortabler machen. Im nächsten Listing sehen Sie das entsprechende Pendant aus Ruby on Rails. An dieser Stelle wäre für das Java-Beispiel noch der XML-Code für ein OR-Mapping mit Hibernate fällig. Allerdings wurde sicher schon deutlich genug, wie aufwändig ein Geschäftsobjekt mit Java persistent gemacht wird.

Das folgende Listing zeigt die Model-Klasse in Ruby on Rails:

```
class Customer < ActiveRecord::Base
end
```

Wie Sie sehen – Sie sehen nicht viel: Ruby on Rails kapselt die SQL-Informationen und besorgt sich die nötigen Informationen zur Laufzeit sowie aus den angewandten Konventionen.

Alles, was Ruby on Rails wissen muss, ist der Name des Models.

- Zur Laufzeit wird dann davon ausgegangen, dass eine Tabelle mit dem Namen `customers` in der Datenbank vorhanden ist.
- Alle Spalten der Tabelle stellen zugleich die Namen der Attribute der Model-Klasse dar und brauchen hier nicht noch einmal explizit wie im Fall von Java geschrieben werden.

Der Model-Generator von Ruby on Rails kann entsprechend den bisherigen Angaben eine Datenbank-Migration generieren. In diesem Beispiel sieht das dann so aus:

Listing 1.3 http://pastie.org/233689

```
class CreateCustomers < ActiveRecord::Migration
  def self.up
    create_table :customers do |t|
      t.string :firstname
      t.string :lastname
      t.string :address1
      t.string :address2
      t.string :zipcode
      t.string :city
      t.date :birthday

      t.timestamps
    end
  end

  def self.down
    drop_table :customers
  end
end
```

Dass diese Vorgehensweise Zeit und somit Geld spart, ist offensichtlich. Die beiden Attribute `created_at` und `updated_at` werden zudem von Ruby on Rails automatisch verwaltet und für den Entwickler transparent in die Tabelle geschrieben. Dies bedeutet, dass beim Erstellen eines Kundenobjektes der Zeitpunkt der Erstellung in der Spalte `created_at` und bei Änderungen in der Spalte `updated_at` gespeichert wird.

Dies wird durch die Zeile `t.timestamps` erledigt. Ebenso wird der Primärschlüssel namens `id` von Rails verwaltet und automatisch durchnummeriert. Sollte einmal ein anderer Spaltenname, ein anderer Tabellenname etc. benötigt werden, können die Konventionen überschrieben werden, was allerdings mit einem höheren Aufwand einhergeht.

Jede Rails-Anwendung besitzt die gleiche Struktur. So finden sich Entwickler jederzeit auch schnell in Code von anderen Projekten zurecht.

Viele Konventionen erleichtern die Arbeit enorm, da keine lästigen Konfigurationsdateien gepflegt werden müssen. So gibt es beispielsweise die Konvention, dass Tabellennamen aus dem Plural des Modellnamens gebildet werden. Dabei ist man als Entwickler nicht auf die Vorgaben vom Framework beschränkt. Sämtliche Namenskonventionen können durch die Angabe expliziter Namen überschrieben werden. Dies ist immer dann wichtig, wenn man beispielsweise deutsche Namen für Modelle und Tabellen verwenden möchte.

Auch die Internationalisierung spielt in Ruby on Rails eine Rolle und fängt bereits bei den Standard-Fehlermeldungen von Rails an.

1.3.3 DRY – Don't Repeat Yourself

Die Model-Klasse `Customer` ist ein schönes Beispiel für die tägliche Arbeit eines Java-Entwicklers. Ständig muss er Fleißarbeiten erledigen, die in Ruby on Rails per Konvention realisiert werden. Viele Informationen über Attribute etc. werden redundant gehalten und erschweren die Handhabung von veränderten Anforderungen erheblich, da an mehreren Stellen Änderungen nachgeführt werden müssen.

Das DRY-Prinzip geht davon aus, dass Redundanzen weitgehend vermieden werden und beispielsweise somit die Attribute der Klasse `Customer` implizit vorhanden sind. Redundanzen bleiben in der Software-Entwicklung bekanntermaßen nicht ohne Folgen.

Bei der Entwicklung sollten Sie sich immer wieder selbstkritisch fragen, ob an der einen oder anderen Stelle vermeidbare Redundanzen auftreten. Redundanzen treten oft aus den folgenden Gründen auf:

- *Zeitdruck*
  Manche Arbeiten lassen sich unter Zeitdruck schneller erledigen, wenn man Code dupliziert, anstatt entsprechende Designentscheidungen zu treffen. Ein populäres Beispiel ist hier der Verzicht auf das Factory-Pattern.
- *Performance-Optimierungen*
  Es gibt eine Reihe von Redundanzen, die sich durch Performance-Optimierungen ergeben. Auch hier sollte trotz allem auf einen sauberen Code geachtet werden.
- *Ungeduld und Bequemlichkeit*
  Wer keine Motivation für lesbaren redundanzfreien Code besitzt, wird auch aus Ungeduld und Bequemlichkeit schnell die eine oder andere Codepassage kopieren und entsprechend redundant einbringen.

1.4 Beispiele aus der Geschäftswelt

Auf Vorträgen und in Paneldiskussionen wird immer wieder nach vorzeigbaren Ruby on Rails-Projekten gefragt:

- Welches sind die bislang größten mit Ruby on Rails implementierten Projekte?
- Wie bewältigt man das Problem der Skalierbarkeit?
- Wie viele Requests werden pro Sekunde verarbeitet?

Die Antworten folgen inzwischen sehr schnell.

Neben den sehr bekannten Größen wie Twitter (`www.twitter.com`) und XING (`www.xing.com`) gibt es Projekte, die mit Ruby on Rails re-implementiert wurden.

So hat sich das Team von Yellowpages.com 2007 dazu entschlossen, seine komplette Suchanwendung neu zu schreiben. Was zunächst als Java-Projekt mit Hilfe externer Entwickler in rund 125 000 Zeilen Code ausartete und nur schwer zu warten war, wurde innerhalb von drei Monaten mit Ruby on Rails in 14 000 Zeilen Code implementiert. Die Serverfarm wurde nur geringfügig ausgebaut, aber die Anwendung skaliert nun wesentlich besser als zuvor. Yellowpages.com verarbeitet rund 1500 Requests pro Sekunde und gehört zum gegenwärtigen Zeitpunkt zu den dreißig größten Websites in den USA.

Es gibt eine Top-100-Liste[5] der größten Ruby on Rails-basierten Websites, die ständig aktualisiert wird. In Deutschland findet die Verbreitung von Ruby on Rails sehr schnell

---

[5] http://rails100.pbwiki.com

statt, was sich in den einschlägigen Foren und auf Konferenzen sehr deutlich zeigt. Doch die politische Projektlandschaft erschwert oft genug die Einführung einer neuen Technologie in die Unternehmen.

Aber auch hier sehe ich die gleichen Zeichen wie damals, als Java auf den Markt drängte. Die gleichen Fragen werden gestellt und die gleichen Bedenken bezüglich Skalierbarkeit und Jobangebote geäußert.

Von Zeit zu Zeit präsentiere ich in meinen Vorträgen die Google-Trends, um die Entwicklung in den USA zu dokumentieren. Gibt man auf trends.google.com die Suchbegriffe „J2EE“ und „Ruby on Rails“ ein, erhält man eine grafische Aufbereitung, die in Abbildung 1.1 zu sehen ist. Die obere Kurve stellt dabei den Trend im J2EE-Umfeld und die untere den Trend für Ruby on Rails dar.

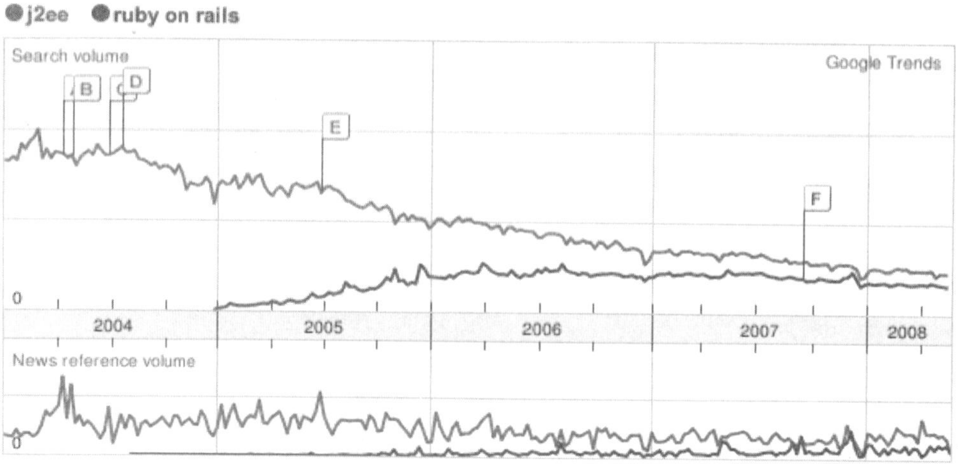

Abbildung 1.1 Der Trend bei Suchanfragen zu den Themen J2EE und Ruby on Rails.

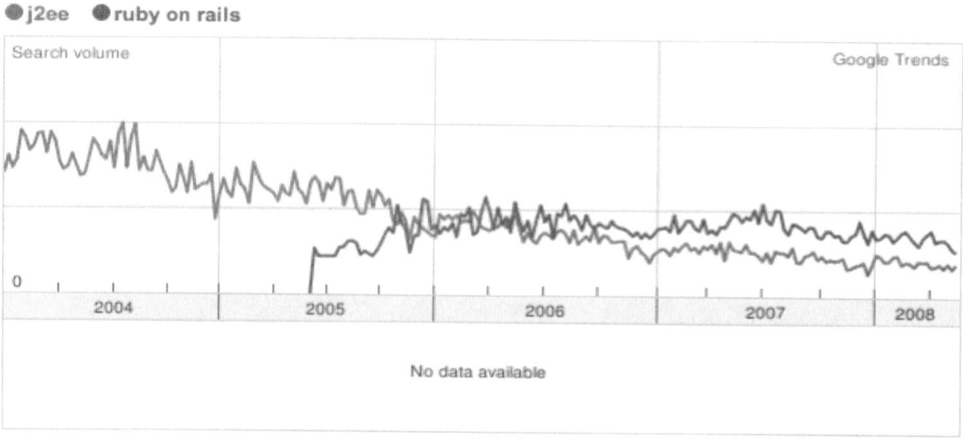

Abbildung 1.2 In Kalifornien ist die Entwicklung der Suchanfragen deutlicher zu sehen.

Dies ist der weltweite Trend bezüglich der Suchanfragen. Wenn man sich allerdings die USA näher ansieht, und im Speziellen Kalifornien sowie das Silicon Valley, dann wird klar, dass der Trend dort viel deutlicher sichtbar ist (siehe Abbildung 1.2).

Die nähere Deutung dieser Daten überlasse ich Ihnen, schließlich bedeutet dieser Trend lediglich, dass die Leute weniger nach J2EE als nach Ruby on Rails suchen. Mehr nicht.

1.5 Installation von Rails

An dieser Stelle steigen wir direkt in die Installation von Ruby on Rails ein und bereiten die Infrastruktur für die erste Beispielanwendung vor.

Grundsätzlich ist es möglich, auf allen wichtigen Plattformen mit Ruby on Rails zu arbeiten. Ob nun ein MacOS X, Linux oder Windows als Basis verwendet wird, ist völlig unerheblich. Es gibt für jede Plattform unterschiedliche Wege, um Ruby on Rails zu installieren.

Für jede Umgebung ist es möglich, Ruby und andere Komponenten wie beispielsweise eine MySQL-Datenbank, eine Versionsverwaltung und diverse Werkzeuge von den entsprechenden Quellen zu installieren. Dabei besteht sicher die größte Flexibilität bei der Anpassung und Optimierung, allerdings ist der Aufwand entsprechend größer als bei den sogenannten „One-Click-Installern".

In diesem Buch wird überwiegend mit Mac OS X gearbeitet. Entsprechend werden die meisten Screenshots den Look von Apples Betriebssystem aufweisen. Für die Situationen, in denen ich auf Deployment-Fragen eingehe oder auch Unterschiede in der Handhabung zwischen den verschiedenen Plattformen aufzeige, werden Sie entsprechende Hinweise und Darstellungen finden.

Als Linux-Umgebung kommt ein aktuelles Ubuntu-Release zum Einsatz. Unter Windows wird eine entsprechende VMWare-Installation von Ubuntu verwendet. Apple liefert mit Version 10.5 seines Betriebssystems Ruby on Rails standardmäßig mit aus. Hier muss lediglich auf den aktuellsten Stand von Ruby on Rails aktualisiert werden. Doch genug der langen Vorrede. Starten wir mit der Installation auf einem Ubuntu Linux.

1.5.1 Installation mit BitRock Rubystack für MacOS X und Linux

Bei der Installation von Ruby on Rails unter Ubuntu gibt es die Möglichkeit, die entsprechenden Pakete mittels des BitRock Rubystacks[6] zu installieren. Das Paket wird unter `http://bitrock.com/download_ruby_download.html` (vergl. Abbildung 1.3 auf der nächsten Seite) von der Firma BitRock kostenlos für die Plattformen Linux und Apple Mac OS X bereitgestellt.

---

[6] Siehe auch http://www.bitrock.com

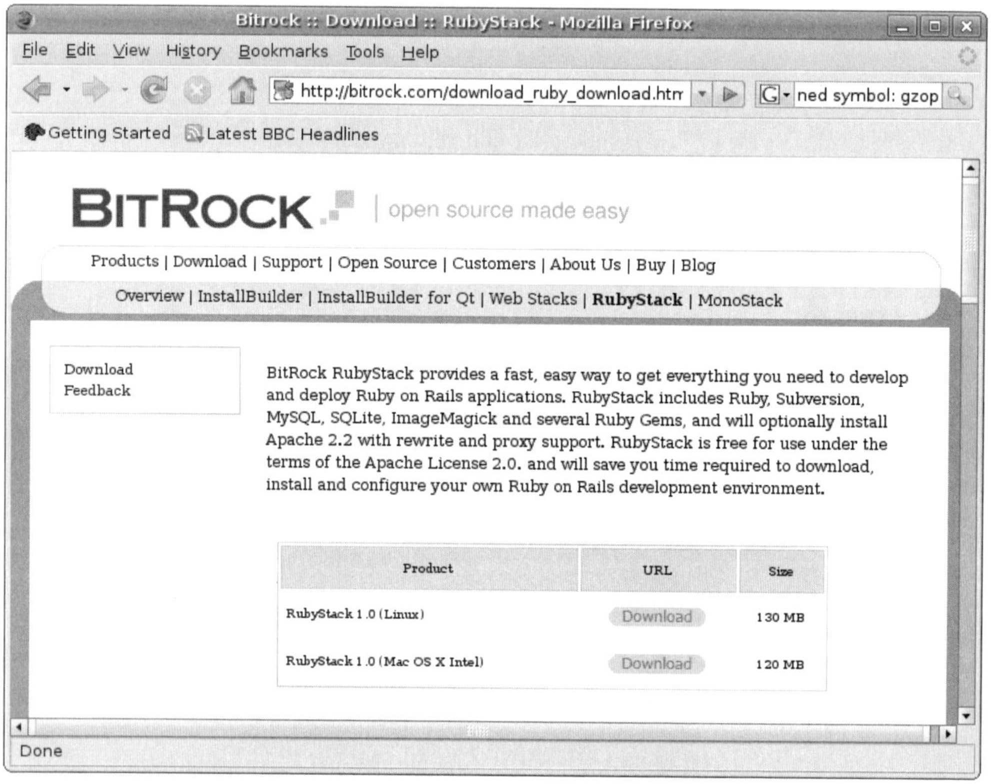

Abbildung 1.3 Der Downloadbereich für den RubyStack bei BitRock

Zunächst sollten Sie sich den passenden Installer für Ihre Plattform auswählen. Unter Linux kopieren Sie sich den Link am besten und starten den Download mit folgendem Kommando ins Home-Verzeichnis.

```
$ wget http://bitrock.com/rubystack-1.0-linux-installer.bin
```

Das rund 120 MB große Paket lässt sich über den mitglieferten Installationsdialog einfach installieren und vorkonfigurieren.

Hierzu wird das Paket mit folgendem Aufruf für die Ausführung mit dem aktuellen Benutzer konfiguriert und gestartet.

```
$ sudo chmod u+x rubystack-1.0-linux-installer.bin
```

```
$ sudo ./rubystack-1.0-linux-installer.bin
```

Die Verwendung von `sudo` im Vorfeld ist sehr wichtig, da im weiteren Verlauf der Installation der Standard-Port für den Apache WebServer `80` ist und nur von Benutzern mit Administrationsrechten vergeben werden kann.

Nach dem Start öffnet sich der in Abbildung 1.4 gezeigte Setup-Dialog.

Abbildung 1.4
Der Setup-Dialog des Rubystack-Installationsprogramms

Der nächste Dialog verlangt, dass Sie den Lizenzbestimmungen zustimmen. Selektieren Sie hier den Radio-Button „I accept the agreement“, und klicken Sie dann auf „Vor“, um zum nächsten Dialogfenster (Abbildung 1.5) zu gelangen.

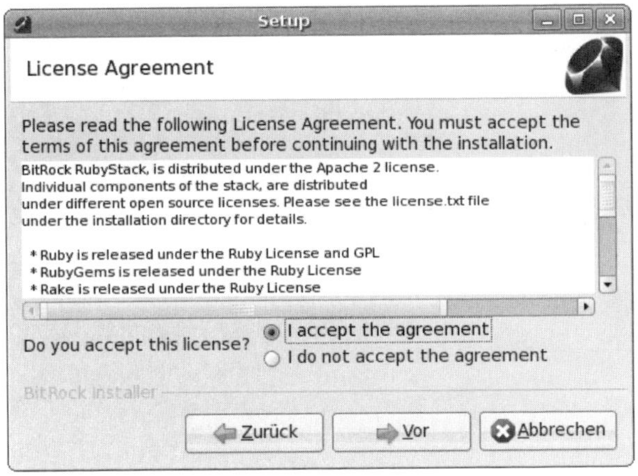

Abbildung 1.5
Akzeptieren der Lienzbestimmungen

Als Nächstes (Abbildung 1.6) wählen Sie die „Production Version“ als Installationsart aus, um später mit Apache als Loadbalancer arbeiten zu können.

Im nächsten Schritt (Abbildung 1.7) fragt der Installationsassistent nach dem Verzeichnis, in dem Rubystack installiert werden soll. Prinzipiell würde sich hier auch das Verzeichnis `/opt/rubystack` anbieten, in diesem Buch soll jedoch das Home-Verzeichnis des aktuellen Benutzers genügen.

Nach einem Klick auf den „Vor“-Button werden Sie nach der Anzahl der zu startenden Mongrel-Instanzen gefragt (Abbildung 1.8). Mongrel ist der Webserver für Ruby on Rails-Anwendungen. Mit ihm werden die dynamischen Inhalte verarbeitet, während Apache für die statischen Inhalte zuständig ist.

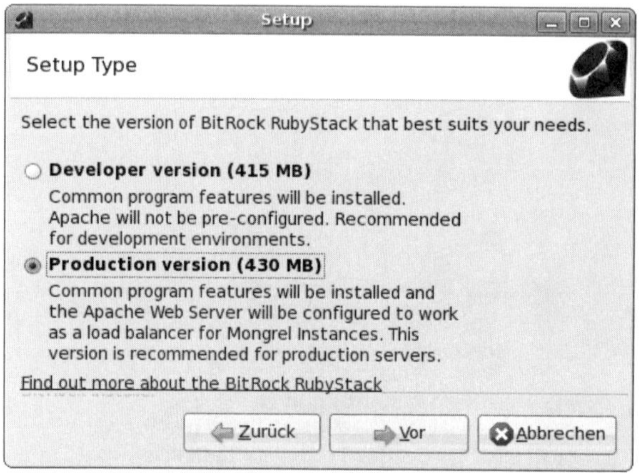

Abbildung 1.6
Auswahl der gewünschten Installationsart

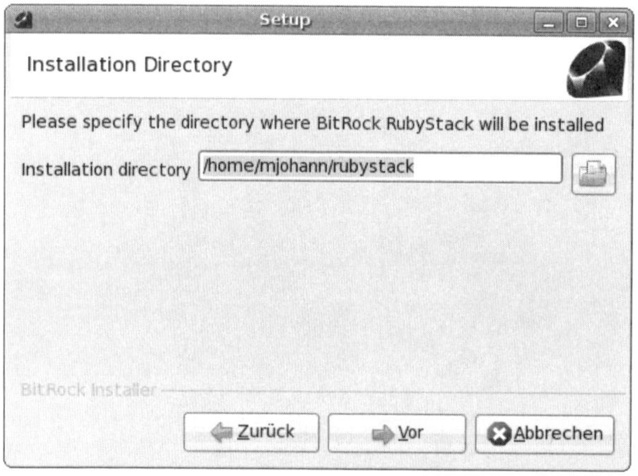

Abbildung 1.7
Installationsverzeichnis wählen

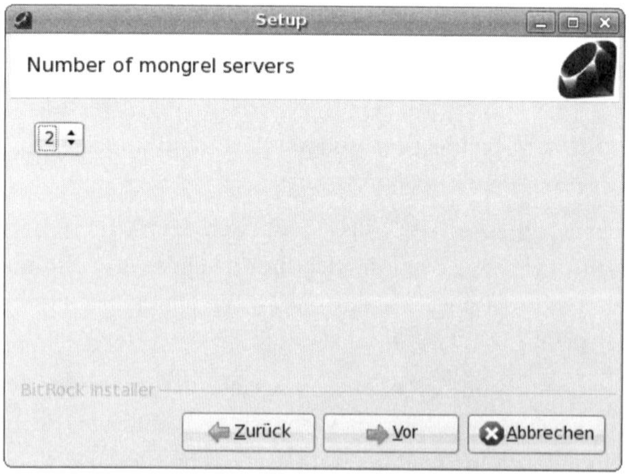

Abbildung 1.8
Anzahl der Mongrel Server im Backend

In einer typischen Deployment-Situation finden Sie einen Apache Loadbalancer als direkten Ansprechpartner für die Web-Clients. Im Backend der Anwendung arbeiten dann beliebig viele Instanzen von Mongrel-Servern, die entsprechend auf eine Datenbank für Ihre Rails-Anwendung zugreifen.

An dieser Stelle belassen Sie die Voreinstellung auf zwei Instanzen und klicken auf den „Vor"-Button, um zum nächsten Installationsschritt zu gelangen (Abbildung 1.9).

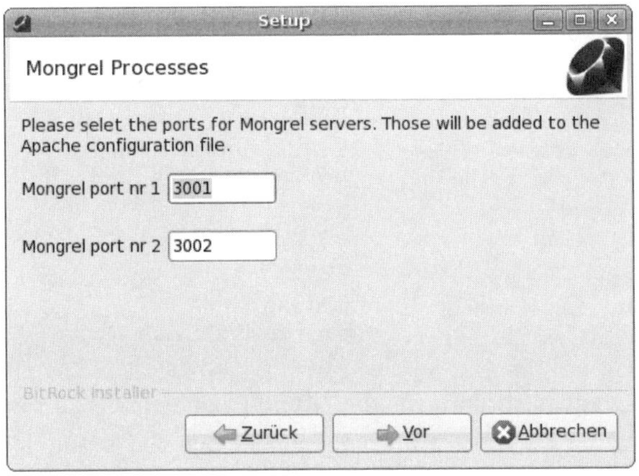

Abbildung 1.9
Die Portadressen für die Mongrel-Instanzen

In diesem Schritt vergeben Sie die Port-Adressen für die jeweiligen Mongrel-Instanzen. Auch hier belassen Sie es zunächst bei den voreingestellten Werten und klicken auf den „Vor"-Button.

Sollten Sie über Administratorrechte verfügen, können Sie im nachfolgenden Schritt (Abbildung 1.10) den Port `80` als Voreinstellung belassen. Andernfalls müssten Sie sich einen Port aussuchen, der auch für „einfache" Benutzer freigegeben ist.

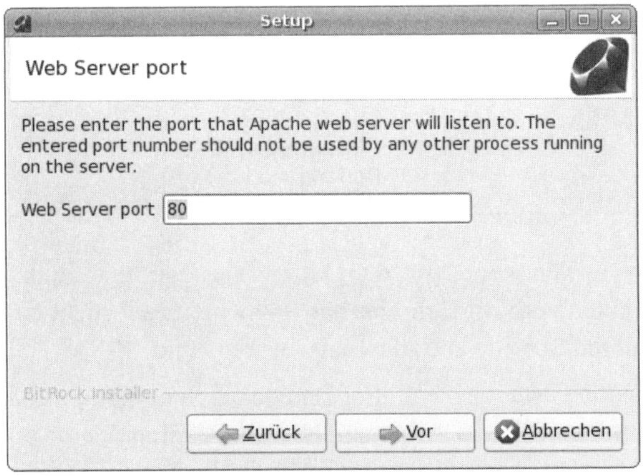

Abbildung 1.10
Der Standard-Port für den Apache Webserver

Im nächsten Schritt (Abbildung 1.11) muss definiert werden, unter welcher Domain oder IP-Adresse der Apache WebServer gefunden wird. Hier können Sie auch den Standardwert von `127.0.0.1` übernehmen.

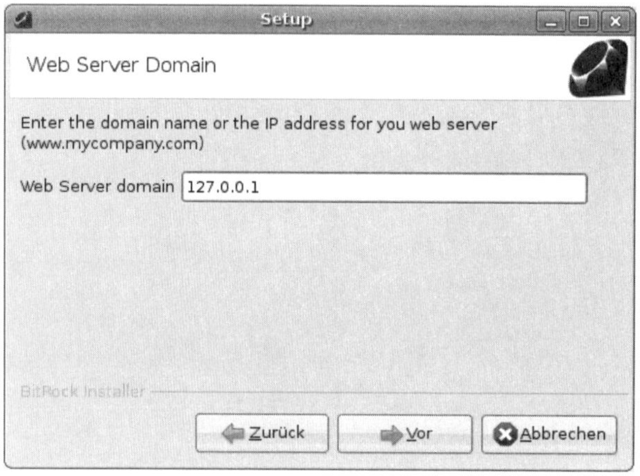

Abbildung 1.11
Angabe der WebServer Domain

Der nächste Schritt (Abbildung 1.12) fragt nach dem für die MySQL-Datenbank zu verwendenden Port. Hier wird standardmäßig der Port `3306` angegeben, den Sie bestätigen sollten.

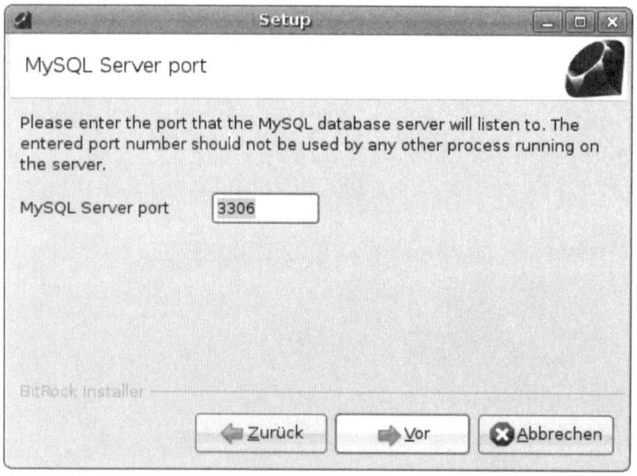

Abbildung 1.12
Portangabe für die MySQL-Installation

Im nächsten Schritt wird ein Passwort für den Root-User der Datenbank abgefragt. Hinter den in (Abbildung 1.13) gezeigten Punkten verbirgt sich hier das Passwort `1234`: nicht besonders sicher und kreativ, für die weiteren Schritte aber durchaus ausreichend.

Im nächsten Schritt wird ein Präfix für die Erstellung von drei Datenbanken abgefragt. Für eine typische Ruby on Rails-Projektstruktur wird im Allgemeinen von Development, Test und Production-Umgebungen gesprochen. So kann ein Ruby on Rails-Projekt in jeweils einer der drei Umgebungen gestartet und ausgeführt werden, ohne jeweils eigene Kopien des Projekts verwalten zu müssen.

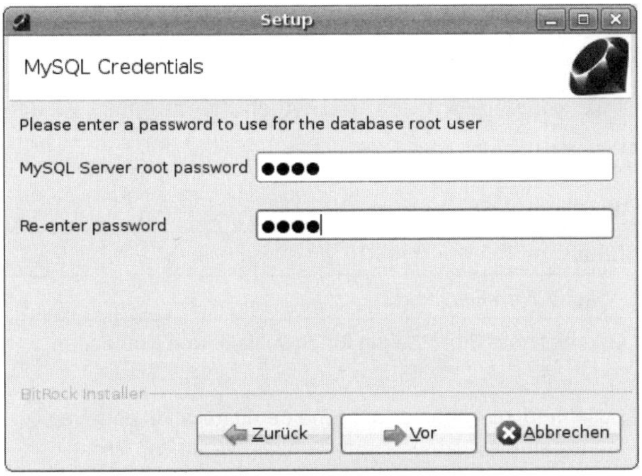

Abbildung 1.13
Hier wird das Passwort für den Root-User abgefragt.

Für die Installation des RubyStacks ist es eigentlich unerheblich, ob eine Datenbank angelegt wird. Der Installationsassistent will allerdings nicht auf die Erstellung dieser drei Datenbanken verzichten, weshalb Sie an dieser Stelle einfach den Präfix `test` angeben. Und da wir diese Angaben nicht wirklich für spätere Zwecke verwenden wollen, geben Sie bei den Feldern für den Benutzernamen und sein Passwort ebenfalls jeweils `test` ein (Abbildung 1.14).

Mit einem Klick auf den „Vor"-Button kommen Sie dem Abschluss der Installation schon einen guten Schritt näher.

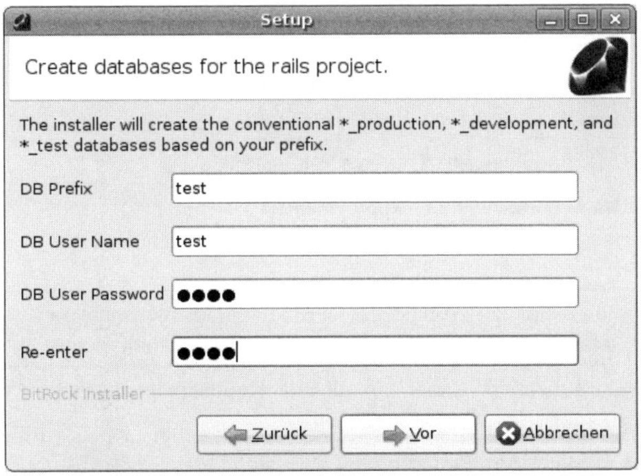

Abbildung 1.14
Anlegen einer Standard-Datenbank und deren Benutzer

In den restlichen Schritten bestätigen Sie einfach durch einen Klick auf den „Vor"-Button, und die Installation startet. Da hier rund 430 MB installiert werden, sollten Sie sich eine kurze Pause gönnen und etwas Kaffee oder Tee zu sich nehmen.

Nach Abschluss der Installation beenden Sie den Installationsassistenten und kehren zurück in Ihr Terminalfenster.

Im Unterverzeichnis `rubystack` Ihres Home-Verzeichnisses sollte sich nun alles für die Entwicklung mit Ruby on Rails Erforderliche befinden.

Tabelle 1.1 zeigt, welche Verzeichnisse angelegt wurden und welche Komponenten sich dahinter verbergen.

Tabelle 1.1 Inhalte der Installation von Rubystack

Datei oder Verzeichnis	**Inhalt**
`apache2`	Apache Web-Server 2.2
`common`	Gemeinsame Bibliotheken für die installierten Komponenten
`configuration_report.txt`	Zusammenfassung der während der Installation abgefragten Daten wie Portnummern, Benutzerdaten und Passwörter
`database-sample.yml`	Enthält die Konfigurationsparameter für die angelegten Datenbanken.
`environment-sample.rb`	Hier sind einige Umgebungsvariablen für Ghostscript-Fonts und die Benutzung von RMagick abgelegt. Diese Datei werden wird ignorieren.
`license.txt`	Die obligatorischen Lizenzinformationen
`mysql`	Die Installation für die Datenbank MySQL 5.0.45
`README`	Eine kurze Anleitung für die Nutzung des Rubystacks
`ruby`	Die Ruby-Implementieriung in der Version 1.8.6
`rubyconsole`	Ein Skript, das einen Alias für die komfortable Nutzung von MySQL bereitstellt
`rubystackctl.sh`	Dieses Skript erlaubt das Starten und Stoppen der Server Apache und MySQL.
`rubystack-icon.png`	Das produkteigene Logo als PNG-Grafik
`scripts`	Unterverzeichnis für Skripte. Hier wird `setenv.sh` bereitgestellt, die benötigte Umgebungsvariablen definiert.
`sqlite`	Eine Installation von SQLite 3. Eine sehr leichtgewichtige Datenbank, die sich besonders für die Entwicklung eignet
`subversion`	Ein Subversion Client, um auf SVN-Repositories zugreifen zu können
`uninstall`	Ein Skript zum Entfernen der Rubystack-Installation

Mit der vorliegenden Installation steht Ihnen nun die ganze Welt der Entwicklung mit Ruby on Rails offen. Da Sie allerdings mit der aktuellsten Version von Rails arbeiten sollten, müssen noch einige kleine Schritte durchgeführt werden, die entsprechende Updates installieren.

Gem

Ruby kennt mit Gems ein ähnliches Bibliothekenkonzept wie Java mit den JAR-Dateien. Das zugehörige Werkzeug ist `gem` und bietet eine einfache Verwaltung von Ruby-Gems. So ist Ruby on Rails beispielsweise ein Gem und wird mit Hilfe von `gem` installiert und aktuell gehalten.

Proxy nutzen

An dieser Stelle gebe ich Ihnen noch einige Hinweise mit auf den Weg, wie Sie generell mit Ruby on Rails und Gem verfahren müssen, wenn Sie Angaben zu einem Proxy-Server machen sollen, um von Ihrem Rechner aus ins Internet zu gelangen.

Generell können Sie für die meisten verwendeten Kommandos entsprechende Umgebungsvariablen setzen. Die folgenden Zeilen definieren für HTTP sowie für FTP entsprechende Proxy-Variablen.

```
$ export http_proxy=http://<username>:<password>@<proxy>:<port>

$ export ftp_proxy=http://<username>:<password>@<proxy>:<port>
```

Im obigen Beispiel wird ein HTTP-Proxy auch für FTP verwendet. Sollte für FTP-Zugriffe ein anderer Proxy genutzt werden, müssen Sie die Parameter entsprechend ändern. Das Beispiel geht davon aus, dass Sie sich beim Proxy authentifizieren müssen. Ersetzen Sie bei allen Angaben die Teile mit den spitzen Klammern durch Ihre eigenen Angaben.

`Gem` kennt einen eigenen Parameter `-p`, um einen Proxy-Server zu nutzen. Das folgende Beispiel zeigt einen typischen Aufruf mit Proxy.

```
$ sudo gem install rails -p http://myuser:mypasswd@proxy.domain:8080
```

Je nachdem, ob Sie nun einen Proxy-Server nutzen müssen oder nicht, sollten Sie jetzt die installierte Version von Rails aktualisieren. Hierzu geben Sie in einem Terminalfenster folgende Anweisung ein.

```
$ sudo gem update rails --source=http://gems.rubyonrails.org --include-
dependencies
```

Mit dem Parameter `source` wird die Quelle für Ruby on Rails angegeben. Dieser Parameter wird immer dann benutzt, wenn die aktuellste Version von Rails nicht in den Standard-Repositories für Gems verfügbar ist. Der Parameter `include-dependencies` sorgt für die Installation der notwendigen Abhängigkeiten wie ActiveRecord oder ActionPack.

Nach erfolgreichem Update Ihrer Rails-Umgebung können Sie die aktuelle Version mit folgender Anweisung abfragen.

```
$ rails -v

$ Rails 2.1.0
```

Es kann vorkommen, dass Sie anstelle einer Versionsangabe die folgenden Fehlermeldungen erhalten.

```
rails: line 9: require: command not found
rails: line 10: version: command not found
rails: line 11: syntax error near unexpected token '('
...
```

In diesem Fall müssen Sie die Shebang-Zeile (Zeile Nr. 1) der Skriptdatei `rails` folgendermaßen anpassen.

```
#!/usr/bin/env ruby
```

Danach steht einer erfolgreichen Arbeit mit Ruby on Rails nichts mehr im Wege.

Aktualisieren von RubyGems

Von Zeit zu Zeit wird auch RubyGems aktualisiert, weshalb Sie mit folgendem Aufruf auch die Version des Gem-Werkzeugs selbst auf den aktuellsten Stand bringen können.

```
$ sudo gem update --system
```

Als diese Zeilen geschrieben wurden, war die Version 1.1.1 aktuell.

1.5.2 Manuelle Installation unter MacOS X

Dieser Abschitt zeigt die manuelle Installation von Ruby on Rails auf einem Apple-System mit Mac OS X. Sollte der Ansatz mit einem „One-Click-Installer" nicht erwünscht sein, müssen einige Schritte „zu Fuß" erledigt werden, wobei unter Umständen auch Quellen kompiliert werden müssen.

Prinzipiell funktioniert dieser Weg auf anderen Linux-Systemen gleichermaßen und kann daher weitgehend auf die Installation beispielsweise eines Ubuntu-Systems übertragen werden. Apple liefert seit Erscheinen von Mac OS X 10.5 standardmäßig eine Ruby- und eine Rails-Version mit aus. Allerdings ist das Problem der Aktualität auch hier vorhanden, so dass Ruby 1.8.6 und Rails 1.2.3 mit Vorliegen dieses Buches längst veraltet sind. Daher sollten Sie sich die Zeit nehmen und die folgenden Installationshinweise für eine parallel installierte aktuelle Version beherzigen.

1.5.2.1 Ruby installieren

Zunächst benötigen Sie die aktuelle Version von Ruby. Diese finden Sie auf der Ruby-Homepage, von wo aus Sie den Download-Link kopieren und in einem Terminal-Fenster mit folgendem Aufruf herunterladen. Achten Sie hierbei unbedingt darauf, nicht die Version 1.9 zu installieren, da diese noch nicht mit Rails zusammenarbeitet. Ideal ist eine Version 1.8.6.

```
$ curl -OL ftp://ftp.ruby-lang.org/pub/ruby/stable-snapshot.tar.gz
```

Es hat sich als praktisch erwiesen, sämtliche Installationen von neuer Software zunächst im Verzeichnis `/usr/local/src` vorzunehmen. Sie sollten daher die geladene Datei in dieses Verzeichnis kopieren und mit folgender Anweisung entpacken.

```
$ tar xvzf stable-snapshot.tar.gz
```

Nun wurden die Quellen von Ruby in das Verzeichnis `ruby` entpackt. Wechseln Sie in das Verzeichnis, und führen Sie folgende Anweisung aus, um das Paket zu konfigurieren und Informationen für den späteren Make-Lauf bereitzustellen.

```
$ ./configure --prefix=/usr/local
```

Das Paket wird nun konfiguriert und kann kurz darauf mit folgendem Aufruf kompiliert werden.

```
$ make
```

Nach erfolgreicher Kompilierung muss das Paket nur noch installiert werden. Hierzu rufen Sie Folgendes im Terminal auf.

```
$ sudo make install
```

Nach erfolgter Installation lässt sich die Version von Ruby mit folgendem Aufruf ermitteln.

```
$ ruby -v

ruby 1.8.6 (2007-12-04 patchlevel 5000) [i686-darwin9.1.0]
```

1.5.2.2 Installation von RubyGems

Ruby kennt ein Paketkonzept, das zu installierende Bibliotheken und Programme als Gems bezeichnet. Es gibt eine große Zahl von Gems, die sich ähnlich wie RPM-Pakete unter Linux mit einem Werkzeug namens `gem` installieren lassen.

Damit Ruby mit Gems umgehen kann, muss zuvor RubyGems installiert werden. Auch hier kann mit `curl` gearbeitet werden, um den Download in einem Terminal-Fenster durchzuführen.

```
$ curl -OL http://rubyforge.org/frs/download.php/35283/rubygems-1.1.1.tgz
```

Nach dem Download sollten Sie die Datei entpacken. Hierzu geben Sie folgende Anweisung ein.

```
$ tar xvzf rubygems-1.1.1.tgz
```

Nun befinden sich die Quellen für RubyGems im Verzeichnis `rubygems-1.1.1` und können von dort aus in die Ruby-Installation eingebracht werden. Rufen Sie im Terminal-Fenster folgende Anweisung auf, um diesen Schritt abzuschließen.

```
$ cd rubygems-1.1.1

$ sudo ruby setup.rb
```

Nach erfolgreicher Installation lässt sich Ruby on Rails mit dem Kommando `gem` installieren. Zuvor sollten Sie die erfolgreiche Installation jedoch mit folgender Anweisung überprüfen.

```
$ gem -v

1.1.1
```

`gem` gibt mit dem Parameter `-v` die aktuelle Version aus; in diesem Fall `1.1.1`.

1.5.2.3 Installation von Rails

Für die Installation wird Folgendes im Terminal eingegeben.

```
$ sudo gem install rails
```

Mit RubyGems Version 0.9.5 wurde der Parameter `--include-dependencies` Standard. Damit werden alle abhängigen Pakete automatisch mit installiert. Wenn Sie dies irgendwann einmal nicht wünschen, können Sie mit dem Parameter `--ignore-dependencies` veranlassen, dass nur das gewählte Gem installiert wird.

Das Protokoll zeigt, welche Pakete und Abhängigkeiten installiert werden.

```
Successfully installed actionpack-2.1.0
Successfully installed actionmailer-2.1.0
Successfully installed activeresource-2.1.0
Successfully installed rails-2.1.0
4 gems installed
Installing ri documentation for actionpack-2.1.0...
Installing ri documentation for actionmailer-2.1.0...
Installing ri documentation for activeresource-2.1.0...
Installing RDoc documentation for actionpack-2.1.0...
Installing RDoc documentation for actionmailer-2.1.0...
Installing RDoc documentation for activeresource-2.1.0...
```

Nach erfolgter Installation kann die aktuelle Version mit folgender Anweisung abgefragt werden.

```
$ rails -v

Rails 2.1.0
```

Damit ist die Installation auch unter Mac OS X 10.5 erfolgreich aktualisiert, und Sie können mit dem nächsten Kapitelabschnitt fortfahren oder direkt ins Tutorial nach den Installationsschritten einsteigen.

1.5.3 Installation unter Windows XP/Vista

Für die Installation gab es vor einiger Zeit InstantRails. Dabei handelte es sich um einen „One-Click-Installer“ für Windows, der wie sein Pendant unter Linux mit einem Apache WebServer, einer MySQL-Datenbank und einer zentralen Verwaltung aller Komponenten daherkam.

Seit Längerem wird dieses Paket allerdings nicht mehr gepflegt, und die Entwickler bei Bitrock haben eine Alternative namens Bitnami Rubystack auf den Markt gebracht. Dieses Paket ist ebenso Open Source und kostenlos erhältlich. Den Rubystack erhalten Sie von folgendem Link.

```
http://bitnami.org/files/stacks/rubystack/bitnami-rubystack-1.1-0-windows-
installer.exe
```

Nach dem Download starten Sie das Installationsprogramm und folgen den Anweisungen (Abbildung 1.15).

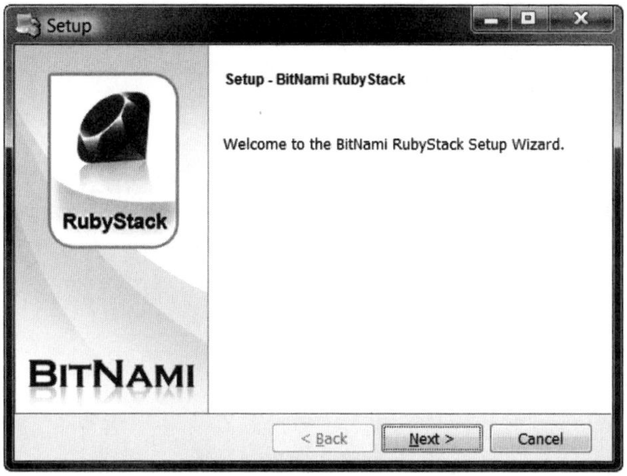

Abbildung 1.15
Der Startdialog des Installationsassistenten

Mit einem Klick auf den Next-Button gelangen Sie zum nächsten Schritt (Abbildung 1.16), der lediglich anzeigt, was alles installiert wird. Da es hier keine optionalen Elemente gibt, klicken Sie auf den Next-Button, um zum nächsten Dialogfenster zu gelangen.

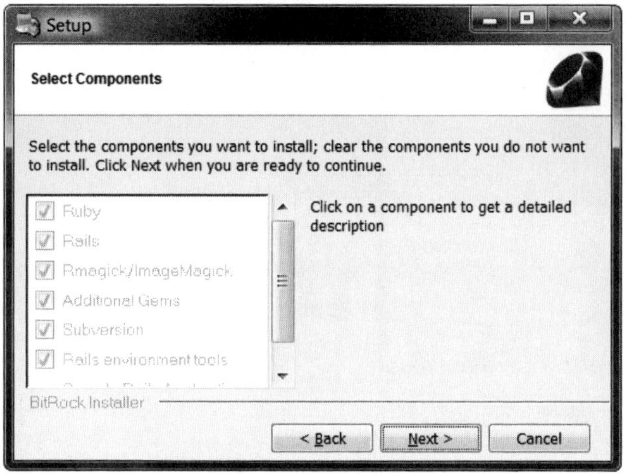

Abbildung 1.16
Die Auswahl der Komponenten lässt sich nicht verändern.

Wählen Sie nun das Verzeichnis für die Installation aus (Abbildung 1.17 auf der nächsten Seite). Achten Sie hier bitte bei Windows Vista auf die passenden Rechte bei eingeschalteter Benutzerkontenverwaltung, da Sie ansonsten Gefahr laufen, die Installation nicht korrekt zu Ende führen zu können.

Nach einem Klick auf den Next-Button werden Sie nach dem Standard-Port für die MySQL-Datenbank gefragt. Hier klicken Sie einfach wieder auf Next, um die Vorgabe zu übernehmen (Abbildung 1.18).

Geben Sie für diese Installation (Abbildung 1.19) das Passwort `1234` für den Root-Benutzer ein und bestätigen das Passwort im zweiten Eingabefeld. Danach klicken Sie auf Next.

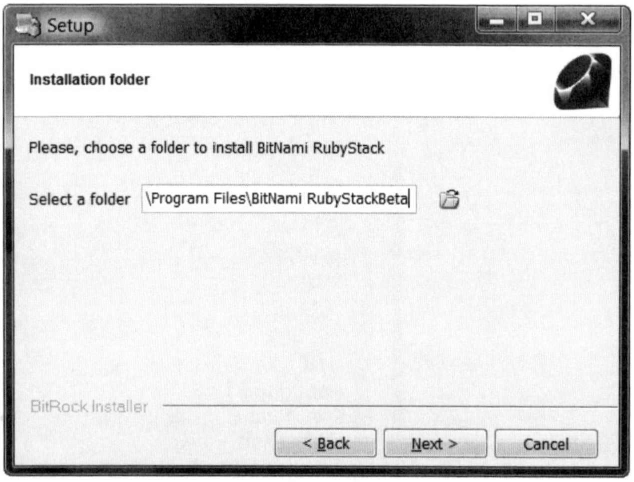

Abbildung 1.17
Eingabe des Installationspfades

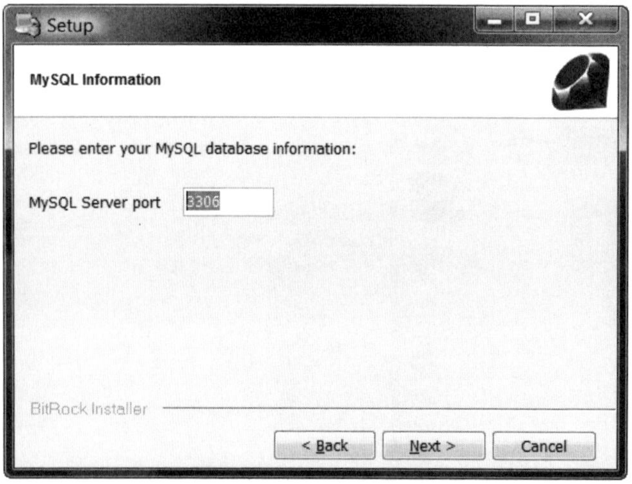

Abbildung 1.18
Angaben zur Portnummer für MySQL

Abbildung 1.19
Das Root-Passwort für den Root-Benutzer eingeben

Nun ist es an der Zeit, den Namen für ein Beispielprojekt anzugeben (Abbildung 1.20). Da Sie den Installationsassistenten nur dann ruhigstellen können, wenn Sie hier eine Angabe machen, geben Sie bitte `test` als Projektnamen an und klicken auf Next.

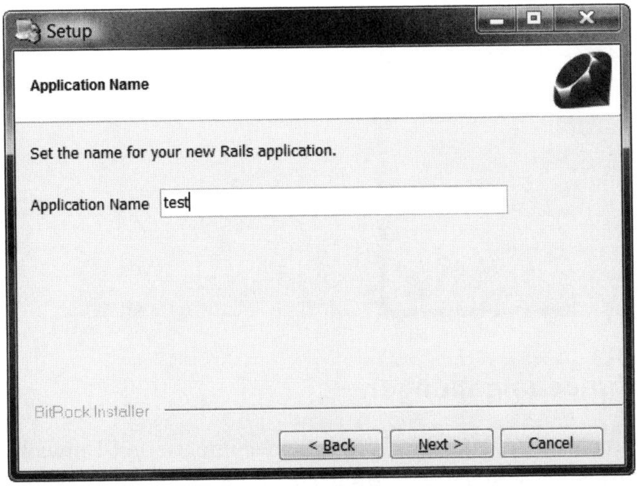

Abbildung 1.20
Der Name des Testprojektes

Der daraufhin folgende Dialog (Abbildung 1.21) fragt nach einem Passwort für den Benutzer der Datenbanken, die für das Testprojekt angelegt werden. Hier geben Sie bitte `test` in beide Eingabefelder ein und klicken auf Next, um die Installation abzuschließen.

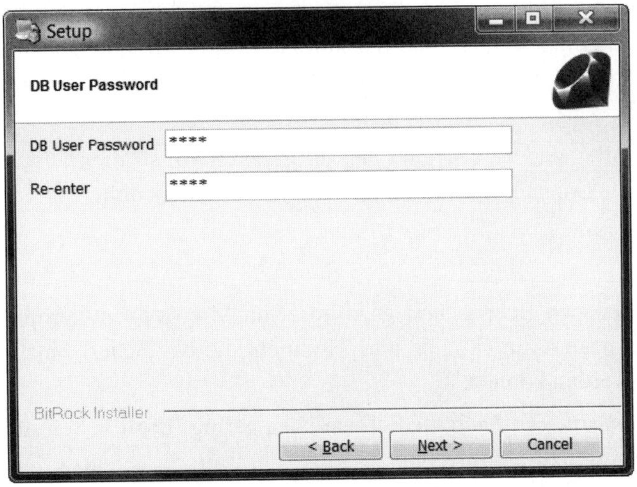

Abbildung 1.21
Das Passwort für den Datenbank-Benutzer

Auch hierfür können Sie sich gerne eine Tasse Kaffee oder Tee, oder was auch immer nach Ihrem Gusto ist, zubereiten, denn die Installation benötigt einiges an Platz und Zeit (Abbildung 1.22).

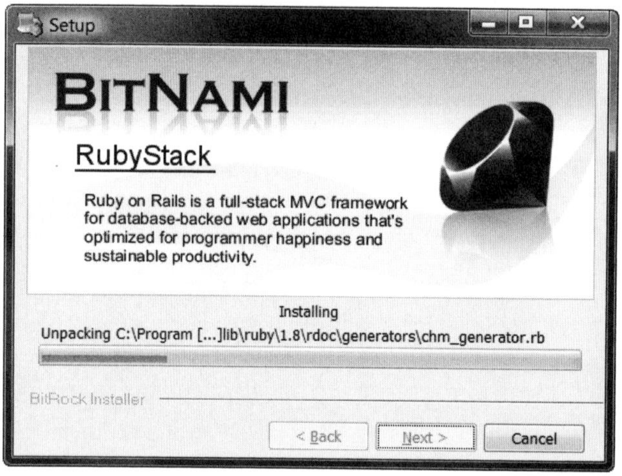

Abbildung 1.22
Die Installation läuft und dauert.

1.5.4 Integrierte Entwicklungsumgebungen

Obwohl Ruby on Rails-Projekte nicht unbedingt den Einsatz einer integrierten Entwicklungsumgebung bedingt, ist es aus Sicht einiger Java-Entwickler durchaus sinnvoll, mit einer IDE zu starten.

Ein Java-Projekt ist heutzutage ohne IDE nicht mehr denkbar. Vielen Lesern wird der Umgang mit Eclipse vertraut sein, während andere mit einem einfachen Texteditor und einem Build-Tools wie ANT arbeiten und respektable Ergebnisse erzielen. Wie dem auch sei, Ruby on Rails setzt nicht voraus, eine IDE zu benutzen, denn die Konventionen und die wesentlich geringere Menge an Dateien sorgen auch bei komplexeren Anwendungen für mehr Übersichtlichkeit, derer man mit einem guten Texteditor und einem Dateimanager Herr werden kann.

Die Leserschaft wird allerdings alles andere als homogen aufgeteilt sein, so dass ich an dieser Stelle die wichtigsten Entwicklungsumgebungen für Ruby on Rails vorstelle.

1.5.4.1 NetBeans 6

NetBeans ist *das* Konkurrenzprojekt zu Eclipse und wird von Sun Microsystems propagiert. Der Aufbau von NetBeans basiert auf Plugins und Modulen, die bei Bedarf hinzugefügt, aktualisiert oder entfernt werden können.

Die Verbreitung von NetBeans ist im Vergleich zu Eclipse eher gering, doch haben die Entwickler die Gunst der Stunde genutzt und ihre IDE für Ruby on Rails fit gemacht. Die zum Zeitpunkt des Verfassens dieser Zeilen aktuelle Version 6.1 bietet einige Features, die andere IDEs nicht bieten und NetBeans zum Mittel der Wahl machen können.

Projektorganisation

NetBeans organisiert seine Projekte wie fast alle IDEs in einem Projekt-Navigator, in dem gleichzeitig mehrere Projekte bearbeitet werden können.

Für die Arbeit mit Projekten stehen diverse Möglichkeiten zur Verfügung. Neben dem Erstellen von Ruby/Ruby on Rails-Projekten, die von Grund auf neu implementiert werden sollen, können auch vorhandene Projekte importiert und weiterentwickelt.

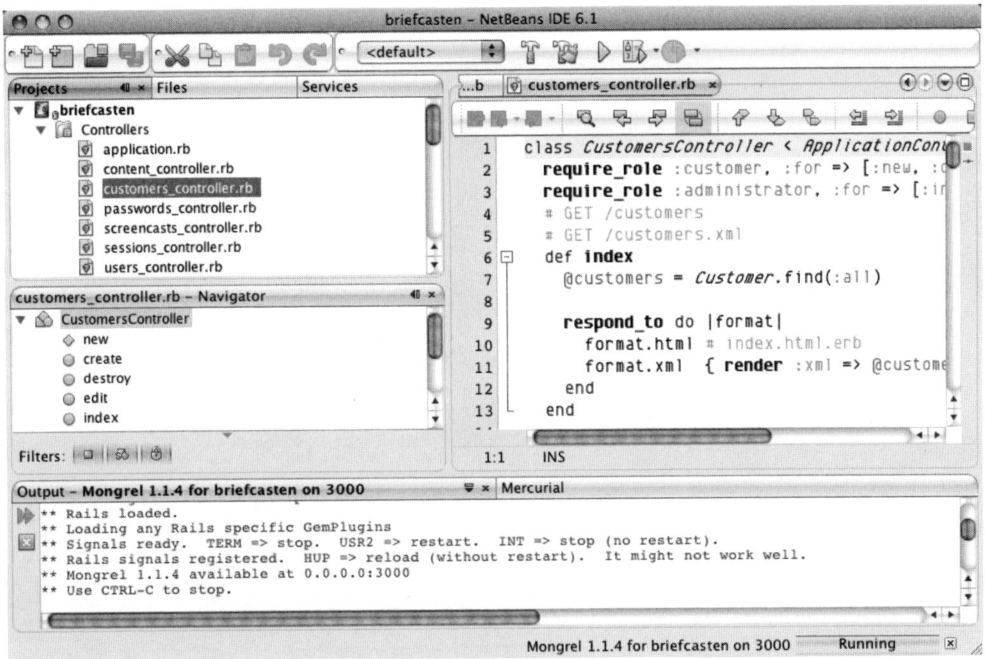

Abbildung 1.23 NetBeans bietet eine übersichtliche Aufteilung.

In Abbildung 1.23 ist die Aufteilung des IDE-Hauptfensters zu sehen. Links oben der Project-Explorer, darunter der Klassennavigator, der sämtliche Methoden und Attribute der aktuellen Klasse auflistet. In der rechten Fensterhälfte sehen Sie den Editor und darunter diverse Meldungsfenster wie Konsolen und Serverausgaben.

Je nach Konfiguration der installierten Umgebung wird auch der gemischte Umgang mit Java und Ruby on Rails ermöglicht, so dass beispielsweise ein Ruby on Rails-Projekt ein anderes Java-Projekt integrieren kann. Hierzu wird JRuby mitgeliefert sowie eine Reihe von Werkzeugen, die beispielsweise das Deployment einer Ruby on Rails-Anwendung in den Glassfish Application-Server von Sun erlauben.

Editor-Features

Neben den üblichen Funktionen wie Suchen/Ersetzen und der Syntax-Hervorhebung bietet NetBeans eine komfortable Code-Vervollständigung an, die eine sehr gute Unterstützung beim Erlernen der verschiedenen APIs darstellt (siehe Abbildung 1.24).

Ruby on Rails bietet bekanntlich Unterstützung für Tests, was NetBeans ebenfalls berücksichtigt, denn für jede Ruby-Klasse in Ruby on Rails sollte es eine korrespondierende Test-

Klasse geben, wobei NetBeans die entsprechende Navigation mit Hilfe einer Tastenkombination vereinfacht.

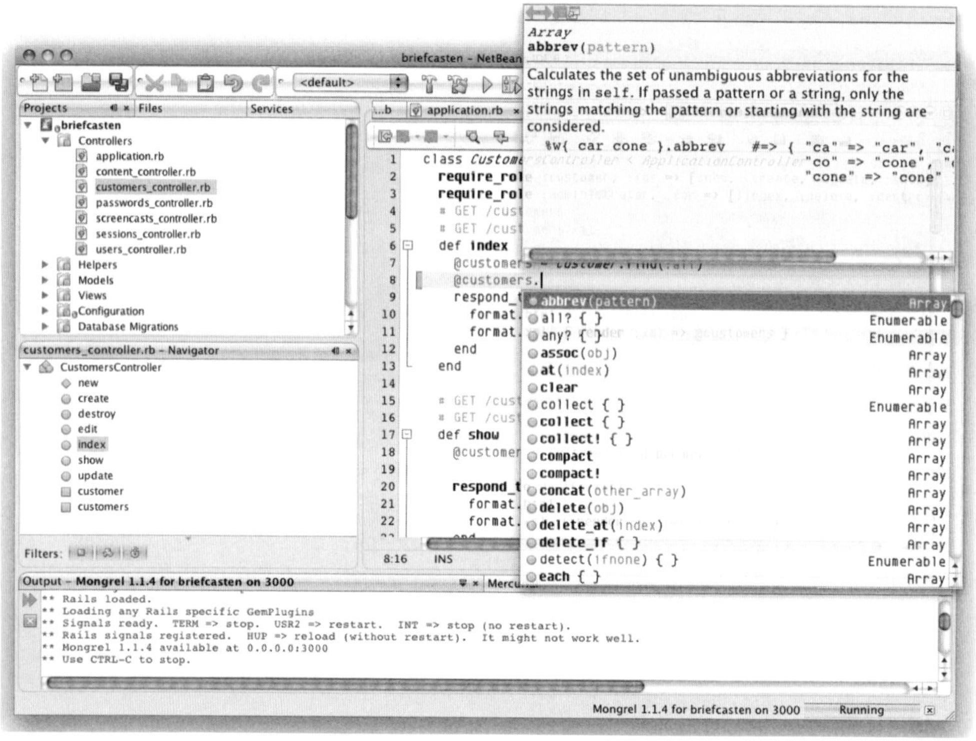

Abbildung 1.24 Code-Vervollständigung und Dokumentation im Einblick

Die Methoden von Klassen können auf- und zugeklappt werden, um die Navigation im Quellcode zu vereinfachen. Des Weiteren ist eine Formatierung von Quellcodes möglich, die nicht von allen Umgebungen gleichermaßen unterstützt wird.

Die Unterstützung der Laufzeitumgebung ist flexibel gehalten. So wird der Entwickler nicht an eine einzige Ruby-Version gebunden, sondern kann bereits nach der Installation zwischen Ruby 1.8.6 und JRuby 1.8.6 auswählen. Eigene Rails-Versionen lassen sich dabei beliebig hinzufügen und entfernen. Die Verwaltung von Gems wird an dieser Stelle ebenfalls ermöglicht, so dass unterschiedliche Ruby/Jruby-Umgebungen mit ihren separaten Gems geführt werden können.

Debugging

Der Debugger in NetBeans ist das Glanzstück. Die Entwickler haben es geschafft, einen grafischen Debugger zu entwickeln, der die Fehlersuche extrem vereinfacht. Neben dem Setzen von Breakpoints bietet der Debugger eine Menge an Informationen zu lokalen Variablen und Watches.

Des Weiteren wird der Callstack angezeigt, was die Orientierung nochmals vereinfacht. Als Voraussetzung für die Nutzung des Debuggers müssen allerdings zwei Gems installiert sein, die NetBeans freundlicherweise zum Download anbietet.

Die Unterstützung der Fehlerbehebung in NetBeans ist bei Weitem die beste von allen vorgestellten IDEs und bietet sicher die beste Hilfe für Einsteiger, die sich scheuen, mit dem Kommandozeilen-Debugging vorlieb zu nehmen (siehe Abbildung 1.25).

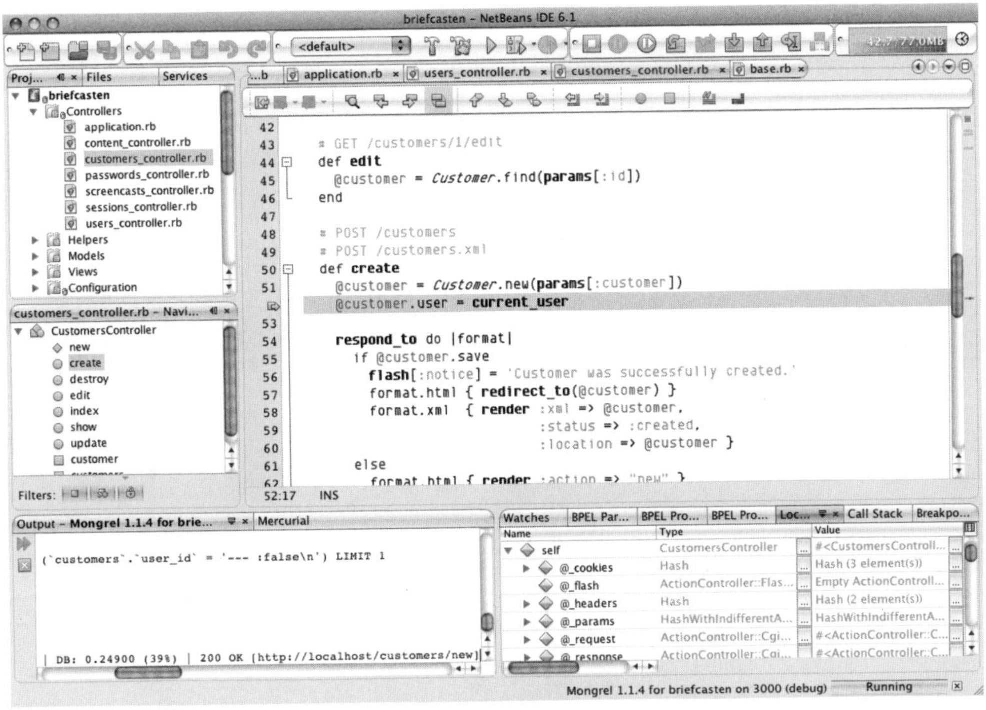

Abbildung 1.25 Der Debugger von NetBeans ist das Glanzstück der IDE.

Versionskontrolle

NetBeans ist von einem Subversion Repository auf Mercurial, das verteilte Versionskontrollsystem, umgestiegen. Dementsprechend gut ist die Unterstützung von Mercurial in der Umgebung von NetBeans. Aber auch andere Versionskontrollsysteme lassen sich in NetBeans nutzen. Allen voran Subversion, wobei wie für alle Versionskontrollsysteme die kontextbezogene Nutzung ermöglicht wird.

Beispielsweise lassen sich sehr übersichtlich die Versionsstände miteinander vergleichen und die Historie darstellen (vergl. Abbildung 1.26 auf der nächsten Seite).

Ausgehend von den Möglichkeiten, die Mercurial bietet, gibt es die Möglichkeit, komplette Changesets auf Änderungen zu untersuchen und beispielsweise ein Diff aufzurufen (siehe Abbildung 1.27).

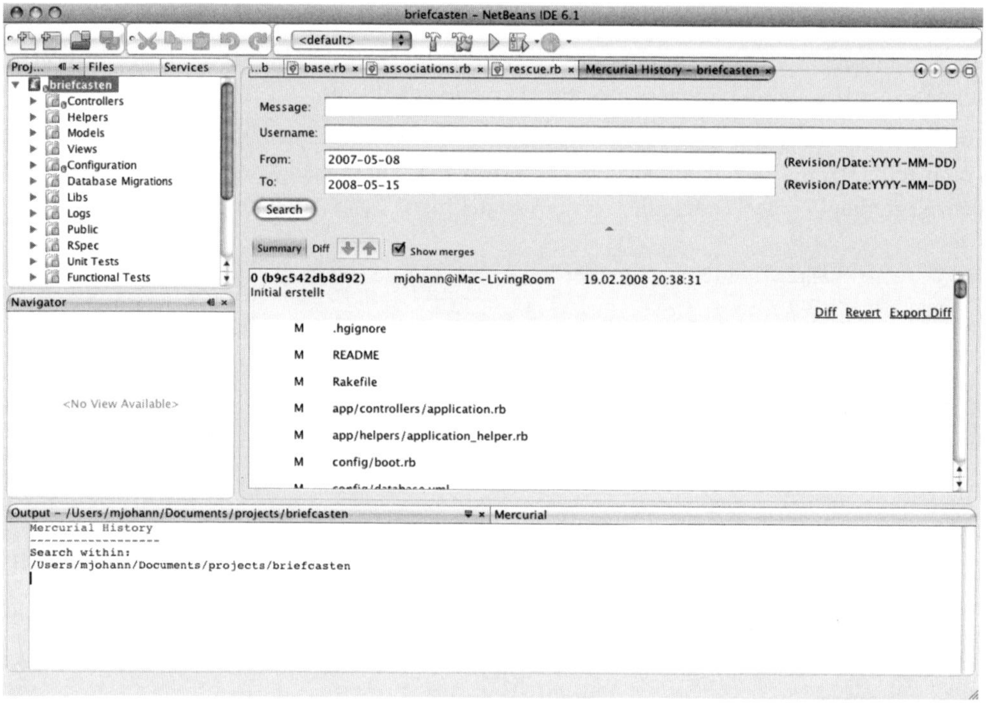

Abbildung 1.26 Die Versionshistorie eines Mercurial-Projektes in NetBeans

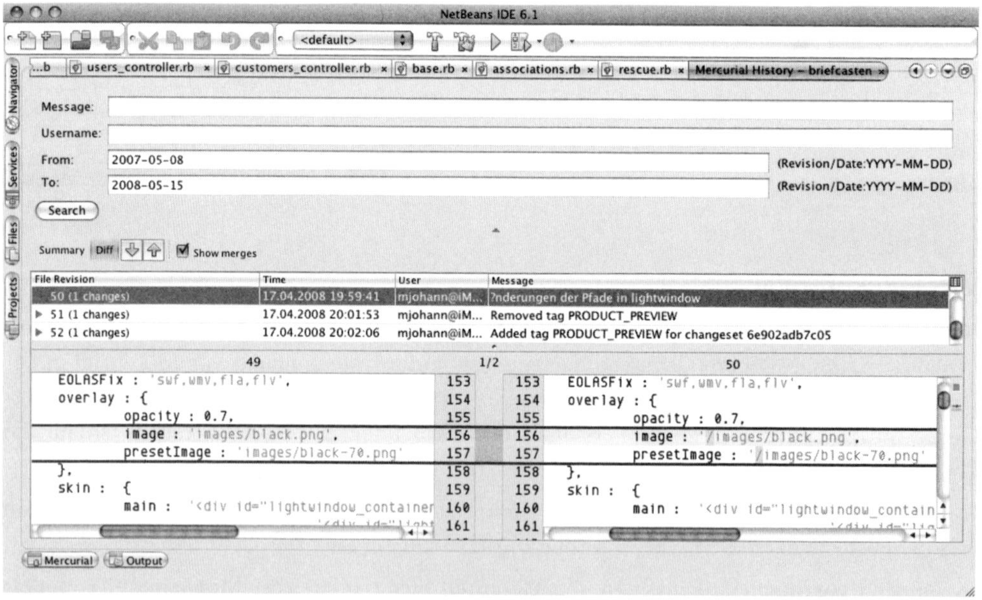

Abbildung 1.27 Ein Diff in einem Mercurial-Changeset

Besonderheiten

Die Möglichkeit, eine Ruby on Rails-Anwendung als WAR-Datei für einen Application-Server deployen zu können, macht einen guten Eindruck. So lässt sich mit wenigen Klicks von einer Standard-Ruby-Umgebung auf eine Java VM ausweichen.

Fazit

NetBeans ist momentan eine sehr ausgereifte IDE für Ruby on Rails. Besonders hervorzuheben sind der Debugger sowie die flexible Gestaltung von Versionskontrolle, gemischten Projekten und des integrierten Deployments in einen Glassfish Application Server.

1.5.4.2 3rdRail

CodeGear ist die Entwicklungsfirma für IDEs verschiedener Sprachen und Plattformen, die von Borland verkauft wurde und bereits im September 2007 eine erste Version von 3rdRail vorstellte.

3rdRail ist eine auf Eclipse basierende Umgebung für die Entwicklung von Ruby on Rails-Anwendungen. Die aktuelle Version 1.1 ist nicht mehr ganz up to date, eignet sich aber dennoch für den täglichen Gebrauch.

Projektorganisation

Wie bei Eclipse-Werkzeugen üblich, können mehrere Projekte in 3rdRail angelegt und verwaltet werden (Abbildung 1.28).

Optisch macht 3rdRail im Vergleich zu NetBeans einen „hübscheren" Eindruck, was allerdings nicht auf die Qualität der Umgebung schließen lässt.

Wer sich mit Eclipse bereits gut auskennt, wird sich sofort bei 3rdRail zuhause fühlen. Die bekannten Fenster und Ansichten aus Eclipse sind auch hier verfügbar, wobei der Fokus sinnvollerweise auf Ruby on Rails abgestimmt ist.

3rdRail unterstützt ebenso wie NetBeans unterschiedliche Laufzeitumgebungen und kann somit JRuby wie auch unterschiedliche MRI-Umgebungen gleichermaßen handhaben.

Editor-Features

Neben den üblichen Editor-Funktionen wie Syntax-Hervorhebung bietet 3rdRail auch eine Code-Vervollständigung an, die sehr übersichtlich und weitgehend ist. Der Project-Explorer zeigt eine logische Sicht auf ein Projekt an, bietet allerdings wenig Unterstützung für Rake und andere Rails-Werkzeuge an. Lediglich die von Rails mitgelieferten Generatoren lassen sich aufrufen, was den Komfort deutlich einschränkt.

Für die vorhandenen Generatoren werden allerdings leicht verständliche Assistenten geboten.

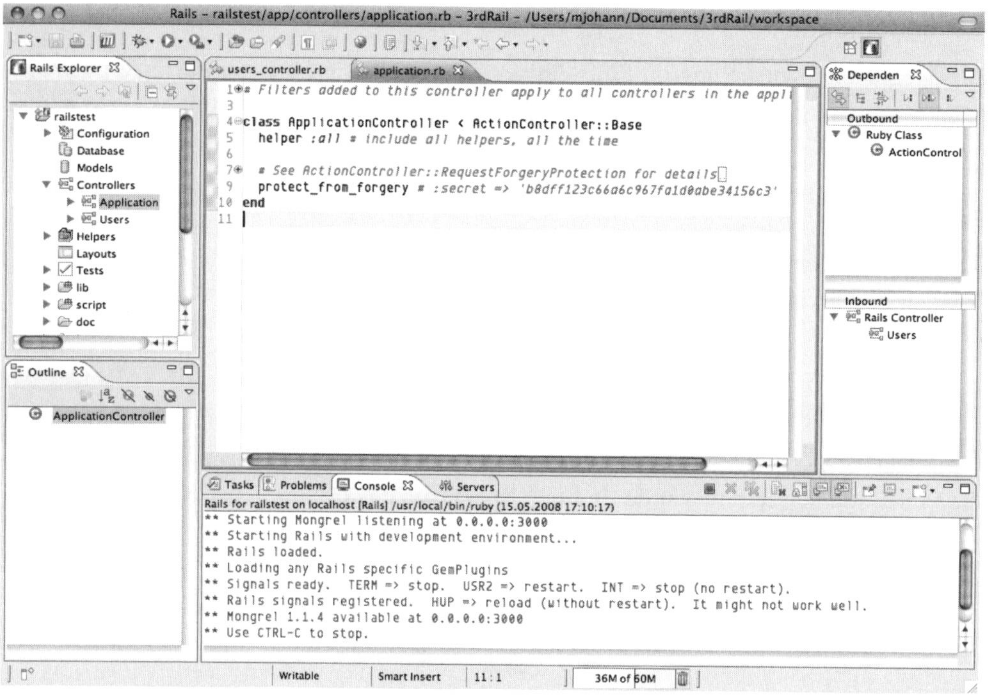

Abbildung 1.28 3rdRail von CodeGear basiert auf Eclipse.

Editor-Features

Neben den üblichen Editor-Funktionen wie Syntax-Hervorhebung bietet 3rdRail auch eine Code-Vervollständigung an, die sehr übersichtlich und weitgehend ist. Der Project-Explorer zeigt eine logische Sicht auf ein Projekt an, bietet allerdings wenig Unterstützung für Rake und andere Rails-Werkzeuge an. Lediglich die von Rails mitgelieferten Generatoren lassen sich aufrufen, was den Komfort deutlich einschränkt.

Für die vorhandenen Generatoren werden allerdings leicht verständliche Assistenten geboten.

Der Assistent in Abbildung 1.29 zeigt, wie ein Modell angelegt werden kann. Gleichzeitig wird dem Benutzer die Erstellung einer Migration sowie deren automatische Ausführung angeboten.

Existiert die Datenbank für die Migration nicht, bleibt der Prozess hängen, und man muss ihn erst manuell abbrechen. Schöner wäre es hier gewesen, die Abhängigkeiten zu prüfen und weitere Hilfestellungen zu bieten. Immerhin zeigt 3rdRail im Kontextmenü des Projektes einen Eintrag zur Ausführung der angelegten Migration an. Die Datenbank kann allerdings nur manuell angelegt werden.

Die Code-Vervollständigung ist gelungen und bietet eine sehr übersichtliche Darstellung von API nebst Dokumentation.

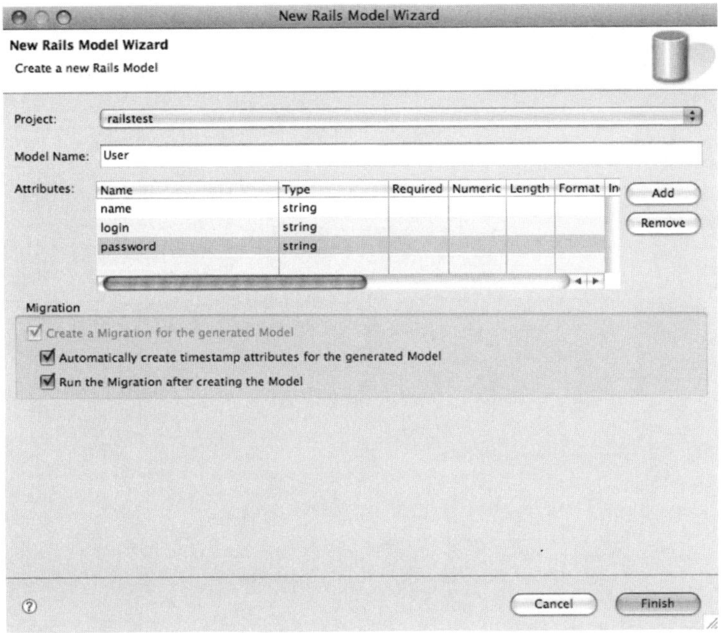

Abbildung 1.29 Der Assistent zum Anlegen eines Modells in 3rdRail

Sehr positiv ist die Bereitstellung von Modellattributen, die 3rdRail sich aus der Migration besorgt und beim Editieren des passenden Modells in der Code-Vervollständigung zur Auswahl anzeigt.

Auch werden die Ressourcen aus den Mappings optisch aufbereitet, beispielsweise durch Auflistung aller Routen einer Ressource. Mit einem Doppelklick gelangt man in die Datei `config/routes.rb` und kann die entsprechende Ressource bearbeiten.

Für eine flexiblere Handhabung der Rails-Skripte in einer Anwendung, steht ein Kommandofenster zur Verfügung, das auch die Konsolenausgaben farblich hervorhebt. Dieses Fenster ist somit eine etwas komfortablere Kommandozeile (vergl. Abbildung 1.30 auf der nächsten Seite).

Debugging

Der integrierte Debugger benötigt das Gem `ruby-debug`. Danach lässt sich der Server im Debug-Modus starten und durch geeignete Haltepunkte unterbrechen, um die Fehlersuche zu starten.

Versionskontrolle

Eclipse kommt von Haus aus mit der Unterstützung von CVS und Subversion daher, was auch 3rdRail zugute kommt. Eine Integration von Mercurial oder Git wird, anders als bei NetBeans, nicht mitgeliefert.

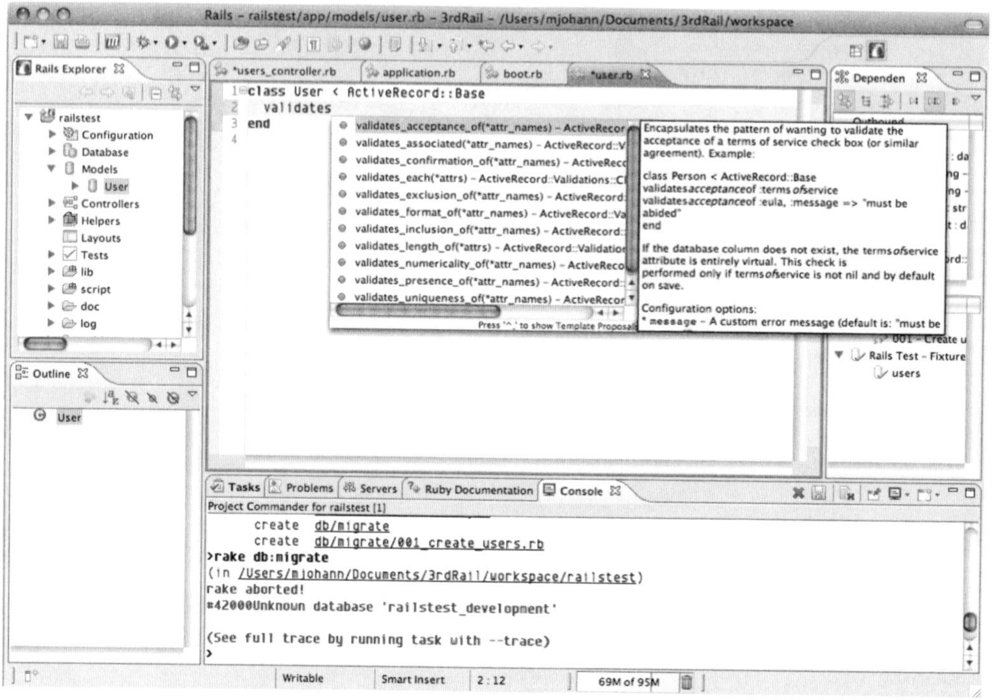

Abbildung 1.30 Die Code-Vervollständigung in 3rdRail ist sehr übersichtlich.

Fazit

3rdRail von CodeGear ist eine Alternative für Kenner der Eclipse-Plattform. Der Einstieg fällt leicht, doch ist der Funktionsumfang eher eingeschränkt. Manches Übersichtsfenster bietet viel mehr Informationen, als benötigt werden, kann aber für einen Einsteiger eine wertvolle Hilfe sein.

1.5.4.3 Textmate

Für die Apple-Benutzer unter den Ruby on Rails-Entwicklern stellt sich oft nicht die Fragenach einer IDE. Wer etwas auf sich hält und schnell zum Ziel kommen will, nutzt *den* Editor unter Mac OS X: TextMate von MacroMates.

Das für wenige Euro erhältliche Programm bietet eine nahezu unerschöpfliche Unterstützung für Programmiersprachen aller Art. Aber auch Skriptsprachen und alle gängigen Dateiformate werden von TextMate unterstützt. Durch die Implementierung als native Mac-Applikation ist TextMate einer der schnellsten Editoren überhaupt (siehe Abbildung 1.31).

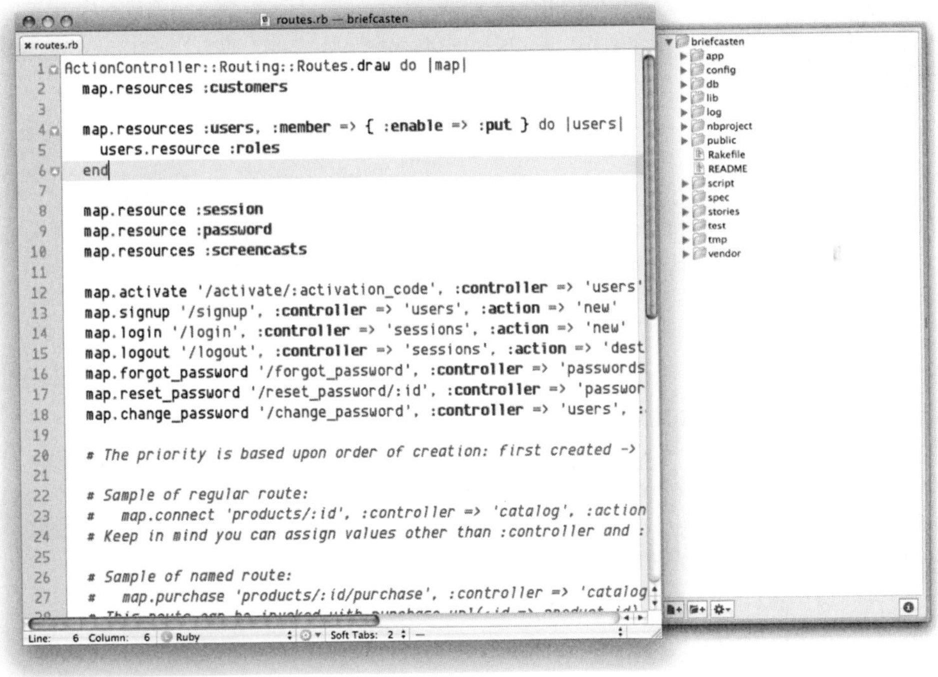

Abbildung 1.31 TextMate ist schnell, gut und günstig.

Projektorganisation

TextMate kann einfache Dateien zur Bearbeitung öffnen oder auch komplette Ordner mit deren Inhalt als Projekt verwalten. Eine schnelle Navigation auf Dateiebene macht das Arbeiten leicht. Die meisten Features lassen sich über Tastenkombinationen oder Mausklicks erreichen. Eine komfortable und schnelle Suchfunktion erlaubt die inkrementelle Suche nach der gewünschten Datei.

Editor-Features

Im Gegensatz zu den anderen IDEs ist TextMate nicht als IDE, sondern als Texteditor mit Zusatzfunktionen konzipiert worden. Daher ist eine Code-Vervollständigung nur sehr rudimentär implementiert. Codestellen lassen sich daher nur mit Texten aus der aktuellen Datei vervollständigen. Die Syntaxdarstellung und auch Farbschemata lassen sich schnell und einfach einstellen, so dass die unterschiedlichsten Bedürfnisse und Geschmacksrichtungen bedient werden können.

Debugging

Im Bereich Debugging muss TextMate mangels Unterstützung passen. Wie bereits erwähnt, handelt es sich schließlich um einen TextEditor, der der Vollständigkeit halber unter dem Abschnitt IDEs aufgeführt ist, weil die Mehrzahl der Ruby on Rails-Entwickler dieses Programm nutzen. Alternativ kann hier `ruby-debug` auf der Konsole verwendet werden.

Versionskontrolle

TextMate bietet nicht nur für Sprachen sogenannte Bundles an. Auch für Werkzeuge, Dateiformate und Versionskontrollsysteme stellt TextMate Menüs und Tastatur-Makros bereit. Eine Integration von Subversion, Mercurial oder Git ist somit verfügbar und lässt sich direkt einsetzen.

Fazit

TextMate ist gut und günstig, aber auch sehr schnell. Wer sich nicht mit einer IDE auseinandersetzen möchte, aber dennoch eine komfortable Navigation und eine flexible Sprachunterstützung wünscht und zudem über einen Apple Rechner verfügt, ist mit TextMate gut beraten. Wer unter Windows die Features von TextMate nutzen möchte, kann mit e-texteditor auf einen Clone für Microsoft-Plattformen zugreifen.

1.5.4.4 IntelliJ IDEA 7

IntelliJ hat sich mit dem Flaggschiff-Produkt IDEA bereits in der Java-Welt einen Namen gemacht. In meiner Vergangenheit als Java-Entwickler habe ich diverse Produktentwicklungen selbst mit IDEA durchgeführt.

Inzwischen ist IDEA in der Version 7 zu einer ausgewachsenen Multisprachen-Plattform ausgewachsen und lässt sich über die integrierte Plugin-Schnittstelle einfach erweitern. Zudem existieren bereits viele Plugins, unter anderem auch für Ruby.

Projektorganisation

Projekte werden in IDEA in Modulen abgelegt, die jeweils über ihre eigenen Laufzeitbibliotheken verfügen (Abbildung 1.32).

Die Projekte können in einem Build-Vorgang unterschiedliche Ergebnisse und insofern beispielsweise die von JRuby benötigten JARs ohne eigenes Skript erzeugen und deployen.

Editor-Features

Auch IDEA verfügt über eine exzellente Syntaxhervorhebung und über eine gute Code-Vervollständigung, wie Abbildung 1.33 zeigt. Eine einfache Konfiguration erlaubt die schnelle Anpassung an eigene Vorlieben.

IDEA bietet außerdem eine Reihe von Refaktorisierungen, die sich allerdings nicht immer sinnvoll umsetzen lassen. Eine Migration von Code wird beispielsweise auch für Ruby angeboten, obwohl eine Migration nur für Java-Swing-Klassen einen Sinn ergibt.

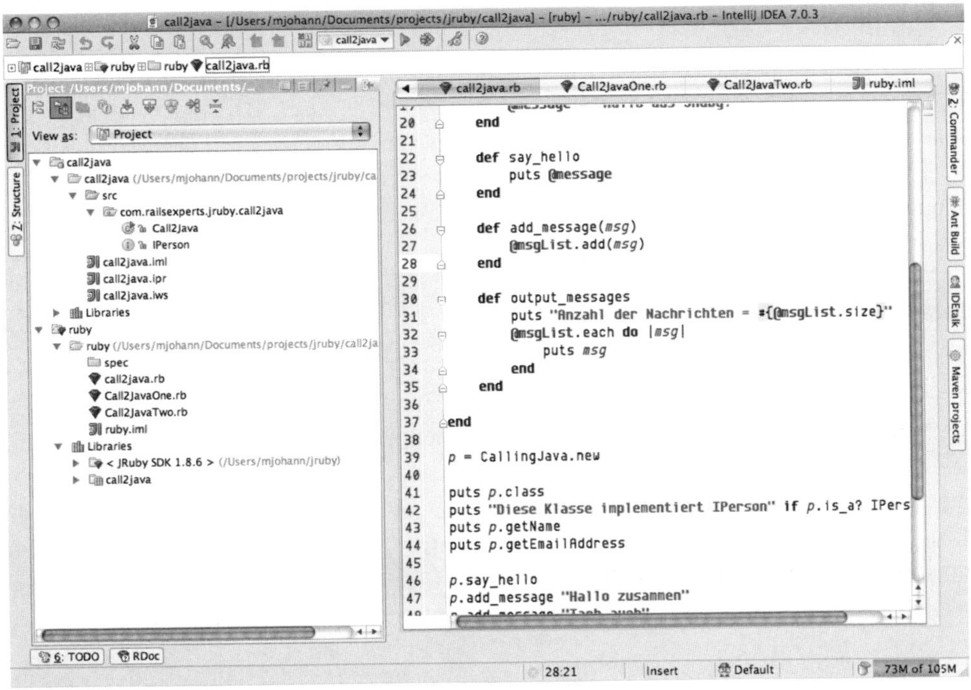

Abbildung 1.32 IDEA erlaubt das Mixen von Projekten.

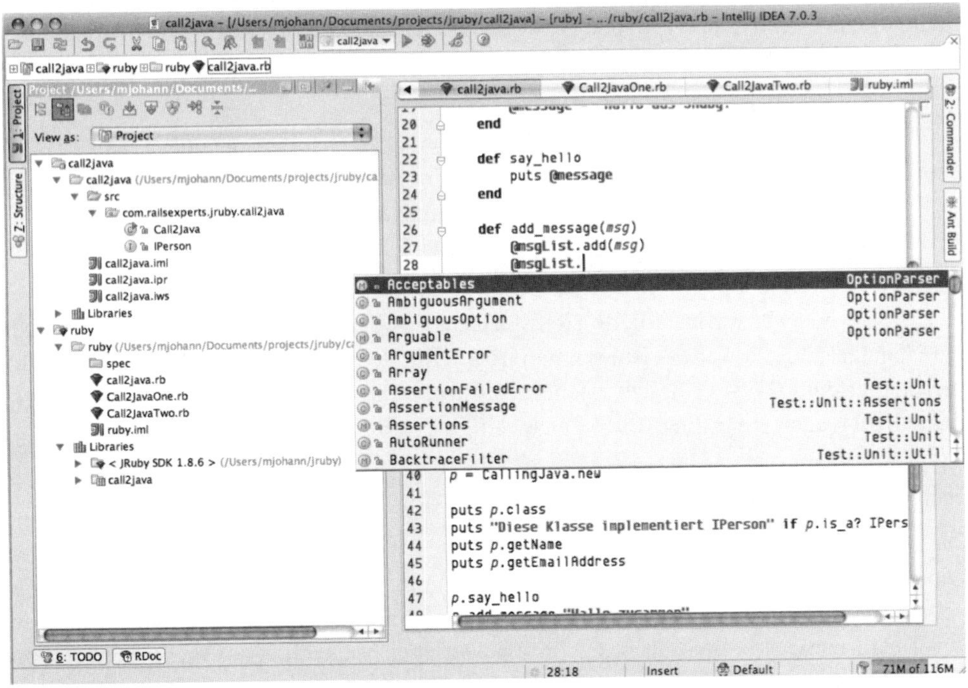

Abbildung 1.33 Die Code-Vervollständigung in IDEA ist sehr übersichtlich.

Debugging

Einen Debugger bietet IDEA für Ruby nicht. Dies ist mit Sicherheit ein Manko, wobei IDEA als IDE viele andere Vorteile gegenüber TextMate bietet. IDEA ist wie auch TextMate ein Werkzeug für Entwickler, die lieber mit der Tastatur als mit der Maus arbeiten. Allerdings wäre ein Debugger in der Tat eine echte Bereicherung gewesen. Über eine Konfiguration von `ruby-debug` mit IDEA ist zwar auch ein Debugging möglich, allerdings nur sehr rudimentär.

Versionskontrolle

Das Plugin-Konzept von IDEA sorgt für eine offene Schnittstelle und somit für eine Integration von Subversion, Mercurial und anderen Versionskontrollsystemen.

Fazit

IDEA ist für mehrsprachige Projekte sehr gut geeignet. Der Fokus liegt allerdings auf der textuellen Erstellung von Quellcodes, die für Entwickler mit einer Affinität zu Tastaturkürzeln ausgestattet sind. Die Kosten für eine Lizenz liegen im Vergleich zu anderen Werkzeugen eher am oberen Ende, was aber nicht bedeutet, dass IDEA nicht jeden Cent wert wäre.

1.5.4.5 Aptana Studio/RadRails

Aptana von der gleichnamigen Softwareschmiede integriert in eine Eclipse-Basis viele Tools für das effektive und schnelle Arbeiten mit AJAX-basierten Web 2.0-Anwendungen. Ein ladbares Plugin namens RadRails bietet die benötigte Unterstützung für Ruby on Rails.

Projektorganisation

Wie jedes Eclipse-Tool bietet auch Aptana die Möglichkeit, mehrere Projekte gleichzeitig im Project-Explorer zu verwalten. Die Ruby-Interpreter lassen sich äußerst komfortabel verwalten und bieten bei Bedarf die automatische Installation von fehlenden Plugins für einen reibungslosen Programmier-Tag (siehe Abbildung 1.34).

Eine eigene Ansicht für installierte Gems erlaubt das bequeme und vor allem übersichtliche Updaten und Verwalten. Ruby on Rails-Plugins werden ebenfalls bestens unterstützt (siehe Abbildung 1.35). Eine Übersicht bietet neben den gängigen Informationen wie Name und URL auch ein Rating sowie die jeweilige Lizenz.

Editor-Features

Der Editor bietet auch hier alle wichtigen Features wie Syntax-Hervorhebung und Code-Vervollständigung. Die Möglichkeit, Generatoren direkt aufzurufen, bietet von den vorgestellten IDEs nur noch NetBeans. Aptana hat hier im Gegensatz zu CodeGear mehr Liebe zum Detail entwickelt und macht das Entwicklerleben wesentlich angenehmer, wenn mal keine Konsole zur Hand ist.

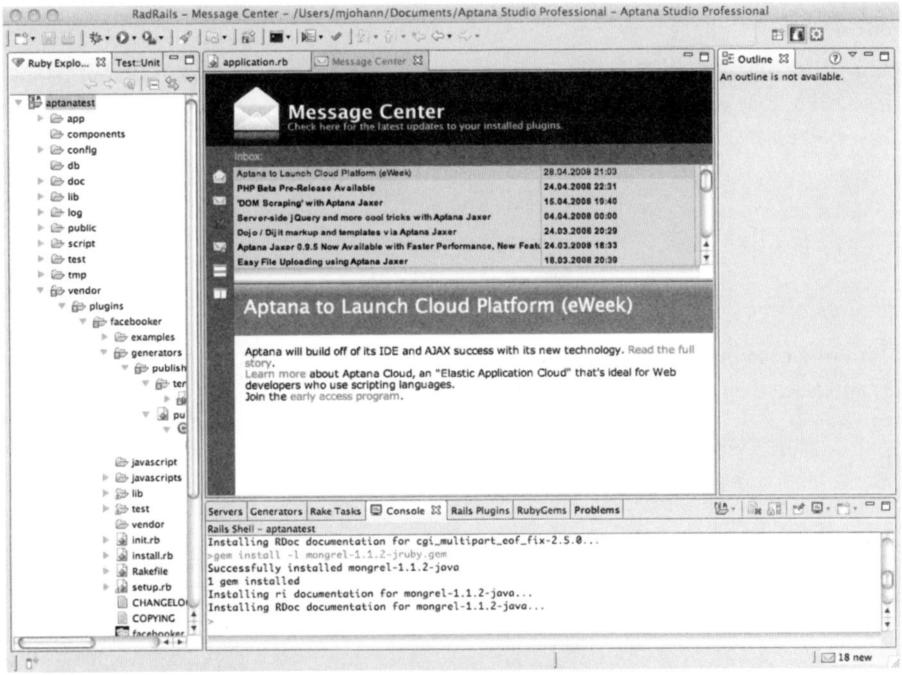

Abbildung 1.34 Aptana bietet viele sinnvolle Hilfen und Unterstützung.

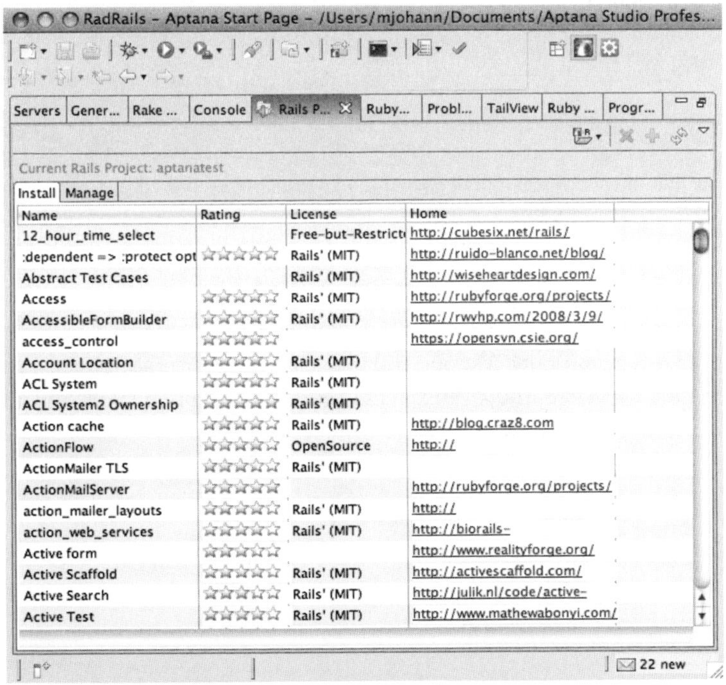

Abbildung 1.35 Die Rails Plugin-Verwaltung erleichtert das Leben.

Debugging

Debugging ist mit Aptana ebenfalls möglich, und zwar schnell und komfortabel (siehe Abbildung 1.36). Die wesentlichen Features und Ansichten erbt Aptana als Eclipse-basiertes Werkzeug eben von Eclipse. Daher wird hier nicht weiter auf die einzelnen Features eingegangen.

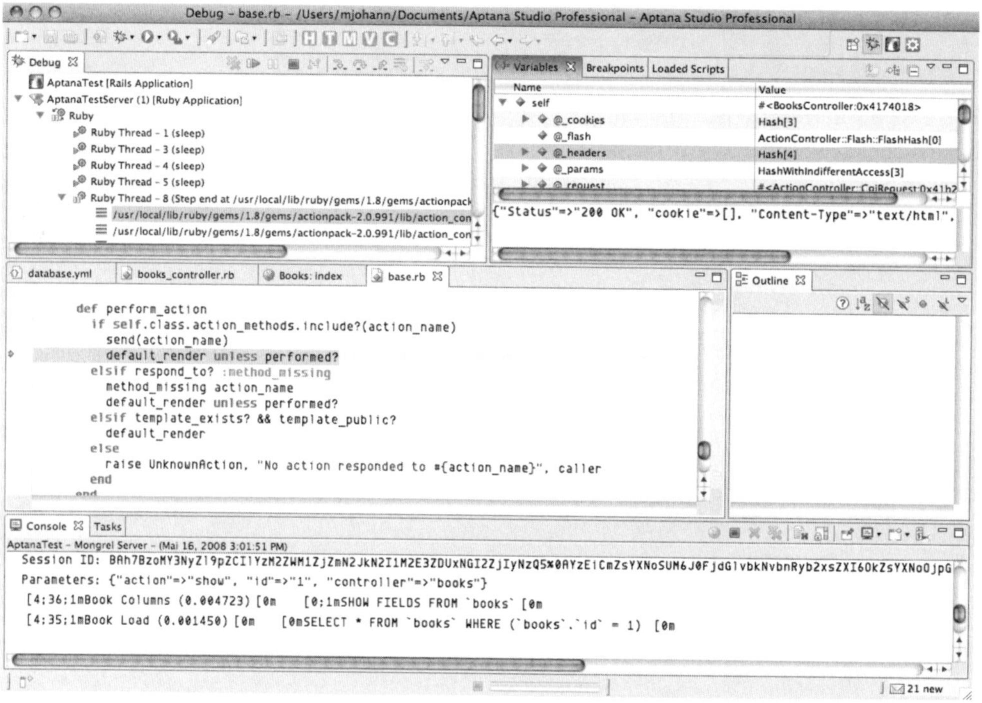

Abbildung 1.36 Der integrierte Debugger von Aptana kann überzeugen.

Versionskontrolle

Im Bereich der Versionskontrolle kommt Aptana als einziges Werkzeug ohne direkte Unterstützung für Subversion oder Mercurial daher. Durch die nachträgliche Installation von Subclipse oder Eclipse Mercurial lässt sich dieser Engpass jedoch leicht bewältigen.

Fazit

Aptana ist für Eclipse-erfahrene Entwickler das Mittel der Wahl, wenn es um eine integrierte Entwicklungsumgebung geht, die neben der reinen Ruby on Rails-Entwicklung auch noch AJAX, Flex und Adobe AIR umfasst. Für eine erste Version ist das Produkt sehr ausgereift.

1.5.5 Rails-Anwendungen als WAR-Datei ausliefern

Die Frage Ruby on Rails und die Integration vorhandener Systeme gehört auf fast jeder Konferenzveranstaltung zu den am hitzigsten diskutierten Problemen und erinnert insofern an die Anfänge von Java. Die einen schwören auf Groovy und Grails, andere ziehen JRuby vor, um die Kompatibilität und die Produktivität des originalen Ruby on Rails nutzen zu können.

Kapitel 6 beschreibt JRuby ausführlich. An dieser Stelle soll erwähnt werden, dass sich JRuby Ruby on Rails in einer Java Virtual Machine ausführen lässt.

Dieser Umstand wirft auch gleich die Frage nach der Integrierbarkeit von Ruby mit vorhandenen Java-Anwendungen und -Bibliotheken auf. Im weiteren Verlauf des Buches werden Sie die Möglichkeiten von JRuby noch viel ausführlicher kennenlernen. Im Moment wollen wir lediglich auf die Möglichkeit hinweisen, Ruby on Rails in einem WAR-Deployment auszuliefern. Somit können Ruby on Rails-Anwendungen in einem Web-Container eines Application-Servers deployed und ausgeführt werden, Zugriffe auf das Java-Backend eingeschlossen.

2

2 Einführungs-Tutorial: Newsfeed-Verwaltung

Für eine strukturierte Einführung ist es sinnvoll, eine kleine Anwendung zu erstellen, die allerdings über das übliche „Hallo Welt" hinausgeht. In diesem ersten Beispiel sollen die wichtigsten Grundlagen in praxisnaher Form vermittelt werden.

Jeder kennt das Problem, wonach man sich mittels diverser wichtiger Webseiten zwar auf dem Laufenden halten kann, aufgrund der Fülle der Nachrichten jedoch ungeheuer viel Zeit benötigt.

Anstatt in regelmäßigen Abständen alle beliebten Seiten zu besuchen, um die neuesten Nachrichten zu lesen, gibt es die praktischen Newsfeeds, auch als RSS bekannt, die man sich beispielsweise auf der Startseite von iGoogle anordnen und organisieren kann, um bei jedem Aufruf der Google-Suchseite auf einen Blick die letzten Aktualisierungen zu erfassen. Abbildung 2.1 auf der nächsten Seite zeigt ein Beispiel dafür, wie eine solchermaßen personalisierte Seite aussehen kann.

Diese Seite ist für den Arbeitsplatzgebrauch sicher sehr nützlich, doch kann auf einem kleinen Display schon leicht Frust aufkommen. Die Beispielanwendung soll daher eine Vereinfachung der Verwaltung von Newsfeeds erlauben. Am Ende des Beispiels zeige ich Ihnen, wie Sie die Anwendung für Apples iPhone und iPod Touch anpassen, um auch unterwegs Ihre Lieblingsfeeds lesen zu können.

2.1 Anlegen des Projektes

Starten wir direkt mit dem Projekt. Ruby on Rails ist sehr flexibel und erlaubt eine stark agile Vorgehensweise, was bedeutet, dass zu Beginn des Projektes noch nicht alle Aspekte des Geschäftsmodells und der zugehörigen Prozesse und Geschäftsobjekte bekannt sein müssen.

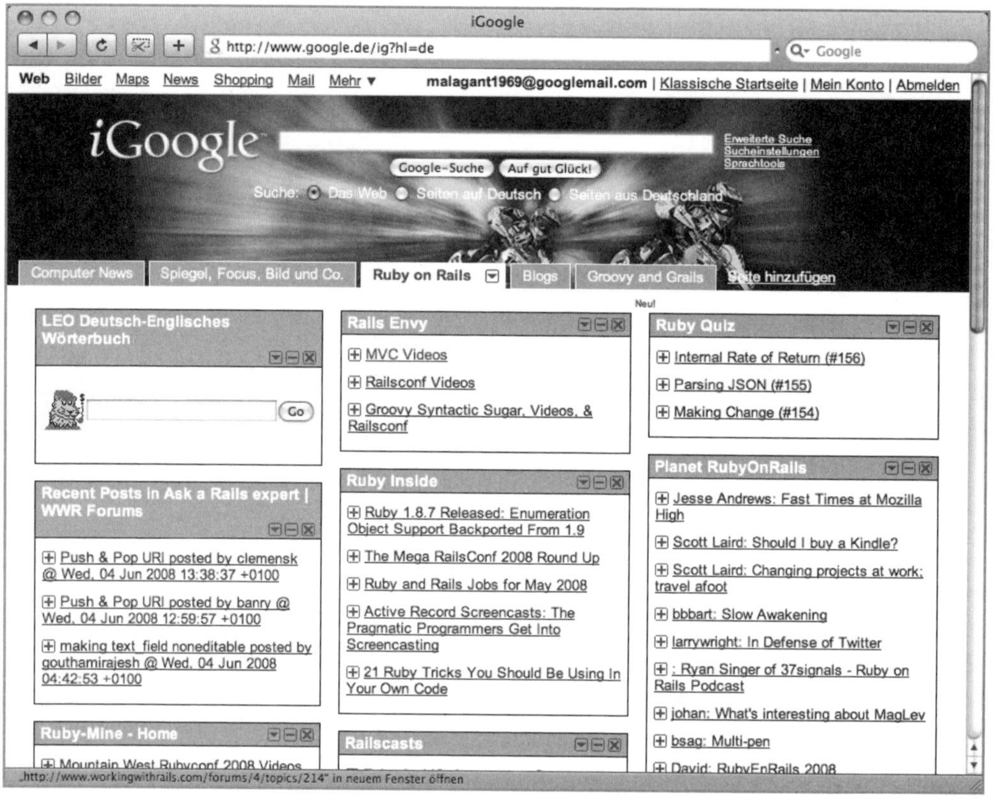

Abbildung 2.1 Die Startseite von Google mit personalisiertem Inhalt

Es ergibt einen Sinn, für die weiteren Entwicklungsaufgaben ein Hauptverzeichnis für Projekte anzulegen oder auszuwählen. Auf einem Apple-Rechner bietet sich das Verzeichnis

```
/Users/<IHR_NAME>/Documents/projects
```

an. Unter Windows und Linux legen Sie einfach ein passendes Verzeichnis `projects` in Ihrem Home-Verzeichnis an.

Auf der Kommandozeile Ihrer Railsumgebung geben Sie dann folgende Anweisung ein:

```
$ rails feeder -d mysql
```

Damit erzeugt Ruby on Rails ein Unterverzeichnis namens `feeder` und legt diverse Dateien und Ordner an, die für alle Rails-Anwendungen die gleiche Struktur besitzen. Das ist ein echter Vorteil für Entwickler, die sich auch mal in fremdem Code umsehen müssen.

Als Standard-Datenbank verwendet Ruby on Rails SQLite3, wobei es sich praktisch um eine eingebettete Datenbank handelt, mit der sehr schnell prototypische Entwicklung betrieben werden kann. Für die Beispielanwendung soll jedoch eine MySQL-Datenbank verwendet werden, die wesentlich praxisrelevanter ist.

Daher wird mit dem Parameter `-d` der Wert `mysql` übergeben, um Rails mitzuteilen, dass MySQL die Datenbank der Wahl für diese Anwendung ist. Die weiteren Aktionen können Sie erst durchführen, nachdem Sie ins erstellte Projektverzeichnis gewechselt sind. Geben Sie hierzu auf der Kommandozeile folgende Anweisung ein.

```
$ cd feeder
```

Tabelle 2.1 zeigt die generierte Struktur und erläutert kurz, was sich dahinter verbirgt.

Tabelle 2.1 Die Struktur von Rails-Projekten und deren Bedeutung

Verzeichnis	**Inhalt**
`Rakefile`	Arbeitsanweisungen ähnlich wie Make, nur für Ruby.
`README`	Einführende Hinweise zu Rails.
`app`	Hauptverzeichnis für die Anwendung.
`Controllers`	Alle Controller für die entsprechenden Modelle.
`application.rb`	Basisklasse für alle Controller. Hier können Methoden definiert werden, die für alle Controller verfügbar sein sollen. Beispielsweise ist dies der ideale Ort für Authentifizierungsmethoden.
`helpers`	Für jeden Controller können eigene Helperklassen existieren, die entsprechende Hilfsmethoden implementieren.
`application_helper.rb`	Basisklasse für alle Helper. Alle Methoden in dieser Klasse stehen anderen Helperklassen zur Verfügung.
`models`	Hier werden die Geschäftsobjekte, auch Modelle genannt, abgelegt.
`views`	Hauptverzeichnis für Views.
`layouts`	Hauptverzeichnis für globale Layouts.
`config`	Hauptverzeichnis für Konfigurationsdateien.
`boot.rb`	Wird ausgeführt, wenn der Server für die Anwendung gestartet wird.
`database.yml`	Enthält die Datenbankkonfiguration für die drei Umgebungen.
`environment.rb`	Definiert Parameter, die für alle Umgebungen gleich sind.
`routes.rb`	Hier werden die URL-Mappings konfiguriert.
`environments`	Enthält separate Dateien für die unterschiedlichen Umgebungen wie Development, Test und Production.
`development.rb`	Konfiguration für die Development-Umgebung.
`test.rb`	Konfiguration für die Test-Umgebung.
`production.rb`	Konfiguration für die Production-Umgebung.
`initializers`	Konfiguration für den Inflector und MIME-Typen.
`inflections.rb`	Enthält die Regeln für Pluralisierungen.

Verzeichnis	**Inhalt**
`mime_types.rb`	Angaben zu MIME-Typen.
`new_rails_defaults.rb`	Änderungen für Rails 2, die in Rails 3 Standard werden.
`db`	Ein leeres Verzeichnis, das später das Datenbankschema und in einem Unterverzeichnis die Migrationsskripte enthält.
`doc`	Enthält Dokumentation, die Sie in Ihren Quellcode schreiben und später mit rake doc:app generieren.
`README_FOR_APP`	Selbsterklärend.
`lib`	Verzeichnis für eigene Funktionalitäten jenseits der Anwendung.
`tasks`	Hier werden Arbeitsanwendungen für Rake, dem Make für Ruby, eingestellt.
`log`	In diesem Verzeichnis befinden sich für die unterschiedlichen Umgebungen Log-Dateien (z.B. `production.log`).
`public`	Verzeichnis für statische Inhalte der Web-Anwendung. Hier finden Sie Dateien für Fehlerseiten sowie eine statische Seite namens `index.html`.
`stylesheets`	Enthält die CSS-Definitionen für Ihre Anwendung.
`Javascripts`	Stellt die Javascripte für Prototype und Scriptaculous bereit.
`Script`	Verzeichnis für Skripte zur Ausführung des Servers und zur Generierung von Artefakten wie Controller und Modelle.

`about`	Gibt Versionsinformationen zum Projekt aus. Beispielsweise:
	`About your application's environment`
	`Ruby version              1.8.6 (i686-darwin9.1.0)`
	`RubyGems version          1.1.1`
	`Rails version             2.1.0`
	`Active Record version     2.1.0`
	`Action Pack version       2.1.0`
	`Active Resource version   2.1.0`
	`Action Mailer version     2.1.0`
	`Active Support version    2.1.0`
	`Application root /Users/mjohann/Documents/projects/buch/RailsBuch/Buch/projekte/Kapitel_1/2.1/feeder`
	`Environment               development`
	`Database adapter          mysql`
	`Database schema version   0`

Verzeichnis	Inhalt
`console`	Startet die interaktive Ruby-Shell.
`dbconsole`	Startet die für die genutzte Datenbank vorgesehene Konsolenanwendung.
`destroy`	Skript zum einfachen Löschen von Controllern und Modellen.
`generate`	Skript zum Generieren von Artefakten wie beispielsweise Controllern oder Modellen.
`plugin`	Verwaltet Plugins, die für die Anwendung installiert wurden.
`runner`	Führt beliebigen Ruby-Code aus.
`server`	Startet den Server für die Rails-Anwendung.
`process`	Diverse Prozesse für den Start Ihrer Anwendung bei Verwendung des Web-Servers `lighttpd`.
`spawner`	Startet mehrere Prozesse Ihrer Anwendung.
`Inspector`	Zeigt Prozesse zu RailsDispatchern an.
`reaper`	Kann die Anwendung neu starten und beenden.
`performance`	Skripte für die Analyse der Performanz der Anwendung.
`benchmarker`	Misst die Ausführungsdauer von Anweisungen. Die Anzahl der Wiederholungen kann dabei beliebig angegeben werden.
`profiler`	Der Profiler analysiert die Ausführung einer übergebenen Anweisung und gibt Informationen in Tabellenform aus.
`request`	Kann Massenrequests an eine URL schicken und so testen, welches Laufzeitverhalten sich ergibt.
`test`	Hauptverzeichnis für Test wie beispielsweise Unittests, funktionale Test, Integrationstests.
`fixtures`	Enthält YAML-Dateien, die Testdaten für Modelle bereitstellen.
`functional`	Enthält funktionale Tests, die beispielsweise generiert werden können.
`integration`	Integrationstests für den Test von komplexen Abläufen.
`unit`	Hier werden Unittests abgelegt.
`tmp`	Wie der Name schon andeutet, werden hier temporäre Daten abgelegt. Hierbei handelt es sich um Prozess-, Cache- und Sessiondaten.
`vendor`	Hauptverzeichnis für Plugins und Pakete von Drittanbietern.
`Plugins`	Hier werden Plugins abgelegt.

Viele Informationen aus dieser Tabelle sind momentan sicher noch eher nichtssagend. Das wird sich allerdings im Laufe dieses Buches gründlich ändern.

Wie der Tabelle zu entnehmen ist, befinden sich die Anwendungslogik und die spezifischen Controller und Modelle unter dem Verzeichnis `app`. Der Name der Anwendung ist `feeder`, und weil Ruby on Rails Konventionen vorgibt, die unter anderem den Namen der Anwendung mit dem Namen des zu verwendenden Datenbankpräfixes gleichsetzen, sollten Sie an dieser Stelle drei Datenbanken in MySQL anlegen, die entsprechend in der Datei `config/database.yml` konfiguriert sind.

2.1.1 Rake zum Anlegen der Datenbanken verwenden

Mit Ruby on Rails 2.1 gibt es die Möglichkeit, über vordefinierte Rake-Tasks die benötigte Datenbank zu erstellen und bei Bedarf wieder zu löschen. Damit eine Anwendung ordentlich ablaufen kann, muss entsprechend der Definition in der Datei `config/database.yml` die Datenbank für die verwendete Umgebung vorhanden sein. Hierzu bietet Rake die folgenden Tasks.

```
db:create
db:create:all
```

Mit `db:create` wird lediglich die Datenbank erstellt, die mittels des Aufrufparameters `RAILS_ENV` festgelegt wurde. Wenn Sie also für die Umgebung `development` die passende Datenbank erstellen möchten, genügt folgender Aufruf:

```
$ rake db:create
```

Dabei wird automatisch die Umgebung `development` angenommen. Wollen Sie die Datenbank für die Umgebung `production` erstellen, müssen Sie eingeben:

```
$ rake db:create RAILS_ENV=production
```

Ein Aufruf von `db:create:all` erstellt alle drei Datenbanken, die in der Datei `database.yml` definiert sind. Für dieses Beispielprojekt wären das die folgenden Datenbanken.

```
feeder_developemnt
feeder_test
feeder_production
```

Übrigens gibt es zu diesen Tasks entsprechende Gegenstücke, um die Datenbanken auch wieder zu löschen. Trachten Sie hier wie auch sonst im Umgang mit Datenbankadministrationswerkzeugen danach, drohenden Datenverlusten mit entsprechenden Backups entgegenzuwirken.

```
db:drop
db:drop:all
```

Im weiteren Verlauf unseres Buches finden Sie weitergehende Hinweise für den Umgang mit Rake und den in Ruby on Rails 2 mitgelieferten Standard-Tasks.

2.1.2 Manuelles Anlegen der Datenbanken

Alternativ zur „einfachen“ Variante mit Rake können Sie zum Anlegen der Datenbanken entweder ein grafisches Administrationswerkzeug für MySQL installieren und entsprechend in den dafür angebotenen Dialogen Ihre Angaben machen, oder Sie verwenden die von MySQL mitgebrachten Kommandozeilenwerkeuge.

Da Ruby on Rails eher auf Kommandozeilen statt auf grafische Assistenten Wert legt, zeige ich Ihnen an dieser Stelle, wie Sie mit einer einfachen Zeile eine Datenbank in MySQL anlegen. Hierzu geben Sie in einem Terminal-Fenster folgende Anweisung ein:

```
$ mysqladmin -u root create feeder_development
```

Damit wird die Datenbank für die Development-Umgebung angelegt. Sollten Sie für die Datenbank ein Passwort definiert haben, müssen Sie mit dem Parameter `-p` arbeiten.

```
$ mysqladmin -u root -p create feeder_development
```

Da Ruby on Rails drei Umgebungen vorkonfiguriert, geben Sie nun auf der Kommandozeile die beiden folgenden Anweisungen ein, um die restlichen Datenbanken anzulegen.

```
$ mysqladmin -u root create feeder_test
$ mysqladmin -u root create feeder_production
```

Das war sehr einfach. Problematisch wird es nur, wenn Sie in der Konfiguration der MySQL-Datenbank ein anderes Verzeichnis für die Datei `mysql.sock` angegeben haben. Sollte hier nicht `/tmp/mysql.sock` definiert sein, müssen Sie in der Datei

```
config/database.yml
```

den Parameter `socket:` entsprechend anpassen.

Da auf meinem Rechner Ruby on Rails manuell installiert wurde und die MySQL-Datenbank mit den Standardparameterwerten gestartet wurde, sieht meine Datei `config/database.yml` folgendermaßen aus.

Listing 2.1 http://pastie.org/233690

```
development:
  adapter: mysql
  encoding: utf8
  database: feeder_development
  username: root
  password:
  socket: /tmp/mysql.sock

# Warning: The database defined as "test" will be erased and
# re-generated from your development database when you run "rake".
# Do not set this db to the same as development or production.
test:
  adapter: mysql
  encoding: utf8
  database: feeder_test
  username: root
  password:
  socket: /tmp/mysql.sock

production:
  adapter: mysql
```

```
encoding: utf8
database: feeder_production
username: root
password:
socket: /tmp/mysql.sock
```

Falls Sie lieber eine andere Datenbank verwenden, können Sie dies beim Erzeugen des Projektes mit dem Schalter `-d` bzw. `--database` angeben.

Zur Auswahl stehen die folgenden Datenbanken.

- MySQL
- Oracle
- PostgreSQL
- sqlite2
- sqlite3

Mit ein wenig zusätzlichem Aufwand lassen sich auch die Datenbanken IBM DB/2 und Microsoft SQL-Server einsetzen.

2.2 Ein erster Teststart

Um zu prüfen, ob die Konfiguration stimmt und nichts vergessen wurde, geben Sie im Terminal-Fenster noch folgende Anweisung ein.

```
$ rake db:migrate
```

Wenn hier keine Fehlermeldung ausgegeben wurde, kann Ruby on Rails eine Verbindung zur Datenbank herstellen. Mit dem Aufruf von `db:migrate` hat Ruby on Rails eine Tabelle namens `schema_migrations` angelegt.

Geben Sie nun auf Ihrer Kommandozeile folgende Anweisung ein, um den Server für die Anwendung zu starten.

```
$ ./script/server
```

Das Skript startet nun eine Instanz des Web-Servers Mongrel auf dem Standard-Port `3000` und gibt dabei folgende Meldungen aus.

```
=> Booting Mongrel (use 'script/server webrick' to force WEBrick)
=> Rails 2.1.0 application starting on http://0.0.0.0:3000
=> Call with -d to detach
=> Ctrl-C to shutdown server
** Starting Mongrel listening at 0.0.0.0:3000
** Starting Rails with development environment...
** Rails loaded.
** Loading any Rails specific GemPlugins
** Signals ready.  TERM => stop.  USR2 => restart.  INT => stop (no restart).
** Rails signals registered.  HUP => reload (without restart).  It might not
work well.
** Mongrel 1.1.5 available at 0.0.0.0:3000
** Use CTRL-C to stop.
```

Dabei sehen Sie, dass Sie den Server auch mit dem Parameter `-d` starten können, um im gleichen Fenster weitere Eingaben tätigen zu können. Das Herunterfahren des Servers ist durch die Tastenkombination `Ctrl-C` möglich, was bei Java-Application-Servern durchaus problematisch sein könnte.

Wenn Sie den Server mit dem Parameter `-d` gestartet haben, können Sie mit dem gleichen Skript den Server **nicht** neu starten oder stoppen, indem Sie den entsprechenden Befehlsparameter `restart` oder `stop` übergeben. Stattdessen müssen Sie das Skript `mongrel_rails` aufrufen und neben der Aktion noch die entsprechende und gültige Datei für die Prozessnummer (PID) mitgeben.

Um also den Server zu stoppen, geben Sie folgenden Befehl ein.

```
$ mongrel_rails mongrel::stop --pid tmp/pids/mongrel.pid
```

Der Befehl meldet nun erwartungsgemäß die Beendigung des Server-Prozesses.

```
Sending TERM to Mongrel at PID 28216...Done.
```

Falls Sie den Server also beendet haben, starten Sie ihn für einen weiteren Test mit dem bekannten Aufruf und laden Sie im Browser Ihrer Wahl die folgende URL.

```
http://localhost:3000
```

Daraufhin vermeldet Ruby on Rails im Erfolgsfall, dass eine Verbindung zur Seite `index.html` hergestellt werden konnte. Das sieht dann so aus wie in Abbildung 2.2.

Abbildung 2.2 Der erfolgreich verlaufene Start des Servers

Weitere Informationen zur Anwendungsumgebung lassen sich nun über den Link `About your application's environment` anzeigen, wie in Abbildung 2.3 auf der nächsten Seite zu sehen ist.

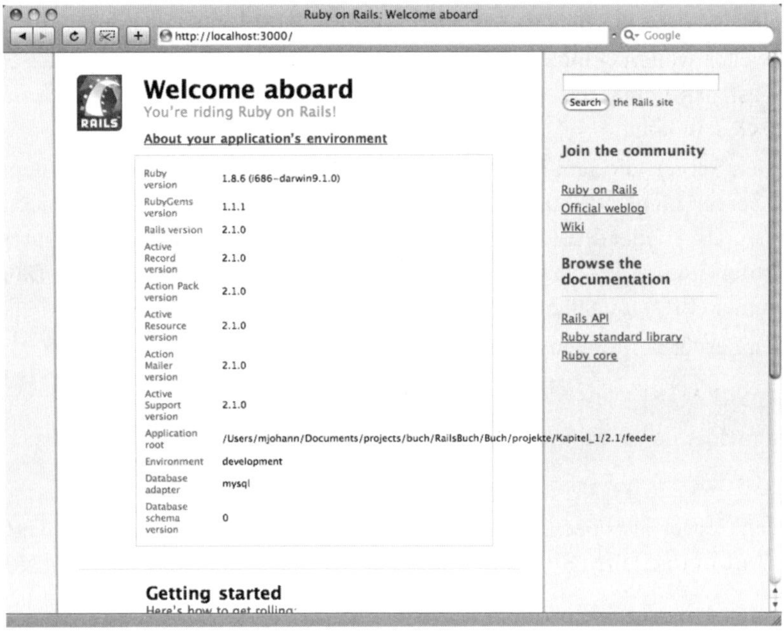

Abbildung 2.3 Die Umgebung des Rails-Servers auf einen Blick

Zu sehen ist die Version von Rails und dessen anhängige Gems wie ActiveRecord usw. Des Weiteren werden der Datenbankadapter sowie die aktuelle Schemaversion der Datenbank angezeigt. Damit ist der Server bereit für die ersten Entwicklungen, wobei ich an dieser Stelle noch einmal darauf hinweisen möchte, dass der Server für die weiteren Schritte nicht mehr durchgestartet werden muss.

Anmerkung:

Dies ist eine Eigenschaft der Entwicklung mit Ruby on Rails, die Java-Enterprise-Entwickler erst einmal verkraften müssen.

2.3 Generieren der Kategorien

Unsere Anwendung soll Newsfeeds verwalten, was bedeutet, dass wir Kategorien verwalten werden, die dann jeweils beliebig viele Newsfeeds enthalten können.

Ein Newsfeed kann initial zu einer Kategorie gehören, womit sich das in Abbildung 2.4 gezeigte Abhängigkeiten-Diagramm ergibt.

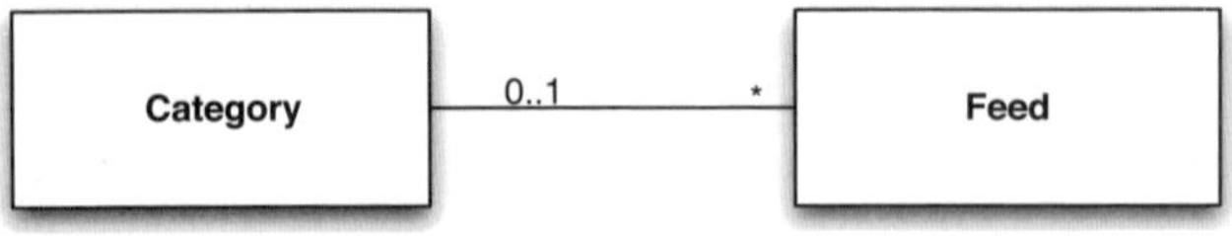

Abbildung 2.4 Abhängigkeiten zwischen den Entitäten

Eine Kategorie beschreibt also im Wesentlichen den Inhalt dessen, was die Feeds dieser Kategorie an Informationen bieten. Damit die Anwendung etwas komfortabler wird, spendieren wir dem Modell für die Kategorie zwei Attribute `name` und `description`.

2.3.1 Generieren des Modells Category

Damit erhält jede Kategorie einen Namen und eine kurze Beschreibung, die bei der Verwaltung später hilfreich sein können. Wie so oft bietet Ruby on Rails mehr als einen Weg, um ans Ziel zu gelangen. Der kürzeste Weg, um das gewünschte Modell anzulegen, besteht darin, einen Generator zu verwenden.

Wenn Sie lediglich das Modell anlegen möchten, können Sie dies mit folgender Anweisung erledigen.

```
$ ./script/generate model category name:string description:string
```

Mit diesem Aufruf generiert Ruby on Rails einige Dateien und Informationen, die den Umgang mit Objekten der Klasse `Category` ermöglichen.^Dabei gibt der Generator folgende Informationen aus.

```
exists  app/models/
exists  test/unit/
exists  test/fixtures/
create  app/models/category.rb
create  test/unit/category_test.rb
create  test/fixtures/categories.yml
create  db/migrate
create  db/migrate/20080604140025_create_categories.rb
```

Tabelle 2.2 zeigt, welche Bestandteile erstellt wurden:

Tabelle 2.2 Für das Modell generierte Dateien

Datei	**Beschreibung**
`app/models/category.rb`	Die Klasse mit dem Modell `Category`.
`test/unit/category_test.rb`	Eine Klasse für Unittests mit dem Modell `Category`.
`test/fixtures/categories.yml`	Hier werden die Daten für zwei Instanzen der Klasse `Category` definiert, die später im Test verwendet werden können.
`db/migrate/20080604140025_create _categories.rb`	Ein Migrationsskript, das die Datenbanktabelle für das Modell `Category` anlegt. Dabei wird für den Tabellennamen der Name `categories` verwendet.

2.3.2 Datenbank migrieren

Jedes Mal, wenn Sie ein Modell erstellt haben, sollten Sie nicht vergessen, die dabei erstellte Migration in die Datenbank zu überführen.

Der Generator hat folgende Migrations-Klasse namens `CreateCategories` erstellt.

Listing 2.2 http://pastie.org/233691

```
class CreateCategories < ActiveRecord::Migration
  def self.up
    create_table :categories do |t|
      t.string :name
      t.string :description

      t.timestamps
    end
  end

  def self.down
    drop_table :categories
  end
end
```

Die Superklasse für `CreateCategories` ist `ActiveRecord::Migration`.

Um nun die Methode `up` auszuführen, muss mit Rake der Task `db:migrate` ausgeführt werden. Geben Sie hierzu die folgende Anweisung ein.

```
$ rake db:migrate
```

Das Migrationsskript baut eine Verbindung zur Datenbank auf und legt die Tabelle `categories` an. In der Tabelle werden zwei Spalten mit den Namen `name` und `description` erstellt. Rake gibt daraufhin folgende Informationen über das Anlegen der Tabelle aus.

```
== 20080604140025 CreateCategories: migrating ========================
-- create_table(:categories)
   -> 0.0648s
== 20080604140025 CreateCategories: migrated (0.0649s) ===============
```

In der Tabelle `schema_migrations` wurde in Folge der Migration nun auch die Versionsnummer auf den Wert `2080604140025` gesetzt. Ein wiederholter Aufruf von `db:migrate` weiß nun, dass die Tabelle existiert und somit nicht angelegt werden muss.

Das Konzept der Migrationen erlaubt nicht nur das Bearbeiten und Aktualisieren einer vorhandenen Datenbank. Eine Migration zurück zu einer älteren Version ist ebenso möglich. Dazu werden in den Migrationen die `down`-Methoden aufgerufen, die praktisch das Gegenteil von dem leisten, wozu die `up`-Methoden in der Lage sind.

Das Anlegen einer Tabelle in der `up`-Methode wird somit in der `down`-Methode durch das Löschen der Tabelle komplementär ergänzt. Wenn Sie in einer anderen Migration eine Spalte hinzufügen oder umbenennen, muss folglich in der `down`-Methode das entsprechende Komplementär erfolgen.

Seit Version 2.1 von Ruby on Rails gibt es zwei Rake-Tasks, die einen Migrationsschritt vor und einen Schritt zurückgehen können. Dies liegt an der neuen Namensgebung, die Ruby on Rails 2.1 für Migrationen festlegt. Davor wurde lediglich eine Migration beginnend mit `001` hochgezählt.

Dieses Vorgehen hat allerdings bei parallelen Entwicklungen im Team regelmäßig für Konflikte bei der Benennung der Migrationen gesorgt, so dass nun eine neue Namensgebung eingeführt wurde, die etwas weniger übersichtlich ist und daher mit den beiden folgenden Rake-Tasks unterstützt werden.

```
# Durchläuft alle Migrationen
rake db:migrate

# Ruft die down-Methoden für eine angegebene VERSION auf
rake db:migrate:down

# Fährt zur letzten Migration „runter" und wiederholt die letzte Migration
rake db:migrate:redo

# Führt einen Reset für das Datenbankschema durch
rake db:migrate:reset

# Ruft die up-Methoden für eine angegebene VERSION auf
rake db:migrate:up
```

Insgesamt kann man sich sehr schnell an die neue Schreibweise gewöhnen, was mit mehr Flexibilität einhergeht.

2.3.3 Generieren eines Controllers für das Category-Modell

Modelle werden in Ruby on Rails nicht direkt vom Web-Client aus angesprochen, schließlich handelt es sich um den Model-Part in der MVC-Struktur. Der Controller ist für sämtliche Aktionen wie Anlegen, Bearbeiten und Löschen auf dem Modell zuständig.

Hier wird auch von CRUD-Aktionen gesprochen, womit die Aktionen zum Erstellen, Lesen, Aktualisieren und Löschen (Create, Read, Update, Delete) von Modell-Instanzen gemeint sind.

Um also Instanzen der Klasse `Category` über einen Controller verwalten zu können, benötigt die Anwendung noch mindestens einen Controller, nämlich den `CategoriesController`. Auch hier kommt eine Konvention zum Tragen, denn der Name des Modells im Singular (`Category`) wird pluralisiert und als Name für den Controller verwendet, womit sich der Name des Controllers zu `CategoriesController` ergibt.

Die Entwicklung des Controllers ist ebenso einfach wie das Generieren eines Modells. Der Generator kann mit den entsprechenden Übergabewerten einen passenden Controller erstellen. Für den `CategoriesController` geben Sie in einem Terminalfenster Folgendes ein.

```
$ ./script/generate controller categories
```

Daraufhin werden diverse Dateien erstellt, was die folgende Ausgabe erläutert.

```
exists  app/controllers/
exists  app/helpers/
create  app/views/categories
create  test/functional/
create  app/controllers/categories_controller.rb
create  test/functional/categories_controller_test.rb
create  app/helpers/categories_helper.rb
```

Ein Controller bearbeitet Instanzen des ihm zugeordneten Modells und wird daher im Test-Umfeld in die funktionalen Tests eingeordnet. Der Generator weiß das und generiert eine

Klasse `CategoriesControllerTest` in das Verzeichnis `test/functional`. Der eigentliche Controller wird in das Verzeichnis `app/controllers` generiert und erhält den Klassennamen `CategoriesController`. Tabelle 2.3 erläutert die Details.

Tabelle 2.3 Die für den `CategoriesController` generierten Dateien

Datei	Beschreibung
`app/controllers/categories_controller.rb`	Der Controller namens `CategoriesController` für die Modellklasse `Category`
`test/functional/categories_controller_test.rb`	Die Klasse `CategoriesControllerTest` als funktionaler Test
`app/helpers/categories_helper.rb`	Eine Helperklasse namens `CategoriesHelper`, die Hilfsfunktionen für den `CategoriesController` bereitstellt

Wenn ein Browser einen Request an eine Rails-Anwendung sendet, wird dieser Request zunächst vom RailsDispatcher ausgewertet und dann vom zugehörigen Controller entgegengenommen. Die Zuordnung des Requests zum Controller wird durch die Informationen in der Datei `config/routes.rb` vorgegeben. Dort finden sich zwei Einträge, die Standardzuordnungen von URLs auf Controller festlegen.

```
map.connect ':controller/:action/:id'
map.connect ':controller/:action/:id.:format'
```

Mit `map.connect` wird eine Route definiert, die im Beispiel der ersten Definition Folgendes bewirkt:

Gibt man beispielsweise für unser Feed-Beispiel die folgende URL ein, wird entsprechend auf die `index`-Methode des `CategoriesController` verzweigt.

```
http://localhost:3000/categories
```

Der unterstrichene Teil ist dem Teil `:controller` im Mapping zugeordnet.

Wenn eine Aktion namens `statistics` im Controller definiert ist, wird die Methode `statistics` ausgeführt, wenn folgender Request gesendet wird.

```
http://localhost:3000/categories/statistics
```

Das Bearbeiten einer Instanz einer Kategorie erfolgt laut Definition mit folgender URL.

```
http://localhost:3000/categories/2
```

Es gibt eine Reihe von Standardfällen, in denen Request-URLs in entsprechende Methodenaufrufe für Controller umgesetzt werden, die ich Ihnen zu gegebener Zeit detaillierter beschreiben werde.

2.3.4 Routing ergänzen

Damit die Railsanwendung mit dem `CategoriesController` etwas Sinnvolles anfangen kann, muss in der Datei `config/routes.rb` die folgende Zeile eingefügt werden.

```
map.resources :categories
```

Wenn Sie jetzt im Browser die URL `http://localhost:3000/categories` eingeben, werden Sie einen Hinweis bekommen, dass die Methode `index` im Controller nicht vorhanden ist.

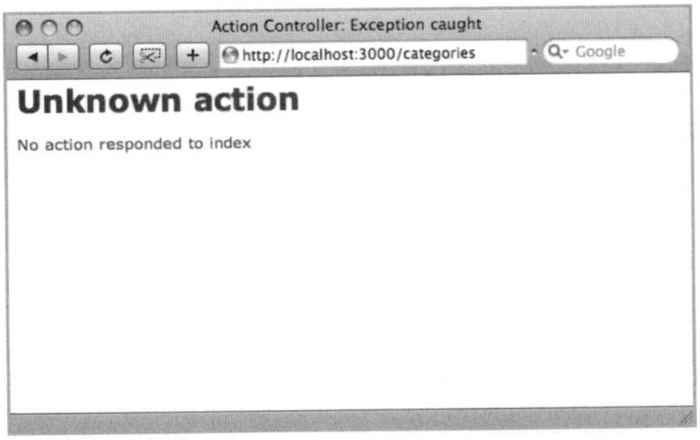

Abbildung 2.5
Der Hinweis zur fehlenden Index-Methode

Mit diesem Hinweis, der in Abbildung 2.5 gezeigt wird, implementieren Sie in der Klasse `CategoriesController` eine Aktion `index`, die mit der Methode `index` übereinstimmt, womit der Controller wie im folgenden Listing gezeigt aussieht.

Listing 2.3 http://pastie.org/233693

```
class CategoriesController < ApplicationController
  def index
    @categories = Category.find(:all)
  end
end
```

Mit `@categories` wird eine Instanzvariable definiert, die sämtliche Kategorien aus der Tabelle `categories` enthält. Die Methode `find(:all)` setzt intern ein `select * from categories` an die Datenbank ab und liefert ein Array mit Instanzen vom Typ `Category` zurück.

Aus Model- und Controller-Sicht ist für die `index`-Aktion nichts weiter zu implementieren. Anders sieht dies aus, wenn Sie im Browser die Seite neu laden. Hier gibt Ruby on Rails eine weitere Fehlermeldung aus, die wie in Abbildung 2.6 auf der nächsten Seite zu sehen ist, moniert, dass keine passende View namens `index.html.erb` existiert und deshalb nicht angezeigt werden kann.

Der nächste Abschnitt sorgt für Abhilfe, indem die benötigte und weitere Views implementiert werden.

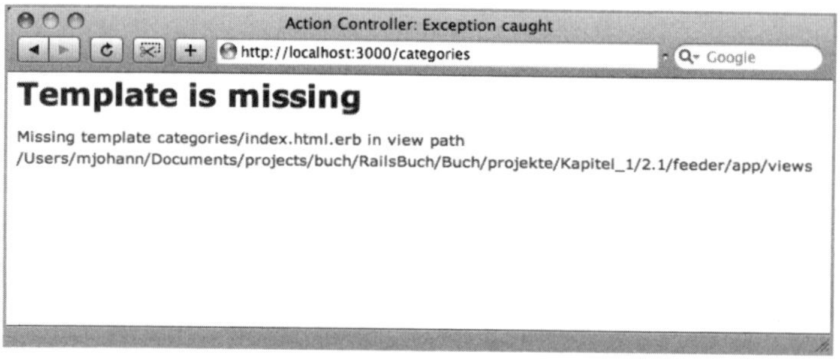

Abbildung 2.6
Die fehlende View-Datei wird hier angemahnt.

2.3.5 Anlegen der Views

Jeder Aktion wird eine View zugeordnet. Im Falle der `index`-Methode ist dies die View in der Datei `app/views/categories/index.html.erb`.

In der Version 1.2 von Ruby on Rails konnte mit einer einfachen Anweisung ein dynamisches Scaffolding eingeschaltet werden. Das dynamische Scaffolding sorgte dafür, dass für die benötigten Aktionen entsprechende Views zur Laufzeit generiert und angezeigt wurden.

David Heinemeier Hansson geht in Version 2 von Ruby on Rails davon aus, dass man dieses Feature nicht mehr für einfache Controller benötigt, und so wurde es in Version 2.0.0 kurzerhand entfernt.

Sie werden im weiteren Verlauf des Kapitels die RESTful-Controller kennenlernen, die mit Hilfe eines Scaffold-Generators ein statisches Scaffolding bieten, müssen sich jedoch an dieser Stelle mit der manuellen Implementierung der `index`-View beschäftigen. Hierzu geben Sie folgenden Text in die Datei `app/views/categories/index.html.erb` ein.

Listing 2.4 http://pastie.org/233694

```
<h1>Liste der Kategorien</h1>

<table>
  <tr>
    <th>Name</th>
    <th>Beschreibung</th>
  </tr>

<% for category in @categories %>
  <tr>
    <td><%=h category.name %></td>
    <td><%=h category.description %></td>
    <td><%= link_to 'Anzeigen', category %></td>
    <td><%= link_to 'Bearbeiten', edit_category_path(category) %></td>
    <td><%= link_to 'L&ouml;schen', category, \
            :confirm => 'Sind Sie sicher?', :method => :delete %></td>
  </tr>
<% end %>
</table>

<br />

<%= link_to 'Neue Kategorie', new_category_path %>
```

Wenn Sie nun im Browser die Ansicht aktualisieren, erhalten Sie Folgendes:

Abbildung 2.7
Die Index-View zeigt eine leere HTML-Tabelle an.

Die `index`-View (siehe Abbildung 2.7) definiert zunächst eine Überschrift und dann eine Tabelle, die aus den Metadaten des Modells die Namen für die Spaltenüberschriften extrahiert. Die folgende `for`-Schleife iteriert durch die Objekte der Instanzvariable `@categories`, die in der `index`-Methode definiert wurde und nun in der View verfügbar ist.

Die einzelnen Spaltenwerte werden auf dem Objekt `category` durch den Aufruf der jeweiligen Methoden abgefragt. Die von Ruby on Rails gepflegten Attribute `created_at` und `updated_at` sollen momentan nicht angezeigt werden. Die `unless`-Bedingung sorgt dafür, dass nur die Attribute `name` und `description` angezeigt werden.

Jede Zeile in der Tabelle bekommt drei Links mit Aktionen zugeordnet. Diese Aktionen erlauben das Anzeigen, Bearbeiten und Löschen der jeweiligen Instanz. Der den Links zugeordnete Aktions-Aufruf wird beim Klicken an den Controller weitergegeben. Der Anzeigen-Link ruft dabei die Methode `show` auf, der Bearbeiten-Link die Methode `edit` und der Löschen-Link die `destroy`-Methode.

Am Ende der Datei finden Sie einen weiteren Link zum Anlegen einer neuen Kategorie. Dieser Link verzweigt auf die Methode `new` des Controllers `CategoriesController`. Wenn Sie momentan auf den Link klicken, erhalten Sie eine ähnliche Fehlermeldung wie zuvor beim Aufruf der `index`-View. Daher ist der nächste Schritt, die Methode `new` zu implementieren.

Geben Sie nun den folgenden Text unterhalb der Methode `index` ein.

Listing 2.5 http://pastie.org/233695

```
def new
  @category = Category.new
end
```

Wenn Sie jetzt Ihr Browserfenster aktualisieren, erhalten Sie die in Abbildung 2.8 auf der nächsten Seite gezeigte Fehlermeldung.

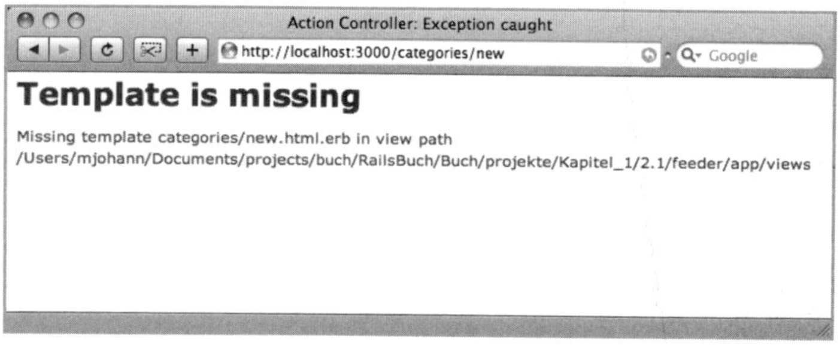

Abbildung 2.8
Der Hinweis auf die fehlende View-Datei

Der Hinweis zeigt, welche Datei nun erwartet wird. Legen Sie also eine Datei `app/views/categories/new.html.erb` an, und geben Sie folgende Zeilen ein.

Listing 2.6 http://pastie.org/233697

```
<h1>Neue Kategorie</h1>

<%= error_messages_for :category %>

<% form_for(@category) do |f| %>
  <p>
    <b>Name</b><br />
    <%= f.text_field :name %>
  </p>

  <p>
    <b>Beschreibung</b><br />
    <%= f.text_area :description %>
  </p>

  <p>
    <%= f.submit "Speichern" %>
  </p>
<% end %>

<%= link_to 'Zur&uuml;ck', categories_path %>
```

Diese View sorgt dafür, dass im Browser ein Formular mit zwei Eingabefeldern und einem Button angezeigt wird. Wie Sie in Abbildung 2.9 sehen, gibt es einen Link, der Sie zur vorherigen Ansicht zurückführt.

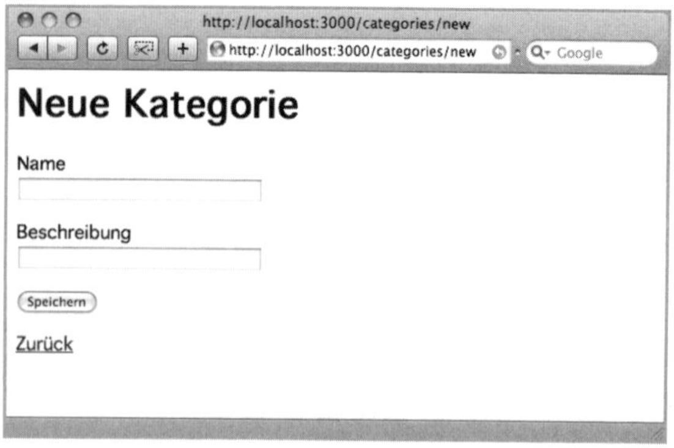

Abbildung 2.9
Die View `new` zum Anlegen von Kategorien

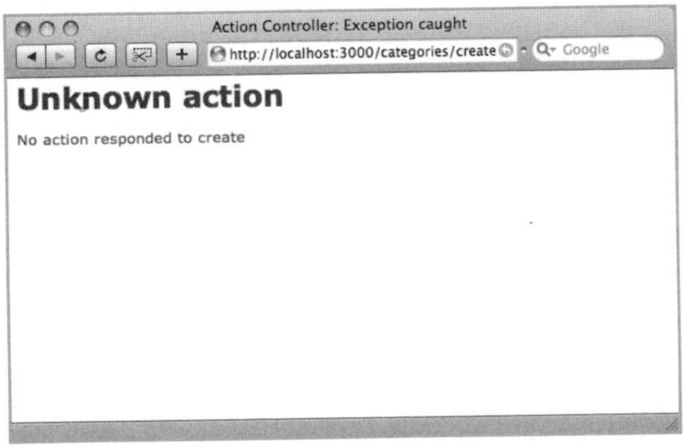

Abbildung 2.10
Hier fehlt die `create`-Methode im `CategoriesController`.

Wenn Sie nun in die Eingabefelder jeweils das Wort „Unterhaltung" eingeben und auf den Button „Speichern" klicken, wird eine Fehlermeldung angezeigt, die erklärt, dass keine `create`-Methode im Controller vorhanden ist (siehe Abbildung 2.10). Damit diese Meldung nicht wieder auftritt, legen Sie mit den folgenden Code-Zeilen im `CategoriesController` die notwendige Implementierung an.

Listing 2.7 http://pastie.org/233698

```
def create
  @category = Category.new(params[:category])
  if @category.save
    flash[:notice] = „Kategorie #{@category.name} wurde gespeichert."
     redirect_to :action => 'show', :id => @category
  else
    render :action => 'new'
  end
end
```

Die `create`-Methode versucht zunächst die erforderlichen Daten aus den Formulardaten zu ermitteln. Diese befinden sich im `Hash`-Objekt, das die Methode `params` zurückgibt, und werden dem Konstruktor übergeben. Dabei wird mit `params` eine Methode des `ApplicationController` aufgerufen.

Das Ergebnis befindet sich in der Instanzvariablen `@category` und kann nun in der Datenbank gespeichert werden. Die Methode `save` speichert die Instanz in der Datenbank und liefert `true` oder `false` zurück. Im Erfolgsfall wird also das `Hash`-Objekt `flash` mit einem Texthinweis bestückt, der auf der entsprechenden Webseite angezeigt wird.

Schließlich wird auf die Seite `show.html.erb` verzweigt, wo der Hinweis aus dem `Flash`-Objekt und die Details zur soeben angelegten Kategorie angezeigt werden.

Da die View `show` allerdings die Aktion `show` erwartet, muss diese nun noch im Controller implementiert werden. Das folgende Listing zeigt den Code hierfür.

Listing 2.8 http://pastie.org/233699

```
def show
  @category = Category.find(params[:id])
end
```

Auch hier fehlt die View `show.html.erb`, weshalb die folgenden Zeilen in die Datei `app/views/categories/show.html.erb` geschrieben werden müssen.

Listing 2.9 http://pastie.org/233701

```
<%= flash[:notice] %>
<p>
  <b>Name:</b>
  <%=h @category.name %>
</p>

<p>
  <b>Beschreibung:</b>
  <%=h @category.description %>
</p>


<%= link_to 'Bearbeiten', edit_category_path(@category) %> |
<%= link_to 'Zur&uuml;ck', categories_path %>
```

Abbildung 2.11 zeigt, wie diese Seite im Browser aussieht.

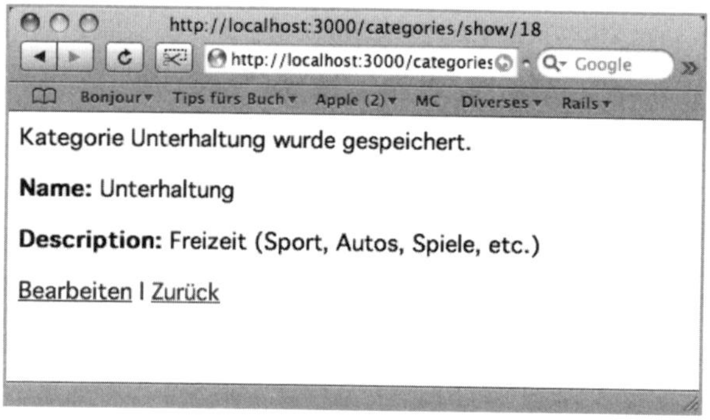

Abbildung 2.11
So sieht es aus, wenn eine Kategorie erfolgreich gespeichert wurde.

Damit ist zunächst der Bereich für die Verwaltung von Kategorien abgeschlossen. Lediglich die Aktion `edit` und ihre View fehlen noch.

Bei einem Klick auf den Bearbeiten-Link wird ein Request an den `CategoriesController` gesendet, der daraufhin nach der Aktion `edit` sucht. Damit es zu keiner Fehlermeldung kommt, fügen Sie folgende Zeilen in den `CategoriesController` ein.

```
def edit
  @category = Category.find(params[:id])
end
```

Wie bei der `show`-Methode wird hier die gewünschte Instanz aus der Datenbank gelesen und in einer Instanzvariablen namens `@category` für die passende View bereitgestellt.

Legen Sie nun abschließend die Datei `app/views/categories/edit.html.erb` an und fügen den folgenden Code ein.

Listing 2.10 http://pastie.org/233702

```
<h1>Kategorie bearbeiten</h1>
<%= error_messages_for :category%>
<% form_for @category do |f| %>
```

```
    <p>
      <b>Name</b><br/>
      <%= f.text_field :name  %>
    </p>

    <p>
      <b>Beschreibung</b><br/>
      <%= f.text_field :description  %>
    </p>
    <p>
      <%= f.submit 'Speichern' %>
    </p>
  <% end %>

  <%= link_to 'Anzeigen', @category %> |
  <%= link_to 'Zur&uuml;ck', categories_path %>
```

Sie sehen, dass hier der Code nahezu identisch mit dem Code aus der Datei `new.html.erb` ist. Solche Redundanzen fallen unter das DRY-Prinzip und lassen sich sehr elegant eliminieren.

Das Stichwort ist hier Partials und meint Teile, die ausgelagert und an verschiedenen Stellen wieder integriert werden können. Wie Partials genau funktionieren, erfahren Sie im weiteren Verlauf. In Abbildung 2.12 sehen Sie die Browser-Ansicht der `edit`-View.

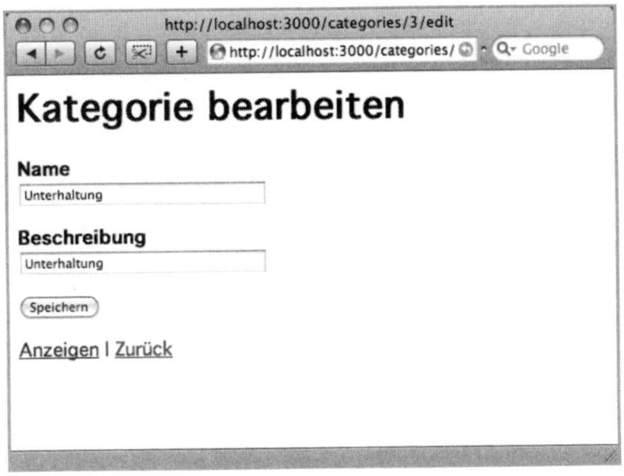

Abbildung 2.12
Die Edit-View im Browser

Wenn Sie nun die Daten in der `edit`-View an den Controller senden, erscheint eine Fehlermeldung, derzufolge die Methode `update` im `CategoriesController` nicht vorhanden ist. Hierzu fügen Sie bitte die folgenden Zeilen ein.

Listing 2.11 http://pastie.org/233705

```
def update
  @category = Category.find(params[:id])
  if @category.update_attributes(params[:category])
    flash[:notice] = "Kategorie #{@category.name} aktualisiert."
    redirect_to :action => 'show', :id => @category
  else
    render :action => 'edit'
  end
end
```

Die Methode `update` findet zunächst die mittels der `:id` bezeichnete Kategorie. Dann werden die Instanz mit den Daten aus dem HTML-Form versorgt und die entsprechenden Attribute aktualisiert. Den entsprechenden Erfolg zeigt eine `Flash`-Nachricht an, und es erfolgt eine Umleitung des Browsers auf die View `show`. Sollte die Aktualisierung der Daten nicht erfolgreich gewesen sein, wird die `edit`-View erneut angezeigt.

Wenn Sie auf die `index`-View der Kategorienverwaltung verzweigen, sehen Sie noch den `Löschen`-Link, der einen entsprechenden Eintrag aus der Datenbank entfernen soll. Diese Funktionalität ist bisher noch nicht implementiert, weshalb Ruby on Rails mit der folgenden Fehlermeldung aufwartet (siehe Abbildung 2.13).

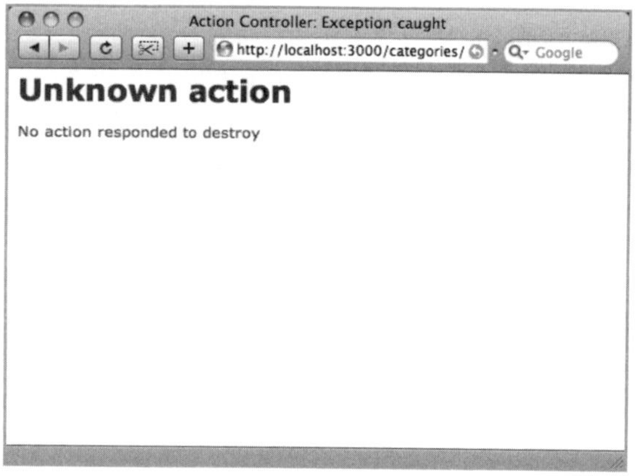

Abbildung 2.13
Die Aktion destroy ist noch nicht implementiert worden.

Implementieren Sie daher die Methode `destroy` im `CategoriesController` gemäß den folgenden Zeilen.

Listing 2.12 http://pastie.org/233708

```
def destroy
  @category = Category.find(params[:id])
  @category.destroy
  redirect_to :action => 'index'
end
```

Damit ist die Implementierung der Kategorienverwaltung abgeschlossen, und wir wenden uns der Feedverwaltung zu. Hier werden wir einiges an Arbeit von Ruby on Rails übernehmen lassen und sparen uns so einiges an Schreibarbeit.

Bevor mit der weiteren Entwicklung fortgefahren wird, erkläre ich Ihnen zunächst das Konzept der Validierungen.

2.3.6 Validierungen

Bevor ein Modell endgültig gespeichert wird, kommt es zu einer Validierung der Daten. Hierzu bietet Ruby on Rails eine Fülle von vorgefertigten Validierungsmethoden, die beispielsweise die Eindeutigkeit oder auch den Typ von Attributen überprüft.

Eigene Validierungen sind ebenso möglich und sehr einfach zu bewerkstelligen. Dieser Abschnitt kümmert sich um die Validierungen des `Category`-Modells, das zugegebenermaßen nicht besonders viele Attribute hat, aber dennoch für einige einführende Schritte ausreicht. Zunächst sollten die in Frage kommenden Validierungen ausgewählt werden. Hierzu können Sie Tabelle 2.4 zu Rate ziehen.

Tabelle 2.4 Von Ruby on Rails mitgelieferte Validierungsmethoden

Methode	**Kurzbeschreibung**
`validates_acceptance_of`	Hiermit kann beispielsweise eine Checkbox überprüft werden, die aktiviert sein muss, um das Akzeptieren der Allgemeinen Geschäftsbedingungen zu signalisieren.
	Ein weiteres Beispiel kann das Akzeptieren einer Lizenzvereinbarung sein.
`validates_confirmation_of`	Mit dieser Methode lässt sich die Bestätigung beispielsweise eines Passwortes oder einer E-Mail-Adresse überprüfen.
`validates_exclusion_of`	Überprüft, ob ein Wert mit dem in einer vordefinierten Liste übereinstimmt, und gibt einen entsprechenden Hinweis. Ein Beispiel kann hier die Auswahl an Benutzernamen sein, die in einer Benutzerverwaltung bei einer Neuregistrierung nicht verwendet werden dürfen (z.B. admin, webmaster, motu).
`validates_inclusion_of`	Das Gegenteil von `validates_exclusion_of`. Ein Beispiel kann hier eine gültige Dateiendung sein, die der Benutzer in ein Textfeld eingegeben hat.
`validates_format_of`	Hier kann mit einem regulären Ausdruck ein Format beschrieben werden, das bei einem oder mehreren Attributen einzuhalten ist. Beispielsweise können Sie hier das Format einer E-Mail-Adresse angeben.
`validates_length_of`	Mit dieser Methode kann die Länge eines Wertes überprüft werden. Hat beispielweise die Spalte einer Tabelle nur eine begrenzte Kapazität, so kann diese hier angegeben werden.
`validates_numericality_of`	Überprüft, ob es sich bei dem zu validierenden Wert um eine Zahl handelt.
`validates_presence_of`	Macht ein Attribut zum Pflichtfeld.
`validates_size_of`	Ein Alias für `validates_length_of`
`validates_uniqueness_of`	Prüft die angegebenen Attribute auf Eindeutigkeit.

Um die Validierungen in das Modell für die Kategorien einfließen zu lassen, müssen einige Rahmenbedingungen aus fachlicher Sicht geklärt werden.

Für das Modell `Category` soll der Name der Kategorie eindeutig sein. Zudem sollen alle Attribute zu Pflichtfeldern werden. Weil eine Beschreibung für eine Kategorie zusätzliche Informationen zum Namen enthält, sollte sich diese auch von den anderen Beschreibungen unterscheiden, da ansonsten eine Kategorie mit demselben Namen in Frage käme.

Um die Validierungen hierfür zu implementieren, geben Sie folgende Zeilen in die Klassendefinition der Klasse `Category` ein.

Listing 2.13 http://pastie.org/233709

```
class Category < ActiveRecord::Base
  validates_presence_of :name, :description
end
```

Wenn Sie nun in Ihrem Browser auf den Link `Neue Kategorie` klicken und direkt ohne Eingabe von Name und Beschreibung den `Speichern`-Button betätigen, zeigt Ruby on Rails Ihnen die folgenden Fehlermeldungen an (siehe Abbildung 2.14).

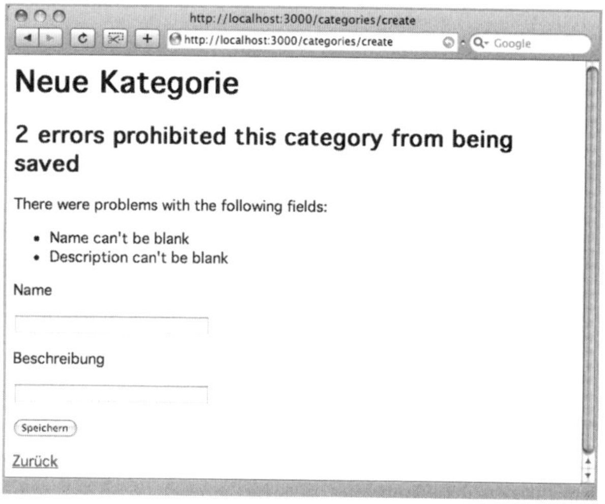

Abbildung 2.14
Die erste Validierung schlägt zu.

Sie stellen nun sicher mit Erschrecken fest, dass die Fehlermeldungen sämtlich und in ihrer vollen Pracht lediglich in englischer Sprache angezeigt werden. Dies ist tatsächlich so und mit Sicherheit bei einer deutschsprachigen Website nicht wirklich erwünscht.

Damit sind wir schon beim Thema Internationalisierung und Lokalisierung angelangt – zu früh. Bitte begnügen Sie sich an dieser Stelle mit dem Versprechen, dass Sie die Meldungen in einer beliebigen Sprache anzeigen können. In Kapitel 8 finden Sie ausführliche Informationen zur Internationalisierung von Rails-Anwendungen.

Doch zurück zu den Validierungen. Das Modell unterstützt nun die Prüfung der Pflichtfelder. Was noch fehlt, ist die Prüfung auf die Eindeutigkeit. Geben Sie hierzu die folgende Zeile unterhalb der ersten Validierung ein.

```
validates_uniqueness_of :name, :description
```

Um diese Validierung zu testen, versuchen Sie einfach, zweimal hintereinander die gleichen Werte für Name und Beschreibung einzugeben. Das Ergebnis wird in etwa wie in Abbildung 2.15 aussehen.

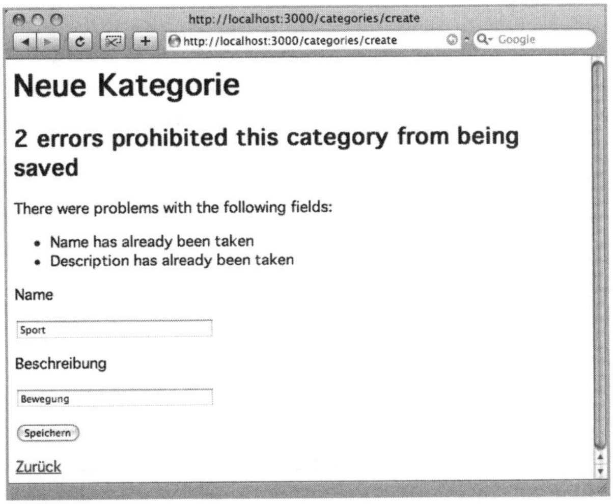

Abbildung 2.15
Hier wird die fehlende Eindeutigkeit der Werte für Name und Description moniert.

Die Validierungen werden vor dem Speichern des Modells in der Datenbank aufgerufen. Diese Tatsache bezieht sich allerdings nur auf neu anzulegende Modell-Instanzen. Wenn lediglich ein Update erfolgt, wird keine Validierung durchgeführt.

Soll auch beim erstmaligen Speichern die Validierung ausgesetzt werden, so können Sie der Methode `save` den Übergabeparameter `false` mitgeben, wie im folgenden Listing gezeigt.

Listing 2.14 http://pastie.org/233710

```
def create
  @category = Category.new(params[:category])
  if @category.save(false)
    flash[:notice] = "Kategorie #{@category.name} wurde gespeichert."
    redirect_to :action => 'show', :id => @category
  else
    render :action => 'new'
  end
end
```

Sicherlich ist das Umgehen der Validierung nur in Ausnahmefällen sinnvoll, weshalb Sie diesen Schalter nur selten verwenden werden.

Sollten Sie eine eigene Validierungsregel aufstellen wollen, die nicht von den mitgelieferten Varianten unterstützt wird, können Sie einfach die Methode `validate` überschreiben.

Fügen Sie der Klasse `Category` die folgenden Zeilen hinzu, um zu überprüfen, ob sich die Werte von Name und Beschreibung unterscheiden.

Listing 2.15 http://pastie.org/233712

```
def validate
  if name == description
    errors.add 'description', "sollte einen anderen Wert als \
 #{name} haben."
  end
end
```

Versuchen Sie nun eine neue Kategorie anzulegen, indem Sie in beide Eingabefelder die gleichen Werte eingeben. Abbildung 2.16 zeigt die entsprechende Fehlermeldung.

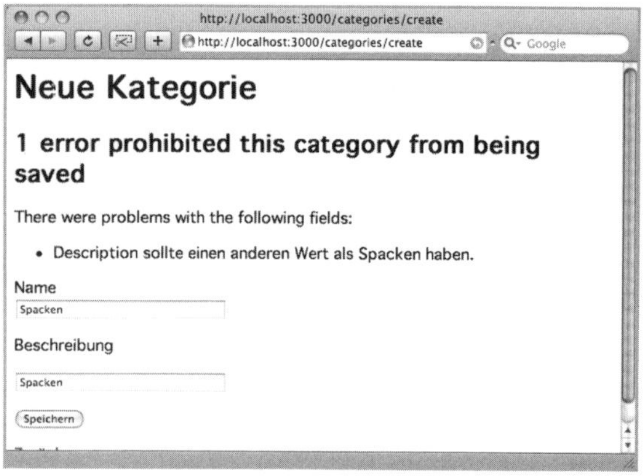

Abbildung 2.16
Die eigene Validierung mit ihrer Meldung

So viel zu Validierungen an dieser Stelle. In den nachfolgenden Kapiteln werden Sie immer wieder mit Validierungen zu tun haben, die wir dann ausführlich erklären.

Experimentieren Sie einfach mal mit den unterschiedlichen mitgelieferten Methoden, um ein Gefühl für deren Einsatz zu bekommen.

2.4 Generieren der Newsfeed-Verwaltung

In diesem Abschnitt erfahren Sie wieder viel Neues. Insbesondere darüber, wie Sie sich das Leben mit Ruby on Rails erleichtern. Sie generieren im Folgenden ein Modell für die Newsfeeds sowie einen passenden Controller.

Um die Produktivität ein wenig zu erhöhen, verwenden Sie hierzu den Scaffold-Generator, der statisches Scaffolding bereitstellt. Damit werden in einem Generatorlauf das Modell, der Controller und die Views angelegt, die nötig sind, um die Verwaltung nach dem CRUD-Modell zu ermöglichen.

2.4.1 Generator aufrufen

Zunächst einige Worte zur Fachlichkeit der Newsfeeds. Ein RSS-Feed kann abonniert werden, um regelmäßig Nachrichten zu erhalten, ohne auf die Webseite gehen zu müssen, die diese Nachrichten anbietet. Hierzu muss der Anbieter eines RSS-Feeds ein bestimmtes

XML-Format einhalten und die Daten darin entsprechend aufbereiten. Zumeist gibt es für den Feed die entsprechenden Überschriften der Nachrichten sowie eine Kurzbeschreibung (Description). Ein Link verzweigt dann bei Bedarf auf die Originalnachricht.

Für unser Feeder-Beispiel genügt es, wenn wir den

- Namen,
- die URL sowie
- eine kurze Beschreibung eines Feeds

in das Modell aufnehmen.

Bis auf den Typ `text` des Attributes `description` besitzen die einzelnen Attribute des Modells namens `Feed` den Typ `string`, womit sich für den Generatoraufruf die folgende Anweisung ergibt:

```
$ ./script/generate scaffold feed name:string url:string description:text

exists  app/models/
exists  app/controllers/
exists  app/helpers/
create  app/views/feeds
exists  app/views/layouts/
exists  test/functional/
exists  test/unit/
exists  public/stylesheets/
create  app/views/feeds/index.html.erb
create  app/views/feeds/show.html.erb
create  app/views/feeds/new.html.erb
create  app/views/feeds/edit.html.erb
create  app/views/layouts/feeds.html.erb
create  public/stylesheets/scaffold.css
create  app/controllers/feeds_controller.rb
create  test/functional/feeds_controller_test.rb
create  app/helpers/feeds_helper.rb
route  map.resources :feeds
dependency  model
exists    app/models/
exists    test/unit/
exists    test/fixtures/
create    app/models/feed.rb
create    test/unit/feed_test.rb
create    test/fixtures/feeds.yml
exists    db/migrate
create    db/migrate/20080604193229_create_feeds.rb
```

Was bedeutet diese Anweisung nun genau? Zunächst wird der Generator `scaffold` ausgewählt, womit man festlegt, was alles generiert werden soll. Darauf folgt der Name des Modells, hier `feed`. Die einzelnen Attribute des `Feed`-Modells werden in Paaren von `<attribut>:<typ>` angegeben.

Nach der Ausführung dieser Anweisung hat der Generator die in Tabelle 2.5 auf der nächsten Seite aufgeführten Artefakte erstellt.

Anders als bei der Generierung des `Category`-Modells und seines Controllers sind hier einige bisher unbekannte Bestandteile generiert worden. Der nächste Abschnitt erklärt, was das Ganze zu bedeuten hat. Zuvor sollten Sie jedoch die Datenbank migrieren, um die Tabelle `feeds` anzulegen. ierzu geben Sie folgende Anweisung in ein Terminalfenster ein.

```
$ rake db:migrate
```

Tabelle 2.5 Generierte Artefakte

Artefakt	Beschreibung
app/views/feeds/index.html.erb	Die index-View
app/views/feeds/show.html.erb	Die show-View
app/views/feeds/new.html.erb	Die new-View
app/views/feeds/edit.html.erb	Die edit-View
app/views/layouts/feeds.html.erb	Das Layout für den FeedsController.
public/stylesheets/scaffold.css	Die Stylesheet-Definitionen für das statische Scaffolding.
app/models/feed.rb	Die Klasse Feed als Modell.
test/unit/feed_test.rb	Ein Unittest für das Modell Feed.
test/fixtures/feeds.yml	Testdaten für die Tests des Feed-Modells.
db/migrate/20080604193229 _create_feeds.rb	Eine Migration für das Modell Feed.
app/controllers/feeds_controller.rb	Der FeedsController.
test/functional/feeds_controller _test.rb	Die Klasse FeedsControllerTest für funktionale Tests des FeedsControllers.
app/helpers/feeds_helper.rb	Eine Helperklasse für den FeedsController.
config/routes.rb -> map.resources :feeds	Ein Mapping für den FeedController und seine Modellinstanzen.

Die Ausgabe zeigt, dass die Tabelle erfolgreich angelegt wurde.

```
== 20080604193229 CreateFeeds: migrating ============================
-- create_table(:feeds)
   -> 0.0045s
== 20080604193229 CreateFeeds: migrated (0.0048s) ===================
```

2.4.2 Allgemeines zu REST

Wenn Sie es nicht abwarten konnte, haben Sie sich bereits die generierten Dateiinhalte angesehen und festgestellt, dass nicht alles so aussieht, wie es bei der Verwaltung für die Kategorien der Fall ist. Das liegt zum einen daran, dass wir beim manuellen Programmieren ein paar Dinge weggelassen haben und auch noch nicht mit dem Design von RESTful-Anwendungen vertraut sind. Darum folgt sogleich eine kurze Einführung in REST und seine Anwendung in Ruby on Rails.

Alles ist eine Ressource

So lautet der Wahlspruch für RESTful-Anwendungen. REST ist die Abkürzung für Representational State Transfer. Was damit gemeint ist, erschließt sich nicht sofort. Das Prinzip geht auf Roy Thomas Fielding[1] zurück, der sich eingehend mit der Idee beschäftigte, alle

[1] http://www.ics.uci.edu/~fielding/pubs/dissertation/rest_arch_style.htm

Daten als Ressourcen zu betrachten, die sich über einen URI (Uniform Resource Identifier) adressieren lassen. Dabei handelt es sich genau genommen um einen architekturalen Stil im Umgang mit Ressourcen.

Dieses Prinzip findet inzwischen viele Freunde und Anhänger auch im Bereich der Web-Services, da hier eine weitgehende Vereinfachung der Programmierschnittstellen und Protokolle stattfindet. Gregg Pollack[2] hat zu diesem Thema einen interessanten Vortrag gehalten, den Sie hier[3] als Quicktime-Video finden.

REST geht davon aus, dass eine Ressource – beispielsweise ein Modell – nach dem CRUD-Modell verwaltet wird. So wie eine Anwendung CRUD mit den Verben Erstellen (create), Selektieren (retrieve), Aktualisieren (update) und Löschen (delete) unterstützt, kennt SQL entsprechende Befehle (`INSERT`, `SELECT`, `UPDATE` und `DELETE`).

Das HTT-Protokoll kennt ebenfalls vier Verben, um CRUD zu unterstützen. Diese sind `POST`, `GET`, `PUT` und `DELETE`. Tabelle 2.6 verdeutlicht den Zusammenhang noch einmal.

Tabelle 2.6 CRUD-Aktionen

Schnittstelle/CRUD	**Create**	**Retrieve**	**Update**	**Delete**
Anwendung	`create`	`show`	`edit`	`destroy`
SQL	`INSERT`	`SELECT`	`UPDATE`	`DELETE`
HTTP	`POST`	`GET`	`PUT`	`DELETE`

Falls Sie jetzt denken, dass REST im Grunde wie SQL für HTTP ist, sollten Sie diesen Gedanken schnell wieder verwerfen. Auch wenn Ruby on Rails hierfür eine direkte Unterstützung in Form von ActiveResource bereitstellt, ist eine Ressource nicht immer direkt mit der Repräsentation in einer Datenbank verbunden.

Schauen wir uns ein konkretes Beispiel, nämlich die Ressource `Feed`, an. Hier kann eine Liste der Feeds über den URI `/feeds` angefordert werden. Wenn dabei als HTTP-Methode `GET` eingesetzt wird, können Sie diese Liste der `index`-Methode im `FeedsController` zuordnen.

Und tatsächlich findet sich im `FeedsController` die folgende Methode `index`.

Listing 2.16 http://pastie.org/233713

```
# GET /feeds
# GET /feeds.xml
def index
  @feeds = Feed.find(:all)

  respond_to do |format|
    format.html # index.html.erb
    format.xml  { render :xml => @feeds }
  end
end
```

[2] Siehe auch http://www.railsenvy.com

[3] http://www.patchedsoftware.com/FutureOfWebServices.mov

Die Methode `index` liefert eine Liste mit allen `Feed`-Objekten aus der Tabelle `feeds`. Prinzipiell sieht diese Methode so aus wie das entsprechende Pendant im `Categories-Controller`. Hinzugekommen ist eine Spezialität aus dem Hause Ruby on Rails:

- der `respond_to`-Block.

Ruby on Rails unterstützt die einfache Ausgabe für unterschiedlichste Clients. Im obigen Block wird im Falle des `html`-Formats die Seite `app/views/feeds/index.html.erb` gerendert. Die Dateiendung `.erb` steht für Embedded Ruby und signalisiert, dass im jeweiligen Format Rubycode enthalten sein kann, der zur Laufzeit ausgeführt wird. Stellen Sie sich einfach eine Java Server Page vor, die eingebetteten Java-Code ausführt, um zu verstehen, was ERb bedeutet.

Im Falle des XML-Formats generiert Ruby on Rails eine XML-Repräsentation der Modell-Instanz. Probieren Sie es einfach einmal aus.

Wenn Sie die letzte Migration durchgeführt haben können Sie im Browser folgende URL aufrufen.

```
http://localhost:3000/feeds
```

Damit wird eine Liste der Feeds angezeigt, die logischerweise noch leer ist. Es fällt sofort auf, dass die generierten Webseiten nicht auf Deutsch sind, was sich, wie bereits erwähnt, später ändern lässt.

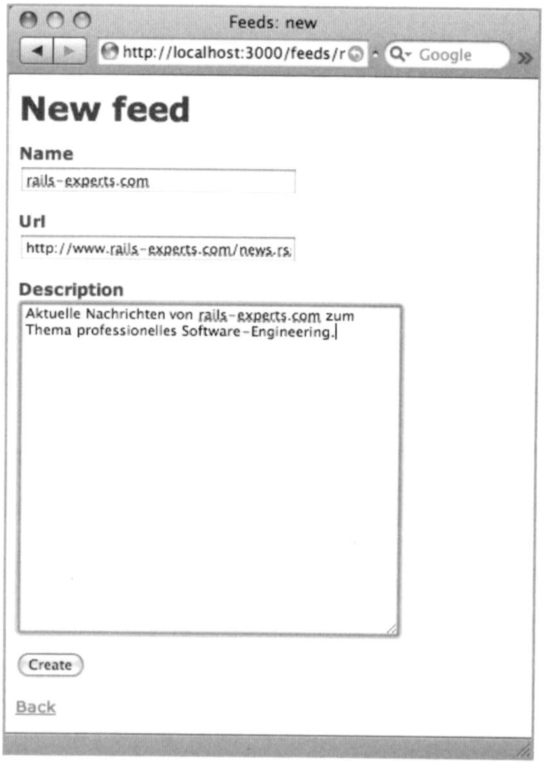

Abbildung 2.17
Das Formular für das Anlegen eines Feeds

Klicken Sie auf den Link zum Anlegen eines neuen Feeds, und füllen Sie das in Abbildung 2.17 angezeigte Formular aus.

Wenn die Informationen erfolgreich gespeichert wurden, können Sie nun mit der Index-Nummer `1` auf die Instanz des Feeds zugreifen (siehe Abbildung 2.18).

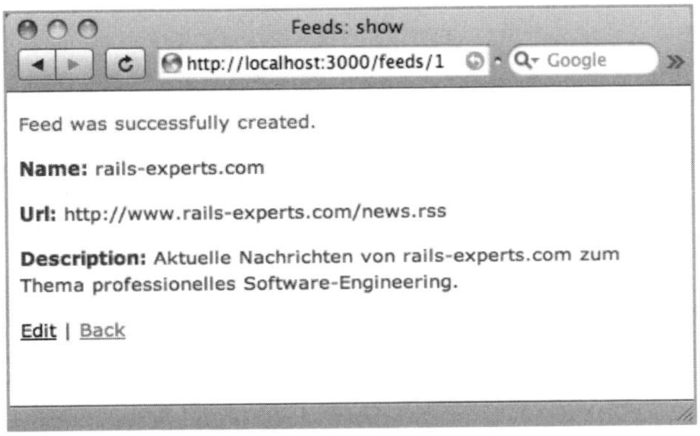

Abbildung 2.18
Der Feed-Eintrag wurde erfolgreich angelegt

Geben Sie nun in Ihrem Browser hinter der `1` ein `.xml` ein, und laden Sie die Seite. Sie erhalten nun je nach Browser eine XML-Beschreibung der Daten. Der Apple Safari-Browser zeigt leider eine weniger aufschlussreiche Darstellung als beispielweise der Firefox-Browser. Daher verwendet Abbildung 2.19 Firefox zum Anzeigen der XML-Daten des ersten Feeds.

Der Aufwand für diese Darstellung war mit Sicherheit sehr gering, was schreibfaule Programmierer sicher freuen wird.

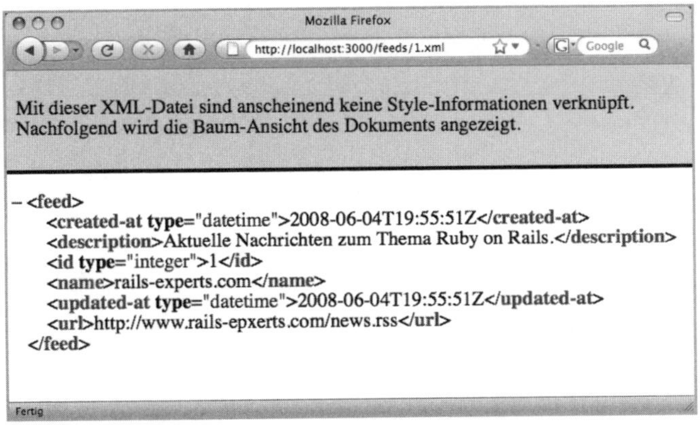

Abbildung 2.19
Die XML-Darstellung des Feeds mit der Indexnummer 1

Legen Sie ruhig einige zusätzliche Instanzen von Feed an, und geben Sie folgende Anfrage in Ihren Browser ein.

```
http://localhost:3000/feeds.xml
```

Sie erhalten eine komplette Liste Ihrer `Feed`-Instanzen im XML-Format (vergl. Abbildung 2.20).

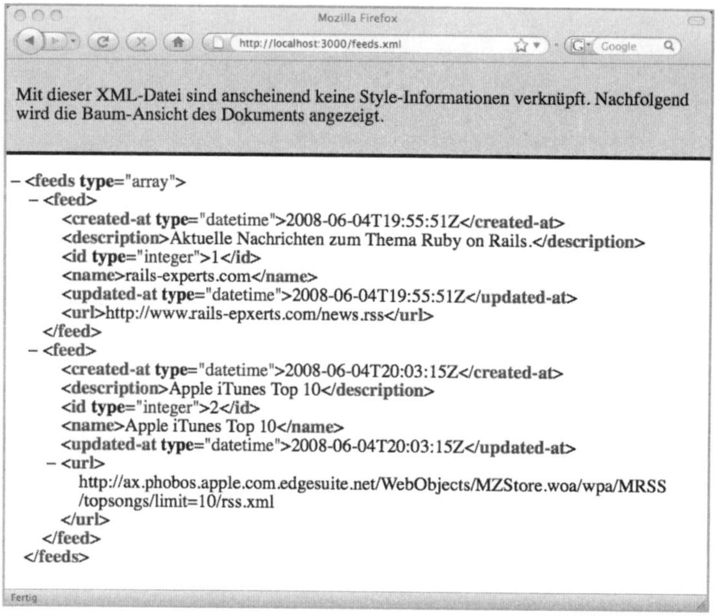

Abbildung 2.20
Die vollständige Liste der Feed-Instanzen im XML-Format

2.4.3 REST im Controller

Es ist an der Zeit, sich näher mit dem Controller und seinen Methoden zu beschäftigen. Hierzu gehe ich etwas näher auf die CRUD-Aktionen mit ihren jeweiligen fachlichen und technischen Varianten ein.

Zur Erinnerung: CRUD ist der Oberbegriff für die Aktionen.

- Create (Erstellen von Daten)
- Update (Aktualisieren von Daten)
- Retrieve (Einlesen von Daten)
- Delete (Löschen von Daten)

Der `FeedController` dient als praktisches Anschauungsbeispiel für die Implementierung dieser Aktionen. Los geht's!

CRUD-Aktion: Create

Das Anlegen einer neuen Instanz von `Feed` erfolgt aus Browser-Sicht mit dem Aufruf der Methode `new` im Controller. Dies geschieht, wie bereits bekannt, mit Hilfe der folgenden URL und dem `GET` aus HTTP.

```
http://localhost:3000/feeds/new
```

Daraufhin wird im `FeedsController` die Methode `new` ausgeführt. Diese stellt eine „unbenutzte" Instanz von `Feed` bereit.

Listing 2.17 http://pastie.org/233714

```
# GET /feeds/new
# GET /feeds/new.xml
def new
  @feed = Feed.new

  respond_to do |format|
    format.html # new.html.erb
    format.xml  { render :xml => @feed }
  end
end
```

Dem Block `respond_to` kommt, wie bereits erwähnt, eine besondere Bedeutung zu. Je nach Client können eine spezialisierte Darstellung und ein spezifisches Format zurückgegeben werden. Wenn es sich wie bisher im Beispiel weiterhin um einen Browser handelt, wird das Format HTML gewählt und entsprechend der Aktion die passende View angezeigt. Im Falle dieser Aktion wird die Seite `app/views/feeds/new.html.erb` verarbeitet und die Ausgabe im Browser angezeigt.

Listing 2.18 http://pastie.org/233715

```
<h1>New feed</h1>

<%= error_messages_for :feed %>

<% form_for(@feed) do |f| %>
  <p>
    <b>Name</b><br />
    <%= f.text_field :name %>
  </p>

  <p>
    <b>Url</b><br />
    <%= f.text_field :url %>
  </p>

  <p>
    <b>Description</b><br />
    <%= f.text_area :description %>
  </p>

  <p>
    <%= f.submit "Create" %>
  </p>
<% end %>

<%= link_to 'Back', feeds_path %>
```

Die Seite definiert einige einfache HMTL-Elemente wie einen Titel und ein Formular. Die Ansicht im Browser zeigt Abbildung 2.21 auf der nächsten Seite.

Sollte das Format XML angefordert werden, wird entsprechend eine XML-Repräsentation zurückgegeben.

Geben Sie nur zu Testzwecken folgende URL ein.

```
http://localhost:3000/feeds/new.xml
```

Daraufhin erscheint in Ihrem Browser folgende Ansicht (Abbildung 2.22) einer noch leeren Instanz von `Feed` (für die beste Darstellung Firefox verwenden).

Abbildung 2.21
Die View new für den FeedsController und die Aktion new

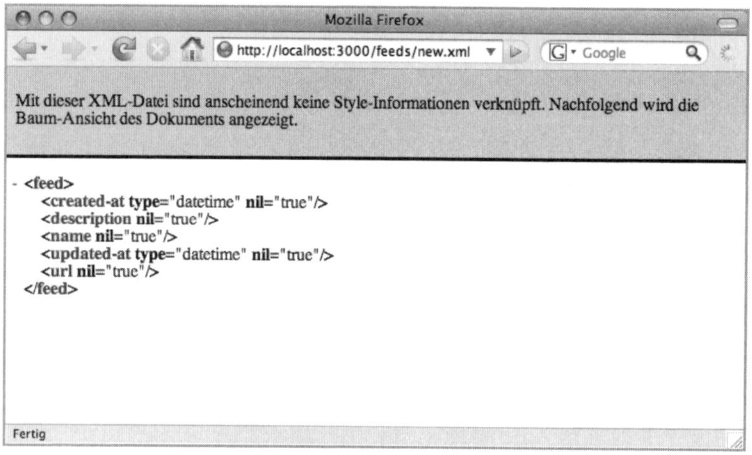

Abbildung 2.22
Die neu angelegte Instanz von Feed in der XML-Darstellung

Später lernen Sie weitere Möglichkeiten kennen, über diese Vorgehensweise beispielsweise ein iPhone zu adressieren.

CRUD-Aktion: Retrieve

Bei einem Request, der eine einzelne Instanz anzeigen soll, wird die Methode `show` des FeedControllers aufgerufen. Wird hingegen eine Liste aller Instanzen benötigt, kann die Methode `index` aufgerufen werden.

Zunächst der Fall, dass eine einzelne Instanz angezeigt werden soll. Hier wird lediglich die gewünschte Instanz aus der Datenbank gelesen und in der Seite `app/views/feeds/-show.html.erb` angezeigt.

Listing 2.19 http://pastie.org/233716

```
# GET /feeds/1
# GET /feeds/1.xml
def show
  @feed = Feed.find(params[:id])

  respond_to do |format|
    format.html # show.html.erb
    format.xml  { render :xml => @feed }
  end
end
```

Die gewünschte Instanz wird mit Hilfe der `find`-Methode aus der Datenbank gelesen. Im `Hash`-Objekt `params`, in dem sämtliche Anfrageparameter des HTTP-Requests abgelegt sind, gibt man den Primärschlüssel des `Feed`-Objektes an. Nach dem erfolgreichen Einlesen der Daten legen Sie wieder fest, welches Format zu welcher Darstellung führt. Im Fall eines normalen HTML-Browsers wird die Seite `show.html.erb` angezeigt. Die entsprechende Datei `app/views/feeds/show.html.erb` sieht so aus.

Listing 2.20 http://pastie.org/233717

```
<p>
  <b>Name:</b>
  <%=h @feed.name %>
</p>

<p>
  <b>Url:</b>
  <%=h @feed.url %>
</p>

<p>
  <b>Description:</b>
  <%=h @feed.description %>
</p>


<%= link_to 'Edit', edit_feed_path(@feed) %> |
<%= link_to 'Back', feeds_path %>
```

Die Seite definiert lediglich einige Textdaten und zeigt den Inhalt der Attribute eines `Feed`-Objektes an. Am Ende der Datei werden zwei Links definiert, die die Navigation zur Übersichtsseite oder das Editieren der Instanzdaten erlauben (siehe Abbildung 2.23 auf der nächsten Seite).

Wenn eine Liste aller Instanzen angezeigt werden soll, wird mit dem folgenden URL-Aufruf die Methode `index` des `FeedController` ausgeführt.

```
http://localhost:3000/feeds
```

Die Methode `index` findet alle Instanzen von `Feed` in der Datenbank und übergibt diese der Instanzvariablen `@feeds`. Anschließend wird ausgehend vom angeforderten Format in die entsprechende Darstellung verzweigt. Das folgende Listing zeigt die `index`-Methode.

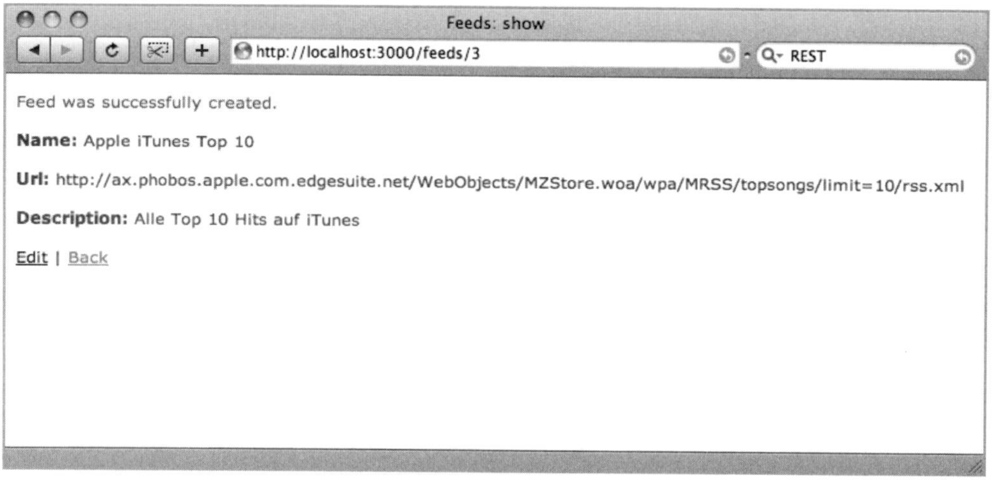

Abbildung 2.23 Die View show des FeedsControllers

Listing 2.21 http://pastie.org/233718

```
# GET /feeds
# GET /feeds.xml
def index
  @feeds = Feed.find(:all)

  respond_to do |format|
    format.html # index.html.erb
    format.xml  { render :xml => @feeds }
  end
end
```

Bei Verwendung des HTML-Formats wird auf die Seite `index.html.erb` verzweigt, die folgendermaßen aussieht.

Listing 2.22 http://pastie.org/233719

```
<h1>Listing feeds</h1>

<table>
  <tr>
    <th>Name</th>
    <th>Url</th>
    <th>Description</th>
  </tr>

<% for feed in @feeds %>
  <tr>
    <td><%=h feed.name %></td>
    <td><%=h feed.url %></td>
    <td><%=h feed.description %></td>
    <td><%= link_to 'Show', feed %></td>
    <td><%= link_to 'Edit', edit_feed_path(feed) %></td>
    <td><%= link_to 'Destroy', feed, :confirm => 'Are you sure?', \
                                      :method => :delete %></td>
  </tr>
<% end %>
</table>

<br />
<%= link_to 'New feed', new_feed_path %>
```

Hier wird durch eine Collection von `Feed`-Objekten iteriert und eine HTML-Tabelle aufgebaut. Am Ende der Datei befindet sich ein Link, mit dem Sie ein neues `Feed`-Objekt erstellen können. Beim Klicken auf diesen Link wird die Methode `new` im `FeedController` aufgerufen. Die entsprechende Ansicht zeigt Abbildung 2.24.

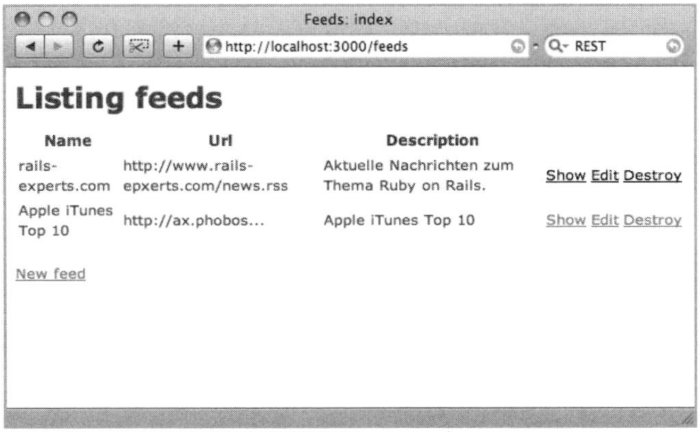

Abbildung 2.24
Die Index-View des Feeds-Controller und die Aktion index

CRUD-Aktion: Update

Die `edit`-Methode des `FeedControllers` wird aufgerufen, in dem hinter der `ID` des gewünschten Objektes ein Slash gefolgt vom Aktionsnamen `edit` eingefügt wird.

Listing 2.23 http://pastie.org/233720

```
# GET /feeds/1/edit
def edit
  @feed = Feed.find(params[:id])
end
```

Beim Aufruf der `edit`-Methode sucht Ruby on Rails mit Hilfe der in den Request-Parametern hinterlegten `ID` nach dem passenden Objekt in der Datenbank und stellt dieses in der Instanzvariablen `@feed` bereit. Danach wird automatisch die Seite `edit.html.erb` verarbeitet und im Browser angezeigt. Die Datei `app/views/feeds/edit.html.erb` sieht so aus.

Listing 2.24 http://pastie.org/233721

```
<h1>Editing feed</h1>

<%= error_messages_for :feed %>

<% form_for(@feed) do |f| %>
  <p>
    <b>Name</b><br />
    <%= f.text_field :name %>
  </p>

  <p>
    <b>Url</b><br />
    <%= f.text_field :url %>
  </p>
```

```
    <p>
      <b>Description</b><br />
      <%= f.text_area :description %>
    </p>

    <p>
      <%= f.submit "Update" %>
    </p>
  <% end %>

  <%= link_to 'Show', @feed %> |
  <%= link_to 'Back', feeds_path %>
```

Bei genauerem Hinsehen stellen Sie schnell fest, dass sich der Inhalt fast mit dem der Datei `new.html.erb` deckt. Tatsächlich ist der Block für das Formular bis auf die Beschriftung des `Submit`-Buttons identisch, wie Abbildung 2.25 zeigt.

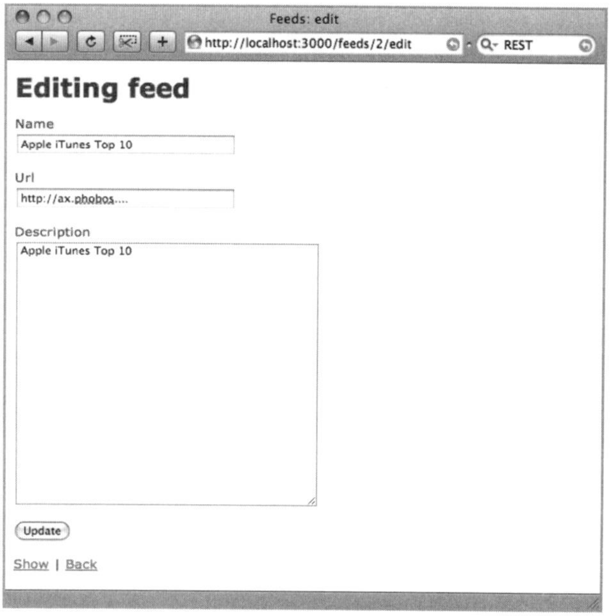

Abbildung 2.25
Die Edit-View des Feeds-Controllers und der Aktion edit

Die Aktion `update` wird nach dem Absenden der View `edit` aufgerufen und kann aktualisierte Daten wieder in die Datenbank schreiben. Hierzu wird zunächst die aktuellste Version des `Feed`-Objektes aus der Datenbank gelesen.

Danach wird versucht, die Attribute des Objektes in der Datenbank zu aktualisieren. Dies geschieht mit der Methode `update_attributes`, welche die zu aktualisierenden Attribute aus den Requestparametern erhält. Im Erfolgsfall wird eine entsprechende Meldung in das Hash-Objekt `flash` gestellt und auf der Seite `show.html.erb` angezeigt.

Listing 2.25 http://pastie.org/233722

```
# PUT /feeds/1
# PUT /feeds/1.xml
def update
  @feed = Feed.find(params[:id])
```

```
    respond_to do |format|
      if @feed.update_attributes(params[:feed])
        flash[:notice] = 'Feed was successfully updated.'
        format.html { redirect_to(@feed) }
        format.xml  { head :ok }
      else
        format.html { render :action => "edit" }
        format.xml  { render :xml => @feed.errors, :status => :unprocessable
_entity }
      end
    end
  end
```

Im Fehlerfall wird die Seite `edit.html.erb` erneut angezeigt.

CRUD-Aktion: Delete

Die letzte CRUD-Aktion ist das Löschen von Daten. Hier wird das HTTP-Verb `DELETE` genutzt, um beispielsweise mit folgender URL das `Feed`-Objekt mit der ID `1` zu löschen.

```
http://localhost:3000/feeds/1
```

Ruby on Rails erkennt anhand des HTTP-Request-Headers, welche Aktion auszuführen ist. In diesem Fall wird die Methode `destroy` des `FeedControllers` ausgeführt.

Listing 2.26 http://pastie.org/233724

```
# DELETE /feeds/1
# DELETE /feeds/1.xml
def destroy
  @feed = Feed.find(params[:id])
  @feed.destroy

  respond_to do |format|
    format.html { redirect_to(feeds_url) }
    format.xml  { head :ok }
  end
end
```

Zuerst wird das zu löschende Objekt aus der Datenbank geladen und danach mit einem Aufruf der `destroy`-Methode gelöscht. Anschließend wird wieder auf die Seite `index.html.erb` verzweigt.

Unterstützung von JSON

Wenn Sie das Format JSON[4] unterstützen möchten, geben Sie einfach im Block `respond_to` ein neues Format ein.

Listing 2.27 http://pastie.org/233725

```
# GET /feeds
# GET /feeds.xml
# GET /feeds.json
def index
  @feeds = Feed.find(:all)
```

[4] Siehe http://json.org

```
    respond_to do |format|
      format.html # index.html.erb
      format.xml  { render :xml => @feeds }
      format.json { render :json => @feeds }
    end
  end
```

Das Ergebnis ist eine Datei mit folgender Struktur.


```
[{"feed": {"name": "rails-experts.com", "updated_at": "2008-06-04T19:55:51Z",
"url": "http://www.rails-epxerts.com/news.rss", "id": 1, "description": "Aktuelle
Nachrichten zum Thema Ruby on Rails.", "created_at": "2008-06-04T19:55:51Z"}},
{"feed": {"name": "Apple iTunes Top 10", "updated_at": "2008-06-04T20:23:45Z",
"url": "http://ax.phobos...", "id": 2, "description": "Apple iTunes Top 10",
"created_at": "2008-06-04T20:03:15Z"}}]
```


Weitere Formate werden in diversen Kapiteln beschrieben, um beispielsweise die Unterstützung für das iPhone oder für die Bereitstellung von RSS-Daten zu beschreiben.

2.5 Assoziationen einbauen

Bisher haben Sie die Unterstützung für Kategorien und Feeds implementiert. Das Anlegen und Verwalten dieser beiden Modelle klappte bisher schon ganz gut, doch wurde als Spezifikation vorgegeben, dass eine Kategorie beliebig viele Feeds enthalten kann. Infolgedessen kennt ein `Feed`-Objekt auch eine `Category`.

Aus der Java-Welt kennen Sie den Aufwand, den Sie betreiben müssen, um diese Assoziationen zu implementieren. Ruby on Rails geht, wie zu vermuten ist, sehr einfach an diese Aufgabe heran. Allgemein kann man sagen:

- Ein `Category`-Objekt hat viele `(has_many)` `Feed`-Objekte.
- Ein `Feed`-Objekt gehört `(belongs_to)` einem `Category`-Objekt.

Sicher wäre es fachlich möglich, dass ein `Feed`-Objekt zu mehreren Kategorien gehören kann, doch in diesem Beispiel beschränken wir uns auf eine eindeutige Zugehörigkeit. Diese Information wird nun in die Modellklassen überführt. Damit sieht der Quellcode für das `Category`-Modell so aus.

Listing 2.28 http://pastie.org/233726

```
class Category < ActiveRecord::Base
  has_many :feeds

  validates_presence_of :name, :description
  validates_uniqueness_of :name, :description

  def validate
    if name == description
      errors.add 'description', "sollte einen anderen Wert \
      als #{name} haben."
    end
  end
end
```

Und das `Feed`-Modell.

Listing 2.29 http://pastie.org/233727

```
class Feed < ActiveRecord::Base
  belongs_to :category
end
```

Aufgrund dieser Informationen weiß Ruby on Rails nun, wie die Abhängigkeiten zwischen diesen beiden Modellen zu handhaben sind.

Per Konvention wird davon ausgegangen, dass nun jedes `Feed`-Objekt einen Fremdschlüssel namens `category_id` vom Typ `Integer` besitzt. Ein Blick in die Tabellendefinition für `Feed`-Objekte zeigt, dass dort keine solche Spalte vorhanden ist. Diesen Missstand beheben wir im nächsten Abschnitt.

2.5.1 Migration für Beziehungen zwischen Feed und Category anlegen

Ruby on Rails liefert einen Generator für Migrationen mit, den wir nun nutzen wollen. Dabei wird eine Migrationsklasse erstellt, die wir nur noch mit Inhalt füllen müssen.

Geben Sie auf der Kommandozeile Folgendes ein.

```
$ ./script/generate migration AddKeysForCategoryFeed

exists  db/migrate
create  db/migrate/20080604204716_add_keys_for_category_feed.rb
```

Danach startet der Generator und erzeugt die Klasse `AddKeysForCategoryFeed` in der Datei `20080604204716_add_keys_for_category_feed.rb`.

Fügen Sie in die Klassenmethode `up` folgende Zeile ein.

Listing 2.30 http://pastie.org/233728

```
def self.up
  add_column :feeds, :category_id, :integer
end
```

Damit wird eine neue Spalte in der Tabelle `feeds` angelegt, die zukünftig die zum `Feed` zugehörige `category_id` enthält. Da Migrationen auch dazu dienen, zu einer früheren Datenbankdefinition zurückzukehren, müssen wir noch die Komplementärmethode `down` mit Inhalt füllen.

Listing 2.31 http://pastie.org/233729

```
def self.down
  remove_column :feeds, :category_id
end
```

Hier wird, wie nicht anders zu erwarten war, die Spaltendefinition namens `category_id` aus der Tabelle `feeds` entfernt. Dabei gehen auch sämtliche Inhalte der Spalte verloren.

Migration ausführen

Geben Sie nun folgenden Befehl auf der Kommandozeile ein, um die aktuelle Migration durchzuführen.

```
$ rake db:migrate
```

Die Ausgabe informiert darüber, was passiert ist.

```
== 20080604204716 AddKeysForCategoryFeed: migrating ==================
-- add_column(:feeds, :category_id, :integer)
   -> 0.0078s
== 20080604204716 AddKeysForCategoryFeed: migrated (0.0080s) =========
```

An dieser Stelle ist die Beziehung zwischen den beiden Modellen definiert, und wir können mit der Rails-Console ein wenig herumexperimentieren, um die Zusammenhänge zwischen den Modellen besser zu verstehen.

Rails-Console

Die Rails-Console wird gestartet, indem Sie Folgendes in die Kommandozeile eingeben.

```
$ ./script/console
```

Die Console meldet sich mit einer Versionsinformation und einem Eingabe-Prompt.

```
Loading development environment (Rails 2.1.0)
>>
```

Die Development-Umgebung wurde geladen, und wir können dynamisch im System `Category`- und `Feed`-Objekte erstellen. Zuerst legen wir eine neue Kategorie an.

```
>> c = Category.create(:name => "Spielfilme", :description => "Action, Horror,
etc.")
```

Die Console gibt Informationen über das neu erstellte Objekt `c` aus und bestätigt damit das erfolgreiche Anlegen in der Datenbank. Wir interessieren uns an dieser Stelle primär für die `id` der neuen Kategorie und fragen diese mit folgender Eingabe ab.

```
>> c.id
=> 3
```

Der Rückgabewert ist die Zahl `3`, die bei Ihnen einen entsprechenden anderen Wert haben kann.

Nun legen wir ein `Feed`-Objekt an und weisen ihm die `category_id 3` zu.

```
>> f = Feed.create(:name => "Actionkracher", :url => "http://localhost:3000",
:description => "Actionfilme für Fans", :category_id => 3)
```

Danach ist in etwa folgende Ausgabe zu sehen.

```
=> #<Feed id: 3, name: "Actionkracher", url: "http://localhost:3000", description:
"Actionfilme für Fans", created_at: "2008-06-04 20:57:41", updated_at: "2008-06-04
20:57:41", category_id: 3>
```

Geben Sie nun zur Kontrolle folgende Abfrage ein.

```
>> f.category.name
```

Sie erhalten nun den Namen der zugeordneten Kategorie.

```
=> "Spielfilme"
```

Den umgekehrten Weg können wir nun ebenfalls testen, indem wir die erste Kategorie aus der Datenbank laden und nach allen zugehörigen `Feed`-Objekten fragen.

```
>> c.feeds
```

Daraufhin sehen Sie etwas wie diese Ausgabe.

```
=> [#<Feed id: 3, name: "Actionkracher", url: "http://localhost:3000", descrip-
tion: "Actionfilme für Fans", created_at: "2008-06-04 20:57:41", updated_at:
"2008-06-04 20:57:41", category_id: 3>]
```

Damit funktioniert die Beziehung nun perfekt, und wir können unsere Views entsprechend anpassen, um diese Information beim Verwalten von Feeds zu berücksichtigen.

Vorher verlassen Sie aber noch die Console mit der Eingabe von `exit` und starten eventuell Ihren Server, falls er nicht schon die ganze Zeit lief.

2.5.2 Views anpassen

Wir starten mit simplen Dingen und zeigen die Kategorie fortan in der `index`-View an. Hierzu ergänzen Sie die Datei `app/views/feeds/index.html.erb` wie folgt:

Listing 2.32 http://pastie.org/233730

```
<h1>Listing feeds</h1>

<table>
  <tr>
    <th>Name</th>
    <th>Url</th>
    <th>Description</th>
    <th>Category</th>
  </tr>

<% for feed in @feeds %>
  <tr>
    <td><%=h feed.name %></td>
    <td><%=h feed.url %></td>
    <td><%=h feed.description %></td>
    <td><%=h feed.category.name %></td>
    <td><%= link_to 'Show', feed %></td>
    <td><%= link_to 'Edit', edit_feed_path(feed) %></td>
    <td><%= link_to 'Destroy', feed, :confirm => 'Are you sure?', :method =>
:delete %></td>
  </tr>
<% end %>
</table>

<br />

<%= link_to 'New feed', new_feed_path %>
```

Rufen Sie Ihren Browser auf, und lassen Sie sich die Liste der `Feeds` anzeigen, um die Änderungen sichtbar zu machen.

```
http://localhost:3000/feeds
```

Die Ausgabe sollte in etwa so wie in Abbildung 2.26 aussehen.

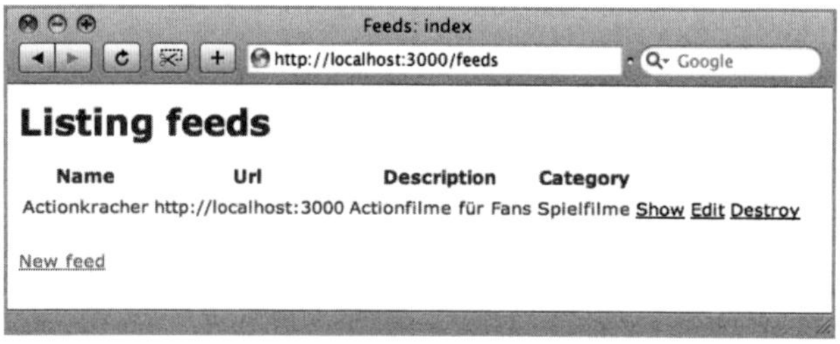

Abbildung 2.26
Die Kategorie wird nun angezeigt.

Sollten Sie wild Daten in Ihre Datenbank geschrieben haben, sollten Sie die `category_id` jedes `Feed`-Eintrages mit einem sinnvollen Wert belegen. Dies können Sie entweder in der Konsole oder mit einem Datenbanktool erledigen.

Die Änderungen für die `show`-View (Datei: `app/views/feeds/show.html.erb`) fallen ähnlich aus.

Listing 2.33 http://pastie.org/233732

```
...
<p>
  <b>Description:</b>
  <%=h @feed.description %>
</p>

<p>
  <b>Category:</b>
  <%=h @feed.category.name %>
</p>

<%= link_to 'Edit', edit_feed_path(@feed) %> |
...
```

Im Browser sieht die Änderung dann so wie in Abbildung 2.27 aus.

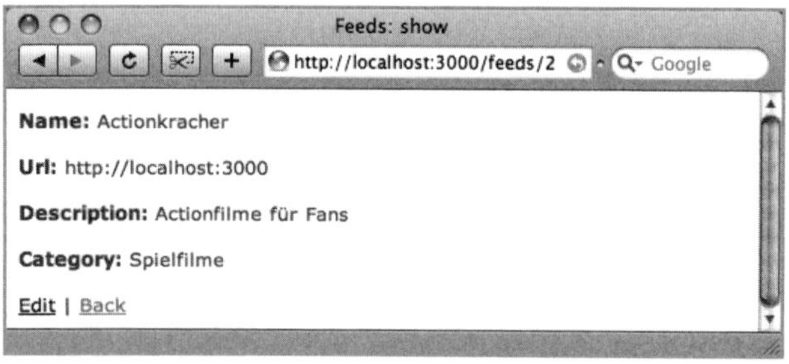

Abbildung 2.27
Die Kategorie wird nun auch in der Show-View angezeigt.

Partial erstellen

Wie bereits erwähnt, sind sich die Views `new` und `edit` sehr ähnlich. Daher ist nun der richtige Zeitpunkt gekommen, um ein Partial zu erstellen und diese Redundanz zu eliminieren.

Ein Partial ist eine separate Datei, deren Inhalt an einer referenzierten Stelle in einer anderen View zur Laufzeit eingefügt wird. Prädestiniert für ein Partial ist demnach alles, was an anderer Stelle in gleicher oder in geringfügig anderer Form dargestellt werden soll. In diesem Beispiel ist dies der Inhalt des Formulars aus den Dateien `edit.html.erb` und `new.html.erb`.

Hierfür wird zunächst der Inhalt des `Form`-Blocks in eine separate Datei namens `_form.html.erb` kopiert. Achten Sie bitte darauf, dass am Anfang des Dateinamens ein Unterstrich stehen muss, damit Ruby on Rails entsprechend das Partial findet. Der Inhalt von `_form.html.erb` sollte nun folgender sein.

Listing 2.34 http://pastie.org/233733

```
<% form_for(@feed) do |f| %>
  <%= f.error_messages %>

  <p>
    <%= f.label :name %><br />
    <%= f.text_field :name %>
  </p>
  <p>
    <%= f.label :url %><br />
    <%= f.text_field :url %>
  </p>
  <p>
    <%= f.label :description %><br />
    <%= f.text_area :description %>
  </p>
  <p>
    <%= f.submit label %>
  </p>
<% end %>
```

Ersetzen Sie nun den Text des Submit-Buttons mit einer lokalen Variablen namens `label`. Hier wird später beim Aufruf des Partials ein Wert für die Beschriftung des Buttons übergeben.

Nun ersetzen Sie den Inhalt des Form-Blocks in der Datei `new.html.erb` mit der folgenden Zeile.

Listing 2.35 http://pastie.org/233734

```
<h1>New feed</h1>
<%= render :partial => 'form', :locals => { :label => 'Create' }  %>
<%= link_to 'Back', feeds_path %>
```

Mit der Methode `render` wird ein Partial namens `form` aufgerufen. Der Parameter `locals` erhält eine Sammlung von Werten, die als lokale Variablen in das Partial eingehen und dort weiterverwendet werden können.

Ändern Sie nun noch die Datei `edit.html.erb` entsprechend mit diesen Informationen ab:

Listing 2.36 http://pastie.org/233735

```
<h1>Editing feed</h1>

<%= render :partial => 'form', :locals => { :label => 'Update'} %>
<%= link_to 'Show', @feed %> |
<%= link_to 'Back', feeds_path %>
```

Hier wird für den Button das Label auf den String `Update` gesetzt. Wenn Sie nun im Browser zwischen den Ansichten für `edit` und `new` wechseln, werden Sie feststellen, dass sich die Anwendung immer noch genauso verhält wie vor dieser kleinen „Operation".

Kategorieauswahl

Nun fehlt uns im soeben modifizierten Partial noch eine Möglichkeit, eine Kategorie für den zu bearbeitenden `Feed` zur Auswahl zu stellen. Dies ergänzen wir nun mit Hilfe einer Dropdown-Liste, die eine bequeme Eingabemöglichkeit darstellt.

Das Modul `FormOptionsHelper` stellt uns die Methode `collection_select` bereit, die ein `Select`-Element für HTML-Seiten erstellt und dabei eine Liste von `Option`-Elementen aus einem `Array`-Objekt erstellt. Der folgende Code-Schnipsel zeigt, wie Sie diese Methode in der Datei `_form.html.erb` anwenden sollten.

Listing 2.37 http://pastie.org/233736

```
<% form_for(@feed) do |f| %>
  <%= f.error_messages %>

  <p>
    <%= f.label :name %><br />
    <%= f.text_field :name %>
  </p>
  <p>
    <%= f.label :url %><br />
    <%= f.text_field :url %>
  </p>
  <p>
    <%= f.label :description %><br />
    <%= f.text_area :description %>
  </p>
  <p>
    <b>Category</b><br />
    <%= collection_select :category,
                          :category_id,
                          categories,
                          :id, :name %>
  </p>
  <p>
    <%= f.submit label %>
  </p>
<% end %>
```

Die in Fettschrift dargestellte Information erhält als ersten Parameter die Modellklasse, die die Werte für die Liste liefern soll. Der zweite Parameter ist das Attribut der Klasse `Feed`, das den Wert für die `ID` der Kategorie speichern soll. Der dritte Parameter ist eine Anweisung, die sämtliche Kategorien aus der Datenbank liest und somit ein Array zur Auswahl bereitstellt. Die letzten beiden Parameter sind die Attribute der Objekte in der Collection, die für die Aufbereitung der Dropdown-Liste herangezogen werden. Dabei ist `id` der Wert, der später im `Feed`-Objekt hinterlegt wird und `name` der Text, der dem Anwender in der Liste angezeigt wird.

Damit die Auswahlliste funktioniert, muss noch die Instanzvariable `@categories` gefüllt werden. Dies geschieht im Modul `FeedHelper`, und zwar jeweils in der Methode `categories`, die nach geeigneter Anpassung so aussieht.

Listing 2.38 http://pastie.org/233737

```
module FeedsHelper
  def categories
    @categories ||= Category.find(:all)
```

```
    end
  end
```

Die Schreibweise für die Instanzvariable `@categories` ist für Sie sicher neu. Damit wird nach mehrfachem Aufruf der Methode `categories` im `FeedsHelper` entweder das vorhandene `@categories`-Objekt oder das Ergebnis der Modellanfrage zurückgegeben.

Wenn Sie im Vorfeld einige Kategorien angelegt haben, sollten Sie beim Anlegen eines neuen Feeds in etwa sehen, was Abbildung 2.28 zeigt.

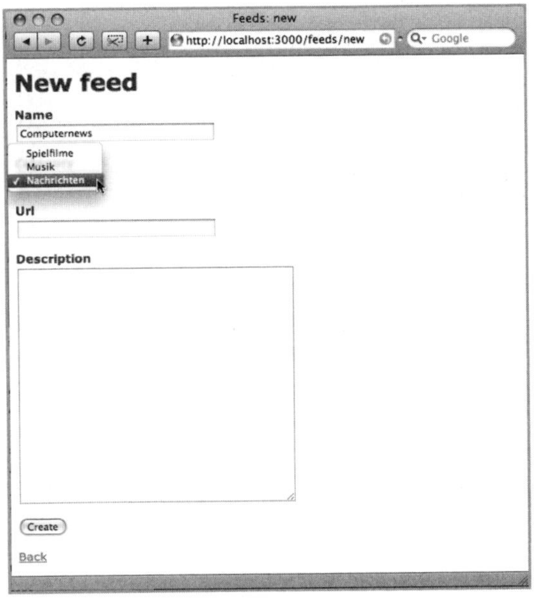

Abbildung 2.28
Die fertige Auswahlliste für die Kategorie eines Feed-Objektes

Damit sind die Arbeiten bezüglich des Integrierens der Kategorien in die Verwaltung von Feed-Objekten abgeschlossen, und wir können uns ein wenig den optischen Aspekten der Anwendung zuwenden.

2.6 Für ein besseres Design

Die Oberfläche unserer kleinen Anwendung ist optisch gesehen eher etwas mager ausgestattet. Dieser Abschnitt soll Ihnen einige Hinweise geben, wie man mit wenigen Handgriffen eine Website mit Ruby on Rails aufpeppt.

2.6.1 Übergeordnetes Layout

Ruby on Rails bietet die Möglichkeit, ein einheitliches Seitenlayout vorzugeben und die einzelnen Views darin einzubetten. Sicher haben Sie schon gesehen, dass die einzelnen Views keineswegs vollständige HTML-Seiten-Spezifikationen darstellen. Vielmehr sind sie Teil einer Gesamtseite.

Das übergeordnete Layout für die Views eines Controllers finden Sie im Verzeichnis `app/views/layouts`. Dort findet sich eine Datei `feeds.html.erb`, die als Ausgangspunkt für ein übergreifendes Layout dienen kann. Für jeden Controller gibt es eine separate Layout-Definition. Der Name des Controllers ohne den Zusatz-Controller wird für die Benennung der Layout-Datei herangezogen.

Für das Layout wird eine vollständige HTML-Seite definiert, die sich zudem mit Hilfe von CSS und JavaScript optimieren lässt. Das folgende Listing zeigt die Definition für das Layout der `Feeds`.

Listing 2.39 http://pastie.org/233738

```
<!DOCTYPE html PUBLIC "-//W3C//DTD XHTML 1.0 Transitional//EN"
"http://www.w3.org/TR/xhtml1/DTD/xhtml1-transitional.dtd">
<html xmlns="http://www.w3.org/1999/xhtml">
  <head>
    <title>Feeder - Der Newsmanager</title>
    <%= stylesheet_link_tag 'style' %>
  </head>
  <body>
    <div align="center" class="bgDark">
       <br />
         <div id="wrapper">
           <div id="header">
             <h1>Feeder - Der Newsmanagaer</h1>
           </div>
           <div id="content">
              <%= flash[:notice] %>
               <%= yield %>
           </div>
               <div id="leftMenu">
                      <div class="box">
                              <%= link_to "Startseite", feeds_path %>
                      </div>
                      <div class="box">
                              <%= link_to "Rails-Experts", "http://www.rails-
experts.com"%>
                      </div>
                      <div class="box">
                              <%= link_to "Hanser Verlag", "http://www.hanser.de"%>
                      </div>
               </div>
           <div class="clear"/>
           <div id="footer"/>
         </div>
     </div>
</body>
</html>
```

Die in Fettschrift hervorgehobenen Zeilen stellen hier die besonders interessanten Elemente dar. Zunächst wird mit `stylesheet_link_tag` eine CSS-Definition inkludiert, die die grafische Aufbereitung übernimmt. Diese Datei zeigen wir im folgenden Listing. Geben Sie diese Zeilen in die Datei `public/stylesheets/style.css` ein.

Listing 2.40 http://pastie.org/233741

```
html, body {
     margin:0;
     padding:0;
}
body {
```

```
    font-family: Arial, Helvetica, sans-serif;
    font-size: 12px;
    color: #FFFFFF;
    background-color: #333333;
    text-align:center;
}
a:link {
    color: #AAAAAA;
    text-decoration: none;
}
a:visited {
    text-decoration: none;
    color: #AAAAAA;
}
a:hover {
    text-decoration: underline;
    color: #FFFFFF;
}
a:active {
    text-decoration: none;
    color: #FFFFFF;
}
#wrapper {
    text-align:left;
    background-image: url(/images/bodyBg.gif);
    background-repeat: repeat-y;
    width: 761px;
}
#header {
    background-image: url(/images/header.gif);
    background-repeat: no-repeat;
    height: 59px;
    width: 751px;
    padding-top: 20px;
    padding-left: 10px;
}
#header h2,h1 {
    margin:0;
    padding:0;
    color: #000000;
}
#footer {
    background-image: url(/images/footer.gif);
    height: 11px;
    width: 761px;
}
#leftMenu {
    float: left;
    width: 195px;
    padding-right: 5px;
    padding-bottom: 5px;
    padding-left: 5px;
    vertical-align: top;
}
#content {
    float: right;
    width: 530px;
    margin-top: 0px;
    margin-bottom: 0px;
    margin-right: 10px;
    margin-left: 0px;
    vertical-align: top;
}
.clear {
    line-height:1px;
    height:1px;
    clear:both;
}
.box {
    background-color: #05406c;
```

```
        border: 1px solid #1e5b8f;
        padding-top: 0px;
        padding-right: 5px;
        padding-bottom: 0px;
        padding-left: 5px;
}

.feedTitle {
        background-color: #125989;
        border: 1px solid #004473;
        padding: 5px;
        margin-top: 3px;
        width: 200px;
}
.feedTitle h2 {
        padding: 0px;
        margin: 0px;
}

.bgDark {
        background-image: url(/images/bgDark.gif);
        background-repeat: repeat-x;
        height: 207px;
}
```

Die in der CSS-Datei referenzierten Hintergrundbilder finden Sie im Dowload zu Kapitel 1 unter `http://www.briefcasten.com/RailsBuch/Kapitel1/feeder.zip`.

Des Weiteren finden Sie einige `div`-Elemente mit entsprechenden IDs, die die Ansicht in einzelne Bereiche aufteilen. Im `div` mit der ID `content` sehen Sie zwei Zeilen, die dafür sorgen, dass der Inhalt der Views an dieser Stelle eingebettet wird. Mit der Beispiel CSS-Datei sieht die Seite dann wie in Abbildung 2.29 aus.

Abbildung 2.29 So sieht das Ganze schon ansprechender aus.

Zugegeben, das Design ist immer noch nicht professionell, aber für den Moment ist es völlig in Ordnung und soll lediglich verdeutlichen, wie schnell sich eine Railsanwendung mit Layouts zu einer ansehnlichen Website aufpeppen lässt.

2.6.2 Default-Route

Wenn Sie sich die URL in Abbildung 2.29 näher ansehen, stellen Sie fest, dass hier der Anhang `/feeds` fehlt. Eigentlich hätte doch hier die Begrüßungsseite von Rails erscheinen müssen.

Richtig, wenn Sie in der Datei `routes.rb` folgende Zeile einfügen und im Verzeichnis `public` die Datei `index.html` löschen, erhalten Sie als Einstiegsseite die gewünschte Übersicht der Feeds.

```
map.root :controller => "feeds"
```

Damit wird eine Route namens `root` auf die Index-View des `FeedsController` umgelenkt.

Hinweis:
Wichtig ist nur, dass Sie wirklich nicht vergessen, die Datei `index.html` im Verzeichnis `public` zu löschen. Sonst funktioniert das Ganze nicht richtig.

2.6.3 Das Layout für andere Controller verwenden

Wenn Sie nun den `CategoriesController` aufrufen, werden Sie feststellen, dass das Layout des `FeedsController` nicht mehr zu sehen ist. Damit Sie auch für andere Controller das einheitliche Layout bekommen, müssen Sie im jeweiligen Controller das zu verwendende Layout angeben. Fügen Sie daher in den `CategoriesController` folgende Anweisung ein, um in den Genuss des Layouts zu kommen.

Listing 2.41 http://pastie.org/233742

```
class CategoriesController < ApplicationController
  layout "feeds"
  def index
    @categories = Category.find(:all)
  end
...
```

Jetzt verwendet der `CategoriesController` das gleiche Layout wie der `FeedsController` (vergl. Abbildung 2.30 auf der nächsten Seite). Wenn Sie ein Layout für alle Controller verwenden möchten, können Sie das Layout auch in der Datei `application.html.erb` definieren.

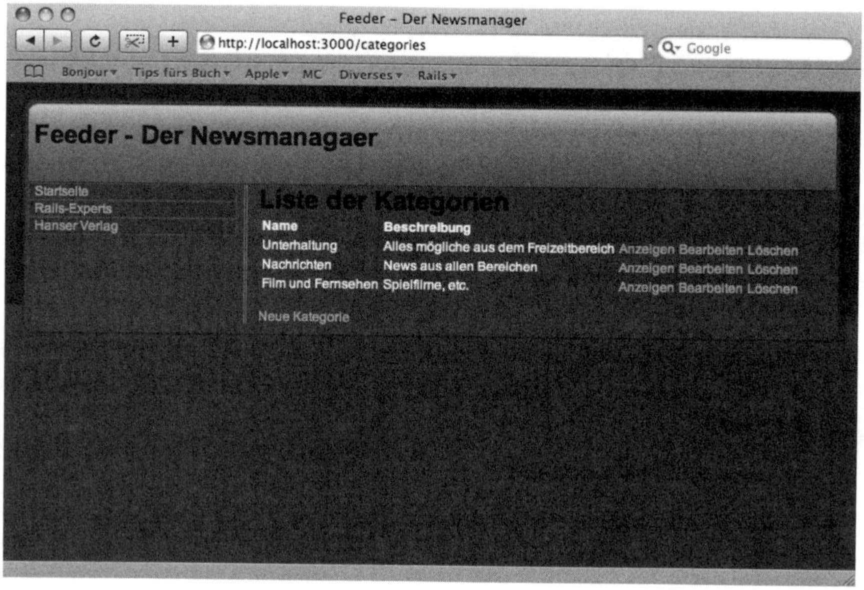

Abbildung 2.30 Die Kategorienverwaltung erstrahlt nun auch in neuem Glanz.

2.6.4 Eindeutschen ohne Internationalisierung

Die Seiten der Views enthalten etliche statische Texte, die der Generator natürlich in Englisch produziert hat. Um abschließend eine einheitliche deutsche Version unserer Anwendung zu erhalten, können Sie vorerst die Textpassagen übersetzen und austauschen. In Kapitel 6 erfahren Sie mehr zum Thema Internationalisierung.

2.7 Einfache Authentifizierung

In diesem Abschnitt zeige ich Ihnen das Konzept der Filtermethoden und wie man damit eine ganz einfache Benutzerauthentifizierung in die Anwendung einbaut. Die Filtermethoden sind ein Feature, das sehr nützlich ist und uns bei der Implementierung der Authentifizierung viel Arbeit abnimmt.

Zunächst aber sollten wir uns klar darüber werden, welche Aktionen durch eine Authentifizierung geschützt werden sollen. Prinzipiell sind dies alle Aktionen, die den Bestand in der Datenbank verändern. Also sind dies potenziell alle Aktionen wie das Editieren, Erstellen und Löschen von Feeds. Des Weiteren soll der „einfache" Benutzer lediglich Kategorien anlegen, aber nicht bearbeiten und löschen können.

Für die technische Umsetzung verzichten wir auf eine komplette Benutzerverwaltung mit Rollen und Rechten. Die von Ruby on Rails 2.x bereitgestellte Basic HTTP Authentication soll uns für dieses Beispiel genügen. Dieser einfache Ansatz erlaubt es uns, eine kleine Routine zu schreiben, die im Browser einen Dialog anzeigt. In diesem Dialog muss der

Benutzer einen Benutzernamen und ein Passwort eingeben. Diese beiden Angaben werden dann mit internen Daten verglichen, und bei entsprechender Übereinstimmung wird der Benutzer authentifiziert, um die gewünschten Daten zu bearbeiten.

Starten Sie mit der Implementierung. Als Erstes wird der Filter eingebaut.

Listing 2.42 http://pastie.org/233743

```
class FeedsController < ApplicationController
  before_filter :authenticate, :except => ['index', 'show']
...
```

Mit dieser Anweisung wird also eine Methode `authenticate` benannt, die vor dem Ausführen jeder anderen Methode aufgerufen wird. Der Parameter `:except` definiert ein Array mit Methoden, die nicht von diesem Filter betroffen sein sollen.

Damit steht lediglich eine weitere Aufgabe zur Implementierung an: das Programmieren der Methode `authenticate`. Da wir diese einfache Authentifizierung auch im `CategoriesController` nutzen wollen, ist der beste Ort für die Definition dieser Methode der `ApplicationController` in der Datei `app/controller/application.rb`.

Fügen Sie also die folgende Methode in einen `protected`-Block am Ende der Klasse ein, so dass der Quellcode für den `ApplicationController` wie folgt aussieht.

Listing 2.43 http://pastie.org/233744

```
# Filters added to this controller apply to all controllers in the application.
# Likewise, all the methods added will be available for all controllers.

class ApplicationController < ActionController::Base
  helper :all # include all helpers, all the time

  # See ActionController::RequestForgeryProtection for details
  # Uncomment the :secret if you're not using the cookie session store
  protect_from_forgery # :secret => '6cc94981ac9a94bb8e236db2810aca15'

  protected

  def authenticate
    authenticate_or_request_with_http_basic do |name, pass|
      name == 'motu' && pass = 'motu'
    end
  end
end
```

Die Methode `authenticate_or_request_with_http_basic` fragt im Browser nach dem Benutzernamen und einem Passwort. Diese Angaben stehen der Methode in den lokalen Variablen `name` und `pass` zur Verfügung, wo sie nun ausgewertet werden können. In diesem Beispiel gibt es einen Benutzer `motu`, was so viel heißt wie *Master of the universe*. Eine treffendere Bezeichnung für einen Administrator gibt es meiner Meinung nach kaum. Das Passwort ist ebenfalls `motu`, und wenn die Eingaben mit den internen Daten übereinstimmen, gibt die Methode `true` zurück. Dann – und nur dann – wird die gewünschte Aktion ausgeführt.

Abbildung 2.31 auf der nächsten Seite zeigt exemplarisch die Aufforderung zur Anmeldung.

Abbildung 2.31 So wird der Benutzer nach seinen Anmeldedaten gefragt.

Nun sollte noch der `CategoriesController` angepasst werden. Hier wird ebenso wie im `FeedsController` ein Filter definiert, allerdings mit einer weiteren Ausnahme.

Listing 2.44 http://pastie.org/233745

```
class CategoriesController < ApplicationController
  layout "feeds"
  before_filter :authenticate, :except => ['index', 'show', 'new']
...
```

Die Ausnahme ist die Aktion `new`, die das Anlegen einer neuen Kategorie erlaubt, ohne dass sich ein Benutzer zuvor anmelden muss.

Es gibt einige Plugins, die viel effizientere Mechanismen für eine Benutzerverwaltung zur Verfügung stellen. In Kapitel 7 werden Sie das Plugin `restful_authentication` kennenlernen, das für komplexe Anwendungen besonders in Kombination mit dem Plugin `role_requirement` besser geeignet ist.

2.8 Apple iPhone als Client

Am Ende dieser Einführung wollen wir einen weiteren Client für unsere Anwendung unterstützen – das iPhone von Apple.

Wer einen iPod touch sein Eigen nennt, kann diesen Client ebenso verwenden. Wer kein iPhone besitzt, kann diesen Abschnitt trotzdem durcharbeiten, da es mit iPhoney einen Client gibt, der das iPhone zwar nicht komplett emuliert, aber eine 1:1-Unterstützung des Safari-Browsers bietet.

Wenn Sie allerdings über keinen Apple-Rechner für die Entwicklung verfügen, haben Sie ein Problem, weil iPhoney nur für Mac OS X verfügbar ist. Wenn Sie nichts von all dem besitzen, haben Sie aber möglicherweise vor, eines Tages in diese Welt „umzusiedeln".

Wenn Sie iPhoney benötigen, können Sie es unter

```
http://www.marketcircle.com/iphoney
```

herunterladen. Unsere Feeder-Anwendung macht sich dank der Browser-Engine WebKit auch auf dem iPhone ganz gut (vergl. Abbildung 2.32), allerdings wollen wir in diesem Abschnitt auf die grundlegenden grafischen Elemente herunterbrechen und eine besser lesbare Variante für das iPhone bereitstellen.

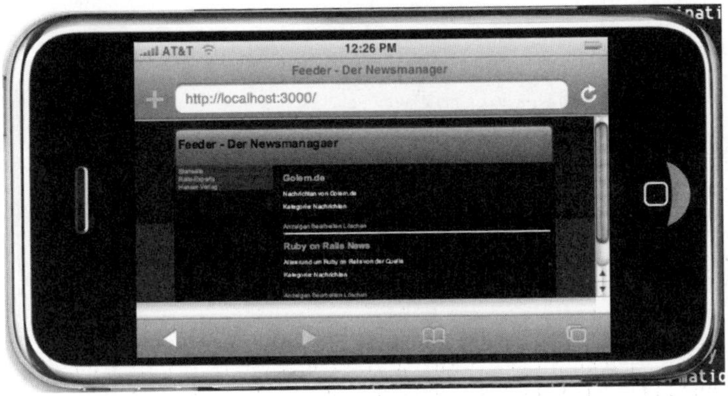

Abbildung 2.32
Die Feeder-Anwendung im iPhone

Zunächst muss eine Railsanwendung erkennen können, welches Format angefragt wird, um entsprechend eine Ausgabe zu generieren, die der anfragende Client auch verarbeiten kann. Hierzu gibt uns der typische Request-Header eines iPhones Auskunft:

```
HTTP_USER_AGENT"=>"Mozilla/5.0 (iPhone; U; CPU like Mac OS X; en) AppleWebKit/
420+ (KHTML, like Gecko) Version/3.0 Mobile/1A538a Safari/419.3"
```

Im Controller kann auf den Request zugegriffen werden, um beispielsweise die Umgebungsvariablen des Requests auszulesen. Im Wert `HTTP_USER_AGENT` liegen die wichtigen Informationen, die wir benötigen, um den Client „iPhone" zu identifizieren.

Bevor die Formaterkennung implementiert wird, editieren Sie bitte die Datei `config/initializers/mime_types.rb` und entfernen das Kommentarzeichen aus der letzten Zeile, so dass sich folgender Code ergibt.

Listing 2.45 http://pastie.org/233746

```
# Be sure to restart your server when you modify this file.

# Add new mime types for use in respond_to blocks:
# Mime::Type.register "text/richtext", :rtf
Mime::Type.register_alias "text/html", :iphone
```

Damit ist das Format `text/html` für das iPhone aktiviert, und wir können mit der weiteren Implementierung fortfahren.

In der Klasse `ApplicationController` wird nun die Methode `iphone_format?` implementiert, die im Wert `HTTP_USER_AGENT` nach dem String `iPhone` sucht und im Erfolgsfall `true` zurückgibt.

Listing 2.46 http://pastie.org/233748

```
def iphone_format
  if request.env['HTTP_USER_AGENT'] && \
    request.env['HTTP_USER_AGENT'] [/iPhone/]
      request.format = :iphone
  end
end
```

Diese Methode fungiert ebenfalls als Before-Filter für jede Aktion, so dass sämtliche Views auf das iPhone angepasst werden müssen. Daher erhält der `FeedsController` eine weitere Deklaration für diesen Filter.

Listing 2.47 http://pastie.org/233749

```
class FeedsController < ApplicationController
  before_filter :authenticate, :except => ['index', 'show']
  before_filter :iphone_format
...
```

Jetzt kann in jeder Aktions-Methode der `respond_to`-Block erweitert werden.

Listing 2.48 http://pastie.org/233750

```
respond_to do |format|
  format.html # index.html.erb
  format.xml  { render :xml => @feeds }
  format.json  { render :json => @feeds }
  format.iphone #index.iphone.erb
end
```

Der Kommentar der in Fettschrift hervorgehobenen Code-Zeile verdeutlicht, welche Datei jetzt bearbeitet werden muss. Erstellen Sie daher die Datei `app/views/feeds/index.iphone.erb`, und fügen Sie dann den folgenden Code ein.

Listing 2.49 http://pastie.org/233751

```
<h1>Feeds für iPhones</h1>
<% for feed in @feeds %>
    <h2><%= link_to feed.name, feed.url %></h2>
    <%= link_to 'Anzeigen', feed %>
<% end %>
```

Zugegeben, bisher war kein großer Aufwand nötig, doch kann sich, wie Abbildung 2.33 zeigt, das Ergebnis dennoch sehen lassen.

Abbildung 2.33
Das iPhone zeigt nun eine kompaktere Ansicht.

Wegen der Änderungen an der Datei `mime_types.rb` muss der Server neu gestartet werden. Wenn dies noch nicht geschehen ist, holen Sie es bitte jetzt nach, da auf Ihrem iPhone oder in iPhoney sonst nicht allzu viel zu sehen sein wird.

Um die Details der einzelnen Feeds anzuzeigen, müssen nun lediglich die Methode `show` und ihre entsprechende Datei `show.iphone.erb` angepasst bzw. erstellt werden. Fügen Sie daher in den `respond_to`-Block der `show`-Methode im `FeedsController` folgende Zeile ein.

Listing 2.50 http://pastie.org/233752

```
def show
  @feed = Feed.find(params[:id])

  respond_to do |format|
    format.html # show.html.erb
    format.xml  { render :xml => @feed }
    format.iphone # show.iphone.erb
  end
end
```

Die Datei `show.iphone.erb` sieht dann folgendermaßen aus.

Listing 2.51 http://pastie.org/233753

```
<h1><%=h @feed.name %></h1>
<p><%=h @feed.description %></p>
<p>Kategorie: <%=h @feed.category.name %></p><br/>
<%= link_to 'Zur&uuml;ck', feeds_path %>
```

Wenn Sie nun den Browser Ihres iPhones auf die Anzeigen-Seite lenken, erhalten Sie die in Abbildung 2.34 zu sehende Ansicht.

Abbildung 2.34
Die View Show im iPhone

2.9 Zusammenfassung

Auf den letzten Seiten erfuhren Sie, wie man Anwendungen mit Ruby on Rails baut und verschönert.

Dabei lernten Sie folgende Aspekte kennen:

- Modelle
- Migrationen
- Controller
- Views
- Scaffolding
- Partials
- Assoziationen
- Layouts
- etc.

Diese Informationen können Sie nun in Ihren eigenen Projekten einsetzen oder sich das zugehörige Screencast-Tutorial noch einmal unter `www.briefcasten.com` ansehen.

3

3 Testgetriebene Entwicklung

3.1 Einführung

Ruby on Rails erlaubt sehr agile Vorgehensweisen. Agile Prozesse sind in aller Munde und in mittleren bis großen Projekten gewinnbringend eingesetzt worden. Grob zusammengefasst, stellt die agile Softwareentwicklung eine wesentlich flexiblere Variante eines Entwicklungsprozesses dar als die üblicherweise sehr langfristig und weitgehend geplanten klassischen Projektvorgehensweisen.

Bereits aus dem Bereich des XP (eXtreme Programming) sind viele Konzepte entstanden wie beispielsweise die Iterationen und Inkremente sowie die starke Integration des Kunden und seine Verantwortlichkeit im gesamten Prozess.

Neben einigen anderen Praktiken ist ein Konzept aus der agilen Welt die testgetriebene Entwicklung. Testgetrieben bedeutet hier, dass zuerst die Tests geschrieben werden und dann die eigentliche Software, die die Funktionalitäten implementiert.

Es gibt unterschiedliche sich ergänzende Testkonzepte, die ich Ihnen hier näher vorstellen möchte. Im weiteren Verlauf des Buches werden Sie auch immer wieder sehen, dass diese Tests zuerst implementiert werden und danach erst die eigentliche Funktionalität.

Folgende Testkonzepte werden in diesem Kapitel vorgestellt:

- Unittests
- Funktionale Tests
- Integrationstests
- Spezifikationstests
- User Stories
- Lasttests

3.1.1 Vorteile

Vielleicht ist Ihnen noch nicht klar, warum alle von Tests reden, und Sie fragen sich, was die Vorteile sind. Einige Vorteile will ich Ihnen hier kurz erläutern.

Qualitativ besserer Code

Wenn Sie Tests schreiben, und das auch noch vor der Implementierung, werden Sie feststellen, dass die Tests vorgeben, wann eine Funktionalität komplett abgeschlossen und funktional ist.

Voraussetzung hierfür ist sicher, dass die Sinnhaftigkeit der Tests und eine adäquate Testabdeckung gegeben sind. Weil Testläufe schnell aussagen können, ob noch Fehler existieren oder bisher lauffähige Funktionen nun mit Fehlern behaftet sind, lässt sich viel schneller beurteilen, ob noch Arbeiten zu erledigen sind. Auch bei Refaktorisierungen von vorhandenem Code sagen Tests schneller aus, ob die Software immer noch so funktioniert wie vor den Umstrukturierungen.

Statistische Auswertungen von Tests aller Art sind gerne auch im Management und beim Kunden gesehen, wobei die Deutung der Ergebnisse durchaus auch zu negativen Interpretationen führen kann. Beispielsweise kann ein Kunde eine Fehlerzahl von 300 als erschreckend hoch einstufen, während die Entwickler und die Projektleitung eine positive Einschätzung abgeben.

Höhere Produktivität

Wer mehr über die Fehlersituation seiner Software weiß, wird sich schneller neuen Aufgaben widmen können. Dadurch stellt sich üblicherweise ein Gefühl der Zufriedenheit ein, was bei Projekten mit Ruby on Rails besonders zu beobachten ist. Das steigert die Motivation ungemein und erhöht wiederum die Produktivität.

Aber auch hier sind Eindrücke unterschiedlich interpretierbar. Während die Entwickler zufrieden nach Hause gehen, überlegen sich die Manager, welche zusätzlichen Features man noch *mal eben* einbauen könnte, die erst nachträglich mit dem Kunden diskutiert wurden.

Ziele lassen sich besser erreichen

Ziele, die vorgegeben sind, lassen sich besser erreichen. Anforderungen sind leichter zu überprüfen und bieten damit eine Grundlage für die Abnahme der beauftragten Software. Die Erreichbarkeit dieser Ziele kann durch die Tests sicher besser gemessen werden als ohne, doch sollten Kunden und Projektleitung ehrlich sein und weitere Ziele nicht einfach so von der Seite *hereinreichen*.

Leichtere Wartbarkeit

Tests haben die Eigenschaft, einen guten Überblick über die Schnittstellen der zu testenden Software zu bieten. Damit dokumentieren Tests auch sehr gut, was die Einarbeitung neuer Mitarbeiter vereinfacht. Wartungsmitarbeiter finden sich wesentlich schneller im Code zurecht, wenn sie sehen, wie die Tests mit dem Code umgehen.

Die Syntax von Ruby ist des Weiteren ein schönes Beispiel für lesbaren Code, der an vielen Stellen auch die Dokumentation vereinfacht. Bei der Entwicklung von Spezifikationen mit rSpec beispielsweise kann in weiten Teilen auf eine separate Dokumentation verzichtet werden, da rSpec mit einer eigenen domänenspezifischen Sprache ausgestattet ist und somit die Lesbarkeit um einiges verbessert.

3.1.2 Unittests

Vielleicht kennen Sie aus der Java-Welt das Unittests unterstützende JUnit-Framework[1]. Wenn Sie noch keine Unittests geschrieben haben, werden Sie zumindest davon gehört haben. Das Vorhandensein solcher Unit-Tests ist allerdings keine Selbstverständlichkeit. Wenn ich in Projekten nach solchen Tests frage, erhalte ich leider allzu oft die Antwort, dass man diese Tests dringend bräuchte, aber leider nie das Budget dafür eingeplant wurde. Oder die Entwickler finden keinen Einstieg und wissen gar nicht, was sie testen sollen.

Oft genug werden die Tests auch für die Zeit nach der Implementierung eingeplant. Dabei sind Unittests etwas, was jeder Entwickler vor Beginn der Entwicklung lokal implementieren und nutzen sollte. Damit können Änderungen im Code zeitnah nachgetestet und so die Qualität des Ergebnisses nachhaltig gesteigert werden.

Unittests haben den Zweck, die kleinste Einheit im System zu testen. Damit sind einzelne Klassen gemeint, deren Schnittstelle nach außen überprüft werden soll.

Der Grund dafür, dass die Tests vor dem eigentlichen Code implementiert werden sollten, ist, dass man sonst die Tests um den vorhandenen Code herum schreibt und nicht das testet, was die Spezifikationen vorgeben.

Treffender gesagt: man läuft Gefahr, zu testen, was man programmiert hat und wie es aktuell funktioniert. Dabei wollte man eigentlich die Einheit so testen, als würde sie leisten, was man von ihr erwartet. Alle Klarheiten beseitigt?

Wie dem auch sei, es kommt eher selten vor, dass sich ein Entwickler zuerst mit dem Testen beschäftigen darf. Zu oft sind schnelle Ergebnisse gefragt, und die Tests – ebenso wie die Dokumentation – stehen deswegen hinten an und werden vielleicht nie angefertigt.

Sie werden sehen, dass es wesentlich effektiver ist, die Tests vor der eigentlichen Programmierung zu schreiben. Daher soll diesem Ansatz auch hier Rechnung getragen werden. Ruby als Programmiersprache macht es Entwicklern übrigens leichter, Tests zu schreiben, da beispielsweise kein Compiler in der Nähe ist, der auf fehlende Definitionen hinweist.

Unittests beziehen sich, wie der Name vermuten lässt, auf eine Einheit, was in diesem Umfeld eine Klasse ist. Somit wird das Verhalten von Klassen in einem Unittest geprüft oder besser: verifiziert. Üblicherweise werden hier die Schnittstelle einer Klasse herangezogen und die Vor- und Nachbedingungen formuliert.

---

[1] Siehe auch http://www.junit.org

Ruby on Rails bietet von Haus aus schon in Projekten integrierte Unittests, die sich generieren und dann anpassen lassen. Somit steht einem schnellen Start ins Testen mit Unittests nichts mehr im Wege.

3.1.3 Funktionale Tests

Bei den funktionalen Tests (auch Integrationstests genannt) handelt es sich um Tests, die einzelne Funktionen einer Software testen. Dabei wird die vollständige Funktion gestestet, die durchaus von mehreren Units bereitgestellt werden kann. Beispiele für funktionale Tests sind Vorgänge wie das Anlegen von Kunden oder das Übergeben von Daten an einen Transportdienstleister.

Da sich der Anspruch der funktionalen Tests von den Unittests unterscheidet, werden auch in Ruby on Rails die funktionalen Tests anders gehandhabt und in einer anderen Struktur verwaltet.

3.2 Test::Unit

Dieser Abschnitt beschreibt einführend die Möglichkeiten von Unittests und funktionalen Tests in Ruby on Rails. Den Anfang machen die Modellklassen testenden Unittests.

3.2.1 Unittests

Unittests ermöglichen es, sich mit der Sicherung der Qualität von Software zu befassen. Wenn Sie JUnit kennen, sind Ihnen auch die dort verwendeten Begriffe, Klassen und Konzepte bekannt.

Tests werden in Testsuiten zusammengefasst. Ein Unittest wird von `TestCase` abgeleitet, und die Namen der Testmethoden beginnen mit dem Wort `test`. Das folgende Beispiel zeigt einen Fall aus der Java-Welt.

Listing 3.1 http://www.pastie.org/234032

```
import addierer.Addierer;
import junit.framework.Assert;
import junit.framework.TestCase;

public class AddiererTest extends TestCase {
  public void testAddition() {
    Integer one = new Integer(47);
    Integer two = new Integer(11);

    Integer expected = new Integer(58);

    // Funktionalität testen
    Integer result = Addierer.add(one, two);

    Assert.assertTrue(expected.equals(result));
  }

  public AddiererTest(String name) {
    super(name);
  }
}
```

Die zu testende Klasse `Addierer` stellt lediglich eine Methode `add` zur Verfügung, die zwei `Integer`-Objekte nimmt, den `int`-Wert ausliest und dann addiert. Nach der Addition wird ein neues `Integer`-Objekt erstellt und zurückgegeben. Das folgende Listing zeigt den Addierer.

Listing 3.2 http://www.pastie.org/234033

```
package addierer;

public class Addierer {
  public static Integer add(Integer one, Integer two) {
    return new Integer(one.intValue() + two.intValue());
  }
}
```

Eine vergleichbare Situation ist mit Ruby schnell programmiert und verdeutlicht die Zusammenhänge für Ruby-Entwickler.

Zunächst ein einfacher Addierer.

Listing 3.3 http://www.pastie.org/234035

```
class Addierer
  def self.add(one, two)
    one + two
  end
end
```

Sie sehen, dass auch hier zwei Parameter übergeben und dann addiert werden. Eine Return-Anweisung wird in Ruby nicht benötigt, da immer der Wert der letzten Operation zurückgegeben wird.

Die folgenden Zeilen zeigen eine passende Testklasse in Ruby.

Listing 3.4 http://www.pastie.org/234036

```
require 'test/unit'
require 'addierer'

class AddiererTest < Test::Unit::TestCase
    def test_add
      one, two = 47, 11
      expected = 58

      result = Addierer.add(one, two)

      assert_equal(result, expected)
    end
end
```

Die Klasse `AddiererTest` wird von `Test::Unit::TestCase` abgeleitet und definiert eine Methode `test_add`. Diese Methode definiert zwei Variablen `one` und `two` mit den Werten `47` und `11`. Eine weitere lokale Variable `expected` enthält den Vergleichswert für das zu errechnende Ergebnis (`58`).

Danach wird die Klassenmethode `add` der Klasse `Addierer` aufgerufen, die die beiden Parameter `one` und `two` als Übergabeparameter erhalten. Das Ergebnis der Berechnung wird dann in der lokalen Variablen `result` hinterlegt.

Mit der Anweisung `assert_equal`, wird überprüft, ob die beiden Übergabeparameter vom Wert her gleich sind. Ist dies der Fall, wird der Testlauf als fehlerfreier Durchlauf gewertet. Das Ergebnis des Testlaufs sieht dann so aus.

```
Loaded suite addierer_test
Started
.
Finished in 0.000829 seconds.

1 tests, 1 assertions, 0 failures, 0 errors
```

Wenn Sie nun diesen Unittest so abändern, dass ein Fehler auftritt, unterscheidet sich die Ausgabe entsprechend. Ändern Sie also beispielsweise den Wert von `expected` auf `100` ab, erhalten Sie folgende Informationen.

```
Loaded suite addierer_test
Started
F
Finished in 0.017331 seconds.

  1) Failure:
test_add(AddiererTest) [addierer_test.rb:11]:
<58> expected but was
<100>.

1 tests, 1 assertions, 1 failures, 0 errors
```

Die Ausgabe informiert Sie nun darüber, dass in der Zeile `11` ein Fehler aufgetreten ist. Es wurde der Wert `100` erwartet, aber `58` zurückgeliefert. Abgesehen davon, dass dies mathematischer Unsinn ist, sollte nur klar sein, was ein `assert_equal` bewirkt.

Mit diesen einführenden Informationen sollten Sie einen kurzen Überblick über die Schreibweise von Unittests erhalten. Damit weiterführende Konzepte für Unittests einen Sinn ergeben, folgen nun einige Hinweise zu Fixtures, YAML-Dateien, Rake und Assertions.

3.2.1.1 Fixtures

Um Unittests sinnvoll ablaufen lassen zu können, werden auch einige Testdaten benötigt. Fixtures liefern solche Daten in Form von YAML-Dateien. YAML[2] ist ein für Menschen wesentlich besser lesbares Format als XML und bietet im Ruby on Rails-Bereich eine sehr flexible Möglichkeit, Daten auch zur Laufzeit zu generieren und beispielsweise für Testläufe zur Verfügung zu stellen. Beispielsweise sind die Konfigurationsdaten für Datenbankverbindungen einer Ruby on Rails-Anwendung in YAML beschrieben.

Die folgenden Zeilen Code zeigen für den Unittest bereitgestellte Fixtures der Klasse `Feed`, die Sie vielleicht noch aus Kapitel 1 kennen.

```
rails-experts:
  id: 1
  name: rails-experts.com
  url: http://www.rails-experts.com
  description: Deutschsprachige Seite für Ruby on Rails
  category_id: 2
```

---

[2] Yet another markup language

```
rubyonrails:
  id: 2
  name: RubyOnRails
  url: http://www.rubyonrails.org
  description: Die Heimat von Ruby on Rails
  category_id: 1
```

Die Fixtures für die Klasse `Feed` sollten in der Datei `test/fixtures/feeds.yml` abgelegt werden. Wie zu sehen ist, bildet YAML seine Struktur mit Hilfe von Namen und Werten (Key-Value-Paare) ab. Dieses Konzept ist allgemein aus Hash-Tabellen bekannt und ermöglicht es, Daten bequem in `Hash`-Objekten zu verwalten. So kann beispielsweise sehr einfach eine Instanz von `Feed` erstellt werden, ohne viel Code schreiben zu müssen. Die Einrückungen machen das Ganze besser lesbar.

In der Datei `feeds.yml` werden zwei Objekte namens `rails-experts` und `rubyonrails` definiert. Die nachfolgenden Attribute beschreiben die Instanzen näher. Die einzelnen Attributwerte mappen direkt auf die Spalten der Tabelle `feeds` in der Datenbank.

Die Fremdschlüssel der zugehörigen Kategorie sind im Attribut `category_id` angegeben. Die referenzierten Kategorien werden folgendermaßen definiert und finden sich entsprechend in einer Datei `test/fixtures/categories.yml`.

```
entwicklung:
  id: 1
  name: Entwicklung
  description: Alles rund um Softwareentwicklung

nachrichten:
  id: 2
  name: Nachrichten
  description: News, Blogs etc.
```

YAML-Dateien einlesen

An dieser Stelle zeige ich Ihnen einige Funktionalitäten, die Ihnen den Umgang mit YAML-Dateien näher bringen und erleichtern sollen.

YAML-Dateien sind also Dateien, die Daten für Instanzen von Modellklassen enthalten. Diese Daten werden beispielsweise zur Laufzeit in Tests verwendet. Wenn Sie allerdings eigene Objekte erzeugen wollen, die Daten aus YAML-Dateien erhalten, können Sie dies sehr einfach mit einigen Zeilen Ruby-Code erledigen.

Für die nächsten Schritte sollten Sie die Dateien `feeds.yml` und `categories.yml` im Verzeichnis `test/fixtures` anpassen. Hierzu geben Sie einfach entsprechend den beiden vorherigen Listings Objektdaten in die Fixtures ein.

Starten Sie für die nächsten Versuche bitte die Rails-Console, indem Sie in der Kommandozeile im Hauptverzeichnis des Feeder-Projektes aus Kapitel 2 Folgendes eingeben.

```
$ ./script/console
```

Die Daten aus den Fixtures können genutzt werden, um daraus Instanzen von Modellklassen zu erstellen. Diesen Vorgang kann man in Tests nutzen oder auch direkt einsetzen, um Daten zu importieren.

Geben Sie nun folgende Zeile ein, und Sie erhalten ein Objekt mit den beiden Kategorien aus der Datei `categories.yml`.

```
>> model_data = YAML::load_file('test/fixtures/categories.yml')
```

Daraufhin meldet die Console Folgendes.

```
=> {"nachrichten"=>{"name"=>"Nachrichten", "id"=>2, "description"=>"News,
Blogs etc."}, "unterhaltung"=>{"name"=>"Entwicklung", "id"=>1, "descripti-
on"=>"Alles rund um Softwareentwicklung"}}
```

Die Darstellung zeigt ein `Hash`-Objekt, das es nun erlaubt, einzelne Daten für die Erstellung von `Category`-Instanzen zu extrahieren. So gibt der folgende Aufruf ein einzelnes `Hash`-Objekt zurück, das als Datenlieferant für eine Instanz von `Category` verwendet werden kann.

```
>> model_data['nachrichten']
```

Das Ergebnis:

```
=> {"name"=>"Nachrichten", "id"=>2, "description"=>"News, Blogs etc."}
```

Wenn das Ergebnis als Übergabeparameter für die `new`-Methode der Klasse `Category` genutzt wird, wird eine Instanz von `Category` im Speicher angelegt.

```
>> c = Category.new(model_data['nachrichten'])
```

Das Objekt `c` hat dann alle Eigenschaften einer Instanz von `Category`. Lediglich die Felder `created_at` und `updated_at` sind nicht befüllt, weil das Objekt diese Attribute erst beim Speichern in der Datenbank erhält.

Zur Überprüfung, ob dies ein noch nicht in der Datenbank enthaltenes neues Objekt ist, können Sie in der Console folgende Abfrage eingeben:

```
>> c.new_record?

=> true
```

Es wird der Wert `true` zurückgegeben und signalisiert damit, dass das Objekt noch nicht persistent gemacht wurde.

```
=> #<Category id: nil, name: "Nachrichten", description: "News, Blogs etc.",
created_at: nil, updated_at: nil>
```

Wenn Sie die Instanz in die Datenbank schreiben möchten, geben Sie folgende Anweisung auf der Console ein.

```
>> c.save
```

Jetzt sind die Attribute `created_at` und `updated_at` ebenfalls befüllt, was Sie leicht mit folgendem Aufruf überprüfen können.

```
>> c.inspect
```

Die Console zeigt dann die aktuellen Daten an.

```
=> #<Category id: 3, name: "Nachrichten", description: "News, Blogs etc.",
created_at: "2008-06-23 17:25:17", updated_at: "2008-06-23 17:25:17">
```

Mit dieser Vorgehensweise können Sie Objekte sehr einfach aus YAML-Dateien importieren; Sie kennen nun die Funktionsweise von Fixtures.

Es gibt auch die Möglichkeit, dynamisch Daten in die Fixtures einzubauen, indem Sie Embedded Ruby verwenden. Um das Thema nicht zu sehr auszudehnen, sollten wir an dieser Stelle nicht weiter auf dynamische Fixture-Daten eingehen.

3.2.1.2 Tests mit Rake starten

Zurück zum eigentlichen Thema, dem Testen der Controller und Modelle. Mit Rake können die bereits generierten Testklassen ausgeführt werden, wobei allerdings noch nicht die gewünschte Testabdeckung erreicht ist. Die Ergebnisse werden übersichtlich angezeigt, und bei Fehlern weiß der Entwickler, wo er für Abhilfe sorgen muss.

Damit Sie einen Überblick über die verfügbaren Rake-Tasks für Testläufe erhalten, geben Sie auf der Kommandozeile im Projektverzeichnis folgende Anweisung ein.

```
$ rake -T test
```

Damit werden alle Tasks angezeigt und beschrieben, die mit dem Testen im Rails-Umfeld zu tun haben.

```
rake db:test:clone              # Recreate the test database from the current...
rake db:test:clone_structure    # Recreate the test databases from the develo...
rake db:test:prepare            # Prepare the test database and load the schema
rake db:test:purge              # Empty the test database
rake test                       # Test all units and functionals
rake test:functionals           # Run tests for functionalsdb:test:prepare / ...
rake test:integration           # Run tests for integrationdb:test:prepare / ...
rake test:plugins               # Run tests for pluginsenvironment / Run the ...
rake test:recent                # Run tests for recentdb:test:prepare / Test ...
rake test:uncommitted           # Run tests for uncommitteddb:test:prepare / ...
rake test:units                 # Run tests for unitsdb:test:prepare / Run th...
```

So finden sich hier Tasks zur Vorbereitung der Testdatenbank sowie zur eigentlichen Testausführung. Starten Sie Rake ohne die Angabe eines Tasks, werden alle Tests ausgeführt. Der explizite Aufruf der Tests erfolgt so:

```
$ rake test
```

Dieser Task führt alle Unittests sowie alle funktionalen Tests aus und gibt für dieses Beispielprojekt in etwa Folgendes aus.

```
(in /Users/mjohann/Documents/projects/buch/RailsBuch/Buch/projekte/Kapitel
_2/2.1/feeder)
/usr/local/bin/ruby -Ilib:test "/usr/local/lib/ruby/gems/1.8/gems/rake-
0.8.1/lib/rake/rake_test_loader.rb" "test/unit/category_test.rb"
"test/unit/feed_test.rb"
Loaded suite /usr/local/lib/ruby/gems/1.8/gems/rake-0.8.1/lib/rake/rake_test_loader
Started
..
Finished in 0.091988 seconds.

2 tests, 2 assertions, 0 failures, 0 errors
/usr/local/bin/ruby -Ilib:test "/usr/local/lib/ruby/gems/1.8/gems/rake-
0.8.1/lib/rake/rake_test_loader.rb" "test/functional/categories_controller_test.rb"
"test/functional/feeds_controller_test.rb"
Loaded suite /usr/local/lib/ruby/gems/1.8/gems/rake-0.8.1/lib/rake/rake_test_loader
Started
........
```

```
Finished in 1.044605 seconds.

8 tests, 14 assertions, 0 failures, 0 errors
/usr/local/bin/ruby -Ilib:test "/usr/local/lib/ruby/gems/1.8/gems/rake-
0.8.1/lib/rake/rake_test_loader.rb"
```

Die in Fettschrift hervorgehobenen Zeilen geben die wichtigen Informationen über den Verlauf der Tests an. Neben der verbrauchten Zeit werden hier die Anzahl der Tests mit ihren Assertions sowie die Anzahl der Fehler angezeigt.

Wenn Sie sich die Unittests der beiden Modelle `Category` und `Feed` genauer ansehen, stellen Sie fest, dass hier nichts wirklich Sinnvolles getestet wird.

Listing 3.5 http://www.pastie.org/234049

```
require File.dirname(__FILE__) + '/../test_helper'

class CategoryTest < ActiveSupport::TestCase
  # Replace this with your real tests.
  def test_truth
    assert true
  end
end
```

Die Kommentarzeile rät dem Entwickler dringend zur Implementierung eigener Tests, da eine einzige Testmethode, die lediglich überprüft, ob `true` dann auch wirklich `true` ist, nichts mit einem praxisnahen Test von Modellen zu tun hat.

Die folgende Testklasse zeigt einen wesentlich sinnvolleren Testansatz.

Listing 3.6 http://www.pastie.org/234053

```
require File.dirname(__FILE__) + '/../test_helper'

class CategoryTest < ActiveSupport::TestCase
  fixtures :categories

  def test_fixture_count
    assert_equal 2, Category.count
    assert_equal "Nachrichten", categories(:nachrichten).name
    assert categories(:nachrichten).destroy
    assert_equal 1, Category.count
  end
end
```

Zunächst werden hier die Fixtures für `Category`-Objekte angelegt. Diese Objekte werden dabei aus den bereits beschriebenen YAML-Dateien in Instanzen von `Category` geladen.

Die einzelnen Fixtures lassen sich nun im Test mit „Namen“ ansprechen, was in der Testmethode `test_fixture_count` geschieht. Dort sind fünf Assertions definiert, wovon die Erste die aktuelle Zahl der verfügbaren `Category`-Objekte überprüft. Mit `assert_equal` kann geprüft werden, ob zwei Werte identisch sind.

In diesem Fall enthält die Fixture-Datei `categories.yml` zwei Instanzen, so dass das Ergebnis von `Category.count` den Wert `2` ergeben sollte.

In der zweiten Assertion wird geprüft, ob der Name der Kategorie „Nachrichten“ auch wirklich `Nachrichten` lautet. Dann wird die Kategorie gelöscht und die um den Wert `1` verringerte Anzahl von `Category`-Objekten überprüft.

Der Ablauf sollte in etwa folgendes Ergebnis ausgeben.

```
Loaded suite /usr/local/lib/ruby/gems/1.8/gems/rake-
0.8.1/lib/rake/rake_test_loader
Started
..
Finished in 0.14913 seconds.

2 tests, 5 assertions, 0 failures, 0 errors
```

Damit eine Fehlermeldung ausgegeben wird, können Sie nun die Anzahl der Fixtures erhöhen. Dazu geben Sie einfach eine weitere Objektbeschreibung in die Datei `categories.yml` ein.

```
musik:
  id: 3
  name: Musik
  description: Was für die Ohren
```

Wenn Sie jetzt die Tests erneut ausführen, wird berichtet, dass eine Assertion Probleme bereitet.

```
Loaded suite /usr/local/lib/ruby/gems/1.8/gems/rake-
0.8.1/lib/rake/rake_test_loader
Started
F.
Finished in 0.148278 seconds.

  1) Failure:
test_fixture_count(CategoryTest)
    [./test/unit/category_test.rb:7:in `test_fixture_count'
     /usr/local/lib/ruby/gems/1.8/gems/activesupport-
2.0.2/lib/active_support/testing/default.rb:7:in `run']:
<2> expected but was
<3>.

2 tests, 2 assertions, 1 failures, 0 errors
```

Die in Fettschrift hervorgehobenen Zeilen zeigen, wo das Problem liegt. Insbesondere der Hinweis `<2> expected but was <3>` erklärt deutlich, warum dieser Test fehlgeschlagen ist.

Wenn Sie den dritten Datensatz in den Fixtures behalten möchten, können Sie die Assertions anpassen, so dass drei Objekte erwartet werden und nach dem Löschen noch zwei anstatt ein Objekt übrig bleiben.

Wenn Sie den Typ eines Fixture-Objektes prüfen möchten, können Sie eine weitere Methode einbauen.

```
def test_category_nachrichten
  @nachrichten = categories(:nachrichten)
  assert @nachrichten.is_a? Category
end
```

Damit fragen Sie die Instanzvariable `@nachrichten`, ob sie vom Typ `Category` ist. Falls diese Frage mit `true` beantwortet wird, läuft der Test durch.

Mit der richtigen Assertion wird der Code noch besser lesbar.

```
assert_instance_of Category, @nachrichten
```

3.2.1.3 Assertions für alle Fälle

Um Ihnen einen Überblick über die gebräuchlichsten Assertions zu geben, habe ich die folgende Tabelle erstellt. Sie erklärt zudem, welche Assertions wofür verwendet werden. Die Tabelle ist keinesfalls vollständig, sondern beschreibt die wichtigsten Assertions.

Tabelle 3.1 Die gängigsten Assertions

Assertion	Beschreibung
`assert`	Ergebnis darf nicht `false` oder `nil` sein.
`assert_block`	Das Ergebnis eines Blocks muss `true` sein.
`assert_equal`	Prüft, ob das zweite Argument identisch mit dem ersten Argument ist. Die Reihenfolge ist wichtig, da entsprechende Fehlermeldungen sonst missverstanden werden können.
`assert_in_delta`	Prüft, ob zwei `Float`-Werte mit einer angegebenen Toleranzgrenze gleich sind.
`assert_instance_of`	Prüft, ob eine Instanz vom Typ der angegebenen Klasse ist.
`assert_kind_of`	Prüft, ob eine Instanz vom Typ der angegebenen Klasse ist.
`assert_match`	Prüft, ob ein String und ein regulärer Ausdruck zusammenpassen.
`assert_nil`	Prüft, ob ein Objekt `nil` ist.
`assert_no_match`	Das Gegenteil von `assert_match`.
`assert_not_equal`	Das Gegenteil von `assert_equal`.
`assert_not_nil`	Das Gegenteil von `assert_nil`.
`assert_nothing_raised`	Prüft, ob im Block keine Exception geworfen wurde.
`assert_raise`	Prüft, ob eine der angegebenen Exceptions geworfen wurde.
`assert_respond_to`	Prüft, ob ein Objekt eine bestimmte Methode kennt.

3.2.2 Funktionale Tests in Rails

In diesem Abschnitt lernen Sie die von Ruby on Rails generierten funktionalen Tests kennen. Dazu dient das Beispiel, das Ruby on Rails für das Testen des `FeedsControllers` generiert hat.

Listing 3.7 http://www.pastie.org/234063

```
require File.dirname(__FILE__) + '/../test_helper'

class FeedsControllerTest < ActionController::TestCase
  def test_should_get_index
    get :index
    assert_response :success
    assert_not_nil assigns(:feeds)
  end

  def test_should_get_new
    get :new
    assert_response :success
  end
```

```
  def test_should_create_feed
    assert_difference('Feed.count') do
      post :create, :feed => { }
    end

    assert_redirected_to feed_path(assigns(:feed))
  end

  def test_should_show_feed
    get :show, :id => 1
    assert_response :success
  end

  def test_should_get_edit
    get :edit, :id => 1
    assert_response :success
  end

  def test_should_update_feed
    put :update, :id => 1, :feed => { }
    assert_redirected_to feed_path(assigns(:feed))
  end

  def test_should_destroy_feed
    assert_difference('Feed.count', -1) do
      delete :destroy, :id => 1
    end

    assert_redirected_to feeds_path
  end
end
```

Es ist zu sehen, dass bereits für jede Methode des RESTful-Controllers ein Test generiert wurde. Im Gegensatz zu den Unittests ist der funktionale Test von der Klasse `ActionController::TestCase` abgeleitet. Unittests erben von `ActiveSupport::TestCase`.

Der TestCase für funktionale Tests unterstützt eine wesentlich breitere Palette an Funktionalität als die `TestCase`-Klasse aus dem Unittest-Umfeld.

Betrachten wir die Methode `test_should_create_feed` näher. Dort wird versucht ein neues `Feed`-Objekt anzulegen. Das Ergebnis der Operation wird für eine Assertion verwendet, die überprüft, ob die Anzahl der `Feed`-Objekte nun um den Wert `1` erhöht wurde. Dazu wird mit `Feed.count` die aktuelle Anzahl an `Feed`-Objekten abgefragt.

Die Methode `test_should_destroy_feed` überprüft ebenfalls, ob nach dem Löschen eines `Feed`-Objektes die Anzahl der Objekte verändert wurde. Hier wird allerdings der Wert `-1` als Übergabeparameter für die Assertion angegeben. Somit prüft die Assertion, ob der Wert um `1` verringert wurde.

Verändern Sie nun die Modellklasse `Feed` dahingehend, dass alle drei Parameter `name`, `url` und `description` zu Pflichtfeldern werden. Die Attribute `name` und `url` sollen zudem eindeutig sein, so dass es keine doppelten Einträge gibt. Das folgende Listing zeigt die Klasse `Feed` nach der Erweiterung.

Listing 3.8 http://www.pastie.org/234069

```
class Feed < ActiveRecord::Base
  belongs_to :category
  validates_uniqueness_of :name, :url
  validates_presence_of :name, :url, :description
end
```

Diese Änderungen haben zur Folge, dass der funktionale Test `test_should_create_feed` fehlschlägt, denn die Parameter zur erfolgreichen Erstellung eines `Feed`-Objekts müssen noch übergeben werden.

Ein weiterer Hinderungsgrund für das erfolgreiche Durchlaufen der Tests ist die Tatsache, dass ein Filter vor jeder Methode versucht, den Benutzer zu authentifizieren. Kommentieren Sie daher für den Moment die folgende Zeile aus.

Listing 3.9 http://www.pastie.org/234070

```
class FeedsController < ApplicationController
  # before_filter :authenticate, :except => ['index', 'show']
  before_filter :iphone_format
  # GET /feeds
```

Für den Fall, dass Sie die vollständige Spezifikation mit einem durch Authentifizierung geschützten Controller testen wollen, können Sie auch die Methode `authenticate` als Stub anlegen und so jeden beliebigen User anmelden. An dieser Stelle soll allerdings die Auskommentierung reichen.

Damit der Test beim nächsten Mal durchläuft, sollten Sie nun die Methode `test_should_create_feed` folgendermaßen anpassen.

Listing 3.10 http://pastie.org/234073

```
def test_should_create_feed
  assert_difference('Feed.count') do
    post :create, :feed => { :name => "Eins",
                             :url => "http://localhost",
                             :description => "Ein Beispiel"}
  end

  assert_redirected_to feed_path(assigns(:feed))
end
```

Viele Aspekte der Unittests und der funktionalen Tests tauchen auch in anderen Testkonzepten wieder auf. Das Hauptaugenmerk dieses Kapitels gilt dem Konzept des Behavior Driven Development (BDD), weshalb wir hiermit unsere Ausführungen zu Unittests und funktionalen Tests beenden.

3.3 ZenTest

Bevor ich Ihnen die Konzepte hinter dem Behavior Driven Development näher erläutere, stelle ich Ihnen einige Hilfen für die Automatisierung von Tests vor. Die Werkzeuge vereinfachen den Prozess der testgetriebenen Entwicklung und bieten auf einen Blick wesentlich mehr Übersicht.

3.3.1 Automatisiertes Testen

Üblicherweise sieht die Arbeit eines agilen Softwareentwicklers folgendermaßen aus.

- Tests beschreiben
- Tests durchführen
- Fehler beheben
- Tests durchführen
- Fehler beheben
- usw.

Mit diesem Ansatz müssen immer wieder Werkzeuge benutzt und zwischen diesen gewechselt werden. Das ist viel Tipparbeit und vergeudet eine Menge Zeit. Eine geeignete Automatisierung dieses Prozesses schafft hier Abhilfe.

Der Schlüssel zu automatisierten Tests ist das Paket ZenTest, welches Sie sich zunächst installieren sollten. Hierzu gehen Sie auf die Kommandozeile und geben folgende Anweisung ein.

```
$ sudo gem install ZenTest
```

Daraufhin wird ZenTest installiert und in etwa diese Meldungen ausgegeben.

```
Updating metadata for 71 gems from http://gems.rubyforge.org
.......................................................................
complete
Successfully installed ZenTest-3.8.0
1 gem installed
Installing ri documentation for ZenTest-3.8.0...
Installing RDoc documentation for ZenTest-3.8.0...
```

ZenTest liefert das Skript `autotest` mit, das Änderungen an Dateien erkennt und bei Bedarf einen Testlauf startet.

3.4 Behavior Driven Development

In diesem Abschnitt geht es um das Paradigma des Behavior Driven Development, kurz: BDD. Vielen Lesern wird der Begriff „Test Driven Development“ (TDD) sicher bekannt vorkommen.

Vielleicht entwickeln Sie bisher sogar testgetrieben und kennen sich mit Unittests, funktionalen Tests und Akzeptanztests aus.

Dann wissen Sie auch, welche Vorteile die testgetriebene Entwicklung bietet.

- eine klarere Architektur;
- eine hohe Testabdeckung;
- mehr Flexibilität bei geänderten Anforderungen;
- Fokussierung auf gestellte Anforderungen.

Die Vorteile stellen sich in einigen Punkten selbstverständlich erst im fortgeschrittenen Projektverlauf ein. Dies ist oft ein Grund dafür, dass Projekte teilweise die Tests erst am Ende eines Projektes erstellen. Dies hat aber den Nachteil, dass nur der Code getestet wird, der bereits besteht. Eine Fokussierung auf die funktionalen Spezifikationen findet so nur teilweise statt.

Generell lässt sich aus der Erfahrung, die ich in Projekten gesammelt habe, ableiten, dass der testgetriebene Ansatz das Mittel der Wahl ist.

Trotzdem hat TDD einen gravierenden Nachteil. Alles – von der Konzeption bis hin zur Implementierung der Tests – wird mit dem Wort *Test* in Zusammenhang gebracht. Unittests werden von `TestCase` abgeleitet, TestSuiten fassen Testcases zusammen, und selbst die Methoden beginnen mit dem Präfix `test`.

Dies führt nach Ansicht der Protagonisten des BDD-Ansatzes zu einer fehlgeleiteten Sichtweise auf das eigentliche Ziel, nämlich Software zu entwickeln, die sich an den Anforderungen und funktionalen Spezifikationen messen lässt.

Rückblick: Object Behavior Analysis

Mitte der neunziger Jahre, als ich mich intensiv mit der Sprache Smalltalk befasste, gab es noch keine UML zur Modellierung von Softwaresystemen, allerdings schon eine Menge Analyseverfahren zur Findung von Klassen und Methoden. Eine Methode war die Object Behavior Analysis[3] (OBA). Diese Methode konzentrierte sich auf Klartext-Spezifikationen von Usecases. Mit einigen klaren Regeln, wie solche Spezifikationen zu schreiben und zu lesen sind, war es sehr leicht, Klassen und deren Methoden zu „finden".

Ein Beispiel: „Der Kunde meldet sich beim System mit seinem Benutzernamen und Passwort an. Danach kann er einen Geldbetrag überweisen."

Mit den Methoden der OBA konnte man so die Klasse Kunde mit den Attributen Benutzername und Passwort finden. Das System ist ebenfalls eine Klasse mit den Methoden Anmelden (neudeutsch: Login) und Überweisen. Der Geldbetrag ist ein Parameter für die Methode Überweisen.

Dieses Beispiel soll Ihnen einen kleinen Vorgeschmack davon geben, wie „natürlich" die objektorientierte Analyse mit Spezifikationen einhergeht.

BDD setzt ebenfalls auf das Beschreiben von Spezifikationen. So wie es für Unittests im Java-Umfeld JUnit gibt, steht Ihnen für die Unterstützung von BDD unter Java das Framework JBehave[4] zur Verfügung.

Die Konzepte von BDD haben inzwischen eine weite Verbreitung und damit immer mehr Anhänger gefunden. So ist es nur logisch, dass es für Ruby entsprechend ebenfalls Frameworks für BDD gibt. Im weiteren Verlauf dieses Kapitels werden Sie rSpec kennenlernen. Doch zuvor beschreibe ich einige Konzepte und führe Sie in die Grundlagen von BDD ein.

Die grundlegenden Begriffe von BDD sind

- Spezifikationen und
- Stories.

[3] http://www.innolution.com/documents/oba/GETTOWHY.pdf

[4] http://www.jbehave.org

Mit den Spezifikationen werden Objekte und deren Eigenschaften sowie ihr Verhalten (Attribute und Methoden) beschrieben. Da hier nicht einmal das Wort „Test“ auftaucht, können Sie sich leicht vorstellen, dass der Fokus bei der Entwicklung von Spezifikationen ein anderer ist, als wenn Sie Unittests beschreiben. Das Ziel ist allerdings auch bei BDD, die zu entwickelnde Software dahingehend zu überprüfen, ob alle Spezifikationen wie gewünscht umgesetzt wurden.

Die Stories beschreiben komplexe Abläufe und sind eher in den Bereich der Akzeptanztests anzusiedeln. Während bei den Spezifikationen der Fokus auf einzelnen Klassen liegt, konzentrieren sich Stories eher auf die komplette Durchführung von Szenarien oder Usecases.

Die Spezifikationen stellen Erwartungen (Expectations) an die Objekte, die mit einer eigenen domänenspezifischen Sprache (DSL) beschrieben werden. Das Pendant bei Unittests sind hier die Assertions.

Wie findet man nun die Spezifikationen? Die Antwort sind Fragen. Gewichtige Fragen.

- In etwa könnte man sich zu Beginn die folgende Frage stellen: „Was ist das wichtigste Feature des Systems?“
- Die Antwort ist unter Umständen nicht leicht zu finden, weshalb die Frage umformuliert werden sollte: „Welches Feature fehlt aktuell?“
- Bei der Änderung von bestehenden Systemen könnte man die folgende Frage stellen: „Was wäre das größte Problem, das entsteht, wenn das aktuelle System nicht mehr vorhanden ist?“

Diese Art von Fragen haben ein besonderes Gewicht und führen oft zu einer verbesserten Wahrnehmung des wahren Wertes eines Systems.

3.4.1 rSpec

rSpec ist ein Framework für Ruby und Ruby on Rails, das die Konzepte der Spezifikationen und User Stories unterstützt und bereits eine hohe Verbreitung gefunden hat. Die Entwickler dieses Frameworks geben sich große Mühe, alle Aspekte von BDD zu unterstützen.

Im weiteren Verlauf dieses Kapitels werden die Grundlagen für den Einsatz von rSpec in allen weiteren Beispielprojekten vermittelt.

3.4.1.1 Grundlagen und Installation neues Objekt

Zunächst einmal erläutere ich Ihnen, wo Sie rSpec bekommen und wie es installiert wird.

rSpec gibt es als Gem für Ruby und kann mit folgendem Aufruf installiert werden.

```
$ sudo gem install rspec
```

Sie sollten daraufhin in etwa folgende Ausgabe erhalten.

```
Successfully installed rspec-1.1.2
1 gem installed
Installing ri documentation for rspec-1.1.2...
Installing RDoc documentation for rspec-1.1.2...
```

Damit haben Sie nun rSpec für Ruby installiert, allerdings noch nicht für Ruby on Rails.

Installation mit Subversion

Für den Einsatz in Ruby on Rails-Projekten empfehlen die Entwickler von rSpec, auf die Installation mittels `gem` zu verzichten und stattdessen über Subversion die aktuellen Plugins zu installieren.

Hierzu müssen Sie im aktuellen Hauptverzeichnis Ihres Ruby on Rails-Projektes die beiden folgenden Anweisungen eingeben.

```
$ ruby script/plugin install \
http://rspec.rubyforge.org/svn/tags/CURRENT/rspec

$ ruby script/plugin install \
http://rspec.rubyforge.org/svn/tags/CURRENT/rspec_on_rails
```

Wenn Ihr Projekt ebenfalls mit Subversion versioniert wird, sollten Sie den Parameter `-x` hinzufügen.

```
$ ruby script/plugin install -x \
http://rspec.rubyforge.org/svn/tags/CURRENT/rspec

$ ruby script/plugin install -x \
http://rspec.rubyforge.org/svn/tags/CURRENT/rspec_on_rails
```

Damit werden rSpec und rSpec on Rails in das Verzeichnis `vendor/plugins` installiert, und Ihr Projekt ist nun in der Lage, mit rSpec umzugehen.

Installation ohne Subversion

Wenn Sie keinen Zugriff auf Subversion haben, aber dennoch mit rSpec arbeiten wollen, können Sie einen manuellen Download durchführen und die Plugins selbst installieren.

Hierzu laden Sie die aktuelle Version von folgender Webseite.

```
http://rubyforge.org/frs/?group_id=797
```

Dort laden Sie die beiden Dateien `rspec-1.1.4.tgz` und `rspec_on_rails-1.1.4.tgz` herunter und entpacken sie in das Verzeichnis `vendor/plugins` Ihres Projektes. Diesen Vorgang können Sie im folgenden Beispiel nachvollziehen.

3.4.1.2 Ein Beispiel

Ausgangspunkt für das folgende Beispiel ist die letzte Version des Projektes `feeder` aus Kapitel 1. Sie können die Quellen für das Projekt unter www.briefcasten.com downloaden, um den aktuellen Stand des Projekts zu erhalten.

Wechseln Sie nun in das Verzeichnis `vendor/plugins`, und laden Sie die beiden Archive von der genannten Webseite.

```
$ curl -OL \
http://rubyforge.org/frs/download.php/37509/rspec-1.1.4.tgz
$ curl -OL \
http://rubyforge.org/frs/download.php/37510/rspec-rails-1.1.4.tgz
```

Danach entpacken Sie die beiden Archive:

```
$ tar xvzf rspec-1.1.4.tgz
$ tar xvzf rspec_on_rails-1.1.4.tgz
```

Die nun vorliegenden Verzeichnisse müssen noch umbenannt werden:

```
$ mv rspec-1.1.4 rspec
$ mv rspec_on_rails-1.1.4 rspec_on_rails
```

Die verbliebenen Archive können Sie aus dem Verzeichnis löschen oder zur Sicherung speichern.

Damit das Projekt mit rSpec arbeiten kann, müssen Sie im Hauptverzeichnis des Projektes Folgendes eingeben.

```
$ ruby script/generate rspec
```

Damit werden die folgenden Dateien und Verzeichnisse angelegt.

```
create  spec
create  spec/spec_helper.rb
create  spec/spec.opts
create  spec/rcov.opts
create  script/spec_server
create  script/spec
create  stories
create  stories/all.rb
create  stories/helper.rb
```

Im Verzeichnis `spec` werden nun alle Spezifikationsklassen in passenden Unterverzeichnissen abgelegt, während die User Stories im gleichnamigen Verzeichnis zu finden sind.

Ausführen von rSpec

Sie haben nun zwei Möglichkeiten, die Spezifikationen laufen zu lassen. Da rSpec einige Tasks für Rake mitbringt, können Sie folgende Anweisung eingeben.

```
$ rake spec
```

Alternativ finden Sie ein Skript vor, das Ihnen auch einige Informationen ausgibt.

```
$ ruby script/spec spec

Finished in 0.008688 seconds

0 examples, 0 failures
```

Sie sehen, dass noch keine Spezifikationen vorhanden sind und die Durchläufe daher wenig aussagekräftig sind.

Autotest konfigurieren

Wenn Sie ZenTest noch nicht intalliert haben, sollten Sie dies jetzt nachholen.

```
$ sudo gem install ZenTest
```

```
Password:
Updating metadata for 33 gems from http://gems.rubyforge.org/
.................................
complete
Successfully installed ZenTest-3.10.0
1 gem installed
Installing ri documentation for ZenTest-3.10.0...
Installing RDoc documentation for ZenTest-3.10.0...
```

Ab der Version 3.8.0 von ZenTest ist es möglich, eine sehr feingranulare Konfiguration für Autotest vorzunehmen.

Folgende Reihenfolge wird beim Einlesen der Konfiguration vorgenommen.

- Autotest-Klasse (die Klasse `Autotest`)
- `~/.autotest` (die Datei `.autotest` im Home-Verzeichnis des Benutzers)
- `.autotest` (die Datei `.autotest` im Projektverzeichnis)

Damit besteht die Möglichkeit, globale Hooks in die Konfigurationsdatei im Home-Verzeichnis einzutragen und projektspezifische Konfigurationsteile in die Datei `.autotest` im Projektverzeichnis.

Unter Mac OS X besteht zudem die Möglichkeit, das Programm Growl[5] zu integrieren. Growl gibt Benachrichtigungen in optischer Form aus und lässt sich leicht den eigenen Bedürfnissen anpassen.

Für die Windowsnutzer unter den Lesern gibt es Snarl[6], das den gleichen Zweck erfüllt. Die folgenden Codezeilen stellen den Inhalt der Datei `.autotest` im Homeverzeichnis dar. Darin enthalten sind die notwendigen Definitionen für die Integration von Growl unter Mac OS X.

Listing 3.11 http://pastie.org/234112

```
module Autotest::Growl

 AUTOTEST_IMAGE_ROOT = "~/.autotest_images"

 def self.growl title, msg, img, pri=0, sticky=""
   system "growlnotify -n autotest --image #{img} -p #{pri} -m \
          #{msg.inspect} #{title} #{sticky}"
 end

 def self.growl_fail(output)
   growl "FAIL", "#{output}", "#{AUTOTEST_IMAGE_ROOT}/fail.png", 2
 end

 def self.growl_pass(output)
   growl "Pass", "#{output}", "#{AUTOTEST_IMAGE_ROOT}/pass.png"
 end

 Autotest.add_hook :ran_command do |at|

   results = [at.results].flatten.join("\n")

   if results.include? 'tests'
     output = \ results.slice(/(\d+)\s+tests?, \
                 \s*(\d+)\s+assertions?, \
```

---

[5] Growl ist unter http://growl.info/ zu finden.

[6] Snarl gibt es hier http://www.fullphat.net/

```
                 \s*(\d+)\s+failures?(, \
                 \s*(\d+)\s+errors)?/)
        if output
          $~[3].to_i + $~[5].to_i > 0 \
              ? growl_fail(output) : growl_pass(output)
        end
      else
        output = results.slice(/(\d+)\s+examples?, \
                 \s*(\d+)\s+failures?(, \
                 \s*(\d+)\s+not implemented)?/)
        if output
          $~[2].to_i > 0 ? growl_fail(output) : growl_pass(output)
        end
      end
    end
  end
```

Die kompletten Sourcedateien für die Grafiken usw. können Sie sich unter `www.briefcasten.com` herunterladen.

Die Integration von Growl erzeugt bei Testdurchläufen im Erfolgsfall sowie im Fehlerfall eine entsprechende Ausgabe auf dem Bildschirm. Die folgende Abbildung zeigt das Beispiel einer solchen Ausgabe.

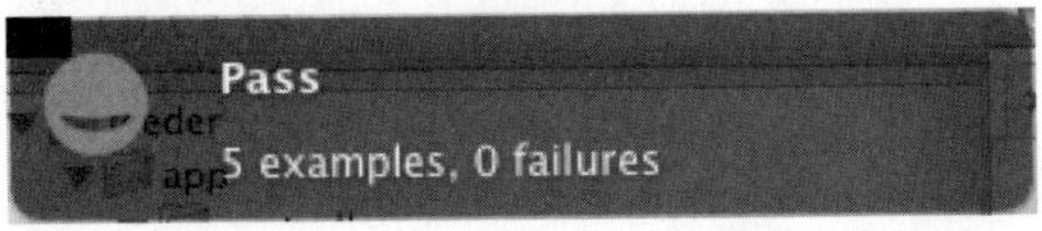

Abbildung 3.1
So sieht eine Nachricht von Growl aus.

Wenn ein Fehler gemeldet wird, erscheint ein weniger fröhliches rotes Gesicht, womit man sehr schnell über den Verlauf der Tests informiert ist. Bei Änderungen an Dateien kann sofort ein Testlauf mittels `autotest` erfolgen. Über einen Entwicklungstag verteilt, spart man auf diese Weise leicht eine halbe Stunde oder mehr Zeit ein.

Damit `autotest` weiß, wann welche Tests ausgeführt werden sollen, kann man sich nun praktischerweise im Projektverzeichnis eine weitere Datei namens `.autotest` anlegen. Die folgende Datei nutzt den Hook `:initialize`, um Ausnahmen und Dateimappings zu definieren.

Listing 3.12 http://pastie.org/234116

```
Autotest.add_hook :initialize do |at|
  %w{.hg .git .svn stories tmtags Rakefile \
    nbproject Capfile README spec/spec.opts \
    spec/rcov.opts vendor/gems autotest svn-commit \
    .DS_Store }.each {
    |exception|at.add_exception(exception)
  }

  at.add_mapping(%r%^app/models/.*\.rb$%) {
    at.files_matching(%r%^spec/models/.*_spec.rb$%)
  }

end
```

Zunächst werden in einem Array alle Dateinamen aufgeführt, bei denen `autotest` getrost alle Änderungen ignorieren kann. Dazu wird über dieses Array iteriert und jeweils eine Exception hinzugefügt. Dies ist keine Exception, die irgendwann einmal geworfen wird, sondern lediglich eine Regel für das Ignorieren von Änderungen.

Im Bereich des Mappings wird mit Hilfe von regulären Ausdrücken formuliert, welche Dateien überwacht werden sollen. Wenn diese Bedingung nun erfüllt ist, werden die Tests ausgeführt, die im Block mit einem weiteren regulären Ausdruck angegeben wurden.

In diesem Beispiel sind dies alle Tests unterhalb des Verzeichnisses `spec/models`. Wenn sich also an den Klassen im Verzeichnis `app/models` etwas ändert, werden alle Tests erneut ausgeführt.

Noch sinnvoller ist es allerdings, alle Modell-Tests auszuführen, die mit den Modellen zusammenhängen, und alle Controller-Tests laufen zu lassen, die mit Controlleränderungen einhergehen usw. Dazu können die folgenden Mappings genutzt werden.

Listing 3.13 http://pastie.org/234117

```
at.add_mapping(%r%^app/models/.*\.rb$%) {
  at.files_matching(%r%^spec/models/.*_spec.rb$%)
}

at.add_mapping(%r%^app/controllers/.*\.rb$%) {
  at.files_matching(%r%^spec/controllers/.*_spec.rb$%)
}

at.add_mapping(%r%^app/helpers/.*\.rb$%) {
  at.files_matching(%r%^spec/helpers/.*_spec.rb$%)
}
```

Sicher kann man die Mappings noch verbessern, so dass bei Änderungen an Modellen auch die Controller- und Helpertests durchgeführt werden. Fürs Erste soll allerdings die aktuelle Konfiguration ausreichen.

rSpec Modellspezifikationen für Category

Sie fragen sich sicher, wie denn wohl die Spezifikationen aussehen. Für die ersten Schritte skizziere ich daher die Spezifikationen für die Modellklasse `Category`. Sehen Sie sich zunächst folgendes Listing an.

Listing 3.14 http://pastie.org/234118

```
require File.dirname(__FILE__) + '/../spec_helper'

describe Category, "from fixture :unterhaltung" do
  fixtures :categories

  before(:each) do
    @category = categories(:unterhaltung)
  end

  it "should be valid" do
    @category.should be_valid
  end

  it "should have correct name" do
    @category.name.should eql("Entwicklung")
  end

  it "should have correct description" do
    @category.description.should eql("Alles rund um Softwareentwicklung")
  end

  it "should have id that is not nil" do
```

```
    @category.id.should_not be_nil
  end
  it "should have id greater than zero" do
    @category.id.should > 0
  end

  it "should do this in the future"
end
```

Was für einen Unittest die Setup-Methode darstellt, ist in dieser Spezifikation unter rSpec der `before`-Block, in dem für jede Spezifikation eine Instanz von `Category` aus den Fixtures geladen wird.

Bei Bedarf kann für Aufräumarbeiten die Methode `after` implementiert werden. Damit ist das Pendant zu den `setup/teardown`-Methoden komplett.

Die folgenden Examples überprüfen die jeweiligen Attribute auf ihre Richtigkeit und ob sie mit den erwarteten Werten übereinstimmen. Eine Spezifikation beginnt dabei immer mit describe und einem Beschreibungstext.

```
describe Category, „from fixture :unterhaltung" do
...
end
```

Die einzelnen Beispiele (Examples) beginnen immer mit `it` und einem nachfolgenden Text, der meistens wiederum mit dem Wort `should` beginnt.

Listing 3.15 http://pastie.org/234120

```
it "should have id that is not nil" do
  @category.id.should_not be_nil
end
```

Damit lassen sich die einzelnen Spezifikationstests in ganzen Sätzen wiedergeben.

```
Category from fixture :entwicklung should do this in the future
```

So bekommen die Spezifikationstests eine wesentlich übersichtlichere Struktur als die klassischen Unittests. Ein Durchlauf der Spezifikationen ergibt beispielsweise folgende Ausgabe.

```
Category from fixture :entwicklung
- should be valid
- should have correct name
- should have correct description
- should have id that is not nil
- should have id greater than zero
- should do this in the future (PENDING: Not Yet Implemented)

Pending:
Category from fixture :entwicklung should do this in the future (Not Yet
Implemented)

Finished in 0.213723 seconds

7 examples, 0 failures, 1 pending
```

Hier wird auf einen Blick klar, dass es ein nicht implementiertes Example gibt. Der Text dafür existiert bereits, doch für eine Überprüfung fehlt der entsprechende Code, der bei Bedarf später implementiert werden kann.

Die Parameter für die Methode `should` sind sogenannte Matcher. Von den Matchern gibt es bereits eine ganze Menge, wie die folgende Tabelle zeigt.

Tabelle 3.1 Liste der wichtigsten Matcher

Matcher	Beschreibung
`be`	Erwartet als Rückgabewert `true` oder `false`. Es kann jede beliebige Methode mit Boole'schem Rückgabewert an das `be_` angehängt werden. Beispielsweise ruft `be_older_than(4)` auf dem zu testenden Objekt die Methode `older_than?(4)` auf und erwartet ein `true` oder `false`.
`be_close`	Prüft einen Wert innerhalb einer gegebenen Toleranz. Beispiel: Ein Wert `5+/- 0.5` kann also `4,5` bis `5,5` sein.
`change`	Hiermit kann die Änderung eines Attributes überwacht werden.
`eql`	Überprüft, ob zwei Werte gleich sind.
`equal`	Überprüft, ob zwei Objekte identisch sind.
`exist`	Erwartet die Methode `exist?` beim zu testenden Objekt.
`has`	Beispiel: `{:a => „A"}.should have_key(:a)`
`include`	Beispiel: `[1, 2, 3].should include(3)`
`raise_error`	Beispiel: `lambda {}.should_not raise_error`
`respond_to`	Beispiel: `Object.new.should respond_to(:methods)`

Es steht jedem Entwickler frei, ob er eigene Matcher entwickelt, um die Flexibilität und Lesbarkeit der eigenen Spezifikationen zu erhöhen. Die von rSpec mitgelieferten Matcher reichen allerdings schon eine Zeit lang, ohne dass man sich Gedanken über eigene Matcher-Implementierungen machen muss. Mit den Matchern aus Tabelle 3.2 können Sie nun ein wenig herumexperimentieren. Hierzu gibt Ihnen das folgende Listing einige Anregungen.

Listing 3.16 http://pastie.org/234124

```
describe Category, "not from fixture" do
  before(:each) do
    @category = Category.new
  end

  it "should not be valid if name and description are not given" do
    @category.should_not be_valid
  end

  it "should change name value" do
    lambda { @category.name = "Unterhaltung" }.should change(@category, :name)
  end

  it "should respond to :name" do
    @category.should respond_to(:name)
  end

  it "should have the same name as given name" do
    @category.name = "Unterhaltung"

    @category.name.should == "Unterhaltung"
```

```
      @category.name.should eql("Unterhaltung")
      @category.name.should_not equal("Unterhaltung")
    end
  end
```

rSpec Controller-Spezifikationen für den FeedsController

Sie haben gesehen, wie Modelle mit rSpec getestet werden können. Die dafür vorgesehenen Tests sind unter `spec/models` zu finden. Um Spezifikationen für Controller zu erstellen, sollten diese in das Unterverzeichnis `spec/controllers` gestellt werden. Damit korrespondieren die Unterverzeichnisse von rSpec mit denen der zu testenden Anwendung, was die Orientierung vereinfacht.

Um die nächsten Schritte so nachvollziehen zu können, als hätten wir die Controller-Spezifikationen vor der Entwicklung des Controllers gestartet, sollten Sie die Methoden `new`, `edit` und `create` auskommentieren.

Sie werden nun lernen, wie man mit rSpec Controller-Spezifikationen entwickelt, die dazu führen, dass Sie Controller-Code entwickeln, der die Spezifikationen erfüllt.

Wir gehen zunächst davon aus, dass eine neue Instanz von `Feed` erstellt werden soll. Hierzu würde ein Anwender die URL `http://localhost:3000/feeds/new` aufrufen. Der Controller sollte dann eine neue Instanz für die View `new.html.erb` bereitstellen.

In einem weiteren Schritt gibt der Benutzer die Daten für einen `Feed`-Eintrag ein und klickt auf den `Speichern`-Button. Das `Feed`-Objekt wird gespeichert und auf die Seite `show.html.erb` verzweigt.

Dies ist der Positivfall. Hierfür entwickeln wir nun eine Spezifikation. Im Anschluss daran wird dafür gesorgt, dass das Speichern fehlschlägt und zurück auf die Seite `new.html.erb` verzweigt wird. Für diese Situation schreiben wir dann eine weitere Spezifikation. Doch zunächst zurück zur ersten Spezifikation für den Fall, dass alles so verläuft wie gewünscht.

Legen Sie als Erstes bitte eine Datei namens `feeds_controller_spec.rb` im Verzeichnis `spec/controllers` an. Dann starten Sie die Spezifikation mit folgenden Zeilen.

Listing 3.17 http://pastie.org/234136

```
require File.dirname(__FILE__) + '/../spec_helper'

describe FeedsController, " called with uri /feeds/new" do
  it "should be an instance of FeedsController" do
    controller.should be_an_instance_of(FeedsController)
  end
end
```

Noch einmal zur Begriffsdefinition.

- Spezifikationen sind die mit `describe` eingeleiteten Blöcke.
- Examples sind Blöcke, die mit `it` beginnen.
- Expectations sind vergleichbar mit Assertions im Unittest.

Mit diesen Begriffen wird nun die Spezifikation entwickelt.

Die Spezifikation `FeedsController called with uri /feeds/new` kennt ein erstes Example, das prüft, ob die Instanz des Controllers vom Typ `FeedsController` ist. Dies ist immer der Fall, wenn nach dem `describe` direkt der Controller-Typ genannt wird.

Im Example `should be an instance of FeedsController` wird eine Expectation formuliert, die überprüft, ob der Typ `FeedsController` ist.

Damit ist das erste Example implementiert. Wenn Sie nun `autotest` im Hintergrund laufen lassen und diese erste Spezifikation speichern, wird ein Testlauf folgende Ausgabe erzeugen.

```
FeedsController called with uri /feeds/new
- should be an instance of FeedsController

Finished in 0.185817 seconds

1 example, 0 failures
```

Das war kurz und schmerzlos. Jetzt wird es etwas komplexer.

Ein neues Example soll die Seite `/feeds/new` aufrufen.

Listing 3.18 http://pastie.org/234138

```
it "should create a new instance of Feed with GET to new" do
  get :new
  response.should be_success
end
```

Autotest wird nun mit folgender Ausgabe monieren, dass die Seite nicht mit Erfolg aufgerufen werden konnte.

```
FeedsController called with uri /feeds/new
- should be an instance of FeedsController
- should create a new instance of Feed with GET to new (FAILED - 1)

1)
'FeedsController called with uri /feeds/new should create a new instance of Feed
with GET to new' FAILED
expected success? to return true, got false
./spec/controllers/feeds_controller_spec.rb:14:
script/spec:4:

Finished in 0.190006 seconds

2 examples, 1 failure
```

Ein Blick in den `FeedsController` offenbart das Problem. Für die Aktion `new` wird ein authentifizierter Benutzer benötigt. Jetzt gibt es zwei Möglichkeiten, um das Problem zu lösen. Entweder, Sie kommentieren den Before-Filter aus, was allerdings den Controller verändert und ungewollte Seiteneffekte haben kann. Oder Sie verwenden einen Stub für die Methode `authenticate`. Die zweite Lösung ist die bessere, und daher fügen Sie einen Before-Block in die Spezifikation ein, die vor jedem Example aufgerufen wird.

Listing 3.19 http://pastie.org/234139

```
before(:each) do
  controller.stub!(:authenticate).and_return(true)
end
```

Damit wird dem Controller vorgegaukelt, er könne mit der Methode `authenticate` den Wert `true` zurückgeben. Stubs dienen dazu, Funktionalität vorzutäuschen und gewünschte Ergebnisse zurückzuliefern. Dies ist hier sinnvoll, da auf diese Weise die Kopplung von der HTTP-Authentifizierung stattfindet und wir die Tests schließlich ganz ohne Webserver laufen lassen wollen.

Nachdem Sie den Before-Block eingefügt haben, laufen die beiden Examples klaglos durch.

Es ist erforderlich, dass der der Browser nach dem Aufruf von `new` im Controller die Seite `new.html.erb` anzeigt. Daher kann eine weitere Expectation in das letzte Example eingebaut werden.

```
response.should render_template("feeds/new")
```

Auch diese Zeile läuft fehlerfrei durch.

Ein weiteres Example soll überprüfen, ob beim Speichern einer neuen `Feed`-Instanz Probleme auftreten. Starten Sie hier mit den folgenden Zeilen.

Listing 3.20 http://pastie.org/234140

```
it "should save an instance of Feed with POST on create" do
  post :create
  response.should be_redirect
end
```

Neben dem Versuch, hier eine Aktion `create` auf dem `FeedsController` aufzurufen, erwarten wir eine Umleitung auf eine andere Seite (später `index.html.erb`), die momentan aber nicht näher spezifiziert ist. Dieses Example läuft momentan nicht durch und produziert folgende Ausgabe.

```
FeedsController called with uri /feeds/new
- should be an instance of FeedsController
- should create a new instance of Feed with GET to new
- should save an instance of Feed with POST on create (ERROR - 1)

1)
ActionController::UnknownAction in 'FeedsController called with uri /feeds/new
should save an instance of Feed with POST on create'
No action responded to create
./spec/controllers/feeds_controller_spec.rb:20:
script/spec:4:

Finished in 0.198258 seconds

3 examples, 1 failure
```

Da keine `create`-Methode im Controller existiert, kann dieses Example nicht durchlaufen. Die Farbe Violet signalisiert bei der Ausgabe übrigens, dass das Example nicht ausgeführt werden konnte. Dies ist die Vorstufe zur fehlerhaften Ausführung. Anstatt jetzt die Kommentare von der Methode `create` zu entfernen, implementieren Sie nun schrittweise immer mehr Funktionalität in diese Methode, bis das Example fehlerfrei durchläuft.

Wenn Sie jetzt lediglich den Methoden-Rumpf in den `FeedsController` einfügen, erhalten Sie eine völlig andere Fehlermeldung.

```
FeedsController:
def create
end
Ausgabe:
FeedsController called with uri /feeds/new
- should be an instance of FeedsController
- should create a new instance of Feed with GET to new
- should save an instance of Feed with POST on create (FAILED - 1)

1)
'FeedsController called with uri /feeds/new should save an instance of Feed
with POST on create' FAILED
expected redirect? to return true, got false
./spec/controllers/feeds_controller_spec.rb:20:
script/spec:4:

Finished in 0.303334 seconds

3 examples, 1 failure
```

Die Ausgabe weist darauf hin, dass in der Methode `create` kein Redirect stattgefunden hat, was aktuell stimmt. Fügen Sie deshalb in die Methode `create` einen Redirect ein.

```
def create
  redirect_to "blabla"
end
```

Damit läuft das Example wieder durch. Die `create`-Methode soll allerdings noch mehr leisten, als eine Umleitung auf irgendeine Seite durchzuführen.

Da es sich bei dem `FeedsController` um einen RESTful-Controller handelt, können URIs mit den RESTful URL-Helper-Methoden angegeben werden. Des Weiteren kann eine Instanz von `Feed` angegeben werden, um die Seite `index.html.erb` anzuzeigen.

Listing 3.21 http://pastie.org/234144

```
it "should save an instance of Feed with POST on create" do
  post :create
  response.should redirect_to(feeds_url)
end
```

Ersetzen Sie an dieser Stelle den Begriff `blabla` mit `feeds_url`, und die Examples laufen durch.

```
def create
  redirect_to feeds_url
end
```

Nach dem Speichern einer Instanz von `Feed` soll eine Erfolgsmeldung in das `Flash`-Objekt geschrieben werden. Hierzu wird ein neues Example formuliert.

Listing 3.22 http://pastie.org/234146

```
it "should flash a success message" do
  post :create
  flash[:notice].should == "Feed was successfully created."
end
```

Die Ausführung schlägt logischerweise fehl, da noch kein Eintrag für `:notice` im Hash-Objekt `flash` vorliegt. Daher wird im `FeedsController` Folgendes eingebaut.

Listing 3.23 http://pastie.org/234148

```
def create
  flash[:notice] = "Feed was successfully created."
  redirect_to feeds_url
end
```

Jetzt werden keine Fehler mehr ausgegeben, und wir können uns einem weiteren Example widmen.

Listing 3.24 http://pastie.org/234149

```
it "should save the feed" do
  @feed.should_receive(:save)
  post :create
end
```

`autotest` meckert sofort und gibt folgende Ausgaben auf die Console.

```
Spec::Mocks::MockExpectationError in 'FeedsController called with uri /
feeds/new should save the feed'
Mock 'NilClass' expected :save with (any args) once, but received it 0 times
.
```

`NilClass` soll angeblich die Nachricht `:save` erwarten, aber nicht erhalten haben. Das ist ein Hinweis dafür, dass die Instanzvariable `@feed` nicht existiert und auch kein Mock-Objekt ist.

Mock-Objekte sind künstliche Abbildungen von echten Objekten, können aber frei gehandhabt werden, ohne die Abhängigkeiten beispielsweise von ActiveRecord beachten zu müssen. Fügen Sie also die folgende Zeile an die erste Stelle im Before-Block ein.

Listing 3.25 http://pastie.org/234150

```
before(:each) do
  @feed = mock("feed")
  controller.stub!(:authenticate).and_return(true)
end
```

Damit wird eine Instanzvariable `@feed` als Mock-Objekt angelegt. Der Name des Mock-Objektes ist `feed`.

Die vorhergehende Meldung behauptet zusätzlich, dass noch keine `save`-Methode auf dem Objekt `Feed` aufgerufen wurde. Daher muss im `FeedsController` in der Methode `create` entsprechend ein neues `Feed`-Objekt angelegt und dann gespeichert werden.

Listing 3.26 http://pastie.org/234152

```
def create
  @feed = Feed.new
  @feed.save
  flash[:notice] = "Feed was successfully created."
  redirect_to feeds_url
end
```

Dies impliziert aber, dass vor `save` ein neues `Feed`-Objekt erzeugt wurde. Im Before-Block sollte daher die Methode `new` mit einem Stub zum Mock hinzugefügt werden.

Listing 3.27 http://pastie.org/234153

```
before(:each) do
  @feed = mock("feed")
  Feed.stub!(:new).and_return(@feed)
  controller.stub!(:authenticate).and_return(true)
end
```

Damit wird die Methode `new` auf der Klasse `Feed` mit einem Stub versehen, der anstelle der eigentlichen `new`-Methode aufgerufen wird. Dabei wird dann das Mock-Objekt zurückgegeben und nicht etwa eine gültige Instanz von `Feed`.

Diese Änderung führt zu zwei Fehlern, die beide behaupten, dass das Mock-Objekt die Methode `save` nicht kennt. Daher wird der Before-Block entsprechend erweitert.

Listing 3.28 http://pastie.org/234156

```
before(:each) do
  @feed = mock("feed")
  Feed.stub!(:new).and_return(@feed)
  @feed.stub!(:save)
  controller.stub!(:authenticate).and_return(true)
end
```

Diesmal wird der Stub direkt an das Mock-Objekt gehängt, da `save` auch nur auf der Instanz aufgerufen wird. Im Anschluss laufen alle Examples fehlerfrei durch.

Im folgenden Example sollen übergebene Parameter auf ihre Richtigkeit hin überprüft werden. Fügen Sie die folgenden Zeilen Ihrer Spezifikation hinzu.

Listing 3.29 http://pastie.org/234157

```
it "should create the feed" do
  Feed.should_receive(:new).with({"name" => "Filme", \
                                "url" => "http://localhost", \
                                "description" => "Alles zum Thema +
                                "Filme"})

  post :create, :feed => {"name" => "Filme", \
                          "url" => "http://localhost", \
                          "description" => "Alles zum Thema Filme"}
end
```

Da nun die Klasse `Feed` eine Methode `new` kennen muss, die mit Hilfe der Parameter aus dem HTTP-Request aufgerufen wird, muss die Methode `create` im Controller noch angepasst werden.

Listing 3.30 http://pastie.org/234159

```
def create
  @feed = Feed.new(params[:feed])
  @feed.save
  flash[:notice] = "Feed was successfully created."
  redirect_to feeds_url
end
```

Eine Fehlermeldung wird noch ausgegeben, da die Expectation das Mock-Objekt als Rückgabewert erwartet. Daher muss das letzte Example noch erweitert werden.

Listing 3.31 http://pastie.org/234160

```
it "should create the feed" do
  Feed.should_receive(:new).with({"name" => "Filme", \
                                  "url" => "http://localhost", \
                                  "description" => "Alles zum Thema " +
                                  "Filme"}).and_return(@feed)

  post :create, :feed => {"name" => "Filme", \
                          "url" => "http://localhost", \
                          "description" => "Alles zum Thema Filme"}
end
```

Jetzt laufen alle Examples der Spezifikation durch. Damit ist auch der Positivfall des Speicherns einer Instanz von `Feed` durchlaufen, was sich auch im Code der Methode `create` widerspiegelt. Doch was ist, wenn das Speichern aufgrund irgendeines Problems mit der Datenbank nicht erfolgreich verlief? Für diesen Fall schreiben wir nun eine weitere Spezifikation.

Listing 3.32 http://pastie.org/234161

```
describe FeedsController, " receiving /feeds/new using POST, \
but doesn't save" do

  before(:all) do
    @feed = mock("feed")
    Feed.stub!(:new).and_return(@feed)
    @feed.stub!(:save)
    controller.stub!(:authenticate).and_return(true)
  end

end
```

Im Falle eines Problems beim Speichern von `Feed`-Objekten sollte die View `new.html.erb` aufgerufen werden. Dies wird nun mit folgendem Example überprüft.

Listing 3.33 http://pastie.org/234162

```
it "should render the form new.html.erb" do
  post :create
  response.should render_template(:new)
end
```

Erwartungsgemäß führt die Ausführung zu einem Fehler. Der Grund: In der `create`-Methode wird kein Redirect im Fehlerfall ausgeführt. Mit den folgenden Änderungen wird die create-Methode angepasst.

Listing 3.34 http://pastie.org/234163

```
def create
  @feed = Feed.new(params[:feed])
  if @feed.save
    flash[:notice] = "Feed was successfully created."
    redirect_to feeds_url
  else
    render :action => "new"
  end
end
```

Diese Änderungen führen allerdings dazu, dass zwei Examples aus der ersten Spezifikation nicht mehr laufen und das neue Example immer noch nicht.

Abhilfe schafft hier die Modifizierung des Stubs für die `save`-Methode in der ersten Spezifikation.

Listing 3.35 http://pastie.org/234164

```
before(:each) do
  @feed = mock("feed")
  Feed.stub!(:new).and_return(@feed)
  @feed.stub!(:save).and_return(true)
  controller.stub!(:authenticate).and_return(true)
end
```

Jetzt laufen die Examples aus der ersten Spezifikation wieder fehlerfrei durch. Damit müssen lediglich für die zweite Spezifikation Änderungen durchgeführt werden, damit das letzte Example ebenfalls durchläuft.

Listing 3.36 http://pastie.org/234165

```
before(:each) do
  @feed = mock("feed")
  Feed.stub!(:new).and_return(@feed)
  @feed.stub!(:save).and_return(false)
  controller.stub!(:authenticate).and_return(true)
end
```

Die zweite Spezifikation sagt mit dem einzelnen Example noch nicht wirklich aus, was hier spezifiziert wurde. Daher ist es sinnvoll, ein weiteres Example einzufügen.

Listing 3.37 http://pastie.org/234166

```
it "should fail when saving feed" do
  @feed.should_receive(:save).and_return(false)
  post :create
end
```

Mit diesem Example wird die Intention für diese Spezifikation deutlicher. Alles in allem sieht der Inhalt der Datei `feeds_controller_spec.rb` nun folgendermaßen aus.

Listing 3.38 http://pastie.org/239538

```
require File.dirname(__FILE__) + '/../spec_helper'

describe FeedsController, " called with uri /feeds/new" do
  before(:each) do
    @feed = mock("feed")
    Feed.stub!(:new).and_return(@feed)
    @feed.stub!(:save).and_return(true)
    controller.stub!(:authenticate).and_return(true)
  end

  it "should be an instance of FeedsController" do
    controller.should be_an_instance_of(FeedsController)
  end

  it "should create a new instance of Feed with GET to new" do
    get :new
    response.should be_success
    response.should render_template("feeds/new")
  end

  it "should save an instance of Feed with POST on create" do
```

```
    post :create
    response.should redirect_to(feeds_url)
  end

  it "should flash a success message" do
    post :create
    flash[:notice].should == "Feed was successfully created."
  end

  it "should create the feed" do
    Feed.should_receive(:new).with({"name" => "Filme", \
                                   "url" => "http://localhost", \
                                   "description" => "Alles zum Thema " +
                                   "Filme"}).and_return(@feed)

    post :create, :feed => {"name" => "Filme", \
                           "url" => "http://localhost", \
                           "description" => "Alles zum Thema Filme"}
  end

  it "should save the feed" do
    @feed.should_receive(:save).and_return(true)
    post :create
  end
end

describe FeedsController, " receiving /feeds/new using POST, \
but doesn't save" do
  before(:each) do
    @feed = mock("feed")
    Feed.stub!(:new).and_return(@feed)
    @feed.stub!(:save).and_return(false)
    controller.stub!(:authenticate).and_return(true)
  end

  it "should fail when saving feed" do
    @feed.should_receive(:save).and_return(false)
    post :create
  end

  it "should render the form new.html.erb" do
    post :create
    response.should render_template(:new)
  end
end
```

Sie haben nun einen Eindruck davon, wie Modelle und Controller getestet werden. Dabei wurde ohne die entsprechenden Views getestet. Wenn Sie die entsprechenden Views zusammen mit dem Controller testen wollen, können Sie innerhalb der Spezifikation die Methode `integrate_views` aufrufen, und schon werden die Views in die Durchläufe integriert.

Mehr zum Testen von Views finden Sie in Kapitel 7, wenn die ersten Views mit dem BDD-Ansatz entstehen.

User Stories

Der letzte Teil dieses Abschnitts befasst sich mit den Stories aus dem BDD-Ansatz. Sie sind ein Weg, um Akzeptanztests zu formulieren sowie die vorhandenen Controller und Views über Geschäftsprozesse hinweg zu testen.

Eine besonders interessante Umsetzung des Story-Konzeptes[7] bietet rSpec bereits seit einigen Monaten. rSpec bietet die Möglichkeit, User Stories im Klartext zu formulieren und Daten aus diesen Formulierungen in die Abläufe zu überführen. Dieser Ansatz ist für mich so etwas wie die Weiterführung von FIT[8], bei dem die einfache Bereitstellung von Testdaten im Vordergrund steht.

User Stories sind definitiv ein echtes Highlight im Bereich der Akzeptanztests. Sie lassen sich von technisch eher weniger versierten Projektmitgliedern sehr leicht formulieren und dennoch auf technischer Ebene ausführen. Dabei werden komplexe Abläufe überprüft und die Abnahmefähigkeit von Systemen sichergestellt.

BDD ist ein Weg, um von direkten Ideen in Spezifikationen zu denken und diese zu formulieren. Diese Spezifikationen und Stories sind für Fachexperten ebenso verständlich wie für Architekten und Entwickler. Wenn die Stories durchlaufen und somit die Systeme genau das tun, was sich der Kunde dabei gedacht hat, sind schneller alle Unstimmigkeiten beseitigt. Jeder kennt diese Situationen, in denen Kunden sich über falsch verstandene Anforderungen und falsch implementierte Abläufe beschweren. Stories sind der geeignete Weg, um solchen Aussagen zu entgehen.

Die Lesbarkeit der User Stories ist so gut, dass ganz nebenbei auch die Tests dokumentarischen Charakter bekommen. Grund genug, sich direkt mit der Entwicklung von User Stories zu befassen.

Eine Story beschreibt eine Anforderung, die eine Fachfunktionalität abdeckt. Dabei werden Randbedingungen formuliert, die am Ende die Akzeptanz der Funktionalität gewährleisten können.

Wenn wir nachfolgend mit Stories arbeiten, sollten Sie sich auf eine englischsprachige Darstellung einlassen, da die Schlüsselworte der technischen Storyabläufe ebenfalls in Englisch gehalten sind.

Grundsätzlich können auch deutschsprachige Formulierungen verwendet werden, doch leidet dabei die Lesbarkeit erheblich. Eine weitere Alternative wäre die Eindeutschung von rSpec – User Stories mit Hilfe von Rubys Sprachmöglichkeiten –, doch ist das kein Thema für unser Buch.

Eine Story hat nach BDD folgende Grundstruktur.

```
Title (Eine markante einzeilige Betitelung)

Narrative:
As a <role>
I want <feature>
So what <benefit>

Acceptance Criteria (werden als Szenarien spezifiziert)

Scenario 1: Title
Given <context or initial state>
  And <more context or state>
```

---

7 Siehe auch www.behavior-driven.org

8 http://de.wikipedia.org/wiki/Framework_for_Integrated_Test

```
When <event or action>
Then <outcome or result>
 And <another outcome or result>

Scenario 2: ...
```

Im Feeder-Beispiel kann das dann so aussehen.

Listing 3.39 http://pastie.org/234172

```
Story: Managing Feeds

As a user
I want to manage feeds

Scenario: Adding a feed

 Given a name, a url and a description for a new feed
 And a number of exisiting feeds

 When I save a feed

 Then the feed should be valid
 And there should be 1 more feed stored
```

Das obige Listing enthält keinerlei technische Angaben, sondern beschreibt, wie ein `Feed`-Objekt in das System gelangen soll. Sie werden im weiteren Verlauf diese textuelle Definition wieder verwenden. Daher sollten Sie sie in einer Datei namens `feed_story` im Verzeichnis `stories` abspeichern.

Mit der Implementierung in rSpec ist es möglich, mit wenig Aufwand diese Story in eine ablauffähige Variante zu überführen.

Legen Sie für diese Story einfach eine Datei namens `add_feed.rb` im Verzeichnis `stories/steps` an.

```
steps_for(:feeds) do
end
```

Mit diesem Block werden Schritte für die Story eingeleitet. In diesem Block starten Sie mit der ersten Kontextbeschreibung.

Listing 3.40 http://pastie.org/234175

```
Given("a $name, a $url and a $description for a new feed")
   do|name, url, description|
     @feed = Feed.new( :name => name, \
                       :url => url, \
                       :description => description)
end
```

In dieser Kontextbeschreibung finden Sie die Definition aus der textuellen Beschreibung wieder. Sie sehen ebenso die drei Platzhalter für die Variablenwerte `name`, `url` und `description`. rSpec kann beim Durchlaufen der User Stories diese Werte aus der textuellen Beschreibung übernehmen und somit variable Werte in den Ablauf einbringen. In diesem Fall werden die drei Werte für den Konstruktoraufruf der Modellklasse `Feed` verwendet.

Fügen Sie des Weiteren folgende weitere Kontextbeschreibung ein.

Listing 3.41 http://pastie.org/234178

```
Given("a number of exisiting feeds") do
    @count_feeds = Feed.count
end
```

Hier wird eine weitere Kontextbeschreibung aus der textuellen Beschreibung verwendet, um die aktuelle Anzahl an `Feed`-Objekten zwischenzuspeichern. Dies geschieht mit dem Aufruf der `count`-Methode auf der Modellklasse `Feed`.

Nachdem nun die beiden Kontextinformationen vorgegeben sind, widmen Sie sich der gewünschten Aktion.

Listing 3.42 http://pastie.org/234180

```
When("I save a feed") do
  @feed.save
end
```

Mit der Aktion `save` wird das `Feed`-Objekt abgespeichert und mit den Ergebnisüberprüfungen fortgefahren.

Listing 3.43 http://pastie.org/234181

```
Then("the feed should be valid") do
  @feed.should be_valid
end
```

In dieser Überprüfung des Ergebnisses sieht wieder alles wie bei den bereits bekannten Spezifikationen aus der Welt der Models und Controller aus. Hier stehen Ihnen sämtliche Expectations, die rSpec zu bieten hat, zur Verfügung.

Listing 3.44 http://pastie.org/234182

```
Then("there should be $count more feed(s) stored") do |count|
  Feed.count.should == (@count_feeds + count.to_i)
end
```

Auch bei der letzten Ergebnisüberprüfung wird ein Platzhalter verwendet, um die Anzahl der nach dem Speichern vorhandenen `Feed`-Objekte zu überprüfen.

Bevor Sie nun diese Story ausführen können, müssen noch einige kleine Erweiterungen an der Datei `stories/helper.rb` vorgenommen werden.

Listing 3.45 http://pastie.org/234185

```
ENV["RAILS_ENV"] = "test"
require File.expand_path(File.dirname(__FILE__) + "/../config/environment")
require 'spec/rails/story_adapter'

dir = File.dirname(__FILE__)
Dir[File.expand_path("#{dir}/steps/*.rb")].uniq.each do |file|
  require file
end

def run_local_story(filename, options={})
  run File.join(File.dirname(__FILE__), filename), options
end
```

Mit diesen Änderungen werden alle Ruby-Quelldateien im Verzeichnis `stories/steps` geladen und bei Bedarf ausgeführt.

Legen Sie nun eine letzte neue Datei namens `feed_story.rb` an, um die Methode `run_local_story` aus dem oberen Listing laufen zu lassen.

Listing 3.46 http://pastie.org/234187

```
require File.dirname(__FILE__) + "/helper"

with_steps_for(:feeds) do
  run_local_story "feed_story", :type => RailsStory
end
```

In dem Block wird der Methode der Name der textuellen Story-Beschreibung übergeben, die dann ausgeführt wird.

Jetzt können Sie einen Testlauf der Story starten. Hierzu geben Sie auf der Kommandozeile im Projektverzeichnis folgende Anweisung ein.

```
Running 1 scenarios

Story: Managing Feeds

  As a user
  I want to manage feeds

  Scenario: Adding a feed

    Given a name, a url and a description for a new feed
    And a number of exisiting feeds

    When I save a feed

    Then the feed should be valid
    And there should be 1 more feed stored

1 scenarios: 1 succeeded, 0 failed, 0 pending
```

Mit dieser Ausgabe erhalten Sie eine Menge an Informationen. Zum einen erscheint die komplette Story im Klartext. Zum anderen wird angegeben, wie viele Szenarien fehlerfrei oder fehlerhaft durchlaufen wurden.

Hier fällt auf, dass es sich bei diesem Test eher um einen Unittest handelt, da weder das Zusammenspiel von Controllern noch das Zusammenspiel von Controllern und Modellen überprüft wird.

3.4.2 Weitere Tools

Sie können sich nun die Frage stellen, ob es nicht leicht möglich ist, die Implementierung gegenüber den Tests so zu verändern, dass die Spezifikationen fehlerfrei durchlaufen, die Software allerdings völlig andere Dinge erledigt. Dies ist sicher eine unerwünschte Situation, die in der Praxis zu erheblichen Nachteilen führen kann.

Die Antwort auf diese Frage lautet: Ja, es ist durchaus möglich. Daher ist es wichtig, die Testabdeckung im Auge zu behalten. Je mehr Funktionalität in der Anwendung getestet wird, desto höher ist die Qualität des Codes.

Nun stellt sich nur noch die Frage, wie die Testabdeckung einfach und übersichtlich ermittelt werden kann. Hierzu gibt es das Werkzeug `rcov`, das im nächsten Abschnitt vorgestellt wird.

3.4.2.1 rcov

`rcov` ist ein Werkzeug zur Ermittlung der Testabdeckung in funktionalen Tests und rSpec Stories. `rcov` wurde von Mauricio Fernandez entwickelt und kann unter `http://eigenclass.org/hiki.rb?rcov` heruntergeladen werden. Natürlich kann `rcov` auch als `gem` installiert werden. Hierzu geben Sie auf der Kommandozeile Folgendes ein.

```
$ sudo gem install rcov
```

Die nun folgende Ausgabe zeigt die erfolgreiche Installation an.

```
Building native extensions.  This could take a while...
Successfully installed rcov-0.8.1.2.0
1 gem installed
Installing ri documentation for rcov-0.8.1.2.0...
Installing RDoc documentation for rcov-0.8.1.2.0...
```

Danach steht `rcov` für jedes Projekt zur Verfügung. Im Zusammenhang mit dem `feeder`-Projekt wurde durch rSpec folgender Rake Task hinzugefügt.

```
$ rake spec:rcov
```

Wenn Sie diesen Task in der Kommandozeile ausführen, legt `rcov` im Verzeichnis coverage einige HTML-Dateien an, die sämtliche Statistiken über die Testabdeckung bereithalten. Sie müssen lediglich die Datei `coverage/index.html` in Ihrem Browser öffnen.

Aktuell sieht eine `rcov`-Auswertung in etwa so aus.

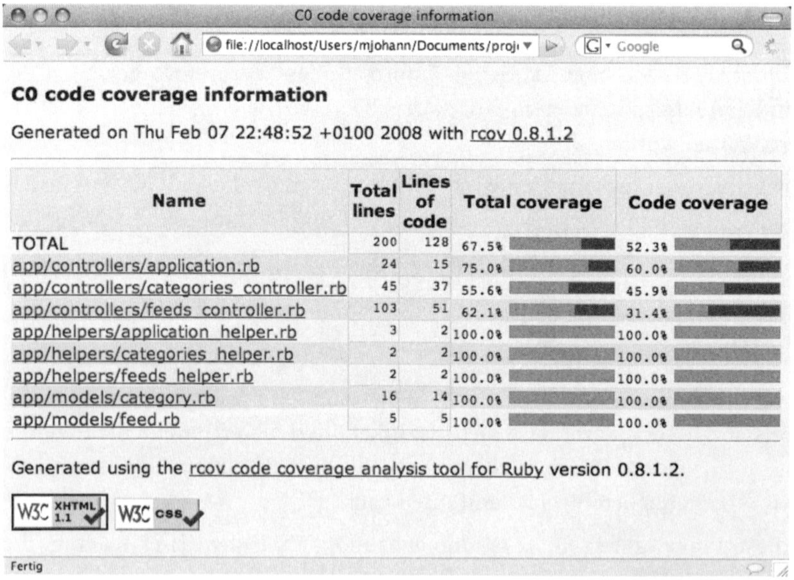

Abbildung 3.2 Eine Auswertung von rcov im Firefox

Die Links verzweigen beim Anklicken in den Quellcode der Anwendung. Dort werden die nicht von Tests abgedeckten Bereiche hervorgehoben. Sicher ist in der Praxis eine hundertprozentige Testabdeckung nicht möglich und auch nicht unbedingt notwendig. Allerdings sind achtzig Prozent schon relativ leicht zu erreichen.

`rcov` bescheinigt unserem Feeder-Projekt eine Abdeckung zwischen rund dreißig und hundert Prozent. Die Modellklassen sind beinahe ohne Code ausgestattet und daher leicht hundertprozentig zu testen. Die Controller-Klassen sehen jedoch etwas komplexer aus.

Wenn wir uns das Beispiel `CategoriesController` näher anschauen (Abbildung 3.3), stellen wir schnell fest, dass die Methoden `edit`, `update` und `destroy` nicht getestet wurden. Dies sollte nicht sein und wird im Folgenden geändert.

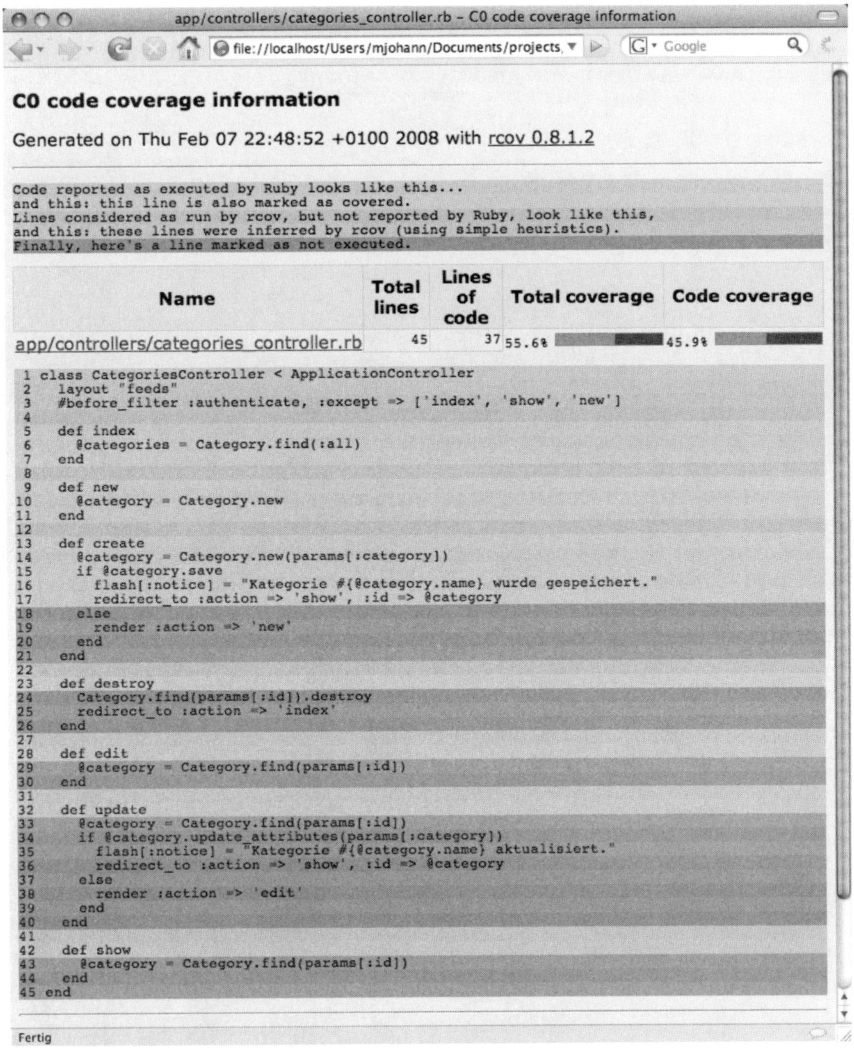

Abbildung 3.3 Die rot markierten Bereiche wurden bisher nicht von Tests abgedeckt.

Hierzu werden für die Spezifikationen des Controllers `CategoriesController` die folgenden Examples hinzugefügt.

Listing 3.47 http://pastie.org/234200

```
describe CategoriesController, " rcov" do
  ...
end
```

In diese Spezifikation bauen wir die folgenden Examples ein.

Listing 3.48 http://pastie.org/234201

```
before(:each) do
  @category = mock_model(Category)
  controller.stub!(:authenticate).and_return(true)
  @category.stub!(:new_record?).and_return(false)
  @category.stub!(:new).and_return(@category)
  Category.stub!(:find).and_return(@category)
  @category.stub!(:destroy).and_return(true)
end
```

Listing 3.49 http://pastie.org/234201

```
before(:each) do
  @category = mock_model(Category)
  controller.stub!(:authenticate).and_return(true)
  @category.stub!(:new_record?).and_return(false)
  @category.stub!(:new).and_return(@category)
  Category.stub!(:find).and_return(@category)
  @category.stub!(:destroy).and_return(true)
end
```

Der Before-Filter ist identisch mit dem der ersten Spezifikation. Neu hinzu kommt nun das erste Example, das die `edit`-Action aus dem `CategoriesController` testet.

Listing 3.50 http://pastie.org/234202

```
it "should edit a category with GET to /categories/1/edit" do
  get 'edit', :id => 1
  response.should be_success
  response.should render_template('categories/edit')
end
```

Hier wird zunächst mit `get` die Action `edit` aufgerufen und danach der HTTP-Returncode `200` überprüft. Eine weitere Expectation überprüft, ob im Anschluss die Seite `categories/edit.html.erb` angezeigt wird.

Listing 3.51 http://pastie.org/234203

```
it "should destroy a category with DELETE" do
  delete 'destroy', :id => 1
  response.should redirect_to(categories_url)
end
```

Das obige Example prüft, ob eine Umleitung auf die `index`-View erfolgt.

Listing 3.52 http://pastie.org/234204

```
it "should show a category with a given id" do
  get :show, :id => 1
  response.should be_success
  response.should render_template('categories/show')
end
```

Im obigen Example wird die `show`-Action überprüft. Hier wird eine `Category`-Instanz angefordert und überprüft, ob der Returncode `200` (success) ist. Zum Schluss wird geprüft, ob die Seite `categories/show.html.erb` angezeigt wird.

Listing 3.53 http://pastie.org/234205

```
it "should not create a category with given identical parameters" do
  @category.stub!(:save).and_return(false)
  post 'create', :category => { :name => "Test1",
                                :description => "Test1" }
  response.should render_template('categories/new')
end
```

Ein weiteres Beispiel prüft gleichzeitig, ob eine Instanz von `Category` angelegt werden kann, wenn die Parameter `name` und `description` identisch sind. Laut `validate`-Methode des Modells `Category` sollte es in diesem Fall zu einem Fehler kommen. Im Fehlerfall wird auf die Seite `categories/new.html.erb` verzweigt, was hier ebenfalls überprüft wird.

Listing 3.54 http://pastie.org/234209

```
it "should update a category with \
    given parameters and be successful" do
  @category.stub!(:find).with("id" => 1).and_return(@category)
  Category.should_receive(:find).and_return(@category)
  @category.should_receive(:update_attributes).and_return(true)
  @category.stub!(:name)
  post 'update', {:category => { :name => "Test23",
                                 :description => "Test45"}, :id => 1}
  response.should redirect_to(category_url(@category))
end

it "should update a category with \
    given parameters and be successful" do
  @category.stub!(:find).with("id" => 1).and_return(@category)
  Category.should_receive(:find).and_return(@category)
  @category.should_receive(:update_attributes).and_return(false)
  @category.stub!(:name)
  post 'update', {:category => { :name => "Test23",
                  :description => "Test45"}, :id => 1}
  response.should render_template('categories/edit')
end
```

Diese Examples in einer zusätzlichen Spezifikation sorgen dafür, dass `rcov` uns eine 100-prozentige Testabdeckung bescheinigt (siehe auch Abbildung 3.4 auf der nächsten Seite).

`rcov` ist also ein hervorragendes Werkzeug, um viel bessere Spezifikationen zu schreiben. Auch die Problematik, die darin besteht, dass Code so modifiziert werden kann, dass die Tests immer noch durchlaufen werden, lässt sich hier in den Griff bekommen.

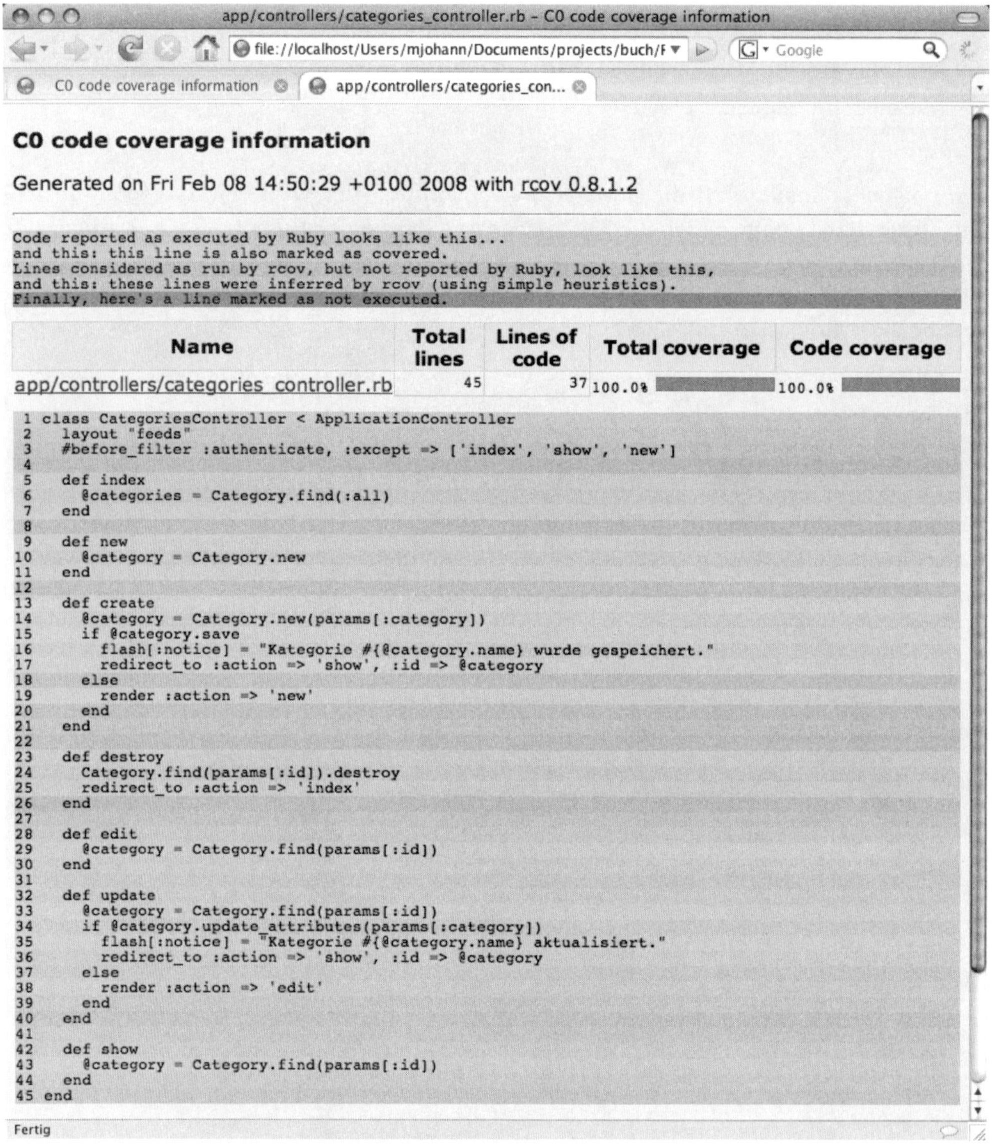

Abbildung 3.4 So sehen 100 % Testabdeckung aus.

3.5 Zusammenfassung

In diesem Kapitel erfuhren Sie, wie anstelle von Unittests Spezifikationen entstehen, um die Qualität der eigenen Software zu überprüfen. Hierfür wurde der Ansatz des Behavior Driven Developement angewandt. Außerdem lernten Sie folgende Aspekte kennen:

- Konzepte von BDD
- rSpec – Spezifikationen, Examples und Expectations
- User Stories
- Test-Coverage mit rcov

Im nächsten Kapitel erfahren Sie mehr zum Thema Versionierung mit Mercurial und Git, den beiden verteilten Versionskontrollsystemen.

4

4 Ruby: Das Wichtigste

4.1 Eine kurze Einführung

Sie kennen sich im Umfeld von Java bestens aus und haben sich in den vorangegangenen Kapiteln bestimmt mal gefragt, was an Ruby so besonders ist und was Ruby on Rails so produktiv macht. Es sind die dynamischen Eigenschaften sowie – vor allem – Möglichkeiten der Metaprogrammierung. Damit Sie einen weitreichenden Eindruck von Rubys Spracheigenschaften bekommen, habe ich dieses Kapitel in unser Buch aufgenommen.

Sie erhalten eine kurze Einführung in die wichtigsten Spracheigenschaften von Ruby. Ein Anspruch auf Vollständigkeit besteht allerdings nicht, dafür gibt es reichlich andere und sehr gute Literatur.

Wir verweisen auf das Referenzwerk „Programming Ruby"[1] von Dave Thomas, aufgrund seiner Coverabbildung auch Pickaxe genannt. Eine Online-Version der ersten Auflage bietet mehr Details als diese kurze Einführung und ist daher als Ergänzung wärmstens zu empfehlen. Sie finden diese – zugegeben veraltete, aber immer noch brauchbare – Version unter der folgenden URL.

```
http://www.ruby-doc.org/docs/ProgrammingRuby/
```

Die Spracheigenschaften von Ruby werden mit vielen Beispielen illustriert, die Sie während Ihrer Lektüre mit der Interactive Ruby Shell (IRB) ausgiebig testen können. Dabei ist es durch „Herumspielen" auch besser möglich, akute Fragen direkt am Code zu klären. Sie starten hierzu die Ruby-Shell mit dem folgenden Aufruf in der Kommandozeile.

```
$ irb
```

Oder für die JRuby-Variante.

```
$ jirb
```

[1] Siehe auch http://www.pragprog.com

Daraufhin ist die Shell startklar und kann bei Bedarf wieder mit der Eingabe des Befehls `exit` verlassen werden.

Wenn Ihnen das Erscheinungsbild der Ruby Shell zu trist vorkommt und Ihnen etwa Code-Completion wichtig ist, können Sie ein Gem für die IRB installieren, das zudem ein Syntax-Highlighting bietet, sofern Ihr Terminalprogramm damit umgehen kann. Beachten Sie hierbei bitte, dass sich das folgende beschriebene Gem nur mit Ruby und nicht mit JRuby nutzen lässt. Das Gem heißt Wirble und wird mit folgendem Aufruf installiert.

```
$ sudo gem install wirble

complete
Successfully installed wirble-0.1.2
1 gem installed
Installing ri documentation for wirble-0.1.2...
Installing RDoc documentation for wirble-0.1.2...
```

Jetzt können Sie in der Ruby Shell wesentlich effektiver arbeiten, denn die farbliche Hervorhebung der Ergebnisse trägt zu einer verbesserten Übersichtlichkeit bei. Mit der Tab-Taste können Sie sich Variablennamen und Methoden komplettieren lassen, was bei der Einarbeitung in die Standardbibliothek von Ruby sehr hilfreich sein kann.

4.1.1 Konzepte von Ruby

Ruby ist eine moderne Programmiersprache, die von Yukihiro Matsumoto, kurz Matz, Mitte der 1990er-Jahre entwickelt wurde und lange Zeit nicht über die Grenzen Japans hinaus bekannt wurde. Mit dem Buch *Programming Ruby* von Dave Thomas änderte sich dies in den letzten Jahren deutlich, und Ruby hat heute eine stetig steigende Anzahl von Anhängern auf der ganzen Welt.

Ruby ist eine interpretierte objektorientierte Programmiersprache, die dank Ruby on Rails extrem an Bekannheit gewonnen hat. So wird den meisten Einsteigern in Ruby on Rails der erste Kontakt nicht über die Programmiersprache Ruby, sondern über das Framework Rails gelungen sein, was wahrscheinlich ein Grund dafür ist, dass auf Podiumsdiskussionen immer wieder Sprachen mit Frameworks gleichgesetzt werden und daraus die skurrilsten Argumentationen entstehen.

Ruby verfügt zur Speicherverwaltung über einen Garbage Collector, den Java bekanntlich auch mitliefert, um den Entwickler von lästigen Speicherallozierungen zu befreien.

Die Sprache ist stark getypt ohne jedoch auf eine statische Typisierung zurückgreifen zu müssen. Damit ist die Notwendigkeit eines Compilers für Ruby nicht gegeben. Die Konzepte der Objektorientiertung stammen überwiegend aus dem Umfeld von Smalltalk, was dazu führt, dass Ruby keine primitiven Datentypen kennt, sondern ausschließlich Objekte. Das Motto von Smalltalk: „Everything is an object" gilt für Ruby ebenso. Methoden werden nicht auf Objekten aufgerufen, sondern Nachrichten an Objekte gesendet. Diese Sichtweise ist ebenfalls aus Smalltalk bekannt und findet sich beispielweise auch in Objective-C wieder, der Sprache, die Apple als Haus- und Hofsprache für MacOS X verwendet.

Wenn Nachrichten an Objekte gesendet werden, sieht das in Ruby ungefähr so aus.

```
irb(main):001:0> 2.to_s
=> "2"

irb(main):002:0> 2.send(:to_s)
=> "2"
```

Im obigen Beispiel wird das gleiche Ergebnis wie im unteren erzeugt. Im ersten Fall wird die Methode `to_s` auf der Zahl `2` (Klasse: `Fixnum`) aufgerufen. Im zweiten Beispiel wird die Methode `send` genutzt, um die Nachricht `to_s` an die `2` zu senden. Mit der Methode `send` ist es also möglich, dynamisch Methodenaufrufe abzusetzen. Beispiele hierfür zeige ich Ihnen im weiteren Verlauf dieses Kapitels.

Generell ist Ruby eher für den Menschen als für die Computer gestaltet worden, was eine viel bessere Lesbarkeit als beispielsweise bei Java zur Folge hat.

Ruby arbeitet zeilenorientiert, was bedeutet, dass jede neue Anweisung nach einem Zeilenumbruch beginnt. Sollten Sie einmal mehrere kurze Anweisungen in einer Zeile implementieren wollen, so müssen die Elemente mit einem Semikolon voneinander getrennt werden. Das folgende Beispiel verdeutlicht dies.

```
(1..10).each do |n|; puts n; end
```

Die obige Zeile könnte alternativ so aussehen:

```
(1..10).each do |n|
  puts n
end
```

Wie in anderen Programmiersprachen können in Ruby sehr lange Anweisungen mit einem Backslash auf mehrere Zeilen umbrochen werden. Zeilenumbrüche nach Punkten, Operatoren oder Kommata wertet Ruby als eine Zeile, womit sich eine bessere Lesbarkeit erreichen lässt.

Eine Ausnahme sind Strings. Diese können beliebige Zeilenumbrüche enthalten und werden trotzdem wie eine einzige Zeile interpretiert.

4.1.2 Einige Programmierrichtlinien

Damit Sie von den Ruby-Veteranen nicht als Umsteiger erkannt werden, sollten Sie einige Konventionen kennen, die typisch für Ruby sind und in Java eher selten Verwendung finden.

Für Klassennamen gilt dieselbe Schreibweise wie in Java. Sie beginnen mit einem Großbuchstaben und werden bei zusammengesetzten Wörtern *Camelcased* geschrieben, also mit einem Großbuchstaben für jedes Substantiv im Klassennamen. Hierzu einige Beispiele.

```
KlassenName

FeedsController

ActiveRecord
```

Methoden- und Variablennamen schreibt man klein. Es gibt zwei Schreibweisen für die Namen von zusammengesetzten Begriffen.

- Variante I:

```
methoden_name
variablen_name
```

- Variante II:

```
methodenName
variablenName
```

Die Variante mit dem Unterstrich ist allerdings wesentlich öfter anzutreffen und meiner Meinung nach etwas besser lesbar.

Es gibt Methoden, die `true` oder `false` zurückgeben und dies durch ein abschließendes Fragezeichen im Methodennamen deutlich machen.

```
ob_ruby_wohl_toll_ist?
```

Methoden, die eine Instanz direkt manipulieren und somit auch als „gefährlich" (engl. dangerous) bezeichnet werden, machen dies durch ein Ausrufezeichen deutlich. Somit manipuliert das nächste Beispiel direkt das Objekt, auf dem diese Methode aufgerufen wird, beziehungsweise diese Nachricht gesendet bekommt.

```
ruby_ist_unkaputtbar!
```

Sie kennen aus der Objektorientierung die Instanz- sowie die Klassenvariablen. In Ruby erhalten Instanzvariablen vor ihrem Namen einen Klammeraffen.

```
@instanz_variable
```

Klassenvariablen bekommen gleich zwei dieser Klammeraffen vorangestellt.

```
@@klassen_variable
```

Außerdem gibt es die globalen Variablen, die mit einem Dollar-Zeichen vor dem Namen beginnen.

```
$globale_variable
```

4.1.2.1 Konstanten

Konstanten werden, wie auch in Java üblich, durchgehend in Großbuchstaben geschrieben.

```
DIES_IST_EINE_KONSTANTE
```

Diese Schreibweise ist allerdings ebenfalls häufig anzutreffen.

```
DiesIstAuchEineKonstante
```

Es ist nicht möglich, Konstantennamen mit einem Kleinbuchstaben zu beginnen. Die Probe aufs Exempel macht klar, warum.

Zunächst definiert man eine Variable namens `tier` mit dem String `Hund`.

```
>> tier = "Hund"
=> "Hund"
```

Danach wird ein neuer Wert `Katze` zugewiesen.

```
>> tier = "Katze"
=> "Katze"
```

Nun wird eine Konstante mit dem Namen `Tier` und dem Wert `Hund` definiert.

```
>> Tier = "Hund"
=> "Hund"
```

Jetzt wird, wie im obigen Beispiel, versucht, der Konstante `Tier` einen neuen Wert zuzuweisen, was bekanntlich nur den Variablen vorbehalten ist.

```
>> Tier = "Katze"
(irb):30: warning: already initialized constant Tier
=> "Katze"
```

Konstanten, die innerhalb einer Klasse oder eines Moduls definiert wurden, sind innerhalb dieser Klasse oder dieses Moduls direkt verfügbar. Von außerhalb kann mit dem Operator `::` auf sie zugegriffen werden. Auch hierzu ein kleines Beispiel.

```
MyApp::Person.GENDER
```

Alle Konstanten, die außerhalb eines Moduls oder einer Klasse definiert wurden, sind ohne diesen Operator direkt verfügbar.

Hinweis:
Konstanten können nicht innerhalb von Methoden definiert werden.

Mit diesem Grundschatz an Konventionen kommen Sie schon mal ein gutes Stück weiter. Der nächste Abschnitt beschäftigt sich direkt mit den Spracheigenschaften von Ruby.

4.1.3 Einfache Rechenbeispiele

Zunächst sollten Sie ein wenig mit den vier Grundrechenarten experimentieren, um ein Gefühl für die Shell und den Umgang mit Zahlen in Ruby zu bekommen.

4.1.4 Zahlen

Zwei ganz zahlige Werte lassen sich wie in jeder anderen Sprache mit einem Plus-Operator addieren. Die Summe stimmt.

```
>> 10 + 2
=> 12
```

Alternativ könnten Sie auch Folgendes schreiben.

```
10.send(:+, 2)
```

Dabei wird die Methode `send` auf dem Objekt `10` aufgerufen. Als Parameter werden die Methode `:+` sowie das Argument `2` übergeben. Die Differenz stimmt natürlich ebenfalls.

```
>> 5 - 3
=> 2
```

Auch in Ruby gilt Punktrechnung vor Strichrechnung.

```
>> 10 * 2 + 1
=> 21
```

Klammern haben Vorrang.

```
>> 10 * (2 + 1)
=> 30
```

Zwei ganzzahlige Werte sorgen ebenso für ein ganzzahliges Ergebnis.

```
>> 15 / 4
=> 3
```

Wenn ein Float-Wert durch einen Fixnum-Wert geteilt wird, ist das Ergebnis ebenfalls ein Float-Wert.

```
>> 15.0 / 4
=> 3.75
```

Potenzieren wird mit dem Doppelstern durchgeführt.

```
>> 3 ** 2
=> 9
```

Der Modulo-Operator ist selbstverständlich auch in Ruby vorhanden.

```
>> 3 % 2
=> 1
```

Auch bei Dezimalzahlen kann der Modulo-Operator angewendet werden.

```
>> 15.5 % 3
=> 0.5
```

4.1.5 Strings

Strings oder auch Zeichenketten können in Ruby so

```
>> "Hallo".class
=> String
```

oder so

```
>> 'hallo'.class
=> String
```

definiert werden.

Dabei ist Arithmetik mit Zeichenketten ebenso möglich, wie das folgende Beispiel zeigt.

```
>> "bla" * 3
"blablabla"
```

Das obige Beispiel liefert das gleiche Ergebnis wie `"bla" + "bla" + "bla"`. Wenn Sie die Zeit haben, überlegen Sie sich einmal, wie man das in Java implementieren würde.

Das Zusammenfügen von Strings funktioniert aber auch so wie in Java.

```
>> "Hallo " + "Welt!"
=> "Hallo Welt!"
```

Hier werden zwei Strings zusammengefügt.

```
>> "1" + "2"
=> "12"
```

Weil die `2` hier eine Zeichenkette ist, wird sie dreimal aneinandergehängt.

```
>> "2" * 3
=> "222"
```

Einige nützliche Methoden der Klasse `String` zeigt das nächste Beispiel. `capitalize` wandelt das erste Zeichen des Strings in einen Großbuchstaben um.

```
>> "ruby".capitalize
=> "Ruby"
```

Mit `reverse` wird die Reihenfolge der Zeichen eines `String`-Objektes umgedreht.

```
>> "ruby".reverse
=> "ybur"
```

Alle Zeichen eines `String`-Objektes lassen sich mit der Methode `upcase` in Großbuchstaben umwandeln.

```
>> "ruby".upcase
=> "RUBY"
```

Übrigens können in Ruby auch Strings hochgezählt werden.

```
>> "ruby".next
=> "rubz"
```

Eine Invertierung der Groß- und Kleinbuchstaben eines Strings erledigt die Methode `swapcase`.

```
>> "RuBy".swapcase
=> "rUbY"
```

Die Länge eines Strings lässt sich mit der Methode `length` abfragen.

```
>> "Hallo Welt!".length
=> 11
```

Eine weitere gängige `String`-Funktion, die der Klasse String von Ruby on hinzugefügt wurde, ist beispielsweise `blank?`.

```
>> " ".blank? == true

=> true
```

Mit `blank?` kann abgefragt werden, ob ein String leer ist.

Eine weitere Methode, die sehr nützlich sein kann, ist `each_with_index`.

```
>> "Hallo\nWelt".each_with_index {|line, i| puts "#{i}: #{line}"}
0: Hallo
1: Welt

=> "Hallo\nWelt"
```

`each_with_index` ruft den übergebenen Block mit den beiden Parametern `line` und `index` (`i`) auf. Diese Funktionalität stammt aus dem Modul Enumerable, das von `String` eingebunden wird.

Ebenfalls sehr nützlich ist die Methode `scan`.

```
irb(main):009:0> "abc".scan(/./).each {|char| puts char}
a
b
c

=> ["a", "b", "c"]
```

Das obige Beispiel verwendet die Methode `scan`, um mit dem übergebenen regulären Ausdruck nach Zeichen zu suchen, die von `each` und dem übergebenen Block einzeln ausgegeben werden.

Zur Handhabung von Strings mit Leerzeichen bieten sich `split` und `join` an.

```
irb(main):010:0> "split splittet Strings auf".split.join(", ")

=> "split, splittet, Strings, auf"
```

Mit `split` werden Strings aufgesplittet, wobei als Übergabeparameter ein weiterer String die Splitgrenzen angibt. Auch hier können reguläre Ausdrücke verwendet werden. Mit `join` lassen sich einzelne Strings zusammenfügen, wobei der Übergabeparameter den Teil-String definiert, der zwischen den Elementen eingebracht wird; in diesem Beispiel das Komma mit angehängtem Leerzeichen.

4.1.6 Konvertierungen

Selbstverständlich können auch `String`-Objekte, die Zahlenwerte enthalten, in Zahlen vom Typ `Fixnum` und `Float` umgewandelt werden. Hierzu gibt es eine Reihe Methoden, die sowohl für `String`-Objekte als auch für Zahlen verfügbar sind.

Aus einer Zahl wird auf diese Weise ein String.

```
>> 4711.to_s

=> "4711"
```

Ein `Fixnum`-Objekt kann so zu einem `Float`-Wert werden.

```
>> 4711.to_f

=> 4711.0
```

Eine Zeichenkette lässt sich in einen `Fixnum`-Wert überführen.

```
>> "0815".to_i

=> 815
```

Das Zusammenfügen von Zeichenketten mit Objekten, die nicht vom Typ `String` sind – was Sie aus der Java-Welt kennen – ist mit Ruby nicht möglich. Das folgende Beispiel verdeutlicht diesen Umstand.

```
>> puts "Ein Tag hat " + 24 + " Stunden."

TypeError: can't convert Fixnum into String
     from (irb):31:in `+'
     from (irb):31
     from :0
```

Das Beispiel funktioniert erst, wenn die `24` mit der Methode `to_s` in einen String umgewandelt wurde.

```
>> puts "Ein Tag hat " + 24.to_s + " Stunden."

Ein Tag hat 24 Stunden.

=> nil
```

4.1.7 Schleifen und Bedingungen

Wie jede andere Programmiersprache bietet auch Ruby die Verarbeitung von Schleifen an und kann ebenso mit Bedingungen umgehen. Das folgende Beispiel zeigt eine typische Schleife in Ruby:

```
>> 6.times do
?>   puts "Schönen guten Tag"
>> end

Schönen guten Tag
Schönen guten Tag
Schönen guten Tag
Schönen guten Tag
Schönen guten Tag
Schönen guten Tag

=> 6
```

Sie sehen im obigen Beispiel gleich, wie in Ruby Blöcke definiert werden. Hierzu dienen die Schlüsselworte `do` und `end`. Sie können hierfür auch geschweifte Klammern verwenden, allerdings findet man die `do-end` Combo wesentlich öfter vor. Eine Mischform von Klammern mit Schlüsselwörtern ist nicht zulässig.

Hinweis:

Es ist eine Konvention, für einzeilige Blöcke geschweifte Klammern zu verwenden. Mehrzeilige Blöcke werden in `do` und `end` geschrieben.

Ein weiterer Verwendungszweck von Schleifen kann das Hochzählen einer Variablen sein, wie dies der folgende Code zeigt.

```
>> n = 0

=> 0

>> 5.times do
?>     n += 1
>>   n
>>   end

=> 5
```

In diesem Beispiel wird zunächst die Variable `n` mit dem Wert `0` initialisiert und dann in fünf Schleifendurchläufen jeweils um den Wert `1` erhöht und ausgegeben.

Die Ausgabe sieht dann so aus:

```
>> n = 0

=> 0

>> 5.times { puts n+= 1 }
1
2
3
4
5

=> 5
```

Der Operator `++`, wie Sie ihn aus Java kennen, ist in Ruby nicht verfügbar.

4.1.7.1 while-Schleife

Die `while`-Schleife ist Ihnen sicher aus Java bekannt. `while` erhält eine Abbruchbedingung, die den Inhalt der Schleife so lange ausführt, bis die Bedingung falsch (`false`) ist.

Hierzu ein kleines Beispiel.

```
while (text = gets).chomp != "Exit"
  puts "Die Eingabe lautet " + text
end
```

Das Beispiel nimmt eine Eingabezeile entgegen, speichert das Ergebnis in der variablen `test` ab und vergleicht die Eingabe dann mit dem String `Exit`. Weil die Eingabezeile zugleich einen Zeilenumbruch mitliefert, wird dieser mit der Methode `chomp` entfernt.

Wenn das kleine Programm läuft, wird die Eingabe so lange auf der Kommandozeile ausgegeben, bis der Benutzer das Wort `Exit` eingibt.

Versuchen Sie es ruhig einmal.

4.1.7.2 Bedingungen

Ruby kennt verschiedene Bedingungen, die auch in anderen Sprachen verfügbar sind. Lediglich die Syntax unterscheidet sich teilweise von der anderer Sprachen. Starten wir mit einigen einfachen Beispielen.

Listing 4.1 http://www.pastie.org/234620

```
class Bedingungen
  def test
  n = 10

  if n == 10 then
    puts "n ist 10"
  end
end
end

test = Bedingungen.new

test.test
```

Die Klasse `Bedingungen` enthält eine Methode namens `test`, die eine Variable `n` mit dem Wert `10` initialisiert. Danach prüft eine `if`-Bedingung, ob der Wert gleich `10` ist. Zu sehen ist sofort, dass der Vergleichsoperator `==` ebenso wie in Java zu finden ist.

Hinweis:
Das Schlüsselwort `then` ist optional und kann somit weggelassen werden.

Tabelle 1.1 zeigt eine Liste mit den am häufigsten verwendeten Vergleichsoperatoren.

Tabelle 4.1 Die gängigsten Vergleichsoperatoren

Operator	Beschreibung
==	Gleich
!=	Ungleich
>	Größer als
<	Kleiner als
>=	Größer oder gleich
<=	Kleiner oder gleich

In Java sind solche Vergleiche fast immer auf numerische Werte beschränkt, da hier ebenfalls keine Operatoren überladen werden können. In Ruby ist das anders, wie die folgenden Zeilen zeigen. Zunächst wird hier ein `String`-Vergleich durchgeführt.

```
>> "Ja" != "Nein"

=> true
```

Das nächste Beispiel ist ein Vergleich, ob das Zeichen `a` kleiner dem Zeichen `b` ist.

```
>> "a" < "b"

=> true
```

In der ASCII-Tabelle findet man das große `A` vor dem kleinen `a`. Aus diesem Grunde wird die nächste Bedingung als `false` ausgewertet.

```
>> "a" < "A"
=> false
```

Da `a` nicht nach `b` kommt, gibt das folgende Beispiel `false` zurück.

```
>> "a" > "a".next
=> false
```

Der umgekehrte Vergleich führt zu einem `true`.

```
>> "a".next > "a"
=> true
```

In den vorherigen Beispielen ist relativ leicht zu erkennen, dass für den Vergleich von `String`-Objekten der jeweilige Zeichen-Code herangezogen wird.

Auch in Ruby gibt es ein Konstrukt namens `elsif`, das es erlaubt, verschiedene Bedingungen nacheinander zu prüfen. So wird im nächsten Beispiel lediglich eine Anweisung ausgeführt.

Listing 4.2 http://www.pastie.org/234622

```
class Comparer

  def initialize(wert)
    @wert = wert
  end

  def compare(wert)
    if wert > @wert
      puts "Wert ist größer als #{@wert}"
    elsif wert < @wert
      puts "Wert ist kleiner als #{@wert}"
    elsif wert == @wert
     puts "Wert ist gleich #{@wert}"
    end
  end
end
```

Wenn Sie nun in der Interactive Ruby Shell ein wenig mit dieser Klasse spielen, können Sie das Verhalten leicht selbst überprüfen. Zunächst wird die Klasse `Comparer` geladen.

```
>> require 'Comparer'
=> true
```

Danach bekommt die Variable `c` eine Instanz von `Comparer` zugewiesen.

```
>> c = Comparer.new(100)
=> #<Comparer:0x1849ecc @wert=100>
```

Als Nächstes starten die Vergleiche. Im ersten Beispiel wird der Wert `10` mit dem Wert `100` verglichen.

```
>> c.compare(10)
Wert ist kleiner als 100
=> nil
```

Jetzt wird mit dem Wert `100` verglichen.

```
>> c.compare(100)
Wert ist gleich 100

=> nil
```

Und zuletzt mit dem Wert `1000`.

```
>> c.compare(1000)
Wert ist größer als 100

=> nil
```

Hinweis:

Beim `elsif`-Konstrukt sollte beachtet werden, dass nur die erste als wahr ermittelte Bedingung ausgeführt wird. Nachfolgende Bedingungen, die ebenfalls zutreffen, werden nicht mehr ausgeführt.

Ein weiteres Konstrukt für die Überprüfung von Bedingungen ist `unless`. Hier ein Beispiel.

```
customer.save unless customer.nil?
```

Dabei wird die Lesbarkeit im Vergleich zu `if`-Abfragen etwas erhöht.

Die Negierung einer `if`-Bedingung kann ebenfalls mit `unless` erreicht werden, wie das nächste Beispiel zeigt.

```
unless user.not_logged_in?
  order.submit
end
```

Arrays

Dieser Abschnitt befasst sich mit Arrays und deren flexibler Handhabung. Arrays sind Ihnen sicher bekannt, und so verdeutlicht das folgende Beispiel die konkrete Schreibweise in Ruby.

Zuerst wird eine Variable namens `tiere` mit einem Array und den dazugehörenden Werten initialisiert.

```
>> tiere = ["Hund", "Katze", "Maus"]

=> ["Hund", "Katze", "Maus"]
```

Dann können Sie den Typ von `tiere` abfragen.

```
>> tiere.class

=> Array
```

Zu guter Letzt kann noch die Größe des Arrays ausgegeben werden.

```
>> tiere.size

=> 3
```

Der Zugriff auf einzelne Objekte des Arrays erfolgt wie in Java über einen Index, der auch in Ruby bei 0 beginnt:

```
>> tiere[0]
=> "Hund"
>> tiere[1]
=> "Katze"
>> tiere[2]
=> "Maus"
>> tiere[3]
=> nil
```

Im obigen Beispiel sehen Sie, dass für den Index 3 kein Objekt im Array gespeichert ist. Sie haben nun die Möglichkeit, einzelne neue Objekte an beliebiger Stelle im Array einzufügen.

```
>> tiere[6] = "Fisch"
=> "Fisch"
>> tiere[10] = "Frosch"
=> "Frosch"
>> tiere
=> ["Hund", "Katze", "Maus", nil, nil, nil, "Fisch", nil, nil, nil, "Frosch"]
```

Das `Array` erhält also an Stelle 6 und 10 einen neuen Eintrag. Damit sind alle dazwischenliegenden Einträge automatisch `nil`. Natürlich lassen sich beliebige Objekte in ein Array einfügen, womit auch `Array`-Objekte selbst in Arrays eingefügt werden können.

Das folgende Beispiel zeigt ein `Array` von Personen, die jeweils aus einem `Array` mit Vor- und Nachnamen bestehen:

```
>> personen = [["Helge", "Schneider"], ["Johann", "Könich"], ["Atze", "Schröder"]]
=> [["Helge", "Schneider"], ["Johann", "K\303\266nich"], ["Atze",
"Schr\303\266der"]]
```

Mit dem Index 1 erreichen wir die Daten zu Johann Könich.

```
>> personen[1]
=> ["Johann", "K\303\266nich"]
```

Den Vornamen von Herrn Schneider können wir so abfragen.

```
>> personen[0][0]
=> "Helge"
```

Einige weitere Dinge, die mit Arrays möglich sind, zeige ich Ihnen in den folgenden Zeilen.

Mit Hilfe der Methode `sort` kann das Array sortiert werden.

```
>> personen.sort

=> [["Atze", "Schr\303\266der"], ["Helge", "Schneider"], ["Johann",
"K\303\266nich"]]
```

Mit der Methode `puts` lässt sich ein Array auf der Console ausgeben, wobei die Klammern und Anführungszeichen entfernt werden.

```
>> puts personen

Helge
Schneider
Johann
Könich
Atze
Schröder
```

Das interessanteste Feature ist allerdings das Addieren und Subtrahieren von Arrays. Dabei kann der Inhalt von Array `a` vom Inhalt des Arrays `b` subtrahiert werden.

```
>> a = [1, 3, 5, 7]

=> [1, 3, 5, 7]

>> b = [3, 7]

=> [3, 7]

>> a - b

=> [1, 5]
```

Dies funktioniert nicht nur mit Arrays, in denen Zahlen gespeichert sind.

Eine weitere Möglichkeit, schnell aus einer Liste von Strings ein Array zu machen, ist `%w()`. Das folgende Beispiel verdeutlicht die Funktionsweise.

```
>> satz = %w(Dies ist ein Array)

=> ["Dies", "ist", "ein", "Array"]
```

Iterationen

Durch die Inhalte von Arrays können Sie selbstverständlich auch iterieren. Hierzu kommt üblicherweise folgendes Konstrukt zum Einsatz.

Zuerst wird ein `Array` namens `tiere` angelegt.

```
>> tiere = %w(Hund Katze Maus Fisch Kochschinken)

=> ["Hund", "Katze", "Maus", "Fisch", "Kochschinken"]
```

Nun wird die Iteration formuliert.

```
>> tiere.each do |tier|
?>     puts "Mein Tier ist von Natur aus " + tier
>>   end

Mein Tier ist von Natur aus Hund
Mein Tier ist von Natur aus Katze
Mein Tier ist von Natur aus Maus
Mein Tier ist von Natur aus Fisch
Mein Tier ist von Natur aus Kochschinken
=> ["Hund", "Katze", "Maus", "Fisch", "Kochschinken"]
```

Sie wissen nun, dass `each` ein Iterator ist. Das zurückgegebene Objekt wird in der Variablen `tier` abgelegt. Eine weitere Form eines Iterators ist die Methode `times`, die Sie weiter oben schon gesehen haben.

Geben Sie in der Ruby Shell den folgenden Block ein, dann wird schnell klar, warum dies ein Iterator ist.

```
>> 3.times do |n|
?>     puts n
>>   end
0
1
2

=> 3
```

Hash-Objekte

Ein weiteres, oft genutztes Objekt ist das `Hash`-Objekt. Hier können ähnlich wie in einem `Array` Objekte abgelegt werden. Allerdings wird für den Zugriff kein Index in Form einer Zahl verwendet. Vielmehr ist das `Hash`-Objekt mit der `java.util.Hashtable` zu vergleichen, die Key-Value-Paare speichert. Daher kann mit dem Key auf einen Wert zugegriffen werden. Diesen Umstand verdeutlicht das folgende Beispiel.

```
>> person = {
?>     "anrede" => "Herr",
?>     "vorname" => "Helge",
?>     "nachname" => "Schneider",
?>     "Beruf" => "Entertainer"
>>   }

=> {"Beruf"=>"Entertainer", "anrede"=>"Herr", "nachname"=>"Schneider", "vorna-
me"=>"Helge"}
```

Nun kann mit dem gewünschten Key ein zugeordneter Wert abgefragt werden.

```
>> person["nachname"]

=> "Schneider"
```

Auch über `Hash`-Inhalte kann iteriert werden. Hierzu gibt es die Methode `each`, die jeweils die Objekte `key` und `value` liefert.

```
>> person.each do |key, value|
?>     puts key.capitalize + ": " + value
>>   end
Beruf: Entertainer
Anrede: Herr
Nachname: Schneider
Vorname: Helge
```

Ebenso können Sie durch die Liste der Keys iterieren.

```
>> person.each_key do |key|
?>     puts key
>>   end
Beruf
anrede
nachname
vorname
```

Oder Sie iterieren durch die Liste der Werte.

```
>> person.each_value do |value|
?>     puts value
>>   end
Entertainer
Herr
Schneider
Helge
```

Hinweis:

Es ist eine Konvention, die Keys in Kleinbuchstaben zu schreiben.

So weit zu den grundlegenden Sprachkonstrukten von Ruby. Der nächste Abschnitt befasst sich mit den objektorientierten Konzepten von Ruby und geht dabei näher auf die Unterschiede zu Java ein.

4.2 Sprachkonzepte und vertiefende Informationen

4.2.1 Alles ist ein Objekt

Grundsätzlich sind in Ruby auch Zahlen Objekte, daher können Sie auch folgende interessante aber auch sehr lesbare Konstrukte verwenden.

So finden Sie den Klassennamen der Zahl `100` heraus.

```
>> 100.class
=> Fixnum
```

Dezimalzahlen sind Instanzen der Klasse `Float`.

```
>> 100.0.class
=> Float
```

Wollen Sie wissen, ob ein Wert `0` ist?

```
>> 100.zero?
=> false
```

Nur eine echte `0` ist auch `zero`.

```
>> 0.zero?
=> true
```

Absolutwerte werden durch die Methode `abs` ausgegeben.

```
>> -1942.abs
=> 1942
```

Wenn Sie wissen wollen, welche Methoden die Klasse `Fixnum` kennt, rufen Sie die Methode `methods` auf.

```
>> 1001.methods
=> [...] #Liste aller Methoden von Fixnum
```

Auch in Ruby haben Zahlen eine bestimmte Größe. Größere Zahlen werden dem Typ `Bignum` zugewiesen.

```
>> (100**100).class
=> Bignum
```

4.2.2 `nil` ist auch ein Objekt

Sie kennen `null` aus der Java-Welt, wo `null` bedeutet, dass keine Objektreferenz vorhanden ist. Des Weiteren ist `null` auch kein Objekt. In Ruby ist das Pendant zu `null`, das Objekt `nil`.

Die Klasse `NilClass` ist der Typ für `nil`, was Sie sich leicht ausgeben lassen können.

```
>> nil.class
=> NilClass
```

Sie können `nil` einer Variablen zuweisen.

```
>> x = nil
=> nil
```

Danach lässt sich auch hier der Klassenname abfragen.

```
>> x.class
=> NilClass
```

Wie bei allen Objekten können Sie auch bei `nil`-Objekten eine Liste der verfügbaren Methoden abfragen.

```
>> x.methods
=> [] # Liste aller Methoden von NilClass
```

Der Vorteil bei `nil` als Objekt ist die Tatsache, dass es keine `NullPointerExceptions` gibt. Genauer gesagt, laufen Sie nicht Gefahr, sich mit `NullPointer`-Fehlern beschäftigen zu müssen. Das befreit Sie aber nicht von der Aufgabe, in vielen Situationen zu prüfen, ob Ihre Variablen und Objekte gültige Werte enthalten.

4.2.3 Methoden sind Nachrichten

In der Sprache Smalltalk werden Objekten Nachrichten gesendet, anstatt Methoden auf Objekten aufgerufen. In Java werden Methoden oder auch Funktionen von Objekten aufgerufen. Ruby hat das Senden von Nachrichten von Smalltalk übernommen. Die folgenden Code-Zeilen sind Beispiele für Nachrichten an Objekte.

Zunächst wird eine Variable `s` mit dem `String` `"Dies ist ein Text"` definiert.

```
>> s = "Dies ist ein Text"
```

```
=> "Dies ist ein Text"
```

Nun wird die Nachricht `index` mit dem Parameter `"ist"` an das Objekt `s` gesendet.

```
>> s.index("ist")
=> 5
```

Danach wird die Nachricht `length` an das Objekt `s` gesendet, um die Anzahl der Zeichen abzufragen.

```
>> s.length
=> 17
```

Eine Nachricht wird innerhalb einer Klasse verwendet und an sich selbst gesendet.

```
>> eine_nachricht_an_self
```

Jedes Objekt kennt die Methode oder besser Nachricht `send`, die als Übergabeparameter den Namen einer weiteren Methode bekommen kann.

```
>> "Hallo".send("reverse")
=> "ollaH"
```

4.2.4 Klassen und Subklassen

In Ruby werden Klassen wie im folgenden Beispiel erstellt.

```
class Person
end
```

Einen Konstruktor wie in Java gibt es, indem die Methode `initialize` implementiert wird. Hierbei können auch beliebige Argumente übergeben werden. Dazu ein Beispiel.

Listing 4.3 http://www.pastie.org/234624

```
class Person
  def initialize(vorname, nachname)
    @vorname = vorname
    @nachname = nachname
  end
end
```

Mit der Definition der Methode `initialize` können nun Instanzen der Klasse `Person` erzeugt werden.

```
helge = Person.new(„Helge", „Schneider")
```

In Java wie in Ruby gibt es einen Garbage Collector, der nicht mehr referenzierte Objekte aus dem Speicher entfernt. Damit ist in Ruby ebenfalls kein explizites Aufräumen durch den Programmierer nötig. Einen Destruktor müssen Sie ebenfalls nicht programmieren, weil der Garbage Collector mit zyklischen Referenzen umgehen kann.

4.2.5 Attribute

Variablen haben Sie bereits kennengelernt. Attribute gibt es ebenfalls, und Sie können sich genau wie in Java die Arbeit machen, entsprechende Getter und Setter zu schreiben. Das sieht dann in etwa so aus.

Listing 4.4 http://www.pastie.org/234625

```
class Person
  def name
    @name
  end

  def name=(name)
    @name = name
  end
end

p = Person.new
p.name = "Helge"
puts p.name
```

Ruby ist allerdings nicht darauf angewiesen, dass der Programmierer explizit Getter- und Setter-Methoden in seine Klassen einbaut. Wenn Sie lediglich die Inhalte von Instanzvariablen abfragen oder setzen wollen, können Sie auch Folgendes schreiben.

Listing 4.5 http://www.pastie.org/234626

```
class Person
  attr_writer :name
  attr_reader :name
end

p = Person.new
p.name = "Helge"
puts p.name
```

Die Methoden `attr_writer` und `attr_reader` können eine Liste von Symbolen verarbeiten. Diese Symbole sind in Ruby eindeutig und beginnen mit einem Doppelpunkt. In diesem Beispiel ist das Symbol `:name`. Mit `attr_writer` werden implizit Methoden zum Setzen von Variablenwerten bereitgestellt. `attr_reader` stellt die Getter zur Verfügung.

Wenn Sie für Ihre Attribute immer ein Paar von Gettern und Settern benötigen, können Sie auch folgende Methode verwenden.

Listing 4.6 http://www.pastie.org/234627

```
class Person
  attr_accessor :name
end

p = Person.new
p.name = "Helge"
puts p.name
```

Mit `attr_accessor` werden Ihnen Getter und Setter implizit zur Verfügung gestellt.

4.2.6 Struct als Klasse

Eine Datenstruktur lässt sich als Klasse verwenden. Hierzu müssen lediglich einige Konventionen beachtet werden. Zunächst definieren wir ein `Struct`-Objekt:

```
AddressStruct = Struct.new("Address", :street, :city, :zipcode)
```

Dann kann eine Instanz erstellt werden, wobei es zwei Möglichkeiten gibt. Hier Möglichkeit Nummer eins.

```
address = AddressStruct.new
```

Nummer zwei:

```
address = Struct::Address.new
```

Nun können Sie auf die Attribute zugreifen und diese mit Werten füllen.

Listing 4.7 http://www.pastie.org/234630

```
AddressStruct = Struct.new("Address", :street, :city, :zipcode)

address = AddressStruct.new

address.street = "Ameisenweg 1"
address.city   = "Itzenplitz"
address.zipcode = 47112

puts "Bob Ross wohnt in " + address.street
puts "in " + address.zipcode.to_s + " " + address.city
```

Sie sehen also gleich, wie praktisch `Structs` sein können.

4.2.7 Die Methode dup

Jedes Objekt lässt sich mit Hilfe der Methode `dup` duplizieren. Dies entspricht der Methode `clone()` in `java.lang.Object` und fertigt eine einfache Kopie eines Objektes an. Das folgende Beispiel verdeutlicht den Einsatz von `dup`.

Listing 4.8 http://www.pastie.org/234631

```
class Clone
  attr_accessor :anrede, :vorname, :nachname

  def initialize(anrede, vorname, nachname)
    @anrede = anrede
    @vorname = vorname
    @nachname = nachname
  end
end

c = Clone.new("Herr", "Helge", "Schneider")

puts "Sehr geehrter " + c.anrede + " " + c.vorname + " " + c.nachname

d = c.dup

puts "Sehr geehrter " + d.anrede + " " + d.vorname + " " + d.nachname
```

Im obigen Beispiel wird erst einmal eine Klasse namens `Clone` angelegt. Danach werden die drei Attribute `anrede`, `vorname` und `nachname` mit Accessor-Methoden versehen. Der Konstruktor erlaubt das Erstellen von Instanzen bei Übergabe der drei angegebenen Attribute.

Ein Praxisbeispiel für die Methode `dup` findet sich in der Klasse `ActiveRecord::Base`.

Listing 4.9 http://www.pastie.org/234633

```
# File active_record/base.rb
def attributes=(new_attributes, guard_protected_attributes = true)
  return if new_attributes.nil?
  attributes = new_attributes.dup
  attributes.stringify_keys!

  multi_parameter_attributes = []
  attributes = remove_attributes_protected_from_mass_assignment(attributes) if
guard_protected_attributes

  attributes.each do |k, v|
    k.include?("(") ? multi_parameter_attributes << [ k, v ] : send(k + "=", v)
  end

  assign_multiparameter_attributes(multi_parameter_attributes)
end
```

4.2.8 Reguläre Ausdrücke

Ruby bietet viele flexible Möglichkeiten, um mit regulären Ausdrücken zu arbeiten. Die folgenden Beispiele zeigen die gängigsten Vorgehensweisen, wobei auf eine Einführung in reguläre Ausdrücke verzichtet wird.

Vergleiche von Strings mit Mustern lassen sich beispielsweise folgendermaßen umsetzen.

```
puts "passt" if "Ruby" =~ /(ruby|smalltalk)/i
```

Wichtiges Kennzeichen für die Verwendung von regulären Ausdrücken zum Vergleich ist die Tilde nach dem Gleichheitszeichen sowie das Muster innerhalb der beiden Slash-Zeichen.

```
"Ruby\nist\ncool" =~ /Ruby\s+ist\s+(\w+)/

puts $1
```

Mit diesem Ausdruck wird das Wort `cool` aus dem String extrahiert und in der Variablen `$1` abgelegt.

Das folgende Beispiel zeigt, wie mit der Methode `match` der Klasse `String` eine Reihe von Variablen definiert und initialisiert werden können.

Listing 4.10 http://www.pastie.org/234634

```
text = "Ich finde Ruby toll"
m, wer, verb, was, wie = *text.match(/^(\w+)\s+(\w+)\s+(\w+)\s+(\w+)/)
puts "Kompletter match: #{m}"
puts "Variable wer: #{wer}"
puts "Variable verb: #{verb}"
puts "Variable was: #{was}"
puts "Variable wie #{wie}"
```

Das obige Beispiel ist absolut selbsterklärend, weshalb ich an dieser Stelle nicht weiter beschreibe, was dort geschieht.

4.2.9 Typen herausfinden

Jedes Objekt besitzt einen Klassentyp, der ebenfalls bei Bedarf abgefragt werden kann. Hierzu stehen verschiedene Möglichkeiten zur Verfügung.

Jedes Objekt kennt die Methode `type`, mit der der Klassentyp zurückgegeben wird. Allerdings ist die Methode `type` als Deprecated markiert, was genau wie in der Java-Welt bedeutet, dass man vom Einsatz absehen und die empfohlene Alternative `class` verwenden sollte. Das folgende Beispiel zeigt, wie eine entsprechende Warnung erzeugt werden kann.

```
>> 2.type
(irb):1: warning: Object#type is deprecated; use Object#class

=> Fixnum

>> 2.class

=> Fixnum
```

Hier wird der Typ nach der Konvertierung in einen `String` untersucht.

```
>> 2.to_s.class
=> String
```

4.2.10 Subklassen

Auch in Ruby können Klassen von anderen Klassen erben. Angenommen, Sie haben eine Klasse `Person` in der Datei `person.rb` implementiert, die so aussieht.

Listing 4.11 http://www.pastie.org/234635

```
class Person
  # Konstruktor
  def initialize(name)
    # Instanzvariable
    @name = name
  end

  def say_hello # Instanzmethode
    puts "#{@name} sagt hallo."
  end
end
```

Dann könnten Sie eine Klasse `Programmer` auf die folgende Art ableiten.

Listing 4.12 http://www.pastie.org/234636

```
require 'person'
# Programmer ist eine Person und erweitert
# sie mit mit zusätzlichen Merkmalen
class Programmer < Person
  def initialize(name, favorite_ide)
    super(name)
    @favorite_ide = favorite_ide
  end
  # say_hello wird hier überschrieben
```

```
    def say_hello
      super
      puts "Bevorugte IDE ist #{@favorite_ide}"
    end
  end

  helge = Programmer.new("Helge", "Textmate")
  helge.say_hello
```

Die Ausgabe des Programms sieht dann so aus.

```
Helge sagt hallo.
Bevorugte IDE ist Textmate
```

4.2.11 Mehr Wissenswertes zu Methoden

In Bezug auf Methoden wäre allgemein noch das eine oder andere zu sagen. Beispielsweise sind runde Klammern bei Methodenaufrufen optional, wobei die meisten Programmierer diese optionalen Klammern nicht verwenden.

Methoden haben immer einen Empfänger, sprich: ein Objekt, das implizit `self` sein kann.

Des Weiteren werden Methoden nur mittels ihres Namens identifiziert, weshalb ein Überladen durch unterschiedliche Methodensignaturen, wie Sie es aus Java kennen, nicht möglich ist.

Um den Scope von Methoden einzuschränken, können Methoden `public`, `protected` oder `private` sein.

Übergabeparameter können in Ruby Standardwerte bekommen, wie das folgende Beispiel zeigt.

```
def my_method(a, b = {})
```

Im obigen Beispiel bekommt der Parameter `b` ein leeres `Hash`-Objekt als Standardwert zugewiesen.

Der zuletzt in einer Methode ausgewertete Ausdruck ist zugleich der Rückgabewert der Methode.

Und last but not least sind die geschweiften Klammern bei `Hash`-Objekten optional, wenn das `Hash`-Objekt als letzter Parameter eines Methodenaufrufs übergeben wird.

4.2.11.1 Klassenmethoden definieren

Es gibt mehrere Arten, Klassenmethoden zu definieren. Diese drei Arten werden im folgenden Listing gezeigt.

Listing 4.13 http://www.pastie.org/234637

```
class Person
  def self.class_method
    puts "Klassenmethode class_method aufgerufen"
  end

  class << self
    def class_method2
      puts "Klassenmethode class_method2 aufgerufen"
```

```
      end
    end
  end

  class User < Person

  end

  class << User
    def class_method3
      puts "Klassenmethode class_method3 aufgerufen"
    end
  end
```

Die Methode `class_method` wird durch das Präfix `self` als Klassenmethode deklariert, während die Methode `class_method2` innerhalb eines Blocks definiert wird. In der Subklasse `User` werden zunächst keine Klassenmethoden definiert. Dies geschieht in einem Block für die Klasse `User`. Das Ergebnis kann mittels der drei nachfolgenden Methodenaufrufe überprüft werden.

```
User.class_method
User.class_method2
User.class_method3
```

Die Ausgabe der obigen Zeilen sollte nun folgendermaßen aussehen.

```
Klassenmethode class_method aufgerufen
Klassenmethode class_method2 aufgerufen
Klassenmethode class_method3 aufgerufen
```

4.2.11.2 Singleton-Methoden

Es ist möglich, Klassenmethoden auf Instanzen zu definieren, die dann als Singleton-Methoden fungieren. Das folgende Beispiel zeigt diese Möglichkeit.

Listing 4.14 http://www.pastie.org/234638

```
class Person
  # Konstruktor
  def initialize(name)
    # Instanzvariable
    @name = name
  end

  def say_hello # Instanzmethode
    puts "#{@name} sagt hallo."
  end
end
# Jedes Objekt hat zwei Klassen: Der Typ der Instanz
# und eine Singleton-Klasse. Methoden der Singleton-
# Klasse werden Singleton-Methoden genannt und können
# nur auf einem bestimmten Objekt aufgerufen werden.
michael = Person.new("Michael")
def michael.michael_say_hello
  puts "Michael says hello"
end
michael.michael_say_hello
# Klassenmethoden sind Singleton-Methoden des
# Klassenobjektes und können folgendermaßen definiert
# werden
def Person.count
  @@count
end
```

4.2.12 Zuweisungen

Es gibt noch einige erwähnenswerte Zuweisungen, die Sie im Folgenden sehen. Hier werden die Werte der beiden Variablen vertauscht.

Zunächst wird der Variablen `a` der Wert `1` zugewiesen.

```
irb(main):003:0> a = 1
=> 1
```

Als Nächstes erhält die Variable `b` den Wert `2`.

```
irb(main):004:0> b = 2
=> 2
```

Danach werden die Werte vertauscht.

```
irb(main):005:0> b, a = a, b
=> [1, 2]
```

Und schließlich werden die beiden Variablen zur Kontrolle angezeigt.

```
irb(main):006:0> a
=> 2
irb(main):007:0> b
=> 1
```

Die folgenden Zeilen zeigen eine Abkürzung, um verschiedenen Variablen den gleichen Wert zuzuweisen.

```
a = 1; b = 1
a = b = 1
```

Die folgende Schreibweise ist auch in Java möglich und addiert einen Wert mit einem vorhandenen Wert.

```
a += 1 # a = a + 1
```

Im nachfolgenden Beispiel wird ein `Array` verwendet, um den Variablen `a` und `b` einen Wert zuzuweisen.

```
a, b = [1, 2]
```

Die nächste Zeile weist der Variablen `a` den Wert aus `b` oder `c` zu. Wenn beispielsweise `b` `nil` ist und `c` einen gültigen Wert enthält, wird `c` zugewiesen.

```
a = b || c
```

In der letzten Zeile wird eine Art caching realisiert, indem `a` nur den Wert `b` zugewiesen bekommt, wenn `a` noch nicht definiert wurde.

```
a ||= b
```

4.2.12.1 Logische Zuweisung

Das nächste Beispiel zeigt, wie eine komplexe `if`-Abfrage vereinfacht geschrieben werden kann.

Listing 4.15 http://www.pastie.org/234639

```
# Etwas sehr viel zu lesen
user_id = nil
if comments
  if comments.first
    if comments.first.user
      user_id = comments.first.user.id
    end
  end
end

# Prägnanter:
user_id = comments &&
          comments.first &&
          comments.first.user &&
          comments.first.user.id
```

4.2.13 Module – MixIns

Ruby kennt keine Mehrfachvererbung, was in Java ja ebenfalls kein Feature ist. Anstelle von Mehrfachvererbung können in Ruby Module implementiert werden, die eine Klasse dann einbinden kann.

Dabei beschreiben Module Merkmale und Eigenschaften von Objekten oder Entitäten und tragen als Namen Adjektive wie beispielweise `Comparable`, `Enumerable` etc. Klassen können beliebig viele Module einbinden, allerdings lassen sich von Modulen keine Instanzen erstellen. Das nächste Listing zeigt ein Beispiel für ein Modul.

Listing 4.16 http://www.pastie.org/234640

```
# Mixins - Anstelle von Mehrfachvererbung
module FullName
  def full_name
    "#{@first_name} #{@last_name}"
  end
end

class Person
  include FullName

  def initialize(firstname, lastname)
    @first_name = firstname
    @last_name = lastname
  end
end

puts Person.new("Michael", "Johann").full_name
```

Das Modul definiert eine Methode `full_name`, die die beiden Instanzvariablen `@first_name` und `@last_name` in einen String zusammenfasst und als Rückgabewert zurückliefert. Durch die `include`-Anweisung innerhalb der Klasse `Person` wird die Funktionalität des Moduls `FullName` der Klasse `Person` zur Verfügung gestellt.

Mit dieser Vorgehensweise werden Mixins erstellt, die eine Mehrfachvererbung nachahmen können. Im nächsten Abschnitt wird ein Modul zur Bereitstellung eines Namensraumes (Namespace) genutzt.

4.2.14 Module – Namespace

Namensräume sind eine gute Möglichkeit, Klassen, die von der Namensgebung schnell zu Konflikten führen können, besser voneinander zu unterscheiden. Ähnlich wie in Java die Packagenamen zu solch einer Unterscheidung führen, nutzt Ruby Module, in denen Klassen definiert werden. Das folgende Beispiel zeigt, wie dies funktioniert.

Listing 4.17 http://www.pastie.org/234641

```
# Namespaces
module  MyApp
  class Person
    attr_accessor :name

    def initialize(name)
      self.name = name
    end
  end
end

MyApp::Person.new("Steve Jobs")
```

Damit kann die Klasse Person außerhalb des Moduls MyApp nur angesprochen werden, wenn der komplette qualifizierte Name angegeben wird.

4.2.15 Introspektion

Sie kennen aus dem Java-Umfeld die Reflection API, die eine Introspektion Ihrer Objekte und Klassen erlaubt. Da Ruby ebenfalls über Reflection-Mechanismen verfügt, ist es hier ebenfalls möglich, die Eigenschaften und Fähigkeiten von Ruby-Klassen zur Laufzeit zu untersuchen. Für eine Übersicht der wichtigsten Methoden sollten Sie sich einmal die nachfolgenden Beispiele ansehen und in der Interactive Ruby Shell ausprobieren.

In der ersten Zeile wird eine Instanz der Klasse `Fixnum` angelegt.

```
irb(main):002:0> michael = Person.new("Michael")

=> #<Person:0x11339e4 @name="Michael">
```

Dann wird mit `inspect` der Inhalt der Klasse auf der Konsole ausgegeben.

```
irb(main):003:0> michael.inspect

=> "#<Person:0x11339e4 @name="Michael">"
```

Nun kann der Name der Klasse für das Objekt `michael` ausgegeben werden.

```
irb(main):004:0> michael.class

=> Person
```

Jetzt wird der Name der Superklasse ermittelt.

```
irb(main):005:0> michael.class.superclass
=> Object
```

Wenn keine weitere Superklasse vorhanden ist, wird `nil` zurückgegeben, wie das nächste Beispiel zeigt.

```
irb(main):006:0> michael.class.superclass.superclass
=> nil
```

Auf einem Objekt kann man sich mit einem Aufruf der Methode `instance_variables` die Instanzvariablen ausgeben lassen.

```
irb(main):007:0> michael.instance_variables
=> ["@name"]
```

Oder die Liste der Instanzmethoden der Klasse `Person`.

```
irb(main):008:0> michael.class.instance_methods
=> ["inspect", "handling_jruby_bug", "v", "clone", "pretty_inspect", "pub-
lic_methods", "instance_variable_defined?", "pretty_print", "display", "equal?",
"freeze", "methods", "history_to_vi", "respond_to?",
"pretty_print_instance_variables", "dup", "instance_variables", "__id__", "eql?",
"ri", "id", "singleton_methods", "hvi", "send", "taint", "method", "h", "frozen?",
"h!", "instance_variable_get", "po", "__send__", "instance_of?", "to_a", "his-
tory_write", "gem", "type", "protected_methods", "instance_eval", "==", "===",
"verbose", "quiet", "instance_variable_set", "kind_of?", "extend", "to_s", "ob-
ject_id", "require", "class", "hash", "history", "private_methods", "=~",
"tainted?", "pretty_print_cycle", "untaint", "nil?", "history_do",
"pretty_print_inspect", "q", "is_a?", "poc"]
```

Die Liste der Module die eine Klasse eingebunden hat kann mit einem Aufruf der Methode `ancestors` ausgegeben werden.

```
irb(main):010:0> Person.ancestors
=> [Person, Object, Wirble::Shortcuts, PP::ObjectMixin, Kernel]
```

4.2.16 Nützliches zur Klasse String

Weitere nützliche Features der `String`-Klasse sind beispielsweise die Methoden zur Manipulation von Strings.

Das folgende Beispiel zeigt die Methoden `upcase` und `capitalize`.

```
irb(main):001:0> "ruby".upcase + " " + "rails".capitalize
=> "RUBY Rails"
```

Inhalte können mit dem Hash-Zeichen abgefragt und in andere Strings eingebettet werden. Das nächste Beispiel fragt den aktuellen Zeitstempel ab und fügt das Ergebnis in einen `String` ein.

```
irb(main):005:0> puts "time is: #{Time.now}\n second line"
time is: Thu Jun 12 20:37:48 +0200 2008
```

```
 second line
=> nil
```

Wäre der obige `String` nicht in Anführungszeichen gefasst, würde der Ausdruck `Time.now` nicht ausgewertet werden, und die Ausgabe würde so aussehen.

```
irb(main):007:0> puts 'time is: #{Time.now}\n second line'
time is: #{Time.now}\n second line
=> nil
```

Strings können mit `<<` aneinandergereiht werden. Allerdings ist diese Variante von der Ruby-internen Verarbeitung her um einiges langsamer als die vorherige.

```
irb(main):009:0> "I" << " love" << " Ruby"
=> "I love Ruby"
```

Das Einbetten in Anführungszeichen (Quotes) kann auch aus Gründen der Übersichtlichkeit folgendermaßen realisiert werden.

```
irb(main):010:0> %Q{"C" oder "Java"}
=> ""C" oder "Java""
```

Einfache Hochkommata werden mit folgender Anweisung erstellt. Der Unterschied ist hier das kleine q anstelle des entsprechenden Großbuchstabens.

```
irb(main):011:0> %q{'single 'quoted''}
=> "'single 'quoted''"
```

Ein letztes interessantes Feature von Ruby ist die Definition von Labels als Markierung für das Ende einer `String`-Definition.

Mit der folgenden Konstruktion kann ein beliebig umbrochener Text als ein `String`-Objekt definiert werden.

Listing 4.18 http://www.pastie.org/234642

```
puts <<-END
A here
document at #{Time.now}
END
```

Dabei wird der String mit `<<-` eingeleitet und mit dem Namen `END`, der ein beliebiger Name sein kann, abgeschlossen.

4.2.17 Weitere Features von Array

Die Klasse `Array` wartet mit weiteren nützlichen Funktionen auf. Wie bereits dargestellt wurde, zeigt die Verwendung von eckigen Klammern das Array einer Variablen an.

```
irb(main):001:0> a = ["Ruby", 99, 3.14]
=> ["Ruby", 99, 3.14]
```

Der Zugriff auf die Elemente eines Arrays wird über den Index, beginnend mit dem Wert `0`, getätigt. Ein Beispiel:

```
irb(main):002:0> a[1] == 99
=> true
```

Ebenso wie die Klasse `String` lässt sich auch ein Array mit `<<` auffüllen.

```
irb(main):003:0> a << "Rails"
=> ["Ruby", 99, 3.14, "Rails"]
```

Ein Array kann auch mit folgender Vorgehensweise erstellt werden.

```
irb(main):004:0> ['C', 'Java', 'Ruby'] == %w{C Java Ruby}
=> true
```

Die Methode `map!` der Klasse `Array` kann durch die einzelnen Elemente iterieren und einen Block ausführen. Dabei wird der im Block manipulierte Eintrag wieder an die ursprüngliche Stelle im Array zurückgeschrieben.

```
irb(main):009:0> a.map! {|x| x**2}
=> [1, 4, 9]
irb(main):010:0> a
=> [1, 4, 9]
```

Mit der Methode `select` lässt sich ein Block übergeben, der eine Bedingung überprüft und bei `true` den entsprechenden Wert zurückgibt.

```
irb(main):023:0> [1, 2, 3].select { |x| x % 2 == 0 }
=> [2]
```

Die Methode `reject` gibt alle Elemente zurück, für die die Bedingung nicht `true` ist.

```
irb(main):024:0> [1, 2, 3].reject { |x| x < 3 }
=> [3]
```

Mit `flatten` kann ein `Array` mit einem enthaltenen `Array` ausgeflacht werden, so dass folgendes `Array` zurückgegeben wird.

```
irb(main):028:0> [1, [2, 3]].flatten! # => [1, 2, 3]
=> [1, 2, 3]
```

Die Methode `include?` prüft, ob das übergebene Objekt im `Array` enthalten ist.

```
irb(main):032:0> language = "C++"
=> "C++"
irb(main):033:0> raise "Invalid language" if !%w{C Java Ruby}.include?(language)
RuntimeError: Invalid language
        from (irb):33
```

4.2.18 Symbole

Symbole sind Objekte von Klassen, die nur eine Instanz haben und mit einem Doppelpunkt vor dem Namen defniert werden. Zuweisungen an Symbole sind nicht möglich.

```
irb(main):001:0> :action.class == Symbol
=> true
```

Im obigen Beispiel wird das Symbol `:action` definiert und dessen Klasse abgefragt und mit `Symbol` verglichen.

Eine Konvertierung nach `String` ist ebenfalls möglich:

```
irb(main):002:0> :action.to_s == "action"
=> true
```

Des Weiteren kann jeder zusammenhängende `String` in ein `Symbol` umgewandelt werden.

```
irb(main):003:0> :action == "action".to_sym
=> true
```

Zum Beweis, dass es nur eine Instanz eines Symbols gibt, soll folgender Vergleich durchgeführt werden.

```
irb(main):003:0> :action == "action".to_sym
=> true
```

Der Gegenbeweis bei Verwendung zweier `String`-Objekte bestätigt die Behauptung.

```
irb(main):005:0> 'action'.equal?('action')
=> false
```

Symbole finden allgemein als Schlüssel in `Hash`-Objekten Verwendung, wie folgendes Beispiel verdeutlicht.

```
link_to "Home", :controller => "home"
```

4.2.19 Mehr zu Methoden

Die folgenden Unterabschnitte offenbaren weitere generelle Informationen und Konventionen zu Methoden.

4.2.19.1 Anzahl Übergabeparameter

Wenn eine Methode eine beliebige Anzahl an Übergabeparametern entgegennehmen soll, wird dies durch das Zeichen `*` definiert.

```
def my_method(*args)
  ...
end
```

4.2.19.2 Array in Parameter umwandeln

Wenn einer Methode ein `Array` übergeben wird, kann die Methode dieses `Array` mit folgender Schreibweise in einzelne Parameter umbrechen.

```
def my_method([a, b]*)
...
end
```

4.2.19.3 Duck-Typing

In Beiträgen zu Ruby wird der Begriff Duck-Typing relativ häufig verwendet. Er bezeichnet eine Art Typisierung, die sich durch die Sicht auf ein Objekt ergibt. Dabei wird davon ausgegangen, dass es sich bei einem Objekt um eine Ente handelt, wenn sie quaken kann und wie eine Ente aussieht. Technisch gesehen wird ein Objekt gefragt, ob es auf eine bestimmte Methode antworten kann. Hierzu gibt es die Methode `respond_to?`, die im folgenden Beispiel vorgestellt wird.

```
object.respond_to?(:method_name)
```

Hierzu ein konkretes Beispiel. Das folgende `String`-Objekt wird gefragt, ob es die Methode `to_i` kennt.

```
irb(main):007:0> "Test".respond_to?(:to_i)

=> true
```

4.2.20 Die Klasse Range

Ein nützliches Feature ist die Klasse `Range`, die oft in Schleifen Verwendung findet. Damit die Nützlichkeit verständlich wird, soll folgendes Beispiel herangezogen werden.

```
irb(main):017:0> (1..5).each {|x| puts x**2}
1
4
9
16
25

=> 1..5
```

Ein weiteres Beispiel erstellt aus einer `Range`-Instanz ein `Array`.

```
irb(main):018:0> (1..5).to_a

=> [1, 2, 3, 4, 5]
```

Wird ein `Range`-Objekt mit drei Punkten definiert, dann wird das letzte Element ausgeschlossen.

```
irb(main):019:0> (1...5).each { |x| puts x**2}
1
4
9
16

=> 1....5
```

4.2.21 Das Schlüsselwort case

Mit `case` können, wie auch in Java, Bereiche abgefragt und danach, je nach Bedingung, Anweisungen ausgeführt werden. Das folgende Listing verdeutlicht den Einsatz.

Listing 4.19 http://www.pastie.org/234643

```
case x
  when 0
  when 1, 2..5
    puts "Second branch"
  when 6..10
    puts "Third branch"
  when *[11, 12]
    puts "Fourth branch"
  when String: puts "Fifth branch"
  when /\d+\.\d+/
    puts "Sixth branch"
  when x.downcase == "michael"
    puts "Seventh branch"
  else
    puts "Eight branch"
  end
```

Sie sehen im obigen Listing, dass mit `case` ein Objekt `x` evaluiert wird. Die entsprechenden Verzweigungen werden mit `when` eingeleitet und vergleichen praktisch den angegebenen Wertebereich mit dem Inhalt der Variablen `x`. Da `x` einen nicht näher spezifizierten Typ besitzt, kann natürlich auch ein `String`-Objekt in `x` enthalten sein. Mit `else` legt man fest, welche Anweisung in allen anderen Fällen ausgeführt wird.

4.2.22 Metaprogrammierung: Blöcke und Closures

Ruby bietet viele elegante Möglichkeiten der Metaprogrammierung, die in vielen Situationen für weniger und vor allem besser lesbaren Code sorgen können. Dabei werden drei unterschiedliche Konzepte angeboten, die wiederum diverse Varianten anbieten. Bevor ich auf die Eigenheiten eingehe, erkläre ich die Begriffe.

4.2.22.1 Blöcke

Blöcke sind Code, der innerhalb einer Markierung definiert wird. Für einzeilige Blöcke kommen geschweifte Klammern zum Einsatz, während mehrzeilige Blöcke zwischen die Schlüsselwörter `do` und `end` gefasst werden. Hier ein Beispiel für einen einzeiligen Block.

```
puts [1,2,3].map { |x| x**2 }
```

Für jedes Element im `Array` wird die Methode `map` aufgerufen und der Wert der Berechnung im Block ausgegeben. Das Ergebnis ist wieder ein `Array` mit den neuen Werten, die mittels `puts` auf der Konsole ausgegeben werden.

Das folgende Beispiel zeigt den Umgang mit einem mehrzeiligen Block.

Listing 4.20 http://www.pastie.org/234644

```
[1,2,3].each do |x|
  puts "Wert für x = #{x}"
  puts "#{x} zum Quadrat ist #{x**2}"
end
```

Die Ausgabe sieht folgendermaßen aus.

```
Wert für x = 1
1 zum Quadrat ist 1
Wert für x = 2
2 zum Quadrat ist 4
Wert für x = 3
3 zum Quadrat ist 9
```

Blöcke können auf Variablen des ihn definierenden Kontexts zugreifen. Das folgende Beispiel zeigt dies.

Listing 4.21 http://www.pastie.org/234645

```
def dreimal
  yield
  yield
  yield
end

x = 3
puts "Wert von x vorher: #{x}"
dreimal { x += 1 }
puts "Wert von x nachher: #{x}"
```

Damit wird die Methode `dreimal` mit der Übergabe eines einzeiligen Blocks aufgerufen und die Variable `x` bei jeder Blockausführung (`yield`) mit einem neuen Wert versehen. Die Werte von `x` werden dabei vor und nach dem Aufruf der Methode `dreimal` ausgegeben.

Die Ausgabe des obigen Beispiels sehen Sie hier.

```
Wert von x vorher: 3
Wert von x nachher: 6
```

Ein Block kann Variablen referenzieren, die im gleichen Kontext wie der Block definiert wurden. Der Kontext, in dem der Block aufgerufen wird, ist nicht für den Block sichtbar, was das folgende Beispiel zeigt.

Listing 4.22 http://www.pastie.org/234646

```
def dreimal
    x = 20
    yield
    yield
    yield
    puts "lokales x nach der dreifachen Ausführung des Blocks: #{x}"
end

x = 3
dreimal { x += 1 }
puts "x nach dem Aufruf: #{x}"
```

In der Methode `dreimal` wird eine lokale Variable `x` mit dem Wert `20` definiert. Der übergebene Block wird dreimal ausgeführt und danach der Wert von `x` ausgegeben. Dieser ist immer noch `20`, denn der Block kennt nur sein eigenes `x`. Das eigene `x` hat nach dem Durchlauf den Wert `6`.

Ein Block kann immer nur auf Variablen des äußeren Kontexts zugreifen, wenn diese Variablen auch dort definiert wurden. Schauen Sie sich einmal das folgende Beispiel an.

Listing 4.23 http://www.pastie.org/234647

```
def dreimal
    x = 20
    yield
    yield
    yield
    puts "lokales x nach der dreifachen Ausführung des Blocks: #{x}"
end

dreimal do
    n = 5
    puts "Ist n dort definiert, wo es zum ersten Mal einen Wert bekommt?"
    puts "Ja." if defined? n
end

puts "Ist n im äußeren Kontext nach Verlassen des Blocks definiert?"
puts "Nein" unless defined? n
```

Die Methode `dreimal` erhält nun einen mehrzeiligen Block als Übergabeparameter. Die Ausgabe sieht wie folgt aus.

```
Ist n dort definiert, wo es zum ersten Mal einen Wert bekommt?
Ja.
Ist n dort definiert, wo es zum ersten Mal einen Wert bekommt?
Ja.
Ist n dort definiert, wo es zum ersten Mal einen Wert bekommt?
Ja.
lokales x nach der dreifachen Ausführung des Blocks: 20
Ist n im äußeren Kontext nach Verlassen des Blocks definiert?
Nein
```

Damit ist klar, dass der Block `n` nur aus dem eigenen Kontext kommt.

4.2.22.2 Closures

Ein Closure ist ein Code-Block mit den folgenden Eigenschaften:

- Der Block kann als Wert übergeben werden.
- Der Block kann bei Bedarf an der Stelle ausgeführt werden, wo der Block verwendet wird.
- Der Block kann auf Variablen des Kontexts zugreifen, in dem er erzeugt wurde.

Closures kommen aus der Welt der funktionalen Programmiersprachen, finden aber immer mehr Verbreitung in dynamischen Sprachen wie Ruby und Groovy. Auch Java kennt ein solches Konstrukt in Form von Inner-Classes, doch ist die Mächtigkeit in Ruby um einiges größer.

Bleiben wir bei der Methode `dreimal` aus dem vorhergehenden Abschnitt. Blöcke sind im Grunde ähnlich wie Closures. Sie sind in sich abgeschlossen und haben nur Zugriff auf Variablen des eigenen Kontexts. Allerdings kann ein Block nur von `yield` ausgeführt und nicht weitergegeben werden. Ruby kennt allerdings ein Konstrukt, mit dem sich ein Block wie eine lokale Variable weiterreichen lässt. Das folgende Beispiel verdeutlicht die Verwendung.

Listing 4.24 http://www.pastie.org/234648

```
def dreimal
  yield
  yield
  yield
end

def sechsmal(&block)
  dreimal(&block)
  dreimal(&block)
end

x = 3
sechsmal { x += 1 }
puts "Wert von x: #{x}"
```

Damit wird die Methode dreimal zweimal hintereinander aufgerufen, und zwar mit dem als Parameter übergebenen Block. Das Ergebnis für `x` ist danach `9`.

Mit diesem Konstrukt haben wir fast schon ein vollwertiges Closure, wenn es nicht das Problem gäbe, wonach der Block keiner Variablen zugewiesen werden kann, um den Block an späterer Stelle ausführen zu können. Das folgende Beispiel lässt sich nicht umsetzen.

```
def save_block(&block)
  saved = &block
end
```

Zur Laufzeit gibt es deshalb folgende Fehlermeldung.

```
syntax error, unexpected tAMPER
  saved = &block
```

Abhilfe schafft die Nutzung einer Instanzvariablen und das Weglassen des `&`-Zeichens.

```
def save_block(&block)
  @saved = block
end
```

Damit kann nun der Block mit Hilfe der Instanzvariablen aufgerufen werden, wie im folgenden Beispiel zu sehen ist.

```
save_block { puts "Hallo" }
@saved.call
@saved.call
```

Damit wird als Erstes die Methode `save_block` mit dem Block aufgerufen. Dabei passiert lediglich die Zuweisung des Blocks an die Instanzvariable `@saved`. In den beiden darauffolgenden Aufrufen wird der Block mittels der Methode `call` ausgeführt und jeweils der String `Hallo` ausgegeben.

Zu beachten ist an dieser Stelle, dass pro Methodenaufruf nur ein Block-Parameter übergeben werden kann. Zudem muss dies der letzte Parameter in der Liste der Übergabewerte sein. Das folgende Beispiel zeigt, dass es nicht möglich ist, solche Konstrukte auszuführen.

Listing 4.25 http://www.pastie.org/234649

```
def save_block(&block, &nextone)
  @saved = block
  @next = nextone
end

save_block { puts "Hallo" } { puts "Next"}
@saved.call
@saved.call
```

Stattdessen wird folgende Fehlermeldung ausgegeben.

```
syntax error, unexpected ',', expecting ')'
def save_block(&block, &nextone)
```

Das Zuweisen des Blockarguments durch Weglassen des `&`-Zeichens ist übrigens ein Synonym für folgende Schreiweise.

```
@saved = Proc.new(&block)
```

Somit ist es möglich, einen Block direkt mit `Proc.new` zu definieren.

```
@proc = Proc.new { puts "Ich bin ein Closure" }
@proc.call
```

Nun existieren schon zwei Wege, um echte Closures zu konstruieren. Doch Ruby hat noch mehr Konstrukte auf Lager, die ich Ihnen im Folgenden vorstelle.

proc

Ein weiteres Konstrukt ist `proc`, das es ebenfalls wie `Proc.new` erlaubt ein Closure zu definieren. Zur Verdeutlichung soll folgendes Beispiel beitragen.

```
@proc_proc = proc { puts "Ich bin ein Closure mit proc erstellt" }
```

Die Ausführung mittels der Methode `call` auf dem Objekt `@proc_proc` führt das Closure aus.

```
>> @proc_proc.call

Ich bin ein Closure mit proc erstellt
=> nil
>>
```

lambda

Mit `lambda` wird ebenfalls ein Closure definiert, wie im nächsten Beispiel zu sehen ist.

```
@proc_lambda = lambda { puts "Ich bin ein Closure mit lambda erstellt" }
```

Auch hier kann mit der Methode `call` auf dem Objekt `@proc_lambda` die Ausführung des Closures erfolgen.

```
>> @proc_lambda.call

Ich bin ein Closure mit lambda erstellt
=> nil
>>
```

method

Als letztes Konstrukt steht uns `method` zur Verfügung, bei dem eine Methode als Closure definiert und mittels `call` ausgeführt werden kann. Das folgende Beispiel zeigt dies.

```
def diese_methode
  puts "Ich bin ein Closure mit method erstellt."
end

@proc_method = method :diese_methode
@proc_method.call
```

Bei oberflächlicher Betrachtung der letzten vier Konstrukte drängt sich schnell der Verdacht auf, dass es sich hierbei um die gleiche Funktionsweise handelt, nur unter anderem Namen. Das ist nicht richtig, wenn man sich das Verhalten bei `return`-Anweisungen näher betrachtet. Hierzu zeige ich Ihnen zuerst ein Beispiel mit ganz normalem Return-Verhalten, ohne die explizite Verwendung von `return`.

Listing 4.26 http://www.pastie.org/234650

```
def doit(closure)
  puts "Rufe sogleich closure auf"
  ret = closure.call
  puts "Closure gab #{ret} zurück"
  "Rückgabewert der Methode doit"
end

def diese_methode
  puts "Wert aus method"
end

puts "doit gab zurück: " + doit(Proc.new {"Wert aus Proc.new"})
puts "doit gab zurück: " + doit(proc {"Wert aus proc"})
puts "doit gab zurück: " + doit(lambda {"Wert aus lambda"})
puts "doit gab zurück: " + doit(method(:diese_methode))
```

Die drei verwendeten Konstrukte `Proc.new`, `proc` und `lambda` verhalten sich in diesem Beispiel vollkommen gleich und geben Folgendes aus.

```
Rufe sogleich closure auf
Closure gab Wert aus Proc.new zurück
doit gab zurück: Rückgabewert der Methode doit
Rufe sogleich closure auf
Closure gab Wert aus proc zurück
doit gab zurück: Rückgabewert der Methode doit
Rufe sogleich closure auf
Closure gab Wert aus lambda zurück
doit gab zurück: Rückgabewert der Methode doit
Rufe sogleich closure auf
Wert aus method
Closure gab  zurück
doit gab zurück: Rückgabewert der Methode doit
```

Das eigentliche Problem mit diesen Konstrukten ist ein expliziter Aufruf von `return`. Das folgende Beispiel verdeutlicht Konstrukt eins, bei dem ein `Proc.new` verwendet wird.

Listing 4.27 http://www.pastie.org/234651

```
def doit(closure)
  puts "Rufe sogleich closure auf"
  ret = closure.call
  puts "Closure gab #{ret} zurück"
  "Rückgabewert der Methode doit"
```

```
end

begin
  doit(Proc.new { return "Wert aus Proc.new"})
rescue Exception => e
  puts "Fehler mit #{e.class}: #{e}"
end
```

Folgende Ausgabe wird erzeugt.

```
Rufe sogleich closure auf
Fehler mit LocalJumpError: unexpected return
```

Das Problem ist hier, dass `return` nur innerhalb einer echten Funktion oder Methode verwendet werden kann, was sich von einem `Proc`-Objekt nicht behaupten lässt. Alternativ kann man nun eine Methode verwenden, um das Verhalten zu überprüfen.

Listing 4.28 http://www.pastie.org/234652

```
def doit(closure)
  puts "Rufe sogleich closure auf"
  ret = closure.call
  puts "Closure gab #{ret} zurück"
  "Rückgabewert der Methode doit"
end

def dothis
    result = doit(Proc.new { return "Wert aus Proc.new" })
    puts "doit gab zurück: " + result
    "Rückgabewert aus dothis"
end

puts "dothis gab #{dothis} zurück"
```

Die Ausgabe hiervon sieht so aus.

```
Rufe sogleich closure auf
dothis gab Wert aus Proc.new zurück
```

Überraschend ist hier, dass die `return`-Anweisung wie eine Exception funktioniert und die weitere Ausführung abgebrochen wird. Sowohl in der Methode `doit` als auch in `dothis` wird zum Aufrufer zurückgekehrt. Damit ist ein Closure aus `Proc.new` nicht wirklich in sich geschlossen, weil es abhängig vom aufrufenden Kontext ist, den `return` benötigt.

Das steht im Gegensatz zu `lambda`, das wie erwartet mit `return`-Anweisungen umgehen kann, wie das folgende Beispiel verdeutlicht.

Listing 4.29 http://www.pastie.org/234655

```
def doit(closure)
  puts "Rufe sogleich closure auf"
  ret = closure.call
  puts "Closure gab #{ret} zurück"
  "Rückgabewert der Methode doit"
end

def dothis
    result = doit(lambda { return "Wert aus lambda" })
    puts "doit gab zurück: " + result
    "Rückgabewert aus dothis"
end

puts "dothis gab #{dothis} zurück"
```

Die nachfolgende Ausgabe entspricht nun den Erwartungen.

```
Rufe sogleich closure auf
Closure gab Wert aus lambda zurück
doit gab zurück: Rückgabewert der Methode doit
dothis gab Rückgabewert aus dothis zurück
```

Damit ist klar, dass ein `return` innerhalb eines Closures mit `lambda` lediglich den Block verlässt und in Ruby das einzig *wahre* Konstrukt für die Definition von Closures darstellt.

4.2.22.3 Die Methode arity

Ein weiteres Unterscheidungsmerkmal für Closures in Ruby ist die Methode `arity`, die neben `call` für Closures zur Verfügung steht und die Anzahl der erwarteten Parameter zurückliefert. Entscheidend ist hier das Verhalten bei fehlenden Parametern. Hierzu ein kleines Beispiel.

Listing 4.30 http://www.pastie.org/234656

```
puts "Lambda mit einem Argument"
puts lambda { |x| }.arity
puts "Lambda mit drei Argumenten"
puts lambda { |a, b, c| }.arity
```

Die Ausgabe dieser beiden Aufrufe sieht erwartungsgemäß so aus.

```
Lambda mit einem Argument
1
Lambda mit drei Argumenten
3
```

Was passiert, wenn hier die falsche Anzahl Parameter übergeben wird? Das folgende Beispiel demonstriert, was dann geschieht.

Listing 4.31 http://www.pastie.org/234658

```
def aufruf_zu_viele_parameter(closure)
    begin
        puts "Erwartete Parameter: #{closure.arity}"
        closure.call(1,2,3,4,5,6)
        puts "Zu viele Parameter"
    rescue Exception => e
        puts "Fehler: #{e.class}: #{e}"
    end
end

def zwei_parameter(x,y)
end

puts; puts "Proc.new:"; aufruf_zu_viele_parameter(Proc.new {|x,y|})
puts; puts "proc:"    ; aufruf_zu_viele_parameter(proc {|x,y|})
puts; puts "lambda:"  ; aufruf_zu_viele_parameter(lambda {|x,y|})
puts; puts "Method:"  ;aufruf_zu_viele_parameter(method(:zwei_parameter))
```

Damit werden folgende Ausgaben erzeugt.

```
Proc.new:
Erwartete Parameter: 2
Zu viele Parameter

proc:
```

```
Erwartete Parameter: 2
Fehler: ArgumentError: wrong number of arguments (6 for 2)

lambda:
Erwartete Parameter: 2
Fehler: ArgumentError: wrong number of arguments (6 for 2)

Method:
Erwartete Parameter: 2
Fehler: ArgumentError: wrong number of arguments (6 for 2)
```

So weit ist alles in Ordnung. Das Laufzeitsystem moniert, dass sechs Parameter übergeben und lediglich zwei Parameter erwartet wurden.

Das folgende Beispiel demonstriert, was passiert, wenn weniger Parameter als erwartet übergeben werden.

Listing 4.32 http://www.pastie.org/234659

```
def aufruf_zu_wenig_parameter(closure)
    begin
        puts "Erwartete Parameter: #{closure.arity}"
        closure.call()
        puts "Zu wenig Parameter"
    rescue Exception => e
        puts "Fehler: #{e.class}: #{e}"
    end
end

puts; puts "Proc.new:"; aufruf_zu_wenig_parameter(Proc.new {|x,y|})
puts; puts "proc:"    ; aufruf_zu_wenig_parameter(proc {|x,y|})
puts; puts "lambda:"  ; aufruf_zu_wenig_parameter(lambda {|x,y|})
puts; puts "Method:"  ;aufruf_zu_wenig_parameter(method(:zwei_parameter))
```

Die folgende Ausgabe ist ebenfalls erwartungsgemäß und verdeutlicht, dass zu wenige Parameter übergeben wurden.

```
Proc.new:
Erwartete Parameter: 2
Zu wenig Parameter

proc:
Erwartete Parameter: 2
Fehler: ArgumentError: wrong number of arguments (0 for 2)

lambda:
Erwartete Parameter: 2
Fehler: ArgumentError: wrong number of arguments (0 for 2)

Method:
Erwartete Parameter: 2
Fehler: ArgumentError: wrong number of arguments (0 for 2)
```

Eine weitere Überraschung folgt, wenn lediglich ein Parameter erwartet wird.

Listing 4.33 http://www.pastie.org/234660

```
def aufruf_zu_viele_parameter(closure)
    begin
        puts "Erwartete Parameter: #{closure.arity}"
        closure.call(1,2,3,4,5,6)
        puts "Zu viele Parameter"
    rescue Exception => e
        puts "Fehler: #{e.class}: #{e}"
    end
```

```
end

def zwei_parameter(x,y)
end

def aufruf_zu_wenig_parameter(closure)
    begin
        puts "Erwartete Parameter: #{closure.arity}"
        closure.call()
        puts "Zu wenig Parameter"
    rescue Exception => e
        puts "Fehler: #{e.class}: #{e}"
    end
end

def ein_parameter(x)
end

puts; puts "Proc.new:"; aufruf_zu_viele_parameter(Proc.new {|x|})
puts; puts "proc:"    ; aufruf_zu_viele_parameter(proc {|x|})
puts; puts "lambda:"  ; aufruf_zu_viele_parameter(lambda {|x|})
puts; puts "Method:"  ; aufruf_zu_viele_parameter(method(:ein_parameter))
puts; puts "Proc.new:"; aufruf_zu_wenig_parameter(Proc.new {|x|})
puts; puts "proc:"    ; aufruf_zu_wenig_parameter(proc {|x|})
puts; puts "lambda:"  ; aufruf_zu_wenig_parameter(lambda {|x|})
puts; puts "Method:"  ; aufruf_zu_wenig_parameter(method(:ein_parameter))
```

Das Ergebnis der Ausgabe wird von Warnungen begleitet, wie folgende Ausgabe verdeutlicht.

```
Proc.new:
Erwartete Parameter: 1
Zu viele Parameter

proc:
Erwartete Parameter: 1
Zu viele Parameter

lambda:
Erwartete Parameter: 1
Zu viele Parameter

Method:
Erwartete Parameter: 1
Fehler: ArgumentError: wrong number of arguments (6 for 1)

Proc.new:
Erwartete Parameter: 1
Zu wenig Parameter

proc:
Erwartete Parameter: 1
Zu wenig Parameter

lambda:
Erwartete Parameter: 1
Zu wenig Parameter

Method:
Erwartete Parameter: 1
Fehler: ArgumentError: wrong number of arguments (0 for 1)
-:27: warning: multiple values for a block parameter (6 for 1)
     from -:4
-:28: warning: multiple values for a block parameter (6 for 1)
     from -:4
-:29: warning: multiple values for a block parameter (6 for 1)
     from -:4
-:31: warning: multiple values for a block parameter (0 for 1)
     from -:17
```

```
-:32: warning: multiple values for a block parameter (0 for 1)
     from -:17
-:33: warning: multiple values for a block parameter (0 for 1)
     from -:17
```

Weiterhin fällt auf, dass bei den meisten Aufrufen keine Fehlermeldung erscheint, wenn ein Closure mit nur einem Parameter definiert wurde. Ebenso ist das Verhalten unterschiedlich, wenn gar keine Parameter erwartet werden.

Hinweis:

Es fällt auf, dass lediglich `lambda` und `method` Konstrukte sind, die sicher und souverän für Closures verwendet werden können. Das `lambda`-Konstrukt ist nur zuverlässig, wenn mehr als ein Parameter Verwendung finden.

4.2.22.4 module_eval, class_eval, instance_eval und eval

Mit den Methoden `module_eval` und `class_eval`, wobei `class_eval` ein Alias-Name für `module_eval` ist, können einer Klasse oder einem Modul Methoden dynamisch und zur Laufzeit hinzugefügt werden.

Im nächsten Abschnitt lernen Sie `class_eval` näher kennen, weshalb an dieser Stelle lediglich das Vorhandensein dieser Methoden erläutert wird. `class_eval` kann einen Block übergeben bekommen, der dann auf die Klasse gemappt wird und somit neue Methoden für alle Instanzen der jeweiligen Klasse bereitstellt.

Hier ein Beispiel, in dem dynamische `hash_for`-Methoden bereitgestellt werden.

Listing 4.34 http://www.pastie.org/pastes/213801

```
module TestDataFactory
  def data_factory(*args)
    types = args.extract_options!
    args.map { |type| [type, type.to_s.classify.constantize] }.each { |type, klaz|
types[type] = klaz }

    types.each do |kind, klaz|
      class_eval <<-"end_eval", __FILE__, __LINE__
        def self.hash_for_#{kind}(*args)
          opts = args.extract_options!
          hash = @@hash_for_#{kind}.is_a?(Proc) ? @@hash_for_#{kind}.call :
@@hash_for_#{kind}
          hash.merge(opts)
        end

        def self.hash_for_#{kind}=(h)
          @@hash_for_#{kind} = h
        end
      end_eval
      delegate :"hash_for_#{kind}", :to => :klass

      define_method(:"create_#{kind}") do |*args|
        opts = args.extract_options!
        klaz.create send(:"hash_for_#{kind}").merge(opts)
      end
    end
  end
end
```

Wenn lediglich eine Instanz und ihr Kontext erweitert werden sollen, kommt die Methode `instance_eval` zum Einsatz. Mit `eval` können beliebige Ruby-Anweisungen ausgeführt und ausgewertet werden. Auch hier soll ein kleines Beispiel die Anwendung verdeutlichen.

```
var = nil
eval 'var = 1'
puts var # gibt 1 wieder
```

4.2.22.5 Und die Moral ...

Viele der vorgestellten Konstrukte lassen sich für Closures nur bedingt einsetzen. Dieser Umstand lässt vielleicht Zweifel an der *Schönheit* von Ruby aufkommen. Das folgende Beispiel zeigt allerdings, welche *coolen* Möglichkeiten Ruby mit Closures eröffnet.

Um Ihnen ein Praxisbeispiel zur Metaprogrammierung zu zeigen, stelle ich Ihnen ein Beispiel vor, das ein wenig an die Java-Welt angelehnt ist. Die Beispielklasse MetaProgramming implementiert die Methoden `add_change_listener` und `remove_change_listener`. Damit können Sie beliebige Klassen in ein `Array` einfügen.

Listing 4.35 http://www.pastie.org/234661

```
class MetaProgramming
  def initialize
    @listeners = []
  end

  def add_change_listener(listener)
    @listeners.push(listener) unless @listeners.include?(listener)
  end

  def remove_change_listener(listener)
    @listeners.delete(listener)
  end
end
```

So weit, so gut, mit der Liste der Listener passiert aber noch nichts.

Es soll die Möglichkeit geben, dass Subklassen der Klasse `MetaProgramming` über die Klassenmethode `property` eine Reihe von Eigenschaften übergeben kann, die dann mit einem Change-Listener überwacht werden können. Hierzu muss die Subklasse von `MetaProgramming` über entsprechende Getter- und Setter-Methoden für die jeweilige Property verfügen, die nun dynamisch zur Laufzeit bereitgestellt werden sollen. Damit dies funktioniert, muss die Klassenmethode `property` implementiert werden.

Listing 4.36 http://www.pastie.org/234662

```
def self.property(*properties)
  properties.each do |property|
    class_eval(%Q[
      def #{property}
        @#{property}
      end

      def #{property}=(value)
        old_value = @#{property}
        return if (value == old_value)
          @listeners.each do |listener|
```

```
          listener.property_changed(:#{property}, old_value, value)
        end
        @#{property} = value
      end
   ])
  end
end
```

Die in Fettschrift hervorgehobenen Zeilen sind Code, der mit der Methode `class_eval` ausgeführt wird. Demnach werden eine Getter- und eine Setter-Methode generiert. Die Setter-Methode ruft auf der Liste der Listener die Methode `property_changed` auf, um die Änderung einer Eigenschaft zu propagieren. Demnach muss eine Klasse, die sich als Change-Listener bei der Subklasse von `MetaProgramming` registriert, die Methode `property_changed` implementieren. Dies passiert in der nächsten Beispielklasse `Person`, die von `MetaProgramming` erbt.

```
class Person < MetaProgramming
  property :name, :age

  def property_changed(property, old_value, value)
    print "Property: ", property, " has changed from ",
     old_value, " to ", value, "\n"
  end
end
```

Hier sehen Sie, dass über die Klassenmethode `property` zwei Eigenschaften, nämlich `:name` und `:age`, angegeben werden. Intern werden hierzu die zuvor genannten Getter- und Setter-Methoden generiert. Die Methode `property_changed` gibt lediglich eine Meldung aus, wenn eine entsprechende Setter-Methode aufgerufen wurde. Ein Test könnte beispielsweise so aussehen.

Listing 4.37 http://www.pastie.org/234663

```
person = Person.new
person.add_change_listener(person)

person.name = "Horst Kevin"
person.age = 18
```

Die Ausgabe des Tests sieht dann folgendermaßen aus.

```
Property: name has changed from nil to Horst Kevin
Property: age has changed from nil to 18
```

Mit diesen Ausgaben ist das Kapitel zur Metaprogrammierung in Ruby abeschlossen. Weitere Informationen finden Sie beispielsweise im Quellcode zu Ruby on Rails.

4.2.23 Exceptions

Die Behandlung von Ausnahmefehlern gibt es nicht nur in Java, sondern natürlich auch in Ruby. Ähnlich wie `try-catch-finally`-Blöcke in Java gibt es in Ruby die `begin-rescue-ensure`-Blöcke. Hier zunächst ein Beispiel.

Listing 4.38 http://www.pastie.org/234664

```
begin
  raise(ArgumentError, "No file_name provided") if !file_name
  content = load_blog_data(file_name)
  raise "Content is nil" if !content
  rescue BlogDataNotFound
    STDERR.puts "File #{file_name} not found"
  rescue BlogDataConnectError
    @connect_tries ||= 1
    @connect_tries += 1
    retry if @connect_tries < 3
    STDERR.puts "Invalid blog data in #{file_name}"
  rescue Exception => exc
    STDERR.puts "Error loading #{file_name}: #{exc.message}"
    raise
end
```

Code, der eine oder mehrere Exceptions werfen kann, wird in Klammern von `begin` und `rescue` gesetzt. Im obigen Beispiel beginnt ein derartiger Block mit einer `If`-Abfrage. Ergibt die Abfrage `true`, so wird mit `raise` eine Exception vom Type `ArgumentError` geworfen. Bei Rückgabe von `false` wird die Methode `load_blog_data` ausgeführt, die ihrerseits wieder Exceptions werfen kann. Danach wird eine Exception geworfen, wenn `content` gleich `nil` ist.

Die `Rescue`-Blöcke fangen die jeweiligen Exceptions ab und gehen der Fehlerbehandlung nach. Mit einem `retry` kann versucht werden, den eigentlichen Block noch einmal auszuführen.

Ruby kennt eine Liste von Exceptions, die sich auch aktuell generieren lassen können. Hier zunächst die Liste der Exceptions meiner aktuellen Laufzeitumgebung.

```
Exception
  #<Class:0x8b844>::WindowNotFound
  NoMemoryError
  ScriptError
    LoadError
    NotImplementedError
    SyntaxError
  SignalException
    Interrupt
  StandardError
    ArgumentError
    IOError
      EOFError
    IndexError
    LocalJumpError
    NameError
      NoMethodError
    OSX::PropertyListError
    RangeError
      FloatDomainError
    RegexpError
    RuntimeError
    SecurityError
    SystemCallError
    SystemStackError
    ThreadError
    TypeError
    ZeroDivisionError
  SystemExit
  fatal
```

Das folgende Ruby-Skript von Nick Sieger habe ich im Internet gefunden[2] und will es Ihnen nicht vorenthalten. Es prüft, welche Klassen im `ObjectSpace` von `Exception` abgeleitet sind, und bereitet das Ergebnis – mit entsprechender Einrückung – übersichtlich auf.

Listing 4.39 http://www.pastie.org/234665

```
exceptions = []
tree = {}
ObjectSpace.each_object(Class) do |cls|
  next unless cls.ancestors.include? Exception
  next if exceptions.include? cls
  next if cls.superclass == SystemCallError # avoid dumping Errno's
  exceptions << cls
  cls.ancestors.delete_if {|e| [Object, Kernel].include? e }.reverse.inject(tree)
{|memo,cls| memo[cls] ||= {}}
end

indent = 0
tree_printer = Proc.new do |t|
  t.keys.sort { |c1,c2| c1.name <=> c2.name }.each do |k|
    space = (' ' * indent); space ||= ''
    puts space + k.to_s
    indent += 2; tree_printer.call t[k]; indent -= 2
  end
end
tree_printer.call tree
```

Alternativ kann mit folgendem Einzeiler eine Liste der Exceptions ausgegeben werden.

```
$ ruby -e 'ObjectSpace.each_object(Class) { |cls| puts cls if
cls.ancestors.include? Exception and cls.superclass != SystemCallError}'
```

Die Ausgabe dieser kleinen Variante sieht dann so aus.

```
SystemStackError
LocalJumpError
EOFError
IOError
RegexpError
FloatDomainError
ZeroDivisionError
ThreadError
SystemCallError
NoMemoryError
SecurityError
RuntimeError
NotImplementedError
LoadError
SyntaxError
ScriptError
NoMethodError
NameError
RangeError
IndexError
ArgumentError
TypeError
StandardError
Interrupt
SignalException
fatal
SystemExit
Exception
```

[2] http://blog.nicksieger.com/articles/2006/09/06/rubys-exception-hierarchy

4.2.24 Alias-Methoden

Mit Hilfe von Alias-Methoden ist es möglich, eine alternative Namensgebung von Methoden zu erreichen, wenn eine Klasse um eine Methode erweitert wird, die bereits existiert. Das folgende Beispiel zeigt, was gemeint ist.

Listing 4.40 http://www.pastie.org/234666

```
class Michael
  def say_hello
    puts "Hallo"
  end
end

class Michael
  alias_method :say_hello_orig, :say_hello
  def say_hello
    puts "Vor say hello"
    say_hello_orig
    puts "Nach say hello"
  end
end

m = Michael.new
m.say_hello
```

Die Klasse Michael defniert die Methode say_hello. In einer Erweiterung der Klasse Michael wird wieder eine Methode say_hello implementiert. Darin wird eigentlich die Methode say_hello aufgerufen, was allerdings zu einem Deadlock führen würde. Daher definiert die Klasse Michael einen Alias namens `say_hello_orig` für die Methode `say_hello`. Die Ausführung verdeutlicht den Verlauf der Abarbeitung.

```
Vor say hello
Hallo
Nach say hello
```

4.2.25 Offene Kernel-Klassen

Dass die Klassen in Ruby offen für Erweiterungen sind, zeigt das Framework Ruby on Rails auf beeindruckende Weise. Um die Erweiterbarkeit zu demonstrieren, soll das folgende Beispiel herangezogen werden.

Listing 4.41 http://www.pastie.org/234667

```
class Integer
  def hallo
    puts "Hallo"
  end
end

10.hallo
```

Im obigen Beispiel wird die Klasse Integer um die Methode hallo erweitert. Über die Sinnhaftigkeit dieser Erweiterung machen wir uns zunächst keine Gedanken. Fakt ist, dass eine Instanz von `Integer`, also beispielsweise die Zahl `10`, mit der Methode `hallo` den Text „Hallo“ ausgeben kann.

4.3 Zusammenfassung

In diesem Kapitel konnten Sie genügend Grundlagenwissen zur Sprache Ruby sammeln, um die nächsten Kapitel zu verstehen.

Im Einzelnen lernten Sie die folgenden Aspekte von Ruby kennen.

- Konventionen und Programmierrichtlinien
- Sprachkonzepte und vertiefende Informationen
- Methoden und Blöcke
- Metaprogrammierung

5

5 Versionskontrolle

5.1 Grundlegendes

Wenn Sie in Projekten mit mehr als einem Entwickler gearbeitet haben, ist die Wahrscheinlichkeit relativ groß, dass Sie bereits mit einem Versionskontrollsystem gearbeitet haben. Ich selbst habe im Laufe meiner doch schon etwas langen Karriere so ziemlich alle gängigen Systeme benutzt. Hierzu zählen.

- Microsoft VSS
- CVS
- Subversion
- Rational ClearCase
- Git
- Mercurial

Weitere Systeme, die das fortgeschrittene Alter eines Software-Veteranen verraten können, sind:

- RCS
- SCCS

Alle Systeme haben ihre Vor- und Nachteile, wobei allerdings die Nachteile bei einigen Systemen überwiegen.

Die einfache Nachführung von Änderungen an Dateien beherrschen alle Systeme. Lediglich wenn es zu komplizierten Branch- und Merge-Vorgängen kommt, trennt sich spätestens dann die Spreu vom Weizen.

Grundsätzlich sollten Sie ein Versionskontrollsystem nach Ihrem Bedarf auswählen. Wenn Sie auf nur einem lokalen Rechner und für sich allein arbeiten, reichen Systeme mit weniger Funktionsumfang völlig aus. Features wie verteilte Repositories sind dann eher für Entwickler gedacht, die in größeren Teams mit unterschiedlichen Standorten arbeiten. Zudem unterstützen einige Systeme das Halten von lokalen Repositories, die bei Bedarf in einem zentralen Repository zusammengeführt werden können.

Die besten Versionskontrollsysteme sind auch für alle wichtigen Betriebssysteme verfügbar und oft sogar als Open Source-Projekte angelegt. Die Integration in die bekannten Entwicklungsumgebungen und die Bereitstellung von Kommandozeilenwerkzeugen ist sicherlich auch ein wichtiger Aspekt bei der Auswahl eines geeigneten Systems.

In den letzten Jahren sind einige neue Sterne am Himmel der Versionskontrollsysteme aufgetaucht. Hierzu zählen Subversion, Git und Mercurial. Vielleicht haben Sie bereits Subversion im Einsatz gehabt und kennen sich schon gut mit der Funktionsweise aus. Dann wissen Sie, dass Subversion, das sich anschickt, der Nachfolger von CVS zu sein, ein zentrales Repository benötigt, in dem alle Versionen verwaltet werden.

Die meisten Projekte, auch im Umfeld von Ruby on Rails, nutzen noch Subversion für ihr Projekt. Das Installieren von Rails-Plugins beispielsweise erfordert das Vorhandensein eines Subversion-Clients. Zudem gibt es eine Reihe sehr guter Bücher und Dokumentationen im Internet, die den Einsatz von Subversion ausführlich beschreiben.

TODO: Einige Beispiele für Subversion Doku

Während der Entwicklung von Version 2.1 von Ruby on Rails wurde das Projekt von Subversion auf ein Git-Repository migriert. Seitdem findet man die Sourcen von Ruby on Rails unter www.github.com, dem Provider für Git-Repositories in den USA.

Weniger verbreitet, da noch relativ neu, ist Mercurial. Dabei handelt es sich um ein Versionskontrollsystem, das verteilte Repositories erlaubt und darüber hinaus einige Konzepte mitbringt, die andere Systeme anders oder nicht bedienen.

In diesem Kapitel wird mit der Vorstellung von Mercurial begonnen, obwohl Git inzwischen das Rennen im Rails-Umfeld gemacht hat. Sie können an dieser Stelle einfach den Part für Mercurial überspringen und in Abschnitt 5.3 weiterlesen, wenn Sie sich ausschließlich mit Git beschäftigen möchten.

Für dieses Buch wurde Mercurial für sämtliche Kapitel und auch für die gezeigten Projekte verwendet. Obwohl hier nur ein Entwickler tätig war, ist der Einsatz absolut konsequent gewesen. Schließlich bietet ein Versionskontrollsystem auch viele zeitsparende Vorteile, wenn man beispielsweise eine Version einer anderen vorziehen will oder initiale Stände griffbereit sein sollen. Auch ist der Backup-Gedanke ein Grund für den Einsatz eines Versionskontrollsystems.

Inzwischen sind populäre Projekte[1] wie das Open JDK und NetBeans komplett auf Mercurial umgestiegen, was mich dazu veranlasste, Mercurial im Praxiseinsatz eingehend zu nutzen. Die Erfahrungen spiegeln sich in diesem und anderen Kapiteln wider.

5.1.1 Vorteile verteilter Versionskontrolle

Sie fragen sich vielleicht, was die Vorteile eines verteilten Repositories sind und warum hier kein Kapitel zur Subversion zu finden ist. Zum einen bin ich mir sicher, dass die Zu-

---

[1] Hier finden Sie eine Liste mit Projekten, die Mercurial bereits nutzen: http://www.selenic.com/mercurial/wiki/index.cgi/ProjectsUsingMercurial

kunft in Systemen wie Mercurial und Git liegt. Zum anderen sind die folgenden Vorteile überzeugend:

Höhere Geschwindigkeit

Wenn Sie mit einem zentralisierten Versionskontrollsystem arbeiten, werden alle Änderungen über ein Netzwerk übertragen. Lokale Zugriffe auf ein Repository sind logischerweise wesentlich schneller. Dieser Geschwindigkeitsvorteil ist nicht zu unterschätzen. Wenn Sie beispielsweise ein Subversion-Repository mit vielleicht 1000 Dateien initial auschecken, kann dies bei einer DSL-Verbindung schon einige Minuten dauern. Änderungen an 100 Dateien, die zwischen Client und Server ausgetauscht werden müssen, können je nach Umfang ebenfalls lange Zeit in Anspruch nehmen.

Ein verteiltes Versionskontrollsystem muss nur dann über das Netz kommunizieren, wenn Changesets ausgetauscht werden müssen. Alle anderen Arbeiten und auch das Taggen von Versionsständen können bis dahin lokal erfolgen und sind binnen weniger Sekunden erledigt.

Unabhängigkeit vom Netz

Mit einem verteilten Versionskontrollsystem sind sie bei Arbeiten unterwegs oder an Orten ohne Netzwerkzugriff unabhängig und können trotzdem auf sämtliche Revisionen und die komplette Historie zugreifen. Andere Systeme, die einen zentralisierten Ansatz bieten, sind nicht immer besonders skalierbar, denn der Zugriff von einigen Dutzend Benutzern gleichzeitig kann ein solches System schon mal an seine Leistungsgrenzen führen. Abhilfe schaffen dann Replikationstools, die aber im Grunde nur Geld kosten und das bieten, was Systeme wie Mercurial bereits kostenlos mitbringen.

Merge mit Historie

Subversion ist nicht in der Lage, über die Historie eines Changesets einen Merge vorzunehmen. Benutzer von Subversion müssen jede einzelne Revision eines Branches manuell zusammenführen. Wer dabei den Überblick verliert, endet schnell in einem Chaos aus Konflikten oder fehlenden Teilen.

Wenn Dateien und Verzeichnisse umbenannt wurden, kann Subversion ebenfalls nicht automatisch mergen. Dies ist allerdings auch schon die größte Schwachstelle von Subversion. Der Grund, warum Mercurial hier punktet, ist, dass verteilte Versionskontrollsysteme auf den Prinzipien von Branches und Merges aufbauen.

5.1.2 Nachteile

Es gibt nicht nur Vorteile. Damit Sie ein korrektes Bild von einem verteilten Versionskontrollsystem wie Mercurial oder Git erhalten, wollen wir auch die Nachteile kurz erläutern. Diese Nachteile können Sie dann vermeiden.

Keine „aktuellste“ Version

Aufgrund der Peer-To-Peer Architektur existiert keine zentral abzurufbare „aktuelle Version“. Diese lässt sich aber herstellen, wenn alle Lieferanten in ein „zentrales“ Repository pushen. Damit ist ein Repository gemeint, das als zentrales Repository gilt. Für dieses Buch gibt es beispielsweise ein zentrales Repository auf einem Root-Server in Karlsruhe, während ich mit bis zu vier Repositories auf Notebooks und Arbeitsplatzrechnern im Home-Office und unterwegs arbeite. Wenn ich meine anderen lokalen Repositories aktuell halten will, pulle ich die Änderungen, die ich zuvor an das zentrale Repository gepusht habe.

Kein Backup

Auch wenn es ein zentrales Repository gibt, ist es dennoch nicht gleichzeitig ein Backup. Denn wenn Änderungen erst zu spät veröffentlicht werden, ist nicht klar, was damit geschehen soll. Ein zentrales Repository wie im Abschnitt zuvor beschrieben hilft hier. Backups dieses Systems sollten trotz allem natürlich regelmäßig erfolgen.

Komplexe Versionsnummern

Weil ein verteiltes Versionskontrollsystem keine einheitlichen Versionsnummern über verschiedene Repositories halten kann, gibt es stattdessen eine GUID (Globally unique identifier), die beispielsweise bei Mercurial so aussieht.

```
4:76d845ea96b8
```

Ein anderer Benutzer kann zwar auch eine Versionsnummer 4 haben, allerdings ist diese nicht mit dem hexadezimalen Anteil versehen. Wenn zwei Kollegen sich also abstimmen und Versionsnummern austauschen, wird es schon eher schwierig, sich an diese lange Nummer zu erinnern. Daher ist es möglich, Tags zu vergeben, die Menschen wieder einfacher verstehen.

Git ist für noch längere Versionsnummern bekannt, die praktisch niemand mit einem Blick unterscheiden kann. Daher ist eine gute Unterstützung mit Werkzeugen sinnvoll.

5.2 Mercurial

Mercurial ist ein Open Source-Versionskontrollsystem, das verteilte Repositories unterstützt. Dabei ist der Ansatz eines Peer-To-Peer anstelle der sonst üblichen Client-Server-Architektur gewählt worden. Jeder Entwickler kann sich einen Klon von einem Repository erstellen und damit arbeiten. Änderungen an Dateien werden dabei in Form von Changesets verteilt und an das jeweilige Original-Repository übergeben.

Mercurial ist sehr schnell und logisch aufgebaut und lässt sich ebenso schnell erlernen und einsetzen. Damit eignet es sich für kleine Projekte mit wenigen Entwicklern genauso gut wie für große Projekte.

5.2.1 Einführung in Mercurial

Die angesprochenen Vorteile sind Grund genug, ein Kapitel über Mercurial und die wichtigsten Arbeitsabläufe sowie die grundlegende Installation zu schreiben. Mercurial wurde bis auf wenige C-Komponenten komplett in Python geschrieben und ist für die wichtigsten Betriebssysteme in vollem Funktionsumfang verfügbar. Die Homepage von Mercurial:

```
http://www.selenic.com/mercurial/wiki
```

Im Wesentlichen bieten Mercurial und andere verteilte Versionskontrollsysteme alles, was auch zentralisierte Systeme mitbringen. Allerdings werden hier Aufgaben, die in zentralisierten Systemen in einem Vorgang zu erledigen sind, in separaten Schritten durchgeführt. Diese Vorgänge sind das Mitschneiden von Änderungen, die Lieferung der Änderungen und die Zuweisung von Änderungen, wofür es in verteilten Systemen separate Schritte gibt.

Neben den üblichen Begriffen wie Checkout, Branch, Merge, Tag usw. kommen in einem verteilten Versionskontrollsystem drei weitere Begriffe hinzu:

- Clone
- Push
- Pull

Beim Klonen wird ein Repository als Branch an einer weiteren Stelle verwendet und zuvor kopiert. Damit kann ein Repository auf einer lokalen Platte oder im Netzwerk geklont werden.

Mit Push werden Änderungen (Changesets) an ein anderes Repository gesendet, während mit Pull die Changesets abgefragt und ins geklonte Repository übernommen werden können.

Mercurial ist aber nicht nur auf lokalen Verzeichnissen lauffähig, sondern lässt sich beispielsweise auch über einen Apache-Webserver verfügbar machen. Das Repository für dieses Buch wird über einen Apache-Server mit SSL und Zugriffsbeschränkung bereitgestellt, so dass von nahezu jedem Netzzugangspunkt der Welt Zugriff darauf besteht. Für eine genaue Anleitung, wie Mercurial mit Apache konfiguriert wird, konsultieren Sie bitte die umfassende Dokumentation im Mercurial-Wiki[2].

5.2.1.1 Verfügbare Clients

Mercurial ist, wie bereits erwähnt, für die gängigen Plattformen verfügbar und basiert auf der Programmiersprache Python. Im Folgenden werden einfache und grundlegende Hinweise für die Installation auf den Systemen

- Linux,
- Mac OS X und
- Windows

gegeben.

[2] http://www.selenic.com/mercurial/wiki

Der Download[3] für die jeweilige Plattform ist auf der Homepage von Mercurial angegeben und wird hier nicht näher beschrieben. Als diese Zeilen geschrieben wurden, war die Version 1.0.1 aktuell (setzt Python 2.5.2 voraus).

5.2.1.2 Installation unter Mac OS X

Die Installation für Systeme unter Mac OS X 10.5 ist denkbar einfach. Nach dem Download wird einfach das Installationsprogramm gestartet. Danach ist Mercurial sofort einsatzbereit.

Ältere Mac OS X-Systeme müssen einen Port von Python separat installieren. Die genaue Beschreibung finden Sie auf der Downloadseite von Mercurial.

5.2.1.3 Installation unter Windows

Für die Installation unter Windows gibt es inzwischen ebenfalls ein Installationsprogramm, das die Installation denkbar einfach macht. Anders als unter Mac OS X existieren für die unterschiedlichen Windowsversionen keine separaten zu installierenden Python-Versionen.

5.2.1.4 Installation unter Linux

Die Installation unter Linux gestaltet sich aufgrund der unterschiedlichen Paketverwaltungen ein wenig anders. Das zu installierende Paket behält jedoch immer den gleichen Namen, `mercurial`, womit unter Ubuntu beispielsweise folgende Anweisung zum Erfolg führt.

```
$ sudo apt-get install mercurial
```

Auf die diversen Konfigurationsmöglichkeiten der Repositories gehe ich in diesem Buch aus Platzgründen nicht ein.

5.2.1.5 Hilfe kommt

Mercurial ist der englische Name für Quecksilber und wird im Periodensystem der Elemente mit Hg abgekürzt. Dieser Umstand ist ganz praktisch, da alle Aktionen mit dem Kommandozeilenbefehl `hg` beginnen.

Wenn Sie lediglich den Befehl `hg` absetzen, erhalten Sie folgende Hilfestellung und Auflistung der am häufigsten benutzten Befehle:

```
add:
    add the specified files on the next commit
annotate:
    show changeset information per file line
clone:
    make a copy of an existing repository
commit, ci:
    commit the specified files or all outstanding changes
diff:
    diff repository (or selected files)
export:
    dump the header and diffs for one or more changesets
```

[3] http://mercurial.berkwood.com

```
init:
    create a new repository in the given directory
log, history:
    show revision history of entire repository or files
merge:
    merge working directory with another revision
parents:
    show the parents of the working dir or revision
pull:
    pull changes from the specified source
push:
    push changes to the specified destination
remove, rm:
    remove the specified files on the next commit
revert:
    revert files or dirs to their states as of some revision
serve:
    export the repository via HTTP
status, st:
    show changed files in the working directory
update, up, checkout, co:
    update working directory
```

Damit erhalten Sie schnell die grundlegenden Informationen, welche Aktionen Mercurial anbietet. Allerdings sind dies nicht alle Funktionen, die zur Verfügung stehen. Mit der Eingabe von

```
$ hg help
```

erhalten Sie eine komplette Liste aller möglichen Aktionen.

Wenn Sie zu jedem einzelnen Befehl eine detaillierte Beschreibung benötigen, können Sie Folgendes eingeben.

```
$ hg help init

hg init [-e CMD] [--remotecmd CMD] [DEST]

create a new repository in the given directory

    Initialize a new repository in the given directory.  If the given
    directory does not exist, it is created.

    If no directory is given, the current directory is used.

    It is possible to specify an ssh:// URL as the destination.
    Look at the help text for the pull command for important details
    about ssh:// URLs.

options:

 -e --ssh              specify ssh command to use
    --remotecmd        specify hg command to run on the remote side

global options:
 -R --repository       repository root directory or symbolic path name
    --cwd              change working directory
 -y --noninteractive   do not prompt, assume 'yes' for any required answers
 -q --quiet            suppress output
 -v --verbose          enable additional output
    --config           set/override config option
    --debug            enable debugging output
    --debugger         start debugger
    --encoding         set the charset encoding (default: UTF8)
    --encodingmode     set the charset encoding mode (default: strict)
    --lsprof           print improved command execution profile
    --traceback        print traceback on exception
    --time             time how long the command takes
```

```
      --profile         print command execution profile
      --version         output version information and exit
   -h --help            display help and exit
```

5.2.2 Gängige Workflows

Im Folgenden beschreiben wir die wichtigsten und am häufigsten verwendeten Arbeitsabläufe. Dabei zeigen wir anhand von Beispielen, wie man die einzelnen Befehle für die entsprechenden Aufgaben anwendet.

5.2.2.1 Anlegen eines Repositories

Bevor Sie mit Mercurial zu arbeiten beginnen und Versionen von Dateien und Verzeichnissen erstellen können, muss ein Repository erstellt werden.

Der lokale Benutzer arbeitet neben seiner Arbeitskopie immer zeitgleich mit einem lokalen Repository. Das Anlegen eines Repositories erfolgt mit der Aktion `init`. Dabei wird das zu verwendende Verzeichnis angegeben. Das folgende Beispiel erstellt ein Repository im zuvor angelegten Rails-Projekt `hgtest`.

```
$ jruby -S rails hgtest

$ cd hgtest

$ hg init
```

Damit ist das Verzeichnis `hgtest` zum Mercurial-Repository geworden. Mehr ist nicht nötig, um ein Repository zu erstellen.

Wenn das angegebene Verzeichnis nicht existiert, wird es automatisch angelegt. Falls kein Verzeichnis übergeben wird, ist das aktuelle Verzeichnis das Repository. Sie können auch einen URL übergeben, der mit `ssh://` beginnt, um beispielsweise einen entfernten Rechner für das Repository zu verwenden.

Anders als bei Subversion ist nur ein Repository pro Projekt vorgesehen.

5.2.2.2 Status der Arbeitskopie abfragen

Nach der vorangegangenen Aktion ist nun ein Rails-Projekt vorhanden, das im Repository gespeichert werden soll. Noch ist allerdings keine einzige Datei im Repository abgelegt, sondern das generierte Rails-Projekt stellt lediglich die momentane Arbeitskopie dar.

Mit der Aktion `status` können Sie sich den Status des aktuellen Repositories ausgeben lassen.

```
$ hg status

? README
? Rakefile
? app/controllers/application.rb
? app/helpers/application_helper.rb
? config/boot.rb
? config/database.yml

...
```

```
? script/process/reaper
? script/process/spawner
? script/runner
? script/server
? test/test_helper.rb
```

Alle mit einem Fragezeichen markierten Dateien sind dem Repository nicht bekannt. Alle mit einem Ausrufezeichen versehenen Dateien sind dem Repository zwar bekannt, aber in der Arbeitskopie nicht mehr vorhanden. Dies passiert, wenn Sie Dateien löschen oder umbenennen.

5.2.2.3 Elemente ausschließen

Bevor wir im nächsten Abschnitt den Vorgang des Eincheckens von Dateien zeigen, soll die Bedeutung der Datei `.hgignore` beschrieben werden. Diese Datei konfiguriert alle auszuschließenden Dateien und Verzeichnisse. Damit hier sinnvolle Einträge möglich sind, muss klar sein, welche Dateien nicht wirklich in die Versionskontrolle gehören. Im Falle einer Ruby on Rails-Anwendung sind dies die folgenden Elemente:

- Das Verzeichnis `tmp` mit allen Inhalten
- Der Inhalt des Verzeichnisses `log`
- Eine konkrete Ausprägung der Datei `config/database.yml`
- IDE-spezifische Dateien (z.B.: `nbproject, .classpath, .project`, etc.)
- Betriebssystemspezifische Artefakte (z.B.: `.DS_Store`, etc.)

Die in der obigen Liste genannten Elemente sollte Mercurial ignorieren. Die Datei `config/database.yml` wird in `config/database.yml.sample` umbenannt und später dem Repository hinzugefügt.

Die Datei `.hgignore` kann Angaben im Glob- oder im Regex-Format enthalten. Um die zu ignorierenden Dateien und Verzeichnisse in `.hgignore` zu konfigurieren, können Sie folgende Zeilen eintragen.

```
syntax: glob

tmp/**/*
log/*.log
*.DS_Store
```

Wenn Sie nach den obigen Änderungen den Status des Repositories abfragen, fehlen die Einträge für die Verzeichnisse `log` und `tmp`. Sie werden ab sofort von der Versionskontrolle ignoriert.

Beachten Sie an dieser Stelle, dass die Verzeichnisse `log`, `tmp` und `vendor` von Rails benötigt werden. Leere Verzeichnisse lassen sich allerdings auch mit Mercurial nicht versionieren, weshalb der folgende Workaround Abhilfe schafft. Geben Sie auf der Kommandozeile einfach Folgendes ein.

```
$ touch tmp/.hgignore log/.hgignore vendor/.hgignore
```

Danach werden auch die quasi leeren Verzeichnisse mit in die Versionierung eingebunden.

5.2.2.4 Einchecken von Dateien

Wenn Sie sich den aktuellen Status des lokalen Repositories anzeigen lassen, sehen Sie eine Menge Informationen, die zum nächsten Workflow, dem Einchecken, führen. Mit dem Aufruf

```
$ hg add

adding .hgignore
adding README
adding Rakefile
adding app/controllers/application.rb
adding app/helpers/application_helper.rb
adding config/boot.rb
adding config/database.yml.sample

...

adding script/process/reaper
adding script/process/spawner
adding script/runner
adding script/server
adding test/test_helper.rb
```

werden alle Dateien mit dem Fragezeichen-Marker dem Repository hinzugefügt. Wenn Sie Dateien gelöscht haben, müssten Sie noch

```
$ hg remove
```

aufrufen, was an dieser Stelle allerdings noch nicht nötig ist. Als Alternative zum Hinzufügen und Löschen von Elementen eines Repositories kann der Befehl

```
$ hg addremove
```

verwendet werden, der zudem komfortabler ist und uns einen Arbeitsgang erspart. Die Ausgabe zeigt, welche Dateien und Verzeichnisse dem Repository hinzugefügt wurden.

Wenn Sie nun noch einmal den Status abfragen, sehen Sie, dass das Fragezeichen durch ein großes `A` ersetzt wurde. Damit sind Sie nun bereit, den aktuellen Stand zu versionieren. Dies geschieht mit folgender Anweisung:

```
$ hg commit -m "Initial Import"
```

Mit `commit` werden die Änderungen bestätigt und ein neues Changeset erstellt. Der Parameter `-m` übergibt einen Kommentar, der dieses Changeset beschreibt. Wenn Sie den Parameter nicht angeben, versucht Mercurial einen Texteditor zu öffnen, in den Sie einen entsprechenden Kommentar schreiben können. Nach dem Speichern und Verlassen des Editors wird der Vorgang fortgesetzt. Damit sind die Änderungen gesichert und versioniert.

5.2.2.5 Server bereitstellen

Wenn Sie schnell einmal über HTTP ein Repository bereitstellen wollen, ohne gleich einen Apache-Server zu konfigurieren, bietet Mercurial die Möglichkeit, einen eigenen Webserver zu starten. Dies geschieht mit folgendem Befehl.

```
$ hg serve -p 1234

listening at http://MBP.rails-experts.com:1234/
```

Der Parameter `-p` ist der Port, auf dem der Server laufen soll. Die Standardvorgabe ist hier Port `8000`. Wenn Sie nun einen Browser auf Ihrem lokalen Rechner öffnen und den URL eingeben, der nach dem Start des Servers ausgegeben wurde, erhalten Sie in etwa folgende Ansicht:

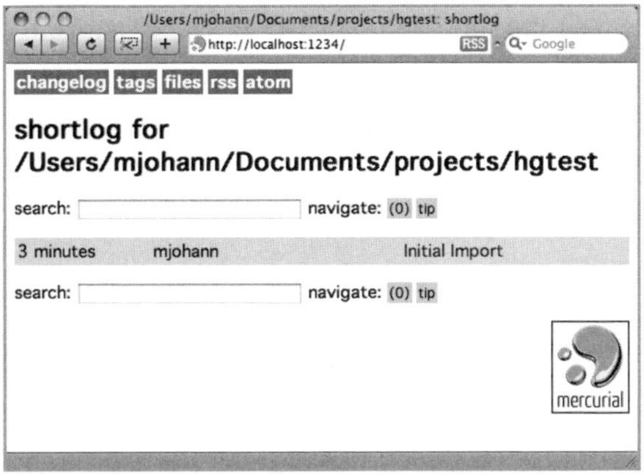

Abbildung 5.1
Die Übersicht nach dem Serverstart

Zu sehen ist hier das soeben eingecheckte Changeset. Die Details hierzu werden angezeigt, wenn Sie auf den Link `Initial Import` klicken. Dann erhalten Sie eine Ansicht mit allen Änderungen im Changeset. Mit einem Klick auf den Link ganz oben links (`Changelog`) erhalten Sie Informationen zu den Metadaten eines Changesets innerhalb der Historie.

Die Browseransicht ändert sich dann entsprechend und sieht nun etwa so aus.

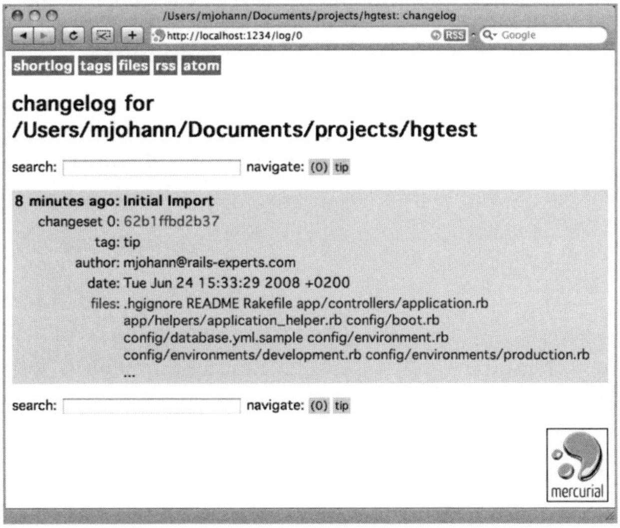

Abbildung 5.2
Das neue Changeset nach dem initialen Einchecken

5.2.2.6 Klonen eines Repositories

Wenn Sie ein Repository anlegen und anderen Entwicklern die Möglichkeit geben, davon eine lokale Kopie anzulegen, nennt man diesen Vorgang Klonen. Andere Systeme wie beispielsweise Bazaar[4] nennen es Branchen. Tatsächlich ist das Klonen nichts anderes als ein Branch. Damit steht dem geklonten Repository die komplette Historie eines Projektes zur Verfügung. Mit Mercurial ist das Klonen ein einfacher Vorgang. Der Befehl erhält lediglich zwei Pfadangaben: Quelle und Ziel.

In der Praxis kann die Quelle neben einem Verzeichnis im lokalen Netz oder auf der Festplatte auch ein Pfad auf einem Webserver sein.

Wechseln Sie für den nächsten Schritt eine Verzeichnisebene höher, um einen Klon erzeugen zu können. Jetzt erstellen Sie einen Klon mit der Eingabe der folgenden Anweisung.

```
$ hg clone hgtest hgtestclone

updating working directory
resolving manifests
getting .hgignore
getting README
getting Rakefile

...

getting script/process/spawner
getting script/runner
getting script/server
getting test/test_helper.rb
46 files updated, 0 files merged, 0 files removed, 0 files unresolved
```

Damit haben Sie einen Klon des kompletten Repositories inklusive aller Historieninformationen erstellt. Für die weiteren „Gehversuche" wechseln Sie bitte in das neue Repository und kopieren die Datei `config/database.yml.sample` in die Datei `config/database.yml`.

```
$ cp config/database.yml.sample config/database.yml
```

Wenn Sie nun den Status des Klons abfragen, werden Sie sehen, dass die Datei `config/database.yml` nicht in der Versionsverwaltung existiert.

```
$ hg st

? config/database.yml
```

Die arbeitsplatzspezifische Konfiguration soll auch künftig nicht der Versionskontrolle unterliegen, weshalb Sie in der Datei `.hgignore` einen weiteren Eintrag hinzufügen sollten. Damit sieht der Inhalt von `.hgignore` so aus:

```
syntax: glob

tmp/**/*
log/*.log
*.DS_Store
config/database.yml
```

---

[4] http://bazaar-vcs.org

Jetzt generieren Sie ein Modell namens `Person` mit einem Attribut `name` vom Typ `String`.

```
$ jruby script/generate model Person name:string

create  app/models/
create  test/unit/
create  test/fixtures/
create  app/models/person.rb
create  test/unit/person_test.rb
create  test/fixtures/people.yml
create  db/migrate
create  db/migrate/20080624135754_create_people.rb
```

Sehen Sie sich den Status an, und fügen Sie die neuen Dateien dem geklonten Repository hinzu.

```
$ hg status

M .hgignore
? app/models/person.rb
? db/migrate/20080624135754_create_people.rb
? test/fixtures/people.yml
? test/unit/person_test.rb

$ hg add

adding app/models/person.rb
adding db/migrate/20080624135754_create_people.rb
adding test/fixtures/people.yml
adding test/unit/person_test.rb
```

Anschließend checken Sie die Änderungen mit einem `commit` ein.

```
$ hg commit -m "Added person model"

.hgignore
app/models/person.rb
db/migrate/20080624135754_create_people.rb
test/fixtures/people.yml
test/unit/person_test.rb
```

Sehen Sie sich nun die Historie an, und Sie werden bemerken, dass ein weiteres Changeset mit einer Versionsnummer erstellt wurde.

```
$ hg history

changeset:   1:e02ad3e35ab7
tag:         tip
user:        mjohann@rails-experts.com
date:        Tue Jun 24 16:00:53 2008 +0200
files:       .hgignore app/models/person.rb
db/migrate/20080624135754_create_people.rb test/fixtures/people.yml
test/unit/person_test.rb
description:
Added person model


changeset:   0:62b1ffbd2b37
user:        mjohann@rails-experts.com
date:        Tue Jun 24 15:33:29 2008 +0200
files:       .hgignore README Rakefile app/controllers/application.rb
app/helpers/application_helper.rb config/boot.rb config/database.yml.sample con-
fig/environment.rb config/environments/development.rb con-
fig/environments/production.rb config/environments/test.rb con-
fig/initializers/inflections.rb config/initializers/mime_types.rb con-
fig/initializers/new_rails_defaults.rb config/routes.rb doc/README_FOR_APP pub-
```

```
lic/404.html public/422.html public/500.html public/dispatch.cgi pub-
lic/dispatch.fcgi public/dispatch.rb public/favicon.ico public/images/rails.png
public/index.html public/javascripts/application.js public/javascripts/controls.js
public/javascripts/dragdrop.js public/javascripts/effects.js pub-
lic/javascripts/prototype.js public/robots.txt script/about script/console
script/dbconsole script/destroy script/generate script/performance/benchmarker
script/performance/profiler script/performance/request script/plugin
script/process/inspector script/process/reaper script/process/spawner
script/runner script/server test/test_helper.rb
description:
Initial Import
```

Alternativ kann anstelle der Aktion `history` auch die Aktion `log` verwendet werden. Beide Aktionen kennen den Parameter `-q`, der eine stark verkürzte Ausgabe erstellt.

```
$ hg log -q
```

```
1:e02ad3e35ab7
0:62b1ffbd2b37
```

5.2.2.7 Taggen von Revisionen

Die Versionsnummern von Mercurial sind für Menschen nicht immer besonders gut lesbar, weshalb eine alternative Markierung gesetzt werden kann. Diese Markierung heißt auch in Mercurial Tag (wie in den meisten Versionskontrollsystemen). So kann beispielsweise der initiale Versionsstand für Entwickler nützlich sein, die ins Projekt einsteigen.

Ein Tag wird folgendermaßen angelegt.

```
$ hg tag INIT
```

Damit erhält die aktuelle Version den Tagnamen `INIT`. Sie können auch eine Revisionsnummer angeben, um einer bestimmten Version ein Tag zu vergeben.

```
$ hg tag -r 1 INIT
```

Tags sind einfach zusätzliche Namen für Versionsstände im Repository. Sie werden in der Datei `.hgtags` verwaltet und beziehen sich auf die eindeutige ID einer Revision. Wechseln Sie einfach in das originale Repository (`hgtest`) und geben folgende Anweisung ein.

```
$ hg tag INIT
```

Sie sehen dann das neue Tag, wenn Sie die Liste der Tags folgendermaßen abfragen.

```
$ hg tags
```

Beispielsweise könnte dann die Ausgabe so aussehen.

```
tip                                    1:2104f0968944
INIT                                   0:62b1ffbd2b37
```

Wie Sie sehen, werden zwei Tags angezeigt. Dahinter steht die jeweilige Revisionsnummer. Das Tag `tip` kennzeichnet die aktuelle Revision, die man in anderen Systemen auch Head nennt.

Hinweis:

Die Namen der Revisionen unterscheiden sich selbstverständlich von denen, die Sie auf Ihrem Rechner verwenden.

5.2.2.8 Pullen

Das Holen von Changesets aus einem anderen Repository wird mit der Aktion `pull` gestartet. Dabei werden sämtliche Changesets aus dem Original-Repository in den Klon kopiert. Wenn Sie jetzt wieder in das Verzeichnis des Klons (`hgtestclone`) wechseln und einen Pull durchführen, steht Ihnen auch das neue Tag `INIT` im Klon zur Verfügung.

```
$ hg pull

searching for changes
1 changesets found
adding changesets
adding manifests
adding file changes
added 1 changesets with 1 changes to 1 files (+1 heads)
(run 'hg heads' to see heads, 'hg merge' to merge)
```

Mercurial weist uns darauf hin, dass mit den erfolgten Änderungen zwei parallele Heads existieren. Mit dem folgenden Aufruf sehen Sie sich kurz die dazugehörigen Informationen an.

```
$ hg heads

changeset:   2:2104f0968944
tag:         tip
parent:      0:62b1ffbd2b37
user:        mjohann@rails-experts.com
date:        Tue Jun 24 16:08:07 2008 +0200
files:       .hgtags
description:
Added tag INIT for changeset 62b1ffbd2b37


changeset:   1:e02ad3e35ab7
user:        mjohann@rails-experts.com
date:        Tue Jun 24 16:00:53 2008 +0200
files:       .hgignore app/models/person.rb
db/migrate/20080624135754_create_people.rb test/fixtures/people.yml
test/unit/person_test.rb
description:
Added person model
```

Um die beiden Heads zusammenzuführen und die neuen Informationen aus dem Repository des Klons in die Arbeitskopie zu überführen, geben Sie die folgende Anweisung ein.

```
$ hg merge

resolving manifests
1 files updated, 0 files merged, 0 files removed, 0 files unresolved
(branch merge, don't forget to commit)
```

Wenn Sie nun den Status abfragen, zeigt Mercurial an, dass die neue Datei `.hgtags` aus dem originalen Repository noch bestätigt bzw. commited werden muss.

```
$ hg status

M .hgtags
```

Geben Sie daher die folgende Commit-Anweisung ein.

```
$ hg commit -m "After merge"

.hgtags
```

Wenn ein Changeset mittels Pull in ein geklontes Repository verfrachtet wurde, ohne dass ein Merge notwendig wurde, müssen Sie mit

```
$ hg update
```

noch die Änderungen in die Arbeitskopie überführen, da ansonsten die neuen Informationen lediglich im geklonten Repository liegen.

5.2.2.9 Pushen

Das Pushen von Änderungen ist der Vorgang, bei dem Sie Changesets aus Ihrem geklonten Repository an das Original-Repository übergeben.

Im Verzeichnis `hgtestclone` stehen Ihnen die Änderungen aus dem letzten Merge-Vorgang zur Verfügung. Die Änderungen für das Modell `Person` sind noch nicht ins originale Repository überführt worden. Dies erfolgt mit der nächsten Anweisung.

```
$ hg push

pushing to /Users/mjohann/Documents/projects/hgtest
searching for changes
2 changesets found
adding changesets
adding manifests
adding file changes
added 2 changesets with 5 changes to 5 files
```

Wechseln Sie nun wieder in das originale Repository (`hgtest`), und führen Sie dort ein Update durch, um die Änderungen in die Arbeitskopie zu übertragen.

```
$ hg update

resolving manifests
getting .hgignore
getting app/models/person.rb
getting db/migrate/20080624135754_create_people.rb
getting test/fixtures/people.yml
getting test/unit/person_test.rb
5 files updated, 0 files merged, 0 files removed, 0 files unresolved
```

Jetzt haben beide Repositories wieder einen identischen Stand.

5.2.2.10 Mergen von Dateien

Nicht immer geht das Mergen von Dateien so glatt über die Bühne wie in den vorherigen Abschnitten. Daher sehen wir uns das Mergen noch einmal etwas genauer an.

Angenommen, der Benutzer Helge arbeitet im originalen Repository an der Datei `20080624135754_create_people.rb` und fügt eine neue Zeile ein, die im folgenden Beispiel in Fettschrift hervorgehoben wurde.

```
class CreatePeople < ActiveRecord::Migration
  def self.up
    create_table :people do |t|
      t.string :name
      t.string :description

      t.timestamps
    end
  end
```

```
  def self.down
    drop_table :people
  end
end
```

Dann kann zeitgleich der Benutzer Atze im geklonten Repository ebenfalls Änderungen an der gleichen Datei durchführen.

```
class CreatePeople < ActiveRecord::Migration
  def self.up
    create_table :people do |t|
      t.string :name
      t.string :firstname

      t.timestamps
    end
  end

  def self.down
    drop_table :people
  end
end
```

Als Nächstes müssen die beiden Informationen irgendwie zusammengeführt werden, um einen vereinheitlichten Zustand der Migration zu erhalten. Das Zusammenführen wird daher in den nun folgenden Schritten gezeigt. Zunächst checkt Atze seine Änderungen ein.

```
$ hg commit -m "added firstname field to migration for person"

db/migrate/20080624135754_create_people.rb
```

Dann schickt Atze seine Änderungen mit einem Push an das originale Repository.

```
$ hg push

searching for changes
1 changesets found
adding changesets
adding manifests
adding file changes
added 1 changesets with 1 changes to 1 files
```

Unabhängig davon checkt Helge seine Änderungen ebenfalls ein.

```
$ hg commit -m "added description field to migration for person"

db/migrate/20080624135754_create_people.rb
created new head
```

Die Revisionen beider Repositories sehen nun in etwa wie folgt aus.

```
(hgtest = original Repository)
$ hg log -q

5:24ff6267c909
4:6124de8d5733
3:d86a3e64bfc2
2:e02ad3e35ab7
1:2104f0968944
0:62b1ffbd2b37

(hgtestclone = clone Repository)
$ hg log -q

4:6124de8d5733
3:d86a3e64bfc2
```

```
2:2104f0968944
1:e02ad3e35ab7
0:62b1ffbd2b37
```

Am nächsten Tag holt sich Atze die Änderungen aus dem originalen Repository und erhält somit die Revision mit der Bezeichnung `5:24ff6267c909`.

```
$ hg pull

pulling from /Users/mjohann/Documents/projects/hgtest
searching for changes
1 changesets found
adding changesets
adding manifests
adding file changes
added 1 changesets with 1 changes to 1 files (+1 heads)
(run 'hg heads' to see heads, 'hg merge' to merge)
```

Mercurial weist Atze darauf hin, dass es Änderungen gibt, die mit einem Merge verbunden sind. Daraufhin startet Atze einen Merge-Vorgang.

```
$ hg merge
```

Nun wird – abhängig vom konfigurierten Diff-Merge-Werkzeug – folgendes Fenster geöffnet (Abbildung 5.3).

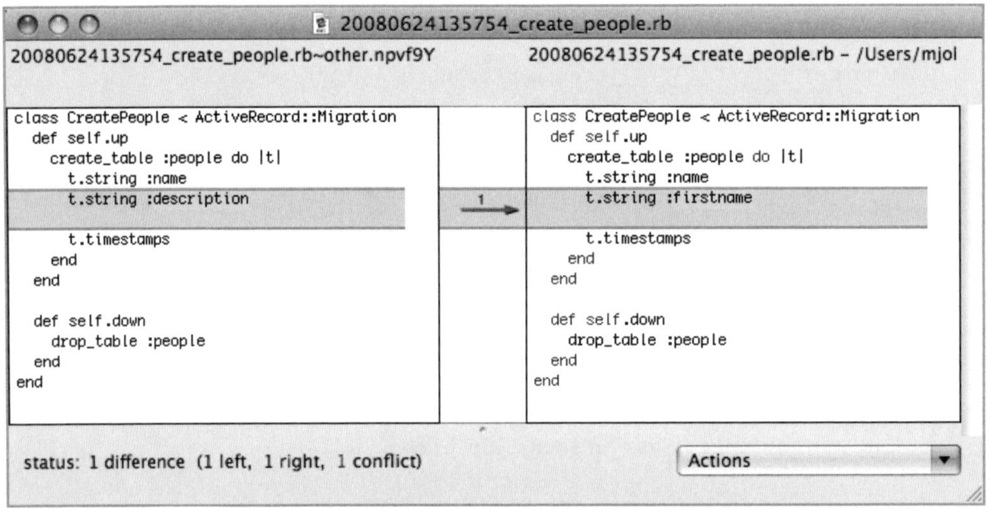

Abbildung 5.3 Die mit Merge zusammenzuführenden Dateiversionen

Wenn Atze weiß, was zu tun ist, kann er beide Dateien zusammenführen. In diesem Fall werden die Änderungen beider Entwickler übernommen, so dass nach dem Merge folgender Dateiinhalt besteht.

```
class CreatePeople < ActiveRecord::Migration
  def self.up
    create_table :people do |t|
      t.string :name
      t.string :description

      t.string :firstname
```

```
      t.timestamps
    end
  end

  def self.down
    drop_table :people
  end
end
```

Atze muss nun noch die Zusammenführung einchecken.

```
$ hg commit -m "After merge"

db/migrate/20080624135754_create_people.rb
```

Am Ende dieses Tages überträgt er seine Changesets ins originale Repository.

```
$ hg push

pushing to /Users/mjohann/Documents/projects/hgtest
searching for changes
1 changesets found
adding changesets
adding manifests
adding file changes
added 1 changesets with 1 changes to 1 files (-1 heads)
```

Am nächsten Morgen updatet Helge seine Arbeitskopie.

```
$ hg update

resolving manifests
getting db/migrate/20080624135754_create_people.rb
1 files updated, 0 files merged, 0 files removed, 0 files unresolved
```

Er verfügt nun wieder über den gleichen Stand wie Atze, was an der Historie für beide Repositories zu erkennen ist.

```
(in hgtest) $ hg log -q

6:826f26ab1bd6
5:24ff6267c909
4:6124de8d5733
3:d86a3e64bfc2
2:e02ad3e35ab7
1:2104f0968944
0:62b1ffbd2b37

(in hgtestclone) $ hg log -q

6:826f26ab1bd6
5:24ff6267c909
4:6124de8d5733
3:d86a3e64bfc2
2:2104f0968944
1:e02ad3e35ab7
0:62b1ffbd2b37
```

5.2.3 Zusammenfassung

Der letzte Abschnitt führte Sie in die Welt der verteilten Versionskontrolle mit Mercurial ein. Folgende Liste zeigt noch einmal die Schritte zum Umgang mit Repositories aus dem Hause Mercurial:

- Repository anlegen mit `hg init`;
- Dateien mit `hg add` zum Repository hinzufügen;
- Änderungen bestätigen mit `hg commit`;
- Repositories klonen mit `hg clone`;
- Changesets in ein übergeordnetes Repository überführen mit `hg push`;
- Änderungen aus einem übergeordneten Repository übernehmen mit `hg pull` und anschließendem `hg update` oder `hg merge`;
- Revisionen mit einem Tag versehen mit `hg tag`.

An dieser Stelle weise ich noch einmal darauf hin, dass dies nur die grundlegenden Workflows sind, die Sie mit Mercurial nutzen können. Für tiefergehende Informationen verweise ich daher auf das bereits genannte Wiki.

Eine druckbare Übersicht von Mercurial-Aktionen finden Sie auch in einem Cheat-Sheet[5] von Dong Woo Lee.

5.3 Git

In diesem Abschnitt lernen Sie den Umgang mit Git kennen. Git ist ebenso wie Mercurial ein verteiltes Versionskontrollsystem und ebenfalls als Open Source-Projekt verfügbar. Es wurde 2005 von Linus Torvalds, dem Kopf der Linux-Gemeinde, als Ersatz für ein zuvor genutztes Versionierungssystem entwickelt. Der Linux-Kernel sollte mit diesem System verwaltet und versioniert werden.

Dies waren die wichtigsten Anforderungen an das zu schaffende System:

- Es muss schnell sein, um die relativ große Menge an Code und die vielen Dateien handzuhaben.
- Es muss eine Möglichkeit geben, Patches zu verwalten, damit nicht beliebige Nutzer das Zielsystem verändern können.
- Das System muss dezentral funktionieren, damit Bandbreiten geschont und eine gewisse Ausfallsicherheit bei Störungen eines zentralen Systems umgangen werden können.

In Punkto Management von Patches bietet Git eine Menge Funktionen mehr als Mercurial. So kann beispielsweise ein Email-System zur Verwaltung von Patches genutzt werden.

5.3.1 Einführung in Git

Git ist inzwischen in allen gängigen Linux-Distributionen verfügbar und unterstützt aktuell auch Mac OS X und Windows. Im folgenden Abschnitt erfahren Sie, wie Sie mit Git ein

[5] http://www.ivy.fr/mercurial/ref/dongwoo-Hg-PDF.pdf

Repository erstellen und die wichtigsten Werkzeuge und Workflows nutzen, um ein Rails-Projekt mit Git zu verwalten.

Doch zunächst einige Worte zur Installation auf den wichtigsten Plattformen.

5.3.1.1 Verfügbare Clients

Wie bereits erwähnt, gibt es Git für nahezu alle wichtigen Betriebssysteme. Um die Installation von Git zu erläutern, werden auf den folgenden Seiten die Installationen unter Mac OS X, Ubuntu Linux und Windows Vista gezeigt.

Wie so oft gibt es bei Open Source-Projekten die Möglichkeit, Git mit einem Installationsprogramm oder manuell zu installieren. Für Mac OS X wird die einfache Variante mittels eines grafischen Installationsassistenten gezeigt. Unter Linux finden Sie ein Paket für den jeweiligen Paketmanager, und für Windows ergibt sich eine spezielle Variante durch die Nutzung der Cygwin-Shell.

5.3.1.2 Installation unter Mac OS X

Das Git-System für Apples Betriebssystem finden Sie unter:

```
http://code.google.com/p/git-osx-installer/
```

Dort gibt es eine Auswahl an Versionen für Mac OS 10.5 und andere. Abbildung 5.4 zeigt den Installations-Assistenten.

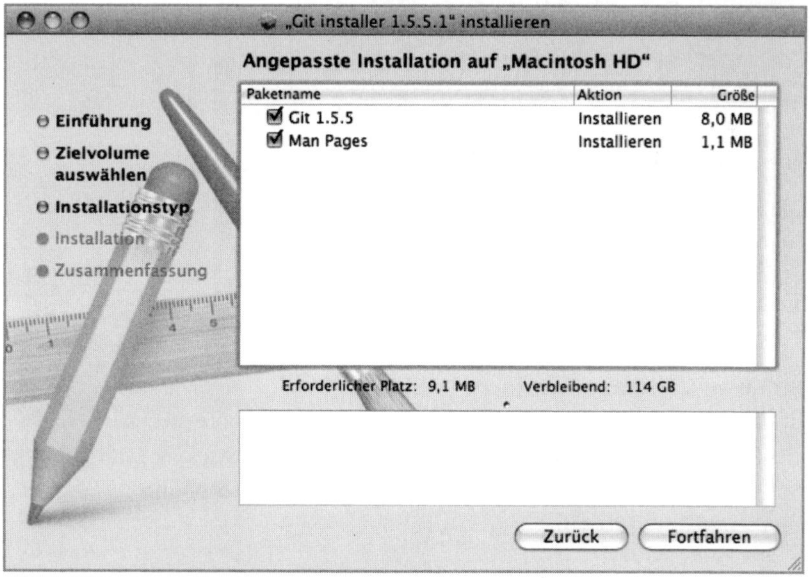

Abbildung 5.4 Der Installationsassistent für Mac OS X

Die erfolgreiche Installation können Sie in einem Terminal überprüfen, indem Sie den folgenden Befehl eingeben.

```
$ git --version

git version 1.5.5.1
```

Zum Zeitpunkt der Entstehung dieser Seiten war die Version 1.5.5.1 für Mac OS X aktuell. Mit der erfolgreichen Installation steht Ihnen Git nun in vollem Funktionsumfang zur Verfügung.

5.3.1.3 Installation unter Windows

Die Installation von Git unter Windows stellt eine besondere Herausforderunge dar. Es gab bei der Umstellung des Rails-Repositories auf Git einige Diskussionen über die Unterstützung von Git für Windows. Allerdings beruhigten sich die Gemüter recht bald, da mit Cygwin unter Windows eine Unix-Shell zur Verfügung steht, die ein so Unix-basiertes Tool wie Git bestens unterstützt.

Eine weitere Alternative, die eine Git-Bash und ein GUI bereitstellt, ist MSYSGIT. Sie finden die jeweils aktuelle Version unter:

```
http://code.google.com/p/msysgit
```

Die Installation ist mit einem Assistenten verbunden und in wenigen Minuten erledigt. Danach verfügen Sie über eine vollständige Git-Installation, mit der Sie wie unter einem Unix-System arbeiten können. Abbildung 5.5 zeigt, wie die Shell aussieht.

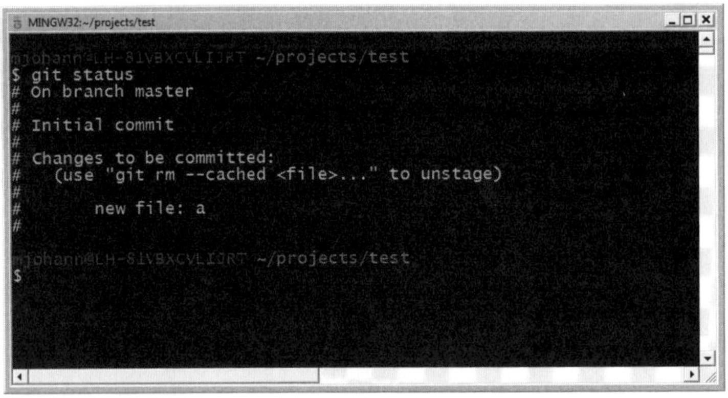

Abbildung 5.5
Die Git-Bash unter Windows Vista 64

Wenn sich Git weiter durchsetzen sollte, wird es vielleicht einmal so etwas wie TortoiseGit geben, mit dem Sie wie mit der Subversion-Variante im Windows-Explorer arbeiten können. Bis dahin sollten Sie entsprechende Plugins für Ihre Entwicklungsumgebung verwenden, soweit verfügbar, oder, besser noch, die folgenden Abschnitte studieren, um von Werkzeugen unabhängig zu sein.

5.3.1.4 Installation unter Linux

Unter Linux ist die Installation ebenfalls kein großer Aufwand. Ubuntu bietet eine einfache Installation mittels `apt-get` an.

Geben Sie auf der Kommandozeile einfach folgende Anweisung ein.

```
$ sudo apt-get install git-core git-gui
```

Die entsprechenden Pakete werden installiert, und danach steht Ihnen Git unter Ubuntu zur Verfügung. Die Abbildung 5.6 zeigt das Git-GUI unter Linux. Auch unter Ubuntu gibt es selbstverständlich eine grafische Benutzeroberfläche. Da Git für und unter Linux entwickelt wurde, ist dies nicht weiter verwunderlich.

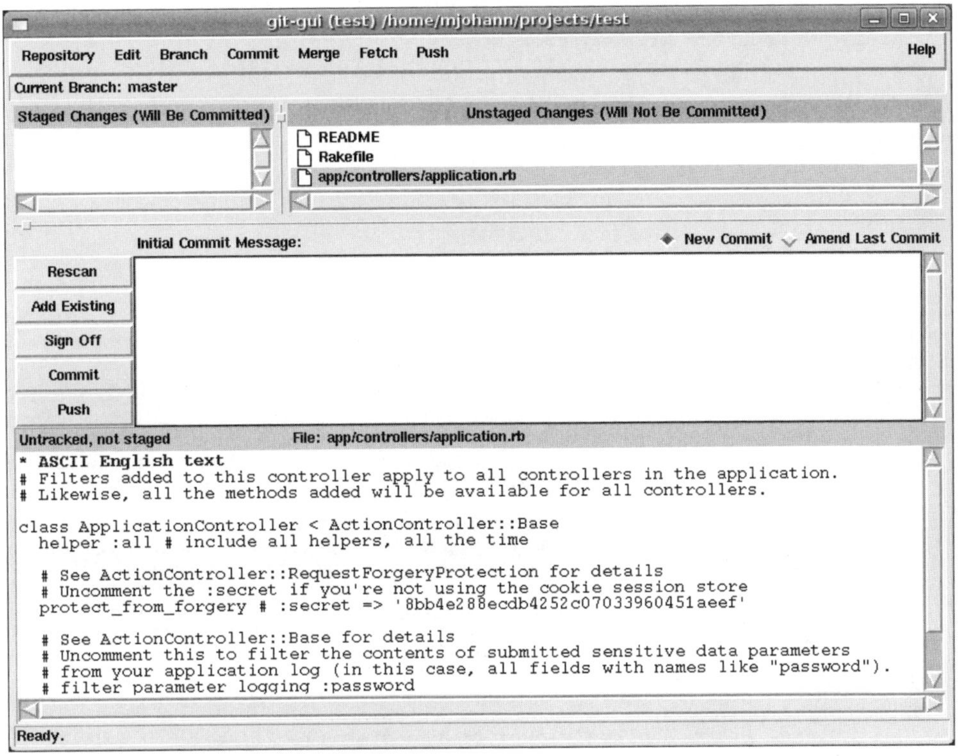

Abbildung 5.6 Das Git-GUI unter Ubuntu-Linux

5.3.1.5 Hilfe kommt

Git-Aktionen können mit einzelnen Kommandos oder mit dem Hauptprogramm `git` durchgeführt werden. Wenn Sie zu einzelnen Aktionen Hilfe benötigen, liefert Git mit den Manpages die nötigen Informationen oder über die Kommandozeile.

```
$ git
usage: git [--version] [--exec-path[=GIT_EXEC_PATH]] [-p|--paginate|--no-pager] [-
-bare] [--git-dir=GIT_DIR] [--work-tree=GIT_WORK_TREE] [--help] COMMAND [ARGS]

The most commonly used git commands are:
add          Add file contents to the index
bisect       Find the change that introduced a bug by binary search
branch       List, create, or delete branches
checkout     Checkout a branch or paths to the working tree
clone        Clone a repository into a new directory
commit       Record changes to the repository
```

```
diff       Show changes between commits, commit and working tree, etc
fetch      Download objects and refs from another repository
grep       Print lines matching a pattern
init       Create an empty git repository or reinitialize an existing one
log        Show commit logs
merge      Join two or more development histories together
mv         Move or rename a file, a directory, or a symlink
pull       Fetch from and merge with another repository or a local branch
push       Update remote refs along with associated objects
rebase     Forward-port local commits to the updated upstream head
reset      Reset current HEAD to the specified state
rm         Remove files from the working tree and from the index
show       Show various types of objects
status     Show the working tree status
tag        Create, list, delete or verify a tag object signed with GPG
```

Wenn Sie beispielsweise die Hilfe für das Git-Gui benötigen, geben Sie in die Kommandozeile Folgendes ein.

```
$ git --help gui

GIT-GUI(1)                    Git Manual                    GIT-GUI(1)

NAME
       git-gui - A portable graphical interface to Git

SYNOPSIS
       git gui [<command>] [arguments]

DESCRIPTION
       A Tcl/Tk based graphical user interface to Git. git-gui focuses on
       allowing users to make changes to their repository by making new
       commits, amending existing ones, creating branches, performing local
       merges, and fetching/pushing to remote repositories.

       Unlike gitk(1), git-gui focuses on commit generation and single file
       annotation, and does not show project history. It does however supply
       menu actions to start a gitk session from within git-gui.

       git-gui is known to work on all popular UNIX systems, Mac OS X, and
       Windows (under both Cygwin and MSYS). To the extent possible OS
       specific user interface guidelines are followed, making git-gui a
       fairly native interface for users.

COMMANDS
       blame  Start a blame viewer on the specified file on the given
              version (or working directory if not specified).

       browser
```

5.3.2 Gängige Workflows

In diesem Abschnitt zeige ich Ihnen die gleichen Workflows wie im Abschnitt zu Mercurial. Damit erhalten Sie zwar noch lange keine vollständige Dokumentation zu allen Features von Git, doch die wichtigsten Aufgaben, die Ihnen täglich begegnen, sind damit schnell und einfach zu meistern.

5.3.2.1 Grundlegende Konfiguration

Bevor Sie mit Git arbeiten, sollten Sie einige globale Einstellungen vornehmen, die Ihnen die Arbeit mit Git vereinfachen. Dazu gehören die Konfiguration der Nutzerinformationen und die farbliche Hervorhebung von Statusinformationen oder Informationen zu Diffs etc.

Git kennt die folgendermaßen verwendete Aktion `config`.

```
$ git config --global user.name "Michael Johann"

$ git config --global user.email "mjohann@rails-experts.com"
```

Mit den beiden Konfigurationsschritten wird die globale Datei `.gitconfig` im Home-Verzeichnis des aktuellen Benutzers angelegt. Hier der Beispielinhalt dazu.

```
[user]
    name = Michael Johann
    email = mjohann@rails-experts.com
```

Weitere Angaben zur automatischen Farbgebung können Sie mit den folgenden Aufrufen machen.

```
$ git config --global color.status auto

$ git config --global color.branch auto
```

Diese Angaben werden ebenfalls in der Datei `.gitconfig` abgelegt, so dass diese nun folgendermaßen aussieht.

```
[user]
    name = Michael Johann
    email = mjohann@rails-experts.com
[color]
    status = auto
    branch = auto
```

Für jede Aktion in Git gibt es ein eigenständiges Programm, so dass Sie auch mit `git-config` arbeiten können, um Einstellungen vorzunehmen. Hier ein Beispiel.

```
$ git-config --global user.name "Michael Johann"

$ git-config --global user.email "mjohann@rails-experts.com"

$ git-config --global color.status auto

$ git-config --global color.branch auto
```

Es gibt eine Vielzahl weiterer Konfigurationsmöglichkeiten, die allerdings unseren inhaltlichen Rahmen sprengen würden. Sollten Sie konkreten Informationsbedarf zu diesen Konfigurationsparametern haben, empfehle ich Ihnen die Manpages zu `git-config`.

5.3.2.2 Anlegen eines Repositories

Nach ersten Informationen und Arbeitsschritten zur Konfiguration lernen Sie nun, wie ein Repository mit Git angelegt wird. Ein Repository wird mit der Aktion `init` erstellt. Dabei ist das aktuelle Verzeichnis gleichzeitig das Verzeichnis für die Git-Objekt-Datenbank mit dem Namen `.git`.

Erstellen Sie nun ein Rails-Projekt namens `gittest` und legen dann ein Git-Repository im Verzeichnis `gittest` an.

```
$ rails gittest

create
create  app/controllers
```

```
create   app/helpers
create   app/models
...
```

Danach wechseln Sie in das Verzeichnis und legen das Repository mit folgendem Aufruf an.

```
$ git init
```

```
Initialized empty Git repository in .git/
```

Nun existiert ein Repository für das Projekt `gittest`, mit dem die weiteren Schritte vollzogen werden können.

5.3.2.3 Status der Arbeitskopie abfragen

Wenn Sie nun `git-status` aufrufen, erhalten Sie eine farbige Ausgabe der noch nicht im Repository enthaltenen Dateien und Verzeichnisse.

```
$ git-status
```

Es wird die in Abbildung 5.7 dargestellte Übersicht ausgegeben.

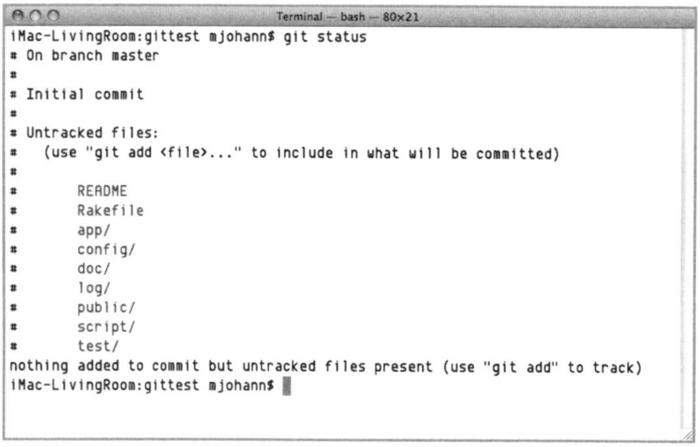

Abbildung 5.7
Darstellung der Ausgaben von Git

Bevor Sie nun die Elemente des Projektes dem Repository hinzufügen, werden Sie im nächsten Abschnitt einige Elemente von der Versionierung ausschließen.

5.3.2.4 Elemente ausschließen

Ähnlich wie bei Mercurial wird auch in Git eine Datei namens `.gitgnore` verwendet, um Dateien und Verzeichnisse von der Versionierung auszuschließen und diese zu ignorieren. Legen Sie daher im Verzeichnis `gittest` eine entsprechende Datei an, und geben Sie folgende Werte ein:

```
.DS_Store
tmp/**/*
log/*.log
db/*.sqlite3
config/database.yml
```

Wenn Sie nun erneut `git-status` eingeben, werden die zu ignorierenden Elemente nicht mehr angezeigt.

Git ignoriert leere Verzeichnisse, was im Fall der Ordner `log` und `vendor` im Umgang mit Rails-Projekten hinderlich ist. Der einzige mir bekannte Workaround für dieses Problem ist, dass in dem betreffenden Verzeichnis eine leere Datei namens `.gitignore` angelegt wird. Geben Sie daher Folgendes ein.

```
$ touch log/.gitignore vendor/.gitignore tmp/.gitignore
```

Geben Sie nun wieder `git-status` ein, und Sie werden die komplette Struktur der ersten Verzeichnisebene sehen.

```
# On branch master
#
# Initial commit
#
# Untracked files:
#   (use "git add <file>..." to include in what will be committed)
#
#    .gitignore
#    README
#    Rakefile
#    app/
#    config/
#    doc/
#    log/
#    public/
#    script/
#    test/
#    tmp/
#    vendor/
nothing added to commit but untracked files present (use "git add" to track)
```

Sie können nun die Datei `config/database.yml` in `config/database.yml.sample` umbenennen und mit `git-add` das Projekt dem Repository hinzufügen.

```
$ mv config/database.yml config/database.yml.sample
```

Beim Hinzufügen von Dateien mit `git-add` geben Sie das aktuelle Verzeichnis an. Git fügt dann rekursiv alle Elemente dem Repository hinzu.

```
$ git-add .
```

Oder:

```
$ git add .
```

Git gibt daraufhin keine Meldung aus. Überprüfen Sie nun den Status erneut, sehen Sie die neuen Elemente mit der Farbe Grün hervorgehoben.

```
# On branch master
#
# Initial commit
#
# Changes to be committed:
#   (use "git rm --cached <file>..." to unstage)
#
#    new file: .gitignore
#    new file: README
#    new file: Rakefile
#    new file: app/controllers/application.rb
#    new file: app/helpers/application_helper.rb
#    new file: config/boot.rb
```

```
#     new file: config/database.yml.sample
#     new file: config/environment.rb
...
#     new file: script/runner
#     new file: script/server
#     new file: test/test_helper.rb
#     new file: tmp/.gitignore
#     new file: vendor/.gitignore
#
```

Wenn Sie Elemente aus dem Repository entfernen möchten, können Sie einfach den Befehl `git-rm` benutzen.

```
$ git-rm
```

5.3.2.5 git-instaweb

Eine Möglichkeit, schnell einen detaillierten Überblick über die Historie eines Repositories zu erhalten, ist das Starten von `instaweb`. Auf Port `1234` läuft danach ein Server, den ein Browser nutzen kann, um die Historie in HTML aufbereitet anzuzeigen (vergl. Abbildung 5.8).

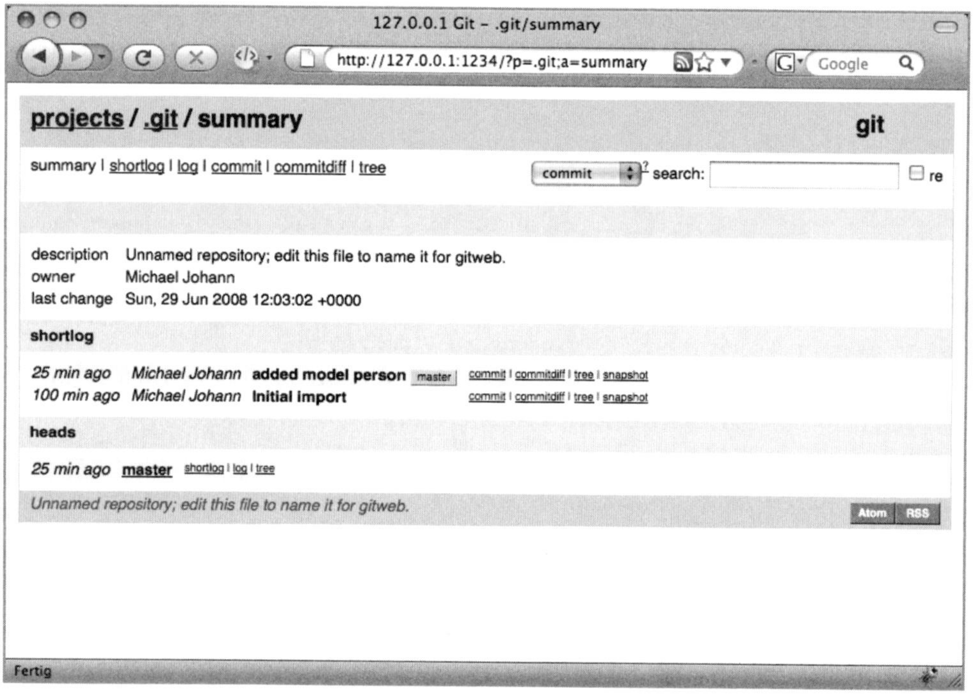

Abbildung 5.8 Der Webbrowser zeigt die Historie an.

Nach der Auswahl eines Changesets werden sämtliche Änderungen und neue Elemente angezeigt, die je nach Bedarf heruntergeladen werden können. Abbildung 5.9 zeigt dies.

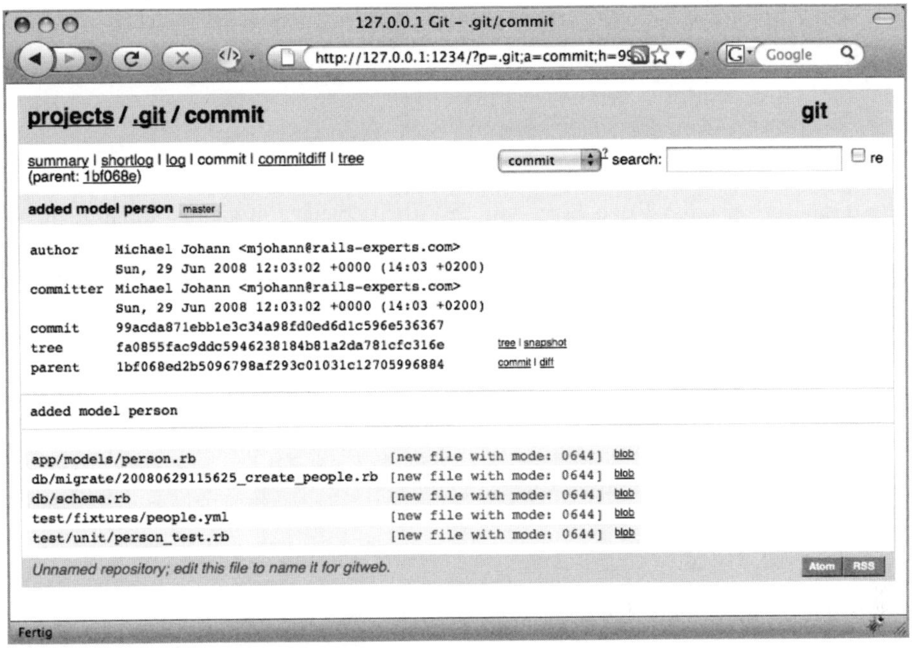

Abbildung 5.9 Die Änderungen im Detail

5.3.2.6 Einchecken von Dateien

Nach dem Hinzufügen zum Repository mit Hilfe von `git-add` müssen die neuen Elemente wie bei jedem anderen Versionierungssystem bestätigt werden. Dies erfolgt mit der Aktion `commit`. Geben Sie bitte folgende Anweisung ein.

```
$ git commit -a -m "Initial import"

Created initial commit 1bf068e: Initial import
 45 files changed, 8393 insertions(+), 0 deletions(-)
 create mode 100644 .gitignore
 create mode 100644 README
 create mode 100644 Rakefile
 create mode 100644 app/controllers/application.rb
 create mode 100644 app/helpers/application_helper.rb
 create mode 100644 config/boot.rb
 create mode 100644 config/database.yml.sample
 create mode 100644 config/environment.rb
 ...
 create mode 100755 script/runner
 create mode 100755 script/server
 create mode 100644 test/test_helper.rb
 create mode 100644 tmp/.gitignore
 create mode 100644 vendor/.gitignore
```

Somit wurde eine erste Revision im Repository angelegt.

Geben Sie nun auf der Kommandozeile einmal `git-branch` ein. Sie erhalten als Ergebnis den Branch `master`, der ähnlich wie bei Mercurial (`tip`) die aktuellste Revision bezeichnet.

Sie können anstelle der Kombination aus `add` und `commit` auch eine kürzere Variante verwenden, indem Sie dem Commit den Parameter -a übergeben. Dann wird automatisch alles ins Repository überführt, was neu und verändert ist. Selbst gelöschte Elemente werden mit diesem Parameter vor dem Commit gelöscht.

5.3.2.7 Klonen eines Repositories

Bevor Sie nun erfahren, wie mit Branches und Merges verfahren wird, klonen Sie wie im Abschnitt zu Mercurial das Repository, um die Arbeit zweier Entwickler abzubilden.

Hinweis:

Hier ist es unter Git wichtig, dass Sie einen Master-Branch erstellt haben. Über diesen verfügen Sie, wenn Sie die letzten Schritte nachvollzogen und einen initialen Commit durchgeführt haben.

Wechseln Sie nun in die Verzeichnisebene über dem Projekt `gittest`, und geben Sie dann Folgendes ein.

```
$ git clone gittest gittestclone

Initialized empty Git repository in
/Users/mjohann/Documents/projects/buch/RailsBuch/Buch/projekte/Kapitel_4/gittestcl
one/.git/
```

Jetzt verfügen Sie über einen Klon des Repositories `gittest`.

Wechseln Sie nun in das neue Verzeichnis `gittestclone`. Kopieren Sie anschließend die Datei `config/database.yml.sample` in die Datei `config/database.yml`.

```
$ cp config/database.yml config/database.yml.sample
```

Im nächsten Abschnitt wird diese initiale Version mit einem Tag versehen, um einen für Menschen lesbaren Revisionsbezeichner zu vergeben.

5.3.2.8 Taggen von Revisionen

Die Handhabung von Tags in Git ist sehr einfach. Sie nutzen das Kommando `git-tag` zur Vergabe von Tags. Mit dem initialen Revisionsstand können Sie auf der Kommandozeile Folgendes eingeben, um das Tag `INIT` zu vergeben.

```
$ git tag -a INIT -m "Initial startingpoint"
```

Die Liste aller Tags können Sie mit `git-tag` ohne Angabe von Parametern abfragen.

5.3.2.9 Änderungen vornehmen

Nun soll ein Ruby on Rails-Modell namens `Person` erstellt und eingecheckt werden. Hierzu geben Sie Folgendes ein:

```
$ ruby script/generate model person name:string

create  app/models/
create  test/unit/
create  test/fixtures/
create  app/models/person.rb
create  test/unit/person_test.rb
create  test/fixtures/people.yml
create  db/migrate
create  db/migrate/20080714182557_create_people.rb
```

Migrieren Sie nun die Datenbank:

```
$ rake db:migrate

(in
/Users/mjohann/Documents/projects/buch/RailsBuch/Buch/projekte/Kapitel_4/gittestcl
one)
== 20080629115625 CreatePeople: migrating ========================
-- create_table(:people)
   -> 0.0028s
== 20080629115625 CreatePeople: migrated (0.0035s) ==================
```

Fragen Sie dann den Status der Arbeitskopie ab:

```
$ git status

# On branch master
# Untracked files:
#   (use "git add <file>..." to include in what will be committed)
#
#   app/models/
#   db/
#   test/fixtures/
#   test/unit/
nothing added to commit but untracked files present (use "git add" to track)
```

Git gibt die Information aus, dass neue Dateien existieren, die noch nicht unter der Kontrolle von Git stehen. Daher müssen diese neuen Elemente mit `git-add` bekannt gemacht werden.

```
$ git-add .
```

Mit einer erneuten Statusabfrage erhalten Sie die folgende Ausgabe.

```
# On branch master
# Changes to be committed:
#   (use "git reset HEAD <file>..." to unstage)
#
#   new file:   app/models/person.rb
#   new file:   db/migrate/20080629115625_create_people.rb
#   new file:   db/schema.rb
#   new file:   test/fixtures/people.yml
#   new file:   test/unit/person_test.rb
#
```

Jetzt werden die Dateien von Git versionsgeführt, und Sie können die Änderungen mit einem Commit bestätigen.

```
$ git-commit -m "added model person"

Created commit 3b9d502: added persom model
 4 files changed, 30 insertions(+), 0 deletions(-)
 create mode 100644 app/models/person.rb
 create mode 100644 db/migrate/20080714182557_create_people.rb
 create mode 100644 test/fixtures/people.yml
 create mode 100644 test/unit/person_test.rb
```

Sie können sich nun die Historie der letzten Änderungen ansehen, indem Sie auf der Kommandozeile Folgendes eingeben.

```
$ git log

commit 3b9d50257d762a9443d8c28ecb151bfce780274f
Author: Michael Johann <mjohann@rails-experts.com>
Date:   Mon Jul 14 20:36:33 2008 +0200
```

```
    added persom model

commit 048521d82d0b9bc1ccda746f4853f639460c2e0c
Author: Michael Johann <mjohann@rails-experts.com>
Date:   Mon Jul 14 19:01:23 2008 +0200

    Initial import
```

Damit sind nun Änderungen im Klon enthalten, die im nächsten Abschnitt in das originale Repository gepusht werden.

5.3.2.10 Pushen

Das Pushen funktioniert wie bei Mercurial durch Aufruf der Aktion `push`. Geben Sie nun auf der Kommandozeile Folgendes ein.

```
$ git push

Counting objects: 17, done.
Compressing objects: 100% (10/10), done.
Writing objects: 100% (14/14), 1.71 KiB, done.
Total 14 (delta 1), reused 0 (delta 0)
Unpacking objects: 100% (14/14), done.
To /Users/mjohann/Documents/projects/buch/RailsBuch/Buch/projekte/Kapitel_4/
gittest/.git
   1bf068e..99acda8  master -> master
```

Damit steht dem originalen Repository die komplette Historie aus dem Klon zur Verfügung. Wenn Sie nun `git-log` im Projektverzeichnis `gittest` eingeben, werden Ihnen die beiden Revisionen angezeigt:

```
$ git-log

commit 3b9d50257d762a9443d8c28ecb151bfce780274f
Author: Michael Johann <mjohann@rails-experts.com>
Date:   Mon Jul 14 20:36:33 2008 +0200

    added persom model

commit 048521d82d0b9bc1ccda746f4853f639460c2e0c
Author: Michael Johann <mjohann@rails-experts.com>
Date:   Mon Jul 14 19:01:23 2008 +0200

    Initial import
```

Nach dem Pushen sind die neuen Elemente in der Arbeitskopie aber noch nicht sichtbar. Ein Aufruf von git-status offenbart lediglich, dass die neuen Dateien aus der aktuellen Arbeitskopie entfernt wurden.

```
$ git-status

# On branch master
# Changes to be committed:
#   (use "git reset HEAD <file>..." to unstage)
#
#   deleted:    app/models/person.rb
#   deleted:    db/migrate/20080714182557_create_people.rb
#   deleted:    test/fixtures/people.yml
#   deleted:    test/unit/person_test.rb
#
```

Die neuen Elemente können nun mit der Aktion `checkout` in die Arbeitskopie übertragen werden.

```
$ git-checkout -f
```

Danach gibt eine Ausführung von git-status folgende Meldungen aus.

```
# On branch master
nothing to commit (working directory clean)
```

5.3.2.11 gitk

Eine übersichtlichere Alternative zur Anzeige der Versionshistorie ist `gitk` – eine grafische Oberfläche zur Visualisierung der Historie eines Repositories. Die Abbildung 5.10 zeigt `gitk` in Aktion. `gitk` ist außerdem ein hervorragendes Werkzeug, um den commit-Verlauf zu visualisieren.

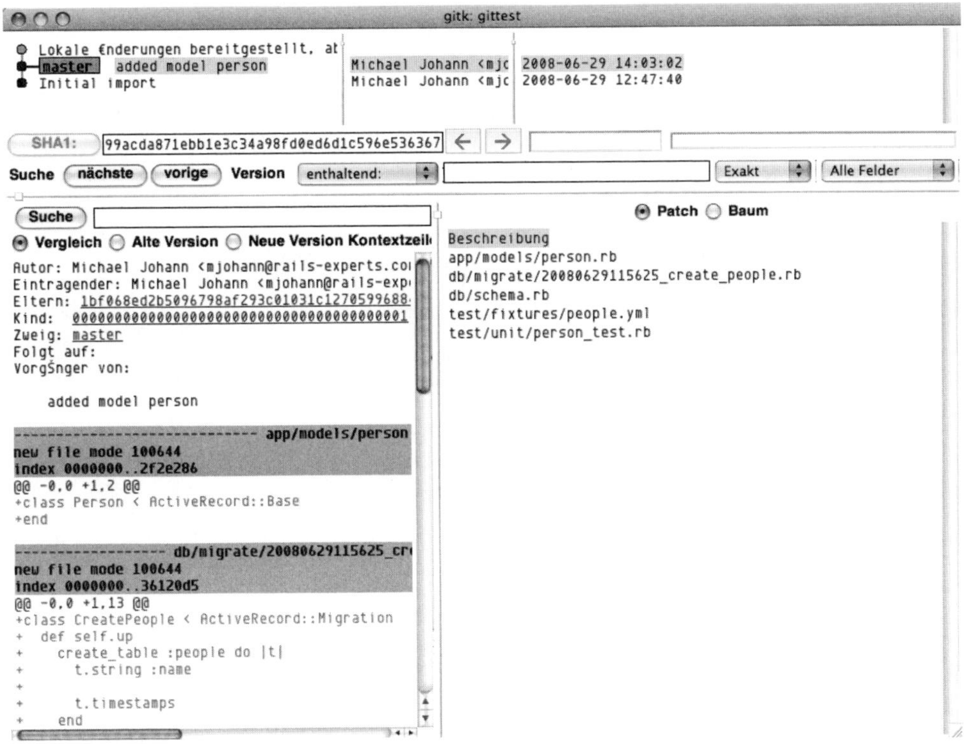

Abbildung 5.10 gitk zur Visualisierung der Projekthistorie

5.3.2.12 Pullen

Es ist natürlich möglich, dass auf dem originalen Repository weitergearbeitet und somit Änderungen eingefügt werden. Wenn ein geklontes Repository dann die neuen Daten erhalten soll, ruft der Benutzer im Verzeichnis des Klons folgenden Befehl auf.

```
$ git pull

remote: Counting objects: 9, done.
remote: Compressing objects: 100% (4/4), done.
remote: Total 5 (delta 2), reused 0 (delta 0)
Unpacking objects: 100% (5/5), done.
From /Users/mjohann/git/gittest/
   3b9d502..e906432  master     -> origin/master
Updating 3b9d502..e906432
Fast forward
 db/migrate/20080714182557_create_people.rb |    2 +-
 1 files changed, 1 insertions(+), 1 deletions(-)
```

Anders als bei Mercurial ist nach dieser Aktion keine Aktualisierung nötig, um die neuen Elemente in der Arbeitskopie verfügbar zu haben.

5.3.2.13 Mergen von Dateien

Wenn parallel Änderungen an einem Element in zwei Repositories erfolgen, kann es zu Problemen bei der Zusammenführung kommen. Dann wird es notwendig, einen Merge durchzuführen. Fügen Sie zur Handhabung eines Merges im originalen Repository einfach einen neuen Controller namens `NewsController` hinzu. Zuerst generieren Sie den Controller.

```
$ ./script/generate controller news

exists  app/controllers/
exists  app/helpers/
create  app/views/news
exists  test/functional/
create  app/controllers/news_controller.rb
create  test/functional/news_controller_test.rb
create  app/helpers/news_helper.rb
```

Jetzt editieren Sie die Datei app/controllers/news_controller.rb und fügen die Methode index mit folgendem Inhalt hinzu.

```
class NewsController < ApplicationController
  def index
    @news = News.all
  end
end
```

Dann fügen Sie die neuen Elemente der Versionierung hinzu.

```
$ git add .
```

Im letzten Schritt werden die Änderungen commited.

```
$ git commit -a -m "added news controller"

Created commit ff318be: added news controller
 3 files changed, 15 insertions(+), 0 deletions(-)
 create mode 100644 app/controllers/news_controller.rb
 create mode 100644 app/helpers/news_helper.rb
 create mode 100644 test/functional/news_controller_test.rb
```

Nun wechseln Sie in das Verzeichnis des Klons (`gittestclone`) und generieren ebenfalls einen `NewsController` mit der Method `index`.

```
$ ./script/generate controller news index
```

```
exists  app/controllers/
exists  app/helpers/
create  app/views/news
create  test/functional/
create  app/controllers/news_controller.rb
create  test/functional/news_controller_test.rb
create  app/helpers/news_helper.rb
create  app/views/news/index.html.erb
```

Nun fügen Sie die neuen Elemente dem Repository hinzu.

```
$ git-add .
```

Schließlich wird das Ganze noch commited.

```
$ git commit -a -m "added a news controller"

Created commit e566527: added a news controller
 4 files changed, 17 insertions(+), 0 deletions(-)
 create mode 100644 app/controllers/news_controller.rb
 create mode 100644 app/helpers/news_helper.rb
 create mode 100644 app/views/news/index.html.erb
 create mode 100644 test/functional/news_controller_test.rb
```

Und jetzt pushen Sie die Änderungen ins originale Repository.

```
$ git push --force

Counting objects: 18, done.
Compressing objects: 100% (10/10), done.
Writing objects: 100% (13/13), 1.19 KiB, done.
Total 13 (delta 1), reused 0 (delta 0)
Unpacking objects: 100% (13/13), done.
To /Users/mjohann/git/gittest/.git
 + ff318be...e566527 master -> master (forced update)
```

Falls sich Merge-Konflikte bemerkbar machen, können Sie mit git mergetool eine Zusammenführung vornehmen. Danach sollten Sie einen Commit durchführen, um die Änderungen zu speichern.

5.4 Zusammenfassung

In diesem Kapitel lernten Sie die Verwendung von verteilten Versionskontrollsystemen kennen. Die gezeigten Systeme sind Mercurial und Git. Bewusst wurde nicht näher auf Subversion und dergleichen eingegangen, weil ich davon ausging, dass Sie mit zentralen Repositories bereits reichlich Erfahrung sammeln konnten.

Folgende Aspekte wurden in diesem Kapitel erläutert:

- Grundlagen zu verteilten Versionskontrollsystemen
- Installation von Mercurial und Git
- Einführung zu Mercurial und Git
- Repositories klonen
- Änderungen verfolgen
- Gängige Workflows

6

6 JRuby

6.1 Einführung in JRuby

Charles M. Nutters und Thomas Enebos Projekt JRuby hatte zum Ziel, die Sprache Ruby in der Version 1.8.6 auf der Java VM lauffähig zu machen. Im Laufe der Zeit schlossen sich dem Projekt weitere kluge Köpfe an und rückten es ins allgemeine Interesse.

Um schnellstmöglich die Version 1.0 zu veröffentlichen, gewann Sun Microsystems Inc. die beiden Protagonisten als interne Mitarbeiter und verschaffte ihnen auf diese Weise die nötige Zeit und das nötige Geld, um JRuby zum Erfolg zu bringen.

Als diese Zeilen geschrieben wurden, war die Version 1.1.3 aktuell. Während die Version 1.0 noch eine möglichst hohe Sprachkompatibilität zum Ziel hatte, liegt der Fokus von Version 1.1 auf der Performanz des ausgeführten Codes.

Letzte Performanzmessungen bescheinigen JRuby signifikante Vorteile gegenüber der MRI-Umgebung (Matz Ruby Interpreter), was JRuby zu *der* Ablaufumgebung für Ruby on Rails-Anwendungen macht. Darüber hinaus bietet JRuby durch die ausgereifte Java VM einige Vorteile, die wir im Folgenden näher beschreiben.

Zunächst kann man sich die Frage stellen, warum Ruby-Code auf der Java VM ausgeführt werden sollte. Dafür lohnt sich ein Blick auf die momentane Sprachenlandschaft und Konferenzinhalte. Traditionell ist beispielsweise die JAX-Konferenz[1] sehr nahe am Geschehen, und 2007 wurden bereits einige Rails-Vorträge ins Programm integriert. Doch nicht nur Ruby on Rails war dort vertreten. Auch die Vertreter der Groovy-Gemeinde zeigten sich sehr aktiv und propagierten mit Grails den Ansatz „Groovy on Rails“. Wie auch immer – eine dynamische Sprache wie Ruby oder Groovy ist ausschlaggebend für die Kombination von Java VM und Sprache.

Warum aber gerade auf der Java VM?

---

[1] www.jax.de

Für viele Unternehmen ist Java inzwischen ein fester Bestandteil der IT-Strategie. Es wurde viel Geld und Zeit investiert, um unternehmenskritische Anwendungen zu entwickeln und in Produktion zu bringen.

Die Java VM ist eine sehr ausgereifte und erprobte Technologie; immerhin werden große, verteilte Architekturen mit der JVM realisiert. Das Performanzthema hat sich seit einigen Jahren erledigt, während es bei Ruby gerade noch in der Diskussion ist.

Java-Entwickler haben eine Affinität zu ihren JARs, seien es Standard-JARs oder eigene Bibliotheken. Java als Sprache hält den Entwickler eher an der kurzen Leine und fokussiert sich in der Flexibilität dadurch eher auf seine Bibliotheken und Frameworks.

Ich kenne beinahe kein Projekt, das nicht ein Persistenz-Framework oder eine Kapselung von Log4J programmiert hat. Oft geschieht dies, um Entwicklern die Möglichkeit zu geben, besseren Code zu entwickeln.

Der seit einigen Jahren zu beobachtende Trend der Domänen-spezifischen Sprachen (DSL, Domain Specific Languages) ist dabei nicht zu übersehen. Java mit seinen eher statischen Eigenschaften erlaubt es nicht wirklich, eine DSL zu implementieren. Ruby ist mit der Möglichkeit zur Metaprogrammierung allerdings ein geeigneter Kandidat, um eine DSL beispielsweise für Webanwendungen zu implementieren.

Andererseits ist der Vorrat an Java-Bibliotheken ein echtes El Dorado, nicht nur für Java-Entwickler. Somit stellt sich immer auch die Frage, wie man vorhandenes Wissen und Bibliotheken wieder- und weiterverwenden kann.

Groovy bietet eine an Java angelehnte Syntax und prinzipiell alle Vorzüge von Ruby und nutzt ebenfalls die JVM. Hierbei steht die Wiederverwendung von Java-Bibliotheken im Vordergrund. Einige Vertreter der Groovy-Szene reden gar von Investitionsschutz für Java-Entwickler.

Meiner persönlichen Meinung nach ist eine dynamische Sprache wie Ruby die bessere Alternative zum Investitionsschutz. Wenn ich mich schon von der reinen Java-Syntax verabschieden muss, kann ich gleich die Sprache Ruby erlernen, um ins Reich der Rails-Anwendungen zu gelangen. Schließlich versucht Grails den Nachbau zuzüglich einiger weiterer Ideen von Rails. Mit Ruby on Rails sitzen Sie daher immer direkt an der Quelle, denn auch hier ist die Community ein weiteres bestechendes Argument.

JRuby ist in der Lage, alle Eigenschaften der Sprache Ruby auf die JVM zu übertragen. Damit können Java-Bibliotheken transparent in Ruby-Programme eingebunden werden. Aber auch Java-Programme können Ruby-Programme aufrufen, wenn JRuby verwendet wird.

Mit JRuby kann beispielsweise ein Cluster von Mongrel-Servern innerhalb einer JVM gestartet werden. Damit laufen die Mongrel-Instanzen in eigenständigen Threads statt in eigenen Prozessen ab.

Die Diskussion pro und contra Threads vs. Prozesse wird uns sicher in den nächsten Jahren weiterhin begleiten. Die einen verteufeln Prozesse als ressourcenhungrige Monster und bevorzugen Threads. Andere wiederum geben langlebigen Prozessen wie in Ruby on Rails den Vortritt. Fakt ist: Wer Ruby on Rails mit seinen Java-Anwendungen integrieren will, hat mit JRuby die besten Karten in der Hand.

Sämtliche Iterationen des komplexen Shop-Beispiels in diesem Buch werden mit JRuby implementiert.

Eine Bemerkung am Rande: Es gab zu keiner Zeit Kompatibilitätsprobleme mit JRuby. Jede Zeile Rails-Code wurde anstandslos ausgeführt. JRuby erlaubt somit die transparente Entwicklung von Ruby on Rails-Anwendungen und darüber hinaus die Integration vorhandener Java-Applikationen. Die folgenden Seiten dieses Kapitels vermitteln Ihnen die Grundlagen von JRuby. Wir beschreiben den generellen Umgang mit JRuby und demonstrieren anhand einiger kleiner Beispiele dessen Integrationsfähigkeiten.

6.2 Installation von JRuby

JRuby ist zur Gänze in Java implementiert und kann somit auf jeder Java-fähigen Plattform eingesetzt werden. Die Installation ist denkbar einfach. Zunächst muss das Paket aus dem Netz geladen werden. Hierfür öffnen Sie einfach einen Browser und geben die folgende URL ein.

```
http://dist.codehaus.org/jruby/
```

Dort finden Sie die aktuellste Version. Suchen Sie sich eine passende Version größer 1.1 heraus, und starten Sie den Download.

Die Installationsanweisungen für die binäre Version sind auf der Homepage von JRuby zu finden und werden hier nicht wiederholt. In diesem Abschnitt beschreiben wir allerdings, wie man aus dem aktuellen Versionsstand im Subversion Repository eine lokale Installation erstellt.

6.2.1 Eigener Build

Im ersten Schritt müssen die Quellen aus dem Repository geladen werden. Dazu wechseln Sie in Ihr bevorzugtes Projektverzeichnis und geben folgende Anweisung ein.

```
$ svn co http://svn.codehaus.org/jruby/trunk/jruby jruby
```

Als Zielverzeichnis sollten Sie ein lokales Verzeichnis des aktuellen Benutzers wählen. Wenn Sie eine Version von ANT auf Ihrem Rechner installiert haben, starten Sie nun im Verzeichnis JRuby einen Build-Vorgang.

```
$ ant
```

Nach etwa einer Minute sind die Bestandteile der Installation erstellt, und Sie können ein aktuelles JAR von JRuby erstellen. Hierzu rufen Sie ANT folgendermaßen auf.

```
$ ant jar-complete

jar-complete:
 [jarjar] Building jar: /Users/mjohann/jruby/lib/jruby-complete.jar
```

Mit

```
$ ant clean
```

entfernen Sie nun die überflüssigen Artefakte aus dem Build-Lauf. Falls Sie die Distribution testen wollen, tun Sie dies mit dem folgenden Aufruf.

```
$ ant test
```

Jetzt verfügen Sie über die Distribution in binärer Form und können mit der allgemeinen Installation fortsetzen. Hierzu zählt das Setzen der Umgebungsvariable `JRUBY_HOME` auf das Verzeichnis von JRuby. Unterhalb von `JRUBY_HOME` finden sich die Verzeichnisse `bin` und `lib`, die die weiteren Bestandteile wie Skripte und weitere Bibliotheken enthalten.

Binden Sie nun noch das Verzeichnis `JRUBY_HOME/bin` in die Umgebungsvariable `PATH` ein, und schon können Sie loslegen.

Rufen Sie JRuby folgendermaßen auf, um sich die aktuelle Version anzeigen zu lassen.

```
$ jruby -v

jruby 1.1.3 (ruby 1.8.6 patchlevel 114) (2008-07-20 rev 7243) [x86_64-java]
```

Damit ist JRuby auf Ihrem Rechner installiert und kann mit den notwendigen Gems versorgt werden.

6.2.2 Gems installieren

Als Erstes sollten Sie JRuby-OpenSSL installieren. Geben Sie hierzu folgende Anweisung ein.

```
$ jruby -S gem install jruby-openssl

Successfully installed jruby-openssl-0.2.3
1 gem installed
Installing ri documentation for jruby-openssl-0.2.3...
Installing RDoc documentation for jruby-openssl-0.2.3...
```

Dann installieren Sie bitte rake, das Ruby Make-Tool, mit diesem Aufruf.

```
$ jruby -S gem install rake

Successfully installed rake-0.8.1
1 gem installed
Installing ri documentation for rake-0.8.1...
Installing RDoc documentation for rake-0.8.1...
```

Nun ist es Zeit für die Installation von Ruby on Rails. Hierzu geben Sie folgende Anweisung ein.

```
$ jruby -S gem install rails

Successfully installed activesupport-2.1.0
Successfully installed activerecord-2.1.0
Successfully installed actionpack-2.1.0
Successfully installed actionmailer-2.1.0
Successfully installed activeresource-2.1.0
Successfully installed rails-2.1.0
6 gems installed
...
```

Ab jetzt können Sie mit JRuby arbeiten und beispielsweise Ruby on Rails-Projekte erstellen und laufen lassen.

6.3 Erste Schritte

Dieser Abschnitt zeigt Ihnen die Grundzüge beim Einsatz von JRuby. Dabei lernen Sie, wie man eine Swing-Anwendung mit Ruby entwickelt. Ein weiteres Beispiel integriert eien Rails-Anwendung mit einem JEE-5-Projekt, so dass ein Controller auf EJB-Instanzen zugreifen und in den Views anzeigen kann.

6.3.1 Java aus Ruby heraus aufrufen

Der Aufruf von Java-Klassen aus Ruby heraus mit JRuby ist eine sehr einfache und schöne Möglichkeit, vorhandene Java-Bibliotheken weiter zu verwenden. Die folgende Java-Klasse dient als Beispiel.

Listing 6.1 http://www.pastie.org/247044

```
package com.railsexperts.jruby.call2java;

public class Call2Java {
    private String message;

    public Call2Java() {
        message = "Hello World!";
    }

    public void sayHello() {
        System.out.println(message);
    }

    public static void main(String[] args) {
        System.out.println("Main Methode wurde aufgerufen.");
    }
}
```

Die Klasse ist sehr einfach gehalten und stellt im Grunde das klassische Hello World-Programm dar. Im Konstruktor wird das Attribut `message` mit `Hello World!` initialisiert. Die Methode `sayHello` gibt den Inhalt der Variablen `message` auf der Systemkonsole aus.

6.3.1.1 Eine Klasse aufrufen

Eine Ruby-Klasse namens `Call2JavaOne` soll nun die Klasse `Call2Java` instanzieren und die Methode `sayHello` aufrufen. Hierzu dient der folgende Ruby-Code.

Listing 6.2 http://www.pastie.org/247045

```
include Java

Call2Java = com.railsexperts.jruby.call2java.Call2Java

class Call2JavaOne
    def initialize
      @call2java = Call2Java.new
    end
    def sayHello
        @call2java.sayHello
    end
end
```

```
c2j = Call2JavaOne.new
c2j.sayHello
```

Die Datei `call2javaone.rb` enthält neben der Ruby-Klasse `Call2JavaOne` ein zweizeiliges Skript, um die Klasse zu instanziieren und die Methode `sayHello` aufzurufen.

Die erste Zeile ist ein Include, das die Klassen aus dem Package `java.lang` in den Scope des Skripts bringt. Die zweite Zeile definiert den Typ `Call2Java` aus der zugehörigen Java-Klasse. Damit ist `Call2Java` einfacher zu verwenden, als wenn der komplette Package-Name angegeben werden müsste. Es wäre an dieser Stelle auch möglich, den Klassennamen zu verändern.

Die Klassendefinition für `Call2JavaOne` enthält einen Konstruktor (`initialize`), der eine Instanzvariable `@call2java` mit einer Instanz von `Call2Java` definiert.

Die Methode `sayHello` delegiert den Aufruf an das Java-Objekt.

Ruby hat bekanntlich seine eigenen Konventionen, wenn es um die Namensgebung von Methoden etc. geht. JRuby unterstützt diese Konventionen, und so könnte das obige Ruby-Skript auch folgendermaßen geschrieben werden:

Listing 6.3 http://www.pastie.org/247046

```
include Java

include_class "com.railsexperts.jruby.call2java.Call2Java"

class Call2JavaOne
    def initialize
      @call2java = Call2Java.new
    end
    def say_hello
        @call2java.say_hello
    end
end

c2j = Call2JavaOne.new
c2j.say_hello
```

JRuby kennt die Konventionen von Ruby und bietet neben der normalen Schreibweise von Java-Methoden entsprechende Ruby-Pendants an, die im Beispiel in Fettschrift hervorgehoben sind.

6.3.1.2 Eine Schnittstelle implementieren

Das folgende Beispiel zeigt, wie eine Schnittstelle namens `IPerson` von einer Ruby-Klasse implementiert wird. Zunächst wird die Schnittstellendefinition gezeigt.

Listing 6.4 http://www.pastie.org/247047

```
package com.railsexperts.jruby.call2java;

public interface IPerson {
    public String getName();
    public String getEmailAddress();
}
```

`IPerson` kennt zwei Methoden `getName` und `getEmailAddress`. Diese müssen von der Ruby-Klasse implementiert werden. Das sieht dann im ersten Ansatz so aus.

Listing 6.5 http://www.pastie.org/247048

```
include Java

include_class "java.util.ArrayList"
include_class "com.railsexperts.jruby.call2java.IPerson"

class CallingJava
    include IPerson
    def getName
      "Michael"
    end

    def getEmailAddress
        "mjohann@rails-experts.com"
    end

    def initialize
        super
        @msgList = ArrayList.new
        @message = "Hallo aus JRuby."
    end

    def say_hello
        puts @message
    end

    def add_message(msg)
        @msgList.add(msg)
    end

    def output_messages
        puts "Anzahl der Nachrichten = #{@msgList.size}"
        @msgList.each do |msg|
            puts msg
        end
    end

end

p = CallingJava.new

puts p.class
puts "Diese Klasse implementiert IPerson" if p.is_a? IPerson
puts p.getName
puts p.getEmailAddress

p.say_hello
p.add_message "Hallo zusammen"
p.add_message "Tach auch"
p.add_message "Moin, moin"

puts p.output_messages
```

Der Schlüssel ist die `include`-Anweisung innerhalb der Klassendefinition. Eine Schnittstelle aus Java wird so als Module-Mixin implementiert.

Damit muss die Ruby-Klasse die beiden Methoden `getName` und `getEmailAddress` implementieren. Dies wird auch prompt im weiteren Verlauf des Beispiels erledigt. Konkret werden im obigen Beispiel einfach passende Strings zurückgegeben.

Im Konstruktor der Ruby-Klasse legt man eine Instanz von `java.util.ArrayList` an und weist des Weiteren der Instanzvariablen `@message` ein `String`-Objekt zu, das von der Methode `say_hello` ausgegeben wird.

Die Methode `add_message` fügt Textnachrichten in die `ArrayList`-Instanz ein. Beim Aufruf der Methode `output_messages` sorgt dann eine Iteration für die Ausgabe aller Objekte in der `ArrayList`. Das Skript am Ende des Listings zeigt dann die Anwendung und erzeugt folgende Ausgabe.

```
CallingJava
Diese Klasse implementiert IPerson
Michael
mjohann@rails-experts.com
Hallo aus JRuby.
Anzahl der Nachrichten = 3
Hallo zusammen
Tach auch
Moin, moin
nil
```

Mit dieser einfachen Demonstration haben wir die wichtigsten Informationen für die Integration vorhandener Java-Klassen in ein Ruby-Programm unter JRuby dargestellt. Der nächste Abschnitt zeigt, wie man mit einfachen Mitteln eine Swing-Anwendung in Ruby schreibt.

6.3.2 Eine kleine Swing-Anwendung in Ruby

Das folgende Beispiel zeigt Ihnen, wie Sie eine Swing-Anwendung mit JRuby erstellen. Hierzu dient eine einfache Todo-Liste, die das Hinzufügen und Löschen von Einträgen erlaubt.

Listing 6.6 http://www.pastie.org/247050

```
# Lädt die mitgelieferten Java-Bibliotheken
include Java

# Klassendefinition für die Todo-Listen-Anwendung
class RubySwingTodo
  # Implementiert die ActionListener-Schnittstelle
  include java.awt.event.ActionListener

  # Konstruktor, der die benutzten Komponenten
  # instanziiert
  def initialize
    # Die Liste für das GUI
    @todo_list = javax.swing.JList.new
    # Das ListModel für die grafische Liste
    @list_model = javax.swing.DefaultListModel.new
    # Das Hauptfenster der Anwendung
    @frame = javax.swing.JFrame.new("Todo-Liste")
    # Der Button für das Hinzufügen eines Eintrags
    @add_button = javax.swing.JButton.new("Hinzufügen")
    # Der Button für das Entfernen eines Eintrages
    @remove_button = javax.swing.JButton.new("Entfernen")
    # Das Texteingabefeld für Einträge der Todo-Liste
    @entry = javax.swing.JTextField.new 20
    # Das Hauptpanel für die grafischen Komponenten
    @main_panel = javax.swing.JPanel.new
    # Das Panel für die Texteingabe mit dem Add-Button
    @entry_panel = javax.swing.JPanel.new
```

```
    # Das Panel für die grafische Liste und den Remove-Button
    @list_panel = javax.swing.JPanel.new
    # Ein ScrollPane für die grafische Liste
    @scroll_pane = javax.swing.JScrollPane.new @todo_list

    # Vorbereiten der Komponenten
    init_gui
  end

  # Weitere Initialisierungen
  def init_gui
    # Die Anzahl der sichtbaren Einträge
    @todo_list.visible_row_count = 10
    # Setzen des ListModels
    @todo_list.model = @list_model
    # Setzen der Standardaktion bei Klick auf den Schließenbutton
    # des Fensters
    @frame.default_close_operation = javax.swing.JFrame::EXIT_ON_CLOSE
    # Setzen des Layouts des Hauptpanels
    @main_panel.layout = java.awt.BorderLayout.new
    # Das Kommando des Hinzufügen-Buttons
    @add_button.action_command = "add"
    # Hinzufügen des Listeners
    @add_button.add_action_listener self
    # Das Kommand des Remove-Buttons
    @remove_button.action_command = "remove"
    # Hinzufügen des Listeners
    @remove_button.add_action_listener self

    # Fügt die Texteingabezeile in das Entry-Panel ein
    @entry_panel.add @entry
    # Fügt den Button in das Entry-Panel ein
    @entry_panel.add @add_button

    # Das Entry-Panel wird ins Hauptpanel gestellt
    @main_panel.add @entry_panel, java.awt.BorderLayout::NORTH
    # Das Scrollpane mit der grafischen Liste wird
    # in das List-Panel eingesetzt
    @list_panel.add @scroll_pane
    # Der Remove-Button wird dem List-Panel hinzugefügt
    @list_panel.add @remove_button
    # Das List-Panel wird in das Main-Panel eingesetzt
    @main_panel.add @list_panel, java.awt.BorderLayout::CENTER
    # Das Main-Panel wird zum Content-Panel
    @frame.content_pane = @main_panel
    # Das Hauptfenster wird gepackt
    @frame.pack
  end

  # Hier wird das Hauptfenster angezeigt
  def run
    @frame.visible = true
  end

  # Wird von ActionListener gefordert
  def actionPerformed(e)
    # Vergleich ob Add-Button gemeint ist
    if e.action_command == "add"
      # Text aus der Texteingabezeile ins ListModel einfügen
      @todo_list.model.add_element @entry.text
    # Vergleich ob Remove-Button gemeint ist
    elsif e.action_command == "remove"
      # Sucht den markierten Eintrag
      index = @todo_list.selected_index
      # Löscht einen markierten Eintrag
      @todo_list.model.remove index unless index < 0
    end
  end
end
```

```
# Hauptprogramm ausführen
# Erst Instanz erstellen
todo = RubySwingTodo.new
# Methode run aufrufen
todo.run
```

Wenn Sie das obige Listing in einem Editor anlegen und die Anwendung starten, erhalten Sie eine Ansicht wie in Abbildung 6.1.

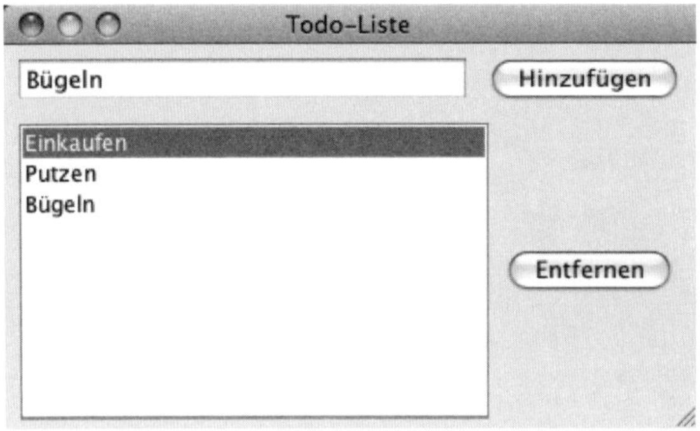

Abbildung 6.1
Die Swing-Anwendung

Das obige Listing habe ich komplett mit Kommentaren versehen, damit direkt im Listing klar wird, was da genau geschieht.

6.3.3 Eine Enterprise JavaBean aus Ruby heraus aufrufen

Eine weitaus interessantere Verwendungsmöglichkeit von JRuby ist die Nutzung und Integration von Enterprise JavaBeans aus JRuby heraus. Da JRuby bekanntlich auf der Java VM läuft und ein Application-Server ebenfalls, können Sie sich leicht vorstellen, dass die Nutzung von JEE-Schnittstellen wesentlich einfacher möglich ist als über andere Technologien.

Im Folgenden wird als Voraussetzung die IDE NetBeans eingesetzt, da für JEE-Projekte eine integrierte Entwicklungsumgebung im Gegensatz zu Ruby on Rails-Projekten dringend anzuraten ist.

Die Installation und der Download von NetBeans sind im Kapitel 1 beschrieben, sodass an dieser Stelle auf eine Wiederholung verzichtet werden kann.

Als Beispiel dient ein kleiner TaskManager, wie Sie ihn schon aus Abschnitt 6.3.2 kennen. Die Datenverwaltung hinter der Oberfläche soll von einer Entity Bean nach der JEE-5-Spezifikation übernommen werden. Und die Schnittstelle zu unserem Ruby-Programm wird eine Stateless SessionBean sein.

6.3.3.1 Projekt erstellen

Legen Sie zuerst ein neues Projekt in NetBeans an. Hierzu starten Sie NetBeans und legen eine neue Enterprise Application an. Die Quelltexte hierzu werden wir komplett selbst implementieren, so dass Sie die Variante ohne existierende Sourcen auswählen können (siehe Abbildung 6.2).

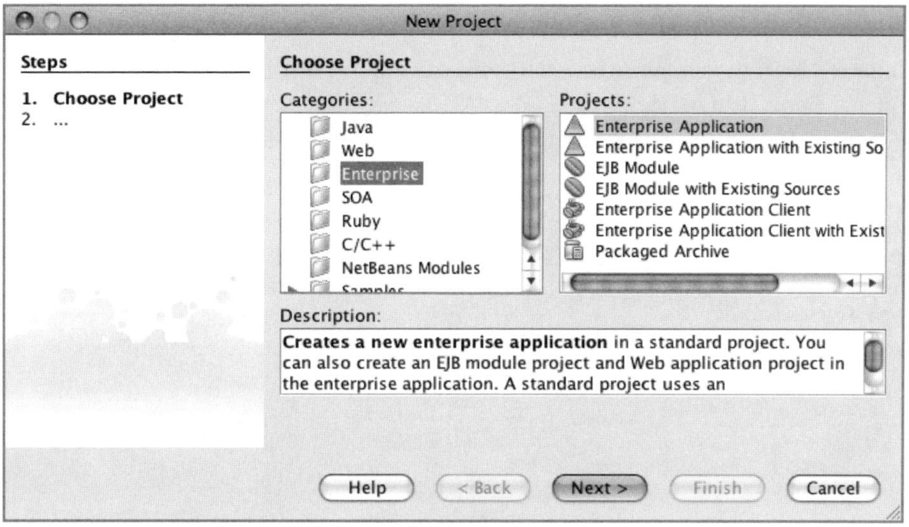

Abbildung 6.2 Der Projektassistent für das Enterprise-Projekt in NetBeans

Nach einem Klick auf den Button `Next` werden Sie aufgefordert, ein Projektverzeichnis und einen Namen für das Projekt anzugeben. Vergeben Sie den Namen `TodoJEE`, und suchen Sie ein geeignetes Verzeichnis für das Projekt.

Lassen Sie die beiden Checkboxen aktiviert, um das EJB- und das WAR-Modul ebenfalls zu generieren (siehe Abbildung 6.3). Stellen Sie zudem sicher, die JavaEE-5-Spezifikation ausgewählt zu haben, und klicken Sie dann auf `Finish`.

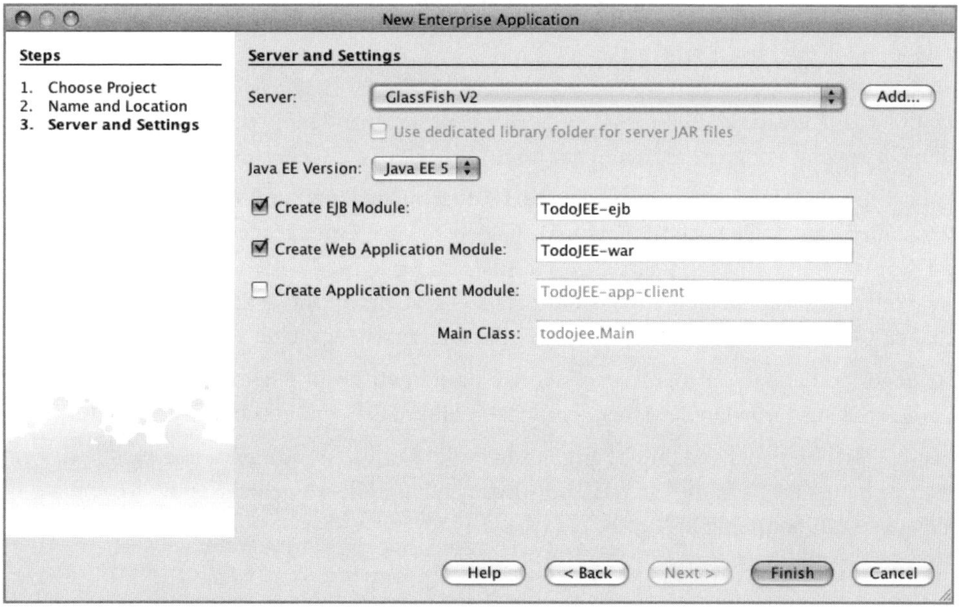

Abbildung 6.3 Das EJB-Modul und Web-Application-Modul sollten mit generiert werden.

6.3.3.2 TodoTitem Entity-Bean erstellen

Selektieren Sie nun das generierte EJB-Projekt, und erstellen Sie über das Kontextmenü eine neue EntityBean namens `TodoItem`. Als Package-Namen geben Sie hier `ejb` an und beenden den Assistenten mit einem Klick auf den `Finish`-Button (vgl. Abbildung 6.4).

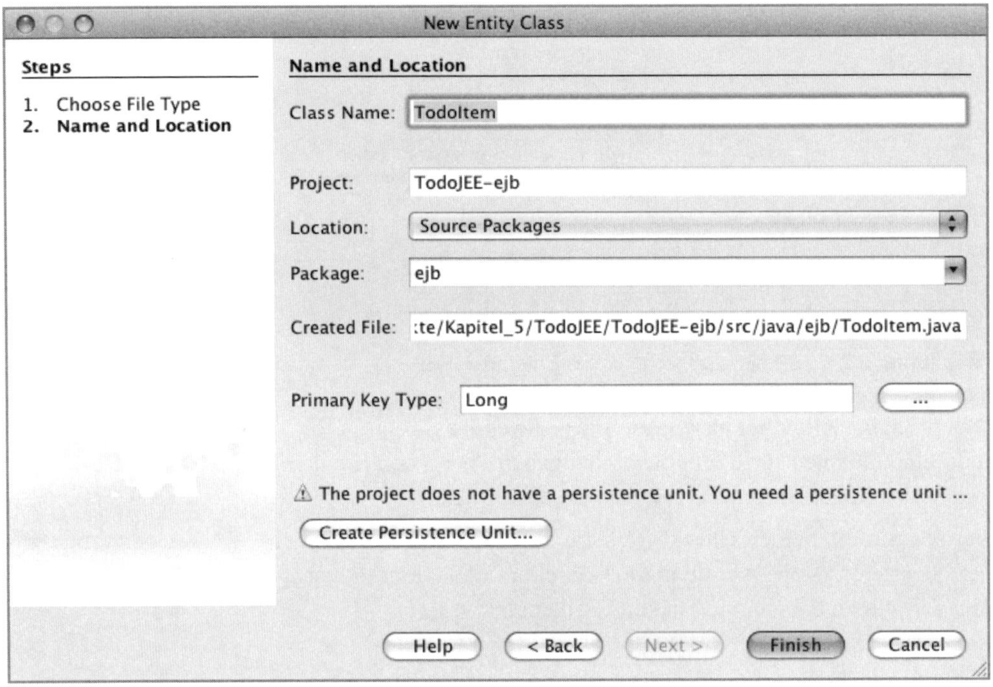

Abbildung 6.4 Die Entity-Klasse

Damit ist eine EntityBean namens `TodoItem` generiert worden, und wir können uns auf die Persistence-Unit konzentrieren, die der `TodoItem`-Klasse zugeordnet wird.

Rufen Sie nun das Kontextmenü des EJB-Teilprojektes auf, und erstellen Sie eine neue Persistence-Unit (siehe Abbildung 6.5). Geben Sie als Persistence-Provider TopLink an, und wählen Sie als Datenquelle aus der Liste `Data Source` den Eintrag `jdbc/sample` aus. Stellen Sie zudem sicher, dass die Persistence-Unit die Java Transaction API benutzt. Klicken Sie dann auf den Button `Finish`, und die Persistence-Unit wird erstellt.

Die generierte Datei `persistence.xml` wird automatisch in einem eigenen Editor geöffnet, den Sie aus Gründen der Übersichtlichkeit allerdings wieder schließen sollten.

Jedes `TodoItem` soll als fachliche Eigenschaft ein Attribut `description` erhalten, das eine Beschreibung eines Eintrags in der Todo-Liste enthält. Hierzu geben Sie die folgende Zeile in die Klasse TodoItem ein.

```
private String description;
```

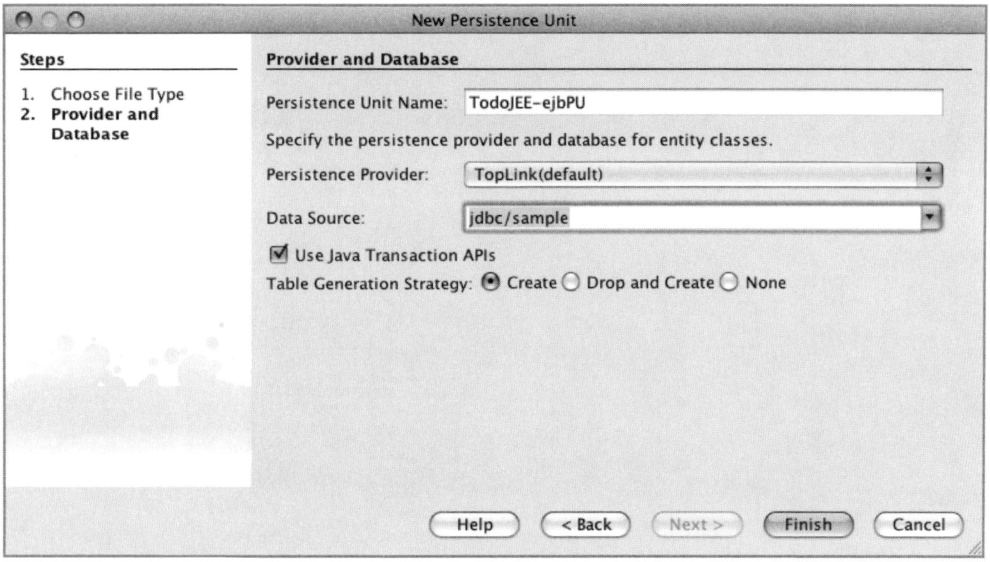

Abbildung 6.5 Das Erstellen der neuen Persistence-Unit

Die benötigten Getter- und Setter-Methoden können Sie sich hinzugenerieren lassen oder manuell eingeben. Das Kontextmenü des Klasseneditors stellt den Eintrag `insert code...` bereit, der es erlaubt, aus einer Liste die Generierung der benötigten Methoden zu erstellen.

Listing 6.7 http://www.pastie.org/247054

```
public String getDescription() {
  return description;
}

public void setDescription(String description) {
  this.description = description;
}
```

6.3.3.3 TodoManager Session-Bean erstellen

Da wir nicht direkt auf die Entity-Objekte zugreifen werden, erstellen wir noch eine Stateless SessionBean, die uns als Fassade dienen soll.

Rufen Sie im EJB-Projekt das Kontextmenü und den Punkt `New/SessionBeans for Entity Class...` auf. Im sich öffnenden Dialog (siehe Abbildung 6.6 auf der nächsten Seite) selektieren Sie die Klasse `ejb.TodoItem` in der linken Liste und klicken auf den Button `Add`, um die EntityBean für die neu zu generierende SessionBean auszuwählen.

Mit einem Klick auf den Button `Next` gelangen Sie auf die nächste Seite im Assistenten. Dort legen Sie fest, ob zusätzlich zum Local-Interface ein Remote-Interface erstellt werden soll (siehe Abbildung 6.7). Stellen Sie sicher, dass ein Remote-Interface generiert wird, indem Sie die entsprechende Checkbox aktivieren.

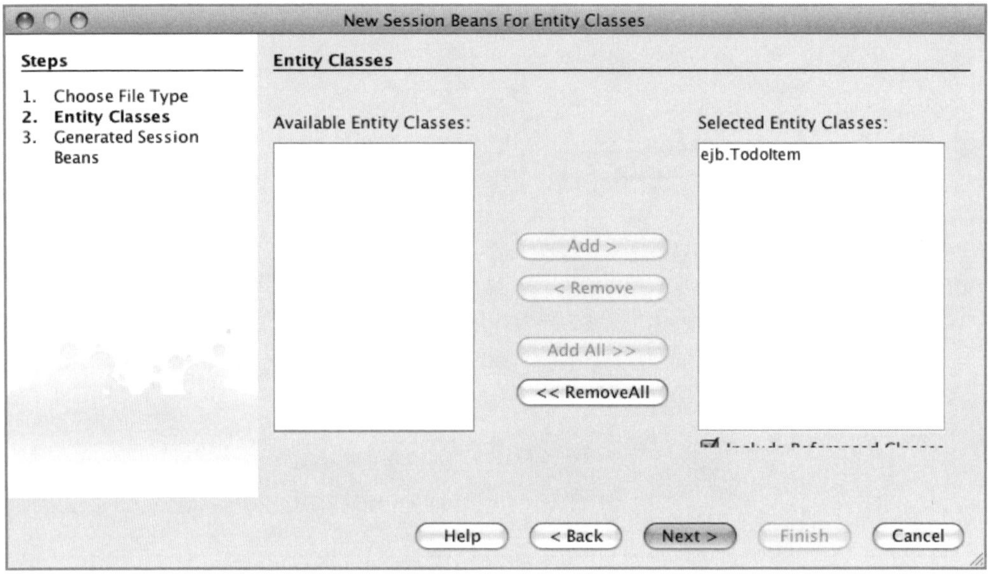

Abbildung 6.6 Die Bean TodoItem wird für die neue Session-Bean ausgewählt.

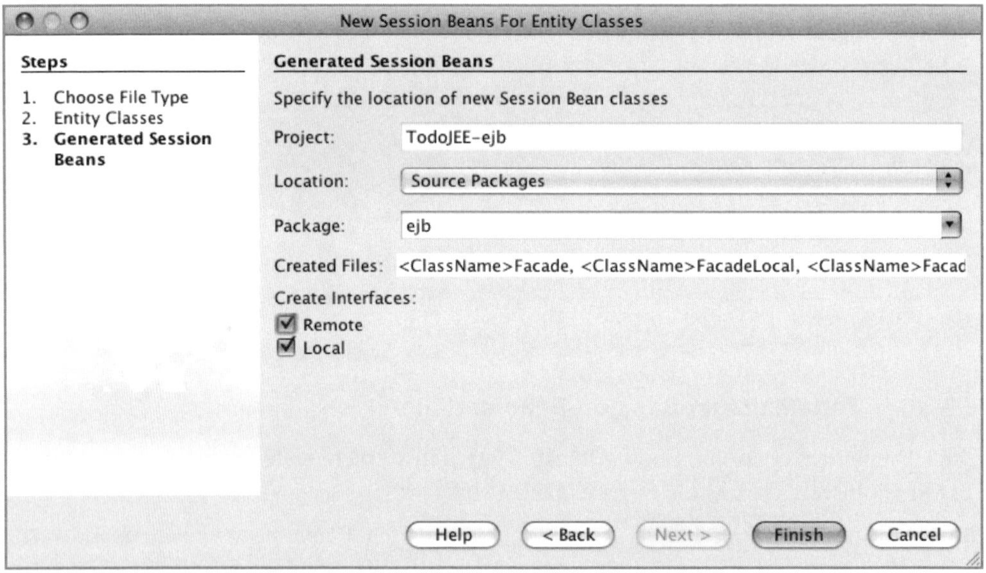

Abbildung 6.7 Hier können Sie angeben, ob Sie ein Remote-Interface benötigen.

Mit einem Klick auf den Button Finish wird die Klasse `TodoItemFacade` sowie das zugehörige Local-Interface generiert. Der Source-Editor für die Klasse `TodoItemFacade` öffnet sich daraufhin automatisch.

Der benötigte `PersistenceContext` wurde beim Generieren ebenfalls bereits in die Klasse geschrieben, so dass die Programmierarbeit an dieser Stelle schon endet.

6.3.3.4 Todo Projekt anlegen

Weil die EJB-Anwendung nun vollständig ist, können wir uns dem Client zuwenden. Dieser wird eine einfache Rails-Anwendung sein, die ebenfalls neu erstellt und später im Glassfish-Server neben der EJB-Anwendung deployed wird.

Erstellen Sie also ein neues Ruby on Rails-Projekt, und vergeben Sie den Namen `Todo` als Projektnamen. Wählen Sie für die Laufzeitumgebung ein JRuby 1.1.x und einen Mongrel-Server aus (siehe Abbildung 6.8).

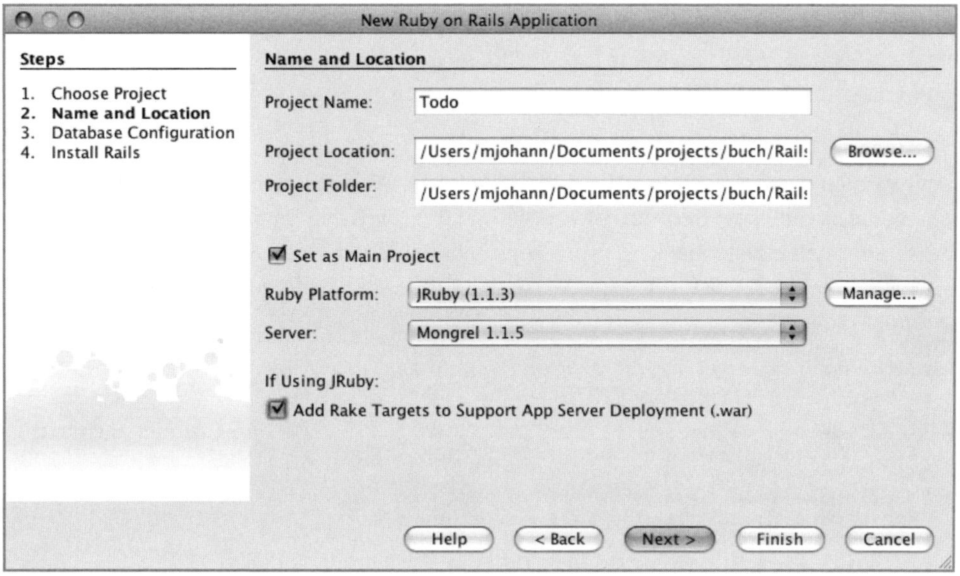

Abbildung 6.8 Das neue Ruby on Rails-Projekt soll Todo heißen.

Aktivieren Sie die Checkbox für das Generieren der Rake-Tasks, um die Anwendung später als WAR-Datei im Application-Server installieren zu können.

Danach klicken Sie auf den `Finish`-Button, und das neue Projekt wird erstellt.

6.3.3.5 Scaffolding für TodoItem generieren

Im folgenden Schritt benutzen wir Ruby on Rails einmal ganz anders. Da wir in der Todo-Anwendung nicht direkt mit einer Datenbank kommunizieren, sondern EJBs hierzu verwenden, müssen wir einige Dinge berücksichtigen.

Wir wollen uns für dieses Projekt in jedem Fall die Schreibarbeiten für die Views sparen, weshalb wir ein Scaffolding nutzen.

Rufen Sie nun das Kontextmenü des Ruby on Rails-Projektes auf, und wählen Sie den Punkt `Generate...` aus.

Aus der Liste der verfügbaren Generatoren wählen Sie dann Scaffold aus und geben in den Namen `todo_item` für die Modell-Klasse an.

In die Eingabezeile für die Attribute geben Sie `description:string` ein. Dann beenden Sie den Assistenten, und die benötigten Elemente werden generiert.

Weil das generierte Modell `TodoItem` nicht länger benötigt wird, können Sie die Datei `app/models/todo_item.rb` löschen.

6.3.3.6 Konfiguration der verwendeten Frameworks von Ruby on Rails

Da wir an dieser Stelle keine Objekte mittels ActiveRecord persistent machen wollen, sondern mit EJB-Objekten arbeiten, müssen wir Ruby on Rails noch ein wenig konfigurieren, damit die Anwendung wie gewünscht lauffähig ist. Hierzu genügt es, die Konfiguration in der Datei `config/environment.rb` anzupassen. Konkret bedeutet dies, dass Sie den Kommentar aus der folgenden Zeile entfernen müssen.

```
config.frameworks -= [ :active_record, :active_resource, :action_mailer ]
```

Damit werden die drei Frameworks ActiveRecord, ActiveResource und ActionMailer nicht mehr geladen und erwarten auch keinerlei abhängige Komponenten, wie beispielsweise eine bereitgestellte Datenbank. Entsprechend müssen in der Datei `config/initializers/new_rails_defaults.rb` noch die Verweise auf das ActiveRecord-Framework auskommentiert werden.

```
# These settings change the behavior of Rails 2 apps and will be defaults
# for Rails 3. You can remove this initializer when Rails 3 is released.

# Include Active Record class name as root for JSON serialized output.
#ActiveRecord::Base.include_root_in_json = true

# Store the full class name (including module namespace) in STI type column.
#ActiveRecord::Base.store_full_sti_class = true

# Use ISO 8601 format for JSON serialized times and dates.
ActiveSupport.use_standard_json_time_format = true

# Don't escape HTML entities in JSON, leave that for the #json_escape helper.
# if you're including raw json in an HTML page.
ActiveSupport.escape_html_entities_in_json = false
```

Jetzt steht dem Einsatz der Anwendung ohne ActiveRecord nichts mehr im Weg, und wir können mit der Implementierung der Integration fortfahren.

6.3.3.7 TodoManager implementieren

Als Nächstes muss eine Klasse implementiert werden, die die Zugriffe auf die `TodoItemFacade` kapselt und die für den `TodoItemsController` benötigten Daten liefert. Die Klasse wird im Verzeichnis `lib` angelegt und bekommt den Namen `TodoManager`, weshalb die Datei `todo_manager.rb` heißt.

Die folgenden Seiten zeigen, wie diese Klasse Schritt für Schritt implementiert wird. Den kompletten Quelltext finden Sie übrigens hier:

```
http://www.pastie.org/247059
```

Klasse anlegen

```
require 'java'

import javax.naming.InitialContext

include_class 'ejb.TodoItem'

class TodoManager
  include Singleton
end
```

Mit den obigen Zeilen für den Klassenrumpf wird das Java-Laufzeitsystem in den Scope geladen. Da wir im Bereich von EJB den `IntialContext` für den JNDI-Dienst benötigen, wird zusätzlich die Klasse `javax.naming.InitialContext` in den Scope geladen.

Damit wir mit der EntityBean aus dem JEE-Projekt arbeiten können, muss auch diese Klasse in den Scope geladen werden, was hier alternativ mit `include_class` geschieht.

Damit für jeden Rails-Prozess nur eine Instanz des `InitialContext` sowie der Klasse `TodoManager` existiert, wird das Modul `Singleton` eingebunden. `Singleton` wird von Ruby on Rails bereitgestellt und bietet eine einfache Handhabung für Singleton-Klassen.

Konstruktor erstellen

Die Singleton-Klasse erhält den folgenden Konstruktor.

```
def initialize
  ic = InitialContext.new
  @bean = ic.lookup("ejb.TodoItemFacadeRemote")
end
```

Zunächst wird hier die lokale Variable `ic` mit einer Instanz von `InitialContext` erstellt. Danach findet ein Aufruf der Methode `lookup` statt, indem die gewünschte Fassade geholt und in der Instanzvariablen `@bean` abgelegt wird.

Methoden implementieren

Für den Zugriff auf die Methoden der `TodoItemFacade`-Klasse werden komfortable Klassenmethoden implementiert, die jeweils für die RESTful-Aktionen des `TodoItems-Controller` mit dem JEE-Backend kommunizieren.

```
def self.new_todo_item
  instance.new_todo_item
end

def self.create(description)
  instance.create(description)
end

def self.all
  instance.all
end

def self.find(id)
  instance.find(id.to_i)
end

def self.update(id, description)
  instance.update(id.to_i, description)
end
```

```
def self.destroy(id)
  instance.destroy(id.to_i)
end
```

Die zugehörigen Instanzvariablen müssen ebenso implementiert werden. Diese sehen wie folgt aus.

```
def new_todo_item
  TodoItem.new
end

def create(description)
  todo_item = TodoItem.new
  todo_item.description = description
  @bean.create(todo_item)
end

def all
  @bean.findAll
end

def find(id)
  @bean.find(id.to_i)
end

def update(id, description)
  todo_item = @bean.find(id.to_i)
  todo_item.description = description
  @bean.edit(todo_item)
end

def destroy(id)
  todo_item = @bean.find(id.to_i)
  @bean.remove(todo_item)
end
```

Die Methode `new_todo_item` liefert eine neue Instanz von `ejb.TodoItem`, die für die Aktion `new` im Controller zuständig ist.

Die Methode `create` erhält lediglich das fachliche Attribut `description` und erstellt intern eine neue Instanz von `TodoItem`, um diese dann an die Methode `create` der Fassade zu übergeben. Damit wird eine Instanz von `TodoItem` in der Datenbank angelegt.

Die Methode `all` ist das Pendant zu `ejbFindAll` und liefert sämtliche Instanzen aus der zugehörigen Datenbank zurück. Später können wir dann in der `index`-View über diese Liste iterieren und die Daten entsprechend anzeigen.

Die Methode `find` liefert genau eine Instanz, die mit Hilfe des Primärschlüssels geholt wird. Hier wird zusätzlich eine Konvertierung des Primärschlüssels in ein `Integer`-Objekt vorgenommen, weil der Typ in der EJB `java.lang.Long` ist und es sonst zu einer `ClassCastException` käme.

Die Methode `update`, funktioniert wie die Methode `create` abgesehen davon, dass intern die Methode `edit` der Fassade aufgerufen wird. Des Weiteren benötigt man für ein Update den Primärschlüssel, womit vor dem eigentlichen Update die Instanz der EntityBean mit Hilfe der `find`-Methode geladen wird.

Die Methode `destroy` löscht entsprechend mit dem Aufruf `remove` auf der Fassade die übergebene Bean, die zuvor mit der Methode `find` und dem zugehörigen Primärschlüssel geladen wurde.

Damit ist die Klasse `TodoManager` fertig und kann direkt im Controller eingesetzt werden.

6.3.3.8 TodoItemsController anpassen

Der generierte `TodoItemsController` muss nun den geänderten Gegebenheiten angepasst werden. Hierzu müssen sämtliche Aufrufe auf die Modell-Klasse ersetzt werden, um die benötigten Daten aus dem EJB-Umfeld zu erhalten. Zu diesem Zweck werden die Methoden des Controllers mit Aufrufen auf den `TodoManager` ausgestattet. Den Quellcode für die komplette Controller-Klasse finden Sie hier.

```
http://www.pastie.org/247061
```

Index

Die Methode `index` liefert uns eine Liste aller `TodoItem`-Objekte und wird folgendermaßen angepasst.

```
# GET /todo_items
def index
  @todo_items = TodoManager.all

  respond_to do |format|
    format.html # index.html.erb
  end
end
```

Für die View, `index.html.erb`, wird die Methode `all` der Klasse `TodoManager` aufgerufen. Die zurückgegebenen `TodoItem`-Objekte befinden sich danach in einem Array und lassen sich in der View anzeigen, wie wir später noch sehen werden.

Show

Die Aktion `show` lädt eine Instanz aus dem EJB-Backend und zeigt diese in einer View namens `show.html.erb` an. Die folgenden Zeilen zeigen die Implementierung.

```
# GET /todo_items/1
def show
  @todo_item = TodoManager.find(params[:id])

  respond_to do |format|
    format.html # show.html.erb
    format.xml  { render :xml => @todo_item }
  end
end
```

New

Die für die Aktion `new` zuständige Methode `new` wird entsprechend den folgenden Zeilen angepasst.

```
# GET /todo_items/new
def new
  @todo_item = TodoManager.new_todo_item
end
```

Die Methode `new` liefert nach einem Aufruf auf der Klasse `TodoManager` eine neue Instanz von `ejb.TodoItem`.

Create

Die Methode `create` legt eine neue Instanz von `TodoItem` im Backend an und wird folgendermaßen implementiert.

```
# POST /todo_items
def create
  TodoManager.create(params[:todo_item][:description])

  flash[:notice] = 'TodoItem was successfully created.'
  redirect_to :action => 'index'
end
```

Die Methode `create` ruft auf dem `TodoManager` ebenfalls die Methode `create` auf und übergibt aus der View den Parameter `description`.

Update

Die Methode `update` des `TodoItemsControllers` aktualisiert einen Eintrag im JEE-Backend und sieht folgendermaßen aus.

```
# PUT /todo_items/1
def update
  TodoManager.edit(params[:id], params[:todo_item][:description])
  redirect_to :action => 'show'
end
```

Hierzu wird aus den Request-Parametern die `ID` und das geänderte Attribut `description` an die Methode `edit` übergeben.

Destroy

Das Löschen von Einträgen erfolgt mit der Methode `destroy`, die wie folgt implementiert wird.

```
# DELETE /todo_items/1
def destroy
  TodoManager.destroy(params[:id])
  redirect_to :action => 'index'
end
```

Damit sind die Arbeiten am `TodoItemsController` abgeschlossen.

Hinweis:
Eine Fehlerbehandlung erfolgt an dieser Stelle explizit nicht, da hier lediglich die Funktionsweise der EJB-Integration gezeigt werden soll.

6.3.3.9 Views anpassen

Kommen wir nun zur Anpassung der Views an die Eigenheiten der EJB-Integration.

Es ist nicht möglich, die einzelnen Bestandteile eins zu eins zu übernehmen, da hier nicht mit Objekten aus dem ActiveRecord-Framework gearbeitet wird. Somit fallen einige von Scaffold generierte Aufrufe weg oder müssen entsprechend geändert werden.

Index View

Die folgenden Zeilen implementieren die `index`-View.

Listing 6.8 http://www.pastie.org/247063

```
<h1>Listing todo_items</h1>

<table>
  <tr>
    <th>Description</th>
  </tr>

<% for todo_item in @todo_items %>
  <tr>
    <td><%=h todo_item.description %></td>
    <td><%= link_to 'Show', :action => :show,
                            :id => todo_item.get_id %></td>
    <td><%= link_to 'Edit', :action => :edit,
                            :id => todo_item.get_id %></td>
    <td><%= link_to 'Destroy', {:action => :destroy,
                               :id => todo_item.get_id},
                               :confirm => 'Are you sure?',
                               :method => :delete %></td>
  </tr>
<% end %>
</table>

<br />

<%= link_to 'New todo_item', :action => :new %>
```

Die `index`-View definiert eine HTML-Tabelle, die durch das vom `TodoItemsController` zurückgegebene Array von Instanzen der Klasse `TodoItem` iteriert und für jeden Eintrag eine neue Zeile anlegt. Für jede Zeile werden die bekannten Links `Show`, `Edit` und `Destroy` eingefügt. Hier können Sie allerdings nicht die vom Generator vorgegebene Syntax verwenden. Daher wird explizit der Pfad durch die Angabe von `:action`, `:id` und `:method` übergeben. Abbildung 6.9 zeigt die View `index` im Einsatz nach dem Anlegen einiger `TodoItem`-Objekte.

Abbildung 6.9
Die View index des TodoItemsControllers

New View

Die View `new` ist zuständig für das Anlegen eines neuen `TodoItem`-Objektes und wird folgendermaßen implementiert.

Listing 6.9 http://www.pastie.org/247067

```
<h1>New todo_item</h1>

<% form_tag :action => 'create' do %>

  <p>
    Description<br />
    <%= text_field :todo_item, :description %>
  </p>
  <p>
    <%= submit_tag "Create" %>
  </p>
<% end %>

<%= link_to 'Back', todo_items_path %>
```

Die obigen Zeilen nutzen anstelle des Form-Helpers `form_for(@todo_item)` den Helper für ein Form-Tag. Da wir nicht mit ActiveRecord-Objekten arbeiten, kann leider auch keine lokale Variable für das Form-Objekt genutzt werden, so dass der Eintrag für das Eingabefeld `description` mit dem Helper `text_field` realisiert werden muss. Entsprechend wird der `Submit`-Button mit dem `submit_tag` implementiert.

Die View `new` sieht im Browser dann wie in Abbildung 6.10 aus.

Abbildung 6.10
Die View new für den TodoItemsController im Browser

Show View

Die View `show` zeigt die Details zu einem `TodoItem` an und wird mit den folgenden Zeilen implementiert.

Listing 6.10 http://www.pastie.org/247068

```
<h1>Todo_items details</h1>
<p>
  <b>Description:</b>
  <%=h @todo_item.description %>
</p>


<%= link_to 'Edit', :action => :edit,
                    :id => @todo_item.get_id %> |
<%= link_to 'Back', todo_items_path %>
```

Hier wird lediglich das Attribut `description` aus der vom `TodoItemsController` gelieferten Instanzvariablen `@todo_item` angezeigt. Des Weiteren zeigt die View zwei weitere Links zum Editieren und die Navigation zurück zur `index`-View an. Abbildung 6.11 zeigt, wie die `show`-View nach der Anpassung aussieht.

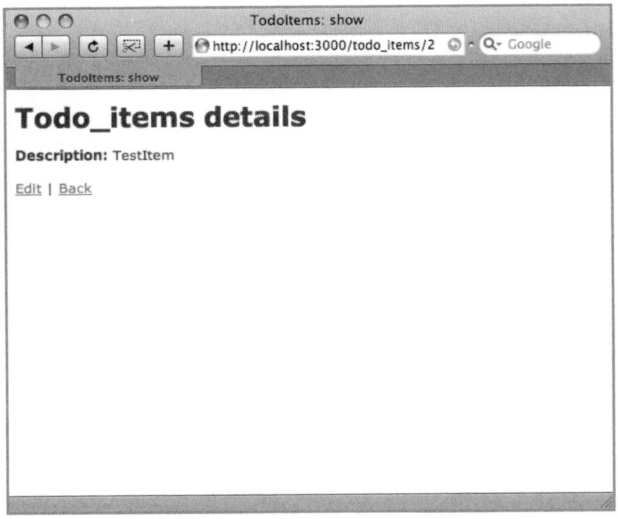

Abbildung 6.11
Die View show für ein TodoItem-Objekt

Edit View

Zum Editieren wird die in den nachfolgenden Zeilen implementierte View `edit` genutzt

Listing 6.11 http://www.pastie.org/247069

```
<h1>Editing todo_item</h1>

<% form_tag("/todo_items/#{@todo_item.get_id}", :method => :put) do %>

  <p>
    <%= label :todo_item, :description %><br />
    <%= text_field :todo_item, :description %>
  </p>
  <p>
    <%= submit_tag "Update" %>
  </p>
<% end %>

<%= link_to 'Show', :action => :show, :id => @todo_item.get_id %> |
<%= link_to 'Back', todo_items_path %>
```

Das `form_tag` wird hier noch etwas mehr als in der View `new` verändert, da hier der richtige URI generiert werden muss. Im Browser sieht die View dann wie in Abbildung 6.12 aus.

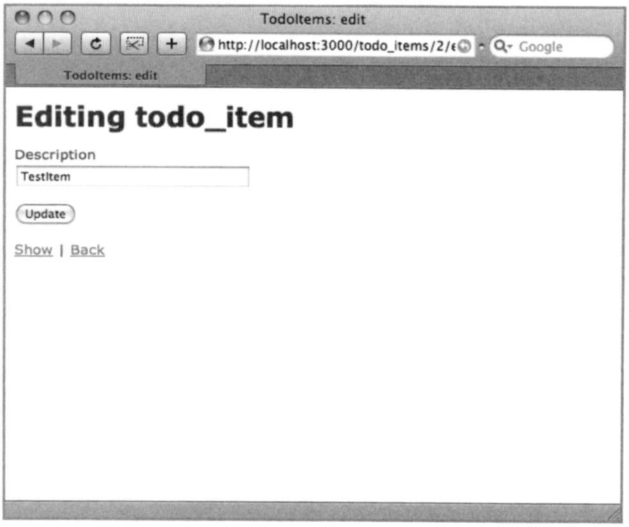

Abbildung 6.12
Die View *edit* im Browser

Damit ist die Implementierung der EJB-Integration abgeschlossen, und wir können uns dem Deployment zuwenden.

6.4 Deployment

Die in Abschnitt 6.3.3 implementierte Anwendung besteht aus zwei Teilen: einem JEE- und einem Ruby-on-Rails-Teil. Damit diese beiden Teile zusammenarbeiten, müssen wir uns noch Gedanken zum Deployment machen.

6.4.1 Als Standalone-Anwendung

Da wir im Projekt ein Remote-Interface für die Bean `TodoItemFacade` erstellt haben, kann die Auslieferung als Standalone-Anwendung in Frage kommen. Hierfür müssen lediglich die Einträge im Klassenpfad der JRuby-Anwendung angepasst werden.

Dazu gibt es in NetBeans einen Dialog für die Projekteigenschaften, den Sie im Kontextmenü des Ruby-on-Rails-Projekts finden (siehe Abbildung 6.13).

Als ersten Eintrag in der Liste der benötigten JAR-Dateien wird das JAR mit den Schnittstellen für die EJBs eingetragen. Die weiteren drei Einträge stellen die Klassen für die Laufzeitumgebung dar. Mit diesen Angaben können Sie das Projekt wie jedes andere Ruby-on-Rails-Projekt in einem Mongrel-Server starten.

Den JEE-Teil starten und deployen Sie wie gewohnt in einer Glassfish-Instanz.

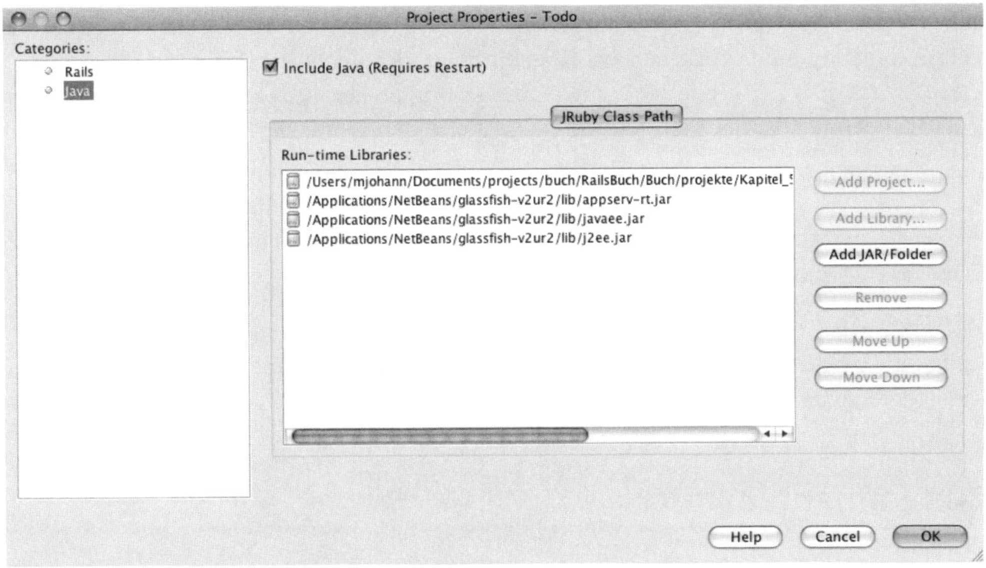

Abbildung 6.13 Die Projekteigenschaften mit den benötigten JAR-Dateien

6.4.2 Als Webanwendung im WAR

Eine andere Möglichkeit des Deployments ist die Auslieferung als WAR-Datei. Dabei wird die Ruby on Rails-Anwendung in ein WAR verpackt und beispielsweise in einer Tomcat-Instanz bzw. im Glassfish-Webcontainer installiert.

Um aus dem Projekt eine WAR-Datei zu machen, muss das Gem `warbler` installiert sein. Sollten Sie es noch nicht installiert haben, können Sie dies mit dem folgenden Aufruf nachholen.

```
$ jruby -S gem install warbler

complete
Successfully installed warbler-0.9.10
1 gem installed
Installing ri documentation for warbler-0.9.10...
Installing RDoc documentation for warbler-0.9.10...
```

Dann wechseln Sie in das Projektverzeichnis der Rails-Anwendung `Todo` zu `warbler` mit dem nächsten Aufruf.

```
$ warble

jar cf Todo.war -C tmp/war .
```

Die zweite Zeile wird von `warbler` aus- und muss nicht eingegeben werden.

Das Ergebnis umfasst eine Datei `Todo.war` im Projektverzeichnis sowie ein Unterverzeichnis `tmp/war` mit den entsprechenden Bestandteilen der Anwendung inklusive einer `WEB-INF`-Struktur, die man für typische Webanwendungen im Java-Umfeld benötigt.

In das Verzeichnis `WEB-INF/lib` müssen noch zwei Dateien kopiert werden, damit unsere Railsanwendung die benötigten Java-Klassen findet. Kopieren Sie daher die Datei `Todo-ejb.jar` aus dem EJB-Teilprojekt sowie die Datei `appserv-rt.jar` aus dem Verzeichnis `lib` des Glassfish-Application-Servers in das Verzeichnis `WEB-INF/lib`.

Dann starten Sie `warbler` ein weiteres Mal und führen ein Deployment der Anwendung durch. Geben Sie als Kontext für die Webanwendung / an, damit Rails mit den URIs klarkommt und wir kein neues Routing einbauen müssen. Danach geben Sie im Browser die folgende URL ein.

```
http://localhost:8080/todo_items
```

Daraufhin werden die bisher eingefügten `TodoItem`-Objekte aufgelistet, und Sie können wie in der Standalone-Anwendung damit arbeiten.

6.5 Zusammenfassung

In diesem Kapitel lernten Sie den Umgang mit JRuby näher kennen.

JRuby ist eine vielverspechende Implememtierung von Ruby für die JVM und bietet gerade den Verfechtern der Java-Plattform zahllose Möglichkeiten, ihren vorhandenen Code und existierende Frameworks mit Ruby zu integrieren.

Besonders interessant ist der Ansatz, vorhandene geschäftskritische Komponenten, die in einem Application-Server laufen, in ein von Ruby on Rails bereitgestelltes Frontend zu integrieren.

Meiner Meinung nach ist JRuby die bessere Wahl, wenn es um die Integration vorhandener Java-APIs geht. Groovy und Grails sind in der Kombination noch lange nicht das Gleiche wie Ruby on Rails.

Wer sich scheut, eine neue Programmiersprache wie Ruby zu erlernen und deshalb nach Groovy greift, sollte sich überlegen, dass der Umstieg auf eine völlig neue Syntax im Falle von Ruby keine besonders große Hürde darstellt. Was Sie dabei gewinnen: Jedem Entwickler stehen die gesamte Community von Ruby on Rails und deren Produkte offen.

7

7 Projekt: briefcasten.com

7.1 Grundlagen und Anforderungen

Nachdem Sie die theoretischen Grundlagen und ein wenig Praxis kennengelernt haben, steigen wir nun in die Entwicklung einer *Real Life*-Anwendung ein.

Im Umfeld von Ruby on Rails ist es in Mode gekommen, Screencasts zu spezifischen Themen zu erstellen und zu publizieren. Screencasts sind im Grunde nichts anderes als Aufzeichnungen vom Bildschirm. Ähnlich wie in einem Schulungsvideo wird dem Betrachter die visuelle Information erklärt.

Der Leser findet unter `www.briefcasten.com` zu jeder Iteration dieses Kapitels einen oder mehrere solcher Screencasts, die Sie als Käufer dieses Buches zudem kostenlos herunterladen können. Alle anderen Interessenten können sich im Shop die Screencasts gegen eine Gebühr herunterladen. In diesem Kapitel wird die gesamte Website inklusive Shop und Abrechnungsschnittstelle zu Paypal entwickelt. Dabei haben Sie die Möglichkeit, alle Schritte eigenständig nachzuvollziehen und zu implentieren.

Übrigens ist der gesamte Shop in englischer Sprache implementiert. Die einheitliche Sprachführung ist die Grundlage, um später mithilfe des Plugins globalize beispielsweise eine deutschsprachige Version des Shops zu erstellen. Wundern Sie sich also bitte nicht, wenn deutschsprachige Kunden zunächst mit englischen Inhalten konfrontiert werden.

Das vorliegende Kapitel beschreibt das Konzept hinter `www.briefcasten.com`. Alle wichtigen Iterationen und Spezifikationen werden erklärt und detailliert beschrieben. Jede Iteration stellt zugleich einen Schnitt dar, so dass Sie bei Bedarf am Anfang der nächsten Iteration frisch aufsetzen können. Die Sourcen für jede Iteration finden Sie ebenfalls unter `www.briefcasten.com`. Bevor wir allerdings mit der Entwicklung beginnen, sollten wir uns einige Gedanken zur Anwendung machen.

- Warum briefcasten.com?
- Wie soll das Look and Feel sein?
- Was „kann" der Shop?

- Was kauft man dort ?
- Gibt es eine Produktvorschau?
- Wie sieht die Kundenverwaltung aus?
- Welche Kompetenzen hat der Administrator?
- Welche Zahlungsmethoden gibt es?
- Wie wird PayPal integriert?
- Wie verläuft der konkrete Geschäftsprozess für die jeweiligen Vorgänge?

Diese Fragenliste ist zunächst sicher unvollständig, doch sie offenbart, welche Möglichkeiten in der ersten veröffentlichten Version unterstützt werden sollen.

Ich werde vor jedem Inkrement eine dieser Fragen beantworten und die Anforderungen für das jeweilige Thema vorgeben.

Danach werden für die wichtigsten Anforderungen und die kritischen Komponenten entsprechende Spezifikationen und User Stories für rSpec formuliert. Getreu dem Ansatz des Behavior-Driven Development entsteht dann Schritt für Schritt ein Feature.

7.2 Warum briefcasten.com?

Der Autor dieses Buch beabsichtigte von Anfang an, dass Sie, lieber Leser, sehr praxisnahes Lehrmaterial zu Ruby on Rails erhalten. Die Frage war nur, was ich Ihnen als durchgängiges Beispiel präsentieren sollte.

Da mir zudem vorschwebte, die einzelnen Kapitel als Grundlage für Screencasts zu nehmen, kam ich auf die Idee, einen Shop für Screencasts zu entwickeln. Während ich diese Sätze niederschreibe, wurde davon noch nichts, aber auch gar nichts umgesetzt. Ich weiß nicht einmal, ob die vor mir liegenden zweieinhalb Monate ausreichen, um die Software zu bauen und gleichzeitig gut dreihundert Seiten Text zu verfassen.

Eines weiß ich allerdings ganz genau: Mit Java hätte ich sicher keine Chance, den Shop in dieser kurzen Zeit zu vollenden. Die Arbeit ist also gleichermaßen spannend wie nervenaufreibend. Darum will ich keine Zeit verlieren und erkläre Ihnen in diesem Abschnitt lediglich noch, wie der Name `briefcasten.com` zustande kam.

Wenn Sie militärische Ego-Shooter-Spiele kennen, wissen Sie, dass jeder Beteiligte im Rahmen einer ihm zugewiesenen Mission Aufgaben bewältigen muss, nachdem ihm der genaue Ablauf der Operation erläutert wurde. Dies erklärt das Teilwort `brief` in `briefcasten.com`.

Der letzte Teil des Namens leitet sich von den Screencasts ab. Da wir hier nicht bei DSDS sind, gibt es keine Castings, wohl aber Screencasts. Und weil die Screencasts im Grunde nichts anderes als verfilmte Briefings sind, ist mir der Name `briefcasten.com` eingefallen. Lassen wir es damit gut sein.

7.3 Wie soll das „Look and Feel“ sein?

Hier wird nun die Frage nach der Optik von briefcasten.com behandelt. Zunächst die Anforderungen, dann die Auswahl und, last but not least, die praktische Einbindung.

7.3.1 Anforderung

Jede moderne Webanwendung sollte nicht nur leicht zu bedienen, schnell und informativ sein. Sie sollte auch nach etwas aussehen. Da stellt sich für den Grafik-Grobmotoriker letztendlich die Frage: „Woher bekomme ich ein Top-Design für wenig Geld?“

Die Frage lässt sich mit einer Rails-Anwendung beantworten. Unter `www.freelayouts.com` finden sich unzählige Layouts für Blogs und Websites unterschiedlichster Fachrichtungen und Inhalte. Die Startseite von Freelayouts zeigt Abbildung 7.1.

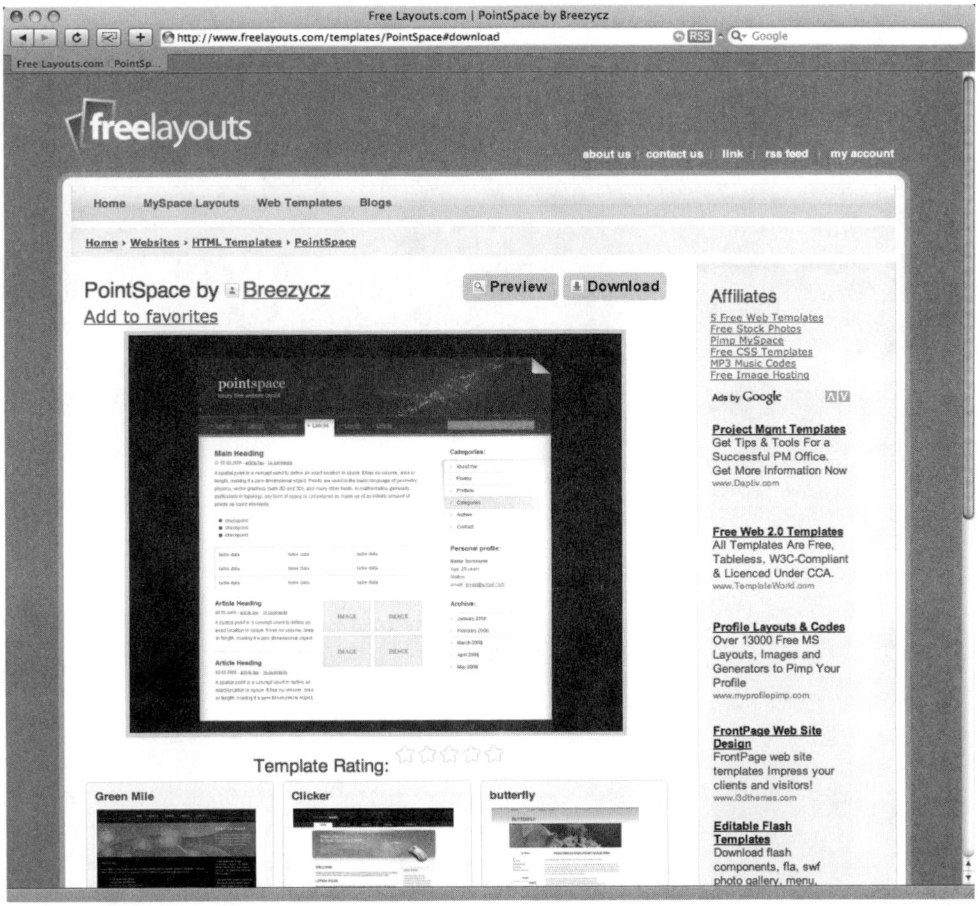

Abbildung 7.1 Hier gibt es kostenlose Layouts: `www.freelayouts.com`

Freelayouts wurde in Rekordzeit mit Ruby on Rails reimplementiert und macht einen optisch sowie funktional guten Eindruck. Ich begebe mich also auf die Suche nach einer geeigneten Vorlage für `briefcasten.com`.

Zu guter Letzt noch einige technische Randbedingungen. Natürlich soll die Anwendung mit Ruby on Rails realisiert werden. Und zudem mit JRuby als Ablaufumgebung. Aktueller Stand zum Zeitpunkt der Niederschrift dieser Zeilen war die Version 1.1. Die weitere Entwicklung des Shops erfolgt daher mit JRuby.

7.3.2 Umsetzung

Nach ein wenig Recherche kam ich zur Erkenntnis, dass es mindestens ein Dutzend guter Layouts gibt, die ich alle gerne genommen hätte. Letztendlich musste aber eine Entscheidung gefällt werden. Die folgende Abbildung zeigt das gewählte Layout leider nur in Graustufen, wenn Sie aber gerade einen Browser zur Hand haben, können Sie sich unter `www.briefcasten.com` ein konkretes Bild vom Shop-Layout machen (siehe Vorschau in Abbildung 7.2).

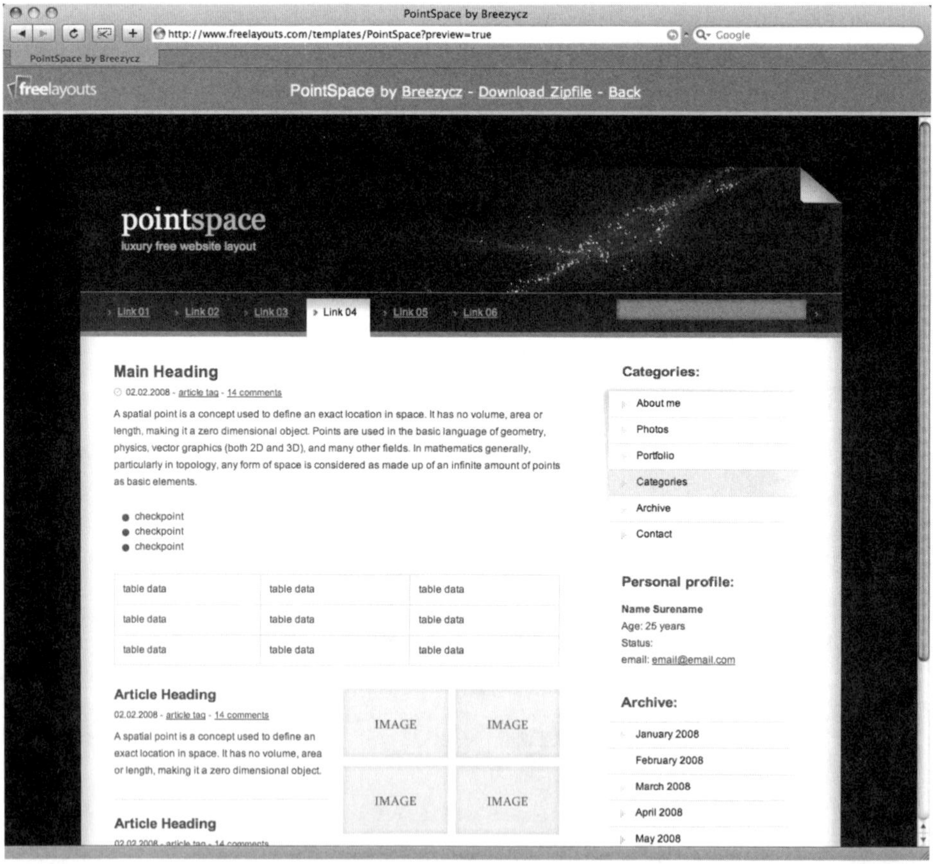

Abbildung 7.2 Die Layoutvorlage für briefcasten.com

Wie Sie sehen, wird im Layout viel mit Farbverläufen gearbeitet, die für eine relativ plastische Erscheinung sorgen. Im Top-Bereich der Seite sind das Logo und der Titel sowie ein Suchfeld vorgesehen.

Daneben befindet sich eine Link-Leiste, die direkte Verzweigungen auf Seiten des Shops gestatten. Unter der Link-Leiste sieht man den Content-Bereich, der auf der rechten Seite mit einer Spalte für weitere Direktlinks wie News oder den Einkaufswagen ausgestattet ist.

Sie können das Layout für den späteren Gebrauch gerne schon einmal herunterladen. Sie finden es unter der folgenden URL:

```
http://www.freelayouts.com/download/PointSpace
```

Projekt anlegen

Wie bereits weiter oben erwähnt, soll die Anwendung später unter JRuby laufen. Daher benötigen Sie für die nächsten Stunden eine JRuby-Installation, die Sie in Kapitel 6 nachvollziehen können. Dort finden Sie neben der Installationsanleitung auch einige grundlegende Dinge zur Handhabung von JRuby.

Starten wir also mit dem Anlegen des Projektes. Wir verwenden an dieser Stelle nicht die SQLite3 Datenbank, die als Standard-Datenbank für neue Railsanwendungen vorgesehen ist, sondern MySQL. Hierzu müssen allerdings zwei Gems auf Ihrem System installiert sein, da MySQL unter JRuby nicht über die native Schnittstelle angesprochen wird. Das erste Gem ist der generische JDBC-Adapter, während es sich beim zweiten Gem um den MySQL-JDBC-Adapter handelt.

```
activerecord-jdbc-adapter

activerecord-jdbcmysql-adapter
```

Geben Sie daher auf der Kommandozeile folgende Anweisungen ein.

```
$ sudo jruby -S gem install activerecord-jdbc-adapter

Successfully installed activerecord-jdbc-adapter-0.8.2
1 gem installed
Installing ri documentation for activerecord-jdbc-adapter-0.8.2...
Installing RDoc documentation for activerecord-jdbc-adapter-0.8.2...
```

Und danach noch:

```
$ sudo jruby -S gem install activerecord-jdbcmysql-adapter

Successfully installed jdbc-mysql-5.0.4
Successfully installed activerecord-jdbcmysql-adapter-0.8.2
2 gems installed
Installing ri documentation for jdbc-mysql-5.0.4...
Installing ri documentation for activerecord-jdbcmysql-adapter-0.8.2...
Installing RDoc documentation for jdbc-mysql-5.0.4...
Installing RDoc documentation for activerecord-jdbcmysql-adapter-0.8.2...
```

Jetzt ist die Infrastruktur für das Projekt briefcasten vorbereitet. Starten Sie also mit einer Kommandozeile, und geben Sie in Ihrem Hauptverzeichnis für Projekte Folgendes ein:

```
$ jruby -S rails -d mysql briefcasten
```

Mit der nachfolgenden Ausgabe informiert Ruby on Rails darüber, dass das Projekt erfolgreich angelegt wurde.

```
create
create  app/controllers
create  app/helpers
create  app/models
create  app/views/layouts
create  config/environments
create  config/initializers
create  db
create  doc
create  lib
...

create  public/javascripts/effects.js
create  public/javascripts/dragdrop.js
create  public/javascripts/controls.js
create  public/javascripts/application.js
create  doc/README_FOR_APP
create  log/server.log
create  log/production.log
create  log/development.log
create  log/test.log
```

Mercurial Repository anlegen

Wie in Kapitel 5 bereits vorgestellt, verwenden wir zur professionellen Entwicklung ein Versionskontrollsystem. Sehr weit verbreitet ist Subversion, doch handelt es sich hierbei um ein System, das es sich zur Aufgabe gemacht hat, CVS abzulösen und einen zentralisierten Ansatz für Repositories zu verfolgen. Daher fehlt Subversion das Feature der verteilten Repositories und bietet nicht die gewünschte Flexibilität in Bezug auf Branches und Merges. Mehr zu den Features von Mercurial und die grundlegenden Arbeitsvorgänge in Kapitel 4. Dort finden Sie auch Informationen zur Installation von Mercurial, die Voraussetzung für die nachfolgenden Schritte ist.

Legen Sie also im Projektverzeichnis von `briefcasten` ein Repository an. Hierzu geben Sie im Verzeichnis `briefcasten` einfach Folgendes ein.

```
$ hg init
```

Das war es schon, Mercurial gibt keinerlei Informationen aus und bestätigt damit das erfolgreiche Anlegen des Repositories.

Bevor Sie nun das ausgewählte Layout in die frisch generierte Anwendung integrieren, muss Mercurial beigebracht werden, welche Elemente des Projektes es ignorieren sollte. Dies sind beispielsweise die Dateien im Verzeichnis `tmp` der Anwendung und alle Dateien im Verzeichnis `log`.

Damit Mercurial den Status dieser Dateien nicht verfolgt, legen Sie eine Datei namens `.hgignore` im Projektverzeichnis an. Tragen Sie die folgenden Zeilen in die Datei ein:

```
syntax: glob

tmp/**/*
log/*.log
```

Danach werden die entsprechenden Dateien und Verzeichnisse ignoriert, und Sie können das generierte Projekt dem Repository hinzufügen.

Zuvor jedoch sollten Sie mit folgender Eingabe dafür sorgen, dass Mercurial das leere Verzeichnis `vendor` mit in die Versionierung aufnimmt.

```
$ touch vendor/.hgignore
```

Jetzt fügen Sie die benötigten Projektdateien der Arbeitskopie dem Repository hinzu. Hierzu geben Sie die beiden folgenden Anweisungen ein:

```
$ hg add

adding .hgignore
adding README
adding Rakefile
adding app/controllers/application.rb
adding app/helpers/application_helper.rb
adding config/boot.rb
adding config/database.yml
adding config/environment.rb
adding config/environments/development.rb
adding config/environments/production.rb
adding config/environments/test.rb
adding config/initializers/inflections.rb
adding config/initializers/mime_types.rb
adding config/initializers/new_rails_defaults.rb
adding config/routes.rb
adding doc/README_FOR_APP
adding public/404.html
adding public/422.html
adding public/500.html
adding public/dispatch.cgi
adding public/dispatch.fcgi
adding public/dispatch.rb
adding public/favicon.ico
adding public/images/rails.png
adding public/index.html
adding public/javascripts/application.js
adding public/javascripts/controls.js
adding public/javascripts/dragdrop.js
adding public/javascripts/effects.js
adding public/javascripts/prototype.js
adding public/robots.txt
adding script/about
adding script/console
adding script/dbconsole
adding script/destroy
adding script/generate
adding script/performance/benchmarker
adding script/performance/profiler
adding script/performance/request
adding script/plugin
adding script/process/inspector
adding script/process/reaper
adding script/process/spawner
adding script/runner
adding script/server
adding test/test_helper.rb
adding vendor/.hgignore
```

Mit der nächsten Eingabe verewigen Sie die Änderungen im Repository:

```
$ hg commit -m "Initial import"
```

Layout integrieren

Die heruntergeladenen Layout-Dateien entpacken Sie am besten in einem separaten Verzeichnis und kopieren dann die CSS-Datei `css/default.css` in das Verzeichnis `public/stylesheets` des Projektes.

Nun kopieren Sie noch die Dateien im Verzeichnis `images` in das Verzeichnis `public/images`. Damit sind die Layout-Informationen für `www.briefcasten.com` ins Projekt integriert und können genutzt werden.

Mercurial gibt mit folgender Anweisung nun den aktuellen Status aus:

```
$ hg status

? public/images/Thumbs.db
? public/images/bg-body.jpg
? public/images/bg-content.gif
? public/images/bg-foot.gif
? public/images/bg-foot.jpg
? public/images/bg-input.gif
? public/images/bg-logo.gif
? public/images/bg-logo.png
? public/images/bg-main-menu.gif
? public/images/bg-main-menu_active.gif
? public/images/bg-main-menu_shadow.gif
? public/images/bg-right.gif
? public/images/bg-right_block.gif
? public/images/bg-submenu_item-active.png
? public/images/bg-submenu_item.gif
? public/images/bg-submenu_item.png
? public/images/bg-submit.gif
? public/images/bg-table_line.gif
? public/images/ico/Thumbs.db
? public/images/ico/ico-breezy3.gif
? public/images/ico/ico-date.gif
? public/images/ico/ico-list_item.gif
? public/images/ico/ico-menu_item.gif
? public/images/pozadi2.jpg
? public/stylesheets/default.css
```

Fügen Sie nun die Dateien hinzu, und bestätigen Sie die Änderungen mit einem Commit. Danach können Sie ein Tag vergeben, um den Stand bei Bedarf als initiale Version wieder zu laden. Die folgenden Zeilen zeigen den kompletten Vorgang:

```
$ hg add

$ hg commit -m "added Pointspace Layout"

$ hg tag INIT
```

Damit hat sich die Frage nach dem Look and Feel beantwortet, und wir können uns der nächsten Frage widmen.

7.4 Iteration 1: Was ist mit dem Shop möglich?

Kommen wir nun zu den spannenden Fragen nach den Usecases für den Shop. Hierzu sollen die folgenden grundlegenden Gedanken helfen, die wichtigsten Spezifikationen für die Umsetzung zu finden.

- Im Shop können Screencasts gekauft und heruntergeladen werden.
- Es wird ein Rollen- und Rechte-System benötigt.
- Kunden können sich registrieren und nur so Inhalte erwerben.
- Kunden, die das vorliegende Buch gekauft haben, können sich über den Schlüssel für das eBook im Buch kostenlos mit den Screencasts versorgen.
- Ein Administrator kann den Produktkatalog und die Kunden administrieren.
- Die Zahlungsvorgänge werden unter Einbeziehung von Paypal durchgeführt.
- Es soll nach Produkten gesucht werden können.
- Diese Liste von Usecases ist schon eine Stange, die erst einmal realisiert werden muss. Beginnen wir daher mit der obligatorischen Kundenverwaltung. Damit kommen wir zum nächsten Schritt und zugleich zur ersten Nutzung von Rails-Plugins.

7.4.1 Programmieren einer rollenbasierten Benutzerverwaltung

Einige Features von und für Ruby on Rails sind in Plugins enthalten, die leicht und komfortabel in ein Rails-Projekt integriert werden können. Für die erste Aufgabe eines Benutzer-Rollen-Systems sollten Sie die beiden folgenden Plugins ins Projekt integrieren:

```
restful_authentication
```

und

```
role_requirement
```

`restful_authentication` ist ein Plugin, das sich an REST orientiert und eine Benutzerverwaltung bereitstellt. Ein interessantes Zusatz-Feature ist die Unterstützung von Aktivierungsmails, die eine komfortablere Nutzerauthentifizierung und Autorisierung erlauben und uns die Gewissheit verschaffen, dass es sich um eine „echte" E-Mail-Adresse handelt, um mit Kunden zu kommunizieren.

Das Plugin `role_requirement` nutzt die Spracheigenschaften von Ruby, um eine flexible Rollenverwaltung zu ermöglichen.

restful_authentication

Die Installation ist relativ unkompliziert. Geben Sie in der Kommandozeile Folgendes in ihrem Projektverzeichnis ein:

```
$ jruby script/plugin install http://svn.techno-
weenie.net/projects/plugins/restful_authentication/
```

Achten Sie darauf, den Bindestrich ebenso einzugeben, da er Teil des Domainnamens ist. Daraufhin wird das Plugin installiert, und folgende Hinweise werden ausgegeben:

```
+ ./README
+ ./Rakefile
+ ./generators/authenticated/USAGE
+ ./generators/authenticated/authenticated_generator.rb
+ ./generators/authenticated/templates/activation.html.erb
+ ./generators/authenticated/templates/authenticated_system.rb
+ ./generators/authenticated/templates/authenticated_test_helper.rb
+ ./generators/authenticated/templates/controller.rb
+ ./generators/authenticated/templates/fixtures.yml
+ ./generators/authenticated/templates/functional_spec.rb
+ ./generators/authenticated/templates/functional_test.rb
+ ./generators/authenticated/templates/helper.rb
+ ./generators/authenticated/templates/login.html.erb
+ ./generators/authenticated/templates/mailer.rb
+ ./generators/authenticated/templates/mailer_test.rb
+ ./generators/authenticated/templates/migration.rb
+ ./generators/authenticated/templates/model.rb
+ ./generators/authenticated/templates/model_controller.rb
+ ./generators/authenticated/templates/model_functional_spec.rb
+ ./generators/authenticated/templates/model_functional_test.rb
+ ./generators/authenticated/templates/model_helper.rb
+ ./generators/authenticated/templates/observer.rb
+ ./generators/authenticated/templates/signup.html.erb
+ ./generators/authenticated/templates/signup_notification.html.erb
+ ./generators/authenticated/templates/unit_spec.rb
+ ./generators/authenticated/templates/unit_test.rb
+ ./install.rb
+ ./lib/restful_authentication/rails_commands.rb
Restful Authentication Generator
====

This is a basic restful authentication generator for rails, taken
from acts as authenticated.  Currently it requires Rails 1.2.6 or above.

To use:

  ./script/generate authenticated user sessions \
          --include-activation \
          --stateful

The first parameter specifies the model that gets created in signup
(typically a user or account model).  A model with migration is
created, as well as a basic controller with the create method.

The second parameter specifies the sessions controller name.  This is
the controller that handles the actual login/logout function on the
site.

The third parameter (--include-activation) generates the code for a
ActionMailer and its respective Activation Code through email.

The fourth (--stateful) builds in support for acts_as_state_machine
and generates activation code.  This was taken from:

http://www.vaporbase.com/postings/stateful_authentication

You can pass --skip-migration to skip the user migration.

If you're using acts_as_state_machine, define your users resource like this:

    map.resources :users, :member => { :suspend   => :put,
                                       :unsuspend => :put,
                                       :purge     => :delete }

Also, add an observer to config/environment.rb if you chose the
--include-activation option
```

```
  config.active_record.observers = :user_observer # or whatever you
                                                                    # named
your model

Security Alert
====

I introduced a change to the model controller that's been tripping
folks up on Rails 2.0.  The change was added as a suggestion to help
combat session fixation attacks.  However, this resets the Form
Authentication token used by Request Forgery Protection.  I've left
it out now, since Rails 1.2.6 and Rails 2.0 will both stop session
fixation attacks anyway.
```

Die Ausgabe erklärt, wie das Plugin zu verwenden ist. Wir werden in Kürze die in der Textausgabe angesprochenen mitgelieferten Generatoren verwenden, müssen zuvor aber das Plugin role_requirement installieren:

```
$ jruby script/plugin install
http://rolerequirement.googlecode.com/svn/tags/role_requirement/
```

Folgende Dateien werden damit dem Projekt hinzugefügt:

```
+ ./ChangeLog
+ ./MIT-LICENSE
+ ./README
+ ./generators/role/role_generator.rb
+ ./generators/role/templates/001_add_role_to_users_migration.rb.erb
+ ./generators/role/templates/_user_functions.erb
+ ./generators/role_generator_helpers.rb
+ ./generators/roles/roles_generator.rb
+ ./generators/roles/templates/001_roles_migration.rb.erb
+ ./generators/roles/templates/_user_functions.erb
+ ./generators/roles/templates/role_model.rb.erb
+ ./generators/roles/templates/roles.yml
+ ./generators/roles/templates/roles_users.yml
+ ./generators/roles/templates/users_admin_fixture_with_roles.yml
+ ./generators/shared_templates/hijacker.rb
+ ./generators/shared_templates/role_requirement_system.rb.erb
+ ./generators/shared_templates/role_requirement_test_helper.rb.erb
+ ./init.rb
+ ./test/authenticated_system.rb
+ ./test/controller_stub.rb
+ ./test/functional/test_role_controller.rb
+ ./test/test_helper.rb
+ ./test/user_stub.rb
```

Nun nutzen wir das erste Plugin `restful_authentication`. Mit dem folgenden Aufruf wird der Generator namens `authenticated` gestartet. Er erzeugt ein Modell und zwei Controller namens `User` `UsersController` und `SessionsController`.

```
$ jruby script/generate authenticated user sessions –include-activation
```

Die folgende Ausgabe erklärt, was erzeugt wurde:

```
----------------------------------------------------------------------
Don't forget to:

    map.activate '/activate/:activation_code', :controller => 'users', :action =>
'activate'

  - add an observer to config/environment.rb
    config.active_record.observers = :user_observer

Try these for some familiar login URLs if you like:
```

```
map.activate '/activate/:activation_code', :controller => 'users', :action => 'ac-
tivate', :activation_code => nil
map.signup '/signup', :controller => 'users', :action => 'new'
map.login '/login', :controller => 'sessions', :action => 'new'
map.logout '/logout', :controller => 'sessions', :action => 'destroy'

----------------------------------------------------------------------

      exists  app/models/
      exists  app/controllers/
      exists  app/controllers/
      exists  app/helpers/
      exists  app/views/sessions
      exists  app/views/user_mailer
      exists  app/controllers/
      exists  app/helpers/
      exists  app/views/users
      exists  test/functional/
      exists  test/functional/
      exists  test/unit/
      create  app/models/user.rb
      create  app/models/user_mailer.rb
      create  app/models/user_observer.rb
      create  app/controllers/sessions_controller.rb
      create  app/controllers/users_controller.rb
   identical  lib/authenticated_system.rb
   identical  lib/authenticated_test_helper.rb
   identical  test/functional/sessions_controller_test.rb
   identical  test/functional/users_controller_test.rb
   identical  test/unit/user_test.rb
   identical  test/unit/user_mailer_test.rb
   identical  test/fixtures/users.yml
      create  app/helpers/sessions_helper.rb
      create  app/helpers/users_helper.rb
   identical  app/views/sessions/new.html.erb
   identical  app/views/users/new.html.erb
   identical  app/views/user_mailer/activation.html.erb
   identical  app/views/user_mailer/signup_notification.html.erb
      exists  db/migrate
      create  db/migrate/20080630150003_create_users.rb
       route  map.resource :session
       route  map.resources :users
```

Besonders die ersten Zeilen der Ausgabe sind sehr informativ, da hier daran erinnert wird, dass noch einige Konfigurationsschritte vorzunehmen sind. Beispielsweise sollte in der Datei `config/environment.rb` ein Observer konfiguriert werden. Daher fügen Sie bitte innerhalb des folgenden Blocks die in Fettschrift hervorgehobene Zeile ein:

```
Rails::Initializer.run do |config|
 ...
 config.active_record.observers = :user_observer
 ...
end
```

Der Observer sorgt dafür, dass beim Speichern eines `User`-Objektes bestimmte Aktionen wie beispielsweise das Versenden von E-Mails ausgeführt werden können.

Des Weiteren fügen Sie laut Ausgabe bitte die folgenden Resource-Mappings in die Datei `config/routes.rb` ein.

Listing 7.1 http://www.pastie.org/239981

```
ActionController::Routing::Routes.draw do |map|
  map.resources :users

  map.resource :session
```

```
    map.activate '/activate/:activation_code',
      :controller => 'users',
      :action => 'activate',
      :activation_code => nil

    map.signup '/signup',
      :controller => 'users',
      :action => 'new'

    map.login '/login',
      :controller => 'sessions',
      :action => 'new'

    map.logout '/logout',
      :controller => 'sessions',
      :action => 'destroy'
...
end
```

Jetzt ist es an der Zeit, einen ersten Lauf von Rake zu starten, um die Datenbanken zu erstellen und eine erste Migration des `User`-Modells durchzuführen.

Doch zuvor muss die Datei `config/database.yml` auf den Datenbankadapter `jdbcmysql` angepasst werden. Ändern Sie die Datei entsprechend den folgenden Zeilen ab.

Listing 7.2 http://www.pastie.org/239982

```
development:
  adapter: jdbcmysql
  encoding: utf8
  database: briefcasten_development
  username: root
  password:
  socket: /tmp/mysql.sock

test:
    adapter: jdbcmysql
    encoding: utf8
    database: briefcasten_test
    username: root
    password:
    socket: /tmp/mysql.sock

production:
    adapter: jdbcmysql
    encoding: utf8
    database: briefcasten_production
    username: root
    password:
    socket: /tmp/mysql.sock
```

Führen Sie nun die Migration durch, indem Sie Folgendes eingeben:

```
$ jruby -S rake db:migrate

(in /Users/mjohann/Documents/projects/final/briefcasten)
== 20080630150003 CreateUsers: migrating ============================
-- create_table("users", {:force=>true})
   -> 0.0060s
   -> 0 rows
== 20080630150003 CreateUsers: migrated (0.0070s) ===================
```

role_requirement

Kommen wir nun zum Plugin `role_requirement`. Das Plugin setzt auf der generierten Modellklasse `User` auf und bringt ebenfalls einen Generator mit, der entsprechend Rollen erzeugen kann. Wenn ein Benutzer (User) mehrere Rollen besitzen soll, wird folgender Generatoraufruf verwendet.

```
$ jruby script/generate roles Role User
```

Dabei sind die Modellnamen für die Rollen `Role` und das vorhandene User-Modell `User`.

Die folgende Ausgabe zeigt, was das Plugin alles generiert.

```
Generating Role against User
Added the following to the top of app/models/user.rb:

  # ---------------------------------------
  # The following code has been generated by role_requirement.
  # You may wish to modify it to suit your need
  has_and_belongs_to_many :roles

  attr_protected :roles


  # has_role? simply needs to return true or false whether a user has a role or
not.
  # It may be a good idea to have "admin" roles return true always
  def has_role?(role_in_question)
    @_list ||= self.roles.collect(&:name)
    return true if @_list.include?("admin")
    (@_list.include?(role_in_question.to_s) )
  end
  # ---------------------------------------

Added ApplicationController include to
/Users/mjohann/Documents/projects/final/briefcasten/app/controllers/application.rb
Added RoleRequirement include to
/Users/mjohann/Documents/projects/final/briefcasten/app/controllers/application.rb
Added RoleRequirementTestHelper include to
/Users/mjohann/Documents/projects/final/briefcasten/test/test_helper.rb
create  test/fixtures/roles_users.yml
create  test/fixtures/roles.yml
create  app/models/role.rb
create  lib/role_requirement_system.rb
create  lib/role_requirement_test_helper.rb
create  lib/hijacker.rb
exists  db/migrate
create  db/migrate/20080630150840_create_roles.rb
```

Es wurden Fixtures angelegt, die von den Tests verwendet werden können. Des Weiteren gibt es eine neue Migration, die die Tabellen für Rollen und die HABTM-Tabelle anlegt.

Hinweis:
HABTM ist die Abkürzung für *Has Many and Belongs To Many* und drückt eine m:n-Beziehung aus.

Den Code, den `role_requirement` in die Klasse `User` eingefügt hat, müssen wir jetzt noch anpassen. Passen Sie daher die mit Fettschrift markierten Stellen in der Datei `app/models/user.rb` an.

```
# ---------------------------------------
# The following code has been generated by role_requirement.
# You may wish to modify it to suit your need

  has_and_belongs_to_many :roles

  # attr_protected :roles

# has_role? simply needs to return true or false
# whether a user has a role or not.
# It may be a good idea to have "admin" roles return true always
  def has_role?(role_in_question)
    @_list ||= self.roles.collect(&:name)
    return true if @_list.include?("administrator")
    (@_list.include?(role_in_question.to_s) )
  end
# ---------------------------------------
```

Wir wollen die Benutzerverwaltung von Anfang an sehr flexibel halten und dem Benutzer auch gestatten, sein Passwort zu ändern, falls er sich nicht mehr daran erinnern kann.

Hierzu verändern wir die generierten Sourcen. Zuerst in der Datei `db/migrate/*_create_users.rb`. Geben Sie hierzu die folgenden Zeilen ein, um das Datenbankmodell entsprechend anzupassen. Das folgende Listing zeigt die angepasste Variante unter Rails 2.1.

Listing 7.3 http://www.pastie.org/239984

```
class CreateUsers < ActiveRecord::Migration
  def self.up
    create_table „users", :force => true do |t|
      t.string :login, :email, :remember_token
      t.string :crypted_password, :limit => 40
      t.string :salt, :limit => 40
      t.timestamps
      t.datetime :remember_token_expires_at, :activated_at
      t.string :activation_code, :limit => 40
      t.string :password_reset_code, :limit => 40
      t.boolean :enabled, :default => true
    end

    # Erstellen des Administrator Benutzers
    user = User.new
    user.login = "admin"
    user.email = "admin@briefcasten.com"
    user.password = "topsecret"
    user.password_confirmation = "topsecret"
    user.save(false)
    user.send(:activate!)
  end

  def self.down
    drop_table "users"
  end
end
```

Sie sehen, dass sich die Definition der Tabellenspalten im Vergleich zur generierten Version stark verändert hat. Ich habe die Schreibweise an die Migrationen aus Rails 2.1 angepasst, um das Projekt möglichst aktuell zu Ruby on Rails zu halten. Damit können gleiche Spaltentypen zusammengefasst werden, und der Code ist DRYer als zuvor. Insbesondere wurden die beiden Spalten `created_at` und `updated_at` in der Methode `timestamps` zusammengefasst.

Die beiden Spalten `enabled` und `password_reset_code` sind in dieser Definition ergänzt worden. Die Spalte `enabled` soll ein *weiches* Löschen von Benutzern unterstützen, indem dieses Flag Benutzer aktivieren und deaktivieren kann. Der `password_reset_code` ist wie der `activation_code` generiert und erlaubt es Benutzern, ihr Passwort zurückzusetzen, ohne es per E-Mail übermitteln zu müssen.

Innerhalb der Methode `up` wird nach dem Anlegen der Tabelle `users` der Standardbenutzer `admin` angelegt. Dabei werden Attribute wie `login`, `email` und `password` gefüllt. Danach wird der Benutzer mit `save` in der Datenbank angelegt.

Anschließend wird mit der Methode `send` die Methode `activate!` an das Objekt `user` geschickt, um den Benutzer zu aktivieren.

Jetzt ist es an der Zeit, eine weitere Migration durchzuführen, doch wird die erste Migration `CreateUsers` nicht noch einmal durchlaufen, da sie bereits ausgeführt wurde. Der User admin wird daher nicht angelegt. Abhilfe schafft hier das Target `db:migrate:reset`. Geben Sie hierzu die folgende Anweisung ein.

```
$ jruby -S rake db:migrate:reset --trace

(in /Users/mjohann/Documents/projects/final/briefcasten)
== 20080630150003 CreateUsers: migrating =============================
-- create_table("users", {:force=>true})
   -> 0.0060s
   -> 0 rows
rake aborted!
undefined method `activate!' for #<User:0x1768fe>

(See full trace by running task with --trace)
```

Sie sehen, dass die Migration nicht durchgelaufen ist, weil die Methode `activate!` nicht in der Klasse `User` verfügbar ist. Dies müssen wir nun umgehend ändern. Fügen Sie vor dem Ende der Klasse `User` die folgende private Methode ein.

Listing 7.4 http://www.pastie.org/239985

```
private

# Activates the user in the database.
def activate!
  @activated = true
  self.update_attribute(:activated_at, Time.now.utc)
  self.update_attribute(:activation_code, nil)
end
```

Die Methode `activate!` verändert das Objekt direkt und umgeht damit die Prozedur des E-Mail-Versands und der Online-Aktivierung. In Kürze werden Sie diese Prozedur komplett implementieren und sehen, wie sie genau aussieht.

Bevor Sie nun die Migration ein weiteres Mal laufen lassen, ändern Sie bitte noch die Migration für die Rollen, denn bereits beim Aufsetzen der Datenbank sollen die drei Rollen `administrator`, `customer` und `vendor` verfügbar sein.

Listing 7.5 http://www.pastie.org/239986

```
class CreateRoles < ActiveRecord::Migration
  def self.up
```

```
    create_table "roles" do |t|
      t.column :name, :string
    end

    # generate the join table
    create_table "roles_users", :id => false do |t|
      t.column "role_id", :integer
      t.column "user_id", :integer
    end
    add_index "roles_users", "role_id"
    add_index "roles_users", "user_id"

    # Administratorrolle hinzufügen
    role = Role.create(:name => 'administrator')
    Role.create(:name => 'customer')
    Role.create(:name => 'vendor')

    user = User.find_by_login('admin')
    role = Role.find_by_name('administrator')
    user.roles << role
  end

  def self.down
    drop_table "roles"
    drop_table "roles_users"
  end
end
```

Nach dem Anlegen der Rollen sucht die Migration nach dem Benutzer mit dem Login `admin` heraus und weist ihm die Rolle `administrator` zu. Damit ist ein Administrator verfügbar, neue registrierte Benutzer können in der Voreinstellung beispielsweise die Rolle `customer` zugewiesen bekommen, während der Administrator andererseits Benutzer mit der Rolle `vendor` verwalten könnte.

Lassen Sie nun die Migration erneut laufen, wird sie diesmal ohne Fehler ausgeführt:

```
$ jruby -S rake db:migrate --trace

(in /Users/mjohann/Documents/projects/final/briefcasten)
** Invoke db:migrate:reset (first_time)
** Invoke db:drop (first_time)
** Invoke environment (first_time)
** Execute environment
** Execute db:drop
** Invoke db:create (first_time)
** Invoke environment
** Execute db:create
** Invoke db:migrate (first_time)
** Invoke environment
** Execute db:migrate
== 20080630150003 CreateUsers: migrating ======================================
-- create_table("users", {:force=>true})
   -> 0.0060s
   -> 0 rows
== 20080630150003 CreateUsers: migrated (0.2100s) =============================

== 20080630150840 CreateRoles: migrating ======================================
-- create_table("roles")
   -> 0.0030s
   -> 0 rows
-- create_table("roles_users", {:id=>false})
   -> 0.0050s
   -> 0 rows
-- add_index("roles_users", "role_id")
   -> 0.0270s
   -> 0 rows
-- add_index("roles_users", "user_id")
```

```
    -> 0.0060s
    -> 0 rows
== 20080630150840 CreateRoles: migrated (0.1070s) =============================

** Invoke db:schema:dump (first_time)
** Invoke environment
** Execute db:schema:dump
** Execute db:migrate:reset
```

Für einen ersten Test der aktuellen Version starten Sie nun den Server. Geben Sie hierzu folgenden Aufruf ein:

```
$ jruby script/server
```

Wenn Sie nun im Browser die URL `http://localhost:3000/signup` eingeben, sehen sie die View `new.html.erb` des `SessionsControllers` ohne jegliches Layout (Abbildung 7.3).

Abbildung 7.3
Neue Benutzer können sich hier anmelden.

Damit das professionelle *Look and Feel* des neuen Layouts endlich zum Einsatz kommt, wird im folgenden Abschnitt das Layout integriert.

7.4.2 Layout integrieren

In Abschnitt 7.3 haben wir die Vorbereitungen für ein optisch ansprechendes Layout getroffen. Jetzt ist es an der Zeit, das Layout anzuwenden. Hauptbestandteil ist bei diesem CSS-Layout die Datei `default.css`, die wir bereits in das entsprechende Verzeichnis unter `public/stylesheets` kopiert haben.

Ruby on Rails kennt die bereits in Kapitel 2 – als das Layout für die Newsfeeder-Verwaltung integriert wurde – vorgestellten Layouts und Partials. Diesen Vorgang werden wir jetzt wiederholen, nur eben mit dem neuen Layout.

Die folgenden Zeilen beschreiben den neuen Inhalt des Controller-übergreifenden Layouts in der Datei `app/views/layouts/application.html.erb`.

Listing 7.6 http://www.pastie.org/239987

```
<!DOCTYPE html PUBLIC "-//W3C//DTD XHTML 1.0 Strict//EN"
"http://www.w3.org/TR/xhtml1/DTD/xhtml1-strict.dtd">
<html xmlns="http://www.w3.org/1999/xhtml" xml:lang="cs" lang="cs">
<head>
<meta http-equiv="content-type" content="text/html; charset=utf-8" />
<meta name="description" content="ruby on rails, ruby, screencasts"  />
<meta name="keywords" content="Shop for screencasts" />
<title>Welcome to briefcasten.com - Home of screencasts</title>
<%= stylesheet_link_tag 'default.css' %></head>
<body>
<div id="view">
  <div id="head">
    <div id="logo">
      <a href="" class="block"> </a>
      <h1><a href="/">brief<span>casten.com</span></a></h1>
      <h2><a href="/">Learn Ruby on Rails with fun</a></h2>
    </div>
    <hr class="hidden" />
    <div id="mainMenu">
      <ul>
        <li class="active"><a href="index.html">Home<span>
        </span></a></li>
        <li><a href="#">Shop<span></span></a></li>
        <li><a href="#">News<span></span></a></li>
        <li><a href="#">About<span></span></a></li>
        <li><a href="#">Contact<span></span></a></li>
      </ul>

      <form action="" method="post" id="search">
        <fieldset>
          <input type="text" name="" value="" class="button" />
          <input type="submit" value="" class="submit" />
        </fieldset>
      </form>
    </div>
    <hr class="hidden" />
  </div>
  <div id="content">
    <div id="contentBlock">
      <div class="item last">
    <h3><%= flash[:notice] %></h3>
    <%= yield %>
      </div>
    </div>
    <hr class="hidden" />
    <div id="menuBlock">
      <div class="box firstBox subMenu">
        <h3>Categories</h3>
        <ul>
          <li><a href="#">Basics (1)</a></li>
          <li><a href="#">Advanced (2)</a></li>
          <li><a href="#">Tools (1)</a></li>
          <li><a href="#">Without category (0)</a></li>
        </ul>
      </div>
      <div class="box subMenu">
        <h3>News archive</h3>
        <ul>
          <li><a href="#">January 2008</a></li>
          <li><a href="#">February 2008</a></li>
          <li><a href="#">March 2008</a></li>
          <li><a href="#">April 2008</a></li>
          <li><a href="#">May 2008</a></li>
        </ul>
      </div>
    </div>
  </div>
  <hr class="hidden" />
```

```
    <hr class="hidden" />
    <div id="foot">
      <p class="fl">&copy; 2008 by <a href="http://www.rails-experts.com/">rails-
  experts.com</a> - All rights reserved</p>
      <!-- /#   LINKS AND AUTHOR-SIGNATURE CANNOT BE REMOVED !!! -->
      <p class="fr"><a href="http://www.breezy.cz/reference/webove-sablony-zdarma"
  title="More free templates coming soon">Free template</a> created by <a
  href="http://www.breezy.cz" class="ico ico-breezy">Breezy New Media</a></p>
    </div>
  </div>
  </body>
  </html>
```

Nun können Sie im Browser das neue Layout überprüfen, indem Sie folgende URL erneut aufrufen, und erhalten die in Abbildung 7.4 gezeigte Ansicht.

```
http://localhost:3000/signup
```

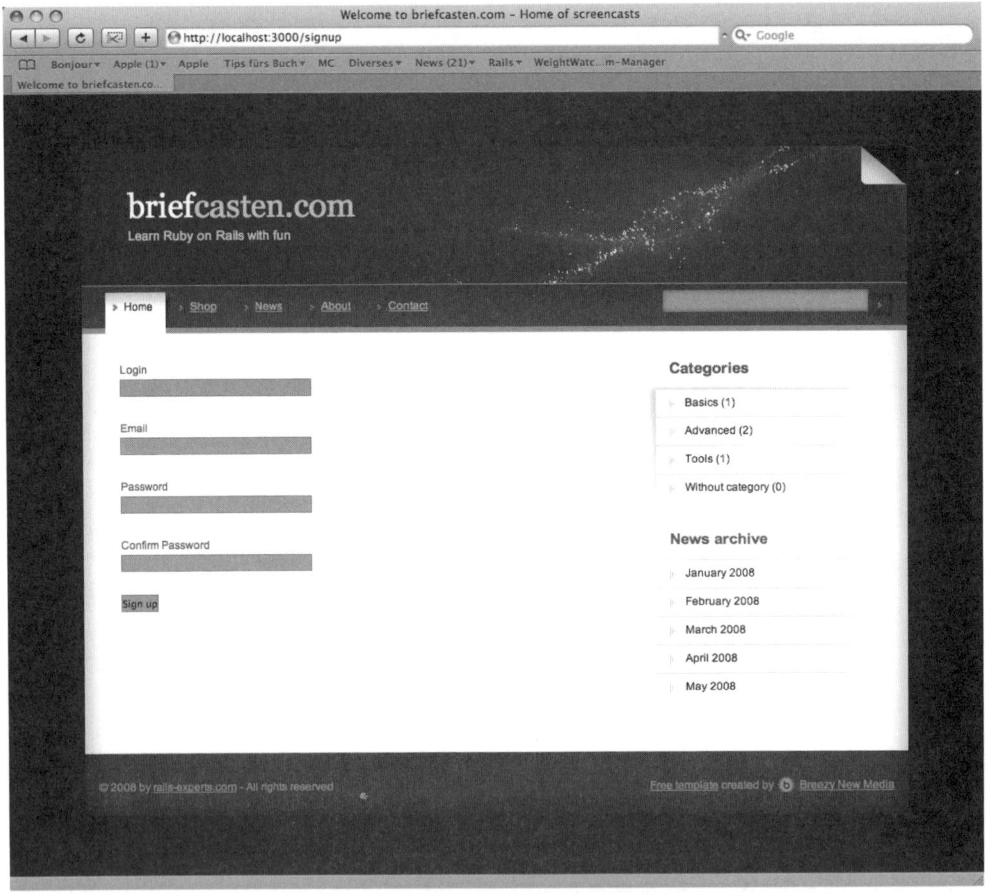

Abbildung 7.4 Das neue Layout macht die Registrierungsseite gleich viel schmackhafter.

Sie haben mit der aktuellen Funktionalität bereits die Möglichkeit, Benutzer anzulegen und eine Aktivierungsmail automatisch zu versenden. Allerdings wird keine Mail Ihren Rechner jemals verlassen, wenn Sie nicht einen `ActionMailer` konfigurieren.

7.4.3 ActionMailer für den Nachrichtenversand konfigurieren

ActionMailer ist die Komponente von Ruby on Rails, die das Versenden von E-Mails unterstützt. ActionMailer benötigt einige Informationen zur Konfiguration, um Mails per SMTP versenden zu können. Diese Konfiguration können Sie in einer separaten Datei angeben, die Ruby on Rails dann beim Start in die allgemeine Konfiguration übernimmt. Legen Sie hierzu für die Mailer-Konfiguration die Datei `config/initializers/mail.rb` an, und fügen Sie dort folgende Zeilen ein.

Listing 7.7 http://www.pastie.org/239988

```
ActionMailer::Base.delivery_method = :local

ActionMailer::Base.smtp_settings = {
  :address  => "smtp.1und1.de",
  :port  => 25,
  :domain  => "www.briefcasten.com",
  :user_name  => "accounts@briefcasten.com",
  :password  => "topsecret",
  :authentication  => :login
}
```

In der ersten Zeile wird die `delivery_method` auf das Symbol `:local` gesetzt. Auf diese Weise teilen Sie dem Mailer mit, dass für das Versenden von Mails nur lokal eine Ausgabe in der Log-Datei gemacht werden soll. Für den Produktionsbetrieb sollte dieser Wert auf `:smtp` gesetzt werden.

Die weiteren Parameter für den Mailversand werden in dem Hash-Objekt für die Setter-Methode `smtp_settings` bereitgestellt.

Wichtig:

Denken Sie aber bitte bei der Anpassung dieser Parameter an die Sicherheit, und lassen Sie insbesondere die Passwörter nicht öffentlich liegen. Auch sollten Sie die Parameterwerte entsprechend Ihren eigenen Daten anpassen.

Wenn Sie nun den Server beenden und erneut starten, wird die neue Konfiguration gelesen und bei der nächsten Registrierung verwendet.

Um den kompletten Prozessablauf testen zu können, benötigen Sie einen Mailserver, mit dem Sie die Aktivierungsmails versenden können. Damit Ihre E-Mail versendet werden kann, müssen Sie ggf. eine gültige Absenderadresse an der Stelle `ADMINEMAIL` in die Datei `app/models/user_mailer.rb` einfügen. Die folgenden Zeilen zeigen einen für `www.briefcasten.com` angepassten `UserMailer`.

Listing 7.8 http://www.pastie.org/239989

```
class UserMailer < ActionMailer::Base
  def signup_notification(user)
    setup_email(user)
    @subject    += 'Please activate your new account'

    @body[:url]  = "http://localhost:3000/activate/#{user.activation_code}"

  end
```

```
    def activation(user)
      setup_email(user)
      @subject    += 'Your account has been activated!'
      @body[:url]  = "http://www.briefcasten.com"
    end

    protected
      def setup_email(user)
        @recipients  = "#{user.email}"
        @from        = "admin@briefcasten.com"
        @subject     = "[www.briefcasten.com] "
        @sent_on     = Time.now
        @body[:user] = user
      end
  end
```

Wenn Sie über einen STMP-Zugriff verfügen und die ActionMailer-Konfiguration für den Zugriff auf SMTP entsprechend anpassen, können Sie nun einen weiteren realen Benutzer registrieren. Verwenden Sie hierzu ruhig eine Ihrer bekannten E-Mail-Adressen, damit Sie sehen, wie die E-Mail bei Ihnen ankommt und wie sie aussieht.

Sofern Sie sich erfolgreich registrieren konnten, erhalten Sie umgehend eine E-Mail an die angegebene Adresse. In unserem Fall zeigt die Abbildung 7.5, wie eine derartige Bestätigungsmail aussieht.

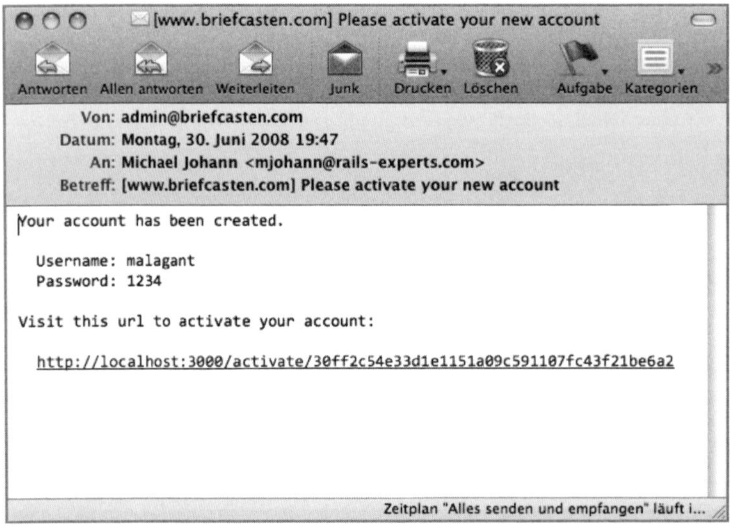

Abbildung 7.5
So sieht eine Aktivierungsmail aus.

Im echten Leben wird dabei die Hostadresse der realen Anwendung in den Mailtext eingebaut. Für unsere lokalen Tests sollte dies aber eine Vereinfachung darstellen.

Sie sehen im Browser nach der erfolgreichen Durchführung der Aktion keine besonders interessante Seite, sondern die Begrüßungsseite von Ruby on Rails (siehe Abbildung 7.6). Diese Willkommensseite von Ruby on Rails ist sicher nicht geeignet für briefcasten.com. Eine andere Seite im bekannten Layout sollte angezeigt werden, was im nächsten Abschnitt implementiert wird.

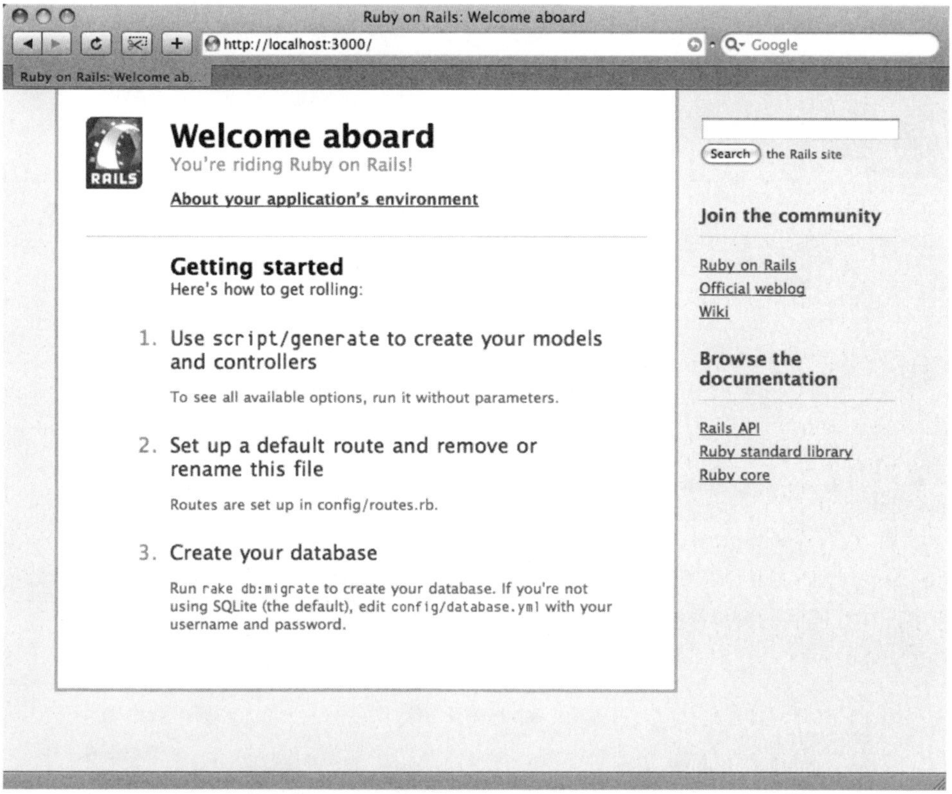

Abbildung 7.6 Der SessionsController verweist nach dem Anlegen eines Users auf diese Seite.

7.4.4 Root-Mapping einführen

Bevor wir mit den weiteren Schritten der Registrierung fortfahren, integrieren wir eine Standardseite, die dem gewünschten Layout entspricht.

Dazu muss dem Routing nur noch mitgeteilt werden, wann diese Seite aufgerufen werden soll. Um diese Aufgabe zu erledigen, geben Sie bitte ein weiteres Mapping in die Datei `config/routes.rb` ein.

```
map.root :controller => 'content'
```

Dieses Routing impliziert, dass es einen Controller namens `ContentController` gibt. Da wir, wie gesagt, nicht wissen, ob die Seite immer ihren statischen Charakters behalten wird, generieren wir uns einen `ContentController`, der die Aktion `index` erhält:

```
$ jruby script/generate controller content index

exists  app/controllers/
exists  app/helpers/
create  app/views/content
exists  test/functional/
create  app/controllers/content_controller.rb
create  test/functional/content_controller_test.rb
```

```
create  app/helpers/content_helper.rb
create  app/views/content/index.html.erb
```

Den Inhalt der Datei `app/views/content/index.html.erb` ersetzen Sie mit folgendem Inhalt.

Listing 7.9 http://www.pastie.org/239993

```
<h2>Welcome to briefcasten.com</h2>
<p>In this shop you'll find the best screencasts about Ruby on Rails.</p>
<ul>
    <li>Learn from the experts.</li>
    <li>Get the best practices.</li>
    <li>Save time and money.</li>
</ul>
<p>If you have any questions, don't hesitate to <%= link_to 'contact',
'mailto:info@briefcasten.com'%> us.</p>
```

Wichtig:

Jetzt ist es noch wichtig, die Datei `public/index.html` zu löschen, weil ansonsten unser neues Routing nicht funktionieren wird.

Nun starten Sie den Server nochmals durch, weil sonst die neuen Routings nicht erkannt werden, und sehen dann als Startseite in Ihrem Browser den Inhalt der Abbildung 7.7.

Abbildung 7.7 So sieht nun die Einstiegsseite aus.

7.4.5 Aktivierung durchführen

Nun können Sie mit der weiteren Aktivierungsprozedur fortfahren. Hierzu klicken Sie in der E-Mail, die Ihnen das System eben zugesandt hat, auf den Link mit dem Aktivierungscode. Daraufhin öffnet sich Ihr Browser und ruft die entsprechende URL auf. Dabei wird der Controller `UsersController` wie im Mapping festgelegt aufgerufen.

```
map.activate '/activate/:activation_code', :controller => 'users', :action => 'ac-
tivate', :activation_code => nil
```

Sehen wir uns also die Aktion `activate` im `UsersController` an.

```
def activate
  self.current_user =
  params[:activation_code].blank? ? :false :
  User.find_by_activation_code(params[:activation_code])
  if logged_in? && !current_user.active?
    current_user.activate
    flash[:notice] = "Signup complete!"
    current_user = false
  end
  redirect_back_or_default('/')
end
```

Diese vom Plugin `restful_authentication` generierte Methode sucht bei Bedarf den Benutzer aus der Tabelle `users`, der mit dem übergebenen `activation_code` übereinstimmt.

Wenn der aktuelle Benutzer momentan nicht eingeloggt ist und auch noch nicht aktiviert wurde, wird er nun durch den Aufruf der Methode `activate` auf der Instanz von `User` aktiviert.

Danach wird eine Meldung an das `Hash`-Objekt `flash` gegeben, die auf der danach angezeigten Seite ausgegeben werden kann. Aktuell wird die Startseite der Anwendung aufgerufen und dort der Inhalt von Flash nicht angezeigt. Viel praktischer wäre es jedoch, den neu aktivierten Benutzer direkt auf die Login-Seite zu führen. Auch könnten wir den Benutzer automatisch einloggen, doch gefällt mir diese Variante aus Sicherheitsgründen nicht sonderlich. Ändern Sie also die Methode `activate` im `UsersController` folgendermaßen ab.

Listing 7.10 http://www.pastie.org/239995

```
def activate
  self.current_user =
  params[:activation_code].blank? ? :false :
  User.find_by_activation_code(params[:activation_code])
  if logged_in? && !current_user.active?
    current_user.activate
    flash[:notice] = "Signup complete!"
    current_user = false
  end
  redirect_to login_path
end
```

Damit die Nachricht `Signup complete!` auch angezeigt wird, ändern Sie die Datei `app/views/sessions/new.html.erb` ebenfalls ein wenig ab, indem Sie die folgende Zeile an den Anfang der Datei stellen.

Abbildung 7.8 Nach der Aktivierung wird der Erfolg dieser Aktion auf der Login-Seite angezeigt.

```
<h3><%= flash[:notice] %></h3>
```

Damit ergibt sich folgende Browseransicht nach einem erfolgreichen Aktivierungsvorgang (vgl. Abbildung 7.8):

Wenn Sie sich in der Datenbank die neu angelegten Benutzer und Rollen etwas näher ansehen, werden Sie feststellen, dass den neu angelegten Benutzern keine Rolle zugewiesen wurde. Dies müssen wir noch ändern, denn wir wollen lediglich einen Benutzer mit der Rolle `administrator` haben, und jeder neue Benutzer soll die Rolle `customer` erhalten. Daher werden wir die Methode `activate` im Controller `UsersController` noch einmal erweitern und eine Rolle hinzufügen.

Listing 7.11 http://www.pastie.org/239996

```
def activate
  self.current_user =
  params[:activation_code].blank? ? :false :
  User.find_by_activation_code(params[:activation_code])
  if logged_in? && !current_user.active?
    current_user.roles << Role.find_by_name('customer')
    current_user.activate
    flash[:notice] = "Signup complete!"
    current_user = false
  end
  redirect_to login_path
end
```

Intern wird damit in der Tabelle `roles_users` eine Zeile angelegt, die die `ID` der Rolle und des Benutzers enthält.

Wenn Sie jetzt einen neuen Benutzer anlegen, wird ihm die Rolle `customer` zugewiesen. Die folgende Abbildung zeigt die Tabelle `roles_users`. Der Eintrag mit der `user_id 5` und `role_id 2` bestätigt, dass der neue Benutzer die Rolle `customer` erhalten hat (vgl. Abbildung 7.9).

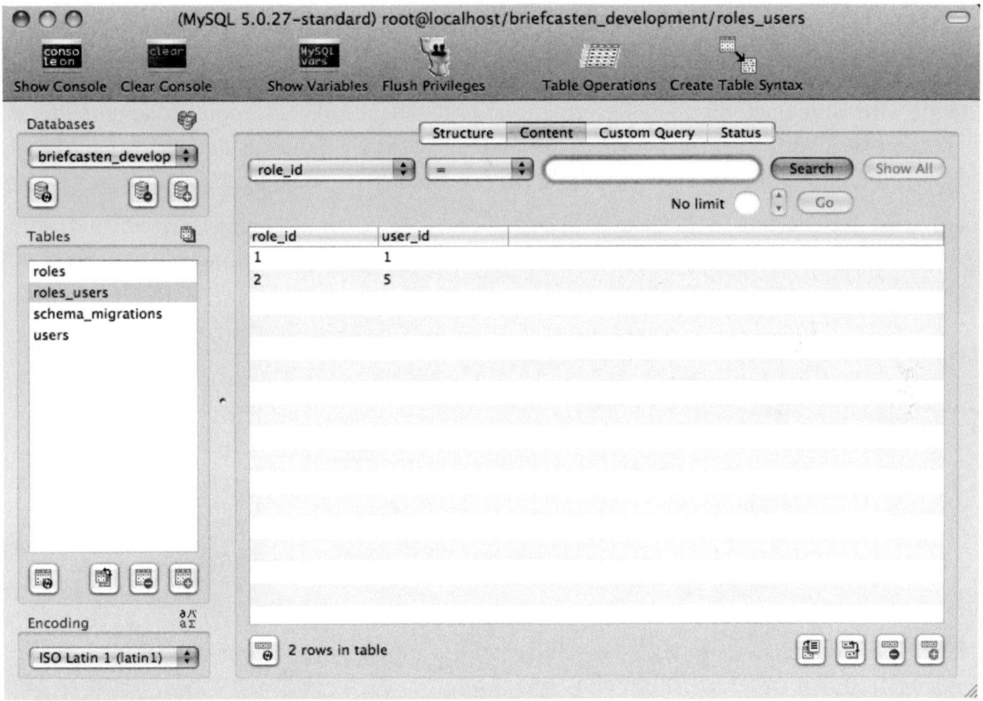

Abbildung 7.9 Der User mit der ID 5 hat die Rolle customer (ID 2).

7.4.6 Statusinformationen

Wenn Sie sich nun mit dem Login und Passwort anmelden gelangen Sie wieder auf die Startseite von briefcasten.com. Sie haben allerdings keinerlei Informationen darüber, wo Sie sich wieder abmelden können oder ob Sie überhaupt erfolgreich angemeldet wurden.

Des Weiteren fehlt eine Information, wer sich wirklich in Ihrer Session angemeldet hat. Diese Information können Sie sehr schnell und einfach mit Hilfe eines Partials in das Layout integrieren. Da es sich bei dieser Login-Status-Information um einen Bereich handelt, den sich viele Seiten teilen, wird das Verzeichnis `app/views/shared` angelegt. In dieses Verzeichnis kommt eine Datei namens `_login_info.html.erb`. Geben Sie die folgenden Zeilen in diese Datei ein.

Listing 7.12 http://www.pastie.org/239997

```
<% if logged_in? %>
You are logged in as <%= self.current_user.login %>
<%= link_to " Logout", logout_url %>
<% end %>
<% if !logged_in? %>
<%= link_to 'Login', login_url %>
or
<%= link_to ' Sign up', signup_url %>
<% end %>
```

Damit wird zum einen die Statusinformation ausgegeben, falls ein Benutzer angemeldet ist und unter welchem Benutzernamen. Zum anderen wird ein Link für das An- oder Abmelden hinzugefügt, um nicht manuell die URL für diese Aktionen eingeben zu müssen.

Nun wird das Partial in die Datei `app/views/layouts/application.html.erb` integriert. Hierzu geben Sie die folgende in Fettschrift dargestellte Zeile in das `DIV`-Objekt mit der `ID` `Logo` ein.

Listing 7.13 http://www.pastie.org/239998

```
<div id="logo">
  <a href="" class="block"> </a>
  <h1><a href="/">brief<span>casten.com</span></a></h1>
  <h2><a href="/">Learn Ruby on Rails with fun</a></h2>
  <p align="right"><%= render :partial => 'shared/login_info'%></p>
</div>
```

Nach einer Aktualisierung des Browsers sehen Sie in etwa die gleiche Ansicht wie in Abbildung 7.10.

Sie können nun ein wenig herumprobieren und auf den `Logout`-Link klicken. Dann wird Ihnen die Auswahl `Login` und `Signup` angezeigt, die Sie wiederum austesten können. Wenn Sie sich einloggen und danach Ihren Browser beenden, geht die Information verloren.

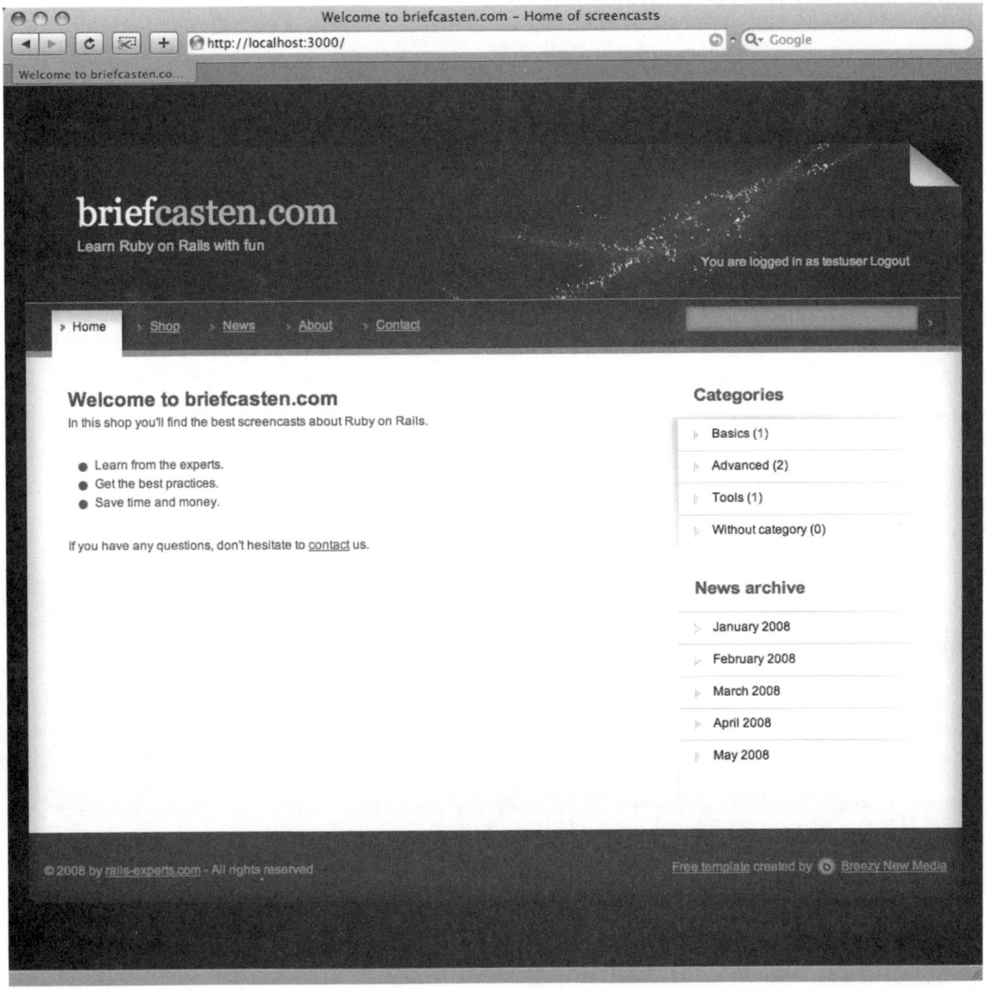

Abbildung 7.10 Die Login-Status-Informationen werden nun rechts oben angezeigt.

Wenn Sie also beim nächsten Besuch auf `www.briefcasten.com` automatisch angemeldet sein wollen, müssen Sie noch eine weitere Maßnahme durchführen. Diese wird im nächsten Abschnitt beschrieben.

7.4.7 Remember me

Wenn ein Benutzer später im Shop einkaufen möchte, muss er oder sie sich irgendwann einmal anmelden. Damit diese leicht lästige Prozedur auf ein Minimum reduziert werden kann, gibt es die Möglichkeit, die Anmeldeinformationen in einem Cookie zu verwalten. Ändern Sie zunächst die View-Datei `app/views/sessions/new.html.erb` folgendermaßen ab, indem Sie die auskommentierte Passage von ihrem Kommentar befreien.

Listing 7.14 http://www.pastie.org/239999

```
<% form_tag session_path do -%>
<p><label for="login">Login</label><br/>
<%= text_field_tag 'login' %></p>

<p><label for="password">Password</label><br/>
<%= password_field_tag 'password' %></p>

<p><label for="remember_me">Remember me:</label>
<%= check_box_tag 'remember_me' %></p>

<p><%= submit_tag 'Log in' %></p>
<% end -%>
```

Damit wird dem Benutzer die Möglichkeit gegeben, eine Checkbox anzuklicken und der Anwendung so zu signalisieren, dass er angemeldet bleiben möchte. Abbildung 7.11 zeigt die neu eingefügte Checkbox in Aktion.

Abbildung 7.11 Die neue Checkbox in Aktion

Die ganze „Magie" hinter dieser Aktion ist im `SessionsController` zu finden. Die Aktion `create` ist hier der Mittelpunkt des Interesses und sollte von Ihnen folgendermaßen angepasst werden.

Listing 7.15 http://www.pastie.org/240002

```
def create
  self.current_user = User.authenticate(params[:login],
                                        params[:password])
  if logged_in?
    if params[:remember_me] == "1"
      self.current_user.remember_me
      cookies[:auth_token] = {
     :value => self.current_user.remember_token,
     :expires => self.current_user.remember_token_expires_at }
    end
    redirect_back_or_default('/')
    flash[:notice] = "Logged in successfully"
  else
    flash[:notice] = "No corresponding account was found.
                      Check user and password."
    render :action => 'new'
  end
end
```

In der ersten fettgeschriebenen Zeile ist die Magie implementiert. Dort wird in das `Hash`-Objekt namens `cookies` ein Wert für den Key `auth_token` hinterlegt. Letzterer wird aus den Daten des aktuellen Benutzers erstellt, und zwar fragt das `User`-Modell das Attribut `remember_token` ab. Dieser Wert wurde eine Zeile vorher erstellt, als auf dem aktuellen `User`-Objekt die Methode `remember_me` aufgerufen wurde.

Der Aufruf endet in der Generierung eines verschlüsselten Wertes, bestehend aus E-Mail und Ablaufzeitpunkt der automatischen Anmeldung. Sehen wir uns diesen Vorgang einmal genauer an. Dazu starten wir in der Klasse `User` bei der Methode `remember_me`.

Listing 7.16 http://www.pastie.org/240003

```
def remember_me
  remember_me_for 2.weeks
end

def remember_me_for(time)
  remember_me_until time.from_now.utc
end

def remember_me_until(time)
  self.remember_token_expires_at = time
  self.remember_token = encrypt("#{email}--#{remember_token_expires_at}")
  save(false)
end
```

Hier sticht wieder die hervorragende Lesbarkeit von Ruby ins Auge. Doch das nur am Rande.

In der Methode `remember_me_until` wird das Attribut `remember_token_expires_at` auf den Zeitpunkt „in zwei Wochen" gesetzt. Dies ist die Standardvorgabe des Generators. Danach wird das verschlüsselte Token generiert und das `User`-Objekt unter Aussetzen der Validierung (Parameter `false`) abgespeichert.

Eine weitere Änderung der Methode `create` ist die in Fettschrift hervorgehobene `flash`-Meldung, die angezeigt wird, wenn die eingegebene Kombination aus Login und Passwort nicht stimmt.

Wie stellt man jedoch beim erneuten Aufruf des Browsers auf die Index-Seite des Shops fest, ob der Benutzer eingeloggt ist? Zunächst können wir uns das Cookie im Browser anzeigen lassen. Mit dem Safari-Browser sieht das dann etwa wie in Abbildung 7.12 aus.

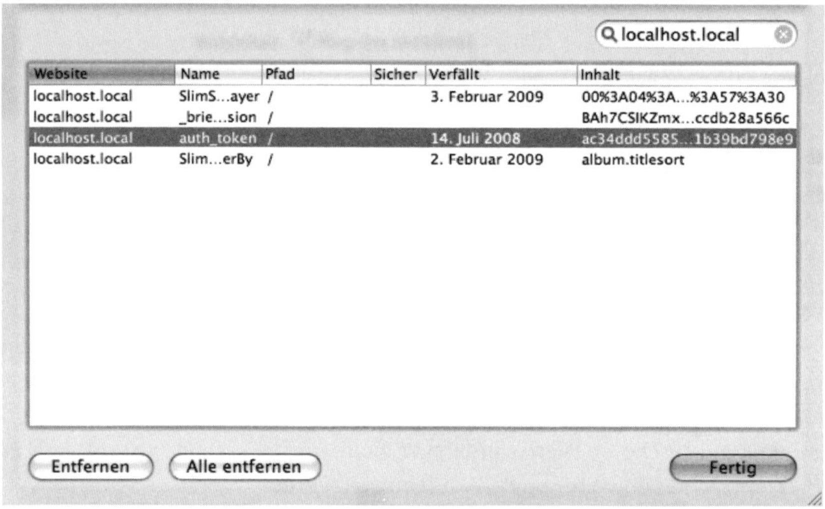

Abbildung 7.12 Das soeben gesetzte, in zwei Wochen verfallende Cookie

Wenn die Indexseite angezeigt und dabei das Partial `login_info` integriert wird, ruft das Partial explizit die Methode `logged_in?` auf. Diese Methode ist in der vom Plugin generierten Klasse `AuthenticatedSystem` im Verzeichnis `lib` enthalten. Dort wird die Methode `current_user` aufgerufen, die den aktuellen `User` zurückgibt. Die Methode `current_user` wiederum versucht auf dreierlei Art einen Benutzer automatisch einzuloggen.

```
def current_user
  @current_user ||= (login_from_session ||
                     login_from_basic_auth ||
                     login_from_cookie || :false)
end
```

Da in unserem Fall keine andere Methode als `login_from_cookie` funktionieren dürfte, schauen wir uns diese Methode ebenso an.

```
def login_from_cookie
  user = cookies[:auth_token] &&
         User.find_by_remember_token(cookies[:auth_token])
  if user && user.remember_token?
    user.remember_me
    cookies[:auth_token] = { :value => user.remember_token,
                             :expires => user.remember_token_expires_at }
    self.current_user = user
  end
end
```

Hier wird also der Benutzer gesucht, der mit dem Token aus dem Cookie übereinstimmt. Wenn der Benutzer gefunden wurde, wird ein neues Token generiert und die Frist wieder um die vorgegebenen zwei Wochen verlängert. Einfach, aber effektiv.

Was aber, wenn der Benutzer sich explizit ausloggt, den Browser beendet und erneut startet, um auf die Indexseite zu gehen? In diesem Fall schlägt beim Logout die folgende Route zu.

```
map.logout '/logout', :controller => 'sessions', :action => 'destroy'
```

Damit wird die Aktion `destroy` im `SessionsController` aufgerufen:

```
def destroy
  self.current_user.forget_me if logged_in?
  cookies.delete :auth_token
  reset_session
  flash[:notice] = "You have been logged out."
  redirect_back_or_default('/')
end
```

In dieser Methode wird aus der Liste der verfügbaren Cookies das Cookie für unser `:auth_token` gelöscht. Danach wird die Session zurückgesetzt und eine `flash`-Meldung gesetzt. Dann erfolgt eine Umleitung auf die Index-Seite, und der Benutzer muss sich erneut anmelden, wenn eine Aktion dies von ihm verlangt. Abbildung 7.13 zeigt die Meldung nach dem erfolgreichen Logout.

Abbildung 7.13
Die Flash-Meldung nach dem erfolgreichen Logout

7.4.8 Passwort-Reset für Vergessliche

Wer sein Passwort vergisst, ist meist auf die Hilfe der Administration eines Shops angewiesen. Mittlerweile ist allerdings das Zurücksetzen eines Passwortes aus Sicherheitsgründen dem erneuten Zusenden vorzuziehen. Dieser Vorgang kann ebenfalls automatisiert werden. Unser Shop soll damit das Zurücksetzen von Passwörtern erlauben. Der Vorgang ist dabei ähnlich wie bei der Aktivierung.

Der Benutzer kann auf der Login-Seite einen Link anklicken, der ihn auf einer weiteren Seite zur Eingabe der E-Mail-Adresse auffordert. Dann wird ein Passwort-Reset-Code generiert und wieder, wie bei der Aktivierung, in eine E-Mail gestellt und versendet. Der Kunde gelangt dann über eben diesen Link auf eine Seite, die das Passwort für den Benutzer ändern kann. Starten wir also mit dem Login-Dialog, der entsprechend erweitert wird.

Listing 7.17 http://www.pastie.org/240006

```
<h3><%= flash[:notice] %></h3>
<% form_tag session_path do -%>
<p><label for="login">Login</label><br/>
<%= text_field_tag 'login' %></p>

<p><label for="password">Password</label><br/>
<%= password_field_tag 'password' %></p>

<p><label for="remember_me">Remember me:</label>
<%= check_box_tag 'remember_me' %></p>

<p><%= submit_tag 'Log in' %></p>
<p><%= link_to 'Sign up', signup_path %></p>
<p><%= link_to 'Forgot Password?', forgot_password_path %></p>
<% end -%>
```

Die in Fettschrift hervorgehobenen Zeilen zeigen je einen Link. Mit dem Parameter `signup_path` wird auf den Registrierungszweig des Shops verzweigt. Dies ist dann hilfreich, wenn der Benutzer erkennt, dass er sich nie zuvor registriert hat.

Mit dem Link zum `forgot_password_path` steigen wir in den Usecase ein, doch stellt sich die Frage, wo der Pfad hinführen soll. Da wir im Umfeld der Passwortänderung mehrere Aktionen unterstützen werden, ist es durchaus sinnvoll, einen neuen Controller zu generieren, den `PasswordController`:

```
$ jruby script/generate controller passwords

exists  app/controllers/
exists  app/helpers/
create  app/views/passwords
exists  test/functional/
create  app/controllers/passwords_controller.rb
create  test/functional/passwords_controller_test.rb
create  app/helpers/passwords_helper.rb
```

Damit die Pfade funktionieren, muss in der Datei `routes.rb` das Resource-Mapping für den Controller `PasswordsController` angepasst werden. Bei dieser Gelegenheit können wir auch das Mapping für die Pfade vornehmen.

Listing 7.18 http://www.pastie.org/240008

```
ActionController::Routing::Routes.draw do |map|
  map.resources :users
  map.resource :session
  map.resource :passwords

  map.activate '/activate/:activation_code',
    :controller => 'users',
    :action => 'activate',
    :activation_code => nil

  map.signup '/signup',
    :controller => 'users',
    :action => 'new'

  map.login '/login',
    :controller => 'sessions',
    :action => 'new'

  map.logout '/logout',
    :controller => 'sessions',
    :action => 'destroy'

  map.root :controller => 'content'

  map.forgot_password '/forgot_password',
    :controller => 'passwords',
    :action => 'new'

  map.reset_password '/reset_password/:id',
    :controller => 'passwords',
    :action => 'edit'

  map.change_password '/change_password',
    :controller => 'users',
    :action => 'edit'
...
end
```

Mit diesen neuen Informationen können Sie nun die Seite `app/views/sessions/new.html.erb` aufrufen. Abbildung 7.14 zeigt den aktuellen Stand der Login-Seite.

Wenn Sie nun auf den Link `Forgot Password?` klicken, meldet Ruby on Rails, dass keine Aktion `new` im `PasswordsController` vorhanden ist. Das stimmt, da beim Generieren des Controllers lediglich der Klassenrumpf angelegt wurde. Dies ändern wir nun sukzessive. Zunächst wird die Methode `new` in den `PasswordsController` integriert.

Listing 7.19 http://www.pastie.org/240011

```
class PasswordsController < ApplicationController
  def new
  end
end
```

Danach muss die View `new.html.erb` erstellt werden. Hierzu geben Sie bitte die folgenden Zeilen in die Datei `app/views/passwords/new.html.erb` ein.

Listing 7.20 http://www.pastie.org/240013

```
<h2>Forgot Password</h2>
<h3><%= flash[:notice]%></h3>
<% form_tag url_for(:action => 'create') do %>
<p>What is the email address used to create your account?<br/>
   <%= text_field_tag :email, "", :size => 50 %><br/></p>
   <%= submit_tag 'Reset password'%>
<% end %>
```

Abbildung 7.14 Die neue Login-Seite mit dem Link für die Passwort-Erneuerung

Sie sehen, dass in dieser Datei hauptsächlich ein reines HTML-Formular aufgebaut wird. Da hier keine Objekte aus dem Controller benötigt werden ist der Inhalt der `new`-Methode im `PasswordsController` leer.

Der Benutzer wird in dieser View dazu aufgefordert, seine E-Mail-Adresse einzugeben. Die E-Mail-Adresse darf nicht mehr als 50 Zeichen umfassen. Das Ziel des Formulars ist die Methode `create` im `PasswordsController`, die wir im nächsten Schritt implementieren.

Doch zuvor werfen wir einen Blick auf die neue Seite (Abbildung 7.15).

Wenn Sie nun Ihre E-Mail-Adresse von der vorigen Aktivierungsprozedur hier eingeben und auf den Button klicken, wird Rails das Fehlen der Methode `create` monieren. Grund genug, um die fehlende Methode umgehend zu implementieren.

Abbildung 7.15 Der Dialog für die Eingabe der E-Mail-Adresse

Vielleicht fällt Ihnen auf, dass die Entwicklung hier Schritt für Schritt im Ablauf nachvollzogen und nicht als komplette, fertige Einheit präsentiert wird. Dies wurde bewusst so vorgesehen, weil Sie dann auch beim Programmieren in diesen Schritten denken, was Ihr Vorgehen stark ans Behavior-Driven Development anlehnt. Praktisch gesehen, können Sie diese Abläufe in BDD-Stories gießen und dann die Funktionalität integrieren, bis die Stories durchlaufen. Dies werden wir im weiteren Verlauf der Shop-Entwicklung an einigen Stellen so durchführen. Doch momentan sind wir erst einmal mit der Implementierung der Benutzer-Rollen-Verwaltung beschäftigt und im Speziellen mit der Methode `create` des `PasswordsControllers`.

Geben Sie im `PasswordsController` die folgenden Zeilen ein, um die Methode `create` zu implementieren.

Listing 7.21 http://www.pastie.org/240017

```
def create
  return unless request.post?
  @user = User.find_for_forget(params[:email])
  if !@user.nil?
    @user.forgot_password
    @user.save
    flash[:notice] = "A password reset link has been sent to your email address."
    redirect_to login_path
  else
    flash[:notice] = "Could not find a user with that email address."
    render :action => 'new'
  end
end
```

Am Anfang der Methode wird geprüft, ob es sich bei diesem Request um einen POST-Request handelt – wenn nicht, wird die Methode nämlich direkt verlassen. Dies ist ein wichtiges Sicherheitskonzept in Ruby on Rails, welches direkt und einfach angewendet werden kann. Wenn Sie sich die Routings ansehen, werden Sie feststellen, dass Sie die Methode `create` auch mit Ihrem Browser aufrufen könnten, und zwar mit einem GET-Request über einen modifizierten HTTP-Request. Um aber REST auch im `Passwords-Controller` konsequent einzusetzen, sollte hier definitiv nur ein POST-Request durchkommen.

Als Nächstes wird der Benutzer mit der gewünschten E-Mail-Adresse gesucht. Zwar könnte hier die `Find`-Methode `user.find_by_email(params[:email])` verwendet werden, doch kapselt die Klassenmethode `find_for_forget` in der Klasse `User` weitere Details vom Controller ab und erhöht zudem die Lesbarkeit. Die folgenden Zeilen zeigen die Methode `find_for_forget` in der Klasse `User`.

Listing 7.22 http://www.pastie.org/240019

```
def self.find_for_forget(email)
  @user = find :first,
          :conditions => ['email = ? and activation_code IS NULL', email]
  @user
end
```

Geben Sie also bitte die obigen Zeilen in die Klassendefinition von `User` ein sowie die folgenden Zeilen, in denen die Methode `forgot_password` implementiert wird.

Listing 7.23 http://www.pastie.org/240020

```
def forgot_password
  @forgotten_password = true
  self.make_password_reset_code
end
```

Dann fügen Sie noch die Methode `make_password_reset_code` in den `protected` Bereich der Klasse `User` ein, die für die Erzeugung des Passwort-Reset-Codes sorgt.

Listing 7.24 http://www.pastie.org/240021

```
def make_password_reset_code
  self.password_reset_code =
    Digest::SHA1.hexdigest( Time.now.to_s.split(//).sort_by {rand}.join )
end
```

Starten Sie einen Versuch im Browser, indem Sie auf die folgende URL gehen.

```
http://localhost:3000/passwords/new
```

Sie sehen nun im Browser bei der Angabe einer E-Mail-Adresse aus der Tabelle `users`, dass die Anzeige auf die Login-Seite verzweigt. Wenn Sie sich die Methode `create` des `PasswordsControllers` ansehen, stellen Sie fest, dass dies immer dann der Fall ist, wenn der Benutzer gefunden wurde und erfolgreich ein `password_reset_code` gespeichert werden konnte (siehe Abbildung 7.16).

Abbildung 7.16 Die Bestätigung, dass eine Nachricht an den Benutzer geschickt wurde

Was uns jetzt noch fehlt, ist die Benachrichtigungs-Mail, denn der Benutzer soll nach dem Zurücksetzen des Passworts eine Nachricht darüber erhalten.

In der Nachricht soll wie auch in der Aktivierungs-Mail ein Link eingetragen sein, den der Benutzer anklicken kann, um sein Passwort zu ändern. Dies passiert allerdings nur, wenn wir den `UserObserver` entsprechend um diese Aktivitäten erweitern.

Der folgende Code zeigt, wie der `UserObserver` (zu finden unter `app/models/user_observer.rb`) zum Zeitpunkt der Generierung aussieht.

Listing 7.25 http://www.pastie.org/240036

```
class UserObserver < ActiveRecord::Observer
  def after_create(user)
    UserMailer.deliver_signup_notification(user)
  end

  def after_save(user)

    UserMailer.deliver_activation(user) if user.pending?

  end
end
```

Mit diesem Observer wird darauf reagiert, wenn ein `User`-Objekt gespeichert wurde. In unserem Beispiel ist dies immer dann der Fall, wenn der Benutzer aktiviert und sein Passwort zurückgesetzt wurde.

Des Weiteren wird der Benutzer noch einmal gespeichert, wenn das Passwort vom entsprechenden Benutzer geändert wurde. Daher erweitern wir nun die Methode `after_save` um einige Einträge.

Listing 7.26 http://www.pastie.org/240038

```
def after_save(user)
  if user.pending?
    UserMailer.deliver_activation(user)
  elsif user.recently_forgot_password?
    UserMailer.deliver_forgot_password(user)
  elsif user.recently_reset_password?
    UserMailer.deliver_reset_password(user)
  end
end
```

Mit diesen Änderungen wird der `UserMailer` angewiesen, Mails an den User zu versenden, wenn er das Zurücksetzen des Passworts veranlasst hat (`recently_forgot_password`) und das Passwort geändert wurde (`recently_reset_password`).

Wenn der Status dieses Vorgangs im `User`-Modell vorgehalten wird, müssen wir unserer Implementierung von `User` die beiden folgenden Methoden hinzufügen.

Listing 7.27 http://www.pastie.org/240039

```
def recently_forgot_password?
  @forgotten_password
end

def recently_reset_password?
  @reset_password
end
```

Diese beiden Methoden geben den Wert der entsprechenden Instanzvariablen zurück.

Im Falle des Vorgangs `forgot_password` wird die Variable `@forgotten_password` bereits gesetzt. Im Falle von `reset_password` nicht, da es noch keine Methode gibt, die den Reset nachführt. Diesen Umstand behalten wir erst mal im Hinterkopf, denn wir wollen den Ablauf Schritt für Schritt nachvollziehen. Wir haben `recently_reset_password` lediglich vorab implementiert, um die Änderungen am `UserObserver` zu vervollständigen.

Damit der `UserMailer` nun die Nachricht an den Benutzer ausliefern kann, muss er entsprechend erweitert werden. Die folgenden Zeilen sollten Sie daher in die Klasse `UserMailer` aufnehmen.

Listing 7.28 http://www.pastie.org/240040

```
def forgot_password(user)
  setup_email(user)
  @subject    += 'You have requested to change your password!'
  @body[:url]  =
"http://localhost:3000/reset_password/#{user.password_reset_code}"
end
```

Wie auch bei den Views, gibt es bei `ActiveMailer` eine Verbindung zwischen Mailer-Aktion und Mail-Template. Legen Sie für die Aktion `forgot_password` die Datei `app/views/user_mailer/forgot_password.html.erb` an, und fügen Sie die folgenden Zeilen dort ein.

Listing 7.29 http://www.pastie.org/240042

```
<%=h @user.login %>, Your password has been reset.

  <%= @url %>
```

Jetzt können Sie den Vorgang im Browser erneut ausführen und werden in Kürze eine Nachricht vom Shop erhalten. Die Nachricht sollte in etwa wie in Abbildung 7.17 aussehen.

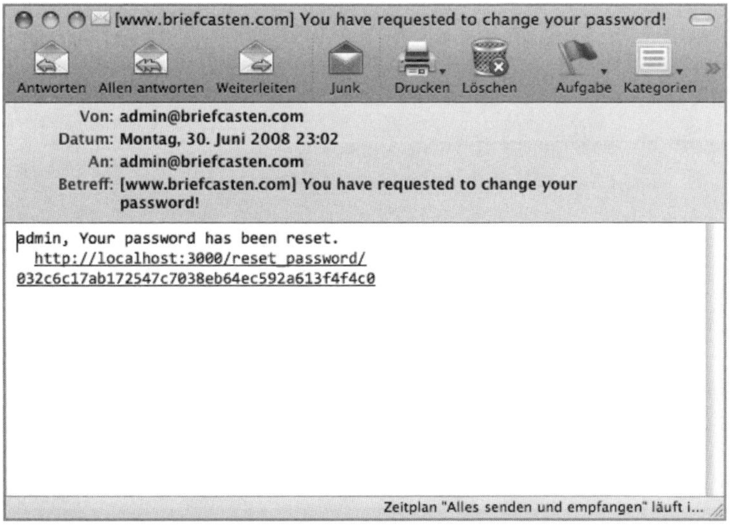

Abbildung 7.17
So sieht die Mail bezüglich der Password-Änderungsanforderung aus.

Klicken Sie nun einfach auf den Link, und Sie werden auf die Webseite zurückgeführt. Genauer gesagt, wird die Aktion `edit` aufgerufen. Die sollten Sie folgendermaßen implementieren.

Listing 7.30 http://www.pastie.org/240043

```
def edit
  if params[:id].nil?
    render :action => 'new'
    return
  end
  @user = User.find_by_password_reset_code(params[:id]) if params[:id]
  raise if @user.nil?
rescue
  logger.error "Invalid reset code entered."
  flash[:notice] = "Sorry - That is an invalid password reset \
    code.(Perhaps your email client inserted a carriage return?)"
  redirect_to new_user_path
end
```

Was passiert nun in dieser Methode?

Zunächst wird in den Request-Parametern nach einem Objekt namens `:id` gesucht. Wenn diese `ID` nicht vorhanden ist, kann keine gültige Operation erfolgen. Daher wird die Aktion `new` aufgerufen und im Browser die View `new.html.erb` angezeigt, wo, wir erinnern uns, die E-Mail-Adresse für das Zurücksetzen des Passworts eingegeben wird.

Ist die `ID` allerdings vorhanden, wird der User aus der Datenbank geladen. Hierzu wird auf dem `User`-Modell die Klassenmethode `find_by_password_reset_code` aufgerufen. Wenn Sie sich den Methodennamen genauer ansehen, stellen Sie fest, dass diese Methode implizit zur Laufzeit bereitgestellt wird. Das Muster `find_by_<attribut>` funktioniert mit jedem Attribut einer Modellklasse, die von `ActiveRecord::Base` abgeleitet ist.

Wenn der User nicht gefunden wurde, ist der Reset-Code nicht valide gewesen. In diesem Fall ist der User `nil`, und es wird eine `Exception` geworfen.

Mit dem `rescue`-Block wird die `Exception` in der Log-Datei für die aktuelle Laufzeitumgebung festgehalten und eine Meldung ins `Flash`-Objekt gestellt. Anschließend wird auf die Seite `new_user_path` verzweigt.

Zu der Aktion gehört, wie üblich, eine passende View, die in diesem Fall in der Datei `app/views/passwords/edit.html.erb` abgelegt wird und folgenden Inhalt hat.

Listing 7.31 http://www.pastie.org/240044

```
<% form_tag url_for(:action => 'update', :id => params[:id]) do %>
  Password:<br/>
  <%= password_field_tag :password %><br/>
  Confirm Password:<br/>
  <%= password_field_tag :password_confirmation %><br/>
  <%= submit_tag 'Reset my password'%>
<% end %>
```

Die View edit erfasst das Passwort und seine Bestätigung und ruft dann die Aktion `update` auf dem `PasswordsController` auf.

Wenn Sie nun die URL aus der Mail aufrufen, wird der `User` gefunden und die View `edit` aus Abbildung 7.18 angezeigt.

Abbildung 7.18 Die edit-View für die Neuvergabe des Passwortes

Damit die Eingaben aus der View `edit` in die Datenbank gelangen, muss noch die Methode `update` im `PasswordsController` implementiert werden.

Listing 7.32 http://www.pastie.org/240045

```
def update
  if params[:id].nil?
    render :action => 'new'
    return
  end
  if params[:password].blank?
    flash[:notice] = "Password field cannot be blank."
    render :action => 'edit', :id => params[:id]
    return
  end
  @user = User.find_by_password_reset_code(params[:id]) if params[:id]
  raise if @user.nil?
  return if @user unless params[:password]
```

```
      if(params[:password] == params[:password_confirmation])
        @user.password_confirmation = params[:password_confirmation]
        @user.password = params[:password]
        @user.reset_password
        flash[:notice] = @user.save ? "Password reset." : "Password not reset."
    else
      flash[:notice] = "Password mismatch."
      render :action => 'edit', :id => params[:id]
      return
    end
    redirect_to login_path
    rescue
      logger.error "Invalid reset code entered"
      flash[:notice] = "Sorry - That is an invalid password reset \
      code.(Perhaps your email client inserted a carriage return?)"
      redirect_to new_user_path
  end
```

Der Password-Reset-Code in den Requestparametern wird auch hier abgefragt. Wenn er nicht vorhanden ist, wird die View `new` aufgerufen und die `update`-Methode verlassen. Wenn kein Passwort eingegeben wurde, findet die Methode `update` dies im nächsten Block heraus und meldet es an das `Flash`-Objekt. Danach wird die `edit`-View wieder aufgerufen, damit eine Passwortänderung eingeleitet werden kann.

Der Benutzer wird anhand des Password-Reset-Codes gesucht, im Fehlerfall wieder eine Exception geworfen und funktionsgleich wie in der `edit`-Methode behandelt.

Der Code zwischen der Fehlerbehandlung und der Validierung sieht vor, die beiden Eingabewerte zu vergleichen und bei Übereinstimmung das neue Passwort in die Attribute `password` und `password_confirmation` zu übernehmen. Dann wird die Methode `reset_password` auf dem `User`-Modell aufgerufen, die wir noch wie folgt implementieren müssen.

Listing 7.33 http://www.pastie.org/240047

```
def reset_password
  # update_attribute verhindert das
  # Versenden von E-Mail-Duplikaten
  update_attribute(:password_reset_code, nil)
  @reset_password = true
end
```

Die Methode `reset_password` entfernt den `password_reset_code` aus dem Datensatz für den Benutzer und setzt die Instanzvariable `reset_password` auf `true`. Damit ist der Ablauf zum Neuanlegen des Passworts komplett.

7.4.9 Benutzerverwaltung für den Administrator

Durch die Rollen im Shop kann der Administrator bestimmte Dinge tun, die anderen, nicht der Rolle `administrator` zugeordneten Benutzern nicht erlaubt sind. Für die Benutzerverwaltung soll der Administrator die Möglichkeit bekommen, Benutzer zu bearbeiten und so zu löschen beziehungsweise zu deaktivieren und deaktivierte Benutzer wieder zu aktivieren.

Hierzu muss dem `UsersController` ein wenig mehr Funktionalität hinzugefügt werden. Zunächst wird eine `index`-Aktion angelegt, die eine Liste der verfügbaren Benutzer anzeigt. Die folgenden Zeilen sollten Sie daher in den `UsersController` einfügen.

Listing 7.34 http://www.pastie.org/240048

```
def index
  @users = User.all
end
```

Damit wird die Collection mit allen User-Objekten an die `index`-View übergeben. Die `index`-View sieht dann so aus und wird in die Datei `app/views/users/index.html.erb` geschrieben.

Listing 7.35 http://www.pastie.org/240049

```
<h2>All users</h2>
<table>
  <tr>
    <th>Login</th>
    <th>Email</th>
    <th>Active?</th>
  </tr>
  <% @users.each do |user| %>
  <tr class="<%= cycle('odd', 'even') %>">
    <td><%= link_to user.login, user_path(user)%></td>
    <td><%=h user.email %></td>
    <td><%=h user.enabled ? 'Yes' : 'No' %>
    <% unless user == current_user %>
      <% if user.enabled %>
        <%= link_to('Deactivate', user_path(user.id),
                                  :method => :delete) %>
      <% else %>
        <%= link_to('Activate', enable_user_path(user.id),
                                :method => :put)%>
      <% end %>
    <% end%>
    </td>
  </tr>
<% end %>
</table>
```

Hier werden die Daten der einzelnen `User`-Objekte in einer Tabelle aufbereitet. Die erste `link_to`-Anweisung ruft die Detailansicht (`show.html.erb`) für ein `User`-Objekt auf. Wenn der `User` aktiviert ist, wird dem Administrator die Möglichkeit gegeben, den `User` zu deaktivieren und umgekehrt (vgl. Abbildung 7.19 auf der nächsten Seite).

Bevor wir nun in die Implementierung der Aktionen `destroy`, `show` und `enable` einsteigen, sollten wir noch allen Benutzern, die nicht die Rolle `administrator` haben, einen Riegel vorschieben. Dies lässt sich sehr leicht mit Hilfe des Plugins `role_requirement` erledigen, das wir bereits für unsere Zwecke vorbereitet haben. Um den Zugriff auf diese Funktionen für Administratoren zu konfigurieren, sind lediglich die folgenden Zeilen aus Listing 7.36 im `UsersController` erforderlich.

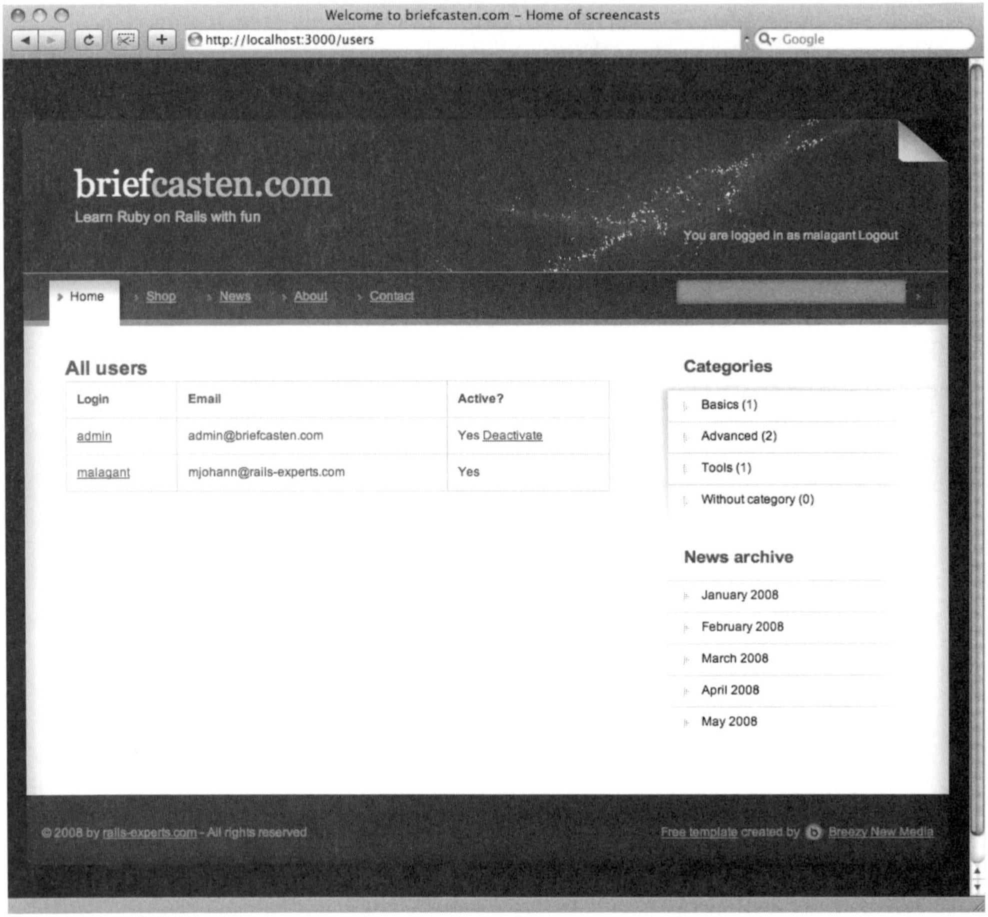

Abbildung 7.19 Die Administratorsicht auf die Benutzerliste

Listing 7.36 http://www.pastie.org/240050

```
class UsersController < ApplicationController
  before_filter :login_required, :except => [:new, :create, :activate]
  require_role "administrator", :for => [:index, :destroy, :enable]

  def access_denied
    flash[:notice] = "Access denied.
            You need to be an administrator." if logged_in?
    flash[:notice] = "Access denied. Please login." if !logged_in?
    redirect_to login_path
  end

  def new
  end

  def index
    @users = User.all
  end

  def show
    @user = User.find(params[:id])
```

```
    end
  ...
  end
```

Damit werden die Aktionen `index`, `destroy` und `enable` nur noch für angemeldete Benutzer mit der Rolle `administrator` freigegeben.

Der Before-Filter `:login_required` stammt aus dem Plugin `restful_authentication` und stellt sicher, dass ein Benutzer angemeldet ist, um Aktionen mit dem `UsersController` durchführen zu können. Lediglich die Aktionen `new` und `create` lassen sich von jedem Besucher aufrufen, weil damit schließlich ein neuer Benutzer registriert werden kann.

Wenn Sie nun die Browseransicht aktualisieren, wird die Login-Seite anstelle der User-Liste angezeigt. Melden Sie sich nun mit `admin` und dem Passwort `topsecret` an, wird wieder die Liste der User-Objekte angezeigt.

Als Nächstes wird die Aktion `show` implementiert. Dazu geben Sie im `UsersController` folgende Zeilen ein.

Listing 7.37 http://www.pastie.org/240051

```
def show
  @user = User.find(params[:id])
end
```

Die View zur Aktion `show` fehlt noch. Legen Sie die Datei `app/views/users/show.html.erb` an, und fügen Sie dann die nachfolgenden Codezeilen dort ein.

Listing 7.38 http://www.pastie.org/240052

```
<h2>User details</h2>
<p>Login: <%=h @user.login %><br/>
Email: <%=h @user.email %><br/>
Active: <%=h @user.enabled ? 'Yes' : 'No' %><br/>
Roles: <br/>
  <% @user.roles.each do |role| %>
    <%=h role.name %><br/>
  <% end %>
</p>
<p><%= link_to 'Back', users_path %></p>
```

Die View `show` sieht dann im Browser wie in Abbildung 7.20 aus.

Kommen wir nun zu den Links für die Aktivierung beziehungsweise Deaktivierung eines Benutzers.

Der Link für die Deaktivierung verweist auf die `destroy`-Methode im `UsersController`. Der Link für die Aktivierung ist an eine Aktion des `UsersControllers` gebunden, die `enable` heißt. Damit diese als gültige Aktion erkannt wird, muss sie im Routing (`config/routes.rb`) bei den Ressourcen für den `UsersController` eingetragen werden. In diesem Zusammenhang können wir wegen der Beziehung der Benutzer zu den Rollen eine verschachtelte (nested) Ressource anlegen. Hierzu wird in der Datei `routes.rb` die Zeile mit dem Mapping für `:users` durch die Zeilen aus Listing 7.39ersetzt.

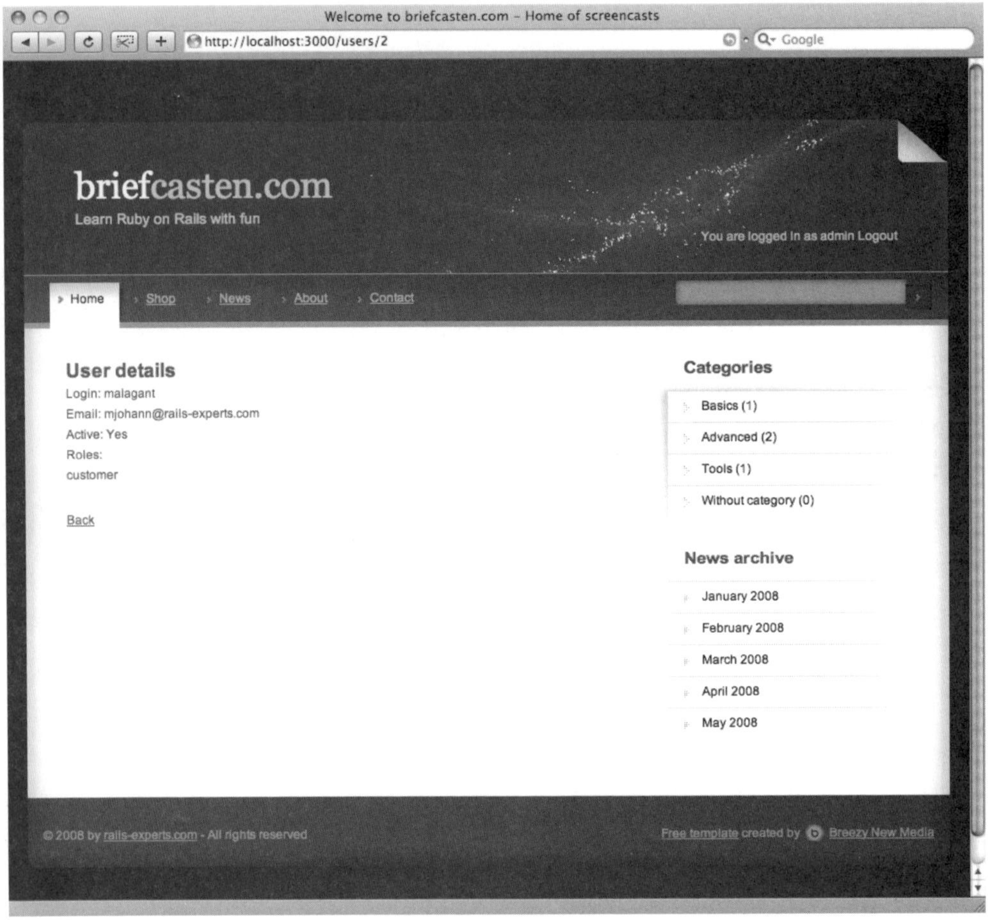

Abbildung 7.20 Die Show-View für die User-Details

Listing 7.39 http://www.pastie.org/240053

```
ActionController::Routing::Routes.draw do |map|
  map.resources :users, :member => { :enable => :put } do |users|
    users.resource :roles
  end

  map.resource :session
  map.resource :passwords
  ...
end
```

Mit dieser verschachtelten Ressource kann die Rolle eines User-Objektes über URL direkt angesprochen und bearbeitet werden.

Die `enable`-Aktion wird mit `:member` bekanntgemacht. Die HTTP-Methode ist dabei auf `:put` gesetzt, was einen GET-Request ausschließt. Wenn Sie nun noch die folgende `destroy`-Methode im `UsersController` implementieren, kommen wir langsam, aber sicher zum Ende der ersten Iteration.

Hier der noch fehlende Quellcode für den `UsersController`.

Listing 7.40 http://www.pastie.org/240054

```
def destroy
  @user = User.find(params[:id])
  if @user.update_attribute(:enabled, false)
    flash[:notice] = "User disabled"
  else
    flash[:error] = "There was a problem disabling this user."
  end
  redirect_to :action => 'index'
end
```

Hier wird zunächst der `User` mit der assoziierten `ID` aus der Datenbank geholt. Dann wird das Attribut `enabled` auf `false` gesetzt.

Mit Hilfe der Methode `update_attribute` erfolgt die Aktualisierung direkt in der Datenbank, ohne Aufruf der Methode `save`. Dann wird das `Flash`-Objekt mit einer Erfolgsmeldung bestückt und der Browser auf die `index`-View verzweigt. Im Fehlerfall wird zwar ebenfalls auf die Index-View verzweigt, dann allerdings eine Fehlermeldung in das `Flash`-Objekt gestellt und im Browser angezeigt.

Nach dem Klick auf den Link `Deactivate` des Users namens `Test` wird der Controller somit das `User`-Objekt nicht löschen, sondern nur deaktivieren, was sehr wichtig ist, wenn andere Daten diesen Benutzer referenzieren und ohne gültige Referenz Fehler auftreten würden. Die Ansicht nach einem Klick auf `Deactivate` zeigt die Abbildung 7.21 auf der nächsten Seite.

Wenn Sie nun noch auf den Link `Activate` klicken, gibt Rails so lange eine Fehlermeldung aus, bis Sie die Aktion `enable` in den `UsersController` integriert haben. Fügen Sie daher die folgenden Zeilen in die Klasse `UsersController` ein.

Listing 7.41 http://www.pastie.org/240055

```
def enable
  @user = User.find(params[:id])
  if @user.update_attribute(:enabled, true)
    flash[:notice] = "User activated"
  else
    flash[:error] = "There was a problem activating this user."
  end
  redirect_to :action => 'index'
end
```

Hier verläuft im Prinzip alles wie in der Methode `destroy`, doch wird die Funktionalität an einigen Stellen komplementär implementiert.

Mit den erfolgten Änderungen können Sie nun beliebige Benutzer aktivieren und deaktivieren. Dabei werden die Benutzerdaten zeitgleich in der Datenbank aktualisiert.

Wenn Sie nun aber einen Benutzer deaktivieren, wird sich der Betroffene aktuell noch am System anmelden können. Dies ist selbstverständlich nicht erwünscht und wird von uns sofort unterbunden. Hierzu sehen wir uns die `create`-Methode im `SessionsController` an. Bisher wird dort lediglich der Benutzer anhand seines Logins und Passwortes authentifiziert. Die in Fettschrift dargestellten Zeilen müssen noch hinzugefügt werden, um nur noch aktive Benutzer ins System zu lassen.

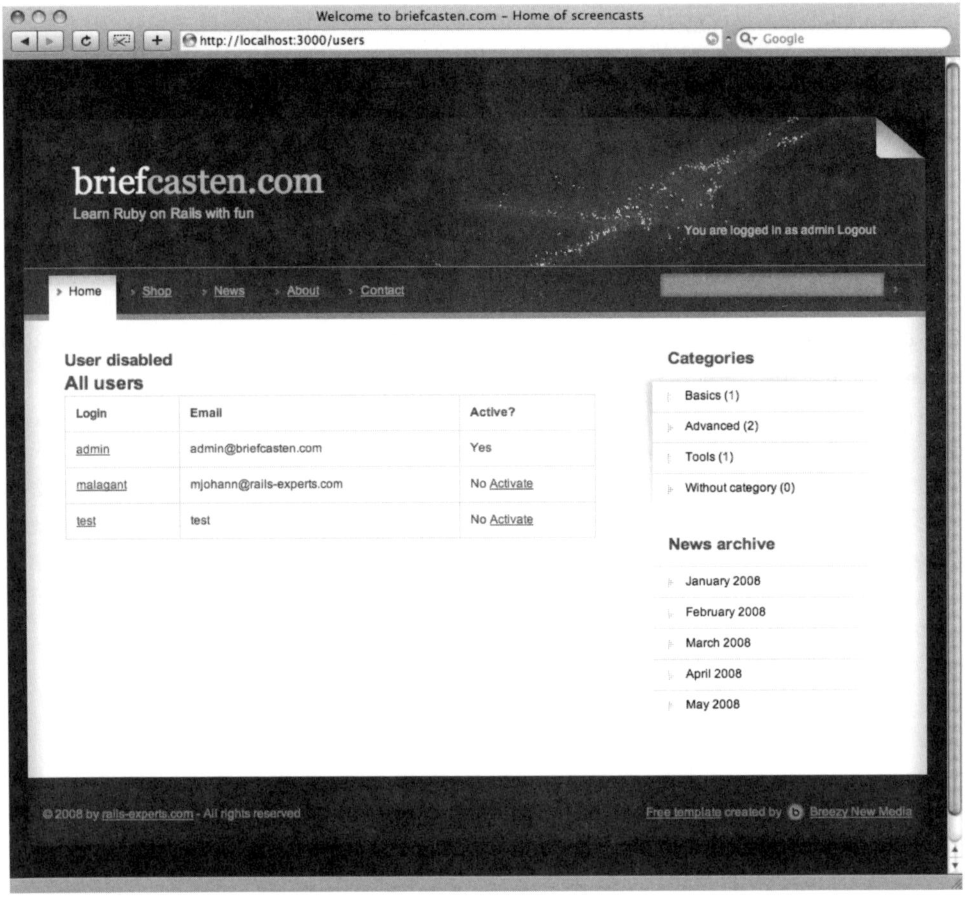

Abbildung 7.21 Nach dem Klicken auf eine Deactivate-Link.

Listing 7.42 http://www.pastie.org/240057

```
def create
    self.current_user = User.authenticate(params[:login],
                                          params[:password])
    if logged_in? and self.current_user.enabled
      if params[:remember_me] == "1"
        self.current_user.remember_me
        cookies[:auth_token] = {
       :value => self.current_user.remember_token,
       :expires => self.current_user.remember_token_expires_at }
      end
      redirect_back_or_default('/')
      flash[:notice] = "Logged in successfully"
    elsif self.current_user and !current_user.enabled
      flash[:notice] = "Account has been disabled.
                        Please contact customer service."
      render :action => 'new'
    else
      flash[:notice] = "No corresponding account was found.
                        Check user and password."
      render :action => 'new'
    end
  end
```

Alternativ hätte die Prüfung auch in die Klasse `User` verlegt werden können. Allerdings hätte dann auch eine Unterscheidung stattfinden müssen, warum ein Benutzer nicht angemeldet werden konnte. Hierzu hätte es umfangreicherer und ungerechtfertigter Anpassungen im generierten User-Modell bedurft.

7.4.10 Zugriff weiter einschränken

Bis jetzt kann sich ein Benutzer anmelden und die Methode `show` für alle Benutzer aufrufen, solange eine `ID` des `User`-Objektes bekannt ist und in der URL angegeben wird. Dies ist selbstverständlich eine Sicherheitslücke, die wir schnell mit einer angepassten `show`-Aktion im `UsersController` beheben können.

Listing 7.43 http://www.pastie.org/240058

```
def show
  @user = User.find(params[:id])

  if current_user == @user
    return @user
  else
    flash[:notice] = "Wrong user id. Please try again."
    redirect_to signup_path
  end
end
```

Die neue Variante der `show`-Methode prüft, ob der aktuell angemeldete Benutzer gleich dem angefragten Benutzer ist. Wenn ja, wird die Aktion durchgeführt. Andernfalls wird eine Flashmeldung zurückgegeben und auf die Seite für den Registrierungsprozess verzweigt.

Was passiert aber, wenn der Benutzer direkt eine `ID` eingibt, die nicht in der Tabelle `users` enthalten ist? In diesem Fall wirft ActiveRecord eine Exception vom Typ `ActiveRecord::RecordNotFound`, auf die wir so nicht vorbereitet sind. In der Production-Umgebung von Ruby on Rails wird eine `404`-Meldung ausgegeben, so dass diese Exception nicht bis zum Benutzer gelangt.

Allerdings ist dies nur halb so benutzerfreundlich. Viel besser wäre es, den Benutzer über den Fehler zu informieren und beispielsweise die View für das Anlegen eines neuen Benutzers anzuzeigen.

Eine Möglichkeit, auf Exceptions zu reagieren, ist innerhalb der Methode `show` zu prüfen, ob eine solche Exception geworfen wurde. Die folgenden Zeilen zeigen diesen Lösungsansatz.

Listing 7.44 http://www.pastie.org/240059

```
def show
  begin
    @user = User.find(params[:id])
    if @user and (current_user == @user)
      return @user
    else
      flash[:notice] = "Access denied. Please try again."
    end
```

```
    rescue ActiveRecord::RecordNotFound
      flash[:notice] = "No user with that id in database."
    end
    redirect_to signup_path
  end
```

Der Versuch, einen gültigen User mit der angegebenen `ID` zu finden, wird mit dem Schlüsselwort `begin` eingeleitet. Dann wird die Datenbank befragt. Wurde der `User` nicht gefunden, wird die geworfene Exception im `rescue`-Block gefangen und eine `Flash`-Meldung erstellt. Die anschließende Umleitung zum Registrierungsformular schließt diesen Vorgang ab.

Wenn der `User` gefunden wurde, wird die Aktion durch die Anweisung `return @user` abgeschlossen und die View `show.html.erb` im Browser angezeigt. Andernfalls wird nun, wie Abbildung 7.22 zeigt, eine Fehlermeldung ausgegeben.

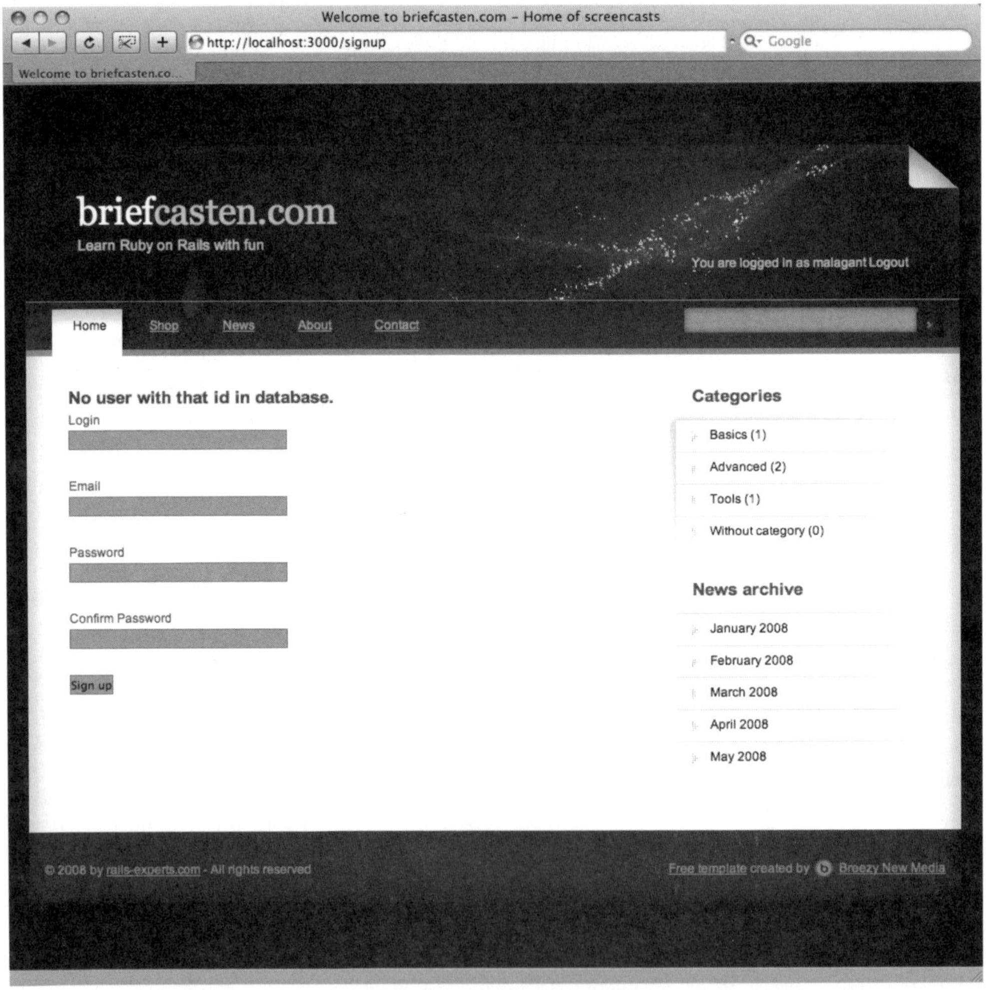

Abbildung 7.22 Anstelle einer Exception wird nun eine sinnvollere Seite angezeigt.

Eine Alternative ist, die Exceptions in allen Aktionen zentral im Controller abzufangen und zu behandeln. Hierfür gibt es die Methode `rescue_action`, die als Übergabeparameter die geworfene Exception erhält. Innerhalb der Methode könnten dann die verschiedenen Exceptions analysiert und zentral behandelt werden. In diesem Fall erschien mir die erste Variante allerdings sinnvoller.

7.4.11 Admin-Links einbauen

Damit der Administrator nach dem Login direkt über spezielle Links arbeiten kann, die für ihn gedacht sind, ändern wir jetzt das Layout ein wenig und erstellen zwei Partials, die je nach Bedarf als Hauptmenü angezeigt werden.

Zunächst einmal sollen die Partials erstellt werden, wobei wir mit dem Hauptmenü für Benutzer und Besucher (nicht angemeldete Benutzer) starten. Da die Menüstruktur übergreifend für mehrere Controller genutzt werden soll, werden die Partials im Verzeichnis `app/views/shared` abgelegt. Hier der Inhalt für das Partial `app/views/shared/_main_menu.html.erb`.

Listing 7.45 http://www.pastie.org/240061

```
<%= menu_builder(@page_id, 'Home' => '',
                           'Shop' => 'shop',
                           'News' => 'news',
                           'About' => 'content/about',
                           'Contact' => 'content/contact') %>
```

Dies sind die bereits bekannten Menüeinträge. Neu ist lediglich, dass für den Inhalt eine Helper-Methode genutzt wird, die eine Variable `@page_id` mit der `ID` der angezeigten Page enthält. Der zweite Parameter ist ein `Hash`-Objekt, mit dem anzuzeigenden Text für das Menü als Keys. Die Value-Werte des Hash-Objektes sind die Links des Eintrags. Dieser Link muss gleich der `@page_id` sein, damit der entsprechende Menüeintrag als `active` gekennzeichnet wird.

Hier der `ApplicationHelper` aus der Datei `app/helpers/application_helper.rb`, den Sie noch anpassen müssten.

Listing 7.46 http://www.pastie.org/240062

```
module ApplicationHelper
  def menu_builder(page_id, tabs)
    content = ""
    tabs.each do |tab, ref|
      content << if page_id == ref
        content_tag('li', content_tag('a', tab, :href => nil ), :class => 'acti-
ve') + " "
      else
        content_tag('li', content_tag('a', tab, :href => "/#{ref}" )) + " "
      end
    end
    content_tag(:ul, content)
  end
end
```

Damit ist es für die Controller wichtig, die passende `@page_id` zu setzen. Wenn dies für alle Aktionen in einem Controller immer die gleiche ist, kann hierfür ein Before-Filter genutzt werden. Im Fall des `UsersControllers` könnte dies dann so aussehen.

Listing 7.47 http://www.pastie.org/240064

```
class UsersController < ApplicationController
  before_filter :login_required, :except => [:new, :create]
  before_filter :page_setup
  require_role "administrator", :for => [:index, :destroy, :enable]

  def page_setup
    @page_id = 'users'
  end
  ...
end
```

Diese Methode schränkt die Flexibilität allerdings für den `ContentController` ein, der je Aktion einen anderen Link für das Menü bereitstellen kann. Beispielsweise können die Aktionen `about` und `contact` einen eigenen Eintrag im Menü haben.

Dann wird auf den Before-Filter verzichtet und in jeder einzelnen Aktion der Wert für `@page_id` gesetzt. Die folgenden Zeilen zeigen die aktuelle Umsetzung für den `ContentController`.

Listing 7.48 http://www.pastie.org/240065

```
class ContentController < ApplicationController
  def index
    @page_id = ''
  end

  def about
    @page_id = 'content/about'
  end

  def contact
    @page_id = 'content/contact'
  end
end
```

Damit die Aktionen bereits vor der eigentlichen Implementierung funktionieren, ist es erforderlich, dass Sie die View-Dateien für die Aktionen `about` und `contact` anlegen. Hierzu erstellen Sie bitte die folgenden leeren Dateien.

```
app/views/content/about.html.erb
```

```
app/views/content/contact.html.erb
```

Damit sind die Links für `Home`, `About` und `Contact` *verdrahtet*, und Sie können einen Test starten. Klicken Sie im Menü auf den About-Link, so sollte Abbildung 7.23 mit Ihrem Browserinhalt weitestgehend identisch sein.

Das nächste Listing zeigt das Partial für angemeldete Administratoren. Geben Sie dieses Listing in die neu zu erstellende Datei `app/views/shared/_admin_menu.html.erb` ein.

Listing 7.49 http://www.pastie.org/240066

```
<%= menu_builder(@page_id, 'Home' => '',
                           'User management' => 'users') %>
```

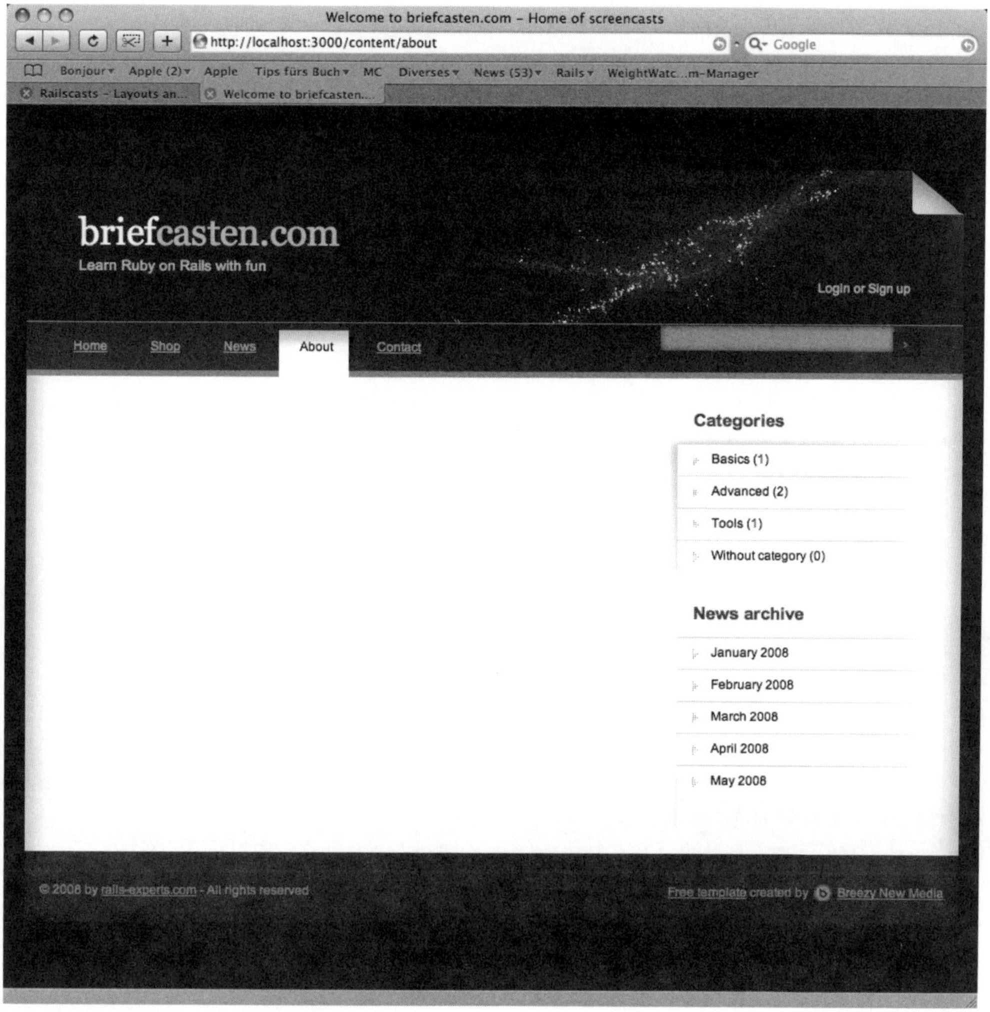

Abbildung 7.23 Das verdrahtete Menü

Hier ist lediglich ein Link für `Home` sowie für die Benutzerverwaltung vorgesehen. Später wird hier die noch zu implementierende Produktverwaltung eingetragen.

Nun werden in der Datei `app/views/layouts/application.html.erb` die beiden Partials referenziert. Hierzu entfernen Sie die Menüliste und fügen die in Fettschrift markierten Zeilen ein.

Listing 7.50 http://www.pastie.org/240067

```
<!DOCTYPE html PUBLIC "-//W3C//DTD XHTML 1.0 Strict//EN"
"http://www.w3.org/TR/xhtml1/DTD/xhtml1-strict.dtd">
<html xmlns="http://www.w3.org/1999/xhtml" xml:lang="cs" lang="cs">
...
```

```
<div id="view">
  <div id="head">
    <div id="logo">
      <h1><a href="/">brief<span>casten.com</span></a></h1>
      <h2><a href="/">Learn Ruby on Rails with fun</a></h2>
       <p align="right"><%= render :partial => 'shared/login_info'%></p>
    </div>
    <hr class="hidden" />
    <div id="mainMenu">
      <%= main_menu %>
    <form action="" method="post" id="search">
...

</div>
</div>
</body>
</html>
```

Die Methode `main_menu` ist ebenfalls eine Helper-Methode, die in der Klasse `ApplicationHelper` definiert wird. Die Methode sieht so aus.

Listing 7.51 http://www.pastie.org/240067

```
def main_menu
  if current_user and current_user.has_role?('administrator')
    render :partial => '/shared/admin_menu'
  else
    render :partial => '/shared/main_menu'
  end
end
```

Sie können nun mit den vollzogenen Erweiterungen herumexperimentieren und beliebige Benutzer anlegen. Alle bis auf den Administrator werden das bisher bekannte Menü sehen. Loggen Sie sich allerdings mit `admin` und `topsecret` ein, wird das Menü entsprechend der Abbildung 7.24 angepasst.

7.4.12 Tag vergeben

Nachdem das Projekt in diesem Stadium schon einen sehr schönen Zustand hat und die Benutzerverwaltung vorerst abgeschlossen ist, sollten wir es mit einem Tag versehen. Damit können wir diesen Stand jederzeit wiederherstellen und auf ihm aufsetzen.

Zudem bietet der Tagname eine gezielte Namensgebung für den aktuellen Stand. Geben Sie nun in der Kommandozeile folgende Anweisungen ein.

```
$ hg addremove
```

Nach Hinzufügen der Änderungen werden diese noch versioniert.

```
$ hg commit -v -m "Iteration 1 finished"
```

Danach vergeben Sie mit dem folgenden Aufruf einen Tag.

```
$ hg tag IT1
```

Damit haben Sie die Arbeiten an der ersten Iteration abgeschlossen.

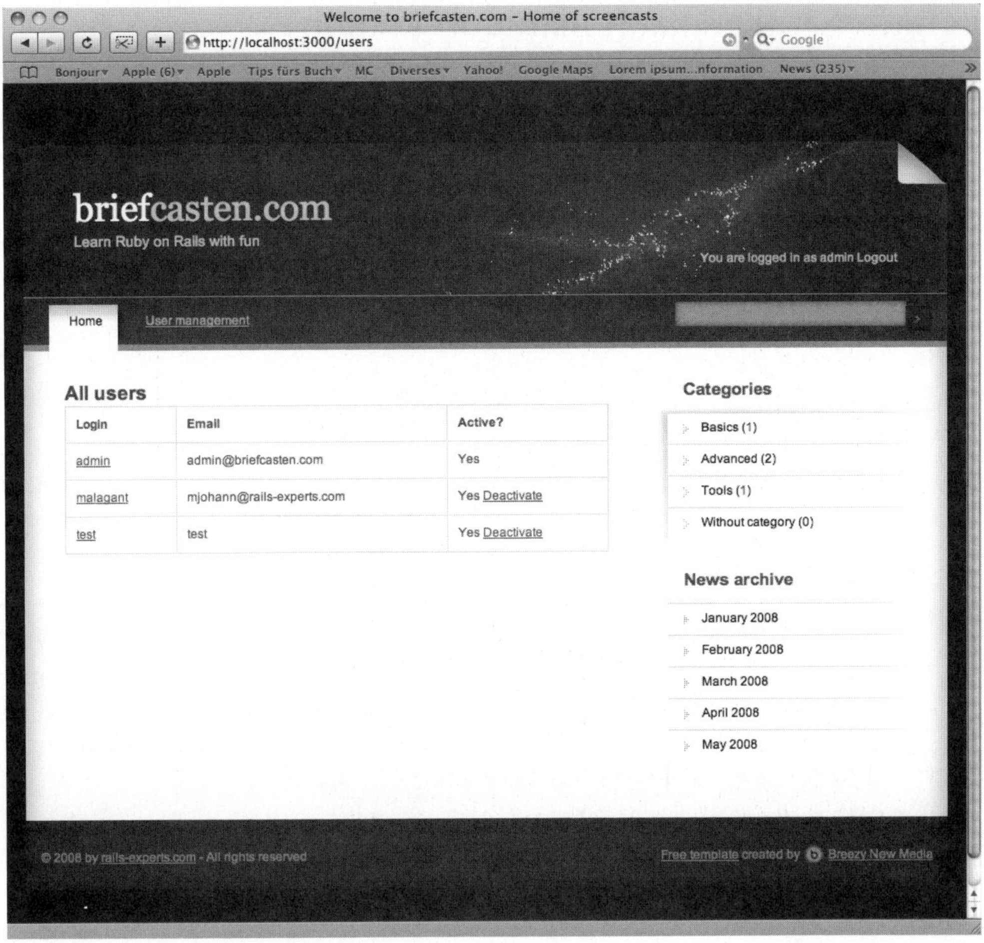

Abbildung 7.24 Das angepasste Menü für den Benutzer admin

7.4.13 Zusammenfassung der Iteration 1

Was haben Sie gelernt?

- Der Shop hat nun eine Benutzerverwaltung, die auch Rollen kennt und so sehr flexibel arbeitet.
- Für Standardfunktionalitäten in Ruby-on-Rails-Anwendungen können oft Plugins verwendet werden.
- Kunden können Sich nun registrieren, anmelden, abmelden und ihr vergessenes Passwort zurücksetzen.
- Der Registrierungsvorgang wird von ActionMailer unterstützt.

7.5 Iteration 2: Was kann man dort kaufen?

Sicher stellen Sie sich inzwischen die Frage, wie teuer die Screencasts sein sollen, wie sie angeboten werden und wie die Lieferung aussieht. Genau diese Fragen klären wir jetzt.

Sie haben jetzt so viel Wissen über Rails gesammelt, dass Sie sich bequem die nächste Frage stellen und auch schon weitgehend selbst beantworten können.

Was benötige ich für die Abbildung von Screencasts in der Datenbank, und was benötige ich außerdem für die Verwaltung von Screencasts?

Richtig: ein Modell und einen Controller. Für beides stehen Generatoren zur Verfügung.

7.5.1 Das Produkt-Modell spezifizieren

Jetzt soll allerdings nicht einfach drauflos programmiert werden wie in der ersten Iteration. Vielmehr wenden wir nun ganz praxisorientiert den Ansatz des Behavior-Driven Development an. Hierzu schreiben wir uns einige Spezifikationen für das Modell auf.

7.5.1.1 rSpec-Plugins installieren

Die Installation und die Nutzung von rSpec haben Sie bereits in Kapitel 3 kennengelernt. Wenn nicht, nehmen Sie sich ruhig die Zeit, das Kapitel durchzuarbeiten, weil die Nutzung von rSpec und des BDD-Ansatzes noch eine große Rolle spielen wird. So lernen Sie zeitgleich auch den richtigen Einsatz bei der täglichen Projektarbeit.

Die Installation ist einfach. Im Projektverzeichnis geben Sie die beiden folgenden Anweisungen ein, und schon ist rSpec in Ihrem Projekt vorhanden.

```
$ jruby script/plugin install http://rspec.rubyforge.org/svn/tags/CURRENT/rspec

$ jruby script/plugin install
http://rspec.rubyforge.org/svn/tags/CURRENT/rspec_on_rails
```

Damit werden die beiden Plugins für rSpec aus dem Internet geladen und unter `vendor/plugins` abgelegt. Beachten Sie bitte: Wenn Sie hinter einer Firewall mit Proxy arbeiten, kann es zu Problemen kommen, da hier ein Subversion-Client für die Plugin-Installation aufgerufen wird. Sie sollten in diesem Fall die Datei `~/.subversion/servers` editieren und mit Ihren Proxy-Parametern ausstatten. Die Vorgehensweise ist in den Kommentaren der Datei ausführlich erklärt.

Nun muss das Projekt noch mit rSpec vertraut gemacht werden. Hierfür geben Sie auf der Kommandozeile die folgende Anweisung ein.

```
$ jruby script/generate rspec

create  spec
create  spec/spec_helper.rb
create  spec/spec.opts
create  spec/rcov.opts
create  script/spec_server
create  script/spec
create  stories
```

```
create   stories/all.rb
create   stories/helper.rb
```

Damit werden die Verzeichnisse `spec` und `stories` sowie die Konfigurations-Dateien `spec.opts` etc. generiert. Dies sind die Artefakte, mit denen wir starten und unsere Spezifikationen zu schreiben beginnen.

7.5.1.2 Datenbank und Modelle vorbereiten

Ein Produkt sollte in dieser Phase zunächst sehr generisch beschrieben werden. Dass wir in unserem Shop speziell Screencasts verkaufen wollen, würde uns beim Beschreiben des Modells für das Produkt sehr speziell an die Eigenschaften von Screencasts binden. Daher sollte der Ansatz eher so gewählt werden, dass ein allgemeingültiges Produkt existiert und weitere Produkteigenschaften dann in einer Komposition hinzugefügt werden. Anstelle einer Vererbung wird aus Design-Gründen eine Komposition vorgezogen.

Die anfängliche Idee, ein Produkt als Superklasse für Screencasts zu verwenden, liegt zwar nahe, doch ist die Praxis mit der Relationalen Datenbank im Backend eher weniger zur Objektorientierung geeignet.

Martin Fowler beschreibt in seinem Buch *Patterns of Enterprise Application Architecture* den Ansatz der *Single Table Inheritance*. Dabei steht für jede Subklasse ein und dieselbe Tabelle zur Verfügung, in der eine Sammlung aller Attribute aller Klassen enthalten ist. Dabei besteht allerdings die Gefahr, dass die Klassen zu unterschiedliche Attribute besitzen und der Ansatz zu einem Albtraum für Datenbankadministratoren wird, weil die meisten Spalten mit `NULL`-Werten aufgefüllt werden könnnten.

Dies führt zu einer Alternative, die Komposition statt Vererbung heißt. Dabei werden zwei Tabellen angelegt, die zum einen die allgemeinen Produktattribute beinhalten und zum anderen die speziellen Produkteigenschaften von Screencasts in einer separaten Tabelle vorhalten.

Mit dem Ansatz der Komposition werden also zwei Tabellen und dementsprechend zwei Modelle erstellt, die über einen Fremdschlüssel miteinander verknüpft sind.

Für die Verwaltung von Produkten, die anfangs lediglich Screencasts sein werden, wird es zunächst auch nur einen Controller geben. Dieser muss allerdings dafür sorgen, dass beide Modelle entsprechend unzertrennbar gehandhabt werden.

Zuvor jedoch schreiben wir eine Spezifikation für die Modell-Klasse `Screencast`.

```
$ jruby script/generate rspec_model screencast

exists   app/models/
create   spec/models/
create   spec/fixtures/
create   app/models/screencast.rb
create   spec/fixtures/screencasts.yml
create   spec/models/screencast_spec.rb
exists   db/migrate
create   db/migrate/20080702081222_create_screencasts.rb
```

Des Weiteren benötigen wir eine Modellklasse `Product`, die die allgemeinen Attribute bereithält. Hierzu geben Sie bitte folgende Anweisung in der Kommandozeile ein.

```
$ jruby script/generate model product

exists  app/models/
exists  test/unit/
exists  test/fixtures/
create  app/models/product.rb
create  test/unit/product_test.rb
create  test/fixtures/products.yml
exists  db/migrate
create  db/migrate/20080702082509_create_products.rb
```

Damit wurde nicht nur ein Modell für die Klasse `Product` angelegt, sondern auch entsprechende Fixtures, die wir später nutzen können.

Wir können nun damit beginnen, die Spezifikationen zu beschreiben. Aus Gründen der Praktikabilität formulieren wir zuerst die Attribute in der Migration `*_create_products.rb`.

Listing 7.52 http://www.pastie.org/240069

```
class CreateProducts < ActiveRecord::Migration
  def self.up
    create_table :products do |t|
      t.string :name
      t.text :description
      t.integer :price # In cent
      t.references :photo, :category, :manufacturer
      t.timestamps
    end
  end

  def self.down
    drop_table :products
  end
end
```

Für die Tabelle `products` werden die folgenden Attribute definiert.

Tabelle 7.1 Die Tabelle products.

Spalte	**Beschreibung**
`name`	Produktname (Titel).
`description`	Ausführliche Beschreibung.
`price`	Der Preis ohne Mehrwertsteuer in Cent.
`photo`	Produktfoto.
`category`	Referenz auf die Tabelle „categories". Legt die Kategorie des Produktes fest.
`manufacturer`	Referenz auf die Tabelle „manufacturers". Enthält eine Herstellerliste.

Ebenso können wir aus Gründen der Praktikabilität die Tabelle `screencasts` beschreiben. Normalerweise würden wir zuerst die Spezifikationen entwickeln und dann die Tabellenspalten. Ich persönlich finde es allerdings klüger, bereits zu Beginn die bekannten Attribute anzulegen.

Listing 7.53 http://www.pastie.org/240070

```
class CreateScreencasts < ActiveRecord::Migration
  def self.up
    create_table :screencasts do |t|
      t.references :product, :format
      t.integer :duration
      t.integer :size # in Megabytes
      t.string :preview_url
      t.integer :revision
    end
  end

  def self.down
    drop_table :screencasts
  end
end
```

Auch das Modell `Screencast` erhält in der Migration einige Attribute, die in der folgenden Tabelle beschrieben werden.

Tabelle 7.2 Spalten der Tabelle screencasts.

Spalte	**Beschreibung**
`product`	Referenz auf die Tabelle `products`.
`format`	Referenz auf die Tabelle `formats`. Diese Tabelle enthält eine Liste von Formaten für Screencasts (z.B.: HD1080i).
`duration`	Die Spieldauer in sec.
`size`	Die Dateigröße in MB.
`preview_url`	Die URL für eine Voransicht
`revision`	Die Version des Screencasts. Wichtig für Updates.

Die referenzierten Tabellen `categories`, `formats`, `photos` und `manufacturers` sollten an dieser Stelle auch beschrieben und generiert werden.

Bis auf das Modell `Photo` besitzen alle anderen Tabellen die beiden Attribute `name` und `description`, die jeweils vom Typ `String` sind. Hierbei handelt es sich um einen Namen für die jeweilige Kategorie und eine kurze Beschreibung, die später beispielsweise in einem Katalog verwendet werden könnte.

Sie können diese Modelle ganz leicht anlegen, indem Sie dem Generator für Modelle die Liste der Attribute übergeben. Starten wir mit dem Modell `Category` für die Kategorie eines Produktes.

```
$ jruby script/generate model category name:string description:string

exists  app/models/
exists  test/unit/
exists  test/fixtures/
create  app/models/category.rb
create  test/unit/category_test.rb
create  test/fixtures/categories.yml
exists  db/migrate
create  db/migrate/20080702083454_create_categories.rb
```

Der Generator erstellt hier wie für jedes Modell die entsprechenden Klassen, Fixtures sowie eine Migration. Diese Migration wird um den in Fettschrift hervorgehobenen Teil ergänzt. Hierbei wird die Datenbanktabelle bereits mit einigen Produktkategorien gefüllt.

Listing 7.54 http://www.pastie.org/240071

```
class CreateCategories < ActiveRecord::Migration
  def self.up
    create_table :categories do |t|
      t.string :name
      t.string :description

      t.timestamps
    end
    Category.create(:name => "Basics",
                    :description => "Basic topics")
    Category.create(:name => "Advanced",
                    :description => "Advanced topics")
    Category.create(:name => "Professional",
                    :description => "Professional Stuff")
    Category.create(:name => "Tips & Tricks",
                    :description => "Tips and Tricks")
    Category.create(:name => "Conference sessions",
                    :description => "Conference Slides")
    Category.create(:name => "Fun stuff",
                    :description => "All the fun stuff")
  end

  def self.down
    drop_table :categories
  end
end
```

In gleicher Weise generieren wir nun das Modell `Manufacturer`.

```
$ jruby script/generate model manufacturer name:string description:string

exists  app/models/
exists  test/unit/
exists  test/fixtures/
create  app/models/manufacturer.rb
create  test/unit/manufacturer_test.rb
create  test/fixtures/manufacturers.yml
exists  db/migrate
create  db/migrate/20080702083709_create_manufacturers.rb
```

Die Migration wird mit einem Standard-Eintrag angereichert.

Listing 7.55 http://www.pastie.org/240072

```
class CreateManufacturers < ActiveRecord::Migration
  def self.up
    create_table :manufacturers do |t|
      t.string :name
      t.string :description

      t.timestamps
    end
    Manufacturer.create(:name => "rails-experts.com",
                        :description => "Creator of all this.")
  end

  def self.down
    drop_table :manufacturers
  end
end
```

Für das Modell `Format` wird ebenfalls der Modell-Generator bemüht.

```
$ jruby script/generate model format name:string description:string

exists  app/models/
exists  test/unit/
exists  test/fixtures/
create  app/models/format.rb
create  test/unit/format_test.rb
create  test/fixtures/formats.yml
exists  db/migrate
create  db/migrate/20080702084228_create_formats.rb
```

In die Migration für die Tabelle `formats` tragen Sie bitte ebenfalls einige Standardformate ein.

Listing 7.56 http://www.pastie.org/240073

```
class CreateFormats < ActiveRecord::Migration
  def self.up
    create_table :formats do |t|
      t.string :name
      t.string :description

      t.timestamps
    end
    Format.create(:name => "640x480",
                  :description => "VGA Resolution")
    Format.create(:name => "320x240",
                  :description => "Very small")
    Format.create(:name => "SD",
                  :description => "Standard")
    Format.create(:name => "HD720p",
                  :description => "Minimum HD Resolution")
    Format.create(:name => "HD1080i",
                  :description => "Medium HD Resolution")
  end

  def self.down
    drop_table :formats
  end
end
```

Nun legen wir noch die Modell-Klasse `Photo` an. Diese wird später genutzt, um Produktfotos beim Anlegen und Bearbeiten von Produkten in die Datenbank zu laden.

Fotos könnten zwar auch im Dateisystem abgelegt werden, doch entschied man sich für die Ablage in der Datenbank. Diese Vorgehensweise hat wie jede andere Vor- und Nachteile. Der Vorteil, dass die Bilder in der Datenbank zusammen mit den anderen Attributen liegen, war der ausschlaggebende Grund. Das Modell für `Photo` bekommt einige Attribute, die sich aus dem Datei-Upload in der Produktverwaltung ergeben. Geben Sie folgenden Generatoraufruf ein.

```
$ jruby script/generate model photo content_type:string filename:string bi-
nary_data:binary

exists  app/models/
exists  test/unit/
exists  test/fixtures/
create  app/models/photo.rb
create  test/unit/photo_test.rb
create  test/fixtures/photos.yml
exists  db/migrate
create  db/migrate/20080702085324_create_photos.rb
```

Die Migration sieht demnach folgendermaßen aus.

Listing 7.57 http://www.pastie.org/240074

```
class CreatePhotos < ActiveRecord::Migration
  def self.up
    create_table :photos do |t|
      t.string :content_type
      t.string :filename
      t.binary :binary_data

      t.timestamps
    end
  end

  def self.down
    drop_table :photos
  end
end
```

Nun ist es an der Zeit, eine Datenbankmigration durchzuführen. Hierfür geben Sie auf der Kommandozeile folgende Anweisung ein.

```
$ jruby -S rake db:migrate

(in /Users/mjohann/Documents/projects/final/briefcasten)
== 20080702081222 CreateScreencasts: migrating ======================
-- create_table(:screencasts)
   -> 0.0180s
   -> 0 rows
== 20080702081222 CreateScreencasts: migrated (0.0180s) ============

== 20080702082509 CreateProducts: migrating ========================
-- create_table(:products)
   -> 0.0030s
   -> 0 rows
== 20080702082509 CreateProducts: migrated (0.0040s) ===============

== 20080702083454 CreateCategories: migrating ======================
-- create_table(:categories)
   -> 0.0050s
   -> 0 rows
== 20080702083454 CreateCategories: migrated (0.1190s) =============

== 20080702083709 CreateManufacturers: migrating ===================
-- create_table(:manufacturers)
   -> 0.0030s
   -> 0 rows
== 20080702083709 CreateManufacturers: migrated (0.0290s) ==========

== 20080702084228 CreateFormats: migrating =========================
-- create_table(:formats)
   -> 0.0070s
   -> 0 rows
== 20080702084228 CreateFormats: migrated (0.0910s) ================

== 20080702085324 CreatePhotos: migrating ==========================
-- create_table(:photos)
   -> 0.0270s
   -> 0 rows
== 20080702085324 CreatePhotos: migrated (0.0270s)  ================
```

Die Klassen haben untereinander eine Beziehung, die aus Abbildung 7.25 hervorgeht.

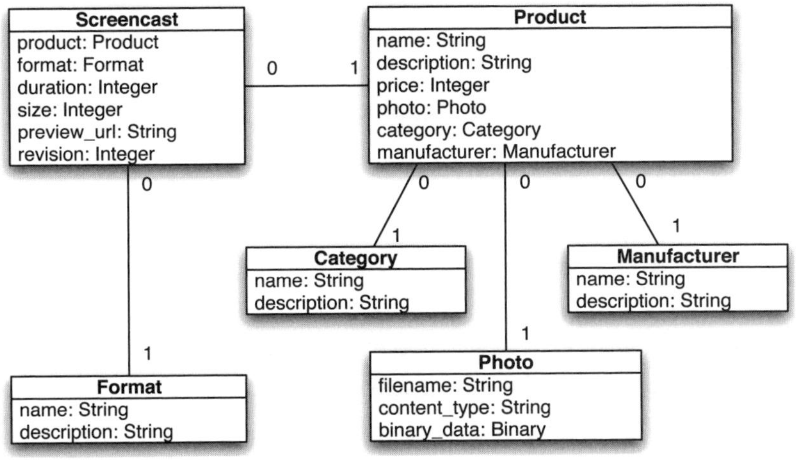

Abbildung 7.25 Die Beziehungen zwischen den Klassen

Diese Beziehungen kann Ruby on Rails zur Laufzeit in dynamischen Methoden abbilden, wodurch beispielsweise Folgendes möglich ist.

```
@screencast.product.category.name
```

Um solche dynamischen Methoden nutzen zu können, müssen in den Modellen der Klassen die Assoziationen, bei denen eine `0` im Diagramm steht, mit dem Methodenaufruf `belongs_to :modellname`, kenntlich gemacht werden. Des Weiteren soll das assozierte `Product`-Objekt automatisch gelöscht werden, wenn auch das `Screencast`-Objekt aus der Datenbank entfernt wird. Für die Klasse `Screencast` sieht das dann so aus.

Listing 7.58 http://www.pastie.org/240075

```
class Screencast < ActiveRecord::Base
  belongs_to :product, :dependent => :destroy
  belongs_to :format
end
```

Die Klasse `Product` muss nun folgendermaßen angepasst werden.

Listing 7.59 http://www.pastie.org/240076

```
class Product < ActiveRecord::Base
  belongs_to :category
  belongs_to :manufacturer
  belongs_to :photo, :dependent => :destroy
end
```

Mit `belongs_to` legt man hier fest, welche assoziierten Modelle für eine Klasse vom Typ `ActiveRecord::Base` existieren. Damit erhalten die Modelle Zugriffsmethoden für die assoziierten Objekte.

7.5.1.3 Experimente mit der Rails-Console

Über die Rails-Console ist es nun bereits möglich, die Funktionsweise der Screencast-Verwaltung zu überprüfen.

Starten Sie bei Bedarf und Interesse die Rails-Console.

```
$ jruby script/console

Loading development environment (Rails 2.1.0)
>>
```

Geben Sie zunächst folgende Zeile ein, um eine Instanz von `Screencast` zu erzeugen.

```
>> sc = Screencast.new

=> #<Screencast id: nil, product_id: nil, format_id: nil, duration: nil, size:
nil, preview_url: nil, revision: nil>
>>
```

Sie sehen: es wurde eine Instanz von `Screencast` erstellt. Diese liegt natürlich noch nicht in der Datenbank vor, sondern lediglich im Hauptspeicher. Nun können Sie das Attribut `product` abfragen, wobei dieses noch `nil` ist.

```
>> sc.product

=> nil
```

Ruby on Rails stellt für das initiale Erstellen einer Instanz von `Product` die dynamische Methode `build_product` in der Klasse `Screencast` bereit, die Sie nun nutzen können.

```
>> sc.build_product

=> #<Product id: nil, name: nil, description: nil, price: nil, photo_id: nil,
category_id: nil, manufacturer_id: nil, created_at: nil, updated_at: nil>
>>
```

Damit gibt `sc.product` nun nicht mehr `nil`, sondern Daten zum `Product` zurück.

Die weiteren Eingaben verknüpfen lediglich einen `Manufacturer`, ein `Format` und eine `Category` mit dem `Screencast`- bzw. `Product`-Objekt.

```
>> sc.product.manufacturer = Manufacturer.first

=> #<Manufacturer id: 1, name: "rails-experts.com", description: "Creator of all
this.", created_at: "2008-07-02 08:58:06", updated_at: "2008-07-02 09:11:03">

>> sc.product.category = Category.first

=> #<Category id: 1, name: "Basics", description: "Basic topics", created_at:
"2008-07-02 08:58:06", updated_at: "2008-07-02 09:11:03">

>> sc.format = Format.first

=> #<Format id: 1, name: "640x480", description: "VGA Resolution", created_at:
"2008-07-02 08:58:06", updated_at: "2008-07-02 09:11:03">
```

Jetzt ist das Screencast-Objekt so aufgebaut, dass es in der Datenbank gespeichert werden kann.

```
>> sc.save

=> true

>>
```

Überprüfen Sie nun mit folgender Anweisung, ob alle Daten wie gewünscht gespeichert wurden.

```
>> sc_new = Screencast.first

=> #<Screencast id: 4, product_id: 4, format_id: 1, duration: nil, size: nil,
preview_url: nil, revision: nil>

>> sc_new.product

=> #<Product id: 4, name: nil, description: nil, price: nil, photo_id: nil,
category_id: 1, manufacturer_id: 1, created_at: "2008-07-02 09:48:00", updated_at:
"2008-07-02 09:48:00">

>> sc_new.product.category

=> #<Category id: 1, name: "Basics", description: "Basic topics", created_at:
"2008-07-02 08:58:06", updated_at: "2008-07-02 09:11:03">

>>
```

Jetzt überprüfen wir nur noch, ob beim Löschen des `Screencast`-Objektes auch das `Product`-Objekt gelöscht wird.

```
>> sc_new.destroy

=> #<Screencast id: 4, product_id: 4, format_id: 1, duration: nil, size: nil,
preview_url: nil, revision: nil>

>> Product.all

=> []

>>
```

Damit ist die „Vorabspezifikation" der Datenmodelle erledigt. Im nächsten Schritt können wir die Modell-Spezifikationen mit rSpec erstellen.

7.5.1.4 Erste Spezifikationen für Product und Screencast

Wir wollen bei der Erstellung der Spezifikationen auf den Einsatz von `autotest` zurückgreifen. Falls Sie ZenTest, welches `autotest` enthält, noch nicht installiert haben, sollten Sie dies mit dem folgenden Aufruf nachholen.

```
$ sudo jruby -S gem install ZenTest

Password:
Updating metadata for 8 gems from http://gems.rubyforge.org/
........
complete
Successfully installed rubyforge-1.0.0
Successfully installed hoe-1.7.0
Successfully installed ZenTest-3.10.0
3 gems installed
Installing ri documentation for rubyforge-1.0.0...
Installing ri documentation for hoe-1.7.0...
Installing ri documentation for ZenTest-3.10.0...
Installing RDoc documentation for rubyforge-1.0.0...
Installing RDoc documentation for hoe-1.7.0...
Installing RDoc documentation for ZenTest-3.10.0...
```

Wenn Sie nun einen Testlauf der bisher generierten Specs starten, kann es sein, dass das System nach dem Gem `diff-lcs` verlangt. Die ausgegebene Meldung bedeutet, dass Sie dann das fehlende Gem mit folgendem Aufruf installieren müssen.

```
$ sudo jruby -S gem install diff-lcs
```

```
Successfully installed diff-lcs-1.1.2
1 gem installed
Installing ri documentation for diff-lcs-1.1.2...
Installing RDoc documentation for diff-lcs-1.1.2...
```

Datenbank einrichten

Richten Sie nun die Datenbank für die Testumgebung ein, damit `autotest` und rSpec mit ihr arbeiten können. Zuerst muss die Datenbank erstellt werden. Hierfür geben Sie Folgendes im Projektverzeichnis ein.

```
$ jruby -S rake db:create RAILS_ENV=test
```

Danach muss die Datenbank migriert werden. Dies geschieht allerdings, wie bereits bekannt, mit dem Parameter `RAILS_ENV=test`.

```
$ jruby -S rake db:migrate RAILS_ENV=test
```

Damit werden sämtliche Tabellen angelegt. Ein Blick auf die Datenbank gibt einen Überblick über die bereits angelegten Tabellen (siehe Abbildung 7.26).

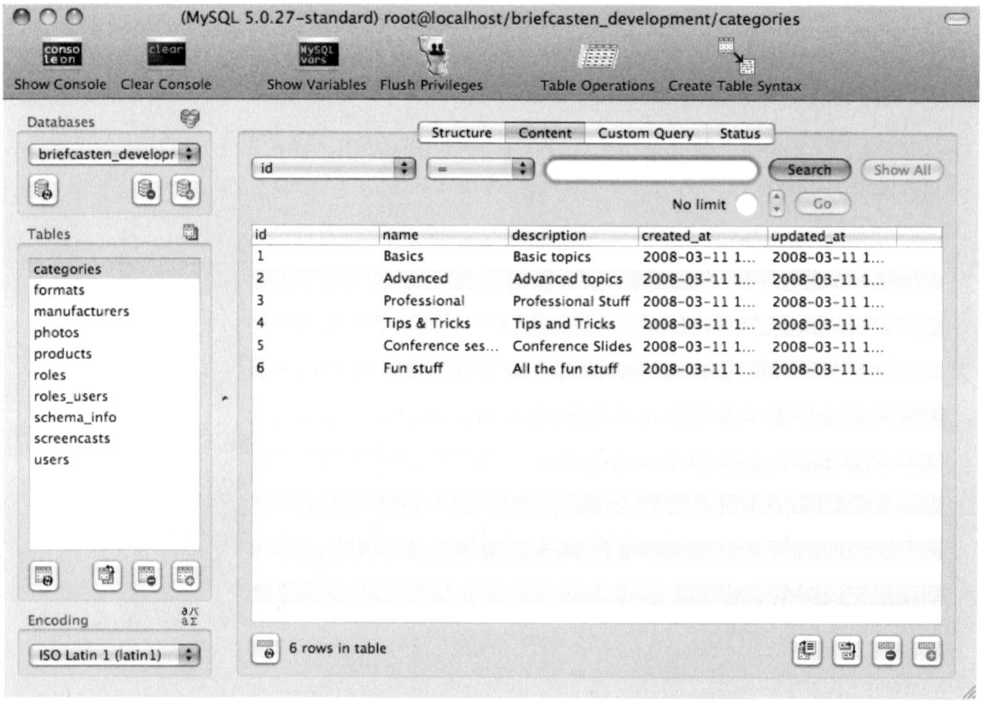

Abbildung 7.26 Die bislang angelegten Tabellen

Löschen Sie nun noch den Inhalt der Datei `spec/spec.opts`, und ersetzen Sie ihn durch die folgenden Konfigurationsparameter.

```
--colour

--format specdoc
```

Diese beiden Parameter sorgen für eine übersichtliche und farbige Darstellung der durchgeführten und fehlerhaften Spezifikationen.

Quickfix

`rails_rspec` hat in der Version 1.1.4, die mir aktuell vorliegt, noch ein Problem mit JRuby und `autotest`: das Skript bleibt nach dem Start hängen, weil ein Aufruf intern mit folgenden Parametern erfolgt.

```
/usr/local/lib/jruby-1.1.2/bin/jruby -S script/spec -O spec/spec.opts
spec/models/screencast_spec.rb
```

Das Problem ist der in Fettschrift markierte Parameter `-S`, der dafür sorgt, dass JRuby hängen bleibt. Abhilfe schafft der nicht gerade saubere Fix, den ich Ihnen nun zeige.

Im Verzeichnis

```
vendor/plugins/rspec/lib/autotest
```

finden Sie die Datei `rspec.rb`. In Zeile 41 in der Methode `make_test_cmd` entfernen Sie das Flag `-S` aus dem String. Nachdem Sie die Änderungen gespeichert haben, steht der Verwendung von rSpec für Rails mit `autotest` unter JRuby nichts mehr im Wege.

Eine andere Alternative ist, den Datenbankadapter in der Datei `config/database.yml` zu von `jdbcmysql` auf mysql zu ändern und `autotest` mit dem normalen Ruby-Interpreter laufen zu lassen. Im Zuge der Durchgängigkeit dieses Kapitels empfehle ich allerdings, den vorgestellten Quickfix zu verwenden.

Autotest hochfahren

Da nun alle Vorarbeiten abgeschlossen sind, kann `autotest` gestartet werden. Hierfür geben Sie in der Kommandozeile einfach folgende Anweisung ein, und schon laufen die generierten Spezifikationen an.

```
$ jruby -S autotest
```

Wenn `autotest` nun läuft, sehen Sie dies anhand der gefärbten Ausgaben.

```
loading autotest/rails_rspec
/usr/local/lib/jruby-1.1.2/bin/jruby script/spec -O spec/spec.opts
spec/models/screencast_spec.rb

Screencast
- should be valid

Finished in 0.276 seconds

1 example, 0 failures
```

Die in Fettschrift dargestellten Zeilen sind im Terminal in Grün dargestellt. Fehler werden in roter Schrift angezeigt. Somit haben Sie immer einen guten Überblick über die Testsituation in Ihrem Projekt.

Spezifikationen erstellen

Die initial generierte Version der Spezifikations-Datei `spec/models/screencast_spec.rb` für die Klasse `Screencast` sieht so aus.

Listing 7.60 http://www.pastie.org/240080

```
require File.dirname(__FILE__) + '/../spec_helper'

describe Screencast do
  before(:each) do
    @screencast = Screencast.new
  end

  it "should be valid" do
    @screencast.should be_valid
  end
end
```

Damit wird allerdings nur festgestellt, dass ein mit `new` erzeugtes Objekt valide ist. Wir gehen aber davon aus, dass ein `Screencast`-Objekt auch einen Eintrag in der Tabelle `products` vornimmt. Des Weiteren müssen Pflichtfelder und Formatspezifikationen eingebaut werden.

Doch zunächst kümmern wir uns um sinnvolle Fixtures, die von unseren Spezifikationen benötigte Daten enthalten.

Fixtures

Alle nachfolgenden Fixtures werden im Verzeichnis `spec/fixtures` abgelegt, wobei wir mit den Fixtures für das Modell `Product` starten. rSpec ist intelligent genug, um mit benamten Fixtures umgehen zu können. Daher werden Fremdschlüssel nicht mehr explizit angegeben, sondern durch Namen der Fixture-Referenzen. Geben Sie nun die folgenden Daten in die Datei `products.yml` im Verzeichnis `spec/fixtures` ein.

Listing 7.61 http://www.pastie.org/240082

```
# Datei products.yml
intro:
    name: Einführung in BDD
    description: Eine kurze Einführung in BDD für Einsteiger.
    price: 900 # cents
    photo: one
    category: basics
    manufacturer: rails_experts

advanced:
    name: Single Table Inheritance
    description: Erweiterte ORM-Konzepte für Ruby on Rails
    price: 900 # cents
    photo: two
    category: advanced
    manufacturer: rails_experts
```

Für die Datei `screencasts.yml` wird die folgende Definition erstellt.

Listing 7.62 http://www.pastie.org/240083

```
# Datei screencasts.yml
intro:
    product: intro
    format: hd
    duration: 3600 # sekunden
    size: 140 # MB
    preview_url: http://localhost:3000/preview/intro
    revision: 1

advanced:
    product: advanced
    format: hd
    duration: 1800 # sekunden
    size: 70 # MB
    preview_url: http://localhost:3000/preview/advanced
    revision: 2
```

Die weiteren Fixtures für `photos`, `categories`, `manufacturer` und `formats` sehen so aus.

Listing 7.63 http://www.pastie.org/240084

```
# Datei photos.yml
one:
  content_type: image/jpeg
  filename: picture1.jpg
  binary_data:

two:
  content_type: image/jpeg
  filename: picture2.jpg
  binary_data:

# Datei categories.yml
basics:
  name: Basics
  description: Einführungthemen für Einsteiger

advanced:
  name: Advanced
  description: Themen für Fortgeschrittene

# Datei manufacturers.yml
rails_experts:
  name: rails-experts.com
  description: Screencasts, Beratung, Schulung

hanser:
  name: Hanser Verlag
  description: Bücher und mehr

# Datei formats.yml
hd:
  name: HD1080i
  description: Hochauflösend

sd:
  name: SD
  description: Nicht so toll
```

Damit sind nun alle Fixtures erstellt, und wir müssen unserer Spezifikation lediglich noch mitteilen, dass diese zu benutzen sind. Dies geschieht, indem wir der Spezifikation einige Änderungen hinzufügen.

Listing 7.64 http://www.pastie.org/240085

```
require File.dirname(__FILE__) + '/../spec_helper'

describe Screencast, "with fixtures loaded" do
  fixtures :screencasts, :products, :categories,
           :manufacturers, :formats, :photos
  before(:each) do
    @screencast = screencasts(:intro)
  end

  it "should be valid" do
    @screencast.should be_valid
  end
end
```

Mit den obigen Änderungen werden bei jedem Durchlauf die Fixtures in die Datenbank geschrieben. Des Weiteren wird die Instanzvariable `@screencast` mit den Daten des Fixtures mit der Bezeichnung `intro` versehen.

Jetzt können wir uns daran machen, die einzelnen Aspekte des Modells zu spezifizieren. Zunächst werden einige einfache Examples erstellt.

Listing 7.65 http://www.pastie.org/240086

```
it "should be valid" do
  @screencast.should be_valid
end
it "should have a product not nil" do
  @screencast.product.should_not be_nil
end
it "should have a valid product" do
  @screencast.product.should be_valid
end
  it "should have a valid category" do
  @screencast.product.category.name.should eql('Basics')
end
```

Das Ergebnis auf der Konsole sieht so aus und zeigt, dass die Fixtures funktionieren.

```
/usr/local/lib/jruby-1.1.2/bin/jruby script/spec -O spec/spec.opts
spec/models/screencast_spec.rb
Screencast with fixtures loaded
- should be valid
- should have a product not nil
- should have a valid product
- should have a valid category

Finished in 1.084 seconds

4 examples, 0 failures
```

Schreiben wir eine weitere Spezifikation.

Diesmal gehen wir ohne Fixtures vor und definieren, dass einfache Instanzen, die lediglich mit `new` erstellt wurden, nicht valide sind. Die folgenden Spezifikationen können Sie einfach an das Ende der Datei `spec/models/screencast_spec.rb` schreiben.

Listing 7.66 http://www.pastie.org/240087

```
describe Screencast, "without fixtures" do
  fixtures:categories, :manufacturers
```

```
    before(:each) do
      @screencast = Screencast.new
      @screencast.build_product
    end

    it "should not have valid a product without name, \
        description, price, category and manufacturer" do
      @screencast.product.should_not be_valid

      @screencast.product.name.should be_nil
      @screencast.product.description.should be_nil
      @screencast.product.price.should be_nil
      @screencast.product.category.should be_nil
      @screencast.product.manufacturer.should be_nil
    end

    it "should have valid product with given name, description, \
        price, category and manufacturer" do
        @screencast.product.name = "Einführung in Rails"
        @screencast.product.description = "Eine kurze Einführung \
                                           in BDD für Einsteiger."
        @screencast.product.price = 900 #cents
        @screencast.product.category = categories(:basics)
        @screencast.product.manufacturer = manufacturers(:rails_experts)
        @screencast.product.should be_valid
        @screencast.product.save.should be_true
    end
  end
```

Das erste Example geht davon aus, dass eine Instanz von `Screencast` auch eine Instanz von `Product` kennt und diese nicht valide sein kann, wenn ihr die Werte für `name`, `description`, `price`, `category` und `manufacturer` nicht zugewiesen wurden. Bei einem Testlauf sehen wir erwartungsgemäß, dass es einen Fehler gibt.

```
Screencast with fixtures loaded
- should be valid
- should have a product not nil
- should have a valid product
- should have a valid category

Screencast without fixtures
- should not have valid a product without name,
      description, price, category and manufacturer (FAILED - 1)
- should have valid product with given name, description,       price, category
and manufacturer

1)
'Screencast without fixtures should not have valid a product without name,
      description, price, category and manufacturer' FAILED
expected valid? to return false, got true
/Users/mjohann/Documents/projects/final/briefcasten/./spec/models/screencast_spec.
rb:33:in
`/Users/mjohann/Documents/projects/final/briefcasten/./spec/models/screencast_spec
.rb'
script/spec:4:

Finished in 0.5660000000000001 seconds

6 examples, 1 failure
```

Die Methode `valid?` gibt anstatt `false` den Wert `true` zurück. Dies ist ein erster Hinweis darauf, dass wir am Modell einige Validierungen einbauen müssen. Das zweite Example läuft hingegen einwandfrei durch, da schließlich keine Validierungen durchgeführt werden. Fügen Sie der Klasse `Product` daher die folgende Zeile hinzu.

Listing 7.67 http://www.pastie.org/240088

```
class Product < ActiveRecord::Base
  belongs_to :category
  belongs_to :manufacturer
  belongs_to :photo

  validates_presence_of :name, :description, :price,
                        :category, :manufacturer

end
```

Damit unsere Modelle eine sinnvolle Validierung durchführen können, geben Sie bei den einzelnen Modellen `Category`, `Manufacturer` und `Format` folgende Validierungen ein.

Listing 7.68 http://www.pastie.org/240089

```
validates_presence_of :name, :description
validates_uniqueness_of :name
```

Für die Modellklasse `Photo` geben Sie bitte keine Validierung ein, da wir zu einem späteren Zeitpunkt dafür sorgen werden, dass hier Bilder in die Datenbank hochgeladen werden können, ohne eine Validierung vornehmen zu müssen.

Eine weitere und letzte Spezifikation soll an dieser Stelle die Einheitlichkeit des Produktnamens sein.

Wenn der Name eines Produktes bereits in der Datenbank vorhanden ist, soll es eine Fehlermeldung geben, und das Speichern soll nicht möglich sein. Hierzu wird im Example ein neues `Screencast`-Objekt mit einem leeren `Product`-Objekt erstellt. Danach wird versucht, durch Verwendung eines bereits vergebenen Produktnamens dieses `Screencast`-Objekt zu speichern. Das Example für die erste Spezifikation (mit den Fixtures) sieht daher wie folgt aus.

Listing 7.69 http://www.pastie.org/240090

```
it "should not save a product with an existing name" do
      @new_screencast = Screencast.new
      @new_screencast.build_product

      @new_screencast.product.name = "Einführung in BDD"
      @new_screencast.product.description = "Eine kurze Einführung in BDD für Ein-
steiger."
      @new_screencast.product.price = 900 #cents
      @new_screencast.product.category = categories(:basics)
      @new_screencast.product.manufacturer = manufacturers(:rails_experts)
      @new_screencast.product.save.should be_false
      @new_screencast.product.errors.count.should > 0
      @new_screencast.product.errors.full_messages[0].should == "Name has already
been taken"
  end
```

Das obige Example zeigt bei der Ausführung, dass das Speichern erfolgreich war, obwohl dies eigentlich nicht vorkommen sollte.

```
Screencast with fixtures loaded
- should be valid
- should have a product not nil
- should have a valid product
- should have a valid category
- should not save a product with an existing name (FAILED - 1)
```

```
Screencast without fixtures
- should not have valid a product without name,
      description, price, category and manufacturer
- should have valid product with given name, description,      price, category
and manufacturer

1)
'Screencast with fixtures loaded should not save a product with an existing name'
FAILED
expected false, got true
/Users/mjohann/Documents/projects/final/briefcasten/./spec/models/screencast_spec.
rb:31:in
`/Users/mjohann/Documents/projects/final/briefcasten/./spec/models/screencast_spec
.rb'
script/spec:4:

Finished in 0.685 seconds

7 examples, 1 failure
```

Die aktuelle Spezifikation läuft damit nicht mehr durch, und wir müssen folgende Validierung in die Klasse `Product` aufnehmen.

```
validates_uniqueness_of :name
```

Jetzt laufen alle Spezifikationen durch, und wir sind am Ende der Abteilung BDD für diese Iteration angekommen.

7.5.1.5 Änderungen versionieren

Da im Laufe der letzten Seiten einige Dateien hinzugefügt und Änderungen vorgenommen wurden, ist dies der richtige Zeitpunkt, um die Änderungen zu versionieren. Hierzu geben Sie zunächst

```
$ hg add
```

ein, und danach

```
$ hg commit -v -m „Added rSpec Plugin"
```

Damit sind die Änderungen persistent gemacht, und wir können uns dem Erstellen der Screencast-Verwaltung widmen.

7.5.2 ScreencastsController und Multimodell-Formulare

Kommen wir nun zum ersten fachlichen Controller in dieser Iteration. Der Controller soll `ScreencastsController` heißen und die Produktverwaltung darstellen. Es sei an dieser Stelle noch einmal der Hinweis gestattet, dass das Design momentan von nur einer Produktklasse, den Screencasts, ausgeht. Spätere Erweiterungen können hier einen zusätzlichen Aufwand verursachen, den wir in diesem Buch aus Platzgründen allerdings nicht weiter nachvollziehen.

Ich gehe an dieser Stelle davon aus, dass weitere Spezifikationen nur dann beschrieben werden, wenn Controller mehr als nur RESTful-Aktionen abdecken sollen. Daher werden für den `ScreencastsController` nur die generierten Spezifikationen und Examples verwendet und eventuell angepasst.

Damit wir in den Genuss dieser generierten Spezifikationen gelangen, wird nicht der einfache Controller-Generator von Ruby on Rails benutzt, sondern der `rspec_scaffold`-Generator.

Geben Sie nun auf der Kommandozeile Folgendes ein. Wenn Sie gefragt werden, ob Sie bereits vorhandene Dateien überschreiben wollen, antworten Sie in jedem Fall mit Nein, indem Sie die Taste `n` drücken.

```
$ jruby script/generate rspec_scaffold screencast

exists  app/models/
exists  app/controllers/
exists  app/helpers/
create  app/views/screencasts
create  spec/controllers/
exists  spec/models/
create  spec/helpers/
exists  spec/fixtures/
create  spec/views/screencasts
create  spec/controllers/screencasts_routing_spec.rb
create  spec/controllers/screencasts_controller_spec.rb
create  app/controllers/screencasts_controller.rb
create  spec/helpers/screencasts_helper_spec.rb
create  app/helpers/screencasts_helper.rb
create  app/views/screencasts/index.html.erb
create  app/views/screencasts/show.html.erb
create  app/views/screencasts/new.html.erb
create  app/views/screencasts/edit.html.erb
overwrite app/models/screencast.rb? (enter "h" for help) [Ynaqdh] n
skip  app/models/screencast.rb
overwrite spec/fixtures/screencasts.yml? (enter "h" for help) [Ynaqdh] n
skip  spec/fixtures/screencasts.yml
overwrite spec/models/screencast_spec.rb? (enter "h" for help) [Ynaqdh] n
skip  spec/models/screencast_spec.rb
create  spec/views/screencasts/edit.html.erb_spec.rb
create  spec/views/screencasts/index.html.erb_spec.rb
create  spec/views/screencasts/new.html.erb_spec.rb
create  spec/views/screencasts/show.html.erb_spec.rb
exists  db/migrate
Another migration is already named create_screencasts:
db/migrate/20080702081222_create_screencasts.rb
```

Damit wurden eine Menge zusätzlicher Artefakte generiert.

Einige Bestandteile wie das Modell und die Migration sind schon vorhanden und werden nicht überschrieben. Nach dem Generieren stehen insgesamt 59 Examples zur Verfügung. Zum Vergleich: Zuvor waren es sieben.

Allerdings laufen nicht gleich alle Examples durch. Dies liegt beispielsweise daran, dass noch kein Ressource-Mapping für den neuen Controller erfolgte. Hierfür wird in der Datei `config/routes.rb` das folgende Mapping hinzugefügt.

```
map.resources :screencasts
```

Dies hat nun zur Folge, dass die Spezifikationen anstandslos durchlaufen. Der Vollständigkeit halber sehen Sie in den folgenden Zeilen die Ausgaben:

```
ScreencastsController handling GET /screencasts
- should be successful
- should render index template
- should find all screencasts
- should assign the found screencasts for the view
```

```
ScreencastsController handling GET /screencasts.xml
- should be successful
- should find all screencasts
- should render the found screencasts as xml

ScreencastsController handling GET /screencasts/1
- should be successful
- should render show template
- should find the screencast requested
- should assign the found screencast for the view

ScreencastsController handling GET /screencasts/1.xml
- should be successful
- should find the screencast requested
- should render the found screencast as xml

ScreencastsController handling GET /screencasts/new
- should be successful
- should render new template
- should create an new screencast
- should not save the new screencast
- should assign the new screencast for the view

ScreencastsController handling GET /screencasts/1/edit
- should be successful
- should render edit template
- should find the screencast requested
- should assign the found Screencast for the view

ScreencastsController handling POST /screencasts with successful save
- should create a new screencast
- should redirect to the new screencast

ScreencastsController handling POST /screencasts with failed save
- should re-render 'new'

ScreencastsController handling PUT /screencasts/1 with successful update
- should find the screencast requested
- should update the found screencast
- should assign the found screencast for the view
- should redirect to the screencast

ScreencastsController handling PUT /screencasts/1 with failed update
- should re-render 'edit'

ScreencastsController handling DELETE /screencasts/1
- should find the screencast requested
- should call destroy on the found screencast
- should redirect to the screencasts list

ScreencastsHelper
- should be included in the object returned by #helper

Finished in 0.485889 seconds

59 examples, 0 failures
```

Anhand der Ausgaben sehen Sie, welche REST-Aktionen abgedeckt werden und welche Examples dabei erstellt wurden.

Die Abbildung 7.27 auf der nächsten Seite zeigt, wie die Screencast-Verwaltung momentan nach dem Generatorlauf aussieht.

Widmen wir uns nun wieder der Implementierung.

Wir möchten mit dem `ScreencastsController` Produkte verwalten. Zu diesem Zweck lassen wir zunächst das Benutzer-Rollen-System außen vor und gehen davon aus, dass die

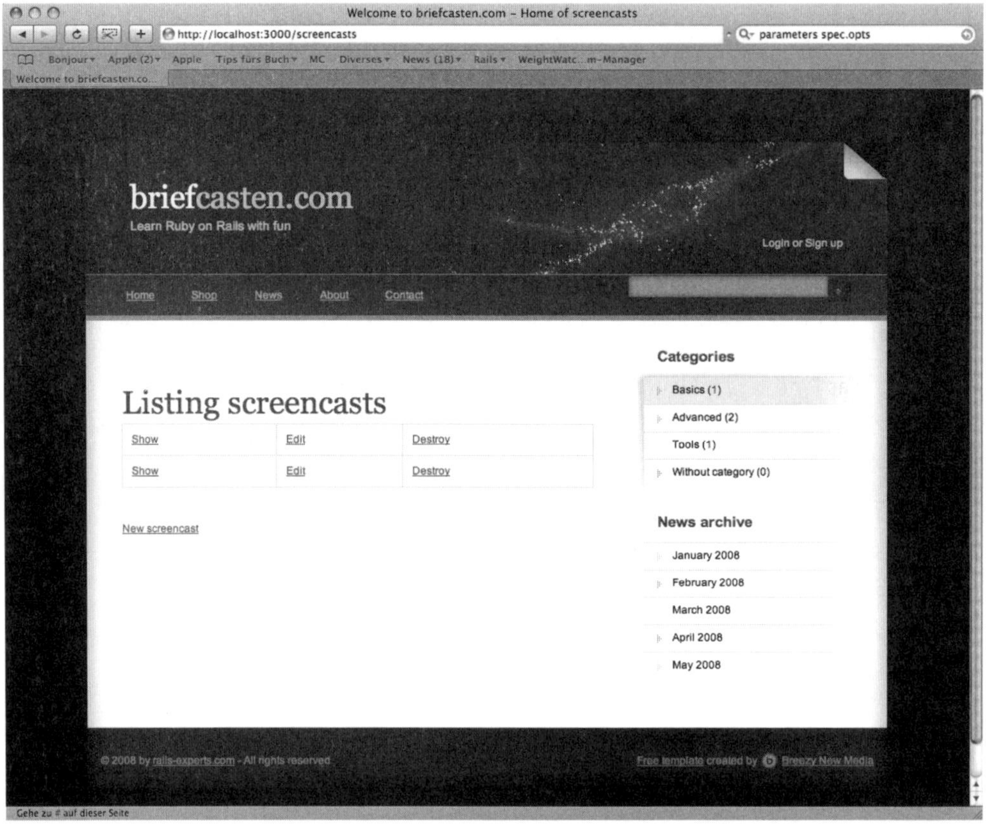

Abbildung 7.27 Das bisherige Scaffolding zeigt noch nicht die einzelnen Felder an.

aktuelle Produktverwaltung sämtliche Daten für die Modelle `Screencast` und `Product` gleichzeitig vornehmen kann. Produkte können angelegt, angesehen, bearbeitet und gelöscht werden. Wenn Sie sich den `ScreencastsController` ansehen und die generierten Views dazu, werden Sie eine gewisse Grundfunktionalität erkennen. Spätestens jetzt reicht sie uns aber nicht mehr aus, sondern nimmt uns lediglich das Anlegen von Dateien ab.

Wenn Sie den Server starten und ein wenig mit dem neuen Controller spielen, werden Sie feststellen, dass Sie zwar Objekte anlegen und löschen können, die Formulare jedoch bis auf den `Create`-Button und die Links für die typischen Aktionen wie `Edit`, `Show` und `Destroy` leer sind. Wenn Sie mit einem Klick auf den Button Create in der View `new` einen neuen `Screencast`-Eintrag in der Datenbank anlegen und in der Datenbank überprüfen, sehen Sie, dass noch kein zugehöriges `Product`-Objekt angelegt wird.

Starten wir also mit dem Anlegen von Objekten in der View `new`.

7.5.2.1 Anlegen von Screencast-Objekten

Die View `new` sieht nach dem ersten Generatorlauf sehr mager aus – wie auch die `Edit`-View – denn im Wesentlichen teilen sich die beiden Views die meisten Informationen.

Listing 7.70 http://www.pastie.org/240091

```
<h1>New screencast</h1>

<%= error_messages_for :screencast %>

<% form_for(@screencast) do |f| %>
  <p>
    <%= f.submit "Create" %>
  </p>
<% end %>

<%= link_to 'Back', screencasts_path %>
```

Für komplette Produktangaben müssen die Felder für das Eingabeformular eingebaut werden. Um uns redundante Schreibarbeiten für `new` und `edit` zu ersparen, verwenden wir ein Partial für das Formular. Dabei werden die verwendeten Objekte von außen zugewiesen und der Text für den submit-Button je nach Formular konfiguriert. Legen Sie für das Partial die folgende Datei an.

```
app/views/screencasts/_screencast_product_form.html.erb
```

In diese Datei schreiben Sie die folgenden Zeilen. Diese sorgen für den Aufbau zweier Modelle in einem einzigen Formular.

Listing 7.71 http://www.pastie.org/240092

```
<% form_for(@screencast, :html => {:multipart => true} ) do |f| %>
  <% fields_for "photo", @screencast.product.photo do |form| %>
   <p>Picture:<br/><%= form.file_field(:picture_file) %></p>
  <% end %>
  <% fields_for "product", @screencast.product do |form| %>
    <p>Name:<br/><%= form.text_field :name %></p>
    <p>Description:<br/><%= form.text_area :description %></p>
    <p>Price:<br/><%= form.text_field :price %></p>
    <p>Category:<br/><%= form.collection_select :category_id,
                            categories, :id, :name %></p>
    <p>Manufacturer:<br/><%= form.collection_select :manufacturer_id,
                            manufacturers, :id, :name %></p>
  <% end %>
  <p>Format:<br/><%= f.collection_select :format_id,
                            formats, :id, :name %></p>
  <p>Duration:<br/><%= f.text_field :duration %></p>
  <p>Size (in MB):<br/><%= f.text_field :size %></p>
  <p>URL for preview:<br/><%= f.text_field :preview_url %></p>
  <p>Revision:<br/><%= f.text_field :revision %></p>
  <p><%= f.submit label %></p>
<% end %>
```

Dieses Formular hat es in sich, denn es werden Daten für mehrere unterschiedliche Modelle eingesammelt.

Zunächst wird für das Modell `Screencast` ein Formular geöffnet. Hierzu dient die Anweisung `form_for(@screencast)`. Dann wird ein Textfeld mittels `file_field` für ein Produktfoto auf dem Formular definiert. Die nächste Anweisung `fields_for` sorgt dafür, dass die folgenden Eingabefelder innerhalb des Blocks später bei der Erstellung einer `Product`-Instanz verwendet werden können.

Für die Felder `Category`, `Manufacturer` und `Format` werden spezielle Drop-down-Listen-Elemente (`Select`-Element) verwendet. Diese erhalten ihre Daten aus der Datenbank.

Sehen wir uns dieses `collection_select` etwas näher an.

```
<%= form.collection_select :category_id, categories, :id, :name %>
```

Als Wert, der in der `Product`-Instanz später in die Datenbank gelangt, soll die `ID` des ausgewählten `Category`-Objektes verwendet werden. Hierzu wird als erster Parameter für das Element der zugeordnete Attributname von `Product`, nämlich `category_id`, verwendet. Danach folgt eine `Collection` von `Category`-Objekten, die als Rückgabewert der Helper-Methode `categories` geliefert werden.

Die Methode `categories` ist eine Helper-Methode, die es ermöglicht, für mehrfache Abfragen innerhalb eines Requests ein Caching zu verwenden. Weil das gleiche Prinzip für die Objekte der Modelle `Format` und `Manufacturer` genutzt wird, erweitern wir die Klasse `ScreencastsHelper` mit den folgenden Zeilen.

Listing 7.72 http://www.pastie.org/240093

```
module ScreencastsHelper
  def categories
    @categories ||= Category.all
  end
  def manufacturers
    @manufacturers ||= Manufacturer.all
  end
  def formats
    @formats ||= Format.all
  end
end
```

Mit den Helpern ist es möglich, die Anzahl der Datenbankzugriffe zu reduzieren. Die Schreibweise mit dem Oder-Operator `||`, liefert entweder die Ergebnisse aus der Datenbankabfrage zurück, wenn `@categories` noch `nil` ist. Oder die Instanzvariable `@categories` wird zurückgegeben, weil in dem Request bereits die Objekte der Tabelle `categories` abgefragt wurden.

Mit dem `file_field` für das Produktfoto wird übrigens ein komplexes Objekt übermittelt, das einige zusätzliche Attribute liefert, wie beispielsweise den `content_type` und den `original_filename`. Das oben verwendete Formular geht davon aus, dass das Photo-Modell (Achtung Wortspiel) ein Attribut namens `picture_file` besitzt.

Die Datenbankdefinition kennt dieses Attribut allerdings nicht. Damit ist `picture_file` ein virtuelles Attribut, das uns hilft, die Daten für das Produktfoto in die Datenbank zu bringen, ohne eine einzelne Spalte für das Photo verwenden zu müssen. Das Modell `Photo` sieht dann so aus:

Listing 7.73 http://www.pastie.org/240094

```
class Photo < ActiveRecord::Base
  def picture_file=(image_data)
    if image_data != ""
      self.filename = image_data.original_filename
      self.content_type = image_data.content_type.chomp
      self.binary_data = image_data.read
    end
  end
end
```

Im Abschnitt 7.5.2.2 (Anzeige von Produktdaten) demonstrieren wir, wie sich das hochgeladene Bild anzeigen lässt.

Das Label für den `Submit`-Button wird von der View übergeben, die das Partial integriert. Die folgenden Zeilen zeigen die View `new`.

Listing 7.74 http://www.pastie.org/240097

```
<h1>New screencast</h1>

<%= error_messages_for(:object => [@screencast.product, @screencast]) %>

<%= render :partial => 'screencast_product', :locals => {:label => "Create"}%>

<%= link_to 'Back', screencasts_path %>
```

Das `Hash`-Objekt `locals` enthält das Label für den Button. In der View `new` ist hier der Text `Create` definiert. Für die `Edit`-View wird der Text `Update` zu lesen sein.

Da wir mit assoziierten Modellen arbeiten und beide Modelle in einem einzigen Formular gleichzeitig verwalten, werden auch die Fehlermeldungen in einem Formular angezeigt. Daher finden Sie eine etwas andere Objektübergabe für den Helper `error_messages_for`. Hier werden die jeweils validierten Objekte in einem `Array` übergeben.

Nachdem wir nun die View für die Aktion `new` erstellt haben, müssen wir noch die entsprechende Aktion im `ScreencastsController` anpassen. Die vorgenerierte Methode `new` wird nun folgendermaßen ergänzt.

Listing 7.75 http://www.pastie.org/240098

```
def new
  @screencast = Screencast.new
  @screencast.build_product

  respond_to do |format|
    format.html # new.html.erb
    format.xml  { render :xml => @screencast }
  end
end
```

Die durch Fettschrift hervorgehobene Zeile ruft die Methode `build_product` auf der Instanz von `Screencast` auf, um eine Instanz von `Product` an das `Screencast`-Objekt zu binden. An dieser Stelle hätte auch folgende Schreibweise funktioniert.

```
@screencast.product = Product.new
```

Ruby on Rails bietet allerdings Hilfsmethoden für den Umgang mit Assoziationen, die dann auch genutzt werden sollten, weshalb innerhalb der `new`-Aktion davon Gebrauch gemacht wird.

Wenn Sie nun die View `new` in einem Browser aufrufen, erhalten Sie die in Abbildung 7.28 auf der nächsten Seite gezeigte Ansicht.

Beim Aufruf der Methode `create` passiert noch nicht besonders viel, da lediglich das übergeordnete `Screencast`-Objekt gespeichert wird.

Der `ScreencastsController` muss also entsprechend erweitert werden.

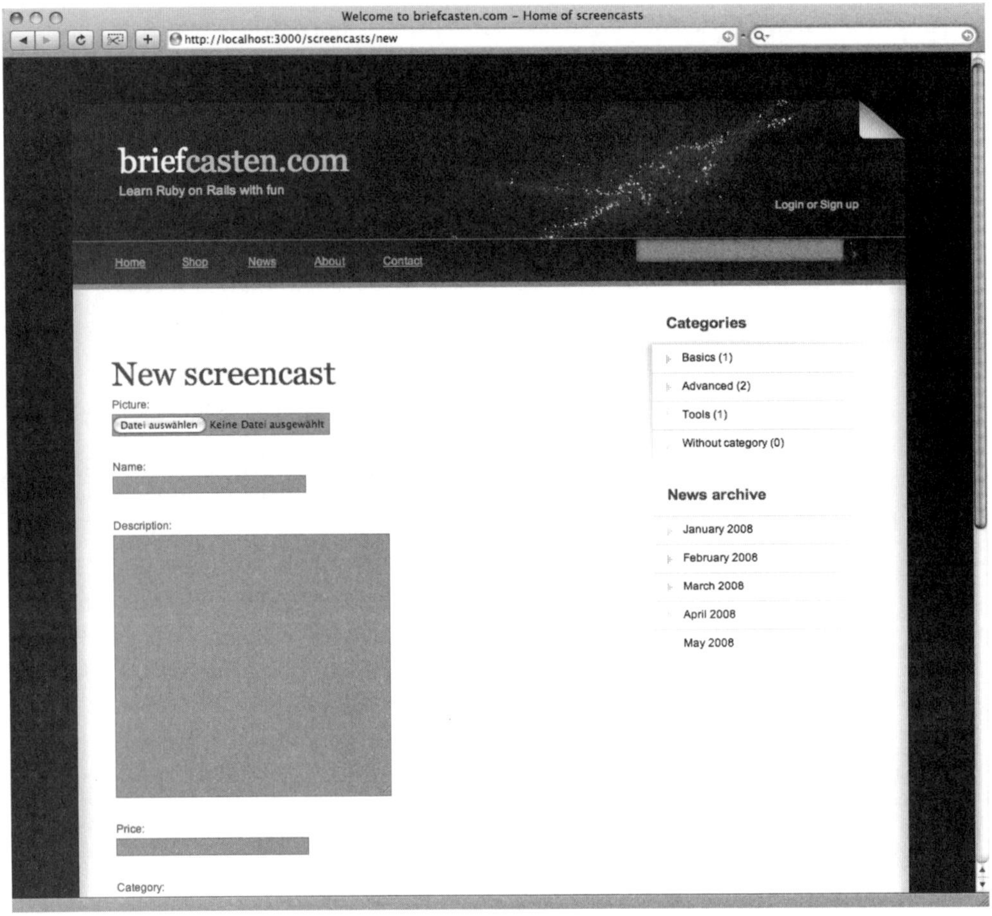

Abbildung 7.28 Die View new mit dem Upload-Dialog für Produktfotos

Listing 7.76 http://www.pastie.org/240099

```
def create
  @screencast = Screencast.new(params[:screencast])
  @screencast.build_product(params[:product])
  @screencast.product.build_photo(params[:photo])

  respond_to do |format|
    if @screencast.save
      flash[:notice] = 'Screencast was successfully created.'
      format.html { redirect_to(@screencast) }
      format.xml  { render :xml => @screencast,
                           :status => :created,
                           :location => @screencast }
    else
      format.html { render :action => "new" }
      format.xml  { render :xml => @screencast.errors,
                           :status => :unprocessable_entity }
    end
  end
end
```

Sie sehen die Änderungen in den mit Fettschrift hervorgehobenen Zeilen. Zuerst wird aus den Formulardaten das `Screencast`-Objekt erstellt. Danach werden das assoziierte `Product`- sowie das `Photo`-Objekt angelegt.

Dabei sind noch keine Validierungen durchgeführt worden. Diese erfolgen bekanntermaßen immer beim Aufruf von `save`. Rails sorgt dafür, dass alle assoziierten Modelle ebenfalls gespeichert werden.

Der folgende Log-Auszug zeigt die Details des Speichervorganges auf SQL-Ebene, wobei auch deutlich wird, dass die Transaktionsgrenzen um den kompletten Vorgang gelegt wurden. Sollte also beispielsweise das Produktfoto nicht gespeichert werden können, wird auch der Rest nicht gespeichert, und es wird ein Rollback durchgeführt.

```
Processing ScreencastsController#create (for 0:0:0:0:0:0:0:1%0 at 2008-07-03
14:35:37) [POST]

  Session ID: BAh7ByIKZmxhc2hJQzonQWN0aW9uQ29udHJvbGxlcjo6Rmxhc2g6OkZsYXNo

SGFzaHsABjoKQHVzZWR7ADoMY3NyZl9pZCIlMDg4YzQ1Nzg4MjcwZmExZWYw

NDZmMTRjOTc1NDJlODE=--7f71235c7901b534e4cc9d52cfb5ced01ba2388c

  Parameters: {"authentic-
ity_token"=>"1ca7a733c1b17d1352e01d77f37556cb5660763c", "pho-
to"=>{"picture_file"=>#<ActionController::UploadedStringIO:0x6102962a
@original_filename="mjohann.jpg", @original_path="mjohann.jpg",
@content_type="image/jpeg">}, "product"=>{"name"=>"Test", "descrip-
tion"=>"lorem...", "price"=>"900", "category_id"=>"6", "manufac-
turer_id"=>"1"}, "screencast"=>{"format_id"=>"3", "duration"=>"300",
"size"=>"120", "preview_url"=>"http://localhost/preview/Test", "revi-
sion"=>"1"}, "commit"=>"Senden", "controller"=>"screencasts", "ac-
tion"=>"create"}

  Category Load (0.002000)   SELECT * FROM `categories` WHERE (`catego-
ries`.`id` = 6)

  Manufacturer Load (0.001000)   SELECT * FROM `manufacturers` WHERE (`manu-
facturers`.`id` = 1)

  SQL (0.003000)   SELECT `name` FROM `products` WHERE (`products`.name =
'Test')

  SQL (0.027000)   INSERT INTO `photos` (`content_type`, `filename`, `bi-
nary_data`, `created_at`, `updated_at`) VALUES('image/jpeg', 'mjohann.jpg',
x'ffd8ffe00...0d7c353ee69d8f272734515cf555a6cf0ea6936887635145159927fffd9',
'2008-07-03 12:35:37', '2008-07-03 12:35:37')

  SQL (0.002000)   INSERT INTO `products` (`name`, `description`, `price`,
`photo_id`, `category_id`, `manufacturer_id`, `created_at`, `updated_at`)
VALUES('Test', 'bla', 900, 1, 6, 1, '2008-07-03 12:35:37', '2008-07-03
12:35:37')

  SQL (0.004000)   INSERT INTO `screencasts` (`product_id`, `format_id`, `du-
ration`, `size`, `preview_url`, `revision`) VALUES(1, 3, 300, 120,
'http://localhost/preview/Test', 1)

Redirected to http://localhost:3000/screencasts/1

Completed in 0.32900 (3 reqs/sec) | DB: 0.03900 (11%) | 302 Found
[http://localhost/screencasts]
```

Die Produktdaten sind validiert und in der Datenbank gespeichert. Nach dem Speichern wird auf die View `show` verzweigt, die im Folgenden beschrieben wird.

7.5.2.2 Anzeigen von Screencast-Objekten

Das Anzeigen von `Screencast`-Objekten erfolg mit der View `show`. Weil die Anzeige der einzelnen Produktdaten ähnlich wie die Liste aller Produkte, also die View `index`, erfolgen soll, wird hierfür ein weiteres Partial angelegt und somit weitere Redundanzen vermieden.

Die Produktanzeige (Aktion: `show`) auf Controllerebene sieht wie folgt aus. Demnach ergeben sich voraussichtlich Fehlermeldungen, wenn der Benutzer in der URL eine ungültige ID eingibt. Außerdem werden die assoziierten Modelle des `Screencast`-Objekts zeitgleich benötigt.

Listing 7.77 http://www.pastie.org/240100

```
def show
  @screencast = Screencast.find(params[:id])

  respond_to do |format|
    format.html # show.html.erb
    format.xml  { render :xml => @screencast }
  end
end
```

Daher ist es besser, wenn bei einem Fehler eine passende Meldung ausgegeben und zur `index`-View umgeleitet wird. Dies wird dann so implementiert.

Listing 7.78 http://www.pastie.org/240101

```
def show
@screencast = Screencast.find(params[:id],
              :include => [:product, :format,
                           {:product => [:category, :manufacturer]}])
  respond_to do |format|
    format.html # show.html.erb
    format.xml  { render :xml => @screencast }
  end
  rescue ActiveRecord::RecordNotFound
    flash[:notice] = "No screencast with that id in database."
    redirect_to screencasts_path
end
```

Damit wird ein Screencast-Objekt anhand der gewünschten ID inklusive aller assoziierten Objekte geladen. Diesen Vorgang nennt man Eager-Loading.

Anschließend wird die View `show` aufgerufen, die folgendermaßen aussieht (Datei `app/views/screencasts/show.html.erb`).

Listing 7.79 http://www.pastie.org/240102

```
<%= render :partial => 'screencast_details'%>
<%= link_to 'Edit', edit_screencast_path(@screencast) %> |
<%= link_to 'Back', screencasts_path %>
```

Damit wird das Partial eingebunden und mit zwei Links zum Bearbeiten und zur Navigation ergänzt. Das Partial selbst baut auf einer HTML-Tabelle auf, um die Produktdaten darzustellen.

Listing 7.80 http://www.pastie.org/240103

```
<% is_show = action_name == 'show' %>
<h2>Screencast Details</h2>
<table id="product">
  <tr>
    <% if is_show %>
    <td valign="top"><%= image_tag
"/screencasts/image/#{@screencast.product.photo.id}". :size => '100x100'%></td>
    <% else %>
    <td valign="top"><%= image_tag
("/screencasts/image/#{@screencast.product.photo.id}", :size => '50x50') %></td>
    <% end %>
    <td>
      <table>
        <tr>
          <td valign="top"><h2><%=h @screencast.product.name %></h2></td>
        </tr>
        <tr>
          <% if is_show %>
            <td colspan="2"><%=h @screencast.product.description %></td>
              <% else %>
                   <td colspan="2"><%=h truncate(@screencast.product.description,
100, "...") %> <%= link_to "[more]", @screencast %></td>
           <% end %>
        </tr>
        <tr>
         <td colspan="2"> </td>
        </tr>
        <% if is_show %>
        <tr>
          <td>Created at:</td>
              <td><%=h @screencast.product.created_at.strftime("%Y-%m-%d %H:%M")
%></td>
        </tr>
        <tr>
          <td>Created at:</td>
              <td><%=h @screencast.product.updated_at.strftime("%Y-%m-%d %H:%M")
%></td>
        </tr>
        <tr>
          <td colspan="2"> </td>
        </tr>
       <% end %>
        <tr>
          <td>Category:</td>
          <td><%=h @screencast.product.category.name %></td>
      </tr>
      <tr>
        <td>Manufacturer:</td>
        <td><%=h @screencast.product.manufacturer.name %></td>
      </tr>
      <% if is_show %>
      <tr>
        <td>Format:</td>
        <td><%=h @screencast.format.name %></td>
      </tr>
      <tr>
        <td>Duration:</td>
        <td><%=h @screencast.duration %></td>
      </tr>
      <tr>
        <td>Size:</td>
        <td><%=h @screencast.size %></td>
      </tr>
      <tr>
        <td>Preview URL:</td>
        <td><%=h @screencast.preview_url %></td>
      </tr>
```

```
        <tr>
          <td>Revision:</td>
          <td><%=h @screencast.revision %></td>
        </tr>
        <tr>
          <td colspan="2"><hr/></td>
        </tr>
        <% end %>
        <tr>
          <td>Preis:</td>
          <td><%=h format_price_in_euro @screencast.product.price %></td>
        </tr>
      </table>
    </td>
    </tr>
    </tr>
    </table>
```

Die lokale Variable `is_show` fragt anfangs den Namen der `action` ab, um je nach Ansicht eine verkürzte Darstellung der Daten anzeigen zu können. In der `index`-View werden viele Datensätze auf einmal dargestellt, was schnell zu sehr langen Ladezeiten und meterlangen Seiten führen kann.

Die Helper-Methode `format_price_in_euro` sorgt für eine einheitliche Darstellung des Produktopreises in Euro und wird dabei wie folgt im Modul `ScreencastsHelper` implementiert.

Listing 7.81 http://www.pastie.org/240104

```
module ScreencastsHelper
  def categories
    @categories ||= Category.all
  end
  def manufacturers
    @manufacturers ||= Manufacturer.all
  end
  def formats
    @formats ||= Format.all
  end
  def format_price_in_euro(price)
    "%0.2f EUR" % (price * 0.01)
  end
end
```

Die Helper-Methode formatiert den durch 100 geteilten Betrag und hängt das Währungskürzel `EUR` an den Betrag an.

Weil die Tabelle für jede Zelle einen Rahmen zeichnet, der nicht sehr schön ist, passen wir in der Stylesheet-Datei default.css die folgende Zeile an.

```
#contentBlock table th { border: 0px #d8d8d8 solid; padding: 2px; }
```

Damit wird nach dem Abspeichern eines neuen Screencasts Ansicht in Abbildung 7.29 erzeugt.

So weit, so gut. Die Anzeige scheint strukturiert aber nicht vollständig, denn das Produktfoto, welches eben noch hochgeladen wurde, ist nicht sichtbar. Dies liegt daran, dass eine bestimmte Route zur Methode `image` im `ScreencastsController` erwartet wird.

```
/screencasts/image/#{@screencast.product.photo.id}
```

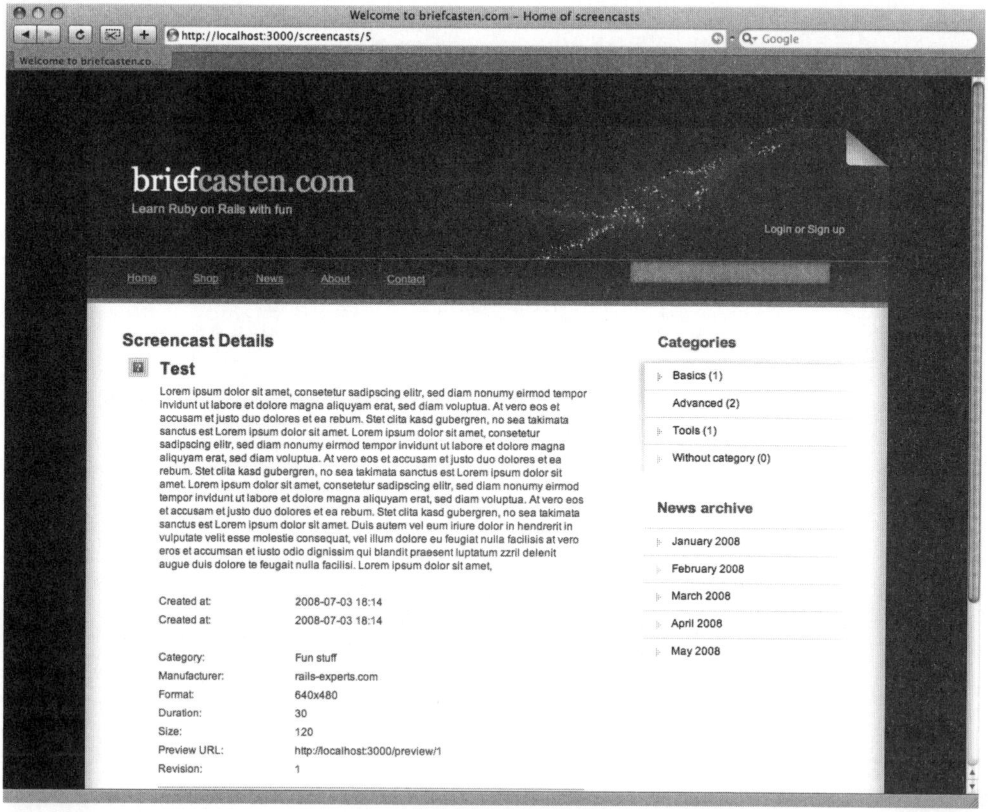

Abbildung 7.29 Die Show-View mit Platzhalter für das Bild

Um das Bild anzuzeigen, muss lediglich die Methode `image` in den `Screencasts-Controller` eingebaut werden.

Listing 7.82 http://www.pastie.org/240105

```
def image
  @image_data = Photo.find(params[:id])
  @image = @image_data.binary_data
  send_data(@image, :type => @image_data.content_type,
                    :filename => @image_data.filename,
                    :disposition => 'inline')
end
```

Die Methode `image` sucht das mit der `ID` referenzierte `Photo`-Objekt aus der Datenbank und bereitet das `@image` anhand der binären Daten auf.

Die Methode `send_data` schickt das Bild mit einigen Zusatzinformationen an den Browser, wo es dann angezeigt wird.

Abbildung 7.30 auf der nächsten Seite zeigt nun die komplette View `show`.

Die `index`-View zeigt entsprechend ein kleineres Bild an und schneidet mit der einfachen Methode `truncate`, den Beschreibungstext auf 100 Zeichen ab. Abbildung 7.31 zeigt zum direkten Vergleich die `index`-View.

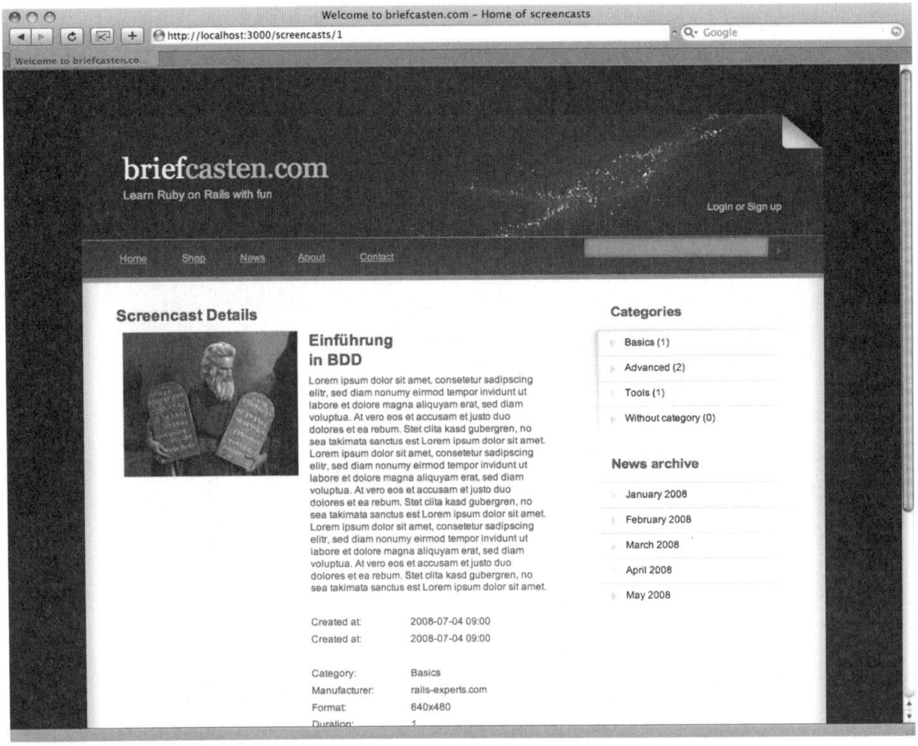

Abbildung 7.30
Nun ist auch das Produktbild zu sehen.

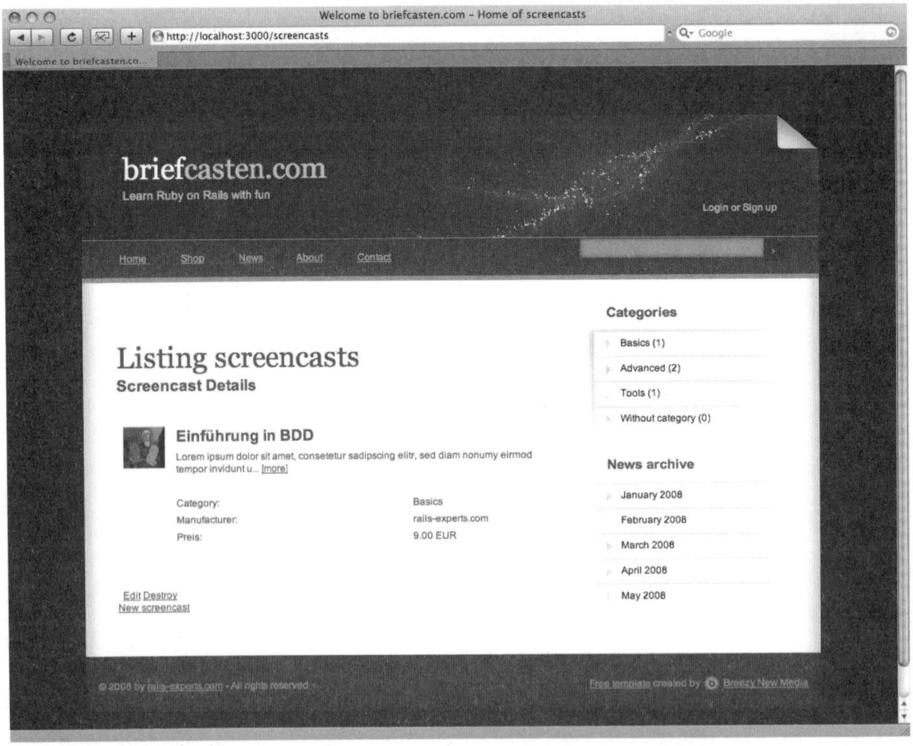

Abbildung 7.31
Zum Vergleich: Die `index`-View

Später folgen noch einige Schönheitsoperationen.

Weil Ruby on Rails eine sehr agile Vorgehensweise unterstützt, sparen wir uns diese Arbeit für eine spätere Iteration auf.

7.5.2.3 Bearbeiten von Screencast-Objekten

Mit der Möglichkeit, auf den `Edit`-Link zu klicken, lässt sich ein `Screencast`-Objekt bearbeiten. Da bereits bei der View `new` ein Partial für die Bearbeitung der Attribute entwickelt wurde, kann dieses für die View `edit` wieder verwendet werden. Somit muss lediglich der Text für den `Submit`-Button mit einem anderen Text versehen werden.

Die folgenden Zeilen bilden den Inhalt der Datei `/views/screencasts/edit.html.erb`.

Listing 7.83 http://www.pastie.org/240111

```
<h1>Editing screencast</h1>
<%= flash[:notice] %>

<%= error_messages_for(:object => [@screencast.product,
                                   @screencast]) %>

<%= render :partial => 'screencast_product_form', :locals => {:label => "Up-
date"}%>

<%= link_to 'Back', screencasts_path %>
```

Aber auch der `ScreencastsController` ist in den Editiervorgang eingebunden. Die Methode `edit` muss allerdings nicht angepasst werden, da die Finder-Methode das passende `Screencast`-Objekt aus der Datenbank sucht und alle assoziierten Objekte ebenfalls nachgeladen werden, wie die folgenden Log-Ausgaben zeigen.

```
Processing ScreencastsController#edit (for 0:0:0:0:0:0:0:1%0 at 2008-07-03
20:50:21) [GET]
  Session ID: BAh7ByIKZmxhc2hJQzonQWN0aW9uQ29udHJvbGxlcjo6Rmxhc2g6OkZsYXNo
SGFzaHsABjoKQHVzZWR7ADoMY3NyZl9pZCIlYWRlY2FmNGNiMTFjZDBkZDA2
ZDUyNzE1NzE3Y2RjZjA=--2fb71f83e55edb319fa614fa4026e5ca0b03d465
  Parameters: {"controller"=>"screencasts", "action"=>"edit", "id"=>"5"}
  Screencast Load (0.000000)   SELECT * FROM `screencasts` WHERE (`screen-
casts`.`id` = 5)
Rendering template within layouts/application
Rendering screencasts/edit
  Product Load (0.001000)   SELECT * FROM `products` WHERE (`products`.`id` = 5)
  Photo Load (0.001000)   SELECT * FROM `photos` WHERE (`photos`.`id` = 1)
  Category Load (0.001000)   SELECT * FROM `categories`
  Manufacturer Load (0.000000)   SELECT * FROM `manufacturers`
  Format Load (0.001000)   SELECT * FROM `formats`
Rendered screencasts/_screencast_product_form (0.06300)
Rendered shared/_login_info (0.00000)
Rendered shared/_main_menu (0.00100)
Completed in 0.10300 (9 reqs/sec) | Rendering: 0.08800 (85%) | DB: 0.00400 (3%) |
200 OK [http://localhost/screencasts/5/edit]
```

Nach Absenden der View `edit` wird die Controller-Methode `update` aufgerufen. Da hier allerdings sämtliche Attribute aus dem Formular geändert werden können, muss die Update-Methode entsprechend angepasst werden.

Listing 7.84 http://www.pastie.org/240113

```
def update
  @screencast = Screencast.find(params[:id])

  respond_to do |format|
    if update_all
      flash[:notice] = 'Screencast was successfully updated.'
      format.html { redirect_to(@screencast) }
      format.xml  { head :ok }
    else
      format.html { render :action => "edit" }
      format.xml  { render :xml => @screencast.errors,
                           :status => :unprocessable_entity }
    end
  end
end
```

Die private Methode `update_all` sieht dann so aus und verwendet eine Transaktion, um die Änderungen vollständig durchzuführen.

Listing 7.85 http://www.pastie.org/240114

```
private

def update_all
  @screencast.transaction do
    @screencast.update_attributes(params[:screencast]) &&
    @screencast.product.update_attributes(params[:product]) &&
    @screencast.product.photo.update_attributes(params[:photo])
  end
end
```

7.5.2.4 Löschen von Screencast-Objekten

Das Löschen von Objekten, die assoziierte Objekte besitzen, ist nicht immer trivial. Man sollte sich die Frage stellen, ob es sinnvoll ist, dass die anderen Objekte weiter existieren. Im Falle der `Category`, des `Manufacturers` und des `Formats` ergibt es durchaus einen Sinn, diese weiterhin bestehen zu lassen, da sie schließlich in anderen Produkten verwendet werden.

Wenn aber ein `Screencast`-Objekt gelöscht wird, sollten auch das zugehörige Produkt und das Produktfoto aus der Datenbank entfernt werden. Hierfür wird folgender Code im Controller bereitgestellt.

Listing 7.86 http://www.pastie.org/240116

```
def destroy
  @screencast = Screencast.find(params[:id])
  @screencast.destroy

  respond_to do |format|
    format.html { redirect_to(screencasts_url) }
    format.xml  { head :ok }
  end
end
```

Sie sehen, dass hier nur das `Screencast`-Objekt gelöscht wird, allerdings werden durch die Angaben in der Klasse `Screencast` und `Product` die assoziierten Modelle beim Löschen mitgelöscht.

Die folgenden Zeilen sollen dies verdeutlichen.

```
class Product < ActiveRecord::Base
  belongs_to :category
  belongs_to :manufacturer
  belongs_to :photo, :dependent => :destroy

  validates_presence_of :name, :description, :price,
                        :category, :manufacturer
  validates_uniqueness_of :name
end

class Screencast < ActiveRecord::Base
  belongs_to :product, :dependent => :destroy
  belongs_to :format
end
```

Konkret sieht das im Log dann so aus.

```
Processing ScreencastsController#destroy (for 0:0:0:0:0:0:0:1%0 at 2008-07-03
21:26:13) [DELETE]

  Session ID: BAh7ByIKZmxhc2hJQzonQWN0aW9uQ29udHJvbGxlcjo6Rmxhc2g6OkZsYXNo

SGFzaHsABjoKQHVzZWR7ADoMY3NyZl9pZCIlZTM2OTgyZmVmODQ3N2QwMzc5

YTRjMDE3MjczODk1YTI=--b6ad353b8372a5648a1891a9e8d1b0dbd810f6e1

  Parameters: {"_method"=>"delete", "authentic-
ity_token"=>"250a0117a8b6cf4edc85c9c579ee13f183e51f92", "control-
ler"=>"screencasts", "action"=>"destroy", "id"=>"5"}

  Screencast Load (0.000000)   SELECT * FROM `screencasts` WHERE (`screen-
casts`.`id` = 5)

  Product Load (0.001000)   SELECT * FROM `products` WHERE (`products`.`id` = 5)

  Photo Load (0.000000)   SELECT * FROM `photos` WHERE (`photos`.`id` = 1)

  Photo Destroy (0.001000)    DELETE FROM `photos`
 WHERE `id` = 1

  Product Destroy (0.001000)    DELETE FROM `products`
 WHERE `id` = 5

  Screencast Destroy (0.000000)    DELETE FROM `screencasts`
 WHERE `id` = 5


Redirected to http://localhost:3000/screencasts

Completed in 0.03500 (28 reqs/sec) | DB: 0.00300 (8%) | 302 Found
[http://localhost/screencasts/5]
```

Sie sehen, dass in umgekehrter Reihenfolge gelöscht wird.

Damit ist die Produktverwaltung im ersten Ansatz komplett. Noch kann allerdings jeder, der Zugang zum Server hat, Produkte verwalten. Dies ist natürlich nicht erwünscht. Für Abhilfe sorgt hier das zuvor implementierte Benutzer-Rollen-Konzept.

Mit folgenden Zeilen in der Klasse `ScreencastsController` wird die komplette Rechteverwaltung eingesetzt.

Listing 7.87 http://www.pastie.org/240123

```
class ScreencastsController < ApplicationController
  before_filter :login_required, :except => [:index, :show, :image]
  require_role 'administrator', :for => [:edit, :new, :delete, :update]

  def access_denied
    flash[:notice] = "Access denied.
You need to be an administrator." if logged_in?
    flash[:notice] = "Access denied. Please login." if !logged_in?
    redirect_to login_path
  end

  # GET /screencasts
  # GET /screencasts.xml
  def index
...
end
```

Das war's. Mehr ist nicht nötig, um die Seiten dem Administrator zugänglich zu machen und „gewöhnliche" Benutzer vom Anlegen oder Löschen von Produkten abzuhalten.

Damit bei Verweigerung des Zugriffs nicht einfach eine leere Seite angezeigt wird, überschreiben wir die Methode `access_denied` und verweisen auf die Login-Seite.

Administrator-Menü anpassen

Nun hat der Administrator eine neue Aufgabe: die Produktpflege. Hierzu wird das Menü in der Partial-Datei `_admin_menu.html.erb` angepasst.

Listing 7.88 http://www.pastie.org/240126

```
<%= menu_builder(@page_id, 'Home' => '',
                           'User management' => 'users',
                           'Product management' => 'screencasts') %>
```

Damit bei der Selektierung im Menü die Produktverwaltung auf `active` gesetzt und entsprechend farblich hervorgehoben wird, ist es notwendig, dass der gleiche Before-Filter wie für den `UsersController` implementiert wird.

Listing 7.89 http://www.pastie.org/240135

```
class ScreencastsController < ApplicationController
  before_filter :login_required, :except => [:index, :show, :image]
  before_filter :page_setup
  require_role 'administrator', :for => [:edit, :new, :delete, :update]

  def access_denied
    flash[:notice] = "Access denied. You need to be an administrator." if
logged_in?
    flash[:notice] = "Access denied. Please login." if !logged_in?
    redirect_to login_path
  end

  def page_setup
    @page_id = "screencasts"
  end

  # GET /screencasts
  # GET /screencasts.xml
  def index
...
end
```

Abbildung 7.32 zeigt, wie das Menü für den Administrator nach diesen Änderungen aussieht.

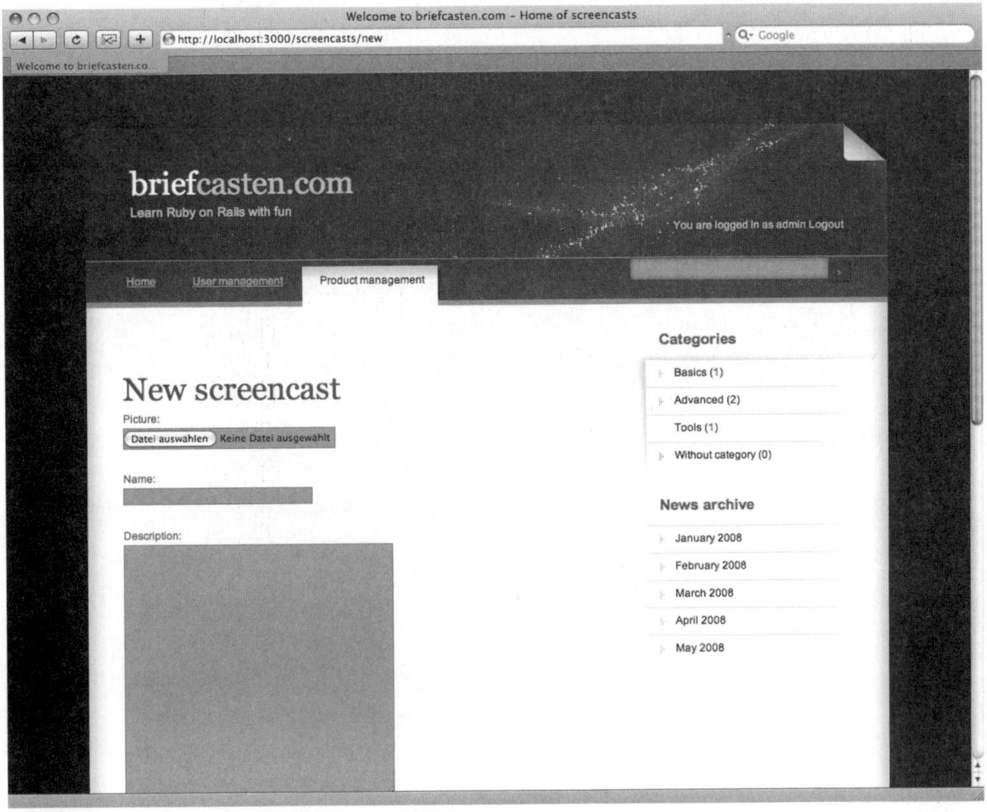

Abbildung 7.32 Der neue Menü-Eintrag für den Administrator

7.5.2.5 Feinschliff für die Index-View

Im vorigen Abschnitt wurde ein Partial für die `Screencast`-Details angefertigt. Dieses soll nun in die `index`-View integriert werden, damit sich die Produkte übersichtlich auflisten lassen. Hierfür wird die Datei `app/views/screencasts/index.html.erb` folgendermaßen angepasst.

Listing 7.90 http://www.pastie.org/240138

```
<h1>Listing screencasts</h1>
<table>
  <tr>
  </tr>

<% for @screencast in @screencasts %>
  <tr>
    <%= render :partial => 'screencast_details' %>
    <td colspan="2"> </td>
  </tr>
```

```
  <tr>
    <td><%= link_to 'Show', @screencast %></td>
    <td><%= link_to 'Edit', edit_screencast_path(@screencast) %></td>
    <td><%= link_to 'Destroy', @screencast,
                              :confirm => 'Are you sure?',
                              :method => :delete %></td>
  </tr>
<% end %>
</table>

<br />

<%= link_to 'New screencast', new_screencast_path %>
```

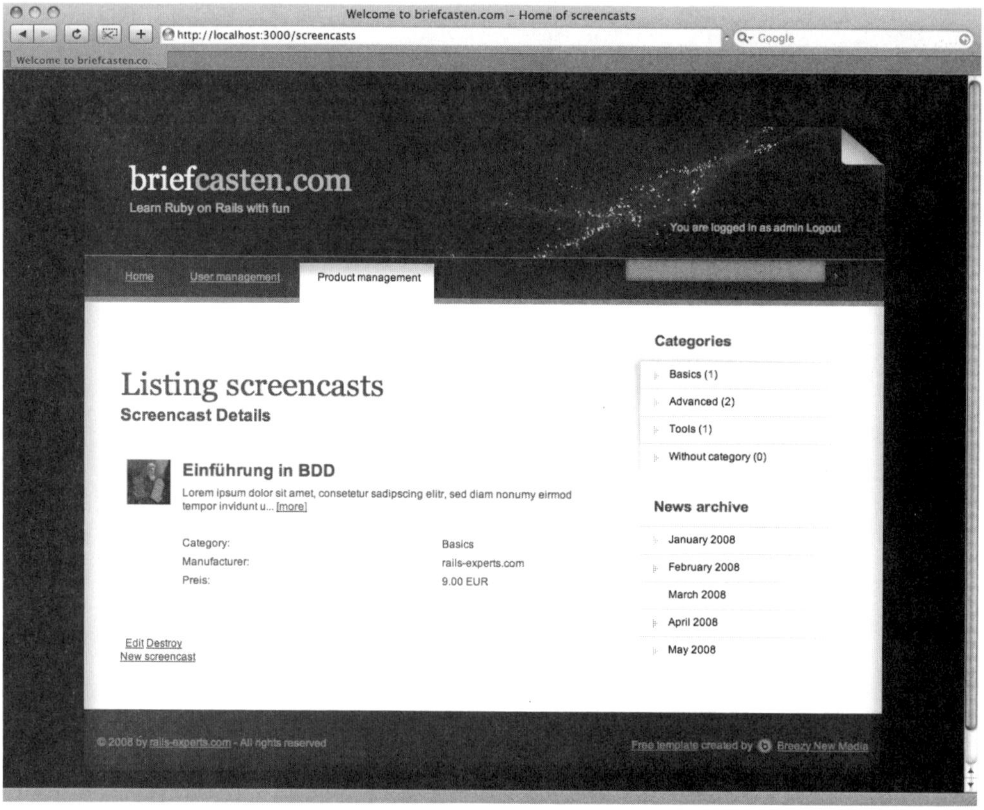

Abbildung 7.33 Die neue Index-View in Aktion

Abbildung 7.33 zeigt, wie die neue `index`-View für den Administrator aussieht. Vergessen Sie nicht, den Reiter im Menü entsprechend auf `active` zu setzen.

Wieder fällt hier auf, dass man mit einigen Zeilen Code eine Menge erreicht. Schlimm, wenn man dann als Java-Entwickler mit Struts und Tapestry oder ähnlichem Schnickschnack arbeiten muss.

7.5.2.6 Links anpassen

Bei der Definition der Zugriffsbeschränkungen berücksichtigten wir noch nicht, dass die `index`-View und die `show`-View für alle Benutzer sichtbar sein sollen und letztlich auch die Links für das Editieren und Löschen von `Screencasts` angezeigt werden. Dieses Problem lösen wir nun.

Abbildung 7.34 zeigt, wie die Links aktuell angezeigt werden.

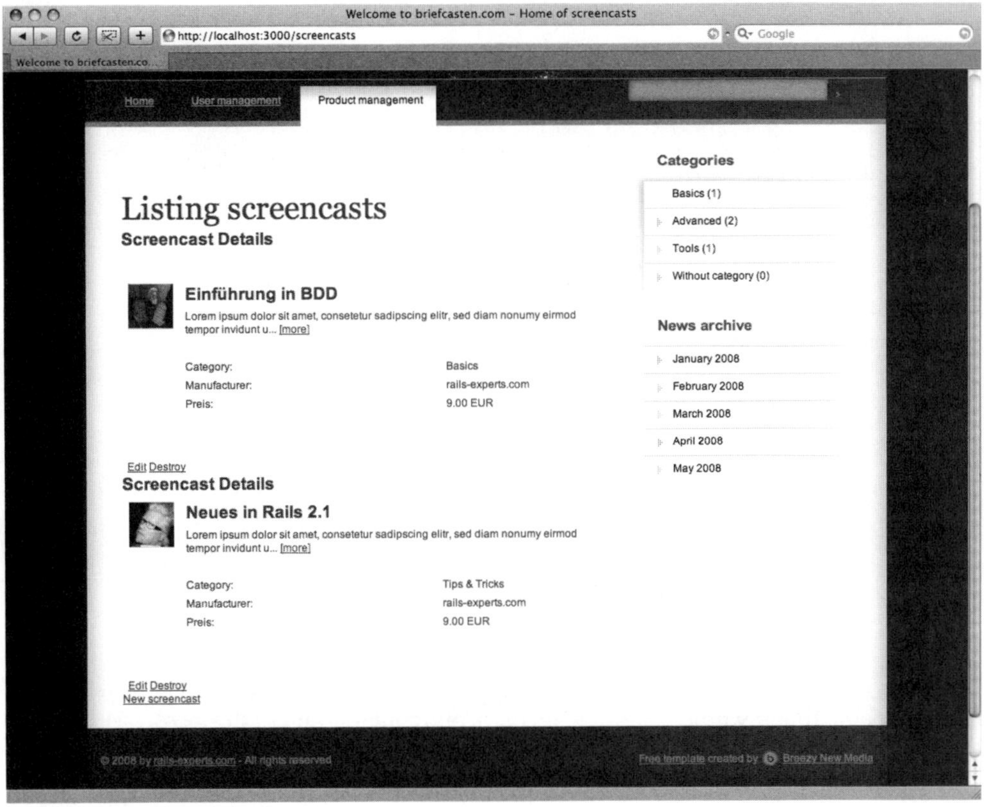

Abbildung 7.34 Die Links am Ende der Seite sind nicht für jeden Benutzer gedacht.

Damit diese Links nur noch angezeigt werden, wenn ein Benutzer mit der Rolle `administrator` angemeldet ist, müssen Sie die Seite `index.html.erb` folgendermaßen abändern. Richten Sie dabei Ihre Aufmerksamkeit auf die in Fettschrift markierten Stellen.

Listing 7.91 http://www.pastie.org/240140

```
<h1>Listing screencasts</h1>

<table>
  <tr>
  </tr>

<% for @screencast in @screencasts %>
```

```
    <tr>
      <%= render :partial => 'screencast_details' %>
      <td colspan="2"> </td>
    </tr>
    <tr>
      <td><%= link_to 'Show', @screencast %></td>
      <% if is_admin? %>
  <td><%= link_to 'Edit', edit_screencast_path(@screencast) %></td>
      <td><%= link_to 'Destroy', @screencast,
                                  :confirm => 'Are you sure?',
                                  :method => :delete %></td><% end %>
    </tr>
  <% end %>
  </table>

  <br />

  <% if is_admin? %>
  <%= link_to 'New screencast', new_screencast_path %>
  <% end %>
```

Sie sehen, dass eine Helper-Methode namens `is_admin?` aufgerufen wird, um die Berechtigungen zu überprüfen. Sie wird im Modul `UsersHelper` eingebaut und ist für jeden Controller und jede View verfügbar.

Implementieren Sie nun die Methode `is_admin?`, indem Sie die folgenden Zeilen in das Modul `UsersHelper` einfügen.

Listing 7.92 http://www.pastie.org/240141

```
module UsersHelper
  def is_admin?
    current_user and current_user.has_role? 'administrator'
  end
end
```

Im Helper wird lediglich geprüft, ob der `current_user` ungleich `nil` ist, d.h., ob ein Benutzer angemeldet ist. Dann wird die Rolle `administrator` abgefragt. Entsprechend wird `true` oder `false` zurückgeliefert.

Der Helper is_admin? ist in allen Controllern und Views verfügbar, obwohl er im Modul UsersHelper definiert wurde. Dies liegt an der Konfiguration im `ApplicationHelper`.

Listing 7.93 http://www.pastie.org/240142

```
class ApplicationController < ActionController::Base
  # AuthenticatedSystem must be included for RoleRequirement,
  # and is provided by installing acts_as_authenticates and running
  # 'script/generate authenticated account user'.
  include AuthenticatedSystem
  # You can move this into a different controller, if you wish.
  # This module gives you the require_role helpers, and others.
  include RoleRequirementSystem


  helper :all # include all helpers, all the time

  # See ActionController::RequestForgeryProtection for details
  # Uncomment the :secret if you're not using the cookie session store
  protect_from_forgery # :secret => 'a647628864025f3b26fe8974cb2085ed'

  # See ActionController::Base for details
  # Uncomment this to filter the contents of submitted sensitive data parameters
  # from your application log (in this case, all fields with names like "pass-
```

```
word").
  # filter_parameter_logging :password
end
```

Damit können wir nun die View `show.html.erb` entsprechend anpassen. Hier wird lediglich der Link für das Editieren in eine `If`-Abfrage gefasst.

Listing 7.94 http://www.pastie.org/240143

```
<%= render :partial => 'screencast_details'%>
<% if is_admin? %>
<%= link_to 'Edit', edit_screencast_path(@screencast) %> |
<% end %>
<%= link_to 'Back', screencasts_path %>
```

Mit den erfolgten Änderungen ist das Design wieder konsistent, und Sie können ausprobieren, welche Aktionen ein Benutzer gegenüber einem Administrator ausführen kann.

7.5.2.7 Abschließende Arbeiten

Nachdem dieser Stand nun sehr gut aussieht und lauffähig ist, kann er im Repository eingelagert und mit einem Tag versehen werden.

Führen Sie daher die folgenden Anweisungen im Projektverzeichnis aus.

```
$ hg addremove

$ hg commit -m "Screencast management finished IT2"

$ hg tag IT2
```

Damit ist die Produktverwaltung gesichert, und wir können uns der Kundenverwaltung zuwenden.

Vergessen Sie nicht, bei Bedarf Ihre Spezifikationen und Examples anzupassen. Wie angekündigt, werde ich an dieser Stelle nicht weiter darauf eingehen. Allerdings ein kleiner Hinweis: Im Wesentlichen müssen die Mock-Objekte um die Stubs für die Methoden `:product`, `:build_product` und `:build_photo` erweitert werden.

7.5.3 Zusammenfassung der Iteration 2

Folgende Arbeiten haben wir in dieser zweiten Iteration erledigt:

- `ScreencastsController`, `Screencast`-Modell etc. generiert und implementiert.
- Multiple Modelle in einem Formular verarbeitet.
- Partials zur Vermeidung von Redundanzen verwendet.
- Zugriffe eingeschränkt.

7.6 Iteration 3: Wie sieht die Kundenverwaltung aus?

Bestellungen sollen für Kunden durchgeführt werden, die nicht nur über einen Login-Benutzer verfügen, sondern auch über in einer Rechnung verwendete Daten.

Damit sind persönliche Daten wie Name und Adresse gemeint. Weil der Shop initial nur Screencasts zum Download anbieten soll, ist eine Rechnungsanschrift zwingend erforderlich. Eine Lieferanschrift allerdings nicht.

Da in diesem Buch auch umfassendes Wissen verbreitet werden soll, verfügen die Kundenobjekte je nach Bedarf über zwei Adressen: eine Rechnungsanschrift und eine Lieferanschrift. Die genauen Assoziationen zeigt Abbildung 7.35.

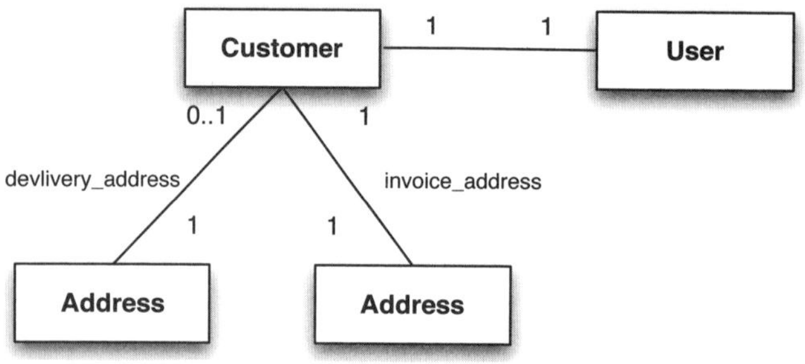

Abbildung 7.35
Die Beziehungen der Entitäten untereinander

Damit ist klar, dass jeder Kunde einen assoziierten `User` besitzt, der über die Rolle `customer` verfügt. Über eine 1-n-Beziehung werden vorerst zwei konkrete Anschriften verwaltet. Intern können einem Kunden beliebig viele `Address`-Objekte zugeordnet werden.

Auf der Benutzeroberfläche werden allerdings nur zwei Adressen unterstützt. Damit lernen Sie, wie mit assoziierten Objekten und virtuellen Attributen zu arbeiten, wobei der Controller davon weitgehend nichts mitbekommt. Des Weiteren lernen Sie den Umgang mit verschachtelten Partials und einfachen JavaScripten zur dynamischen Erweiterung von Webinhalten.

Eine weitere Besonderheit ist, dass jeder eingeloggte Benutzer seine eigenen Kundendaten erweitern (anlegen) und ändern kann. Löschen kann sich ein Kunde allerdings nicht. Auch ist die Liste von Kunden mit der Möglichkeit zum Deaktivieren von Kunden einem Benutzer mit der Rolle `administrator` vorbehalten.

All diese Anforderungen lesen sich zunächst relativ kompliziert. Sie werden jedoch sehen, dass Ruby on Rails hier viel Arbeit übernimmt und Sie als Entwickler entlastet.

7.6.1 Modell Customer

Als Erstes wird das Modell `Customer` generiert. Weil ein Kunde eine größere Anzahl von Attributen besitzt, sollen diese in einem separaten Schritt manuell in die Migration eingefügt werden. Starten Sie also den Generator `rspec_model` mit folgendem Aufruf:

```
$ jruby script/generate rspec_model customer
```

```
exists  app/models/
exists  spec/models/
exists  spec/fixtures/
create  app/models/customer.rb
create  spec/fixtures/customers.yml
create  spec/models/customer_spec.rb
exists  db/migrate
create  db/migrate/20080704083400_create_customers.rb
```

Wie zuvor werden auch für das `Customer`-Modell eine Klasse sowie Fixtures und eine Modellspezifikation angelegt.

Im nächsten Schritt wird die Migration vervollständigt.

Listing 7.95 http://www.pastie.org/240153

```
class CreateCustomers < ActiveRecord::Migration
  def self.up
    create_table :customers do |t|
      t.string :ref
      t.integer :gender
      t.references :title
      t.string :firstname, :lastname
      t.string :phone, :fax, :website
      t.references :user

      t.timestamps
    end
  end

  def self.down
    drop_table :customers
  end
end
```

Die einzelnen Attribute sind persönliche Daten, die einen Kunden identifizieren und eine schriftliche Anrede für die Rechnungsstellung erlauben. Die folgende Tabelle beschreibt kurz, welche Bedeutung den einzelnen Attributen zukommt.

Tabelle 7.3 Die Attribute der Klasse Customer

Attribut	Beschreibung
`ref`	Die Kundennummer des Kunden. Sie wird in dieser Iteration lediglich in die Tabelle integriert. Eine Nutzung erfolgt erst in der Iteration zur Bestellvorgangsverarbeitung.
`gender`	Basierend auf dem Geschlecht des Kunden wird hier eine Anrede hinterlegt.
`title`	Eine Referenz auf die Tabelle „titles", die sämtliche der Anwendung zur Verfügung stehende akademische Titel enthält.
`firstname`	Vorname des Kunden.
`lastname`	Nachname des Kunden.
`phone`	Telefonnummer des Kunden.
`fax`	Faxnummer des Kunden.
`website`	Kunden-Homepage .
`user`	Eine Referenz zum User-Objekt des Kunden.
`timestamps`	Die Zeitstempel für die Erstellung und Berabeitung der Daten.

Mit diesem Stand der Iteration können Sie schon mal eine Datenbankmigration durchführen. Hierfür geben Sie auf der Kommandozeile folgende Anweisung ein.

```
$ jruby -S rake db:migrate

== 20080704083400 CreateCustomers: migrating ========================
-- create_table(:customers)
   -> 0.0120s
   -> 0 rows
== 20080704083400 CreateCustomers: migrated (0.0130s)  ==============
```

7.6.1.1 Anrede verwalten

Für die Verwaltung der Anrede gibt es verschiedene Ansätze. Zum einen könnte ein String direkt mit dem verwendeten Text in die Tabellenspalte geschrieben werden. Dies ist allerdings nicht wirklich der Ansatz der Wahl, weil hierbei nicht besonders sparsam mit Ressourcen umgegangen wird.

Eine weitere Möglichkeit wäre, eine zusätzliche Modellklasse und eine zugehörige Tabelle anzulegen, die die gewünschten Daten beinhalten. Da wir aktuell allerdings nur zwei verschiedene Anreden basierend auf den uns bekannten eindeutigen Geschlechtern unterstützen wollen, wäre dieser Ansatz etwas überkandidelt.

Bleibt also noch der Ansatz über eine Konstante mit einem `Hash`-Objekt. Im Moment genügen uns die Deklaration und Definition dieser Konstante. Die konkrete Nutzung erfolgt später und wird dann ausführlich beschrieben.

Fügen Sie in die Klasse `Customer` folgende in Fettschrift markierte Zeile ein.

Listing 7.96 http://www.pastie.org/240158

```
class Customer < ActiveRecord::Base
  GENDER = { "Herr" => "1", "Frau" => "2" }
end
```

7.6.2 Assoziierte Modelle erstellen

Die Tabellen `users`, `titles` und `addresses` werden vom Modell `Customer` referenziert. Somit werden die IDs der referenzierten Objekte in die jeweiligen Spalten `user_id` und `title_id` in die Tabelle `customers` geschrieben. Da es sich hierbei um eine 1:1-Beziehung handelt, reicht es, die `ID` der referenzierten Spalte abzulegen.

Anders sieht es bei den Adressen eines Kunden aus. Hier werden zwei Adressen pro Kunde als `invoice_address` und `delivery_address` referenziert. Da es sich hierbei um eine 1:n-Beziehung handelt, werden in der Tabelle `addresses` später die IDs der Zeilen aus der Tabelle `customers` abgelegt.

7.6.2.1 Modell „Address“

Eine Adresse enthält die Anschrift, bestehend aus zwei Zeilen für die Straße, eine Postleitzahl, eine Stadt und ein Land. Damit wird das Modell folgendermaßen generiert.

```
$ jruby script/generate rspec_model address

exists  app/models/
exists  spec/models/
exists  spec/fixtures/
create  app/models/address.rb
create  spec/fixtures/addresses.yml
create  spec/models/address_spec.rb
exists  db/migrate
create  db/migrate/20080704100846_create_addresses.rb
```

Die Migration wird den nächsten Zeilen entsprechend angepasst.

```
class CreateAddresses < ActiveRecord::Migration
  def self.up
    create_table :addresses do |t|
      t.boolean :default_delivery, :default_invoice
      t.string :street1, :street2, :city, :country
      t.string :zipcode
      t.references :customer
      t.timestamps
    end
  end

  def self.down
    drop_table :addresses
  end
end
```

Die Attribute werden in der folgenden Tabelle näher beschrieben.

Tabelle 7.4 Die Attribute des Modells »Address»

Attribut	Beschreibung
`default_delivery`	Ein Flag zur Markierung der Standard-Lieferadresse.
`default_incvoice`	Ein Flag zur Festlegung der Standard-Rechnungsanschrift.
`street1`	Straßenname mit Hausnummer.
`street2`	Zusatzhinweis für die Straße (z.B.: bei Müller).
`zipcode`	Postleitzahl für diese Adresse.
`city`	Adressengemäße Stadt.
`country`	Land der Adresse.
`customer`	ID des Kunden, dem diese Adresse entspricht.

Die Adressen werden über den Kunden direkt verwaltet, weshalb es keinen eigenen Controller für die Verwaltung der Adressen gibt. Auch die Views werden somit in den Views des `CustomerControllers` eingebettet.

Die Klasse `Customer` muss nun noch über die assoziierten Adressen in Kenntnis gesetzt werden. Hierfür wird eine `has_many`-Anweisung hinzugefügt.

Listing 7.97 http://www.pastie.org/240160

```
class Customer < ActiveRecord::Base
  GENDER = { "Herr" => "1", "Frau" => "2" }

  has_many :addresses
end
```

Auch die Modellklasse `Address` muss von der Existenz eines `Customers` wissen. Dies geschieht durch folgende Angabe in der Klasse `Address`.

Listing 7.98 http://www.pastie.org/240161

```
class Address < ActiveRecord::Base
  belongs_to :customer
end
```

Mit dieser Information wird beim Abspeichern einer Adresse die `ID` des zugehörigen `Customer`-Objektes in die Spalte `customer_id` geschrieben.

Der nächste Abschnitt beschreibt die Erstellung der assoziierten akademischen Titel.

7.6.2.2 Modell „Title"

Das Modell `Title` bekommt lediglich eine fachlich motivierte Spalte namens `name`. Darin werden die akademischen Titel abgelegt, von denen bereits zur Ausführung der entsprechenden Migration eine Reihe angelegt werden. Eine Editierbarkeit dieser Liste ist nicht vorgesehen.

Für die Generierung der Modellklasse `Title` geben Sie auf der Kommandozeile folgende Anweisung ein.

```
$ jruby script/generate rspec_model title name:string

exists  app/models/
exists  spec/models/
exists  spec/fixtures/
create  app/models/title.rb
create  spec/fixtures/titles.yml
create  spec/models/title_spec.rb
exists  db/migrate
create  db/migrate/20080704102053_create_titles.rb
```

Mit der neu erstellten Modellklasse `Title` wird nun eine weitere Bekanntmachung in der Klasse `Customer` notwendig und durch die Anweisung `belongs_to` realisiert.

Listing 7.99 http://www.pastie.org/240162

```
class Customer < ActiveRecord::Base
  GENDER = { "Herr" => "1", "Frau" => "2" }
  belongs_to :title
  has_many :addresses
end
```

Damit wird in der Tabelle `customers` die Spalte `title_id` verwendet, um nach dem zugehörigen Eintrag zu suchen.

Um eine initiale Liste mit akademischen Titeln bereits bei der Migration in die Datenbank zu bekommen, wird die Klasse `CreateTitles` wie folgt angepasst.

Listing 7.100 http://www.pastie.org/240164

```
class CreateTitles < ActiveRecord::Migration
  def self.up
    create_table :titles do |t|
      t.string :name
    end
```

```
    Title.create(:name => '')
    Title.create(:name => 'Dr.')
    Title.create(:name => 'Dr.-Ing.')
    Title.create(:name => 'Dipl.-Ing.')
    Title.create(:name => 'Prof.')
  end

  def self.down
    drop_table :titles
  end
end
```

Die Liste der Titel ist bei Weitem nicht vollständig; allerdings sollen nur die gebräuchlichsten Titel abgedeckt werden.

Im nächsten Abschnitt wird das `User`-Modell mit dem Modell `Customer` bekannt gemacht.

7.6.2.3 User-Objekt verknüpfen

Das bereits vorhandene `User`-Modell wird mittels einer einzigen Zeile in der Klasse `Customer` verlinkt, womit `Customer`-Objekte direkt über das Attribut `user` auf die zugehörigen `User`-Daten zugreifen können. Nach der Erweiterung sieht der Code für die Klasse `Customer` folgendermaßen aus.

Listing 7.101 http://www.pastie.org/240165

```
class Customer < ActiveRecord::Base
  GENDER = { "Herr" => "1", "Frau" => "2" }

  belongs_to :title
  belongs_to :user
  has_many :addresses
end
```

7.6.2.4 Migration ausführen

Jetzt können Sie die Migration für die erfolgten Erweiterungen ausführen. Hierzu geben Sie folgende Anweisung ein:

```
$ jruby -S rake db:migrate

== 20080704100846 CreateAddresses: migrating ========================
-- create_table(:addresses)
   -> 0.0190s
   -> 0 rows
== 20080704100846 CreateAddresses: migrated (0.0260s) ===============

== 20080704102053 CreateTitles: migrating ===========================
-- create_table(:titles)
   -> 0.0040s
   -> 0 rows
== 20080704102053 CreateTitles: migrated (0.1080s) ==================
```

Damit ist die Ebene der Modellentwicklung vorerst abgeschlossen. Später nehmen wir weitere Änderungen vor.

Zunächst soll ein Controller für die `Customer`-Objekte – kurz gesagt: die Kundenverwaltung erstellt werden.

7.6.3 CustomersController

Der passende Controller für die Verwaltung von `Customer`-Objekten erhält den Namen `CustomersController` und wird mit folgendem Generatoraufruf erstellt.

```
$ jruby script/generate rspec_scaffold Customer --skip-migration

exists  app/models/
exists  app/controllers/
exists  app/helpers/
create  app/views/customers
exists  spec/controllers/
exists  spec/models/
exists  spec/helpers/
exists  spec/fixtures/
create  spec/views/customers
create  spec/controllers/customers_routing_spec.rb
create  spec/controllers/customers_controller_spec.rb
create  app/controllers/customers_controller.rb
create  spec/helpers/customers_helper_spec.rb
create  app/helpers/customers_helper.rb
create  app/views/customers/index.html.erb
create  app/views/customers/show.html.erb
create  app/views/customers/new.html.erb
create  app/views/customers/edit.html.erb
overwrite app/models/customer.rb? (enter "h" for help) [Ynaqdh] n
skip  app/models/customer.rb
identical  spec/fixtures/customers.yml
identical  spec/models/customer_spec.rb
create  spec/views/customers/edit.html.erb_spec.rb
create  spec/views/customers/index.html.erb_spec.rb
create  spec/views/customers/new.html.erb_spec.rb
create  spec/views/customers/show.html.erb_spec.rb
route  map.resources :customers
```

Der Generator fragt, ob die Klasse `Customer` überschrieben werden soll. Dies ist natürlich nicht erwünscht, weshalb Sie hier mit der Eingabe von `n` dankend ablehnen.

Anhand der Ausgabe sehen Sie, welche weiteren Elemente der Generator erstellt hat. Neben den üblichen Views etc. sind dies auch die rSpec-Spezifikationen. Damit erreicht die Liste der Examples für die Spezifikationen die stattliche Zahl von 113.

Doch widmen wir uns nun den Views des `CustomersControllers`.

7.6.4 Views für den CustomersController

7.6.4.1 Die View new

Die View `new.html.erb` wird von der Aktion `new` aufgerufen. Im `CustomersController` sieht die Methode dafür so aus.

Listing 7.102 http://www.pastie.org/240166

```
# GET /customers/new
# GET /customers/new.xml
def new
  @customer = Customer.find_by_user_id(current_user)
  if @customer
    redirect_to edit_customer_path(@customer)
  else
    @customer = Customer.new
```

```
    end
  end
```

Sie sehen, dass hier nicht wie üblich ein neues `Customer`-Objekt instanziiert, sondern dass geprüft wird, ob bereits ein Kunde mit der übergebenen `user_id` existiert. Da jeder User lediglich eine 1:1-Beziehung zu einem `Customer`-Objekt pflegen kann, wird geprüft, ob bereits Daten für den Kunden vorliegen. Ist dies der Fall, wird auf die `edit`-View umgeleitet und die Methode `new` verlassen.

Wenn tatsächlich ein neuer Kundendatensatz erstellt werden soll, wird die View `customers/new.html.erb` angezeigt. Bis auf einen `Create`-Button und einen `Back`-Link wird allerdings noch nichts angezeigt. Die benötigten Formularfelder werden – wie schon zuvor gezeigt – in einem Partial bereitgestellt.

Der View `new` ruft dann dieses Partial auf, so wie dies die folgenden Zeilen umsetzen:

Listing 7.103 http://www.pastie.org/240167

```
<h1>New customer</h1>
<%= error_messages_for :object => [@customer, @customer.addresses] %>
<%= render :partial => 'form', :locals => {:label => "Create"}%>
<%= link_to 'Back', customers_path %>
```

Die lokale Variable `label` wird mit dem Text für den `Submit`-Button gefüllt. So kann für die View `new` der Text `Create` und für die View `edit` der Text Update übergeben werden.

Somit ist also das Partial `_form.html.erb` zu erstellen, das schon wesentlich komplexer ist als beispielsweise das Partial für die Screencasts.

Listing 7.104 http://www.pastie.org/240168

```
<% form_for(@customer) do |f| %>
<table>
  <tr>
    <td>Gender</td>
    <td><%= select_tag "customer[gender]",
            options_for_select(Customer::GENDER, @customer.gender.to_s),
            {:include_blank => true} %></td>
  </tr>
  <tr>
    <td>Title</td>
    <td><%= f.collection_select :title_id, Title.find(:all),
                                :id, :name %></td>
  </tr>
  <tr>
    <td>First name</td>
    <td><%= f.text_field :firstname %></td>
  </tr>
  <tr>
    <td>Last name</td>
    <td><%= f.text_field :lastname %></td>
  </tr>
  <tr>
    <td>Phone</td>
    <td><%= f.text_field :phone %></td>
  </tr>
  <tr>
    <td>Fax</td>
    <td><%= f.text_field :fax %></td>
  </tr>
  <tr>
    <td>Website</td>
```

```
      <td><%= f.text_field :website %></td>
    </tr>
    <tr>
      <td colspan="2">Address for invoice:</td>
    </tr>
  </table>
  <%= render :partial => 'address',
             :object => @customer.invoice_address,
             :locals => { :form => form,
                          :address_type => "customer[invoice_address]"} %>
  <table>
    <tr>
      <td colspan="2">Address for delivery:</td>
    </tr>
    <% if @customer.delivery_address.nil? %>
      <tr>
        <td colspan="2">
          <div id="add_address_link">Add separate delivery
          <%= add_delivery_address_link 'address' %>:</div></td>
      </tr>
    <% end %>
    <% if @customer.delivery_address %>
    <% end %>
  </table>
  <div id="delivery_address"></div>
  <br/>
  <p><%= f.submit label %></p>
  <% end %>
```

Das ist doch schon etwas komplizierter, nicht wahr? Lassen Sie sich aber nicht entmutigen, dieses Partial ist sehr logisch aufgebaut.

Zunächst wird das HTML-Form-Objekt für den `@customer` eröffnet. Jede logische Einheit wird hier in einer separaten HTML-Tabelle abgelegt und die einzelnen Felder in den jeweiligen Zeilen und Spalten. Für die Auswahl der Anrede, die über das Attribut `gender` verwaltet wird, setzen wir ein SELECT-Element ein. Dieses Element ist etwas anders zu handhaben als das `collection_select`, das im Abschnitt zur `Screencast`-Form eingesetzt wurde.

Liste für die Anrede

In Anführungszeichen steht `customer[gender]`, womit das Attribut `gender` für das `@customer`-Objekt gemeint ist. Diese Schreibweise sorgt für die spätere Massenzuweisung (engl. Mass-Assignment) zu einem neu zu erstellenden `Customer`-Objekt. Die Daten für den `Customer` werden dann aus `params[:customer]` gelesen. Doch dazu später mehr.

Als zweiten Parameter erhält das `select_tag` eine Liste von Einträgen in Form von HTML-`Option`-Elementen. Diese werden durch den Form-Helper `options_for_select` aufbereitet.

Als Übergabeparameter ist einmal das `Hash`-Objekt hinter der Konstanten `GENDER` und der zugehörige Attributwert der aktuellen `@customer`-Instanzvariablen angegeben. Da in HTML lediglich Zeichenketten verarbeitet werden, muss das Attribut `gender` noch in einen String umgewandelt werden, was die Methode `to_s` erledigt. Damit hier keine Vorbelegung mit einem der `Hash`-Werte stattfindet, wird über die HTML-Option `:include_blank => true` ein leerer Eintrag in die Liste eingefügt. Damit müssen Bearbeiter dieses Forms explizit für einen sinnvollen Wert sorgen, sprich: eine Auswahl vornehmen.

Akademische Titelauswahl

Das nächste Feld ist für die Auswahl des akademischen Titels vorgesehen. Hier werden in einem `collection_select` die Inhalte der Tabelle `titles` angezeigt. In `:title_id` wird die `ID` des zugehörigen `Title`-Objekts abgelegt. Bei einem Editiervorgang wird hier der Wert aus dem `@customer` geladen.

Die Liste der Einträge erhält das `Select`-Element über Title.all. Auf den ersten Blick ist diese Vorgehensweise erschreckend einfach und zudem dumm, da für jedes Formular, das die `Title`-Auswahl benötigt, ein Aufruf à `la SELECT * FROM TITLES` durchgeführt wird, was in der Java-Welt zumindest verpönt ist. Nicht so in Ruby on Rails, das über einen Caching-Mechanismus verfügt. Sollte also ein weiterer Aufruf innerhalb eines Requests erfolgen, wird der gecachte Inhalt bereitgestellt und so ein erneuter Datenbankzugriff verhindert.

Für das `Value`-Attribut des `Select`-Elements wird das Attribut `id` des `Title`-Objektes herangezogen. Für den darzustellenden Text kommt das Attribut `name` zum Einsatz.

Die weiteren Attribute des Customer-Objekts werden über einfache `text_field`-Elemente bereitgestellt und sind praktisch selbsterklärend.

Rechnungsanschrift

Komplizierter ist da schon die Rechnungsanschrift. Wie weiter oben schon erklärt wurde, kann ein Kunde eine alternative Lieferanschrift angeben. Weil diese beiden Anschriften jedoch über identische Attribute verfügen, ergibt es Sinn, ein weiteres Partial für Anschriften zu erstellen.

Das Partial `_address.html.erb` stellt ein Formular bereit, das auf das Attribut `invoice_address` der Klasse `Customer` zugreift. Ihnen ist sicher nicht entgangen, dass es ein solches Attribut gar nicht gibt. Damit haben Sie ein sehr schönes Beispiel für den Umgang mit virtuellen Attributen, die zwar nicht in der Datenbank existieren, dafür aber wie ein solches angesprochen werden können. Für die `Customer`-Klasse bedeutet dies eine Erweiterung der Liste von Attributen, die wie folgt realisiert wird.

Listing 7.105 http://www.pastie.org/240171

```
class Customer < ActiveRecord::Base
  GENDER = { "Herr" => "1", "Frau" => "2" }

  belongs_to :title
  belongs_to :user
  has_many :addresses

  def invoice_address
    a = nil
    addresses.each do |address|
      if address.default_invoice
        a = address
      end
    end
    a
  end

  def invoice_address=(address)
```

```
      a = Address.new(address)
      a.default_invoice = true
      addresses << a
    end
  end
```

Damit wird je eine Methode für das Lesen und Schreiben einer Adresse in der Klasse `Customer` bereitgestellt.

Werfen wir zunächst einen Blick auf die Getter-Methode. Darin wird eine lokale Variable `a` mit dem Wert `nil` initialisiert. Dann wird durch die Liste der verfügbaren `Address`-Objekte iteriert und abgefragt, ob bei einer Adresse das Flag `default_invoice` gesetzt ist. Wenn dies der Fall ist, wird `a` die entsprechende Instanz zugewiesen. Ansonsten wird mit der Rückgabe von `a` der Wert `nil` ausgegeben.

In der Setter-Methode wird aus den übergebenen Daten ein neues `Address`-Objekt erstellt. Danach wird das Flag `default_invoice` auf `true` gesetzt und die neue Adresse in das Array `addresses` des `Customer`-Objektes gestellt.

Hinweis:

Beachten Sie an dieser Stelle, dass die momentane Implementierung lediglich für die Neuanlage einer Adresse für die Rechnungsanschrift vorgesehen ist.

Wenn eine Adresse aktualisiert werden soll muss diese Methode entsprechend erweitert werden. Dies geschieht beim Implementieren der Aktion `edit` und wird später entsprechend erklärt.

Das gleiche Vorgehen wird nun noch für die Lieferanschrift implementiert.

Listing 7.106 http://www.pastie.org/240174

```
def delivery_address
  a = nil
  addresses.each do |address|
    if address.default_delivery
      a = address
    end
  end
  a
end

def delivery_address=(address)
  a = Address.new(address)
  a.default_delivery = true
  addresses << a
end
```

Damit die Adressen auch visuell erfasst werden können, fehlt jetzt noch das Partial `_address.html.erb`, das im folgenden Listing enthalten ist.

Listing 7.107 http://www.pastie.org/240175

```
<% fields_for address_type, address do |form| %>
    <table>
      <tr>
        <td>Address 1</td>
        <td><%= form.text_field :street1 %></td>
      </tr>
      <tr>
```

```
          <td>Address 2</td>
          <td><%= form.text_field :street2 %></td>
        </tr>
        <tr>
          <td>Zipcode</td>
          <td><%= form.text_field :zipcode %></td>
        </tr>
        <tr>
          <td>City</td>
          <td><%= form.text_field :city %></td>
        </tr>
        <tr>
          <td>country</td>
          <td><%= form.country_select :country, ["Germany", "Austria",
"Switzerland"] %></td>
        </tr>
      </table>
<% end %>
```

Das Partial defniert Eingabefelder für die einzelnen Attribute eines `Address`-Objektes. Für die Auswahl des Landes stellt Ruby on Rails einen Form-Helper `country_select` bereit, der neben dem Attributnamen auch ein Array von Präferenzwerten bekommt.Damit können Benutzer aus diesen Ländern schneller ihr Land aus der Dropdown-Liste auswählen.

Javascript für die Lieferadresse

Als Nächstes soll die Lieferadresse bei Bedarf über einen Klick auf einen Link eingegeben werden können.

Das Partial `form` enthält den folgenden Aufruf einer Helper-Methode.

Listing 7.108 http://www.pastie.org/240176

```
<% if @customer.delivery_address.nil? %>
  <tr>
    <td colspan="2">
      <div id="add_address_link">Add separate delivery
      <%= add_delivery_address_link 'address' %>:</div></td>
  </tr>
<% end %>
```

Hierzu wird eine JavaScript-Funktion genutzt, die ein HTML-Element mit gegebener ID erweitern und manipulieren kann.

Damit JavaScript-Funktionen aus Ruby on Rails genutzt werden können, müssen die Standard-Bibliotheken ins Layout integriert werden. Dies geschieht durch Hinzufügen der folgenden in Fettschrift dargestellten Zeile in die Datei `app/views/layouts/application.html.erb`.

Listing 7.109 http://www.pastie.org/240177

```
<!DOCTYPE html PUBLIC "-//W3C//DTD XHTML 1.0 Strict//EN"
"http://www.w3.org/TR/xhtml1/DTD/xhtml1-strict.dtd">
<html xmlns="http://www.w3.org/1999/xhtml" xml:lang="cs" lang="cs">
<head>
<meta http-equiv="content-type" content="text/html; charset=utf-8" />
<meta name="description" content="ruby on rails, ruby, screencasts"  />
<meta name="keywords" content="Shop for screencasts" />
<title>Welcome to briefcasten.com - Home of screencasts</title>
<%= javascript_include_tag :defaults %>
<%= stylesheet_link_tag 'default.css' %></head>
<body>
```

```
...
</body>
</html>
```

Ruby on Rails fügt damit die folgenden Include-Anweisungen in die HTML-Seite ein:

```
<script src="/javascripts/prototype.js?1215106377"
type="text/javascript"></script>

<script src="/javascripts/effects.js?1215106377"
type="text/javascript"></script>

<script src="/javascripts/dragdrop.js?1215106377"
type="text/javascript"></script>

<script src="/javascripts/controls.js?1215106377"
type="text/javascript"></script>

<script src="/javascripts/application.js?1215106377"
type="text/javascript"></script>
```

Ohne diese Skripte würden die nun folgenden Aktionen nicht funktionieren.

Im Code für die View `new` ist der Aufruf einer Methode `add_delivery_address_link` zu sehen. Diese Methode wird in der Helper-Klasse für den `CustomersController` angelegt (Datei: `app/helpers/customers_helper.rb`).

Listing 7.110 http://www.pastie.org/240179

```
module CustomersHelper

  def add_delivery_address_link(name)
    link_to_function name do | page |
      page.insert_html :bottom,
                       :delivery_address,
                       :partial => 'address',
                       :object => @customer.delivery_address,
                       :locals => { :address_type => "customer[delivery_address]"}
      page.remove :add_address_link
      page.show :delivery_address
    end
  end
end
```

Was passiert hier genau? Nun, erst einmal ist diese Methode ein Wrapper für die eigentliche Methode `link_to_function`, die einen Link mit einer JavaScript-Funktion bereitstellt. In diesem Fall wird beim Anklicken des Links, dessen Label mit dem Parameter `name` übergeben wird, HTML-Code in die aktuelle Seite eingefügt.

Hierfür sorgt die Methode `insert_html` des `Page`-Objektes. Der Parameter `:bottom` gibt an, dass der Code am Ende des Elements mit der ID `:delivery_address` eingefügt werden soll. Eingefügt wird dabei das Partial `_address.html.erb`. Hier könnte auch einfacher HTML-Code als String übergeben werden.

Nach dem Einfügen wird das Element mit der ID `:add_address_link` aus der HTML-Seite entfernt und das Element `:delivery_address` mit einem Aufruf der Methode `show` sichtbar gemacht.

Mit diesen Änderungen ergibt sich die Ansicht aus Abbildung 7.36, wenn ein neues `Customer`-Objekt angelegt werden soll.

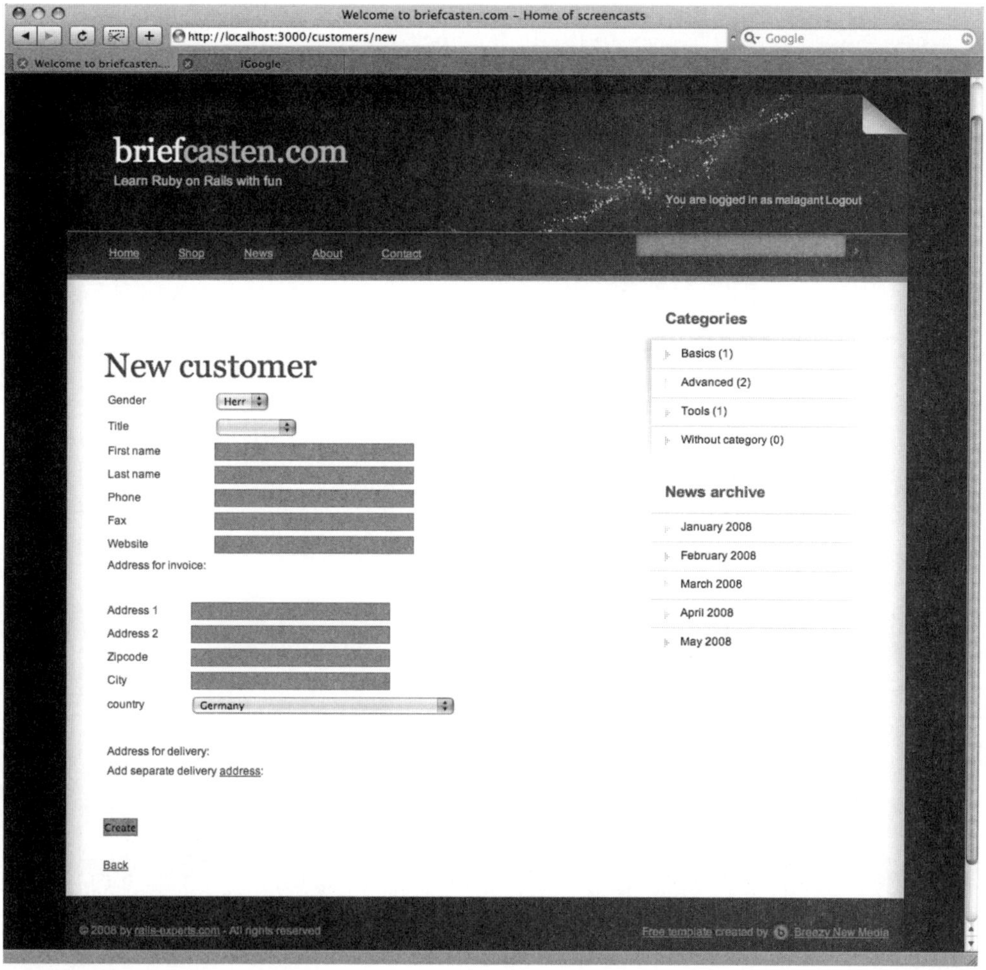

Abbildung 7.36 Der Eingabedialog für einen Kunden vor dem Klick auf den Link für die Lieferanschrift

Wenn jetzt der Link für das Anlegen einer separaten Lieferanschrift angeklickt wird, erscheint ein weiteres Formularteil für die Adresseingabe, ohne dass die komplette HTML-Seite erneut aufgebaut werden muss (siehe Abbildung 7.37 auf der nächsten Seite).

Sie können nun beliebige Daten eingeben und bei Bedarf zwei Adressen abspeichern. Probieren Sie es einmal aus. Die Log-Datei der entsprechenden Umgebung zeigt, dass beide Adressen und die Kundendaten erfolgreich gespeichert werden konnten.

```
Processing CustomersController#create (for 0:0:0:0:0:0:0:1%0 at 2008-07-04
15:35:11) [POST]

  Session ID: BAh7CSIKZmxhc2hJQzonQWN0aW9uQ29udHJvbGxlcjo6Rmxhc2g6OkZsYXNo

SGFzaHsABjoKQHVzZWR7ADoOcmV0dXJuX3RvMDoMY3NyZl9pZCIlYTRmMTE4

MWFjY2RmNjlkZmVmZTYzN2QwM2RjZjI5OTI6DHVzZXJfaWRpBw==--
aa4c28cfaf3e0f257cea0e33dd78783e1203b7b2
```

Abbildung 7.37 Die Möglichkeit zur Eingabe der Lieferanschrift

```
  Parameters: {"authenticity_token"=>"d6806472b1d6b87629d77ce8c16ac994bdf2c7f2",
"customer"=>{"gender"=>"1", "title_id"=>"1", "firstname"=>"Michael", "last-
name"=>"Johann", "phone"=>"02552 997997", "fax"=>"02552 997996", "website"=>"",
"invoice_address"=>{"street1"=>"Papeneschstr. 27a", "street2"=>"", "zip-
code"=>"48565", "city"=>"Steinfurt", "country"=>"Germany"}, "deliv-
ery_address"=>{"street1"=>"Bahnhofstr. 3-5", "street2"=>"", "zipcode"=>"48565",
"city"=>"Steinfurt", "country"=>"Germany"}}, "commit"=>"Create", "control-
ler"=>"customers", "action"=>"create"}

  SQL (0.000000)   INSERT INTO `customers` (`ref`, `gender`, `title_id`,
`firstname`, `lastname`, `phone`, `fax`, `website`, `user_id`, `created_at`, `up-
dated_at`) VALUES(NULL, 1, 1, 'Michael', 'Johann', '02552 997997', '02552 997996',
'', NULL, '2008-07-04 13:35:11', '2008-07-04 13:35:11')

  SQL (0.000000)   INSERT INTO `addresses` (`default_delivery`, `default_invoice`,
`street1`, `street2`, `city`, `country`, `zipcode`, `customer_id`, `created_at`,
`updated_at`) VALUES(NULL, 1, 'Papeneschstr. 27a', '', 'Steinfurt', 'Germany',
48565, 2, '2008-07-04 13:35:11', '2008-07-04 13:35:11')
```

```
  SQL (0.001000)   INSERT INTO `addresses` (`default_delivery`, `default_invoice`,
`street1`, `street2`, `city`, `country`, `zipcode`, `customer_id`, `created_at`,
`updated_at`) VALUES(1, NULL, 'Bahnhofstr. 3-5', '', 'Steinfurt', 'Germany',
48565, 2, '2008-07-04 13:35:11', '2008-07-04 13:35:11')

Redirected to http://localhost:3000/customers/2

Completed in 0.08000 (12 reqs/sec) | DB: 0.00100 (1%) | 302 Found
[http://localhost/customers]
```

7.6.4.2 Die View show

Widmen wir uns nun der View `show`, die die gespeicherten Daten im Detail noch einmal anzeigen soll. Für diese View wird im Controller lediglich die Instanz der Klasse `Customer` anhand der übergebenen `ID` herausgesucht und in der Instanzvariablen `@customer` der View zur Verfügung gestellt.

Die Controller-Methode muss wie bei den Controllern auch angepasst werden, damit Fehleingaben der `ID` zu keinem 404-Fehler führen, sondern die Umleitung auf die View `new` erfolgt.

Weil ein Kunde mit seinen Adressen verbunden ist, sollen diese ebenfalls geladen werden, was durch die Anweisung `:include` geschieht.

Listing 7.111 http://www.pastie.org/240182

```
# GET /customers/1
# GET /customers/1.xml
def show
  @customer = Customer.find(params[:id], :include => [:addresses])
  return @customer
  respond_to do |format|
    format.html # show.html.erb
    format.xml  { render :xml => @customer }
  end
  rescue
    flash[:notice] = "No customer with that id in database."
  redirect_to new_customer_path
end
```

Geben Sie in die Datei `app/views/customers/show.html.erb` folgende Zeilen ein, um die Seite zu implementieren.

Listing 7.112 http://www.pastie.org/240183

```
<%=h @customer.gender_text %><br/>
<%=h @customer.title.name + " "%>
<%=h @customer.firstname + " " + @customer.lastname %><br/>
Phone <%=h @customer.phone %><br/>
Fax <%=h @customer.fax %><br/>
Web <%=h @customer.website %><br/>
<hr/>
<h3>Invoice address:</h3>
<%=h @customer.invoice_address.street1 %><br/>
<%=h @customer.invoice_address.street2 %><br/>
<%=h @customer.invoice_address.zipcode %> <%=h @customer.invoice_address.city
%><br/>
<%=h @customer.invoice_address.country %><br/>
<% if @customer.delivery_address.nil? %>
<p>Delivery address equals invoice address</p>
<% end %>
<% if @customer.delivery_address %>
```

```
<hr/>
<h3>Delivery address:</h3>
<%=h @customer.delivery_address.street1 %><br/>
<%=h @customer.delivery_address.street2 %><br/>
<%=h @customer.delivery_address.zipcode %> <%=h @customer.delivery_address.city
%><br/>
<%=h @customer.delivery_address.country %><br/>
<% end %>
<br/>
<%= link_to 'Edit', edit_customer_path(@customer) %>
<%= link_to ' | Back', customers_path %>
```

Sie sehen, dass hier sämtliche Details eines Kunden angezeigt werden. Zuerst wird für die Anrede mit Hilfe der Methode `gender_text` der interne Wert von `Gender` in eine Zeichenkette (`Herr` oder `Frau`) umgewandelt und angezeigt. Weil diese Methode noch nicht implementiert ist, holen wir dies nun nach. Fügen Sie hierzu in die Klasse `Customer` folgende Methode ein.

Listing 7.113 http://www.pastie.org/240184

```
def gender_text
  if gender == 1
    "Herr"
  else
    "Frau"
  end
end
```

Als Nächstes werden die persönlichen Daten wie Name und Kontaktdaten angezeigt. Da jeder Kunde mindestens über eine Rechnungsanschrift verfügen muss, wird hier nicht geprüft, ob eine solche vorhanden ist. Über das Attribut `invoice_address` werden sämtliche Daten abgefragt und ausgegeben.

Wenn nur eine Adresse für den Kunden verfügbar ist, wird ein entsprechender Hinweis ausgegeben. Ist allerdings eine Lieferanschrift verfügbar, wird diese ebenfalls dargestellt.

An dieser Stelle sei erwähnt, dass noch keinerlei Zugriffsbeschränkungen eingebaut wurden, damit die Handhabung etwas leichter fällt. Zu einem späteren Zeitpunkt wird nur der angemeldete Benutzer seine eigenen Daten ändern können. Damit hat er dann auch Zugriff auf die Daten des zugeordneten `User`-Modells und es kann die E-Mail-Adresse angezeigt werden. Die aktuelle `Show`-View sieht dann so wie in Abbildung 7.38 aus.

7.6.4.3 Die View Edit

Die Aktion `edit` ist wie `new` aufgebaut. Und da wir ein Partial verwendet haben, fallen Redundanzen erst gar nicht an. Somit sieht die `edit`-Methode des `CustomersControllers` so aus.

Listing 7.114 http://www.pastie.org/240186

```
# GET /customers/1/edit
def edit
  @customer = Customer.find(params[:id])
  rescue
    flash[:notice] = "No customer with that id in database."
  redirect_to new_customer_path
end
```

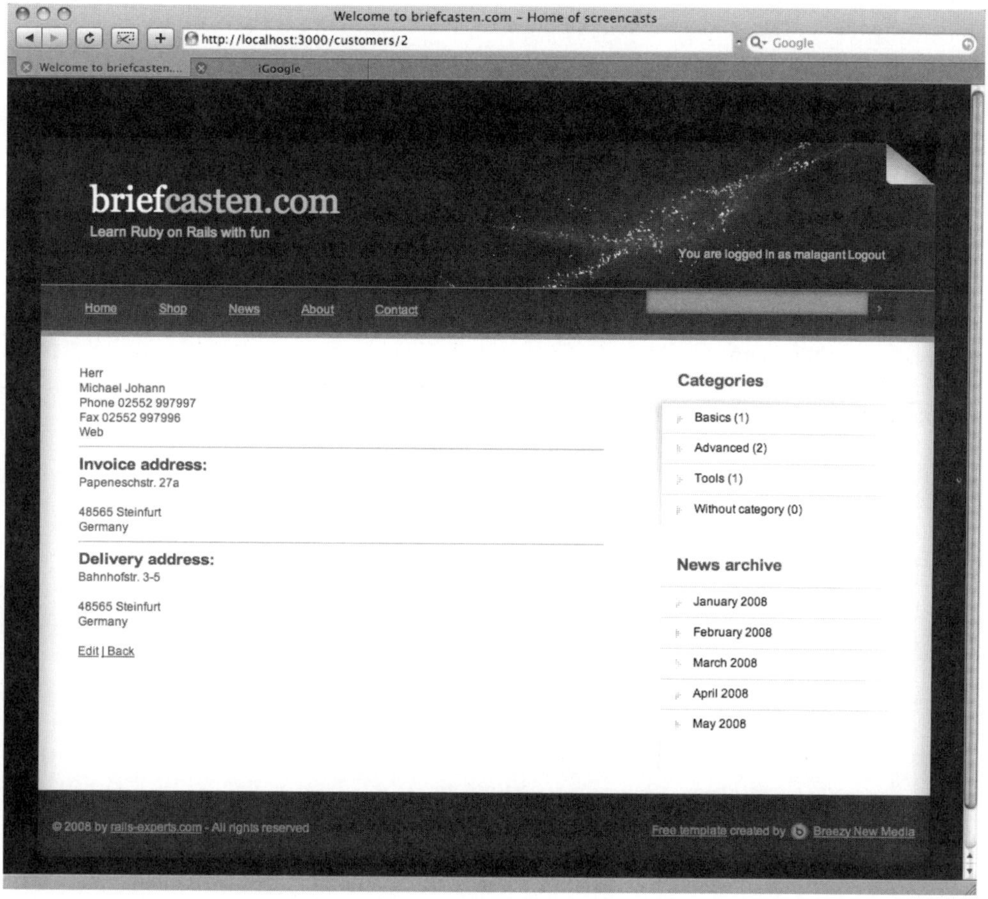

Abbildung 7.38 Die View Show mit zwei Anschriften

Der zu bearbeitende Kunde wird anhand der `ID` geladen und dann der View `edit` zur Verfügung gestellt. Wenn ActiveRecord eine `RecordNotFound`-Exception wirft, wird auf die Seite `new` verzweigt und eine entsprechende Meldung angezeigt. Die View `edit.html.erb` sieht nun so aus.

Listing 7.115 http://www.pastie.org/240188

```
<h1>Editing customer</h1>

<%= error_messages_for :object => [@customer, @customer.addresses] %>

<%= render :partial => 'form',
           :object => @customer,
           :locals => {:label => "Update"}%>

<%= link_to 'Show', @customer %> |
<%= link_to 'Back', customers_path %>
```

Die View `edit` erhält zur Anzeige von Fehlern bei der Validierung ein Array mit den Objekten `@customer` und seine Address-Objekte. Schließlich ist die Validierung ein wichtiger

Schritt, den wir zwar noch implementieren werden, aber bereits jetzt in der View handhaben.

Das anzuzeigende Partial erhält einmal das Objekt `@customer` sowie ein Label für die Anzeige des `Submit`-Buttons. Am Ende werden noch zwei Links zur Anzeige und zur Navigation auf der Index-Seite hinzugefügt, und fertig ist die View `edit`.

Wenn der Benutzer das Formular abschickt, müssen die zu aktualisierenden Daten in die Datenbank übertragen werden. Dies geschieht im Controller mittels der Methode `update`. Damit alle abhängigen Daten auch wunschgemäß gespeichert werden, sind keine weiteren Änderungen im `CustomersController` notwendig, so dass die generierte Methode weiterhin so aussehen kann.

Listing 7.116 http://www.pastie.org/240189

```
def update
  @customer = Customer.find(params[:id])
  respond_to do |format|
    if @customer.update_attributes(params[:customer])
      flash[:notice] = 'Customer was successfully updated.'
      format.html { redirect_to(@customer) }
      format.xml  { head :ok }
    else
      format.html { render :action => "edit" }
      format.xml  { render :xml => @customer.errors,
                    :status => :unprocessable_entity }
      end
    end
  end
end
```

Hier wird wieder zunächst der Kunde geladen, und dann werden in der `if`-Abfrage die einzelnen Entitäten aktualisiert. Dabei hilft uns die gewählte `Hash`-Struktur, die einzelnen Attribute des `Customer`-Objektes über einen einzigen Aufruf von `params[:customer]` abzuarbeiten und uns Schreibarbeit zu sparen.

Damit nicht unbeabsichtigt neue Adressen angelegt werden anstatt die gewählten Objekte zu aktualiseren, ist es nötig, die Setter-Methoden für die virtuellen Attribute anzupassen. Nach der Anpassung in der Klasse Customer sehen diese so aus.

Listing 7.117 http://www.pastie.org/240190

```
def invoice_address=(address)
  a = invoice_address
  if a
    a.update_attributes(address)
  else
    a = Address.new(address)
    a.default_invoice = true
    addresses << a
  end
end

def delivery_address=(address)
  a = delivery_address
  if a
    a.update_attributes(address)
  else
    a = Address.new(address)
    a.default_delivery = true
```

```
    addresses << a
  end
end
```

Experimentieren Sie ruhig ein wenig mit Adressen herum. Löschen Sie beispielsweise eine Lieferanschrift, und sehen Sie sich an, wie die Anwendung damit umgeht.

7.6.4.4 index

Als letzte Aktion widmen wir uns der Aktion `index`, die später allerdings nur von einem Administrator aufgerufen werden darf. Zunächst die Methode `index` des `CustomersControllers`, die der Generator bereitstellt und von uns folgendermaßen weiterverwendet wird.

Listing 7.118 http://www.pastie.org/240192

```
# GET /customers
# GET /customers.xml
def index
  @customers = Customer.find(:all)

  respond_to do |format|
    format.html # index.html.erb
    format.xml  { render :xml => @customers }
  end
end
```

Sämtliche Kunden werden hier zur Anzeige gebracht. Die entsprechende View hierfür wird in der Datei `app/views/customers/index.html.erb` folgendermaßen implementiert.

Listing 7.119 http://www.pastie.org/240193

```
<h1>Listing customers</h1>

<table>
<% for customer in @customers %>
<tr>
  <td><%=h customer.gender_text %></td>
  <td><%=h customer.title.name + " "%></td>
  <td><%=h customer.firstname + " " +
           customer.lastname %></td>
  <td><%=h customer.invoice_address.zipcode + " " +
                   customer.invoice_address.city %></td>

  <td><%= link_to 'Show', customer %> |
    <%= link_to 'Edit', edit_customer_path(customer) %> |
    <%= link_to 'Destroy', customer,
          :confirm => 'Are you sure?',
          :method => :delete %></td>
</tr>
<% end %>
</table>

<br />

<%= link_to 'New customer', new_customer_path %>
```

Die Ansicht könnte man so wie alles andere mit Sicherheit schöner gestalten, doch soll sie lediglich der Vollständigkeit halber implementiert werden. Im Browser sieht diese View dann wie in Abbildung 7.39 aus.

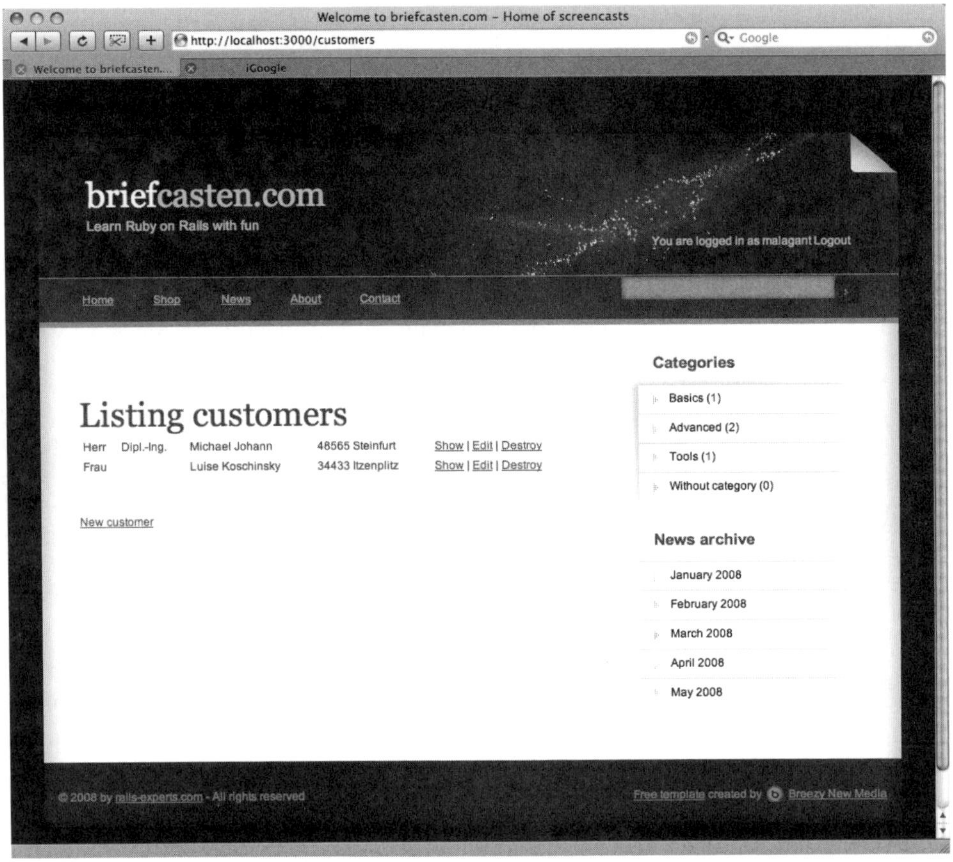

Abbildung 7.39 Die Index-View für den CustomersController

7.6.4.5 Zugriffsbeschränkungen

Wie bereits weiter oben erwähnt, soll lediglich der angemeldete Benutzer seine Kundendaten erfassen dürfen. Des Weiteren soll nur der Administrator Zugang zur `index`-View haben. Um diese Zugriffsbeschränkungen zu realisieren, sind einige Änderungen erforderlich, die sich allerdings lediglich in wenigen Zeilen Code niederschlagen.

Zunächst wird im `CustomersController` der Zugriff für die Methoden entsprechend den Rollen zugewiesen.

Listing 7.120 http://www.pastie.org/240195

```
class CustomersController < ApplicationController
  before_filter :login_required
  require_role :customer, :for => [:new, :create, :update, :show]
  require_role :administrator, :for => [:index, :destroy]

  def access_denied
    flash[:notice] = "Access denied. You need to be an administrator." if
logged_in?
    flash[:notice] = "Access denied. Please login." if !logged_in?
    redirect_to login_path
```

```
    end
  ...
  end
```

Der Before-Filter `login_required` sorgt dafür, dass sich ein `User` zunächst angemeldet haben muss, bevor er seine Kundendaten eingeben kann.

Wenn eine Voraussetzung ist, dass nur der angemeldete Benutzer seine Kundendaten ändern darf, dann muss geprüft werden, ob der aktuelle `User` auch angemeldet ist.

Hierfür steht durch das Plugin `restful_authentication` die Methode `current_user` bereit. Weiter oben wurde bereits die Methode `new` so angepasst, dass nach dem angemeldeten Benutzer gesucht und geprüft wird, ob bereits ein `Customer`-Objekt mit einer `user_id` des `current_user` zu finden ist.

Trifft dies nicht zu, und der aktuelle Benutzer ist angemeldet, wird die View `new` angezeigt, und der Benutzer kann seine eigenen Kundendaten editieren. Damit sich die `user_id` dem `Customer`-Objekt zuweisen lässt, muss diese `ID` beim Speichern des `Customer`-Objektes gesetzt werden.

Dies geschieht folgerichtig in der Methode `create` des `CustomersControllers`.

Listing 7.121 http://www.pastie.org/240196

```
def create
  @customer = Customer.new(params[:customer])
  @customer.user = current_user

  respond_to do |format|
    if @customer.save
      flash[:notice] = 'Customer was successfully created.'
      format.html { redirect_to(@customer) }
      format.xml  { render :xml => @customer,
                    :status => :created,
                    :location => @customer }
    else
      format.html { render :action => "new" }
      format.xml  { render :xml => @customer.errors,
                   :status => :unprocessable_entity }
    end
  end
end
```

Probieren Sie an dieser Stelle auch einmal aus, ob Sie die View `index` als Benutzer der Rolle `customer` aufrufen können. Sie werden eine Fehlermeldung sehen und auf die Anmeldeseite umgeleitet.

7.6.4.6 Mein Konto

Zur Verwaltung der eigenen Kundendaten sollte es im Menü der Seite für jeden angemeldeten Kunden mit der Rolle `customer` auch die Möglichkeit geben, die vorhandenen Daten zu aktualisieren. Hierfür wird zunächst das Partial `_main_menu.html.erb` angepasst.

Listing 7.122 http://www.pastie.org/240198

```
<% if current_user %>
<%= menu_builder(@page_id, 'Home' => '',
                           'Shop' => 'shop',
                           'News' => 'news',
```

```
                                        'About' => 'content/about',
                                        'Contact' => 'content/contact',
                                        'My account' => 'customers/new') %>
<% else %>
<%= menu_builder(@page_id, 'Home' => '',
                                        'Shop' => 'shop',
                                        'News' => 'news',
                                        'About' => 'content/about',
                                        'Contact' => 'content/contact') %>
<% end %>
```

Wie bereits erwähnt, wird der angemeldete Benutzer auf die `edit`-View umgeleitet, wenn bereits ein `Customer`-Objekt zur Verfügung steht. Ist dies nicht der Fall, hat der Benutzer die Möglichkeit, seine Daten entsprechend einzugeben. Daher ist der URI `customers/new` geeignet, als Link zu fungieren. Damit der Eintrag `My account` auch als `active` markiert wird, muss in der `edit`-Methode des `CustomersController` noch die `@page_id` gesetzt werden.

Listing 7.123

```
# GET /customers/1/edit
def edit
  @page_id = 'customers/new'
  @customer = Customer.find(params[:id])
  rescue
    flash[:notice] = "No customer with that id in database."
    redirect_to new_customer_path
end

# GET /customers/1/edit
def edit
  @page_id = 'customers/new'
  @customer = Customer.find(params[:id])
  rescue
    flash[:notice] = "No customer with that id in database."
    redirect_to new_customer_path
end
```

Damit zeigt der Browser beim Klick auf `My account` die Ansicht in Abbildung 7.40.

7.6.4.7 Admin-Menü anpassen

Damit der Administrator lediglich eine Liste der Kunden sehen und keine Kunden löschen kann, muss die index-View entsprechend angepasst werden. Die Datei `app/views/customers/index.html.erb` sieht dann so aus.

Listing 7.124 http://www.pastie.org/240201

```
<h1>Listing customers</h1>

<table>
<% for customer in @customers %>
<tr>
  <td><%=h customer.gender_text %></td>
  <td><%=h customer.title.name + " "%></td>
  <td><%=h customer.firstname + " " +
           customer.lastname %></td>
  <td><%=h customer.invoice_address.zipcode + " " +
                   customer.invoice_address.city %></td>

  <td><%= link_to 'Show', customer %></td>
</tr>
<% end %>
</table>
```

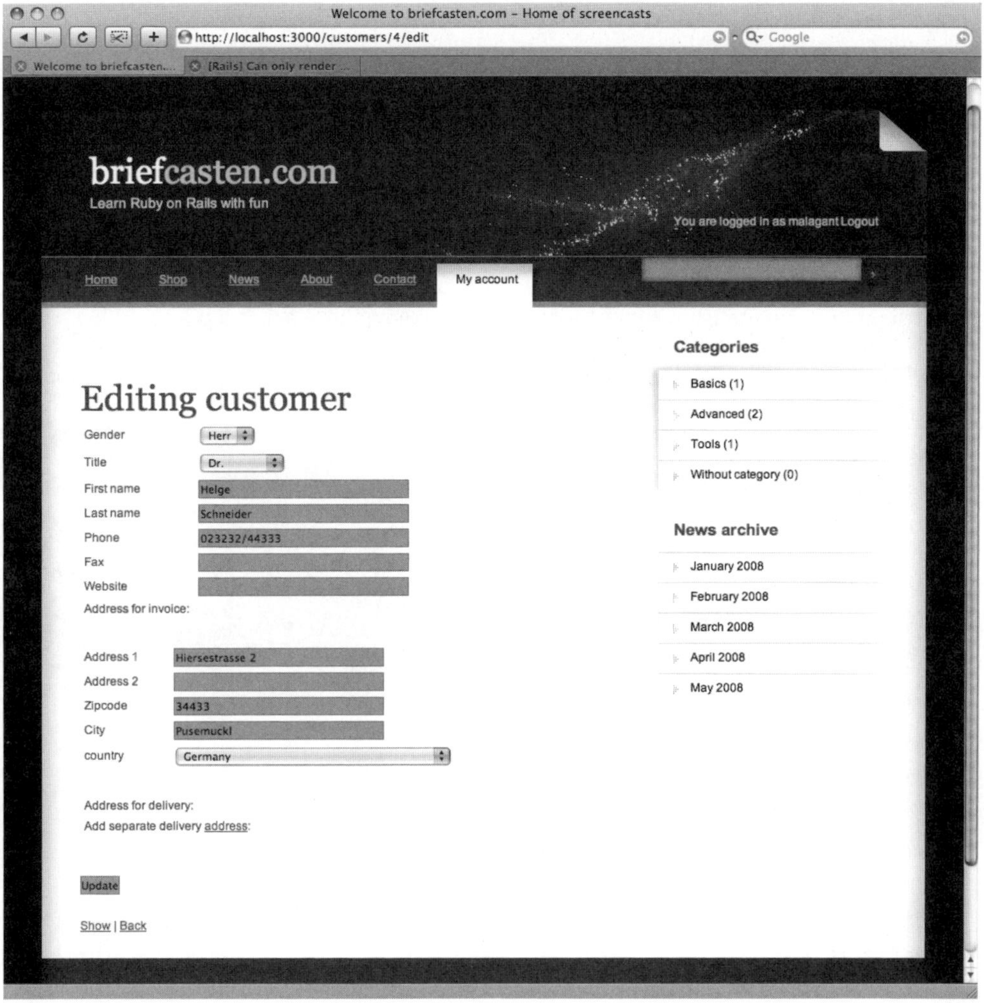

Abbildung 7.40 Der neue Menüeintrag in Aktion

Der Administrator benötigt noch einen Link zur Ansicht der Kundenliste. Dieser Link wird im Partial `admin_menu.html.erb` eingefügt.

Listing 7.125 http://www.pastie.org/240202

```
<%= menu_builder(@page_id, 'Home' => '',
                           'User management' => 'users',
                           'Customer list' => 'customers',
                           'Product management' => 'screencasts') %>
```

Und auch hier wird der Menüeintrag als `active` markiert, indem die `@page_id` in der Methode `index` des `CustomersController` auf `customers` gesetzt wird.

Listing 7.126 http://www.pastie.org/240203

```
# GET /customers
# GET /customers.xml
def index
  @page_id = 'customers'
  @customers = Customer.find(:all)

  respond_to do |format|
    format.html # index.html.erb
    format.xml  { render :xml => @customers }
  end
end
```

Damit sieht die Kundenliste für den Administrator aus wie in Abbildung 7.41.

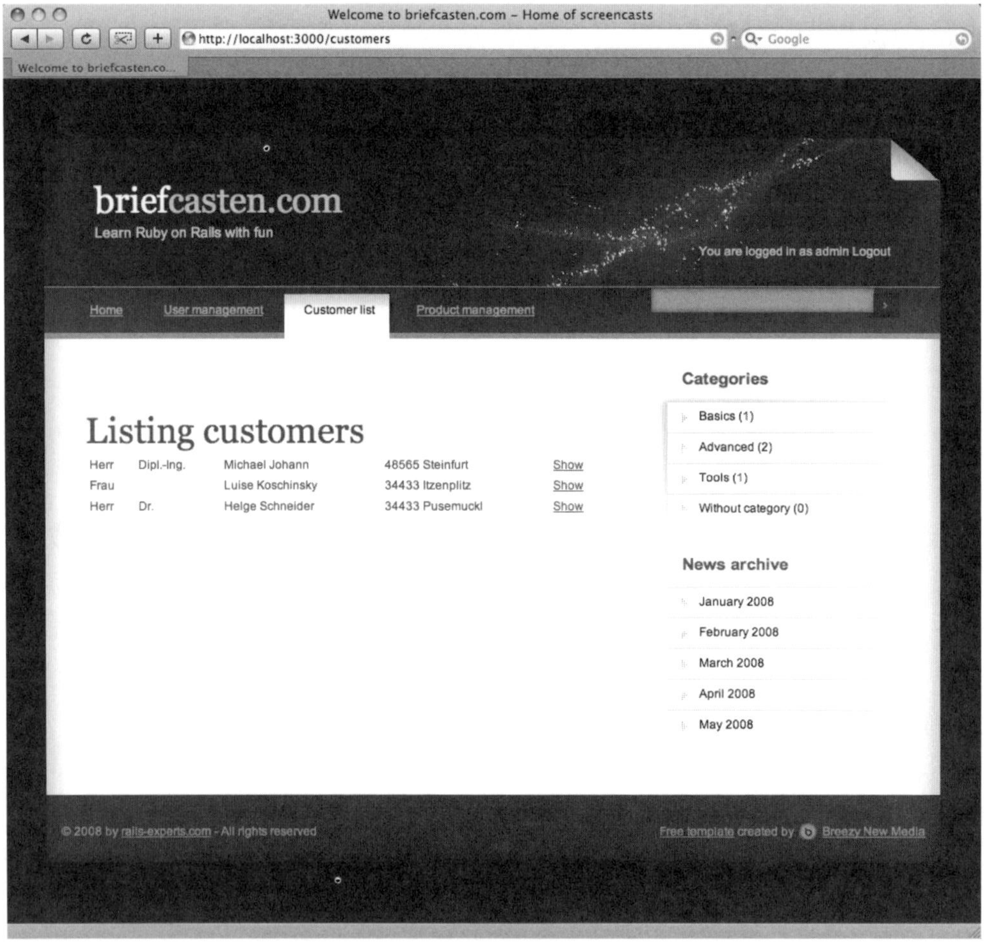

Abbildung 7.41 Die Kundenliste für den Administrator

7.6.5 Abschließende Arbeiten

Wie nach jeder Iteration, soll auch an dieser Stelle die aktuelle Revision mit einem Tag versehen werden, um am Anfang der nächsten Iteration wieder aufsetzen zu können. Hierzu fügen Sie zunächst alle neuen Dateien hinzu.

```
$ hg add
```

Dann führen Sie einen Commit durch.

```
$ hg commit -v -m "finished product management"
```

Zum Schluss vergeben Sie noch das Tag IT3.

```
$ hg tag IT3
```

7.6.6 Zusammenfassung der Iteration 3

Die Kundenverwaltung ist damit abgeschlossen. Folgende Aspekte haben Sie kennengelernt:

- Virtuelle Attribute und Assoziationen.
- Benutzerrechte und Rollen für Zugriffsbeschränkungen.

7.7 Iteration 4: Gibt es eine Produktvorschau?

Wenn sich ein Kunde im Shop Produkte und deren Beschreibung ansieht, könnten wir ihm eine Produktvorschau anbieten. Bereits bei der Produktverwaltung ist ein Attribut für die Vorschau vorgesehen. Hierzu kann der Produktverwalter eine Preview-URL eingeben, die später für das eigentliche Produkt angezeigt werden soll.

Anstatt hierfür eine eigene Vewaltung und ein Modell anzulegen, besteht die Möglichkeit, über die Preview-URL direkt auf die Vorschau zu verzweigen.

Damit sind wir beim Thema statische Inhalte angelangt, denn die Vorschau-Videos sollen nicht in der Datenbank abgelegt werden, sondern in einem separaten Ordner im Dateisystem des Servers.

Sehen wir uns zunächst eine Produktbeschreibung wie in Abbildung 7.42 auf der nächsten Seite an.

Die Preview-URL wurde bisher als Text ausgegeben. Sinnvoller wäre hier sicherlich ein Link, auf den der Benutzer klicken kann, um zur Vorschau zu gelangen. Genau dieser Link soll nun als Erstes implementiert werden.

Zunächst wird auf allen Views des `ScreencastsControllers`, die diese Preview-URL anzeigen, ein Link mit diesem Attributwert realisiert.

Starten wir mit der View `show`.

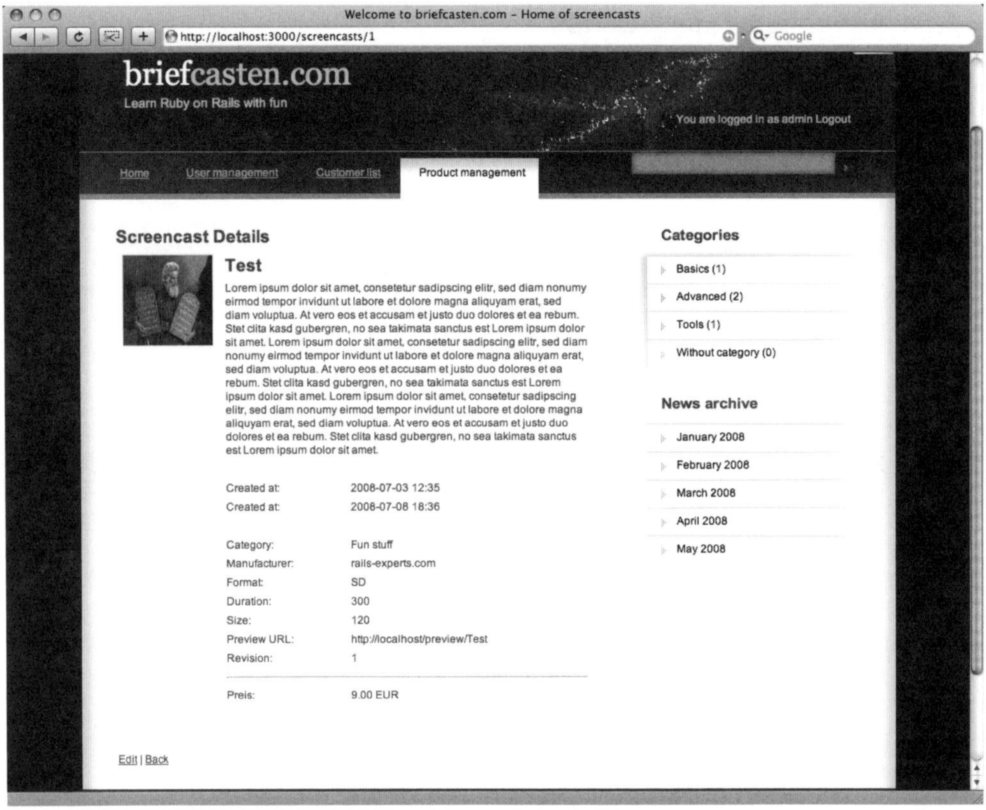

Abbildung 7.42 So sieht bisher die Produktbeschreibung für ein Screencast-Objekt aus.

Listing 7.127 http://www.pastie.org/240208

```
<h2>Screencast Details</h2>
<table id="product">
  <tr>
    <td valign="top">
    <%= image_tag "/screencasts/image/#{@screencast.product.photo.id}" %>
    </td>
    <td>
    <table>
      <tr>
        <td valign="top">
          <h2><%=h @screencast.product.name %></h2>
         </td>
      </tr>
      <tr>
        <td colspan="2">
          <%=h @screencast.product.description %>
        </td>
      </tr>
      <tr>
        <td> </td>
        <td> </td>
      </tr>
      <tr>
        <td colspan="2">
          Created at: <%=h @screencast.product.
                     created_at.strftime("%Y-%m-%d %H:%M") %>
```

```
        </td>
      </tr>
      <tr>
        <td colspan="2">
          Updated at: <%=h @screencast.product.
                      updated_at.strftime("%Y-%m-%d %H:%M") %>
        </td>
      </tr>
      <tr>
        <td> </td>
        <td> </td>
      </tr>
      <tr>
        <td>Category:</td>
        <td><%=h @screencast.product.category.name %></td>
      </tr>
      <tr>
        <td>Manufacturer:</td>
        <td><%=h @screencast.product.manufacturer.name %></td>
      </tr>
      <tr>
        <td>Format:</td>
        <td><%=h @screencast.format.name %></td>
      </tr>
      <tr>
        <td>Duration:</td>
        <td><%=h @screencast.duration %></td>
      </tr>
      <tr>
        <td>Size:</td>
        <td><%=h @screencast.size %></td>
      </tr>
      <tr>
        <td>Preview URL:</td>
        <td><%= link_to 'click here', @screencast.preview_url %></td>
      </tr>
      <tr>
        <td>Revision:</td>
        <td><%=h @screencast.revision %></td>
      </tr>
      <tr>
        <td colspan="2"><hr/></td>
      </tr>
      <tr>
        <td>Preis:</td>
        <td><%=h (@screencast.product.price / 100).to_s + " EUR"%></td>
      </tr>
    </table>
  </tr>
</table>
```

Damit wird nun der Link mit dem Label `click here` angezeigt, wie Abbildung 7.43 auf der nächsten Seite zeigt.

Bei einem Klick auf diesen Link wird allerdings noch die Fehlermeldung in Abbildung 7.44 ausgegeben.

Routing-Fehler deuten meist auf fehlende Angaben in der Datei `routes.rb` hin. In diesem Fall ist die Fehlermeldung aber harmlos und deutet lediglich darauf hin, dass die referenzierte Datei, `intro.mov`, nicht im Verzeichnis `/public/preview` liegt.

Wenn Sie also die Previews, die keinen besonderen Schutz benötigen, direkt und statisch verfügbar machen möchten, ist dies das Mittel der Wahl.

Wenn Sie nun auf den Preview-Link klicken, wird der Shop verlassen, und Sie gelangen in die Ansicht des Videos. Dies ist allerdings von der Navigation her nicht besonders schön.

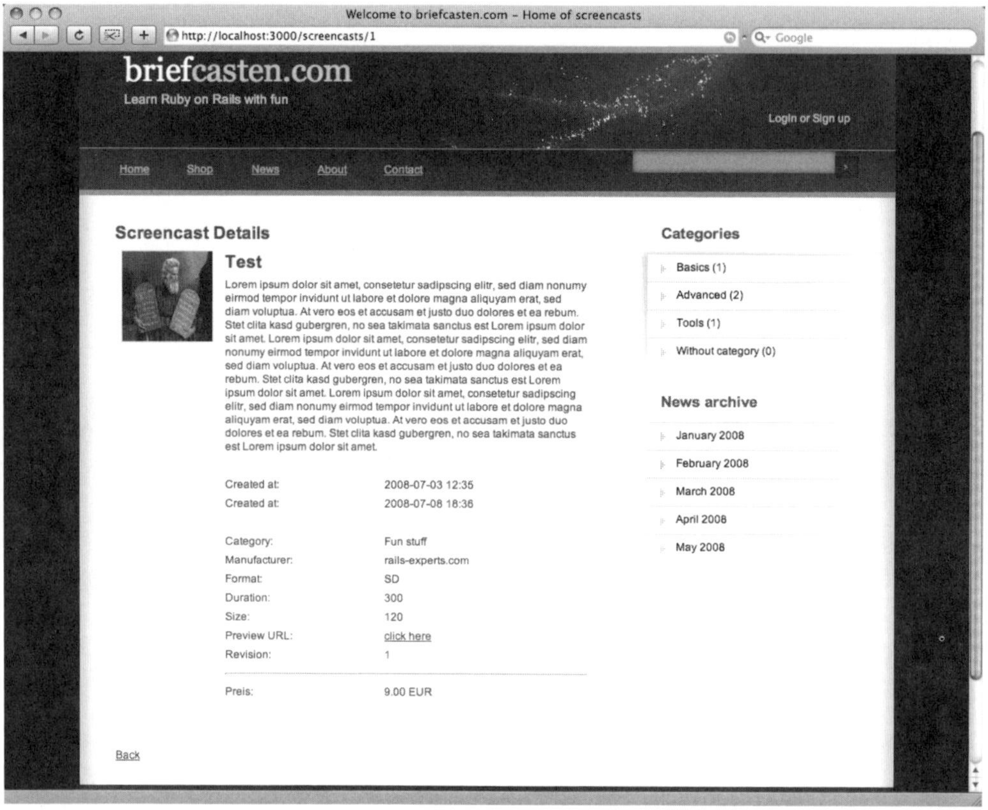

Abbildung 7.43 Der Link für die Preview-URL

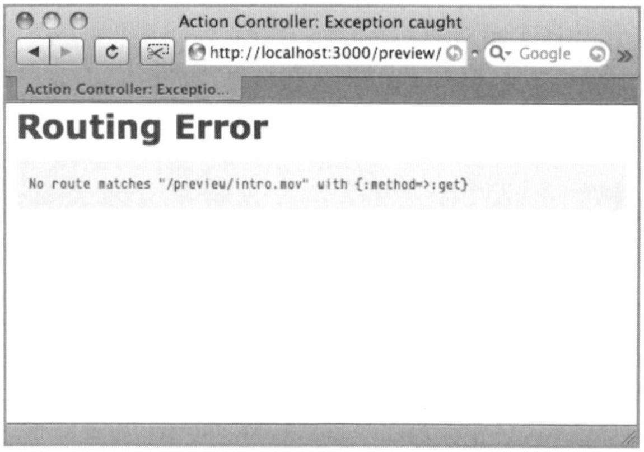

Abbildung 7.44
Die Anwendung kann mit diesen Routings noch nichts anfangen.

Viel interessanter sind die JavaScript-Effekte mit einem Overlay-Fenster, die sich wie eine Leinwand aufziehen und das Laden des Videos anzeigen. Nach dem Laden wird das Video abgespielt, und der Benutzer kann mit einem Klick auf einen Close-Button die Vorschau jederzeit beenden.

Des Weiteren wird die aktuelle Seitenansicht wie bei einem Dimm-Effekt verdunkelt, um die Aufmerksamkeit voll auf das Overlay-Fenster zu ziehen. Diese Art von Effekten gibt es in Form des Skriptes LightBox für Bilder, aber in der speziellen Bibliothek für verschiedene Medien auch als LightWindow[1].

Laden Sie für die folgenden Schritte einfach die aktuelle Version aus dem Netz, und entpacken Sie das Archiv an einen beliebigen Ort.

LightWindow kann mit vielen Grafikformaten umgehen und kann ebenso verschiedenste Videodateien anzeigen. Diese Möglichkeit nutzen wir nun für die Vorschau unserer Produktvideos. Legen Sie sich ein Screencast-Produkt im Shop an, und geben Sie eine Preview-URL für ein Quicktime-Movie (Endung `.mov`) ein, die zu einem Pfad unterhalb des `public`-Verzeichnisses passt.

Dann installieren Sie die Bestandteile von LightWindow in briefcasten.com. Gehen Sie dabei nach folgendem Rezept vor:

- Kopieren aller Grafiken aus dem Verzeichnis `images` ins `images`-Verzeichnis der Anwendung unter `public/images`.
- Kopieren der Datei `css/lightwindow.css` ins Verzeichnis `public/stylesheets` der Anwendung.
- Kopieren der Datei `javascript/lightwindow.js` ins Verzeichnis `public/javascripts` der Anwendung.
- Anpassen des Pfades zu `/images` in `lightwindow.js`. Unter Rails müssen die Pfade für Images mit einem Slash beginnen, da sonst die Aktion `images` im aktuellen Controller aufgerufen wird. Weil diese allerdings in den wenigsten Fällen existiert, würde es zu einer Fehlermeldung kommen Ersetzen Sie hier alle Strings, die mit dem Pfad `images` zu tun haben.

Damit ist die Infrastruktur für LightWindow gesetzt. Nun müssen lediglich die Skripte und Styles in das Layout der Anwendung integriert werden. Öffnen Sie hierzu die Datei `app/layouts/application.html.erb`, und ändern Sie den `javascript_link_tag`-Eintrag folgendermaßen ab.

```
<%= javascript_include_tag :all %>
```

Damit werden sämtliche JavaScript-Dateien im Verzeichnis `public/javascripts` geladen. Probieren Sie es einmal aus, und sehen Sie sich das Ergebnis im Quelltext der Hauptseite an. Sie erhalten in etwa folgende Informationen.

```
<html xmlns="http://www.w3.org/1999/xhtml">
<head>
<meta http-equiv="content-type" content="text/html; charset=utf-8" />
<title>briefcasten.com - Shop for Screencasts</title>
<meta name="keywords" content="Screencasts, Ruby on Rails" />
<meta name="description" content="Shop for screencasts about Ruby on Rails" />
<script src="/javascripts/prototype.js?1206558541" ty-
pe="text/javascript"></script>
<script src="/javascripts/effects.js?1206558541" type="text/javascript"></script>
```

[1] http://stickmanlabs.com/lightwindow/

```
<script src="/javascripts/dragdrop.js?1206558541" type="text/javascript"></script>
<script src="/javascripts/controls.js?1206558541" type="text/javascript"></script>
<script src="/javascripts/application.js?1206558541" ty-
pe="text/javascript"></script>
<script src="/javascripts/lightwindow.js?1185102400" ty-
pe="text/javascript"></script>
<link href="/stylesheets/default.css?1206558541" media="screen" rel="stylesheet"
type="text/css" />
</head>
<body>
...
</body>
</html>
```

Damit sind die für die Laufzeit erforderlichen Skriptdateien geladen. Fehlt nur noch die CSS-Datei für das LightWindow. Fügen Sie daher die folgende Zeile direkt vor die bereits bestehende Stylesheet-Anweisung ein.

```
<%= stylesheet_link_tag 'lightwindow'%>
```

Die Konfiguration für LightWindow ist damit abgeschlossen, und wir können es nun direkt für unsere Vorschau verwenden. Hierfür ist nichts weiter nötig als eine Verlinkung mit der Stylesheet-Klasse `lightwindow`.

Für unseren konkreten Anwendungsfall sieht der Link in der Partial-Datei `app/views/screencasts/_screencast_details.html.erb` so aus.

Listing 7.128 http://www.pastie.org/240214

```
<td>

  <%= link_to 'click here', @screencast.preview_url,
    { :class => 'lightwindow' ,
      :title => 'Preview of Screencast',
      :params => "lightwindow_width=640,lightwindow_height=500"}%>
</td>
```

Die optionalen Parameter für LightWindow können Sie nach Bedarf anpassen. Hierzu sollten Sie sich die Instruktionen auf der Homepage von LightWindow näher ansehen. Das Ergebnis sieht dann in etwa wie in Abbildung 7.45 aus.

7.7.1 Abschließende Arbeiten

Damit der aktuelle Stand als Iteration abgeschlossen werden kann, sollten Sie nun die Änderungen speichern und ein neues Tag namens `IT4` vergeben, um im nächsten Abschnitt sauber wieder aufsetzen zu können.

Geben Sie hierzu als Erstes neue Dateien ins Repository.

```
$ hg add
```

Dann bestätigen Sie die Änderungen mit einem Commit.

```
$ hg commit -v -m "implemented preview"
```

Zur Tag-Vergabe rufen Sie folgende Anweisung auf:

```
$ hg tag IT4
```

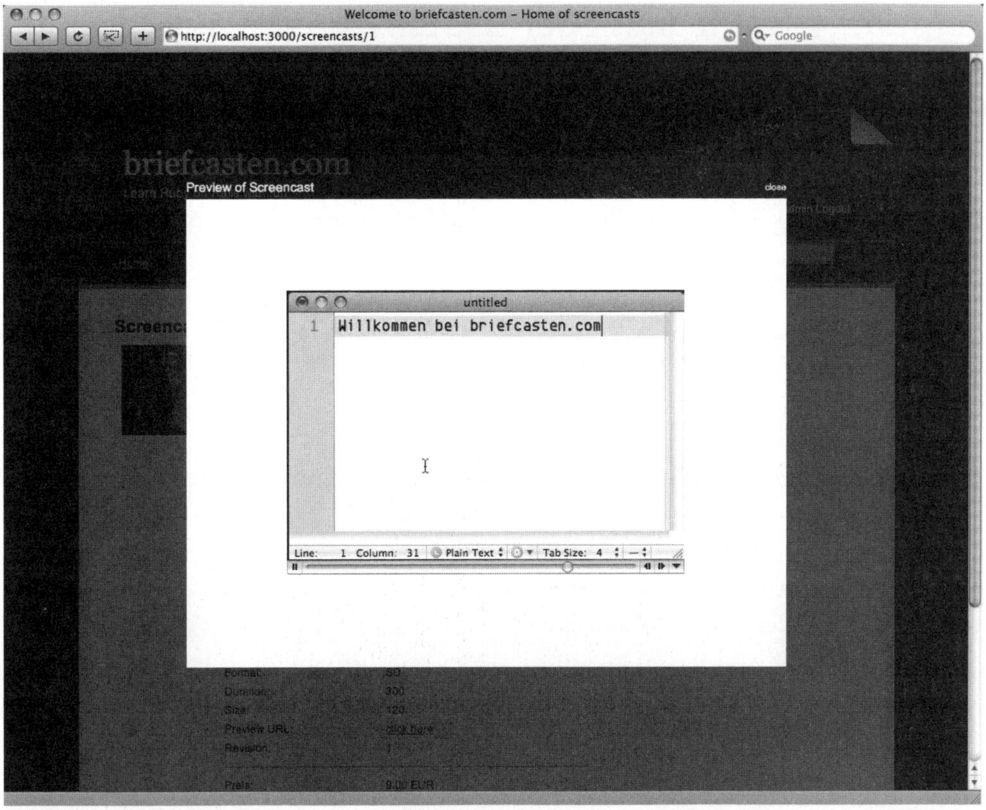

Abbildung 7.45 Die Vorschau mit dem LightWindow

7.7.2 Zusammenfassung Iteration 4

Fertig ist die Produktvorschau. Mit einigen Handgriffen haben wir eine ansprechende Vorschau realisiert. Der Benutzer im Shop wird es sicher gern sehen, wenn nach der Ansicht des Videos immer noch die zuletzt besuchte Seite gezeigt wird.

In dieser Iteration haben Sie den Einsatz einer JavaScript-Bibliothek kennengelernt, um mit einfachen Mitteln Media-Dateien anzuzeigen, ohne die Navigation des Benutzers einzuschränken.

Im nächsten Abschnitt widmen wir uns dem Bestellvorgang und dem dazugehörenden Warenkorb.

7.8 Iteration 4.1: Wie sieht der Bestellvorgang aus?

Den Bestellvorgang bildet ein `OrdersController` ab. Das Modell für Bestellungen (`Order`) sollte einfach, aber vollständig gestaltet sein. Daher benötigen wir zunächst einen Warenkorb.

Dieser Warenkorb kann beliebig viele Artikel und Mengen enthalten. Des Weiteren lassen sich Artikel aus dem Warenkorb entfernen. Der Warenkorb zeigt immer die aktuelle Gesamtsumme an und bietet den Gang zur Kasse an.

Der danach folgende Bezahlvorgang schließt den Bestellvorgang ab, und der Kunde erhält seine Download-Links per E-Mail zugesandt.

Weil der Vorgang an sich schon etwas anspruchsvoller ist als die Produktpflege, sollen die richtigen Spezifikationen und User Stories nach dem Konzept des Behavior-Driven Development spezifiziert und dann sukzessive implementiert werden.

Eine Besonderheit des Warenkorbs besteht außerdem darin, dass er während der Session Daten speichert und nicht in der Datenbank persistent gemacht wird. Diesen Umstand nehmen wir zum Anlass, uns ausführlich mit der Handhabung von Cookies zu beschäftigen.

Die Klasse für den Warenkorb soll `ShoppingCart` heißen. Alle Elemente, die in den Warenkorb gelegt werden können, sollen den Klassennamen `CartItem` erhalten.

7.8.1 Spezifikationen für CartItem

Beginnend mit der Klasse `CartItem`, die in die Datei `app/models/cart_item.rb` geschrieben wird, soll eine Spezifikation `/spec/models/cart_item_spec.rb` erstellt werden.

Gemäß den Eigenschaften eines mit `new` angelegten `CartItems` beträgt die Menge (`count`) `1`. Der Gesamtpreis für dieses `CartItem` ergibt sich aus der mit dem Einzelpreis (`price`) der Klasse `Product` multiplizierten Menge. Auch diese Summe ist anfangs `900`, wenn für den Einzelpreis beispielsweise 900 Cent angegeben wurden.

Des Weiteren ist `CartItem` ein Container für ein Produkt mit dem gleichen Primärschlüssel, was bedeutet, dass in den Warenkorb gelegte Produkte bei gleicher ID über die Funktionalität des Inkrementierens der Menge verfügen müssen. Wird ein Produkt aus dem Warenkorb entfernt, soll die Menge zunächst um den Wert 1 reduziert und danach das Produkt komplett aus dem Warenkorb gelöscht werden.

Sehen wir uns also die erste Spezifikation an, die sich auf ein neu erstelltes `CartItem`-Objekt bezieht.

Listing 7.129 http://www.pastie.org/240218

```
require File.dirname(__FILE__) + '/../spec_helper'

describe CartItem, "that is newly created" do
  before(:each) do
    @product = mock_model(Product)
    @product.stub!(:price).and_return(900)
```

```
    Product.stub!(:find).and_return(@product)
    @cart_item = CartItem.new(@product)
  end

  it "should have quantity == 1" do
    @cart_item.quantity.should == 1
  end

  it "should have total of 0" do
    @cart_item.total.should == 900
  end

  it "should return the correct product" do
    @cart_item.product.should equal(@product)
  end
end
```

Mit der obigen Spezifikation kann die grundlegende Implementierung für die Klasse `CartItem` erfolgen. Das eingesetzte Mock-Objekt bildet die Funktionalität der Klasse `Product` ab, und so wird für das Attribut `:price` notwendigerweise auch ein Stub erstellt, der den Wert `900` zurückgibt.

7.8.2 Die Klasse CartItem

Damit die Spezifikationen durchlaufen, fehlt zunächst eine Modell-Klasse namens `CartItem`. Diese wird in der Datei `app/models/cart_item.rb` angelegt. Alle Examples erwarten, dass es einen Konstruktor gibt, der eine Referenz eines `Product`-Objektes entgegennimmt. Daher wird dieser Konstruktor nun als Erstes entwickelt.

Listing 7.130 http://www.pastie.org/240219

```
class CartItem
  attr_accessor :quantity, :id, :price

  def initialize(product)
    self.id = product.id
    self.price = product.price
    self.quantity = 1
  end
end
```

Eine weitere Spezifikation bezieht sich auf ein `CartItem`, dessen Attribute modifiziert wurden. So kann beispielsweise das Inkrementieren der Menge zu einem veränderten Gesamtpreis führen, was die folgenden Zeilen näher spezifizieren. Hier ist auch eine Spezifikation zum Setzen der Liefermenge zu sehen.

Listing 7.131 http://www.pastie.org/240220

```
describe CartItem do
  before(:each) do
    @product = mock_model(Product)
    @product.stub!(:price).and_return(900)
    @cart_item = CartItem.new(@product)
  end

  it "should return quantity of 2 after calling increment_quantity" do
    @cart_item.increment_quantity
    @cart_item.count.should == 2
  end
  it "should return quantity of 0 after calling decrement_quantity" do
```

```
      @cart_item.increment_quantity == 1
      @cart_item.decrement_quantity == 0
    end
    it "should return total of 1800 after calling increment_quantity" do
      @cart_item.increment_quantity
      @cart_item.total.should == 1800
    end

    it "should return total of 9000 after calling quantity = 10" do
      @cart_item.quantity = 10
      @cart_item.total.should == 9000
    end
  end
```

In der obigen Spezifikation wird die Funktionalität des Inkrementierens und Dekrementierens der Menge eines Produktes spezifiziert.

Wenn alle Tests erfolgreich durchlaufen, sollte die Klasse `CartItem` in etwa so aussehen.

Listing 7.132 http://www.pastie.org/240222

```
class CartItem
  attr_accessor :quantity, :id, :price

  def initialize(product)
    self.id = product.id
    self.price = product.price
    self.quantity = 1
  end

  def total
    self.quantity * self.price
  end

  def increment_quantity
    self.quantity += 1
  end

  def decrement_quantity
    self.quantity -= 1
  end

  def product
    Product.find(self.id)
  end
end
```

Um die Testabdeckung dieser Spezifikation zu überprüfen, soll rcov eingesetzt werden. Sollten Sie von rcov noch keinen Gebrauch gemacht haben, empfehle ich Ihnen die Lektüre von Kapitel 2, um den Einsatz detailliert kennenzulernen.

Hinweis:

Als diese Zeilen entstanden, gab es noch kein Jruby-Pendant zum Aufruf von rcov. Daher erfolgt der Aufruf mit der MRI-Version von rcov, die allerdings voraussetzt, dass Sie den Datenbanktreiber in der Datei `database.yml` für die Testumgebung von `jdbcmysql` auf `mysql` abändern. Wenn Ihnen das zu aufwändig erscheint, lassen Sie den nächsten Schritt einfach weg.

Folgender Aufruf wertet die Testabdeckung der Klasse `CartItem` aus.

```
$ rcov spec/models/cart_item_spec.rb
```

Das Ergebnis wird als HTML-Bericht ausgegeben und sollte in etwa wie in Abbildung 7.46 aussehen.

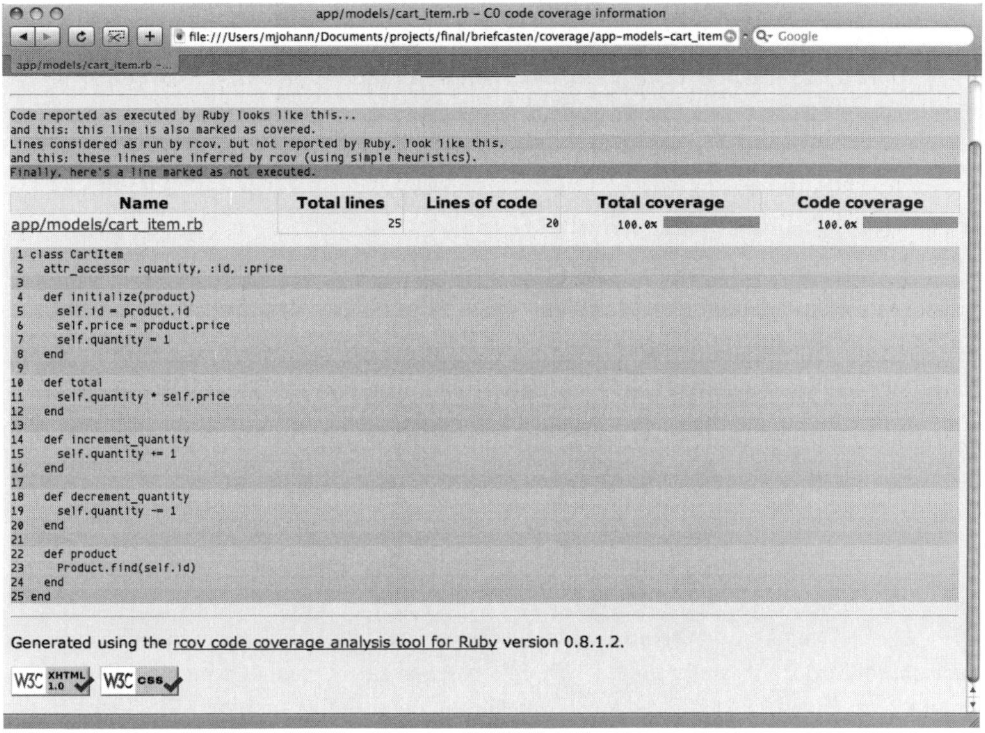

Abbildung 7.46 100 Prozent Testabdeckung können sich sehen lassen.

Mit dieser Information können wir zufrieden sein und uns mit der Spezifikation und Implementierung des Warenkorbs alias `ShoppingCart` befassen.

7.8.3 Spezifikationen für ShoppingCart

Der Warenkorb soll die Verwaltung von `CartItem`-Objekten übernehmen. Dies bedeutet, dass eine interne Verwaltung von `CartItems` sowie die Berechnung des Gesamtpreises der Bestellung erfolgen müssen. Die folgende erste Spezifikation zeigt, was genau möglich sein soll. Legen Sie hierzu die Datei `spec/models/shopping_cart_spec.rb` an.

Listing 7.133 http://www.pastie.org/240225

```
require File.dirname(__FILE__) + '/../spec_helper'

describe ShoppingCart, "that's been newly created" do
  before(:each) do
    @product = mock_model(Product)
    @product.stub!(:price).and_return(900)
    @shopping_cart = ShoppingCart.new
  end

  it "should be empty" do
    @shopping_cart.cart_items?.should be_false
  end

  it "should allow adding a cart_item" do
```

```
      @shopping_cart.add_item @product
    end

    it "should return true from cart_items if added a cart_item" do
      @shopping_cart.add_item @product
      @shopping_cart.cart_items?.should be_true
    end

    it "should return false from cart_items? if removed a cart_item" do
      @shopping_cart.add_item @product
      @shopping_cart.cart_items?.should be_true
      @shopping_cart.remove_item @product
      @shopping_cart.cart_items?.should be_false
    end
  end
```

In der ersten Spezifikation wird also geprüft, ob ein neu angelegter Warenkorb noch leer ist, also keine `CartItems` enthält. Nach dem Hinzufügen eines `Product`-Objekts zum Warenkorb ist dieser nicht mehr leer. Wenn also mehrere gleiche Produkte hinzufügt werden, muss auch die Menge des Produktes angepasst werden.

Wichtig:

Intern werden `CartItem`-Objekte verwaltet, so dass die Implementierung der Klasse `ShoppingCart` dies entsprechend berücksichtigen muss.

Die folgende weitere Spezifikation fügt fünf identische Produkte zum Warenkorb hinzu. Danach sollte der Gesamtpreis des Warenkorbs korrekt berechnet werden, indem jedes Produkt, basierend auf der Menge, seinen Gesamtpreis liefert und zum Gesamtpreis des Warenkorbs addiert.

Listing 7.134 http://www.pastie.org/240226

```
describe ShoppingCart, "with one cart_item and quantity 5 " do
  before(:each) do
    @product = mock_model(Product)
    @product.stub!(:price).and_return(900)
    @shopping_cart = ShoppingCart.new
    5.times { @shopping_cart.add_item(@product) }
  end

  it "should return sub_total of 4500" do
    @shopping_cart.sub_total.should == 4500
  end

  it "should return false when calling cart_items after
  calling delete_item" do
    @shopping_cart.delete_item @product
    @shopping_cart.cart_items?.should be_false
  end

  it "should return 10 after setting quantity for cart_item" do
    @shopping_cart.set_quantity_by_item_id @product.id, 10
    @shopping_cart.cart_items.size.should == 1
    @shopping_cart.cart_items.first.quantity.should == 10
  end
end
```

Mit diesen Spezifikationen sollte es möglich sein, einen einfachen aber funktionierenden Warenkorb zu implementieren.

Der nächste Abschnitt zeigt die gewählte Variante des `ShoppingCart`. Damit lassen sich `Product`-Objekte zum Warenkorb hinzufügen und entfernen.

7.8.4 Die Klasse ShoppingCart

Weil die Klasse `ShoppingCart` Objekte vom Typ `CartItem` verwaltet, muss in den Methoden `add_item` und remove_item mit entsprechenden Instanzen gearbeitet werden. Sie erinnern sich sicher, dass der Konstruktor der Klasse `CartItem` eine `Product`-Instanz erwartet. Damit ergibt sich etwas mehr Verwaltungsaufwand, womit die Klasse `ShoppingCart` dann so aussieht.

Listing 7.135 http://www.pastie.org/240227

```
class ShoppingCart
  attr_accessor :items

  def initialize
    self.items = {}
  end

  def cart_items?
    !items.empty?
  end

  def cart_items
    self.items.values
  end

  def add_item(item)
    if self.items[item.id].nil?
      self.items[item.id] = CartItem.new item
    else
      self.items[item.id].increment_quantity
    end
  end

  def remove_item(item)
    cart_item = self.items[item.id]
    if cart_item.decrement_quantity == 0 then
      delete_item item
    end
  end

  def delete_item(item)
    self.items.delete(item.id)
  end

  def sub_total
    cart_items.inject(0) { |sum, item| sum = sum + item.total}
  end

  def set_quantity_by_item_id(item_id, quantity)
    self.items[item_id].quantity = quantity
  end
end
```

Das Hash-Objekt `items` verwaltet die während eines Einkaufs in den Warenkorb gelangten `CartItems`. Die Methode `cart_items?` liefert bei vorhandenem Inhalt des Hash-Objektes `items` den Wert `true`, andernfalls `false` zurück. Mit der Methode `cart_items` werden nur CartItem-Objekte zurückgegeben, um beispielsweise den Gesamtpreis zu berechnen.

Hinweis:

Die Sessiondaten in Rais 2.x werden standardmäßig in Cookies gespeichert. Damit ist der verfügbare Speicherplatz für diese Daten auf 4096 Byte begrenzt. Für die typischen Bestellungen in `briefcasten.com` sollte das kein Problem darstellen. In anderen Fällen könnte der Platz nicht reichen, weil hier komplette Objekte hinterlegt werden. Ein alternativer Implementierungsansatz könnte hier also die Speicherung der Product-IDs sein. Dann würde bei Bedarf eine Datenbankabfrage die Daten für den Warenkorb liefern. Andererseits ist es nur richtig, wenn sich so viele Daten wie möglich auf dem Client speichern lassen.

Eine weitere Alternative wäre, die Speicherung der Sessiondaten in die Datenbank zu verlagern, was allerdings zu einem Performanzengpass führen kann, wenn viele Tausend Benutzer gleichzeitig Sessiondaten benötigen.

Die Methode `add_item` erhält eine Instanz von `Product`. Danach wird anhand der `Product`-ID geprüft, ob das Produkt bereits in `items` vorhanden ist. Ist dies nicht der Fall, wird ein `CartItem` mit den Produktdaten erstellt und gespeichert.

Sollte das Produkt schon vorhanden sein, wird lediglich die Menge um den Wert `1` erhöht, indem die Methode `increment_quantity` auf dem `CartItem` aufgerufen wird. Ähnlich geht die Methode `remove_item` vor, die zunächst das Objekt mit der übergebenen ID aus dem Hash-Objekt `items` sucht und dann die Menge um den Wert `1` verringert. Sollte danach die Menge `0` sein, wird das Produkt komplett aus dem Warenkorb gelöscht, wofür die Methode `delete_item` zuständig ist.

Die Methode `sub_total` stellt eine besondere Implementierung bereit.

Listing 7.136 http://www.pastie.org/240228

```
def sub_total
  cart_items.inject(0) { |sum, item| sum = sum + item.total}
end
```

Auf dem von `cart_items` zurückgegebenen Array findet eine Berechnung statt. Damit wird der Gesamtpreis basierend auf Produktpreis und Menge errechnet und retourniert.

Mit der Methode `inject` kann für jedes Element ein Block ausgeführt werden. Die Variable `sum` wird in diesem Block entsprechend mit dem Wert `0` initialisiert und dann mit jedem Gesamtpreis eines `CartItems` addiert. Nach der kompletten Berechnungsschleife wird der Inhalt von `sum` zurückgegeben, und der Gesamtpreis des Warenkorbs kann im weiteren Verlauf angezeigt werden.

Die Methode `set_quantity_by_item_id` erhält eine `CartItem`-ID und eine Mengenangabe, die dann einen absoluten Wert für die Menge des betreffenden `CartItems` setzt.

Wenn nun alle Spezifikationen durchlaufen, ist dieser Schritt abgeschlossen und kann mittels rcov auf seine vollständige Testabdeckung überprüft werden.

```
$ rcov spec/models/shopping_cart_spec.rb
```

Das Ergebnis sieht dann aus wie in Abbildung 7.47 aus.

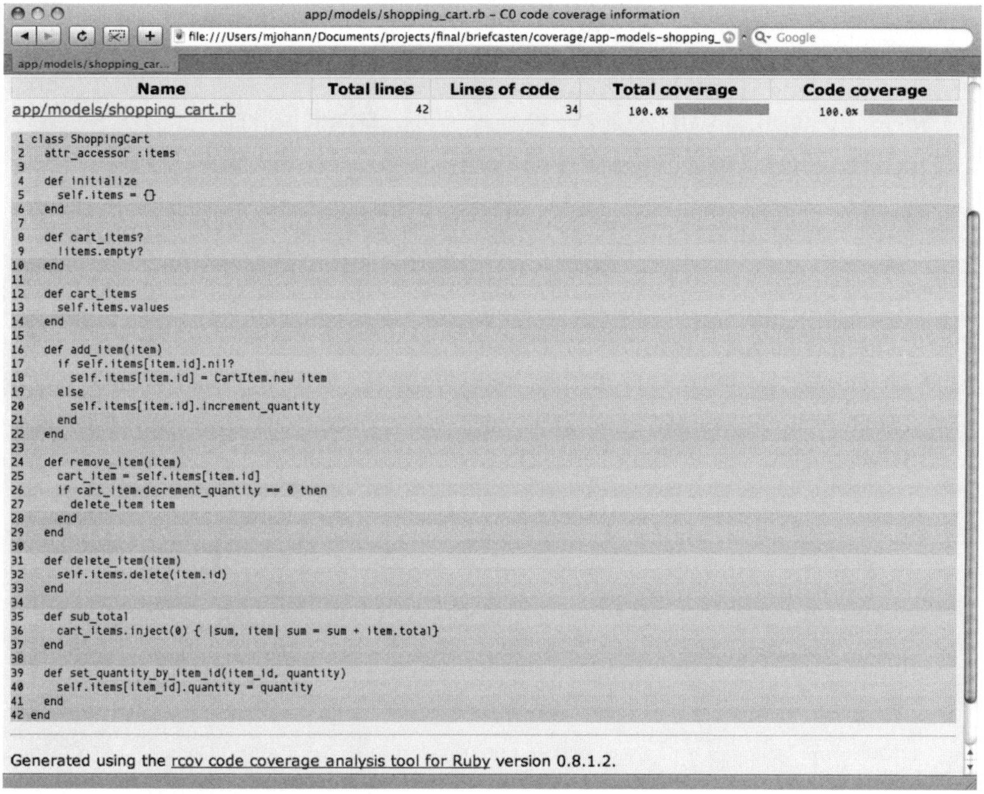

Abbildung 7.47 Die Testabdeckung wird uns mit 100 Prozent bescheinigt.

7.8.5 Der ShoppingCartController

Der Startpunkt für den Einstieg in den Bestellvorgang dient als Link zum Shop, der bisher nicht „verdrahtet" wurde. Dies wird nun nachgeholt, indem in der Layout-Datei `app/views/shared/_main_menu.html.erb` der Link mit dem Inhalt `Shop` einen neuen Wert erhält.

Listing 7.137 http://www.pastie.org/240230

```
<% if current_user %>
<%= menu_builder(@page_id, 'Home' => '',
                           'Shop' => 'screencasts',
                           'News' => 'news',
                           'About' => 'content/about',
                           'Contact' => 'content/contact',
                                            'My account' => 'customers/new') %>
<% else %>
<%= menu_builder(@page_id, 'Home' => '',
                           'Shop' => 'screencasts',
                           'News' => 'news',
                           'About' => 'content/about',
                           'Contact' => 'content/contact') %>
<% end %>
```

Damit sieht der Kunde den Produktkatalog gemäß Abbildung 7.48.

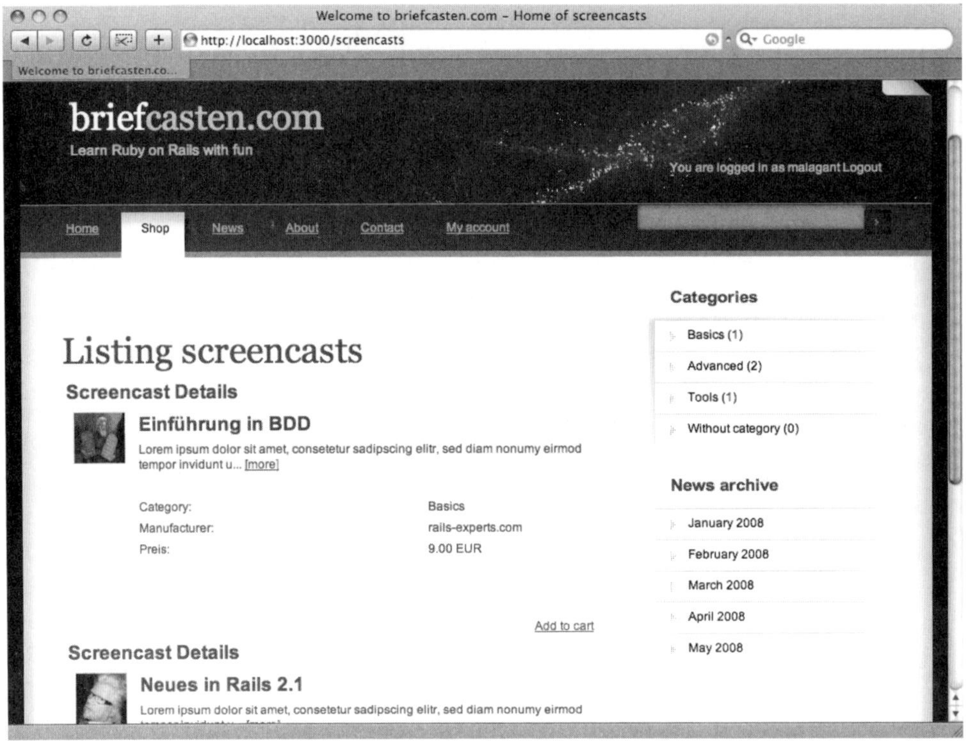

Abbildung 7.48 So sieht der Kunde die Index-Seite.

Zu jedem Produkt im Katalog sollte noch ein Link erstellt werden, der das Hinzufügen eines Produktes zum Warenkorb erlaubt. Hierzu wird in der Datei `app/views/screencasts/index.html.erb` der folgende Link eingebaut.

Listing 7.138 http://www.pastie.org/240231

```
<h1>Listing screencasts</h1>

<table>
  <tr>
  </tr>

<% for @screencast in @screencasts %>
  <tr>
    <%= render :partial => 'screencast_details' %>
    <td colspan="2"> </td>
  </tr>
  <tr>
    <% if is_admin? %>
    <td><%= link_to 'Edit', edit_screencast_path(@screencast) %></td>
    <td><%= link_to 'Destroy', @screencast,
                                 :confirm => 'Are you sure?',
                                 :method => :delete %></td>
    <% else %>
    <td colspan="2" align="right"><%= link_to 'Add to cart',
               :controller => 'shopping_cart',
               :action => 'add_item_to_cart',
               :id => @screencast %></td>
    <% end %>
```

```
  </tr>
<% end %>
</table>

<br />

<% if is_admin? %>
<%= link_to 'New screencast', new_screencast_path %>
<% end %>
```

Falls die Kunden auf den Link `[more]` eines Eintrags klicken, wird die View `show` des `ScreencastsController` aufgerufen. Diese View muss entsprechend den folgenden Zeilen angepasst werden, damit auch von dort aus ein Produkt in den Warenkorb gelegt werden kann. Die Änderungen müssen in der Datei `app/views/screencasts/show.html.erb` erfolgen.

Listing 7.139 http://www.pastie.org/240232

```
<%= render :partial => 'screencast_details'%>
<% if is_admin? %>
<%= link_to 'Edit', edit_screencast_path(@screencast) %> |
<% else %>
<table>
    <tr>
           <td align='right'><%= link_to 'Add to cart',
                     :controller => 'shopping_cart',
                     :action => 'add_item_to_cart',
                     :id => @screencast %>
           </td>
    </tr>
</table>
<% end %>
<%= link_to 'Back', screencasts_path %>
```

Abbildung 7.49 auf der nächsten Seite zeigt die View `show`. Für die Handhabung des Warenkorbs ist zwingend ein Controller vorgesehen, der die einzelnen Aktionen des Warenkorbs unterstützt. Prinzipiell soll der Controller die Funktionaliät des `ShoppingCart`-Modells abbilden. Damit lassen sich dann Produkte hinzufügen und entfernen. Des Weiteren soll die Menge eines bestellbaren Artikels verändert werden können.

Wenn ein Kunde den Warenkorb zu seiner Zufriedenheit zusammengestellt hat, soll er durch einen Klick auf einen Link zur Kasse gehen können. Diese Aktion mündet dann allerdings in einen Bereich, der wiederum nur für angemeldete Kunden zur Verfügung steht. Somit muss sich ein Kunde zunächst mit seinem Benutzernamen und Passwort anmelden, um eine Bestellung durchführen zu können.

Nach jedem Hinzufügen eines Produkts in den Warenkorb wird dieser angezeigt. Ein Link sorgt für das Navigieren zurück zum Produktkatalog.

Begonnen wird mit einem einfachen Ansatz, bei dem noch keine direkte Eingabe der Produktmenge möglich ist, weil diese Änderungen in einer weiteren Iteration erfolgen sollen.

Die Abbildung 7.50 zeigt die Ansicht des Warenkorbs, so wie er in dieser Iteration realisiert werden soll.

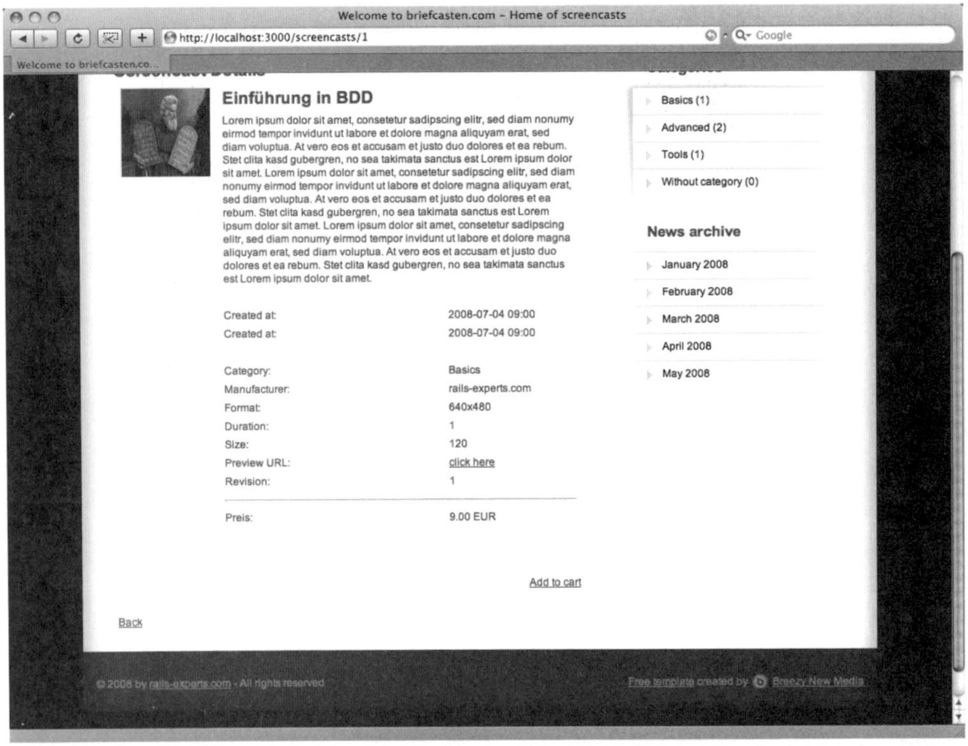

Abbildung 7.49
Die Show-View mit dem Link „Add to cart“

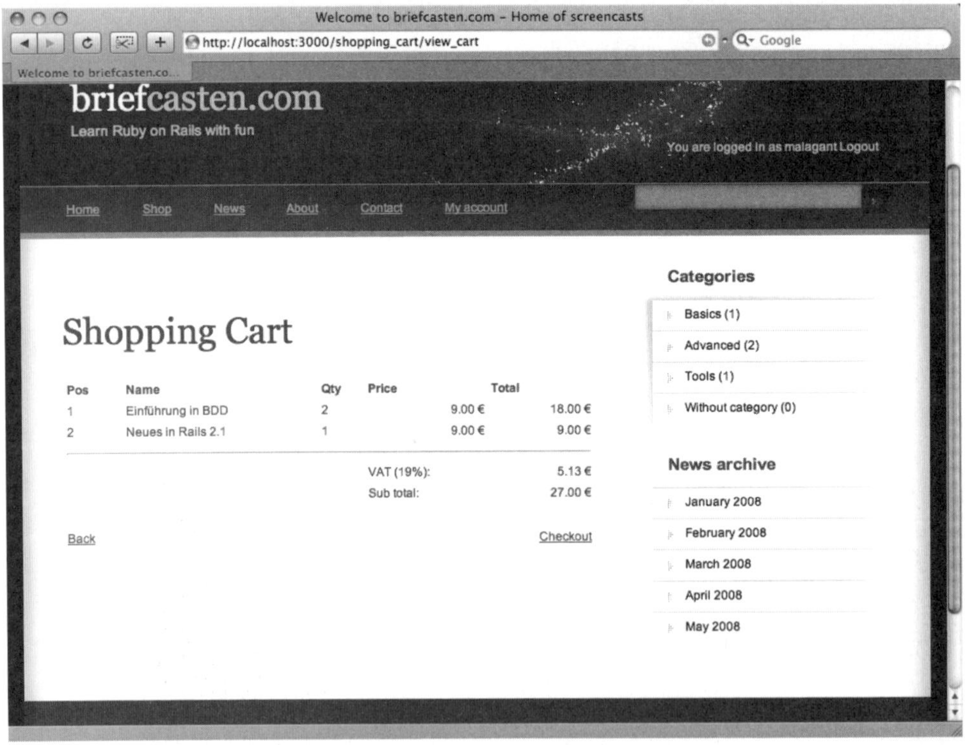

Abbildung 7.50
Der Warenkorb am Ende der ersten Iteration

7.8.5.1 Controller generieren

Wir benötigen für den `ShoppingCartController` anfangs nur eine Klasse, die von `ActionController` abgeleitet ist. Da wir jedoch im Zuge der weiteren Entwicklung eigene Views anlegen und Aktionen jenseits von REST implementieren, soll der Generator `rspec_controller` genutzt werden.

```
$ jruby script/generate rspec_controller ShoppingCart

exists  app/controllers/
exists  app/helpers/
create  app/views/shopping_cart
exists  spec/controllers/
exists  spec/helpers/
create  spec/views/shopping_cart
create  spec/controllers/shopping_cart_controller_spec.rb
create  spec/helpers/shopping_cart_helper_spec.rb
create  app/controllers/shopping_cart_controller.rb
create  app/helpers/shopping_cart_helper.rb
```

Nach der Generierung existiert eine Spezifikationsdatei

```
spec/controllers/shopping_cart_spec.rb
```

sowie der Controller

```
app/controllers/shopping_cart_controller.rb.
```

Für die erste Iteration soll der folgende Quellcode für die Implementierung des `ShoppingCartControllers` für die benötigte Funktionalität genügen.

Listing 7.140 http://www.pastie.org/240233

```
class ShoppingCartController < ApplicationController
  def add_item_to_cart
    item = Product.find(params[:id])
    cart.add_item(item)
    redirect_to :action => 'view_cart'
  end

  def view_cart
    @items = cart.cart_items

    respond_to do |format|
      format.html
    end
  end

  private

  def cart
    session[:cart] ||= ShoppingCart.new
    session[:cart]
  end
end
```

Wie Sie sehen, implementiert der Controller zwei öffentliche Methoden sowie eine private Methode.

Die Methode `add_item_to_cart` sucht in der Tabelle `products` nach dem passenden Produkt, das durch die `ID` in den Request-Parametern identifiziert wird.

Die interne Instanz der `ShoppingCart`-Klasse wird aus der privaten Methode `cart` geliefert. Auf dieser Instanz kann mittels `add_item` das gefundene Produkt hinzugefügt werden.

Die Instanz für das Objekt `cart` wird nicht persistent in der Datenbank gehalten, sondern im Session-Cookie mit dem Schlüssel `:cart` abgelegt. So lässt sich zwischen mehreren Requests der Zustand des Warenkorbs in der Session des Browsers halten und nutzen.

Nach Hinzufügen eines Produktes wird auf die Aktion `view_cart` verzweigt und der Warenkorb angezeigt.

7.8.5.2 View implementieren

Demnach wird die View für die Aktion `view_cart` benötigt, die wie folgt in der Datei `app/views/shopping_cart/view_cart.html.erb` implementiert werden soll.

Listing 7.141 http://www.pastie.org/240238

```
<h1>Shopping Cart</h1><p/>
<% cart = session[:cart] %>
<% counter = 0 %>
<table width="100%">

<tr>
  <th>Pos</th>
  <th>Name</th>
  <th>Qty</th>
  <th align="right">Price</th>
  <th align="right">Total</th>
</tr>
<% for item in @items; counter += 1 %>
<tr>
  <td><%= counter %></td>
  <td><%=h item.product.name %></td>
  <td><%=h item.quantity %></td>
  <td align="right"><%=h "%5.2f" % (item.product.price / 100) %> €</td>
  <td align="right"><%=h "%5.2f" % (item.total / 100) %> €</td>
</tr>
<% end %>
<tr>
  <td colspan="5"><hr/></td>
</tr>
<tr>
  <td colspan="3"> </td>
  <td>VAT (19%):</td>
  <td align="right"><%=h "%5.2f" % (cart.sub_total * Order::VAT / 10000) %> €</td>
</tr>
<tr>
  <td colspan="3"> </td>
  <td>Sub total:</td>
  <td align="right"><%=h "%5.2f" % (cart.sub_total / 100) %> €</td>
</tr>
<tr>
  <td colspan="4"> </td>
<tr/>
<tr>
  <td><%= link_to 'Back', screencasts_path %></td>
  <td colspan="3"> </td>
  <td align="right"><%= link_to 'Checkout',
          :controller => 'order', :action => 'checkout' %></td>
</tr>
</table>
```

Die View ist relativ einfach mit einer HTML-Tabelle implementiert. Zunächst wird aus der Browser-Session der Cookie für den Warenkorb gelesen. Danach wird für die Positionsnummer der einzelnen Einträge eine Variable `counter` mit dem Wert `0` definiert.

Es folgt die Tabellendefinition, die einen einfachen Header für die Positionsnummer, den Produktnamen, die Menge, den Produktpreis sowie den Gesamtpreis beschreibt. In der danach folgenden `for`-Schleife wird für jedes `CartItem` eine eigene Tabellenzeile generiert, die die geforderten Daten darstellt.

Anschließend folgen die Angaben zur Mehrwertsteuer sowie der Gesamtpreis der Bestellung.

Die letzte Zeile der Tabelle enthält dann die Links zur Navigation zurück zum Produktkatalog oder mit dem `Checkout`-Link zur Kasse.

Wenn Sie mit dem Warenkorb ein wenig spielen, wird Ihnen auffallen, dass Sie die bereits angekündigte zweite Iteration benötigen, um Produkte aus dem Warenkorb zu entfernen oder um die Menge anzupassen.

7.8.6 Produkte entfernen

Das Entfernen von Produkten aus dem Warenkorb ist über einen einfachen Link möglich. Hierzu verwendet man kleine Icons anstelle der üblichen textbasierten Links. Abbildung 7.51 demonstriert, wie dies nach Fertigstellung der folgenden Schritte aussieht.

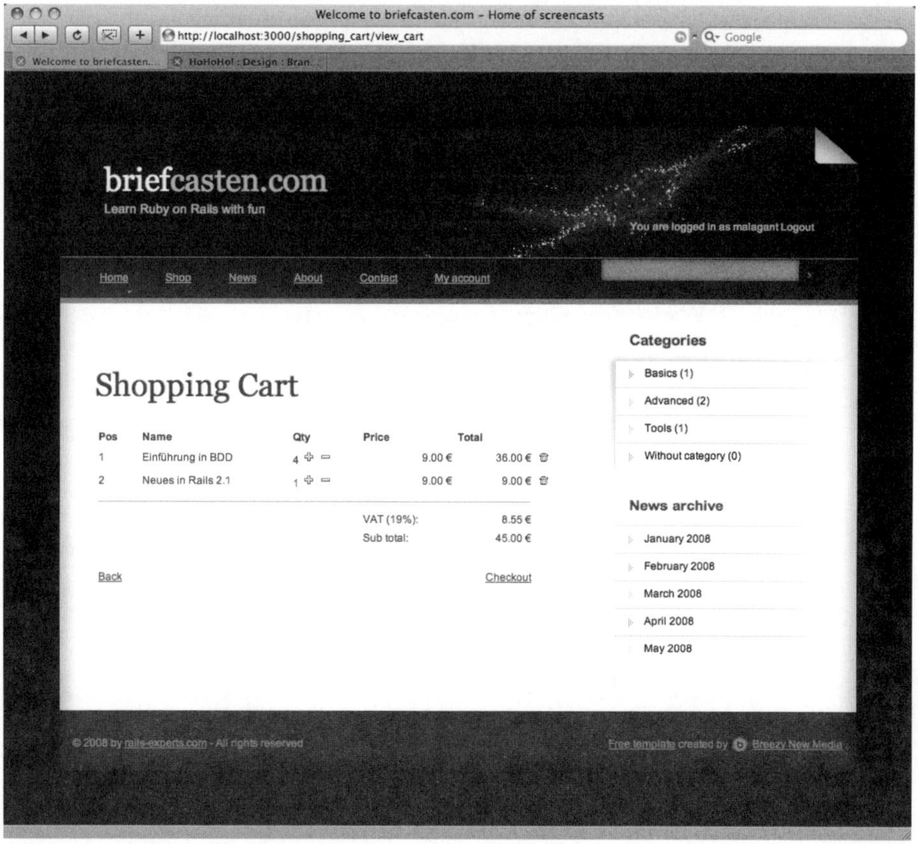

Abbildung 7.51 Die weißen Icons steuern den Warenkorbinhalt.

Mit den Plus- und Minuszeichen wird die Menge eines Produktes erhöht oder verringert. Das Mülleimersymbol rechts neben einer Zeile entfernt das entsprechende Produkt direkt aus dem Warenkorb. Die dabei verwendeten Grafiken sind frei verfügbar und können von folgender URL heruntergeladen werden.

`http://www.brandspankingnew.net/archive/2006/12/hohoho.html`

Dort finden Sie alle möglichen Icons zum Download und zur freien Verfügung.

Die Dateien `plus.gif`, `minus.gif` und `trash.gif` des Paketes kopieren Sie einfach in das Verzeichnis `public/images`.

Die View `view_cart` wird nun den folgenden Codezeilen entsprechend angepasst.

Listing 7.142 http://www.pastie.org/240247

```
<h1>Shopping Cart</h1><p/>
<% cart = session[:cart] %>
<% counter = 0 %>
<table width="100%">
<tr>
  <th>Pos</th>
  <th>Name</th>
  <th>Qty</th>
  <th align="right">Price</th>
  <th align="right">Total</th>
</tr>
<% for item in @items; counter += 1 %>
<tr>
  <td><%= counter %></td>
  <td><%=h item.product.name %></td>
  <td><%=h item.quantity %>
  <%= link_to (image_tag '/images/plus.gif',
          :title => 'increment quantity'),
          :controller => 'shopping_cart',
          :action => 'increment_quantity',
          :id => item.id %>
      <% if item.quantity > 0 %>
      <%= link_to (image_tag '/images/minus.gif',
          :title => 'decrement quantity'),
          :controller => 'shopping_cart',
          :action => 'decrement_quantity',
          :id => item.id %></td>
      <% end %>
  <td align="right"><%=h "%5.2f" % (item.product.price / 100) %> €</td>
  <td align="right"><%=h "%5.2f" % (item.total / 100) %> €</td>
  <td><%= link_to (image_tag '/images/trash.gif',
          :title => 'delete entry'),
          :controller => 'shopping_cart',
          :action => 'remove_item_from_cart',
          :method => :delete,
          :id => item.id %></td>
</tr>
<% end %>
<tr>
  <td colspan="5"><hr/></td>
</tr>
<tr>
  <td colspan="3"> </td>
  <td>VAT (19%):</td>
  <td align="right"><%=h "%5.2f" % (cart.sub_total * Order::VAT / 10000) %> €</td>
</tr>
<tr>
  <td colspan="3"> </td>
  <td>Sub total:</td>
  <td align="right"><%=h "%5.2f" % (cart.sub_total / 100) %> €</td>
```

```
  </tr>
  <tr>
    <td colspan="4"> </td>
  <tr/>
  <tr>
    <td><%= link_to 'Back', screencasts_path %></td>
    <td colspan="3"> </td>
  <% if cart.cart_items? %>
    <td align="right"><%= link_to 'Checkout',
              :controller => 'orders', :action => 'checkout' %></td>
  <% end %>
  </tr>
  </table>
```

Dieses Listing zeigt die Verwendung eines `Image`-Tags für die Abbildung eines Links. Im `image_tag` wird der Dateiname der anzuzeigenden Grafik festgelegt sowie der Tooltip-Text über den Parameter `:title`. Dieser wird angezeigt, wenn der Benutzer mit der Maus über der Grafik verharrt. Für die weiteren Angaben werden der passende Controller, die zugehörige Action sowie die Produkt-ID angegeben.

Klickt der Benutzer auf eine dieser Grafiken, wird die entsprechende Methode im `ShoppingCartController` aufgerufen. Wenn Sie auf das Plus- oder Minussymbol klicken, verändert sich entsprechend die Menge des im Warenkorb befindlichen Produktes. Abbildung 7.52 zeigt eine Detailansicht mit einem Tooltip.

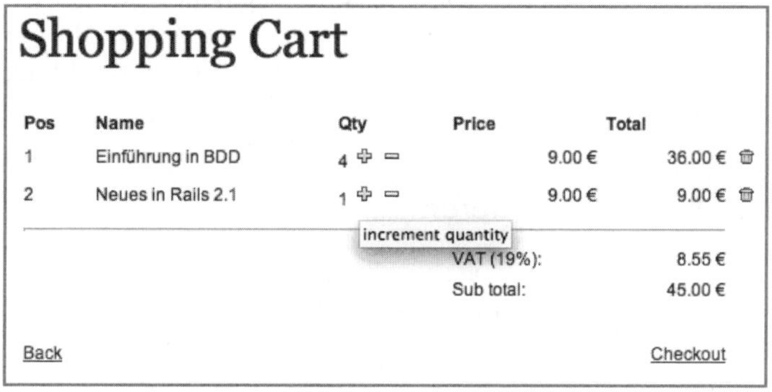

Abbildung 7.52 Die Detailansicht des Warenkorbs

Damit ist es an der Zeit, die entsprechenden Aktionen hinter den Links im `ShoppingCartController` zu implementieren. Zeitgleich können Sie die `@page_id` für das Menü setzen.

Listing 7.143 http://www.pastie.org/240251

```
class ShoppingCartController < ApplicationController
  before_filter :page_setup

  def page_setup
    @page_id = 'screencasts'
  end

  def add_item_to_cart
    item = Product.find(params[:id])
    cart.add_item(item)
    redirect_to :action => 'view_cart'
  end

  def view_cart
    @items = cart.cart_items
```

```
      respond_to do |format|
        format.html
      end
    end

    def remove_item_from_cart
        cart.delete_item(Product.find(params[:id]))
        redirect_to :action => "view_cart"
    end

    def decrement_quantity
      cart.remove_item(Product.find(params[:id]))
      redirect_to :action => "view_cart"
    end

    def increment_quantity
      cart.add_item(Product.find(params[:id]))
      redirect_to :action => "view_cart"
    end

    private

    def cart
      session[:cart] ||= ShoppingCart.new
      session[:cart]
    end
  end
```

Wenn ein Benutzer nun die Menge eines Produktes auf den Wert `0` zurückdreht, wird das Produkt komplett aus dem Warenkorb genommen. Sind keine Produkte mehr im Warenkorb, ergibt der Link Checkout keinen Sinn mehr, weshalb mit einer einfachen `if`-Abfrage geprüft wird, ob noch `CartItems` im Warenkorb liegen. Ist dies der Fall, wird der Link `Checkout` angezeigt; andernfalls nicht.

7.8.7 Warenkorbübersicht implementieren

Auch wenn der Warenkorb schon ganz gut funktioniert, soll für die Ansicht des aktuellen Zustands ein kleiner Bereich des Gesamtlayouts reserviert werden. Abbildung 7.53 zeigt, was ich damit meine.

Die Warenkorb-Schnellansicht soll einen schnellen Überblick über die Bestellsumme sowie die enthaltenen Artikel geben. Dabei soll die Möglichkeit bestehen, direkt auf die Detailansicht zu den enthaltenen Produkten zu gelangen.

Des Weiteren bietet ein Link mit dem Label `Cart` die Möglichkeit, direkt auf die Seite des Warenkorbs zu gelangen.

7.8.7.1 Layout anpassen

Damit die Warenkorbübersicht in der Sidebar angezeigt wird, muss das Layout `app/layouts/application.html.erb` angepasst werden. Weil der Menü-Block ein `DIV` mit der ID `menuBlock` ist, findet man schnell die richtige Stelle für die Anpassung. Darin enthalten ist eine verschachtelte unsortierte Liste (`UL`) mit entsprechenden ListItems (`LI`).

Der Menü-Block soll so für den Warenkorb ein Partial anzeigen. Der folgende Quellcodeausschnitt zeigt die aktualisierte Fassung des `menuBlock`-Elements.

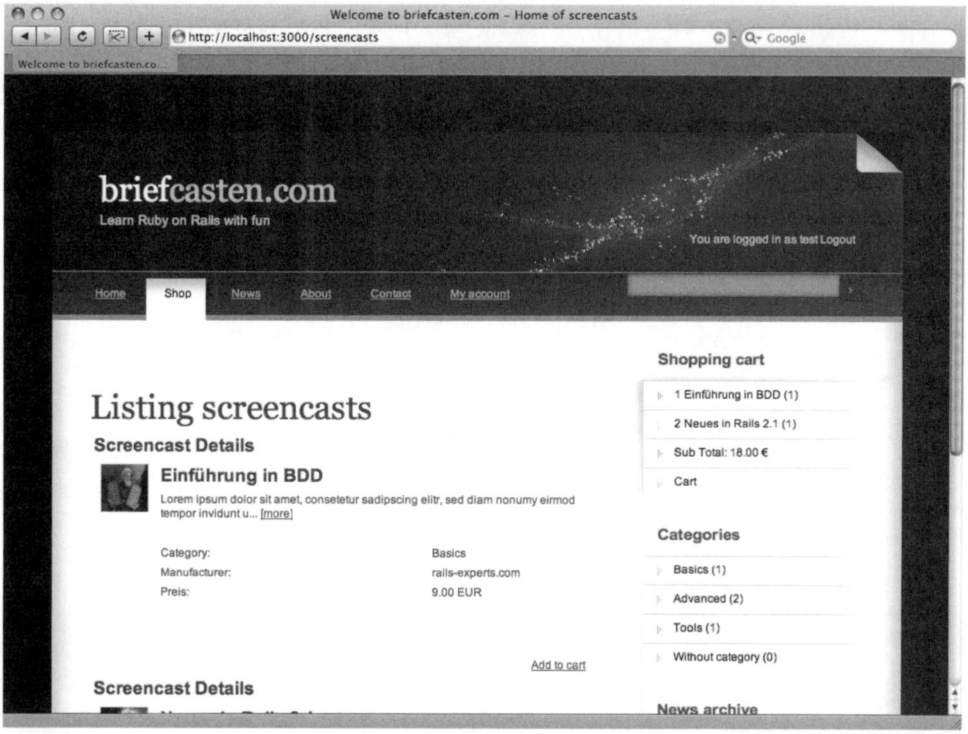

Abbildung 7.53 Der oberste Eintrag im Menü-Block ist die Warenkorb-Schnellansicht.

Listing 7.144 http://www.pastie.org/240252

```
<div id="menuBlock">
  <div class="box firstbox subMenu">
    <h3>Shopping cart</h3>
      <ul>
        <li id="shopping_cart">
        <%= render :partial => '/shopping_cart/shopping_cart'%>
        </li>
      </ul>
  </div>
  <div class="box subMenu">
    <h3>Categories</h3>
      <ul>
        <li><a href="#">Basics (1)</a></li>
        <li><a href="#">Advanced (2)</a></li>
        <li><a href="#">Tools (1)</a></li>
        <li><a href="#">Without category (0)</a></li>
      </ul>
  </div>
  <div class="box subMenu">
    <h3>News archive</h3>
      <ul>
        <li><a href="#">January 2008</a></li>
        <li><a href="#">February 2008</a></li>
        <li><a href="#">March 2008</a></li>
        <li><a href="#">April 2008</a></li>
        <li><a href="#">May 2008</a></li>
        </ul>
    </div>
  </div>
</div>
```

Der mit Fettschrift hervorgehobene Teil des obigen Listings zeigt, wie schnell das passende Partial integriert ist.

7.8.7.2 Partial erstellen

Das Partial `_shopping_cart.html.erb` liegt im Verzeichnis der Views für den `ShoppingCartController` unter `app/views/shopping_cart` und sieht so aus.

Listing 7.145 http://www.pastie.org/240254

```
<%
cart = session[:cart]
if cart
%>
<% counter = 0 %>
<% if cart.cart_items? %>
<% for item in cart.cart_items; counter += 1 %>
<%= link_to counter.to_s + ' ' + item.product.name + " (#{item.quantity})",
    :controller => 'screencasts',
    :action => 'show', :id => item.id %>
<% end %>
<%= link_to 'Sub Total:' + "%5.2f" % (cart.sub_total.to_i / 100) + ' €', '#' %>
<%= link_to 'Cart',
    :controller => 'shopping_cart',
    :action => 'view_cart' %>
<% else %>
<%= link_to 'Empty', '#' %>
<% end%>
<% else %>
<%= link_to 'Empty', '#' %>
<% end %>
```

Zu sehen ist hier, dass zunächst das `ShoppingCart`-Objekt aus der Session geholt wird. Wie in der Detailansicht des Warenkorbs zählt die Variable `counter` die Einträge hoch und nummeriert die Zeilen in der Warenkorbübersicht durch.

Wenn der Warenkorb also Einträge enthält, soll der Rest des Partials ausgegeben werden. Ist der Warenkorb leer, gibt das Partial lediglich den Text `Empty` aus.

Für jeden Eintrag in der Warenkorbübersicht wird ein Link aufbereitet, der die `Show`-View des `ScreencastsControllers` aufruft. Hierzu wird neben dem Controllernamen und der Action auch die `ID` des Produktes angegeben. Unter die Liste der Produkte wird der Gesamtpreis der Bestellung ausgegeben.

Zu guter Letzt verweist ein Link mit dem Label `Cart` auf die Detailansicht des Warenkorbs. Abbildung 7.54 zeigt eine vergrößerte Ansicht der Warenkorbübersicht.

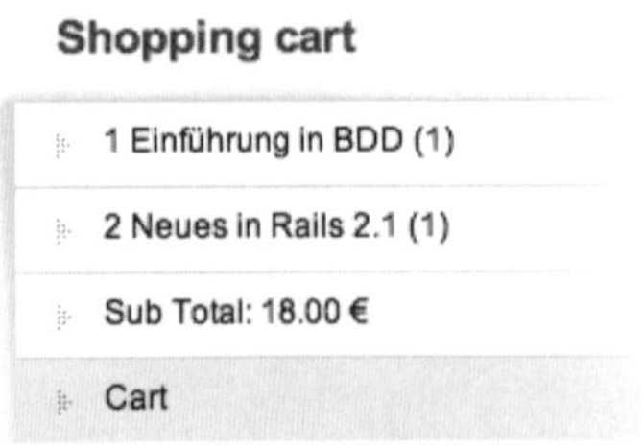

Abbildung 7.54
Die Warenkorbübersicht, vergrößert dargestellt

7.8.8 Eine Bestellung speichern

Das Design für die Verarbeitung einer Bestellung erfordert es, dass die Daten für eine Bestellung (z.B.: Rechnungsanschrift) nicht referenziert, sondern in einer Tabelle `orders` redundant gespeichert werden. Daher ist das Modell etwas komplexer angelegt als die meisten anderen.

7.8.8.1 Spezifikationen erstellen

Bevor jedoch die einzelnen Bestandteile einer Bestellung implementiert werden, wollen wir wieder einmal nach dem Behavior-Driven Ansatz verfahren und einige Spezifikationen erstellen.

Zunächst beschreiben wir, welche Bestandteile man für eine Bestellung benötigt. Sieht man sich eine Rechnung an, wird schnell klar, was die Bestandteile sind. Hier gibt es eine Bestellung (`Order`) sowie eine Liste von Positionen (`LineItems`). Ein `LineItem` hat eine Positionsnummer, eine Produkt-ID, eine Menge (`Quantity`) sowie einen Preis.

Eine Bestellung kennt den Benutzer, die E-Mail-Adresse, die Rechnungs- sowie Lieferanschrift, die Liste der LineItems, den Gesamtpreis, den Mehrwertsteuersatz und -betrag sowie das Bestelldatum und eine Referenznummer.

Damit kann eine Spezifikation erstellt werden, die wie üblich erst einmal prüft, ob eine neue Instanz von `LineItem` valide ist. Die weiteren Spezifikationen prüfen mit Hilfe von Fixtures, ob sich Objekte ordentlich speichern und verwalten lassen. Neben dem Überprüfen der Attribute wird auch das Anlegen von `LineItem`-Objekten validiert.

Zuerst erstellen wir die Fixtures für `LineItem`, die in den folgenden Zeilen aufgelistet sind.

Listing 7.146 http://www.pastie.org/240257

```
one:
    id: 1000
    pos: 1
    product_id: 100
    quantity: 1
    price: 900
two:
    id: 1001
    pos: 2
    product_id: 200
    quantity: 1
    price: 900
```

Die Fixtures für `LineItem` sind in der Datei `spec/fixtures/line_items.yml` abgelegt.

Im folgenden Listing sehen Sie die Spezifikationen für das Modell `LineItem`, die Sie in die Datei `spec/models/line_item_spec.rb` schreiben sollten.

Listing 7.147 http://www.pastie.org/240258

```
require File.dirname(__FILE__) + '/../spec_helper'

describe LineItem, "which is newly created" do
  before(:each) do
```

```
      @line_item = LineItem.new
    end

    it "should be valid" do
      @line_item.should be_valid
    end
  end

  describe LineItem do
    fixtures :line_items

    before(:each) do
      @line_item = line_items(:one)
    end

    it "should have 2 line_items in Database" do
      LineItem.count.should == 2
    end

    it "should have id of 1000" do
      @line_item.id.should == 1000
    end

    it "should have product_id of 100" do
      @line_item.product_id.should == 100
    end

    it "should have pos of 1" do
      @line_item.pos.should == 1
    end

    it "should have quantity of 1" do
      @line_item.quantity.should == 1
    end

    it "should have price of 900 (cent)" do
      @line_item.price.should == 900
    end

    it "should have 3 line_items in Database, after adding 1 line_item" do
      line_item = LineItem.new(:product_id => 102,
                               :pos => 3,
                               :quantity => 1,
                               :price => 900)
      line_item.should be_new_record
      line_item.save
      LineItem.count.should == 3
    end
  end
```

Bei den einzelnen Examples werden lediglich die Attribute des Modells zusammen mit den Fixtures überprüft. Das letzte Example fügt ein neues `LineItem` zur Datenbank hinzu und überprüft, ob dieser Vorgang erfolgreich war.

Die Implementierung der Klasse `LineItem` erfolgt mit Hilfe des Modell-Generators.

```
$ jruby script/generate model LineItem

exists  app/models/
exists  test/unit/
exists  test/fixtures/
create  app/models/line_item.rb
create  test/unit/line_item_test.rb
create  test/fixtures/line_items.yml
exists  db/migrate
create  db/migrate/20080710063510_create_line_items.rb
```

Die generierte Migration passen Sie nun nachträglich an, da die Anzahl der Parameter bei Angabe in einer Kommandozeile weniger übersichtlich ist. Ergänzen Sie nun die Migration `CreateLineItems`.

Listing 7.148 http://www.pastie.org/240260

```
class CreateLineItems < ActiveRecord::Migration
  def self.up
    create_table :line_items do |t|
      t.integer :pos
      t.integer :quantity
      t.references :product
      t.integer :price
      t.timestamps
    end
  end

  def self.down
    drop_table :line_items
  end
end
```

Führen Sie jetzt die Migration durch, indem Sie, wie gewohnt, die folgende Anweisung in der Kommandozeile eingeben.

```
$ jruby -S rake db:migrate

(in /Users/mjohann/Documents/projects/final/briefcasten)

== 20080710063510 CreateLineItems: migrating ========================

-- create_table(:line_items)

   -> 0.0030s

   -> 0 rows

== 20080710063510 CreateLineItems: migrated (0.0050s) ===============
```

Mit diesen Vorarbeiten können Sie nun die Spezifikation laufen lassen. Sollte alles durchlaufen, wenden Sie sich dem nächsten Schritt zu.

Ein `LineItem`-Objekt erhält zur Laufzeit die Daten eines `CartItem`-Objekts aus dem Warenkorb zugewiesen. Daher sollte es eine weitere Methode geben, die die einzelnen Attribute aus einem übergebenen `CartItem` auf die Attribute der `LineItem`-Instanz mappt. Eine entsprechende Spezifikation dazu könnte so aussehen.

Listing 7.149 http://www.pastie.org/240262

```
describe LineItem, "with call to cart_item=" do
  fixtures :products

  before(:each) do
    @line_item = LineItem.new
    @cart_item = CartItem.new(products(:intro))
    @cart_item.quantity = 1
    @line_item.cart_item = @cart_item
  end

  it "should have product_id equal to @cart_item.id" do
    @line_item.product_id.should == @cart_item.id
  end
```

```
    it "should have quantity of 1" do
      @line_item.quantity.should == 1
    end

    it "should have price of 900 (cent)" do
      @line_item.price.should == 900
    end
  end
```

Die Spezifikation läuft wegen der fehlenden Methode `cart_item=` noch nicht durch, weshalb wir diese nun programmieren. Damit sieht die Implementierung der Klasse `LineItem` in etwa folgendermaßen aus.

Listing 7.150 http://www.pastie.org/240265

```
class LineItem < ActiveRecord::Base
  belongs_to :order

  def cart_item=(item)
    self.product_id = item.id
    self.quantity = item.quantity
    self.price = item.product.price
  end
end
```

Die Klasse `LineItem` wird in einer `1:n`-Beziehung der Klasse `Order` zugeordnet, so dass `Order` viele `LineItem`-Objekte haben kann. Eine Bestellung (`Order`) wird immer aus dem Warenkorb heraus generiert und muss folglich mit dem Warenkorb umgehen können.

Weil eine Bestellung auch einem Kunden zugeordnet werden muss, ergeben sich initial folgende Spezifikationen, die Sie in der Datei `spec/models/order_spec.rb` eingeben sollten.

Listing 7.151 http://www.pastie.org/240267

```
require File.dirname(__FILE__) + '/../spec_helper'

describe Order, "which was newly created" do
  before(:each) do
    @order = Order.new
  end

  it "should be valid" do
    @order.should be_valid
  end
end

describe Order, "created with create_order" do
  fixtures :products, :customers, :addresses, :titles, :users

  before(:each) do
    # CartItems anlegen
    @intro = products(:intro)
    @advanced = products(:advanced)

    # ShoppingCart erzeugen
    @cart = ShoppingCart.new

    # CartItems zu ShoppingCart hinzufügen
    @cart.add_item(@intro)
    @cart.add_item(@advanced)

    # Customer laden
    @helge = customers(:helge)
```

```
      # Rechnungsanschrift setzen
      @helge.addresses << addresses(:invoice)
    end

    it "should be valid" do
      # Lieferanschrift setzen
      @helge.addresses << addresses(:delivery)

      # Order anlegen
      @order = Order.create_order(@helge.id, @cart)
      @order.should be_valid
    end

    it "should have 2 line_items" do
      # Lieferanschrift setzen
      @helge.addresses << addresses(:delivery)

      # Order anlegen
      @order = Order.create_order(@helge.id, @cart)
      @order.line_items.size.should == 2
    end

    it "should return count with 1 after save" do
      # Order anlegen
      @order = Order.create_order(@helge.id, @cart)
      @order.save.should be_true
      Order.count.should == 1
    end

    it "should have sub_total of 1800 (cent)" do
      # Lieferanschrift setzen
      @helge.addresses << addresses(:delivery)

      # Order anlegen
      @order = Order.create_order(@helge.id, @cart)
      @order.sub_total.should == 1800
    end

    it "should work well, if only invoice_address is given" do

    end
  end
```

Die Spezifikation ist durch Kommentare ergänzt und somit selbsterklärend, so dass ich auf weitere Erklärungen verzichte.

7.8.8.2 Notwendige Fixtures

Eine wichtige Voraussetzung für einen gelungenen Lauf der Spezifikation ist das Vorhandensein der verwendeten Fixtures. Daher sind einige Änderungen und Ergänzungen nötig, die im Folgenden detailliert beschrieben werden.

Als Erstes benötigen wir für die zu verwendenden Produkte die Datei `spec/fixtures/products.yml`.

Wenn Sie über den aktuellen Stand für diese Iteration verfügen, sollte der Inhalt so aussehen.

Listing 7.152 http://www.pastie.org/240269

```
# Datei products.yml
intro:
    name: Einführung in BDD
    description: Eine kurze Einführung in BDD für Einsteiger.
```

```
    price: 900 # cents
    photo: one
    category: basics
    manufacturer: rails_experts
advanced:
    name: Single Table Inheritance
    description: Erweiterte ORM-Konzepte für Ruby on Rails
    price: 900 # cents
    photo: two
    category: advanced
    manufacturer: rails_experts
```

Im Bereich der `Customer`-Objekte existiert noch keine Fixtures-Datei. Diese legen Sie bitte mit folgendem Inhalt an.

Listing 7.153 http://www.pastie.org/240270

```
helge:
    user: quentin
    gender: 0
    firstname: Helge
    lastname: Schneider
    title: dipl_ing
    phone: 0815-4711
    fax: 0815-4712
    website: http://www.helge-schneider.de
```

Zu guter Letzt müssen noch zwei Adressen für die Rechnungs- und Lieferanschrift in `addresses.yml` eingefügt werden.

Listing 7.154 http://www.pastie.org/240271

```
invoice:
    customer_id: helge
    street1: Ameisenweg 1
    zipcode: 47111
    city: Spackenhausen
    country: Germany
    default_invoice: true
delivery:
    customer_id: helge
    street1: Sandelholzstrasse 3
    zipcode: 08154
    city: Itzenplitz
    country: Germany
    default_delivery: true
```

Die Datei `users.yml` muss unter `spec/fixtures` neu angelegt werden und erhält folgenden Inhalt.

Listing 7.155 http://www.pastie.org/240272

```
quentin:
  login: quentin
  email: quentin@example.com
  salt: 7e3041ebc2fc05a40c60028e2c4901a81035d3cd
  crypted_password: 00742970dc9e6319f8019fd54864d3ea740f04b1 # test
  created_at: <%= 5.days.ago.to_s :db %>
  activation_code: 8f24789ae988411ccf33ab0c30fe9106fab32e9b
  activated_at: <%= 5.days.ago.to_s :db %>

aaron:
  login: aaron
  email: aaron@example.com
  salt: 7e3041ebc2fc05a40c60028e2c4901a81035d3cd
```

```
  crypted_password: 00742970dc9e6319f8019fd54864d3ea740f04b1 # test
  created_at: <%= 1.days.ago.to_s :db %>
  activation_code: 8f24789ae988411ccf33ab0c30fe9106fab32e9a

admin:
  login: admin
  email: admin@example.com
  salt: 7e3041ebc2fc05a40c60028e2c4901a81035d3cd
  crypted_password: 00742970dc9e6319f8019fd54864d3ea740f04b1 # test
  # activation_code: adminscode # only if you're activating new signups
  created_at: <%= 1.days.ago.to_s :db %>
```

Damit sind die von der Spezifikation benötigten Fixtures erstellt und einsatzbereit.

7.8.8.3 Die Klasse Order

Die Modell-Klasse `Order` wird mit dem Model-Generator erstellt, wobei allerdings die Migration aufgrund der vielen Attribute nachfolgend eingefügt wird.

```
$ jruby script/generate model order

exists  app/models/
exists  test/unit/
exists  test/fixtures/
create  app/models/order.rb
create  test/unit/order_test.rb
create  test/fixtures/orders.yml
exists  db/migrate
create  db/migrate/20080710073632_create_orders.rb
```

Die Spalten für die Tabelle `orders` können bereits unabhängig von der Spezifikation definiert werden.

Die folgenden Code-Zeilen stellen die Migration `CreateOrders` dar.

Listing 7.156 http://www.pastie.org/240273

```
class CreateOrders < ActiveRecord::Migration
  def self.up
    create_table :orders do |t|
      t.references :user
      t.string :ref
      t.string :email
      t.string :gender, :title, :firstname, :lastname
      t.string :invoice_street1, :invoice_street2
      t.string :invoice_city, :invoice_zipcode, :invoice_country
      t.string :delivery_street1, :delivery_street2
      t.string :delivery_city, :delivery_zipcode, :delivery_country
      t.integer :line_count
      t.integer :sub_total
      t.integer :vat_percent
      t.integer :vat_amount
      t.date :order_date
    end
  end

  def self.down
    drop_table :orders
  end
end
```

Führen Sie nun eine Migration durch, damit die neue Tabelle `Orders` in der Datenbank angelegt wird.

```
$ jruby -S rake db:migrate
(in /Users/mjohann/Documents/projects/final/briefcasten)
== 20080710073632 CreateOrders: migrating =============================
-- create_table(:orders)
   -> 0.0320s
   -> 0 rows
== 20080710073632 CreateOrders: migrated (0.0330s) ====================
```

Damit die einzelnen Spalten der Tabelle `orders` mit den Werten der jeweiligen Objekte gefüllt werden können, sollte die Modellklasse `Order` initial folgendermaßen aussehen (wobei auch die Spezifikationen problemlos durchlaufen):

Listing 7.157 http://www.pastie.org/240274

```
class Order < ActiveRecord::Base
  VAT = 19.0
  has_many :line_items, :dependent => :destroy

  belongs_to :user

  before_save :set_order_date

  def self.create_order(customer_id, shopping_cart)
    order = Order.new
    customer = Customer.find(customer_id)
    invoice_address = customer.invoice_address
    delivery_address = customer.delivery_address

    if delivery_address.nil?
      delivery_address = invoice_address
    end
    order.user = customer.user
    order.gender = customer.gender_text
    order.title = customer.title.name
    order.firstname = customer.firstname
    order.lastname = customer.lastname
    order.invoice_street1 = invoice_address.street1
    order.invoice_street2 = invoice_address.street2
    order.invoice_city = invoice_address.city
    order.invoice_zipcode = invoice_address.zipcode
    order.invoice_country = invoice_address.country

    order.delivery_street1 = delivery_address.street1
    order.delivery_street2 = delivery_address.street2
    order.delivery_city = delivery_address.city
    order.delivery_zipcode = delivery_address.zipcode
    order.delivery_country = delivery_address.country

    order.line_count = 0

    order.email = customer.user.email

    order.add_cart(shopping_cart)

    return order
  end

  def add_cart(shopping_cart)
    shopping_cart.cart_items.each do |item|
       add_cart_item(item)
    end
    self.sub_total = shopping_cart.sub_total
```

```
    self.vat_percent = VAT
    self.vat_amount = shopping_cart.sub_total * VAT / 100
  end

  private

  def add_cart_item(cart_item)
    line_item = LineItem.new(:pos => self.line_count)
    line_item.pos = self.line_count += 1
    line_item.cart_item = cart_item

    self.line_items << line_item
  end

  def set_order_date
    self.order_date = Time.now
    self.ref = self.order_date.strftime("%Y-%m-
%d/#{self.firstname[0]}#{self.lastname[0]}/#{rand(100)}")
  end
end
```

Die Klasse `Order` ist wie angekündigt etwas komplexer gestaltet.

Hier gibt es eine Klassenmethode `create_order`, die eine `Customer-ID` und einen Warenkorb erwartet. In dieser Methode wird eine Instanz von `Order` angelegt und der passende Kunde anhand der `ID` aus der Datenbank geladen.

Dann werden die entsprechenden Adressen für Rechnungs- und Lieferanschrift aus dem `Customer`-Objekt in lokalen Variablen abgelegt.

Danach werden sämtliche Felder für die Bestellung aus den zugehörigen Objekten übertragen und letztlich mit dem Aufruf von `add_cart`, der Warenkorb aufgelöst und zur Bestellung hinzugefügt.

Die `Order` hat eine Liste von `line_items`, die in der privaten Methode `add_cart_item` aufgebaut wird. Die Methode `set_order_date` wird dabei vor dem Speichern der Bestellung in der Datenbank aufgerufen und setzt das aktuelle Datum als Bestelldatum.

Damit sollten die Spezifikationen reibungslos durchlaufen, und wir können uns nach Betrachtung der Ergebnisse von rcov dem Implementieren des `OrdersController` zuwenden. Abbildung 7.55 auf der nächsten Seite zeigt das zufriedenstellende Ergebnis eines `rcov`-Laufes.

7.8.8.4 OrdersController anpassen

Der `OrdersController` wurde noch nicht implementiert. Wie aus der View `view_cart.html.erb` ersichtlich ist, wird beim Checkout auf die Methode `checkout` des `OrdersControllers` verwiesen.

Der Controller ist die Schnittstelle zwischen Bestellverwaltung und Zahlungsdatenerfassung. Wenn eine Bestellung zusammengestellt wurde, kann sie in einem Zustand *created* gespeichert werden. Wenn eine Bezahlung erfolgt ist, kann der Status auf *payed* gesetzt werden und die Auslieferung erfolgen. Nach der Auslieferung kann der Status entsprechend auf *finished* gesetzt werden.

Diese Zusandsänderungen lassen sich sehr schön in einer Statemachine abbilden. In einer zukünftigen Version von Ruby on Rails wird eine geeignete Statemachine verfügbar sein;

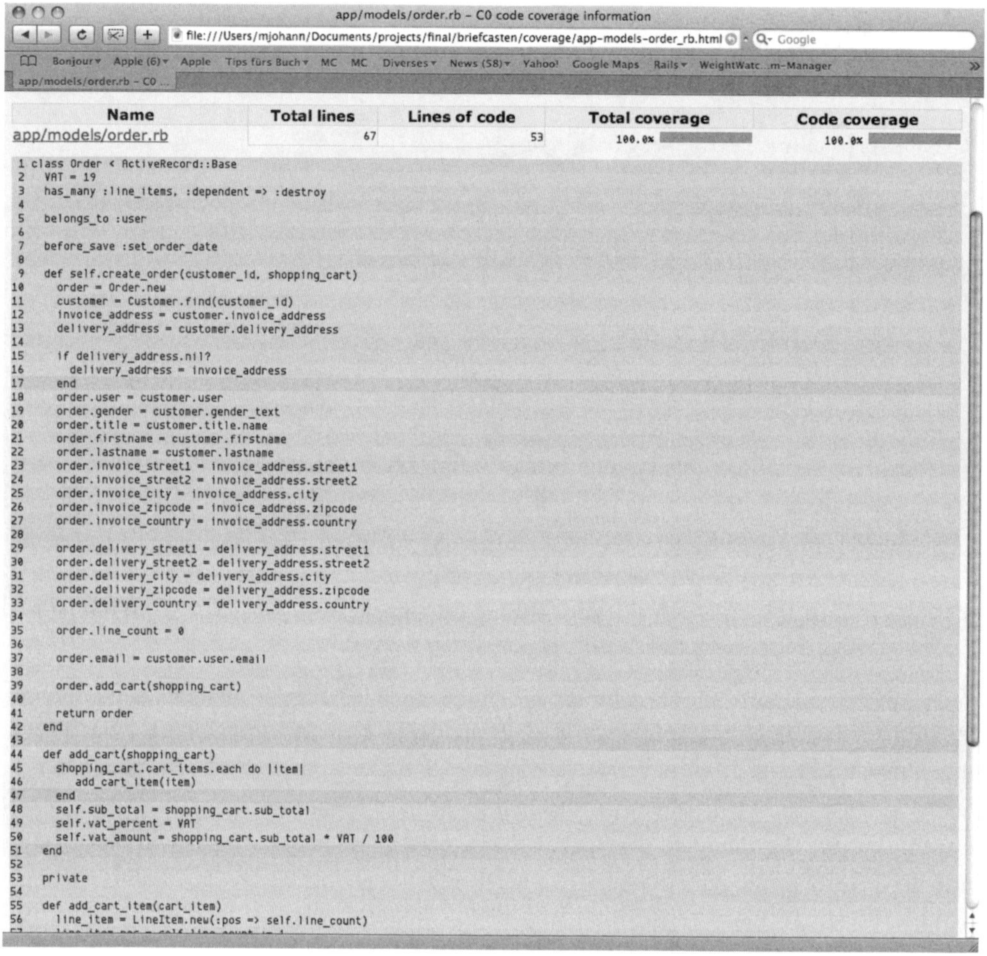

Abbildung 7.55 100 Prozent Testabdeckung für die Order-Spezifikation

bis dahin benötigen wir allerdings ein Plugin namens `acts_as_state_machine`, das mit folgendem Aufruf installiert werden kann.

```
$ jruby script/plugin install
http://elitists.textdriven.com/svn/plugins/acts_as_state_machine/tags/rel_2-0/
```

Nach der Installation ist die Handhabung sehr einfach.

Eine Bestellung erhält beim ersten Anlegen in der Datenbank den Status `:created`. Nach der Bezahlung wird der Status auf `:payed` gesetzt. Wenn der Kunde seine Download-Informationen erhalten hat, wird die Bestellung auf `:finished` gesetzt und ist damit komplett abgeschlossen.

Damit diese Statusänderungen erfolgen können, muss die Klasse `Order` einige Erweiterungen bekommen. Fügen Sie daher die folgenden Zeilen in die Klasse `Order` ein.

Listing 7.158 http://www.pastie.org/240277

```
class Order < ActiveRecord::Base
  before_save :set_order_date

  VAT = 19.0
  has_many :line_items, :dependent => :destroy
  belongs_to :user

  acts_as_state_machine :initial => :created

  state :created
  state :payed
  state :finished

  event :payment do
    transitions :to => :payed, :from => :created
  end

  event :finished do
    transitions :to => :finished, :from => :payed
  end

  def self.create_order(customer_id, shopping_cart)
...
end
```

Mit der Anweisung `acts_as_state_machine`, wird dem Modell mitgeteilt, dass es nun seinen Status in der Tabelle `orders` anhand der Spalte `state` verwaltet. Da diese Spalte noch nicht vorhanden ist, erstellen Sie bitte an dieser Stelle eine weitere Migration, die diese Spalte hinzufügt.

```
$ jruby script/generate migration AddOrderState

exists  db/migrate
create  db/migrate/20080713114159_add_order_state.rb
```

Die neue Migration sollten Sie wie folgt implementieren, damit die entsprechenden Operationen je nach Richtung der Migration ordnungsgemäß ausgeführt werden.

Listing 7.159 http://www.pastie.org/240278

```
class AddOrderState < ActiveRecord::Migration
  def self.up
    add_column :orders, :state, :string
  end

  def self.down
    remove_column :orders, :state
  end
end
```

Nun können Sie die Migration ausführen und auf diese Weise die fehlende Spalte in die Tabelle `orders` einfügen.

```
$ jruby -S rake db:migrate

(in /Users/mjohann/Documents/projects/final/briefcasten)

== 20080713114159 AddOrderState: migrating ===========================

-- add_column(:orders, :state, :string)

   -> 0.0320s
```

```
    -> 2 rows

== 20080713114159 AddOrderState: migrated (0.0320s) ==================
```

Wenn Sie nun eine Bestellung im System anlegen, wird der Status entsprechend auf `:created` gesetzt. Probieren Sie es ruhig einmal aus, um ein besseres Gefühl dafür zu bekommen.

Die `event`-Aufrufe setzen den Status einer Bestellung in der Datenbank neu. So kann eine Methode `:payment` aufgerufen werden, die die Bestellung nach der Zahlung in den Zustand `:payed` versetzen. Ähnliches gilt für das Event `:finished`.

Die weitere Nutzung der Statemachine erläutere ich Ihnen, wenn es um die Zahlungsabwicklung geht. Zunächst setzen wir mit dem `OrdersController` fort.

7.8.8.5 OrdersController generieren

Mit dem folgenden Aufruf, wird der `OrdersController` generiert. Die Aktion `checkout` wird gleich mit angelegt.

```
$ jruby script/generate controller Orders checkout

exists  app/controllers/
exists  app/helpers/
create  app/views/orders_controller
exists  test/functional/
create  app/controllers/orders_controller.rb
create  test/functional/orders_controller_test.rb
create  app/helpers/orders_controller_helper.rb
create  app/views/orders_controller/checkout.html.erb
```

Damit hat der Generator nicht nur die Klasse `OrdersController` generiert, sondern auch eine passende View, die wir in einem nächsten Schritt anpassen.

Die Aktion `checkout` des `OrdersControllers` sollte so aussehen.

Listing 7.160 http://www.pastie.org/240282

```
class OrdersController < ApplicationController
  before_filter :login_required, :for => :checkout
  before_filter :page_setup
  require_role 'customer', :for => :checkout

  def page_setup
    @page_id = "screencasts"
  end
  def checkout
    begin
      customer = Customer.find_by_user_id(current_user)
    cart = session[:cart]
    if session[:order].nil?
      @order = Order.create_order(customer, cart)
      if @order.save
        session[:order] = @order
        flash[:notice] = "Order successfully saved."
      else
        redirect_to root_path
      end
    else
      @order = session[:order]
    end
  rescue ActiveRecord::RecordNotFound
```

```
      flash[:notice] = "Please enter your customer details."
      redirect_to new_customer_path
    end
  end
end
```

Die View Checkout

Die View für die Aktion `checkout` muss entsprechend die Details der Bestellung anzeigen. Hierzu wird folgender Code in die Datei `app/views/orders/checkout.html.erb` geschrieben.

Listing 7.161 http://www.pastie.org/240283

```
<h1>Order Details</h1>
<%=h @order.gender %><br/>
<%=h @order.title + " "%>
<%=h @order.firstname + " " + @order.lastname %><br/>
<hr/>
<h3>Invoice address:</h3>
<%=h @order.invoice_street1 %><br/>
<%=h @order.invoice_street2 %><br/>
<%=h @order.invoice_zipcode %> <%=h @order.invoice_city %><br/>
<%=h @order.invoice_country %><br/>
<hr/>
<h3>Delivery address:</h3>
<%=h @order.delivery_street1 %><br/>
<%=h @order.delivery_street2 %><br/>
<%=h @order.delivery_zipcode %> <%=h @order.delivery_city %><br/>
<%=h @order.delivery_country %><br/>
<br/>
<table>
     <tr>
              <th>Pos</th>
              <th>Name</th>
              <th>Qty</th>
              <th>Price</th>
              <th>Total</th>
     </tr>
<%= render :partial => 'line_items' %>
<tr><td colspan="5"><hr/></td></tr>
<tr>
  <td colspan="3"> </td>
  <td>VAT (19%):</td>
  <td align="right"><%=h "%5.2f" % (@order.sub_total * Order::VAT / 10000) %>
€</td>
</tr>
<tr>
  <td colspan="3"> </td>
  <td>Sub total:</td>
  <td align="right"><%=h "%5.2f" % (@order.sub_total / 100) %> €</td>
</tr>
</table>
```

Mit diesem Code erhalten Kunden vor dem Zahlungsvorgang eine Übersicht der Bestellungsdaten (vgl. Abbildung 7.56 auf der nächsten Seite).

Im nächsten Schritt fügen wir schließlich einen Button für die Zahlung via PayPal Website Payments Standard ein.

Damit ist der Bestellvorgang fürs Erste abgeschlossen.

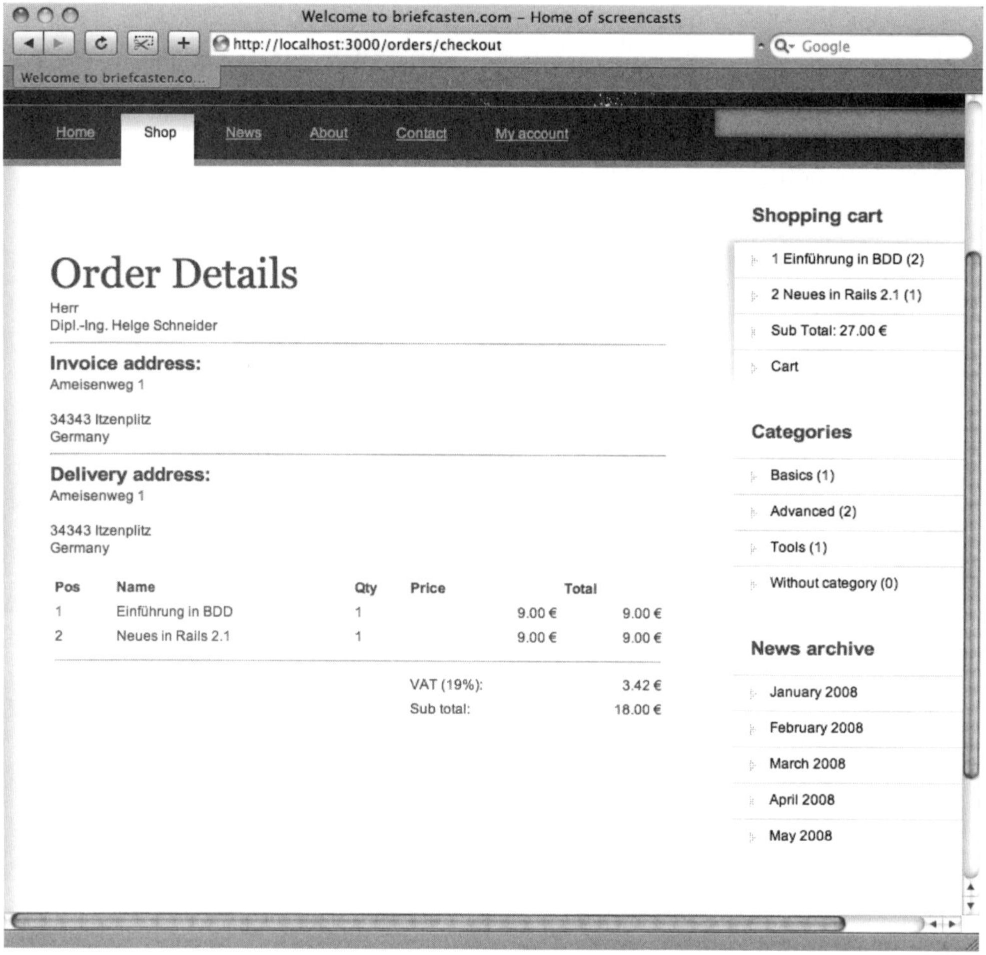

Abbildung 7.56 Die Bestellungsdetails im Überblick

7.8.8.6 Abschließende Arbeiten

Auch nach dieser Iteration 4.1 werden die vorgenommenen Änderungen gespeichert. Zu diesem Zweck fügen Sie zunächst alle neuen Dateien hinzu.

```
$ hg addrem
```

Nun führen Sie einen Commit durch.

```
$ hg commit -v -m "finished Ordering system"
```

Zum Schluss vergeben Sie das Tag `IT4_1`.

```
$ hg tag IT4_1
```

7.8.8.7 Zusammenfassung der Iteration 4.1

Mit dieser Iteration wurde zwar eine Bestellung in der Datenbank persistent gemacht, doch lässt sich damit kein Geld verdienen. Folgende Aspekte wurden implementiert:

- rSpec Spezifikationen und Modelle
- Alle Modelle wie Order und LineItem
- OrdersController und Views

Es wurde noch keine Zahlungsmethode für die Bestellung angegeben und verarbeitet. Damit steht ein weiterer Entwicklungsschritt ins Haus, nämlich die Implementierung eines Zahlungsvorgangs.

7.9 Iteration 5: Wie wird PayPal integriert?

Zunächst erkläre ich kurz, warum PayPal direkt als Zahlungsgateway vorgestellt wird und nicht etwa andere Gateways wie beispielsweise iPayment von 1&1.

Zu Beginn dieses Abschnitts kündigte ich an, endlich zu zeigen, wie man es schafft, Kreditkartenzahlungen zu akzeptieren und auf diese Weise eine breite Käuferschicht für sich zu gewinnen. Weil das Ziel eines Shops möglichst viele zahlende Kunden und Bestellungen sind, erschien es mir überaus sinnvoll, ein Gateway zu integrieren, das von der Komponente ActiveMerchant[2] unterstützt wird.

ActiveMerchant ist ein Plugin für Ruby on Rails, das inzwischen mehr als dreißig verschiedene Gateways unterstützt.

Prinzipiell ist es so, dass ein Shopbetreiber heute solch ein Gateway benutzen muss, wenn er sich nicht selbst um die vielen Sicherheitsbelange kümmern will. Beispielsweise ist eine Sicherheitsanforderung, dass die Kreditkartendaten des Kunden nicht beim Händler gespeichert werden dürfen.

Weil die Gateways lediglich die Bestell- und Zahlungsdaten übernehmen und das Processing durchführen, lassen sich die Gateways diese Dienstleistung selbstverständlich bezahlen. Die Kosten hierfür sind sehr unterschiedlich, und nicht immer lohnt es sich, die zusätzlich erforderlichen Verträge mit den Kartenunternehmen zu schließen. Übrigens gibt es auch keine Garantie, dass Sie einen Akzeptanzvertrag erhalten, wenn die Umsätze nicht in geeigneten Größenordnungen liegen.

Die Kosten für die im Shop angebotenen Screencasts liegen im unteren Preissegment. Daher lohnt es sich nicht immer, die Transaktionskosten und Gebühren zu akzeptieren.

Das größte Problem ist allerdings die Tatsache, dass die meisten Gateways nur für Händler außerhalb Deutschlands zur Verfügung stehen. PayPal hat einen hohen Bekanntheitsgrad und wird unterdessen in vielen Shops als Zahlungsmittel angeboten, weil Kunden – auch in

2 http://www.activemerchant.org/

Deutschland – via PayPal nicht nur mit ihrer Kreditkarte, sondern beispielsweise per Lastschriftverfahren bezahlen können. PayPal bietet hauptsächlich zwei Zahlungswege an:

PayPal Direct Payment

Die direkte Übermittlung von Kreditkarten- und Bestelldaten mittels PayPal Direct Payment hat den Vorteil, dass die Kunden auf den Seiten des eigenen Shops bleiben, während im Hintergrund Web-Services die eigentliche Kommunikation durchführen, was viele Vorteile, für deutsche Händler aber einen gravierenden Nachteil hat.

Dieser Weg ist nur für Händler in den USA und in Großbritannien verfügbar. Es gibt zwar eine deutschsprachige Entwicklungsplattform, doch weist man dort nicht darauf hin, dass die entsprechenden Dienste in Deutschland nicht zur Verfügung stehen.

Nach Experimenten mit diesem Zahlungsweg erfuhr ich schließlich von einem WebService, dass ich im falschen Land wohne.

PayPal Website Payments Standard

Also bleibt zunächst nur der Weg über PayPal Website Payments Standard, kurz PPWPS.

Der Prozess verläuft in etwa so, dass der Kunde am Ende auf der Seite für die Zahlungsdaten landet. Dort sieht er einen vorgefertigten Button von PayPal, der ihm signalisiert, dass eine Zahlung per PayPal möglich ist. Die Daten dahinter sind über den Shop konfigurierbar und werden in einem eigenen Verfahren verschlüsselt. Eigentlich sollte ein solcher Button nur für einen Artikel in einem Shop genutzt werden. Da wir aber einen eigenen Warenkorb verwalten und nicht den von PayPal nutzen wollen, soll der Button für eine Gesamtbestellung ausreichen.

Der Kunde wird nach dem Klick auf diesen Button auf die Login-Seite von PayPal umgeleitet, wo er nach der Anmeldung die Bestelldaten sieht und die Zahlung bestätigen oder abbrechen kann. Nach der Bestätigung wird der Kunde an den Shop zurückgeleitet, und der Bestellvorgang kann abgeschlossen werden.

Ein weiterer WebService von PayPal liefert quasi asynchron eine Zahlungsbestätigung an eine vom Händler konfigurierbare URL.

So weit, so gut und so einfach. Der einzige Haken an der Sache ist, dass so mancher Kunde den Zahlungsvorgang nicht abschließt, wenn eine Umleitung zu PayPal stattfindet.

Ich habe dieses Problem im deutschsprachigen Ruby-Forum[3] diskutiert und mich von einigen privaten Mails überzeugen lassen, dass es sich lohnt, über PayPal Website Payments Standard abzurechnen und dass Kunden den Bestellvorgang auch zu Ende führen.

Die folgenden Abschnitte sollen verdeutlichen, wie Zahlungssysteme von PayPal grundsätzlich integriert werden. Wer weiß – vielleicht gibt es in naher Zukunft die Möglichkeit, PayPal Direct Payment in Deutschland zu nutzen. Dann werden Sie in einer möglichen Neuauflage sicher ein zusätzliches Kapitel vorfinden.

---

[3] http://forum.ruby-portal.de/viewtopic.php?t=7342&highlight=paypal

7.9.1 Grundlagen zu PayPal Website Payments Standard

Grundsätzlich steht PayPal zwei unterschiedlichen Parteien zur Verfügung: Kunden (Käufern) und Händlern (Verkäufern).

Die Verkäufer können zusätzlich zu den Daten, die jeder Kunde hinterlegen kann, dem Händlerprogramm von PayPal beitreten, um Zahlungen zu empfangen, die auf den Seiten eines eigenen Shops initiiert wurden.

Die folgenden Zeilen sind kein Ersatz für die Dokumentation von PayPal zur jeweiligen Schnittstelle. Sie sollen Ihnen jedoch einen kleinen Vorgeschmack davon geben, wie das Ganze funktioniert.

7.9.1.1 Händlerkonto einrichten

Zunächst müssen Sie bei PayPal ein Händlerkonto einrichten. Dazu können Sie Ihr eigenes bestehendes Konto erweitern oder ein neues Konto anlegen. Nachdem Sie diesen Vorgang abgeschlossen haben, werden Ihnen diverse Benachrichtigungen zugesendet. Abbildung 7.57 zeigt einen Überblick über die Profileinstellungen von PayPal-Händlerkonten.

Abbildung 7.57 Die Verkäufereinstellungen von PayPal

Wenn der komplette Anmeldevorgang abgeschlossen ist, stehen Ihnen in der Kontoverwaltung einige Einstellungen mehr zur Verfügung.

Einstellungen für Zahlungsempfang

Die Einstellungen zum Zahlungsempfang beziehen sich im Wesentlichen darauf, welche Zahlungen abgelehnt und welcher Abrechnungsname bei den Kunden angezeigt werden soll (siehe Abbildung 7.58).

Hierbei können Sie konfigurieren, ob Zahlungen in einer anderen als den unterstützten Währungen abgelehnt werden sollen. Außerdem lässt sich einstellen, ob doppelte, aus Versehen getätigte Zahlungen automatisch vermieden werden sollen.

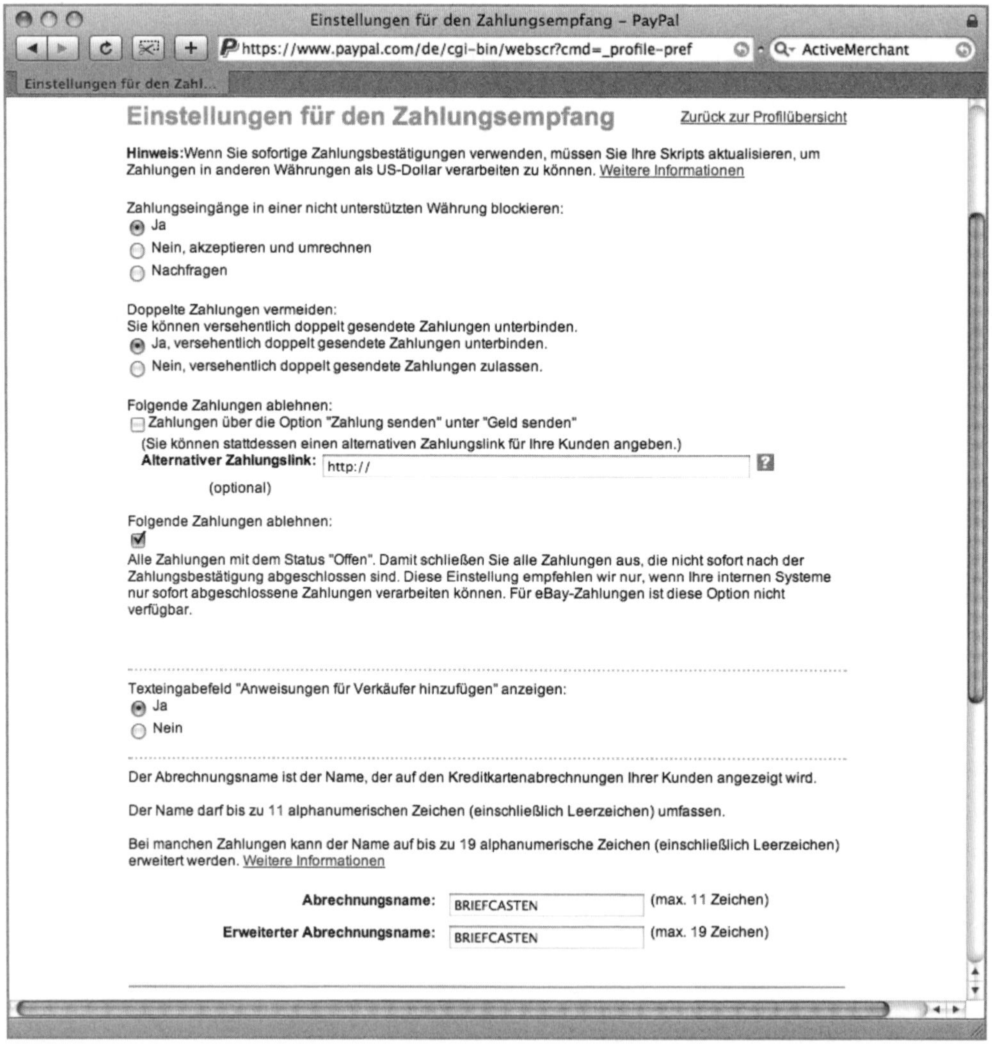

Abbildung 7.58 Einstellungen zum Zahlungsempfang.

Instant Payment Notification (IPN)

Die sofortige Zahlungsbestätigung ist ein Service von PayPal, der dem Verkäufer den Eingang einer Zahlung signalisiert. Hierfür gibt der Verkäufer eine URL an, die PayPal nach einem Zahlungseingang aufruft. Abbildung 7.59 zeigt die Einstellungsseite für IPN. Die dort konfigurierte URL lautet:

```
http://www.briefcasten.com/orders/paypal_ipn
```

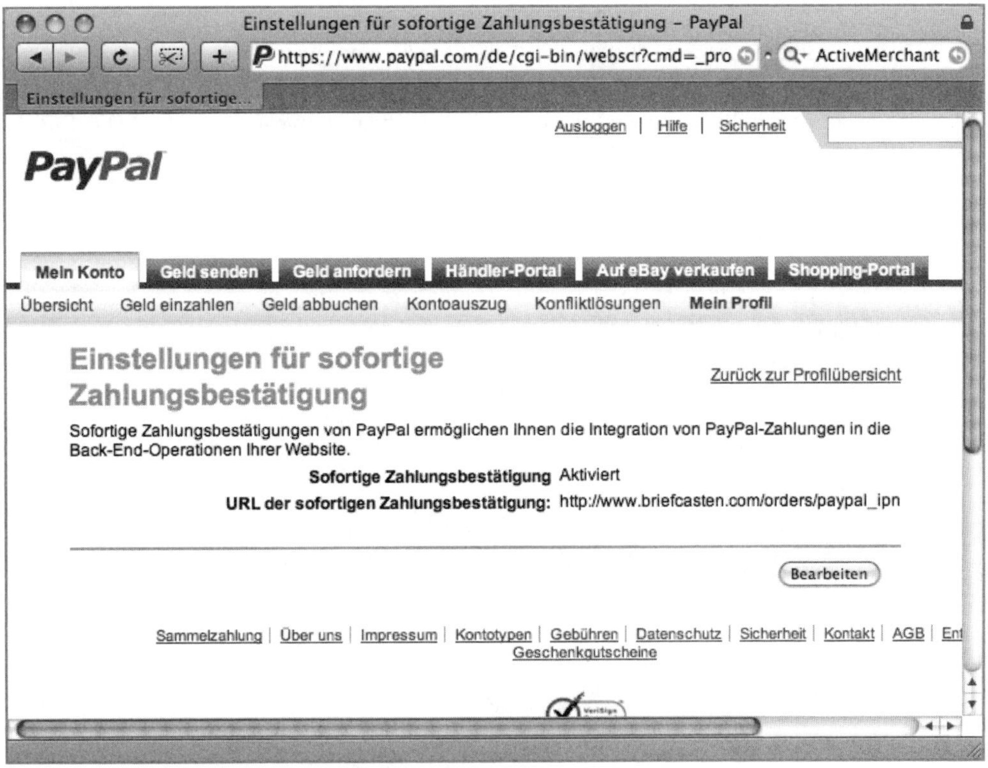

Abbildung 7.59 Die URL für die sofortige Zahlungsbestätigung

Zertifikate für verschlüsselte Buttons

Die Verschlüsselung von Buttons zum Einleiten einer Zahlung erfolgt mit Hilfe öffentlicher Zertifikate von PayPal und vom Verkäufer. Dabei kann das öffentliche Zertifikat von PayPal heruntergeladen werden, das Sie benötigen, wenn Daten von PayPal kommend entschlüsselt werden müssen.

Ein selbst erstelltes Zertifikat kann auf dieser Seite hochgeladen werden. Hierzu müssen Sie das Zertifikat zunächst erstellen. Wie das funktioniert, sehen Sie im Abschnitt 7.9.4.

Benutzerdefinierte Vorlagen

Mit diesem Menüpunkt erhalten Sie die Möglichkeit, Farben und ein eigenes Logo zu konfigurieren, um dem Kunden bei der Umleitung auf die PayPal-Seiten eine an den Shop angelehnte Optik zu präsentieren.

Nachdem die Einstellungen vorgenommen wurden, kann man sich über eine Vorschau vom Ergebnis überzeugen lassen und das neue Design als Standard festlegen. Durch die Angabe eines Logos sowie drei Farbwerten wird natürlich keine wirkliche Anpassung an den Shop geboten, doch man nimmt ja bekanntlich, was man kriegt.

Weitere Einstellungen sind nicht nötig, um die Angaben zu komplettieren. Zu beachten gilt es lediglich, dass jeweils für die Testumgebung, also die PayPal Sandbox, und das Produktiv-System unterschiedliche Einstellungen und Zertifikate verwendet werden. Die folgenden Informationen beziehen sich daher auf die Testumgebung.

7.9.2 Developer Sandbox

Mit der Developer Sandbox können Sie Ihre PayPal-Integration auf ihre Funktionalität hin überprüfen. Abbildung 7.60 zeigt die Startseite nach dem Login.

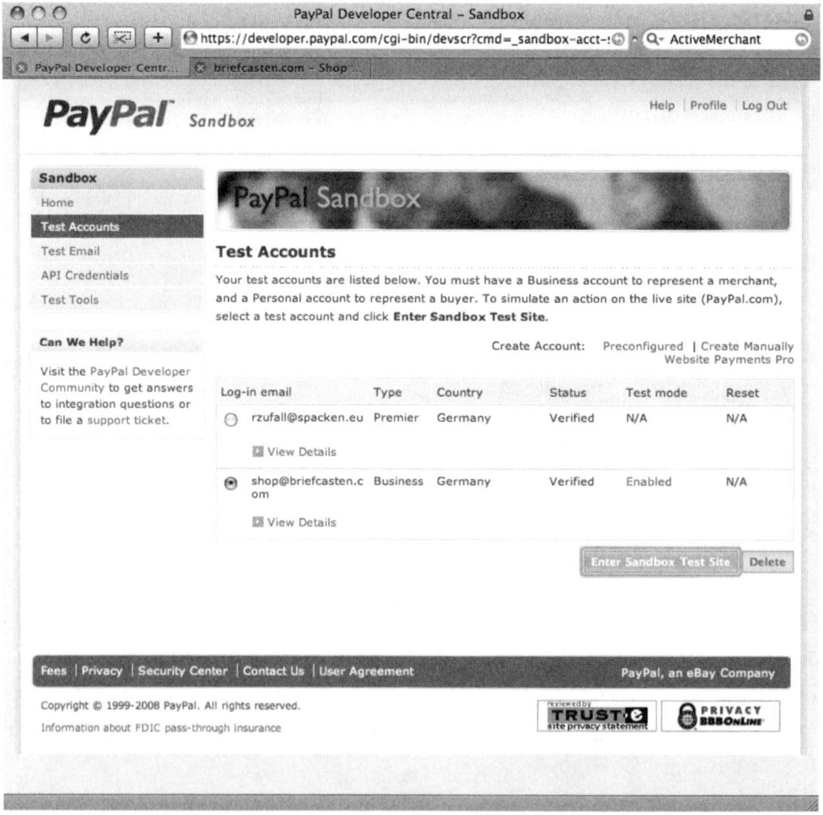

Abbildung 7.60 Die Developer Sandbox von PayPal

Hierzu müssen Sie sich unter `developer.paypal.com` beim Entwicklerportal anmelden und entsprechende Testkonten für Käufer und Verkäufer anlegen und verwalten.

Die Funktionalität der Sandbox ist nur gegeben, wenn Sie sich zeitgleich mit Ihrem Entwicklerkonto angemeldet haben, weshalb sämtliche Tests einen angemeldeten Entwickler erfordern.

Die Anmeldung erfolgt aus Gründen der Praktikabilität in einem separaten Browser-Tab, damit einfach und schnell ein Refresh der Anmeldung erfolgen kann, falls einmal die automatische Abmeldung zugeschlagen hat.

Während Sie sich also angemeldet haben, können Sie auf die Sandbox für die Käufer- und Verkäuferkonten und deren Verwaltung (siehe Abbildung 7.61) zugreifen.

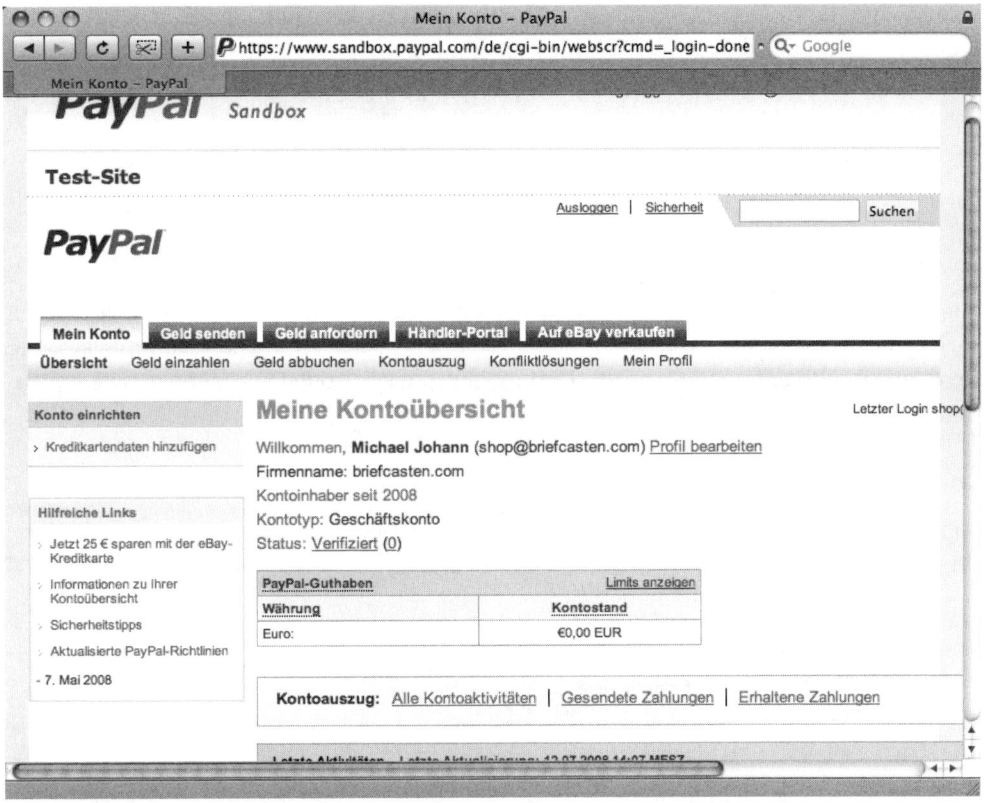

Abbildung 7.61 Die Sandbox für den Benutzer shop@briefcasten.com

Die Sandbox ist eine `1:1`-Abbildung der Produktivseite von PayPal, mit dem Unterschied, dass getätigte Zahlungen rein fiktiv sind.

In den folgenden Schritten erweitern wir den Shop dahingehend, dass Kunden Zahlungen mit PayPal vornehmen können.

7.9.3 ActiveMerchant für PayPal Website Payments Standard

Das Plugin ActiveMerchant ist ein Extrakt aus dem Ruby-on-Rails-Projekt Shopify[4], einer Lösung für Internet-Shops, die den eigenen Bedürfnissen angepasst werden können.

ActiveMerchant ist einfach zu integrieren und kapselt für den Entwickler die im Hintergrund stattfindenden WebService-API-Aufrufe zu PayPal.

Damit sind wir am ersten praktischen Punkt der Zahlungsanbindung angelangt: Die Installation von ActiveMerchant.

Plugin installieren

Wie jedes andere Ruby-on-Rails-Plugin wird auch ActiveMerchant mit Hilfe des Plugin-Skriptes installiert. Geben Sie hierzu in Ihrem Projektverzeichnis den folgenden Befehl ein.

```
$ jruby script/plugin install git://github.com/Shopify/active_merchant.git

removing:
/Users/mjohann/Documents/projects/final/briefcasten/vendor/plugins/active_merchant
/.git

Initialized empty Git repository in
/Users/mjohann/Documents/projects/final/briefcasten/vendor/plugins/active_merchant
/.git/
```

Damit ist das Plugin für Rails 2.1 installiert und kann genutzt werden. Die Datei `README` im Verzeichnis `vendor/plugins/active_merchant` listet sämtliche Gateways auf, die direkt und offsite unterstützt werden. Darunter eben auch PayPal Website Payments Standard.

Konfiguration der Entwicklungsumgebung

Danach ist die Konfiguration der Development-Umgebung anzupassen. Hierzu geben Sie am Ende der Datei `config/environments/development.rb` folgende Zeilen ein.

Listing 7.162 http://www.pastie.org/240306

```
ActiveMerchant::Billing::Base.gateway_mode = :test
ActiveMerchant::Billing::Base.integration_mode = :test
ActiveMerchant::Billing::PaypalGateway.pem_file =
                 File.read(File.dirname(__FILE__) + '/../../paypal/
paypal-sandbox-cert.pem')
```

Damit ist die Umgebung für ActiveMerchant der Sandbox von PayPal angepasst. Lediglich das PayPal-Zertifikat für die Sandbox muss noch ins Verzeichnis paypal kopiert werden.

Zertifikate erstellen

Hierfür wird in den Profileinstellungen des Sanbox-Verkäufer-Kontos das PayPal-Zertifikat heruntergeladen und in das in der Konfiguration angegebene Verzeichnis kopiert.

---

[4] http://www.shopify.com

Der nächste Schritt besteht darin, ein eigenes Zertifikat zu generieren, das sich in der Sandbox nutzen lässt. Wechseln Sie nun in das Verzeichnis `paypal`. Dann geben Sie auf der Kommandozeile Folgendes ein, um zunächst einen privaten Schlüssel zu generieren.

```
$ openssl genrsa -out my-prvkey.pem 1024

Generating RSA private key, 1024 bit long modulus
.....++++++
........................................++++++
e is 65537 (0x10001)
```

Der private Schlüssel wird genutzt, um das Zertifikat, das wir gleich im Anschluss generieren, zu signieren.

Als Nächstes geben Sie folgende Anweisung ein, um das Zertifikat, das Sie in die PayPal-Sandbox laden, zu generieren.

```
$ openssl req -new -key my-prvkey.pem -x509 -days 365 -out my-pubcert-sandbox.pem

You are about to be asked to enter information that will be incorporated
into your certificate request.
What you are about to enter is what is called a Distinguished Name or a DN.
There are quite a few fields but you can leave some blank
For some fields there will be a default value,
If you enter '.', the field will be left blank.
-----
Country Name (2 letter code) [AU]:DE
State or Province Name (full name) [Some-State]:Nordrhein-Westfalen
Locality Name (eg, city) []:Steinfurt
Organization Name (eg, company) [Internet Widgits Pty Ltd]:rails-experts.com
Organizational Unit Name (eg, section) []:Sales
Common Name (eg, YOUR name) []:Michael Johann
Email Address []:shop@briefcasten.com
```

Die von `openssl` gestellten Fragen müssen Sie entsprechend Ihren eigenen Daten beantworten. Vor allem die E-Mail-Adresse muss mit der Adresse aus der Sandbox-Umgebung übereinstimmen.

Nun gehen Sie wieder zu den Profileinstellungen Ihrer PayPal-Sandbox und laden das erstellte Zertifikat hoch.

Nach dem Hochladen sehen Sie einige Details zum Zeritifikat sowie eine Zertifikat-ID. Kopieren Sie die Zertifikat-ID – sie wird für die Auswahl des richtigen Zertifikats benötigt, um die Buttons für den Zahlungsauftrag zu verschlüsseln.

7.9.4 Verschlüsselungs-Module für Buttons

Die Verschlüsselung der Bestellungsdaten und Zahlungsangaben erfolgt mit Hilfe eines Moduls, das wir an dieser Stelle implementieren. Hierzu erstellen Sie eine Datei namens `lib/button_encoder.rb` mit folgendem initialen Inhalt.

Listing 7.163 http://www.pastie.org/240308

```
module ButtonEncoder
  class Button
    def initialize(data)
      my_cert_file = Dir.getwd + "/paypal/my-pubcert-sandbox.pem"
      my_key_file = Dir.getwd + "/paypal/my-prvkey.pem"
```

```
          paypal_cert_file = Dir.getwd + "/paypal/paypal-sandbox-cert.pem"

          IO.popen("/opt/local/bin/openssl smime -sign -signer #{my_cert_file} \
                  -inkey #{my_key_file} -outform der -nodetach -binary | \
                  /opt/local/bin/openssl smime -encrypt -des3 -binary \
                  -outform pem #{paypal_cert_file}", 'r+') do |pipe|
            data.each { |x,y| pipe << "#{x}=#{y}\n" }
            pipe.close_write
            @data = pipe.read
          end
        end

        def self.from_hash(hs)
          self.new hs
        end

        def encoded_text
          @data
        end

      end
    end
```

Achten Sie bitte darauf, dass die für `openssl` entsprechend der Umgebung in der `openssl` verwendeten Pfade auch verfügbar sind und mit den benötigten Rechten aufgerufen werden können.

Der Konstruktor erledigt hier die Verschlüsselung der ihm übergebenen Daten. Der Nutzer des ButtonEncoders erhält beim Aufruf der Methode `encrypted_text` als Rückgabewert eine Zeichenkette, die dann hinter den sichtbaren Button gelegt werden kann.

Die Klassenmethode `from_hash` liefert bei Übergabe eines Hash-Objektes mit den Informationen aus der entsprechenden Bestellung eine Instanz von `ButtonEncoder::Button` zurück, auf der sich dann die Methode `encoded_text` aufrufen lässt.

Nun können wir uns der Integration in den `OrdersController` widmen.

7.9.5 Integration in den OrdersController

Der `OrdersController` bekommt eine neue private Methode namens `encode`, die den verschlüsselten Button bereitstellt.

Listing 7.164 http://www.pastie.org/240310

```
class OrdersController < ApplicationController
  include ButtonEncoder

  before_filter :login_required, :for => :checkout
  before_filter :page_setup
  require_role 'customer', :for => :checkout

  def page_setup
    @page_id = "screencasts"
  end
  def checkout
    begin
      customer = Customer.find_by_user_id(current_user)
    cart = session[:cart]
    if session[:order].nil?
      @order = Order.create_order(customer, cart)
      if @order.save
        session[:order] = @order
```

```
        flash[:notice] = "Order successfully saved."
      else
        redirect_to root_path
      end
    else
      @order = session[:order]
    end
    @action_url = ENV['RAILS_ENV'] == "production" ?
                  "https://www.paypal.com/de/cgi-bin/webscr" :
                  "https://www.sandbox.paypal.com/de/cgi-bin/webscr"
    @button = encode(@order)
  rescue ActiveRecord::RecordNotFound
    flash[:notice] = "Please enter your customer details."
    redirect_to new_customer_path
  end
  end

  def done

  end

  private

  def encode(order)
    data = {
      "cert_id" => "Y2Y6YXNQQ6J58",
      "cmd" => "_xclick",
      "business" => "shop@briefcasten.com",
      "item_name" => "Screencasts from www.briefcasten.com",
      "item_number" => "#{order.ref}",
      "custom" =>"something to pass to IPN",
      "amount" => "#{order.sub_total / 100}",
      "currency_code" => "EUR",
      "country" => "DE",
      "no_note" => "1",
      "no_shipping" => "1",
    }
    return_url = ENV['RAILS_ENV'] == "production" ?
                 "http://www.briefcasten.com" :
                 "http://localhost:3000"

    data.merge!("return" => "#{return_url}/orders/done/#{order.id}")

    button = ButtonEncoder::Button.from_hash(data).encoded_text

    return button
  end
end
```

Sie sehen, dass in der Methode `encode` ein `Hash`-Objekt erstellt wird, das sämtliche Abrechnungsdaten enthält. Wichtig ist hier die Zertifikat-ID des genutzten Zertifikats, die auch zur Entschlüsselung auf PayPal-Seiten verwendet wird.

Weitere Angaben zur Bestellung sind der Betrag, die Währung und das Land. Weiter unten wird die URL für die Rückkehr nach erfolgter Zahlung eingefügt. Dann wird der Button entsprechend verschlüsselt, und die Methode `encode` liefert den Button-Text zurück.

Auf diese Weise lässt sich der Button in die View integrieren. Die entsprechende View `checkout.html.erb` haben wir in einem der letzten Schritte bereits entwickelt, so dass jetzt lediglich eine weitere Zeile in die HTML-Tabelle eingefügt werden muss.

Listing 7.165 http://www.pastie.org/240312

```
<h1>Order Details</h1>
<%=h @order.gender %><br/>
<%=h @order.title + " "%>
```

```
<%=h @order.firstname + " " + @order.lastname %><br/>
<hr/>
<h3>Invoice address:</h3>
<%=h @order.invoice_street1 %><br/>
<%=h @order.invoice_street2 %><br/>
<%=h @order.invoice_zipcode %> <%=h @order.invoice_city %><br/>
<%=h @order.invoice_country %><br/>
<hr/>
<h3>Delivery address:</h3>
<%=h @order.delivery_street1 %><br/>
<%=h @order.delivery_street2 %><br/>
<%=h @order.delivery_zipcode %> <%=h @order.delivery_city %><br/>
<%=h @order.delivery_country %><br/>
<br/>
<table>
    <tr>
            <th>Pos</th>
            <th>Name</th>
            <th>Qty</th>
            <th>Price</th>
            <th>Total</th>
    </tr>
<%= render :partial => 'line_items' %>
<tr><td colspan="5"><hr/></td></tr>
<tr>
  <td colspan="3"> </td>
  <td>VAT (19%):</td>
  <td align="right"><%=h "%5.2f" % (@order.sub_total*Order::VAT / 10000) %> €</td>
</tr>
<tr>
  <td colspan="3"> </td>
  <td>Sub total:</td>
  <td align="right"><%=h "%5.2f" % (@order.sub_total / 100) %> €</td>
</tr>
<tr>
    <td colspan="4"> </td>
    <td><form action="<%= @action_url %>" method="post">
    <input type="hidden" name="cmd" value="_s-xclick" />
    <input type="hidden" name="encrypted" value="<%= @button %>" />
    <input type="image" name="submit"
      src="https://www.paypal.com/de_DE/i/btn/btn_xpressCheckout.gif"
      align="right"
      style="margin-right:7px; background-color: #ffffff; border: none">
    </input>
</form></td>
</tr>
</table>
```

Sie sehen, dass hierfür ein HTML-Formular in eine Datenzelle der Tabelle eingefügt wird. Das Formular enthält einige versteckte Felder wie das aufzurufende Kommando (hier `_s-click`), den verschlüsselten Button-Text sowie einen grafischen Button direkt von Paypal. Die Darstellung im Browser sieht nach dieser Änderung wie in Abbildung 7.62 aus.

Wenn die Zahlung bei PayPal abgeschlossen ist, wird der Kunde von PayPal zurück auf die Herkunftsseite geleitet bzw. auf die als Return-Parameter übergebene Seite. PayPal hat dann bereits alle Bestätigungsdaten angezeigt und kann im Hintergrund eine Zahlungsbestätigung an den Shop versenden. Dieses Feature heißt „Instant Payment Notification" (IPN) und ermöglicht die Speicherung der Zahlungsbestätigung in der eigenen Anwendung.

Die URL für den Return-Wert ist folgender.

```
http://localhost:3000/orders/done/#{order.id}
```

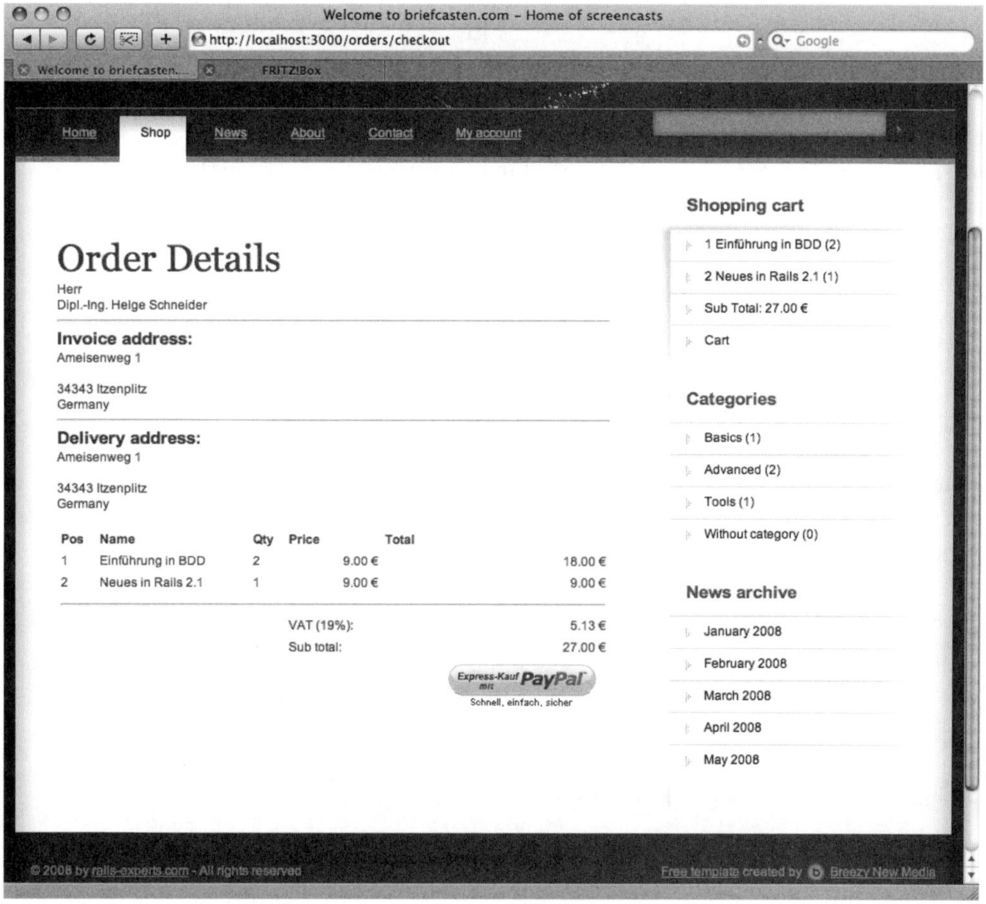

Abbildung 7.62 Die Bestelldetails mit der neuen Express-Kauf-Funktion

Damit wird der Primärschlüssel für die Bestellung beim Aufruf der Aktion `done` des `OrdersControllers` übergeben, und es kann eine Bestätigung der Bestellung angezeigt werden. Hierzu wird die Methode `done` im `OrdersController` folgendermaßen implementiert.

Listing 7.166 http://www.pastie.org/240318

```
def done
  @order = Order.find(params[:id])
  if @order.state == 'payed'
    @order.finish!
  end
end
```

Die Links für den Download der Screencasts wird per E-Mail versendet, sobald die Zahlung eingegangen ist.

Die Methode `done` sucht zunächst die gewünschte Bestellung heraus und setzt dann den Status durch einen Aufruf der Methode `finish!` auf `:finished`.

Allerdings wird der Bestellstatus erst geändert, wenn PayPal zuvor eine IPN verarbeitet. Da diese quasi asynchron ankommt, kann die Generierung der E-Mail mit den Links für den Download einige Minuten dauern.

Die View `done.html.erb` sieht einfach aus und liefert aktuell keine weiteren Informationen als die Ankündigung, dass eine E-Mail mit Download-Links versendet wird.

Listing 7.167 http://www.pastie.org/240319

```
<h1>Order completed!</h1>
<p>You will receive an email notification, with the download link for your screen-
casts.</p>
<p>Thank you for your purchase.</p>
```

7.9.6 IPN implementieren

Damit kommen wir zur Verarbeitung der Instant Payment Notfication von PayPal. Wenn eine Zahlung durchgeführt wurde, wird der Status innerhalb einer Benachrichtigung an den Shop-Betreiber gesendet. Damit diese Nachrichten empfangen werden können, muss eine URL entweder statisch im Profil oder dynamisch bei jedem Aufruf der PayPal-Bezahlung übergeben werden.

In diesem Shop wird die URL `http://www.briefcasten.com/orders/ipn` definiert, um IPN-Nachrichten empfangen zu können. Somit wird die Methode `ipn` im `OrdersController` notwendig, die wie folgt aussieht.

Listing 7.168 http://www.pastie.org/240322

```
def ipn
  notify = Paypal::Notification.new(request.raw_post)

  pn = PaymentNotification.new(params)
  pn.save
  @order = Order.find_by_ref(notify.item_id)
  if notify.acknowledge
    begin
    if notify.complete?
      logger.info("Trying to update order")
      @order.payment!
      logger.info("Successfully updated order")
    else
      logger.error("Failed to verify Paypal's notification.")
    end
  rescue Exception => e
    logger.error e.message
    order.state = :created
  end
  end
  render :nothing => true
end
```

Damit wird im Controller zunächst dafür gesorgt, dass die Request-Parameter in ein Objekt vom Typ `PayPal::Notification` umgewandelt werden. Eine interne Modell-Klasse `PaymentNotification` speichert die Nachricht zu Auditing-Zwecken in der Datenbank. Die Referenz auf die Bestellung wird genutzt, um das `Order`-Objekt zu diesem Vorgang herauszusuchen.

Dann wird geprüft, ob die Nachricht tatsächlich von PayPal stammt, und es wird mit der weiteren Überprüfung fortgefahren. Wenn die Nachricht bedeutet, dass die Zahlung `complete` ist. kann die Bestellung auf den Status `:payed` gesetzt werden.

Andernfalls wird ein Logging vorgenommen und der Status der Bestellung wieder auf `:created` zurückgesetzt.

Damit ist der Vorgang fehlgeschlagen, und der Kunde erhält keine E-Mail mit den Download-Daten.

Die weitere Handhabung dieser Situation soll hier nicht weiter beschrieben werden, um den Abschnitt nicht unnötig aufzublähen.

Die Methode `ipn` zeigt dem Aufrufer keine weitere HTML-Response an. Damit müssen zwei weitere Schritte implementiert werden: das Modell der Klasse `PaymentNotification` und die E-Mail-Benachrichtigung.

7.9.6.1 Speichern der PayPal IPN

Zunächst wird das Modell implementiert. Generieren Sie die Klasse `PaymentNofification` mit folgendem Aufruf.

```
$ jruby script/generate model PaymentNotification

exists  app/models/
exists  test/unit/
exists  test/fixtures/
create  app/models/payment_notification.rb
create  test/unit/payment_notification_test.rb
create  test/fixtures/payment_notifications.yml
exists  db/migrate
create  db/migrate/20080715093552_create_payment_notifications.rb
```

Damit die Nachrichten von PayPal entsprechend gespeichert werden können, muss die Migration zum Modell `PaymentNotification` folgendermaßen implementiert werden.

Listing 7.169 http://www.pastie.org/240325

```
class CreatePaymentNotifications < ActiveRecord::Migration
  def self.up
    create_table :payment_notifications do |t|
      t.string :payment_status, :receiver_id, :payer_email
      t.float :tax
      t.string :business, :payment_gross, :residence_country
      t.string :receiver_email, :verify_sign
      t.integer :quantity
      t.string :mc_currency, :txn_type, :action, :charset, :txn_id
      t.string :item_name, :notify_version
      t.float :payment_fee
      t.string :payer_status, :controller
      t.float :shipping, :mc_fee
      t.time :payment_date
      t.string :first_name, :test_ipn, :payment_type
      t.float :mc_gross
      t.string :payer_id, :last_name, :custom, :item_number
      t.timestamps
    end
  end

  def self.down
    drop_table :payment_notifications
```

```
  end
end
```

Führen Sie die Migration mit `db:migrate` durch, um die Änderungen in der Datenbank anzulegen.

Damit kann der Shop nun die PayPal-Nachrichten verarbeiten und entsprechend speichern.

7.9.6.2 E-Mail versenden

Nach erfolgreicher Zahlung, und nur dann, soll der Kunde eine E-Mail mit einem Download-Link für seine bestellten Screencasts erhalten. Hierbei handelt es sich im Grunde um den gleichen Mechanismus wie bei der Benutzerverwaltung. Da hier Instanzen der Klasse `Order` gehandhabt werden, soll ein eigener Observer für `Order`-Objekte erstellt werden. Dieser sieht dann wie folgt aus und wird in der Datei `app/models/order_observer.rb` implementiert.

Listing 7.170 http://www.pastie.org/240326

```
class OrderObserver < ActiveRecord::Observer
  def after_update(order)
    if order.state == "payed"
      OrderMailer.deliver_payment_notification(order)
    end
  end
end
```

In der Datei `config/environment.rb` muss der Observer noch angemeldet werden.

Listing 7.171 http://www.pastie.org/240327

```
Rails::Initializer.run do |config|
  config.active_record.observers = :user_observer, :order_observer
  ...
end
```

Im `OrderObserver` wird ein `OrderMailer` aufgerufen, der die E-Mail-Nachricht generiert und ausliefert. Der Mailer wird in der Datei `app/models/order_mailer.rb` angelegt und sieht so aus.

Listing 7.172 http://www.pastie.org/240331

```
class OrderMailer < ActionMailer::Base
  def payment_notification(order)
    setup_email(order)
    @subject    += 'Your payment has been received'

    @body[:url]  =
"http://localhost:3000/download/#{order.download_location}"

  end

  protected
    def setup_email(order)
      @recipients  = "#{order.user.email}"
      @from        = "sales@briefcasten.com"
      @subject     = "[www.briefcasten.com] "
      @sent_on     = Time.now
      @body[:order] = order
    end
end
```

Damit werden einige Daten für die E-Mail-Erstellung aufbereitet und ein Download-Link erzeugt, der auf dem `Order`-Modell basiert. Dementsprechend wird eine neue Migration für die Klasse `Order` notwendig, um das Attribut `download_location` zu erzeugen.

Dieses Attribut ist vom Typ `String` und enthält einen verschlüsselten Wert, den `Orders-Controller` weiterverwendet, um eine Bestellung zum Download vorzubereiten. Erstellen Sie also eine Migration mit folgendem Aufruf.

```
$ jruby script/generate migration addDownloadLocation

exists  db/migrate
create  db/migrate/20080721115307_add_download_location.rb
```

Fügen Sie anschließend die folgenden Zeilen in die Migration ein.

Listing 7.173 http://www.pastie.org/240333

```
class AddDownloadLocation < ActiveRecord::Migration
  def self.up
    add_column :orders, :download_location, :string
  end

  def self.down
    remove_column :orders, :download_location
  end
end
```

Die Modell-Klasse `Order` bekommt nun eine kleine Erweiterung, um den Wert für das neue Attribut beim Speichern zu vergeben. Und zwar wird in der Methode `set_order_date` eine weitere Zeile eingefügt, um den verschlüsselten Wert zu generieren.

Listing 7.174 http://www.pastie.org/240334

```
def set_order_date
  self.order_date = Time.now
  self.ref = self.order_date.strftime("%Y-%m-
%d/#{self.firstname[0]}#{self.lastname[0]}/#{rand(100)}")
  if self.download_location.nil?
    self.download_location =
       Digest::SHA1.hexdigest("topsecret--#{self.ref}--encoding")
  end
end
```

Damit Sie die Verschlüsselung durchführen können, müssen Sie noch die folgende Zeile an den Anfang der Datei `app/models/order.rb` stellen.

```
require 'digest/sha1'
```

Damit ist die Generierung der Download-URL abgeschlossen, und wir können uns dem Generieren der Dowload-Ansicht widmen. Abbildung 7.63 zeigt die Ansicht der View `done`.

Die generierte E-Mail enthält einen Link, der direkt zur Aktion `download` des `Orders-Controllers` führt. Allerdings enthält der URI für diese Aufrufe die verschlüsselte Information zur Bestellung sowie eine ID, mit der sich der Screencast identifizieren lässt. Daher muss in der Datei `config/routes.rb` folgende Ergänzung vorgenommen werden.

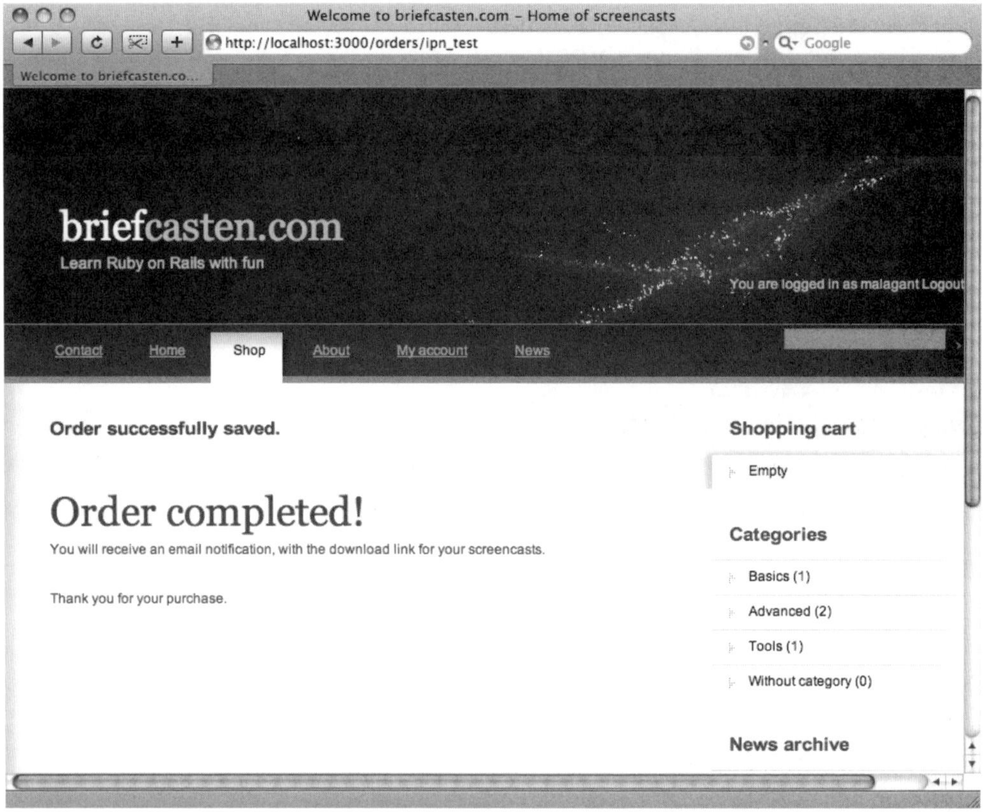

Abbildung 7.63 Die Bestellung wurde abgeschlossen.

Listing 7.175 http://www.pastie.org/240335

```
map.download '/download/:location/:id',
  :controller => 'orders',
  :action => 'download',
  :id => nil
```

Der Parameter `:location` muss also in derAktion `download` ausgewertet werden. Sehen Sie sich daher die Methode `download` der Klasse `OrdersController` einmal genauer an.

Listing 7.176 http://www.pastie.org/240336

```
def download
  @order = Order.find_by_download_location(params[:location]) if params[:location]
  if @order
    if params[:id].nil?
      render :action => :download
    else
      line_item = @order.line_items.find(params[:id])
      product_id = line_item.product_id
      screencast = Screencast.find_by_product_id(product_id)
      if screencast
        send_file "#{RAILS_ROOT}/public/downloads/" +
                  screencast.file_name
      end
    end
```

```
    else
      flash[:notice] = "Requested unknown download.
                Please contact sales@briefcasten.com for help."
      redirect_to root_path
    end
  end
```

In der Methode `download` sehen Sie, dass zuerst durch den Parameter `:location` eine Zuordnung zur Download-Location im Modell `Order` hergestellt wird. Die Namensgebung mag an dieser Stelle für etwas Verwirrung sorgen, doch soll der URI suggerieren, dass hier eine geschützte Ressource angesteuert wird.

Wenn die gesuchte Bestellung gefunden wurde, wird mit dem Parameter `:id` des URI nach den enthaltenen Produkten gesucht. Für jedes Produkt bereitet der Controller einen Pfad auf, der intern genutzt wird, um eine statische Ressource, in diesem Fall die konkreten Screencast-Filme, mit Hilfe der Methode `send_file` zum Browser des Benutzers zu schicken.

Sie erkennen sicher auf den ersten Blick, dass dasVerzeichnis, in dem die Filme liegen, geschützt werden muss, damit nicht jeder mit dieser einfachen URL darauf zugreifen kann. Die Implementierung dieses Schutzes präsentiere ich in diesem Buch allerdings nicht. Vielmehr sollten Sie sich das fehlende Attribut `file_name` ansehen. Darin soll der Dateiname des `Screencast`-Objektes abgelegt werden können.

Hierfür muss somit eine weitere Migration erstellt werden, deren Generierung Sie sicher schon im Schlaf aufsagen können.

Listing 7.177 http://www.pastie.org/240337

```
class AddFileNameToScreencasts < ActiveRecord::Migration
  def self.up
    add_column :screencasts, :file_name, :string
  end

  def self.down
    remove_column :screencasts, :file_name
  end
end
```

Wenn Sie sich nach dieser Migration als Administrator anmelden und einige Produkte mit dem neuen Attribut anlegen oder aktualisieren, wird ein gültiger Link zum Download möglich.

An dieser Stelle muss noch das Partial `_screencast_product_form.html.erb` um das neue Feld erweitert werden.

Listing 7.178 http://www.pastie.org/240338

```
<% form_for(@screencast, :html => {:multipart => true} ) do |f| %>
  <% fields_for "photo", @screencast.product.photo do |form| %>
   <p>Picture:<br/><%= form.file_field(:picture_file) %></p>
  <% end %>
  <% fields_for "product", @screencast.product do |form| %>
    <p>Name:<br/><%= form.text_field :name %></p>
    <p>Description:<br/><%= form.text_area :description %></p>
    <p>Price:<br/><%= form.text_field :price %></p>
    <p>Category:<br/><%= form.collection_select :category_id,
                              categories, :id, :name %></p>
    <p>Manufacturer:<br/><%= form.collection_select :manufacturer_id,
```

```
                                  manufacturers, :id, :name %></p>
  <% end %>
  <p>Format:<br/><%= f.collection_select :format_id,
                                  formats, :id, :name %></p>
  <p>Duration:<br/><%= f.text_field :duration %></p>
  <p>Size (in MB):<br/><%= f.text_field :size %></p>
  <p>URL for preview:<br/><%= f.text_field :preview_url %></p>
  <p>File name:<br/><%= f.text_field :file_name %></p>
  <p>Revision:<br/><%= f.text_field :revision %></p>
  <p><%= f.submit label %></p>
<% end %>
```

Das Ergebnis muss nun noch in der View `download.html.erb` angezeigt werden. Hierzu dienen die folgenden Zeilen.

Listing 7.179 http://www.pastie.org/240339

```
<p>Here are your downloads:</p>
<p>
<% for item in @order.line_items %>
    <%= link_to "#{item.product.name}",
"/download/#{@order.download_location}/#{item.id}" %><br/>
<% end %>
</p>
```

Die generierten Links in dieser View zeigen wiederum auf die Bestellung, diesmal allerdings mit der Übergabe der Produkt-ID. Damit sieht eine einfache Download-Ansicht wie in der Abbildung 7.64 aus.

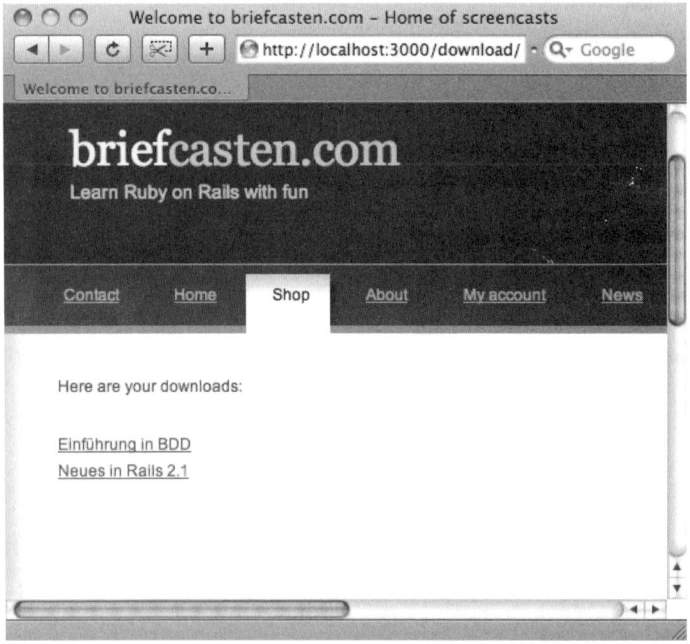

Abbildung 7.64 Die Downloads für den Kunden mit seiner Bestellung

Wenn Sie nun echte Screencast-Dateien im Dateisystem abgelegt haben, erhalten Sie beim Klicken auf eine Link das jeweilige Produkt zum Download.

7.9.7 Testszenarien und deren Durchführung

Mit der Fertigstellung des Bestellvorgangs kann nun auch ein Testlauf mit der Sandbox erfolgen. Hierzu legen Sie einfach eine Bestellung an und klicken sich durch die einzelnen Stationen. Wenn Sie alle Produkte in den Warenkorb gelegt haben, können Sie mit einem Klick auf den Link Checkout die Zahlung mit dem verschlüsselten PayPal-Express-Checkout-Button (vgl. Abbildung 7.65) vornehmen.

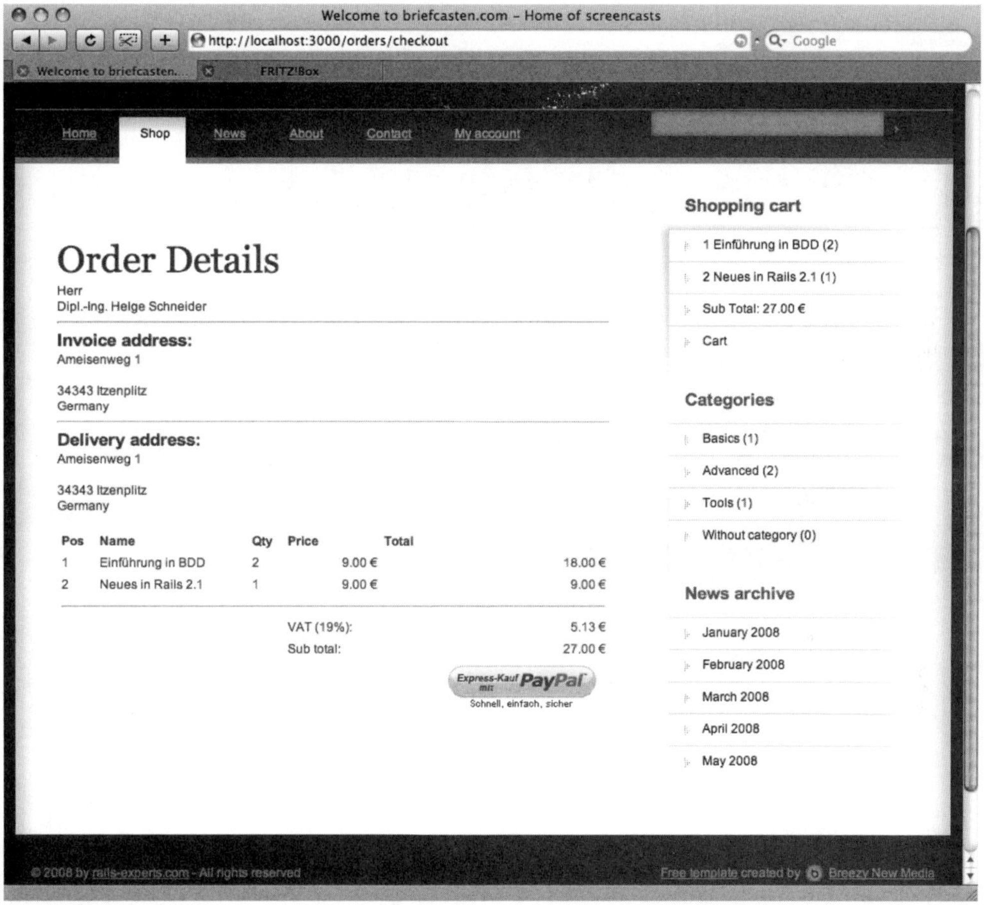

Abbildung 7.65 Am Anfang der Zahlungsabwicklung

Nach dem Klick auf den Express-Kauf-Button von PayPal wird auf die Seite von PayPal umgeleitet, und der Kunde muss sich bei seinem eigenen Konto anmelden. Abbildung 7.66 zeigt, wie diese Seite aussieht.

Wenn sich der Kunde korrekt angemeldet hat, wird ihm noch einmal die Bestellung mit ihren wichtigsten Daten angezeigt (siehe Abbildung 7.67). Ein eigener Button bietet nun die Möglichkeit, die Zahlung mit dem angegebenen Zahlungsmittel durchzuführen.

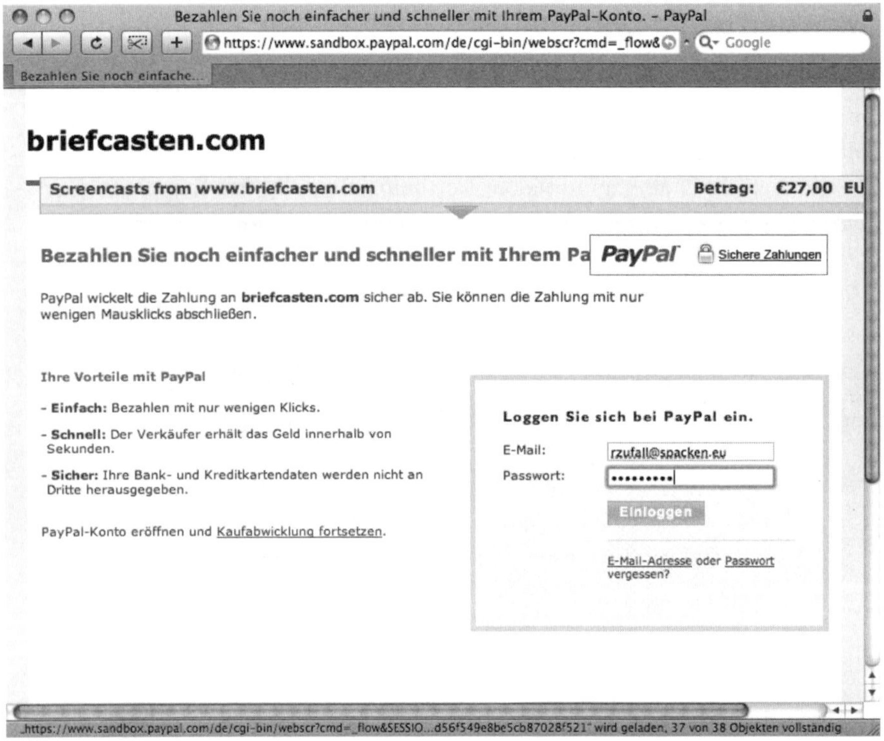

Abbildung 7.66
Die Anmeldeseite von PayPal mit Angaben zum Zahlungsbetrag

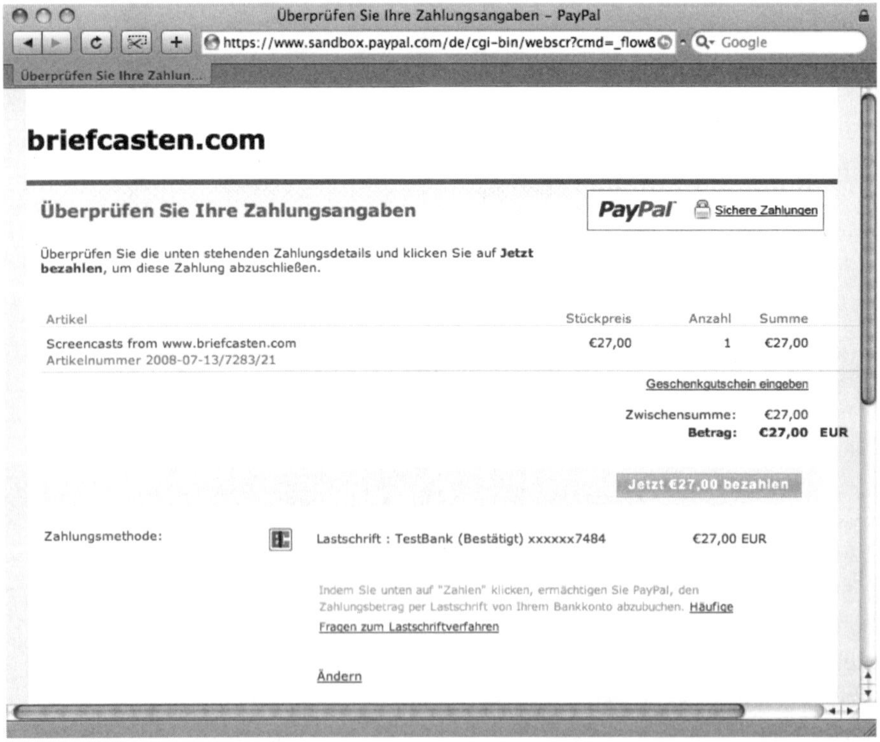

Abbildung 7.67
Die Zahlungsangaben zur Überprüfung und der Button zum Bezahlen

Wenn der Kunde, wie gehofft und erwünscht, auf den gelben Button klickt, wird sein Zahlungsmittel mit dem angegebenen Betrag belastet und eine Bestätigungsseite angezeigt, von der aus der Kunde wieder auf den Shop zurückgeleitet wird. Abbildung 7.68 zeigt diese Bestätigungsseite. Der gelbe Button führt zu briefcasten.com zurück.

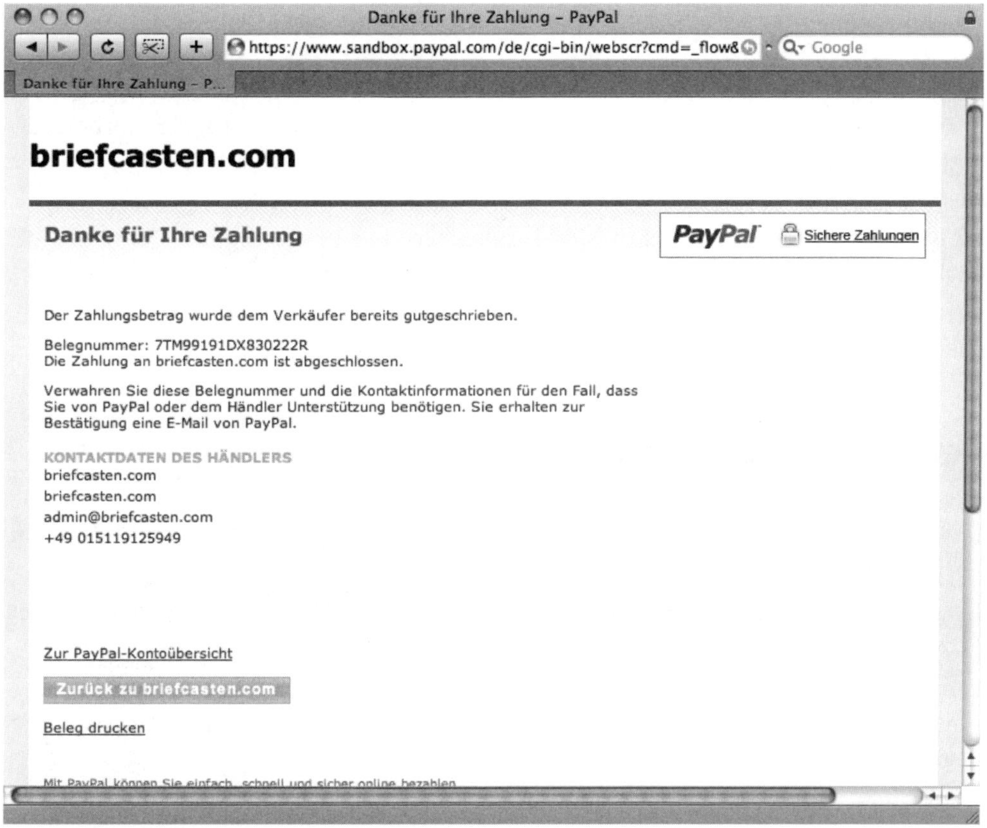

Abbildung 7.68 Die Bestätigung der Zahlung und der Button zur Zurückleitung

Die Rückleitung zum Shop erfolgt, wie bereits erwähnt, durch den Parameter `return` im verschlüsselten Text des Buttons. Nachdem der Kunde wieder auf der Shop-Seite angelangt ist, wird ihm die schon aus Abbildung 7.63 bekannte Seite angezeigt, und er darf seine Mailbox auf eine neue Nachricht überprüfen. Die Nachricht enthält einen Link, mit dem sich die bestellten Screencasts herunterladen lassen.

7.9.8 Abschließende Arbeiten

Damit ist diese Iteration beendet, und Sie können den aktuellen Stand einchecken und mit einem Tag versehen. Hierzu geben Sie wieder folgende Anweisungen ein.

```
$ hg addrem
```

Anschließend führen Sie einen Commit durch.

```
$ hg commit -v -m "finished paypal integration"
```

Zum Schluss vergeben Sie noch das Tag `IT5`.

```
$ hg tag IT5
```

7.9.9 Zusammenfassung der Iteration 5

In dieser Iteration wurden einige komplexere Zusammenhänge implementiert. Insbesondere die Integration mit PayPal als Zahlungsmittel zum Abschluss des Bestellvorgangs war eine Herausforderung.

Im nächsten und letzten Abschnitt des Kapitels lernen Sie, wie Sie mit JRuby und der Suchmaschine Lucene eine Volltextsuche für die Produktdatenbank implementieren.

In unserem Buch ist verständlicherweise nicht die gesamte Produktivschaltung der Anwendung sowie die Finalisierung der Zugangsdaten und Zertifikate zu sehen.

7.10 Iteration 6: Volltextsuche mit Lucene

Im letzten Abschnitt dieses Kapitels geht es um die Volltextsuche in Datenbank-Modellen. Speziell soll hier gezeigt werden, wie nach Screencasts gesucht werden kann.

Es gibt einige Suchmaschinen, die Ruby direkt integrieren kann. Zwei von ihnen heißen Ferret[5] und Ultrasphinx[6].

Ferret ist eine Reimplementierung der bekannten Java-basierten Suchmaschine Lucene[7]. Einige Experten berichten, dass Ferret schneller als Lucene sei, was an der C-Extension liegt, die in JRuby leider nicht lauffähig ist.

Diese Tatsache brachte mich auf die Idee, mit JRuby eine andere Form der Suchmaschinen-Integration vorzustellen. Anstatt eine Suchmaschinen-API direkt anzusprechen, zeige ich Ihnen in diesem Abschnitt, wie ein Suchserver aufgebaut, konfiguriert und als Service angesprochen werden kann.

Dabei lassen sich die Suchergebnisse im XML-Format auswerten und in einer eigenen Ergebnisseite anzeigen.

Dies führt allerdings zu einer etwas anderen Deployment-Umgebung. Die Rails-Anwendung wird dabei als WAR-Datei und somit als Webanwendung in einem Glassfish-Server gestartet. Der Suchservice läuft auf dem gleichen oder einem beliebigen Rechner, wobei für dieses Buch eine Installation in der gleichen Glassfish-Instanz vorgenommen wird.

---

5 http://ferret.davebalmain.com/

6 http://blog.evanweaver.com/files/doc/fauna/ultrasphinx/files/README.html

7 http://lucene.apache.org/

7.10.1 DBSight

Es gibt bei Verwendung von Lucene verschiedene Möglichkeiten, eine Suche zu konfigurieren und auszuführen. Wer dazu Lust hat und über die nötige Zeit verfügt, um sich mit der komplexen API zu beschäftigen, kann sich mit JRuby einen direkten Zugriff auf die Funktionalität von Lucene verschaffen.

Ich gehe hier mal den einfachen Weg und nutze ein frei verfügbares Produkt namens DBSight, mit dem eine Volltextsuche in knapp drei Minuten konfiguriert und auf verschiedene Weise präsentiert werden kann.

DBSight[8] ist in einer Entwicklerversion frei verfügbar; die Nutzer müssen lediglich auf einen Indizierungs-Cron-Job verzichten. Somit werden neue Daten erst nach manueller Indizierung eingebunden, was uns aber nicht daran hindert, DBSight als Web-Anwendung auf JRuby laufen zu lassen.

Nach dem Herunterladen von DBSight kann das Tool bequem als Web-Anwendung auf einem Glassfish[9]-Server installiert werden. Zum aktuellen Zeitpunkt, da nur Web-Anwendungen deployed werden sollen, kann auch alternativ ein Tomcat-Server zum Einsatz kommen.

7.10.2 Suche konfigurieren

Nachdem Sie DBSight in Ihren Web-Container deployed haben, können Sie über den Context-Root dbsight auf die Konfigurationsseiten für die Suche gelangen.

Zuerst werden Sie aufgefordert, ein neues Passwort zu vergeben, damit keine unerwünschten Zugriffe auf die Konfiguration möglich werden (siehe Abbildung 7.69).

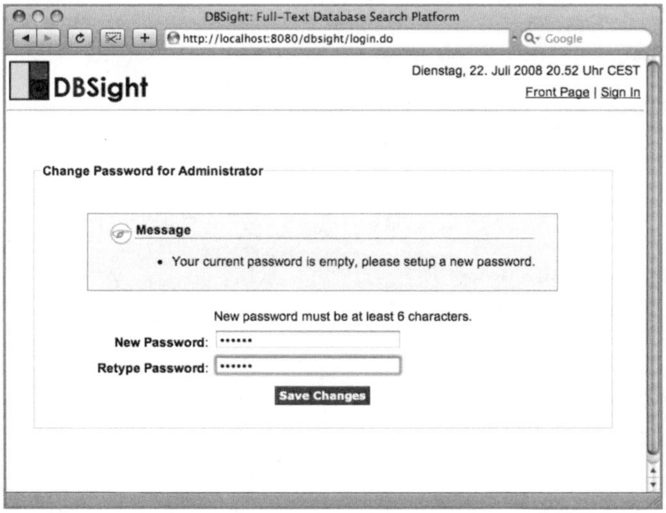

Abbildung 7.69
Zuerst wird man aufgefordert, ein neues Passwort anzulegen.

8 http://www.dbsight.net/

9 https://glassfish.dev.java.net/

Danach gelangen Sie zu den Indizierungseinstellungen und können den Setup-Wizard starten. Abbildung 7.70 zeigt diesen Dialog.

Dort können Sie den Namen des Index, hier Screencast, angeben.

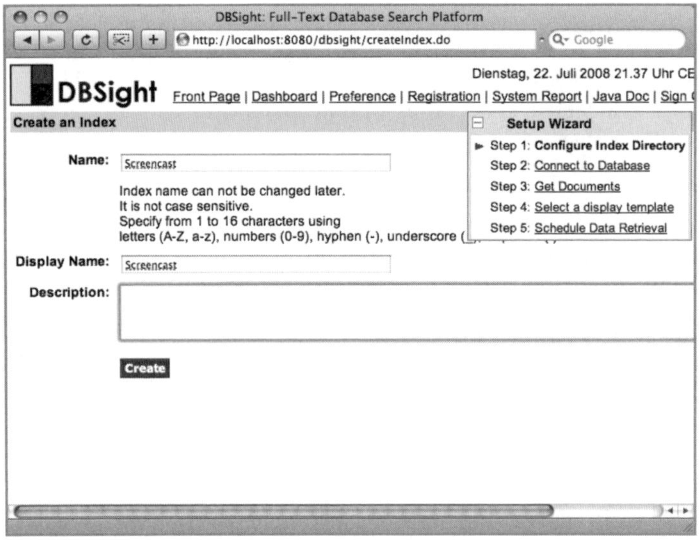

Abbildung 7.70
Der erste Schritt zum Anlegen eines Suchindex

Auf der nächsten Seite wird die Datenbankverbindung konfiguriert, um die Tabellen nach den gewünschten Begriffen zu durchsuchen (siehe Abbildung 7.71).

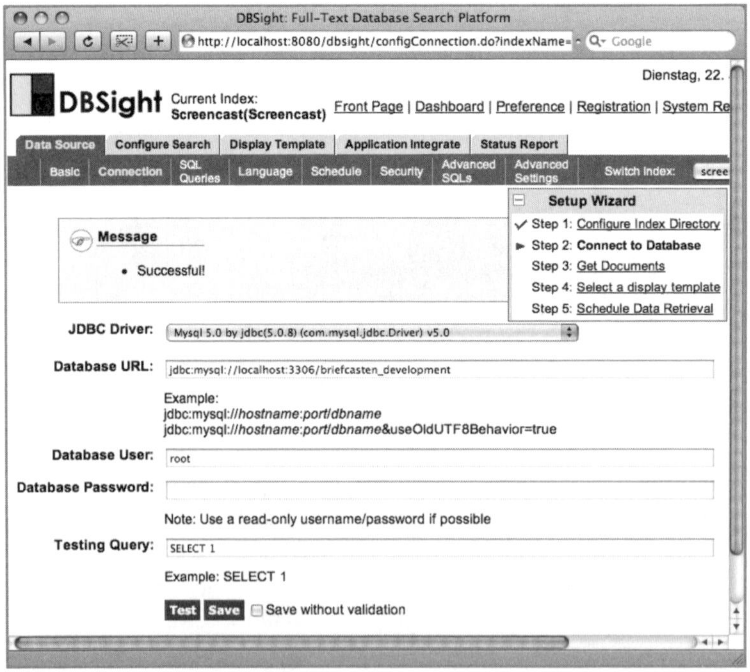

Abbildung 7.71
Hier wird die Datenquelle konfiguriert.

Je nach Datenbank müssen Sie hier einen passenden Datenbanktreiber konfigurieren. Weil ich in diesem Buch MySQL 5 verwende, musste ich den passenden Treiber[10] herunterladen und konfigurieren. Wie das funktioniert, wird in der Dokumentation zu DBSight erklärt. Dann wird die Verbindung getestet und im nächsten Schritt eine Datenbankabfrage formuliert, die die gewünschten Suchergebnisse enthalten kann.

Mit der Abfrage, `select * from products`, erhalten wir eine detaillierte Struktur für unsere Produktsuche. Klicken Sie nach der Eingabe der SQL-Abfrage auf den Button *Automatically Generate Result Columns for Step 2*. Jetzt erhalten Sie eine Ansicht wie in Abbildung 7.72.

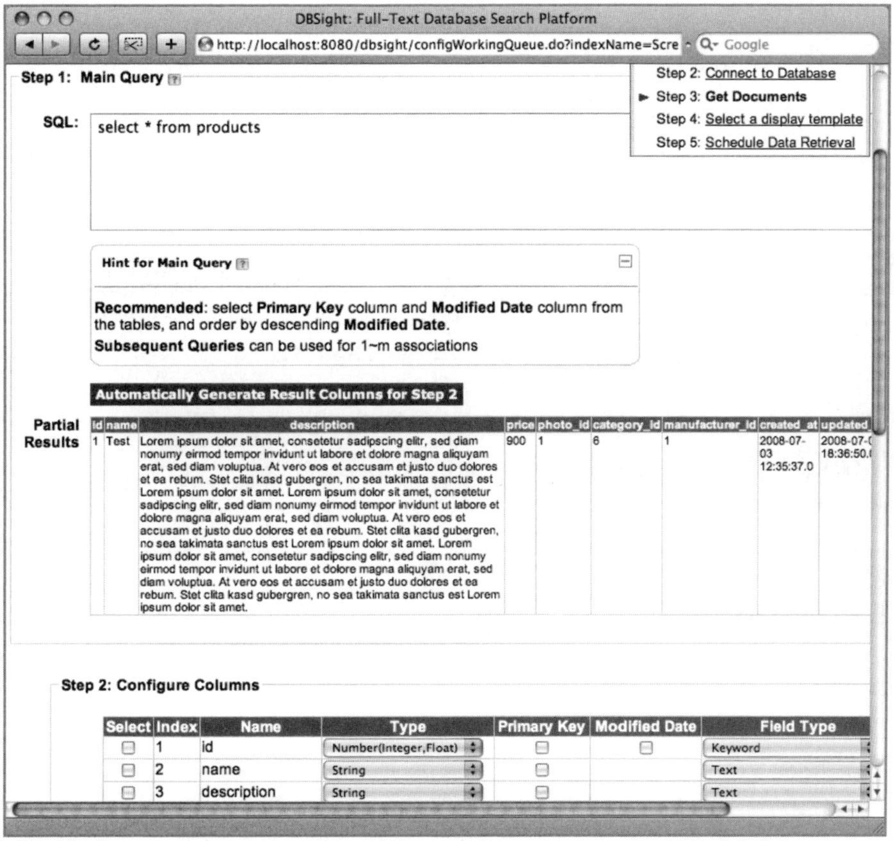

Abbildung 7.72 Die Abfrage mit den generierten Feldern

Mit diesem Ergebnis können Sie nach dem Speichern mit der Auswahl der Ergebnispräsentation in Form eines XML-Templates fortfahren.

Übernehmen Sie die Voreinstellungen, und speichern Sie die Auswahl ab. Danach gelangen Sie in die Ansicht zur Konfiguration einer Indizierung (siehe Abbildung 7.73).

[10] http://dev.mysql.com/downloads/connector/j/5.0.html

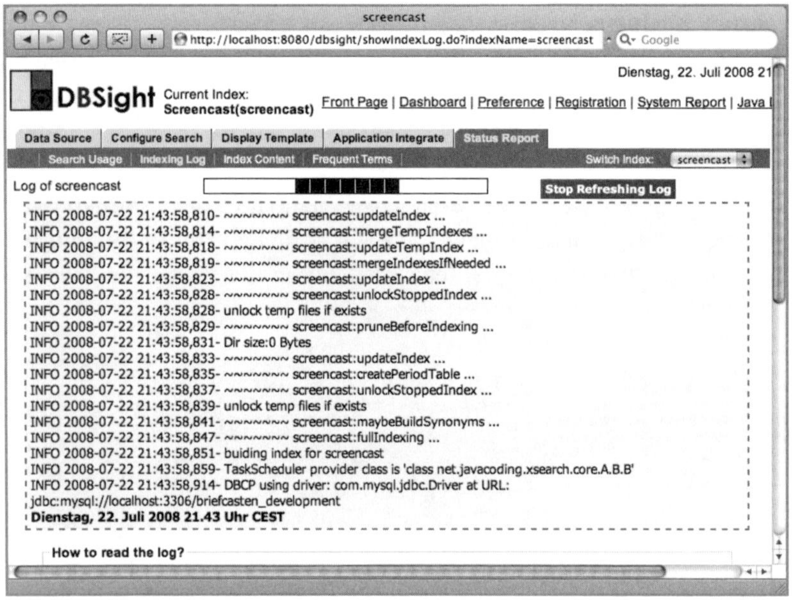

Abbildung 7.73 Die Indizierung läuft und wird im Log angezeigt.

Nach der erfolgreichen Indizierung können Sie die Funktionalität überprüfen, indem Sie die Voransicht (Preview-Button) des Suchindex auswählen und sich das Ergebnis beispielsweise im Firefox anzeigen lassen (siehe Abbildung 7.74).

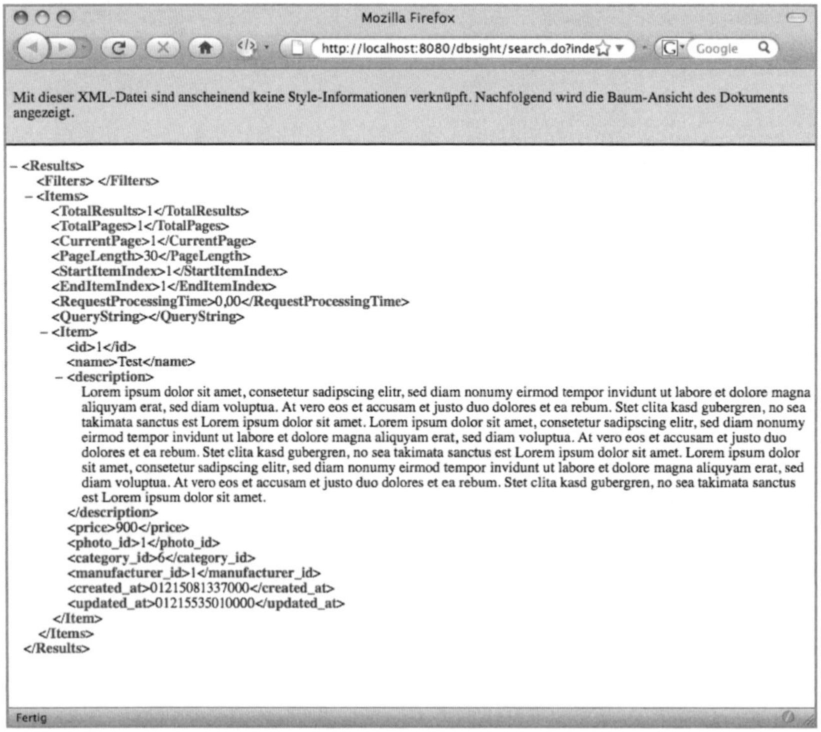

Abbildung 7.74 Erste Suchergebnisse in der Voransicht unter Verwendung von Firefox

Wenn Sie mit dem Ergebnis zufrieden sind, können Sie die Konfiguration speichern, und die Suchmaschine ist einsatzbereit.

Unter der Ansicht *Application Integrate* finden Sie Informationen zur Verwendung des soeben erstellten Suchindex.

Dabei wird Ihnen die URL für den Suchservice angezeigt sowie einige Parameter zur Sortierung der Ergebnisse (vgl. Abbildung 7.75).

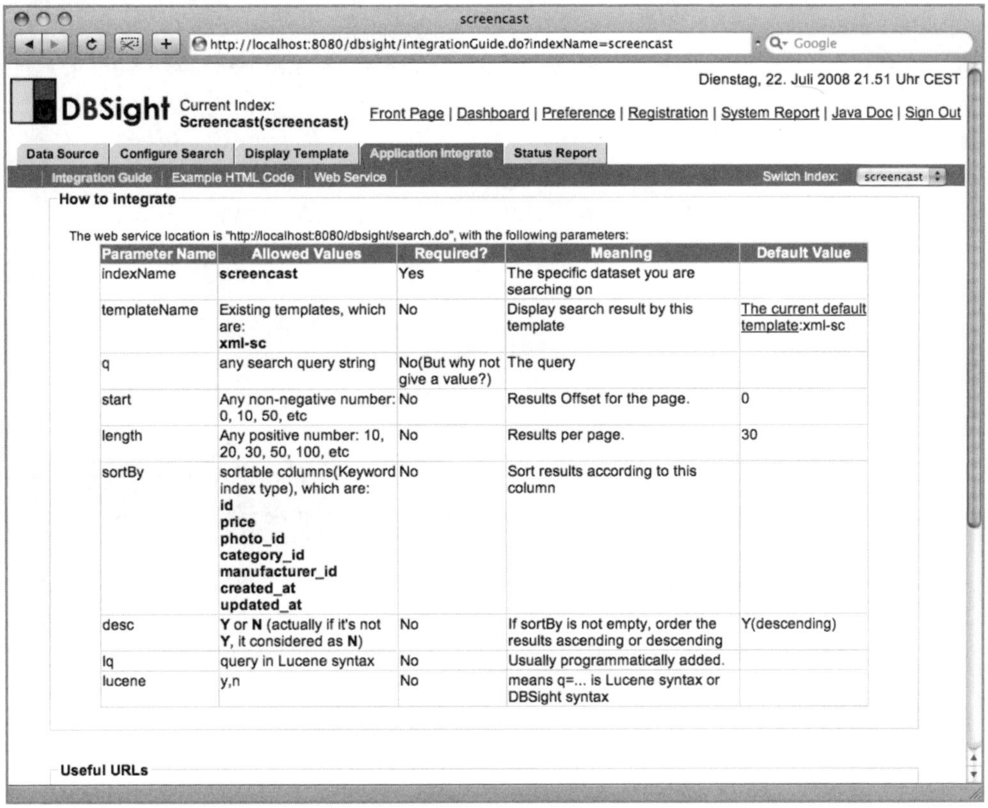

Parameter Name	Allowed Values	Required?	Meaning	Default Value
indexName	**screencast**	Yes	The specific dataset you are searching on	
templateName	Existing templates, which are: **xml-sc**	No	Display search result by this template	The current default template:xml-sc
q	any search query string	No(But why not give a value?)	The query	
start	Any non-negative number: 0, 10, 50, etc	No	Results Offset for the page.	0
length	Any positive number: 10, 20, 30, 50, 100, etc	No	Results per page.	30
sortBy	sortable columns(Keyword index type), which are: **id** **price** **photo_id** **category_id** **manufacturer_id** **created_at** **updated_at**	No	Sort results according to this column	
desc	**Y** or **N** (actually if it's not **Y**, it considered as **N**)	No	If sortBy is not empty, order the results ascending or descending	Y(descending)
lq	query in Lucene syntax	No	Usually programmatically added.	
lucene	y,n	No	means q=... is Lucene syntax or DBSight syntax	

Abbildung 7.75 Hilfestellung zur Nutzung der Suchergebnisse

7.10.3 Suche aufrufen

Zukünftige Suchanfragen werden demnach unter der folgenden URL erwartet.

```
http://localhost:8080/dbsight/search.do
```

Je nach Bedarf können Sie also die angezeigten Parameter einsetzen, um eine Suchanfrage zu gestalten und das Ergebnis entsprechend aufzubereiten.

Weil in der Shop-Anwendung die Suche aus der Hauptseite heraus, rechts oben, stattfinden soll, muss das Formular für die soeben erstellte Suche angepasst werden. Abbildung 7.76 zeigt, welches Formular gemeint ist.

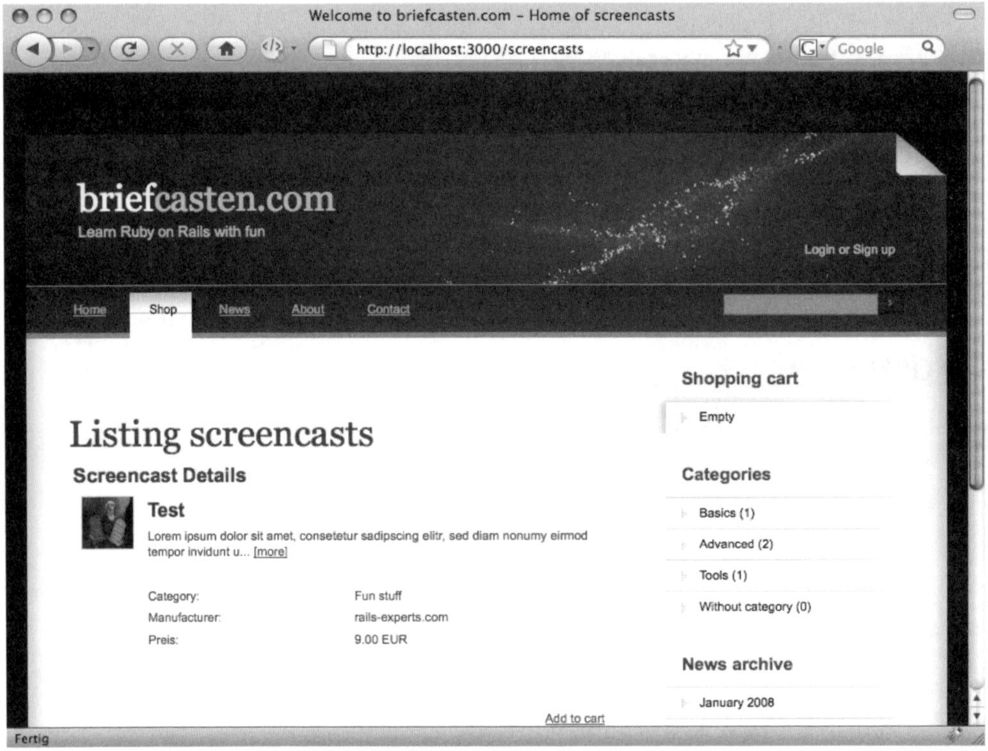

Abbildung 7.76 Rechts oben befindet sich das Formular für die Produktsuche.

Damit muss zunächst das Layout angepasst werden, um die Suchfunktionalität zu integrieren. Hierzu legen Sie einfach ein neues Partial namens `_search.html.erb` im Verzeichnis `app/views/shared` an. Der Inhalt der Datei ist folgender.

Listing 7.180 http://www.pastie.org/240344

```
<% form_tag search_path, :id => 'search' do %>
<%= text_field_tag :query, params[:query] %>
<%= submit_tag '', :class => 'submit' %>
<% end %>
```

In diesem Partial wird ein Formular mit dem Pfad `search_path` und der ID `search` definiert. Ein Textfeld enthält den für die Suche benötigten Suchbegriff. Abgeschlossen wird die Formulardefinition mit einem Button, der sein Aussehen aus der CSS-Definition zugewiesen bekommt.

Damit Ruby on Rails weiß, welche Aktion mit `search_path` gemeint ist, wird die Datei `config/routes.rb` folgendermaßen ergänzt.

Listing 7.181 http://www.pastie.org/240345

```
map.search '/search',
  :controller => 'screencasts',
  :action => 'search'
```

Jetzt kann die Methode search im ScreencastsController implementiert werden. Hierfür wird einmal der Suchbegriff aus dem Suchfeld einbezogen und die externe URL für den Suchservice aufgerufen.

Listing 7.182 http://www.pastie.org/240346

```
def search
  begin
    query = url_encode(params[:query])
    uri = URI.parse("#{$DBSIGHT_SEARCH_URL}?
        indexName=screencast&templateName=&q=#{query}")
    http_response = Net::HTTP.get_response(uri)
    @xml = REXML::Document.new(http_response.body)
  rescue Exception => e
    flash[:notice] = "Problem while searching for products"
    logger.error e
    redirect_to screencasts_path
  end
end
```

Die Konstante `DBSIGHT_SEARCH_URL` wird je nach Umgebung konfiguriert und beispielsweise in der Datei `config/environments/development.rb` wie folgt definiert.

```
$DBSIGHT_SEARCH_URL = "http://localhost:8080/dbsight/search.do"
```

Um die Methode `url_encode` zu finden, ist es noch erforderlich, einige Modul-Definitionen zu integrieren. Fügen Sie daher dem `ScreencastsController` am Anfang der Klassendefinition die folgenden Informationen hinzu.

Listing 7.183 http://www.pastie.org/240347

```
require 'erb'
class ScreencastsController < ApplicationController
  include ERB::Util
  ...
end
```

Im Kern der Methode `search` wird die Auswertung der Anfrage an den Suchservice betrieben. Es ist bei der Konfiguration der Suche ein XML-Ausgabeformat ausgewählt worden, womit die Ergebnisse des Aufrufes als XML-Struktur zurückgeliefert werden, die Ruby von Haus aus bequem verarbeiten kann.

Die zu nutzende Bibliothek ist hier REXML, die eine `Document`-Klasse kennt, die wiederum den Inhalt des Ergebnisses der Suchanfrage übergeben bekommt. Mit diesem `Document`-Objekt kann man weiterarbeiten und beispielsweise die Suchergebnisse formatiert ausgeben.

Falls die Anfrage an den Suchservice nicht wie gewünscht funktioniert, wird auf jedwede Exception reagiert. Die Exception wird ins Log geschrieben und anschließend auf die Index-Seite des `ScreencastsController` verzweigt, der die aktuelle Liste der Screencasts anzeigt.

7.10.4 Ergebnisse auswerten und anzeigen

Die im Objekt `@xml` enthaltenen XML-Strukturdaten können Sie in der Ergebnisseite anzeigen. Hierfür ist, wie nicht anders zu vermuten war, die View `search.html.erb` im Verzeichnis `app/views/screencasts` vorgesehen.

Listing 7.184 http://www.pastie.org/240348

```
<p>Total Results <%= @xml.elements["/Results/Items/TotalResults"].text %></p>
<% @xml.elements.each("/Results/Items") do |element| %>
<% if element.elements["Item"] %>
<p>Name: <%= element.elements["Item/name"].text %></p
<p>Description: <%= truncate(element.elements["Item/description"].text, 80) %>
<%= link_to "[more]", "/screencasts/#{element.elements["Item/id"].text}" %></p
<% end %>
<% end %>
```

Wenn Sie nun den Suchservice gestartet haben und eine Suche starten, wird Ihnen die in Abbildung 7.77 gezeigte Ergebnisseite angezeigt.

Abbildung 7.77 Die Suchergebnisse mit der neuen Ansicht

Selbstverständlich ist die Ergebnisseite mit der aktuellen Gestaltung nicht für die Massendatenverarbeitung geeignet, da hier keine Ergebnisseiten verwaltet werden, wie das üblicherweise der Fall wäre.

Hier soll ledliglich das Prinzip der Integration einer Suchfunktion erklärt und verdeutlicht werden, womit diese Iteration gleichermaßen abgeschlossen ist.

7.10.5 Abschließende Arbeiten

Wie nach jeder Iteration werden die erfolgten Änderungen und Erweiterungen im Repository gespeichert und mit einem Tag versehen. Hierfür geben Sie zunächst folgende Anweisung ein.

```
$ hg addrem
```

Somit wurden alle neuen Dateien und eventuell gelöschte Elemente im Repository bekannt gemacht. Versionieren Sie nun die Änderungen mit folgender Eingabe.

```
$ hg commit -v -m "Last Iteration"
```

Im letzten Schritt, vergeben Sie schließlich das Tag `IT6` für die Iteration.

```
$ hg tag IT6
```

7.10.6 Zusammenfassung der Iteration

In dieser Iteration lernten Sie, wie man eine Suchfunktion realisiert. Dabei wurde nicht, wie Sie im ersten Ansatz vielleicht vermuteten, eine API genutzt, sondern eine Service-Schnittstelle eines Lucene-Suchservers.

Folgende Aspekte spielten in dieser Iteration eine Rolle:

- DBSight als Frontend für die Suchmaschine Lucene.
- Konfiguration und Indizierung einer Suche in den Produkten.
- Integration der Suche und Aufruf starten einer Suche.
- Parsen der Ergebnisse mit REXML.
- Anzeigen der Ergebnisse.

7.11 Zusammenfassung

Der Hauptteil unseres Buches – die Erstellung des Shops für www.briefcasten.com – ist somit abgeschlossen. Es wurden einige Features entwickelt, die Sie für den täglichen Gebrauch in Ihren eigenen Projekten einsetzen können. Andere Features wurden lediglich erwähnt. Der Rahmen dieses Buches wäre deutlich überzogen worden, wenn ich die Implementierung präsentiert hätte.

Ich hoffe dennoch, dass Ihnen die Entwicklung geholfen hat, Ruby on Rails besser zu verstehen und den Umgang mit Plugins, Partials und Co. zu erlernen.

Folgende Aspekte wurden beim Bau der Anwendung berücksichtigt:

- Der Shop hat nun eine Benutzerverwaltung, die auch Rollen kennt und dementsprechend sehr flexibel arbeitet.
- Für Standardfunktionalitäten in Ruby-on-Rails-Anwendungen sind häufig Plugins verfügbar.

- Kunden können Sich nun registrieren, anmelden, abmelden und ihr vergessenes Passwort zurücksetzen.
- Der Registrierungsvorgang wird von ActionMailer unterstützt.
- Screencast-Controller, Screencast-Modell etc. werden generiert und implementiert,
- multiple Modelle in einem Formular verarbeitet,
- Partials zur Vermeidung von Redundanzen verwendet sowie
- Zugriffe eingeschränkt.
- Virtuelle Attribute und Assoziationen.
- Benutzerrechte und Rollen für Zugriffsbeschränkungen.
- Integration von LightBox als JavaScript-Bibliothek für die Produktvorschau.
- Implementierung eines Bestellvorgangs mit Warenkorb.
- Integration von PayPal als Zahlungsmittel.
- Auswertung asynchroner Zahlungsbestätigung (IPN) von PayPal.
- DBSight als Frontend für die Suchmaschine Lucene.
- Konfiguration und Indizierung einer Suche in den Produkten.
- Integration der Suche und Aufruf starten einer Suche.
- Parsen der Ergebnisse mit REXML.
- Anzeigen der Ergebnisse.

Im nächsten Kapitel erfahren Sie, wie man den Shop mit dem Globalize-Plugin in einer deutschen Version bereitstellt.

8

8 Internationalisierung und Lokalisierung

8.1 Zielsetzung

In den vorangegangenen Kapiteln haben wir einen Shop implementiert, der bisher durchweg in englischer Sprache präsentiert wurde. Die in diesem Shop angebotenen Screencasts sind allerdings initial nur in deutscher Version verfügbar.

Also gibt es eine Diskrepanz zwischen dem Shop und den darin angebotenen Produkten. Damit Kunden im Shop auch in deutscher Sprache durch den Einkaufsprozess geführt werden können, soll in diesem Kapitel eine Lokalisierung des Shops durchgeführt werden.

8.1.1 Grundsätzliches

Die deutsche Sprache verwendet im Vergleich zur japanischen nur wenige, ausschließlich mit Unicode unterstützte Schriftzeichen. Ruby als Programmiersprache kam lange Zeit ohne Unterstützung für Unicode daher. Um Anwendungen in mehreren Sprachen zu unterstützen, führt jedoch kein Weg an Unicode vorbei.

Heute bietet Ruby und insbesondere im Zusammenspiel mit Rails eine weitgehende Unterstützung für Unicode, so dass es kein Problem mehr ist, beliebige Sprachen mit ihren Zeichensätzen zu unterstützen.

Für Ruby on Rails 2.2 wird es eine erste Internationalisierung geben, die es erlaubt, mit anderen Plugins und Bibliotheken eine saubere Lokalisierung beliebiger Anwendungen durchzuführen. Aufbauend auf diesen neuen Schnittstellen, können dann Plugins entwickelt und genutzt werden, die zum Zeitpunkt, als diese Zeilen entstanden, teilweise problematisch waren.

Aber keine Angst: der Shop wurde bereits von mir übersetzt. Erst jetzt beschreibe ich, wie dies vonstatten ging.

8.2 Implementierung

Widmen wir uns nun der technischen Umsetzung. Der Shop soll zunächst in zwei Sprachen, Englisch und Deutsch, verfügbar sein. Als Basissprache kommt Englisch zum Einsatz, da alle Fehlermeldungen etc. von Ruby on Rails ebenfalls in englischer Sprache vorliegen. Somit müssen lediglich alle Texte, die der Shop anzeigen, kann ins Deutsche übersetzt und dann im richtigen Moment angezeigt werden. Es gibt einige Bibliotheken, die diese Arbeit und vor allem die Zuordnung der Texte zur Laufzeit übernehmen. Ein aus der Unix-Welt seit Längerem bekanntes Werkzeug ist „gettext". Gettext speichert die zu übersetzenden Schlüssel und Textpassagen in Dateien auf der lokalen Festplatte ab und bietet eine entsprechend schnelle C-basierte Schnittstelle.

Für die Arbeit mit JRuby scheidet gettext allerdings gerade wegen der C-Schnittstelle aus, denn JRuby unterstützt keine nativen Bibliotheken.

Daher kommt für unseren Shop nur ein Plugin ohne native Bibliothek in Frage.

8.2.1 Das Plugin Globalize

Neben einigen anderen Plugins gibt es Globalize[1], das meiner Meinung nach die einfachste und flexibelste Nutzung bietet. Da es sich hier um ein Plugin für Ruby on Rails handelt und Sie im weiteren Verlauf dieses Kapitels Teile des Shops übersetzen werden, können Sie bereits jetzt das Plugin mit der folgenden Anweisung installieren.

```
$ jruby script/plugin install \
git://github.com/heythisisnate/globalize.git
```

Schreiben Sie beide obigen Zeilen einfach in eine Zeile, und lassen Sie das Backslash-Zeichen weg.

Im nächsten Schritt wird Globalize ein Setup durchführen und drei Tabellen in die Projektdatenbank schreiben, in denen Globalize dann die Übersetzungen und Originaltexte speichert. Globalize kann Übersetzungen von Modellen direkt in den Tabellen der Modelle speichern oder alternativ in der globalen Tabelle, die Globalize anlegt.

Geben Sie zum Abschluss der Installation folgende Anweisung ein.

```
$ jruby -S rake globalize:setup
```

Damit ist Globalize installiert und kann im Projekt verwendet werden.

Wie so oft, findet eine weitere Konfiguration in der Datei config/environment.rb statt. Die folgenden zwei Zeilen fügen Sie bitte ganz am Dateiende, nach dem `end`, ein.

```
include Globalize
Locale.set_base_language('en-US')
```

Die include-Anweisung sorgt unter anderem für eine entsprechende Erweiterung der Klasse `String`, die danach einige Methoden mehr zur Verfügung stellt. Mit dem Aufruf der

---

[1] http://www.globalize-rails.org

Klassenmethode `set_base_language` wird die Sprache gesetzt, die sozusagen die Grundlage für eine Übersetzung bildet. Damit werden alle zu übersetzenden englischen Texte von Globalize in die Tabelle `globalize_tranlations` geschrieben.

8.2.2 Das Locale setzen

Um für alle Methodenaufrufe in der Anwendung das richtige `Locale` zur Verfügung zu haben, wird in der Klasse `ApplicationController` ein `before`-Filter gesetzt, der versucht, in verschiedener Form an die benötigte Information zur verwendeten Sprache zu gelangen. Fügen Sie bitte der Klasse `ApplicationController` folgende Zeilen hinzu.

Listing 8.1 http://www.pastie.org/247079

```
before_filter :set_locale

def set_locale
  default_locale = 'en-US'
  request_language = request.env['HTTP_ACCEPT_LANGUAGE']
  request_language =
          request_language.nil? ? nil : request_language[/[^,;]+/]

  @locale = params[:locale] || session[:locale] ||
            request_language || default_locale
  session[:locale] = @locale

  begin
    Locale.set @locale
  rescue
    @locale = default_locale
    Locale.set @locale
  end
end
```

Die Methode `set_locale` geht durch die Initialisierung der lokalen Variable `default_locale` davon aus, dass die Standard-Sprache Englisch ist. `en` steht dabei für Englisch und `US` für den Ländercode der USA.

Dann versucht die Methode aus den Umgebungsvariablen des Requests den Key `HTTP_ACCEPT_LANGUAGE` zu holen. Wenn `request_language` nicht `nil` ist, wird die lokale Variable `request_language` auf diesen Wert gesetzt, nachdem mit einem regulären Ausdruck die `Locale`-Information extrahiert wurde.

Die Instanzvariable `@locale` wird dann mit dem Wert initialisiert, der sich entweder aus den beiden zuvor genannten Vorgehensweisen ergeben hat oder aus einem Parameter `:locale` aus den Request-Parametern. Eine letzte Prüfung erfolgt, ob eventuell in der Session des Clients ein Parameter namens `:locale` hinterlegt wurde.

Somit ist garantiert, dass `@locale` immer mit einem gültigen Wert hinterlegt ist.

Im folgenden Teil der Methode wird in einem `begin-rescue`-Block versucht, das `Locale` zu setzen. Bei einer Exception wird im `rescue`-Block das `default_locale` verwendet. Damit steht allen Controllern und Views die Instanzvariable `@locale` mit einem gültigen Wert zur Verfügung.

Die Reihenfolge der Oder-Verknüpfung zur Abfrage des zu verwendenden Locales zeigt, wie welche Vorgaben überschrieben werden können.

In der aktuellen Version soll diese Methode ausreichen, um die Besucher des Shops mit der geeigneten Sprache zu begrüßen.

Bevor wir nun mit der konkreten Umsetzung beginnen, zeige ich Ihnen noch einige wichtige Methoden des Plugins, die sich auf diverse Klassen anwenden lässt.

8.2.3 Die Methode loc

Für die Handhabung lokalisierter Zahlen und Datumsformate werden die Klassen `Integer`, `Float`, `Time` und `Date` von Globalize um die Methode `localize` erweitert, die zugleich mit dem Alias `loc` verwendet werden kann.

Zum Testen sollten Sie die Rails-Console aufrufen und die folgende Anweisung eingeben.

```
>> Time.now.localize("%d. %B %Y")
=> "27. July 2008"
>>
```

Damit wird das aktuelle Datum mit dem `Locale en-US` ausgegeben, mit dem nun folgenden Aufruf auch auf Deutsch.

```
>> Locale.set("de-DE")

=> #<Globalize::Locale:0x5999e39 @code="de-DE", @number_grouping_scheme=:western,
@currency_code="EUR", @date_format=nil, @language=German,
@country=#<Globalize::Country id: 55, code: "DE", english_name: "Germany",
date_format: nil, currency_format: "%n €", currency_code: "EUR", thousands_sep:
".", decimal_sep: ",", currency_decimal_sep: ",", number_grouping_scheme: "west-
ern">, @currency_format="%n €", @thousands_sep=".", @currency_decimal_sep=",",
@decimal_sep=",">

>> Time.now.localize("%d. %B %Y")

=> "27. Juli 2008"
>>
```

Eine andere Formatierung – beispielsweise für Fließkomma-Zahlen – kann so erreicht werden:

```
>> 47110815.0.loc
=> "47.110.815,0"
>>
```

Sie sehen im obigen Beispiel die Ausgabe der Zahl 47110815.0 im deutschen Format. Das Komma ist ein „echtes" Komma und kein Punkt.

Setzen Sie das `Locale` nun wieder auf `en-US`, und wiederholen Sie die Eingabe.

```
>> 47110815.0.loc
=> "47,110,815.0"
```

Nun sind die Tausender-Positionen mit einem Komma und das Komma, wie im Englischen üblich, mit einem Punkt ausgewiesen.

8.2.4 Die Methode t

Mit der Methode `translate` bzw. mit dem komfortablen Alias `t` lassen sich alle Strings im System übersetzen. A dieser Stelle wollen wir Ihnen in kurzer Form erläutern, wie Sie einzelne Strings übersetzen.

Geben Sie in der Rails-Console Folgendes ein.

```
>> "Welcome".t
=> "Welcome"
>>
```

Der String `welcome` wird nicht übersetzt, weil kein `Locale` gesetzt wurde. Geben Sie daher mit folgender Ergänzung noch einmal die letzte Zeile ein.

```
>> Locale.set("de-DE")

=> #<Globalize::Locale:0x5999e39 @code="de-DE", @number_grouping_scheme=:western,
@currency_code="EUR", @date_format=nil, @language=German,
@country=#<Globalize::Country id: 55, code: "DE", english_name: "Germany",
date_format: nil, currency_format: "%n €", currency_code: "EUR", thousands_sep:
".", decimal_sep: ",", currency_decimal_sep: ",", number_grouping_scheme: "west-
ern">, @currency_format="%n €", @thousands_sep=".", @currency_decimal_sep=",",
@decimal_sep=",">

>> "Welcome".t
=> "Welcome"
>>
```

Was soll das? Der Text wurde schon wieder nicht übersetzt! Der Grund: Globalize kennt keine Übersetzung für den String `welcome`. Also müssen wir Globalize die Übersetzung mitteilen, was mit folgendem Aufruf geschieht.

```
>> Locale.set_translation("Welcome", "Willkommen")
=> [nil, "Willkommen"]

>> "Welcome".t
=> "Willkommen"
>>
```

Nun wird der Text einwandfrei übersetzt. Der Text `welcome` ist nun allerdings schon in der Datenbank in der Tabelle `globalize_translations` gespeichert. Dort wurde auch der übersetzte Eintrag bereits eingefügt.

Strings, die Globalize nicht übersetzen kann, werden in die Tabelle eingetragen und können mit einem Datenbankwerkzeug oder beliebigen anderen Tools übersetzt werden.

So weit zur Einführung in Theorie und Praxis. Die nächsten Abschnitte zeigen detailliert, wie die einzelnen Elemente von Ruby on Rails übersetzt werden können, um den Shop briefcasten.com in deutscher Sprache bereitzustellen.

8.2.5 Einzelne Strings übersetzen

Die Abbildung 8.1 auf der nächsten Seite zeigt, wie die Startseite nach der Übersetzung aussehen wird.

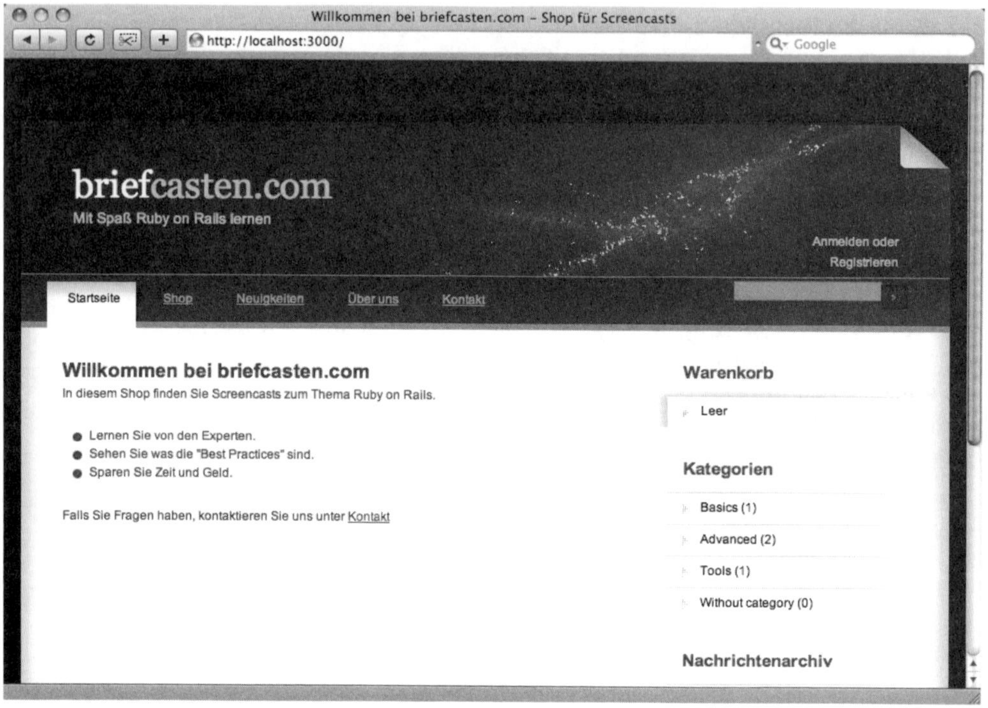

Abbildung 8.1 Die Startseite nach der Übersetzung

Sie sehen, dass hier die Texte für das Menü sowie die Willkommensseite übersetzt wurden. Die Menü-Block-Elemente auf der rechten Seite sind ebenfalls übersetzt worden.

Sehen wir uns die Gestaltung des Hauptmenüs an. Das entsprechende Partials sieht noch immer wie vor der Übersetzung aus.

Listing 8.2 http://www.pastie.org/247080

```
<% if current_user %>
<%= menu_builder(@page_id, 'Home' => '',
               'Shop' => 'screencasts',
               'News' => 'news',
               'About' => 'content/about',
               'Contact' => 'content/contact',
               'My account' => "customers") %>
<% else %>
<%= menu_builder(@page_id, 'Home' => '',
               'Shop' => 'screencasts',
               'News' => 'news',
               'About' => 'content/about',
               'Contact' => 'content/contact') %>
<% end %>
```

An dieser Stelle bleibt der Einsatz der Methode `translate` verborgen, da an zentraler Stelle in der Helper-Methode `menu_builder` mit der Übersetzung gearbeitet wird.

Listing 8.3 http://www.pastie.org/247081

```
def menu_builder(page_id, tabs)
  content = "<ul>"
  tabs.each do |tab, ref|
    content << if page_id == ref
      content_tag('li', content_tag('a', tab.t, :href => nil ),
                  :class => 'active') + " "
      else
      content_tag('li',
        content_tag('a', tab.t, :href => "/#{ref}" )
      ) + " "
    end
  end
  content_tag(:ul, content)
end
```

Sie sehen an den in Fettschrift hervorgehobenen Stellen, dass also erst die Übersetzung der Methode `menu_builder` zum Einsatz kommt. Damit sind alle Übersetzungen nicht in der Parital-Datei `_main_menu.html.erb` angefallen, und wir bleiben an dieser Stelle bei eventuellen Erweiterungen des Menüs flexibel.

Beim ersten Aufruf der Startseite werden alle Strings, die nicht übersetzt werden konnten, in die Tabelle `globalize_translations` geschrieben. Dies bedeutet, dass mit einem Datenbankwerkzeug die Zeichenketten in der Datenbank übersetzt werden müssen. Sie könnten auch erwägen, ein Browser-basiertes Werkzeug zu entwerfen, das Sie bei dieser Aufgabe unterstützt. Prinzipiell würde es genügen, ein Scaffolding für die Tabelle zu erstellen, doch ist dies nicht Gegenstand dieses Kapitels.

Klar sollte nur sein, dass es dank der Nutzung einer Datenbank viele Alternativen gibt, um die benötigten Übersetzungen in die Tabelle zu schreiben.

8.2.5.1 Konstanten für die Anrede

Die Anrede für Kunden, also Herr und Frau, ist in einer Konstante abgelegt. Des Weiteren gibt es eine Hilfsmethode, die den Text für die Anrede bei Übergabe eines Index-Wertes zurückliefert.

Die in der Klasse `Customer` definierte Konstante `GENDER` muss nun zuvor mit englischen Strings ausgestattet werden, denn `en-US` ist das Basis-`Locale`. Daher ändern Sie bitte die Konstantendefinition folgendermaßen ab.

```
GENDER = { "Mr.".t => "1", "Mrs".t => "2" }
```

Die zugehörige Hilfsmethode `gender_text` sieht nach der erforderlichen Änderung so aus.

```
def gender_text
  if gender == 1
    "Mr.".t
  else
    "Mrs.".t
  end
end
```

Praktisch gesehen, wird mit allen anderen Strings, die einzeln übersetzt werden sollen, gleichermaßen verfahren.

8.2.6 Modell-Übersetzungen

Kommen wir nun zu einem anderen Aspekt der Übersetzung: den Modell-Translations. Die Daten der einzelnen Modelle, lassen sich ebenfalls übersetzen, indem dies dem Modell mitgeteilt wird.

Sehen Sie sich einmal den Quelltext der Modell-Klasse `Category` an.

```
class Category < ActiveRecord::Base
  self.keep_translations_in_model = true
  translates :name

  validates_presence_of :name, :description
  validates_uniqueness_of :name
end
```

Die beiden in Fettschrift hervorgehobenen Zeilen zeigen, was und wie übersetzt werden soll.

Die erste Zeile teilt Globalize mit, dass alle Übersetzungen in der betreffenden Modell-Klasse selbst gespeichert werden sollen. Hierzu muss jede Tabelle für die entsprechenden zu unterstützenden Sprachen um die benötigten Spalten erweitert werden.

Im Fall der Klasse `Category` wird die Spalte `name` übersetzt. Da wir neben Englisch noch Deutsch als Sprache anbieten, muss eine Spalte namens `name_de` angelegt werden, die die gleichen Typen wie die Spalte `name` speichern kann. Also wird eine Migration benötigt, die wir folgendermaßen erstellen.

```
$ jruby script/generate migration addLanguageFieldsForCategory

exists  db/migrate
create  db/migrate/20080727113012_add_language_fields_for_category.rb
```

Die Migration sieht dann so aus.

Listing 8.4 http://www.pastie.org/247082

```
class AddLanguageFieldsForCategory < ActiveRecord::Migration
  def self.up
    add_column :categories, :name_de, :string
  end

  def self.down
    remove_column :categories, :name_de
  end
end
```

Sie können nun in der Tabelle `categories` die einzelnen Felder übersetzen und die deutschsprachigen Texte in die neue Spalte schreiben. Hierzu könnten Sie die Migration für das Erstellen der Klasse `Category` verwenden und mit `db:migrate:reset` die Datenbank komplett neu aufsetzen. Dies könnte dann so aussehen.

Listing 8.5 http://www.pastie.org/247084

```
class CreateCategories < ActiveRecord::Migration
  def self.up
    create_table :categories do |t|
      t.string :name, :name_de
      t.string :description, :description_de
```

```
      t.timestamps
    end
    Category.create(:name => "Basics",
                    :name_de => "Grundlagen",
                    :description => "Basic topics",
                    :description_de => "Grundlagenwissen")
    Category.create(:name => "Advanced",
                    :name_de => "Fortgeschritten",
                    :description => "Advanced topics",
                    :description_de => "Fortgeschrittene Themen")
    Category.create(:name => "Professional",
                    :name_de => "Professionell",
                    :description => "Professional Stuff",
                    :description_de => "Professionelle Themen")
    Category.create(:name => "Tips & Tricks",
                    :name_de => "Tipps & Tricks",
                    :description => "Tips and Tricks",
                    :description_de => "Tipps und Tricks")
    Category.create(:name => "Conference sessions",
                    :name_de => "Konferenzvorträge",
                    :description => "Conference Slides",
                    :description_de => "Konferenzfolien und Videos")
    Category.create(:name => "Fun stuff",
                    :name_de => "Lustiges",
                    :description => "All the fun stuff",
                    :description_de => "Lustiges, wie Outtakes etc.")
  end

  def self.down
    drop_table :categories
  end
end
```

Bei der obigen Variante wäre also die zuvor erstellte Migration überflüssig.

Die Daten für die Übersetzung der Modellspalten könnten alternativ auch in der Tabelle `globalize_translations` abgelegt werden, was allerdings nicht besonders elegant ist, weshalb ich an dieser Stelle auf diese Möglichkeit nicht weiter eingehe, sondern direkt zum nächsten Abschnitt überleite.

8.2.7 Controller und Views übersetzen

Kommen wir nun zur Übersetzung von Controllern und Views.

Daten im Controller werden üblicherweise wie in den vorangegangenen Abschnitten als einfache Strings übersetzt. Damit landen neue Einträge zur Übersetzung in der Tabelle `globalize_translations`. Hierzu gibt es natürlich auch ein Beispiel. Sehen wir uns den `CustomersController` an.

```
class CustomersController < ApplicationController
  before_filter :login_required
  require_role 'customer'.t, :for => [:new, :create, :update, :show]
  require_role 'administrator'.t, :for => [:index, :destroy]

  ...
end
```

Sie sehen, dass ich die Rollen ebenfalls übersetzt habe, was zwar nicht unbedingt nötig gewesen wäre, aber im Zuge der kompletten Übersetzung entstanden ist.

Die nächste Methode ist die überschriebene Version von `access_denied` aus dem Modul `AuthenticatedSystem`.

```
def access_denied
  flash[:notice] =
"Access denied. You need to be an administrator.".t if logged_in?
  flash[:notice] = "Access denied. Please login.".t if !logged_in?
  redirect_to login_path
end
```

Die Methode `access_denied` zeigt, wie man Meldungen für das `Flash`-Objekt übersetzt. Auch hier gilt, dass die Strings in der Tabelle `globalize_transactions` gespeichert und dort übersetzt werden.

Im Bereich der Views ist es notwendig, alle statischen Strings in Ruby-Templates umzuwandeln. Das folgende Beispiel zeigt das Partial `_form.html.erb` für den `Customers-Controller`.

Listing 8.6 http://www.pastie.org/247085

```
<% form_for(@customer) do |f| %>
<table>
  <tr>
    <td><%= "Gender".t %></td>
    <td><%= select_tag "customer[gender]",
            options_for_select(Customer::GENDER, @customer.gender.to_s),
            {:include_blank => true} %></td>
  </tr>
  <tr>
    <td><%= "Title".t %></td>
    <td><%= f.collection_select :title_id, Title.all,
                                :id, :name %></td>
  </tr>
  <tr>
    <td><%= "First name".t %></td>
    <td><%= f.text_field :firstname %></td>
  </tr>
  <tr>
    <td><%= "Last name".t %></td>
    <td><%= f.text_field :lastname %></td>
  </tr>
  <tr>
    <td><%= "Phone".t %></td>
    <td><%= f.text_field :phone %></td>
  </tr>
  <tr>
    <td><%= "Fax".t %></td>
    <td><%= f.text_field :fax %></td>
  </tr>
  <tr>
    <td><%= "Website".t %></td>
    <td><%= f.text_field :website %></td>
  </tr>
  <tr>
    <td colspan="2"><%= "Address for invoice:".t %></td>
  </tr>
</table>
<%= render :partial => 'address',
           :object => @customer.invoice_address,
           :locals => { :form => form,
                        :address_type => "customer[invoice_address]"} %>
<table>
  <tr>
    <td colspan="2"><%= "Address for delivery:".t %></td>
  </tr>
  <% if @customer.delivery_address.nil? %>
    <tr>
      <td colspan="2">
        <div id="add_address_link"><%= "Add separate delivery".t %>
```

```
        <%= add_delivery_address_link 'address' %>:</div></td>
      </tr>
    <% end %>
    <% if @customer.delivery_address %>
      <%= render :partial => 'address',
                 :object => @customer.delivery_address,
                 :locals => { :form => form,
                 :address_type => "customer[delivery_address]"} %>
    <% end %>
  </table>
  <div id="delivery_address"></div>
  <br/>
  <p><%= f.submit label %></p>
  <% end %>
```

Die in Fettschrift hervorgehobenen Textstellen zeigen, wie ein Formular übersetzt werden kann. Nach dem ersten Aufruf im Browser sind auch diese Strings in der Tabelle `globalize_translations` zu finden. Die Abbildung 8.2 zeigt, wie das Formular nach der Übersetzung aussieht.

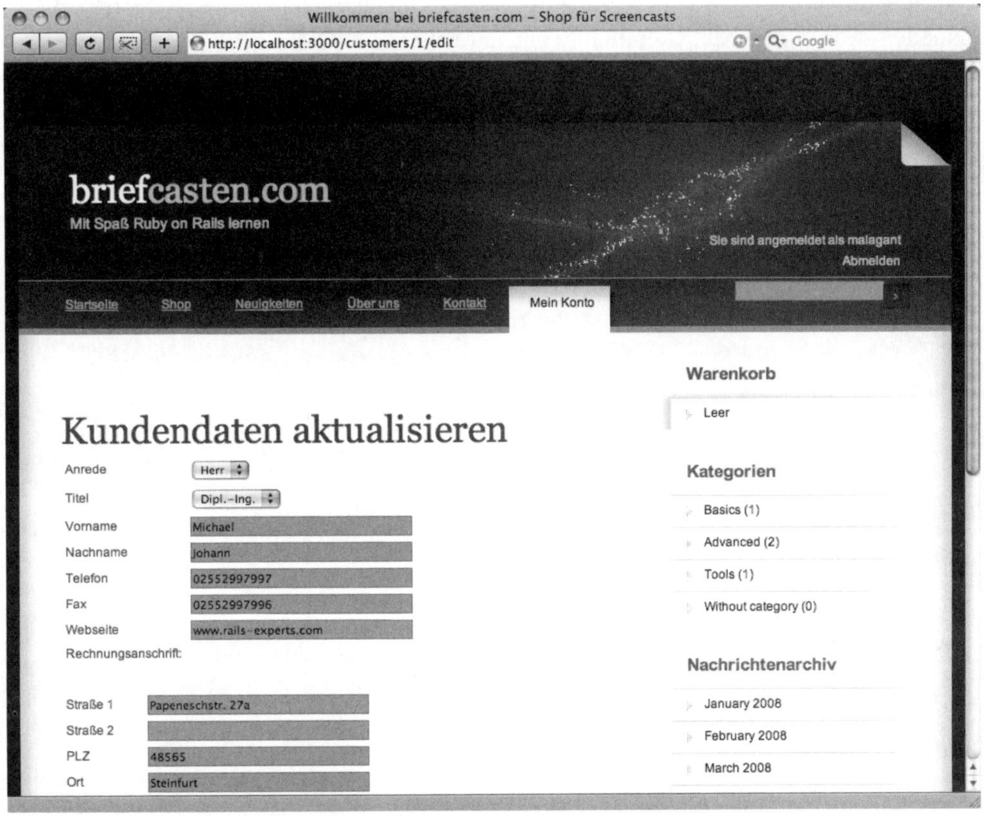

Abbildung 8.2 Das Formular nach der Übersetzung

8.2.8 Fehlermeldungen von Ruby on Rails übersetzen

Beim Anlegen von Modell-Instanzen kann es bekanntlich zu Fehlermeldungen von ActiveRecord kommen. Diese Meldungen müssen ebenfalls entsprechend übersetzt werden.

Hier kommt allerdings die Besonderheit zum Tragen, dass Ruby on Rails noch nicht hundertprozentig internationalisiert wurde. Entsprechende wegweisende Fortschritte werden erstmals mit Ruby on Rails 2.2 verfügbar sein, wenn auch noch ohne diverse Erweiterungen und Änderungen.

Somit bleibt an dieser Stelle bei Nutzung von Globalize nur die Möglichkeit, die Anzeige der Fehlermeldungen zu erzwingen, um danach die Übersetzungen in die Tabelle `globalize_translations` zu schreiben. Dabei müssen alle Kombinationen von Meldungen separat erzeugt werden, um eine komplette Übersetzung zu erreichen.

Diese Vorgehensweise ist derzeit leider noch nicht ausgereift. Ruby on Rails wird in Zukunft allerdings auch die Übersetzung der internen Fehlermeldungen erleichtern, was die aktuellen Bemühungen der Community unterstreichen.

8.2.9 Ganze Views austauschen

Von talentierten Gestaltern designte Webseiten sollten nicht einfach mit übersetzten Zeichenketten verunstaltet werden. Oft wird dabei das Layout zerstört, und die ganze Mühe war umsonst. Besser ist es, eigens für die Übersetzung angefertigte Seiten zu verwenden. Als Demonstrationsobjekt dient die Willkommensseite des Shops: `app/views/content/index.html.erb`.

Listing 8.7 http://www.pastie.org/247086

```
<h2>Welcome to briefcasten.com</h2>
<p>In this shop you'll find the best screencasts about Ruby on Rails.</p>
<ul>
    <li>Learn from the experts.</li>
    <li>Get the best practices.</li>
    <li>Save time and money.</li>
</ul>
<p>If you have any questions, don't hesitate to <%= link_to 'contact',
'mailto:info@briefcasten.com'%> us.</p>
```

Anstatt nun die einzelnen Texte zu übersetzen, wird eine Datei namens `app/views/content/index.html.de.erb` erstellt. Der neue Inhalt sieht dann so aus.

Listing 8.8 http://www.pastie.org/247087

```
<h2>Willkommen bei briefcasten.com</h2>
<p>In diesem Shop finden Sie Screencasts zum Thema Ruby on Rails.</p>
<ul>
    <li>Lernen Sie von den Experten.</li>
    <li>Sehen Sie, was die "Best Practices" sind.</li>
    <li>Sparen Sie Zeit und Geld.</li>
</ul>
<p>Falls Sie Fragen haben, kontaktieren Sie uns unter <%= link_to 'contact'.t,
'mailto:info@briefcasten.com'%></p>
```

Damit ist die Übersetzung der wichtigsten Komponenten abgeschlossen, und wir wenden uns der letzten Abteilung zu: dem ActionMailer.

8.2.10 ActionMailer

Wenn den Kunden des Shops E-Mail-Nachrichten zugesendet werden sollen, sind ebenfalls übersetzte Texte notwendig. Dabei werden die Templates für die unterschiedlichen Mailer genauso gehandhabt wie die View-Templates. Das bedeutet: Für die Übersetzung gibt es eigene Templates.

Für die Aktivierungs-Mail wird beispielsweise das Template `app/views/user_mailer/activation.html.erb` verwendet. Die darin formulierte Email sieht dann folgendermaßen aus.

Listing 8.9 http://www.pastie.org/247088

```
Dear <%= @user.login %>,

your account has been activated.

Have fun at briefcasten.com

<%= @url %>
```

Die neu zu erstellende Datei `app/views/user_mailer/activation.html.de.erb` bekommt nun folgenden Inhalt.

Listing 8.10 http://www.pastie.org/247091

```
Hallo <%= @user.login %>,

Ihr Konto wurde soeben aktiviert.

Viel Spass bei briefcasten.com

<%= @url %>
```

8.3 Zusammenfassung

Das Thema Internationalisierung und Lokalisierung ist bei Weitem noch nicht abgeschlossen – nicht in diesem Buch und schon gar nicht bei Ruby on Rails. Einige Aspekte wollte ich Ihnen dennoch vermitteln, um zu belegen, dass eine Übersetzung ins Deutsche durchaus möglich ist.

In diesem Kapitel versuchte ich Ihnen Folgendes nahezubringen:

- Lokalisierung von Zahlen und `Date`-Objekten mit der Methode `localize`.
- Das `Locale`-Objekt und die Methoden `translate` sowie `t`.
- Handhabung von Controller und View-Übersetzungen.
- Unterstützung für ActionMailer.

Register

3

3rdRail 31

A

Abhängigkeiten 32
ActionMailer 276
ActiveMerchant 426
ActiveRecord 307
ActiveResource 71
acts_as_state_machine 414
Administrator 300
Aktivierungs-Mail 296
Aktivierungsprozedur 281
Aktualisieren 20
Alias-Methoden 193
ANT 26
Anwendungslogik 48
Apache 12
Apple 20
Aptana 38
Arbeitskopie 202
  Mercurial 263
Arrays 157
Assoziationen 82, 337, 354
Assoziierte Modelle 356
assoziierte Objekte 346
Attribute 69, 164
authentifizieren 19
Automatisiertes Testen 114
Automatisierung 114
Autotest 119, 325

B

BDD 5
Bedingungen 153, 155
Befehlsparameter 51
Before-Filter 140, 310, 375
Behavior Driven Development 114, 293
Beispielanwendung 43
Beispielprojekt 25
Benachrichtigungs-Mail 295
Benutzer 273, 281
  anlegen 283
Benutzerauthentifizierung 94
Benutzerdaten 305
Benutzernamen 17, 95
Benutzerverwaltung 94, 271, 300
Beziehungen 83
Bitrock 22
Blöcke 178
Breakpoints 28

C

Callstack 29
case 178
Changesets 29, 199
Closures 178, 180
Cluster 232
Code, redundanzfrei 9
Code-Vervollständigung 31, 35
collection_select 363
Controller übersetzen 461
Controller-Spezifikationen 125

Cookies 285, 288, 392
CRUD-Aktionen 55
CVS 33

D

Datenbank
  einrichten 324
  migrieren 53, 69
Datenbankadapter 52
Datenbankdefinition 83
David Heinemeier Hansson 58
DBSight 443, 445
Debugger 28
Debugging 33, 35, 40
Deployment 254
Developer Sandbox, PayPal 424
Development 16
Diff 29
Domain Specific Languages 232
Download 21
  Ruby 20
Dropdown 88, 365
DRY-Prinzip 9
DSL 117
Duck-Typing 177

E

Eclipse 26
Einchecken 204
  Git 223
EJB-Integration 250
E-Mail 292
Enterprise JavaBean, JRuby 240
EntityBean 243
Entwicklungsumgebungen 26
ERb 72
Examples 127, 328, 406
Exceptions 190
Expectations 117

F

Fehlerbehandlung 300
Fehlermeldungen 64, 66
  übersetzen 464
Filtermethoden 94
Firefox 73
Fixtures 106, 409, 326
flash 80
Flash 298
Frameworks 2, 246
Freelayouts 260
Funktionale Tests 101, 104, 112

G

Garbage Collector 146
Gems 19
  JRuby 234
Generator 53, 83
  authenticated 267
  Model 317
Git 33, 195, 214
Git-Gui 218
gitignore 221
git-instaweb 222
gitk 227
Globalize 454
Google-Trends 10
Grails 231
Groovy 231
Growl 120

H

Hash 80
Hash-Objekte 160
Helper 352
Helper-Methode 336
hgignore 203, 262
Hibernate 7
HTML-Form 362
HTTP-Request 294

I

IBM DB/2 50
IDE 26
IDEA 36, 38
index 72

Inflector 45
insert_html 366
Installation 18, 21
  Git 215
Installation mit Subversion
  rSpec 118
Installationsassistenten 17, 25
Installationshinweise 20
Instant Payment Notification 423, 432
InstantRails 22
Integrationstests 101
Interactive Ruby Shell 145
Internationalisierung 66, 453
Introspektion 172
Investitionsschutz 232
iPhone 82, 97
iPhoney 97
IPN 432
Iterationen 159

J

Java 26
JavaScript 365, 385
JAX-Konferenz 231
jirb 145
JRuby 231, 261
  Installation 233
JRuby-OpenSSL 234

K

Kategorienverwaltung 64
Klassen 163
Klassenmethoden 168
Klassennamen 147
Klassennavigator 27
Klonen 199
  Git 224
Kommandozeile 33, 50
Kommandozeilenwerkzeuge 49
Kommentarzeichen 97
Komplementärmethode 83
Komposition 315
Konfiguration 50
  ActionMailer 278
  Git 218
Konfigurationsdateien 8
Konfigurationsschritte 268
Konsole 36
Konsolenausgaben 33
Konstanten 148, 356
Konstruktor 61, 247
Konventionen 5, 7
Konvertierungen 152

L

lambda 182
Lasttests 101
Laufzeitumgebungen 31
Layout 261, 274
  integrieren 264
  übergeordnetes 89
leichtere Wartbarkeit 102
LightWindow 383, 384
link_to_function 366
Linux 11
Loadbalancer 13
Locale 455
Login-Seite 303
Lokalisierung 453
Lucene 442

M

MacOS X 11
Mailserver 277
Mail-Template 297
Mailversand 277
Make 21
Mappings 33
Mercurial 29, 38, 40, 195, 196, 198, 262
  Installation 200
Mercurial Repository anlegen 262
Merge 197
Mergen
  Git 228
  Mercurial 210
Metaprogrammierung 178

method 183
Methoden
  update 64
  validate 67
  dynamische 321
Microsoft SQL-Server 50
Migrationen 32, 272, 407, 415, 435, 437
  ausführen 359
Migrationsschritt 54
Migrationsskript 54
MixIns 171
Mock-Objekte 129
Model-Klassen 7
Modell 53
Modellattributen 33
Modellklasse 88, 358
Modellspezifikationen 122, 323
Modell-Übersetzungen 460
Module 171
  Namespace 172
Mongrel 15, 50, 232
Multimodell-Formulare 331
Multithreading 2
MVC 3
MySQL 11, 445

N

Namensgebung für Tags 312
Namenskonventionen 8
Navigation 77
NetBeans 26
Newsfeeds 43

O

Object Behavior Analysis 116
Observer 296, 434
openssl 427
Oracle 50

P

Partials 63, 86, 87, 309, 365, 372, 375, 377, 404
Passwort 16, 17, 95, 290
PayPal 417, 430
  integrieren 419
PayPal Direct Payment 420
PayPal Website Payments Standard 420
Performance-Optimierungen 9
Persistence-Unit 242
Pflichtfelder 65, 326
Plugins 47
Pluralisierungen 45
Port 16, 23
PostgreSQL 50
Primärschlüssel 8, 77
proc 182
Production 16
Produktdaten 340
Produktivität 102
Produktivitätssteigerung 1
Produkt-Modell 314
Programmierrichtlinien 147
Projektorganisation 26
Projektstruktur 16
Projektverzeichnis 45
Proxy 19, 314
Prozesse 43
Pullen
  Git 227
  Mercurial 209
Pushen
  Git 226
  Mercurial 210

Q

Quickfix 325

R

RadRails 38
RAILS_ENV 48
Rails-Console 84, 321
railsenvy 2
Railsumgebung 44
Rake 48, 109
Range 177
rcov 138, 388, 413
RecordNotFound 371

Redundanzen 9
Refaktorisierungen 36
Registrierungsformular 308
Reguläre Ausdrücke 166
Repositories 19, 195, 353, 384
  klonen 206
Requests 76
Request-Header 97
Request-Parameter 298
Ressourcen 33
REST 70, 397
RESTful 58
restful_authentication 265
RESTful-Aktionen 331
role_requirement 265, 270
Rollen 273, 282, 354
Root-Mapping 279
Route, default 93
Routing 57
Routing-Fehler 381
rSpec 117, 314
rspec_model 354
rspec_scaffold 332
RSS 43
Ruby 1, 19
Ruby on Rails 1
Rubystack 22
Rückgabewert 84

S

Safari 73
Scaffolding 58, 245
Schemaversion 52
Schleifen 153
Schnittstelle 236
Screencasts 2, 258, 315
Screencast-Objekte
  anlegen 334
  anzeigen 340
  bearbeiten 345
  Löschen 346
Screencast-Tutorial 100
Server 31
  Mercurial 204
Session 404
SessionBean 243
Session-Cookie 398
Setter-Methode 364
Single Table Inheritance 315
Singleton 169
SMTP 277
spec.opts 324
Spezifikationen 386, 405
  erstellen 326
Spezifikationstests 101
Sprachkonzepte 161
sqlite3 50
Standard-Tasks 48
Statusinformationen 284
Strings 150
  übersetzen 457
Struct 165
Struktur, generierte 45
Subklassen 163
Submit 87
Subversion 29, 40
Suchanfrage 447
Suchergebnisse 445
Suchindex 446
Suchservice 449
Superklasse 54
Swing mit JRuby 238
Symbole 176
Syntax-Hervorhebung 27, 31, 32

T

Tabellendefinition 399
Taggen 208
  Git 224
Tasks 48
Terminal 20
Test 16
  Unit 104
  Vorteile 102
Test Driven Development 115
Testabdeckung 141, 388, 392

Testgetriebene Entwicklung 4
Testklasse 110
Testkonzepte 101
Testlauf 329
Testszenarien 439
Texteditor 35
Textmate 34
Treiber 445
Trend 10
Tutorial 43
Twitter 9

U

Ubuntu 11
Umgebung 48
Unicode 453
Unittests 101, 103
Update 19
User Stories 5, 101, 133

V

Validierungen 64, 329
Validierungsregel 67
versionieren 331
Versionskontrolle 29, 33, 40, 195
Versionskontrollsystem 195
Versionsverwaltung 11
Verwaltung 19
Verzeichnisse 18
Views 58
  übersetzen 461
Vista 22
VMWare 11
Volltextsuche 442
Vorgehensweise 43

W

WAR 241
warbler 255
Warenkorb 386
Warenkorbübersicht 404
Watches 28
WebKit 97
Werkzeuge 11
while-Schleife 154
Windows 11
Wirble 146
Workflows
  Git 218
  Mercurial 202
www.briefcasten.com 100, 257

X

XING 9
XML 72

Y

YAML 106
YAML-Dateien
  einlesen 107
Yellowpages 9
Yukihiro Matsumoto 146

Z

Zeitdruck 9
ZenTest 114, 323
Zertifikate 423
  erstellen 426
Zugriffsbeschränkungen 374
Zuweisungen 170